权威·前沿·原创

皮书系列为
“十二五”“十三五”国家重点图书出版规划项目

本丛书由澳门基金会策划并资助出版

澳门经济社会发展报告（2018~2019）

ANNUAL REPORT ON ECONOMY AND SOCIETY OF MACAU (2018-2019)

主　　编／吴志良
执行主编／林广志　娄胜华

图书在版编目(CIP)数据

澳门经济社会发展报告. 2018－2019 / 吴志良主编
. --北京：社会科学文献出版社，2019. 12
（澳门蓝皮书）
ISBN 978－7－5201－4918－1

Ⅰ. ①澳… Ⅱ. ①吴… Ⅲ. ①区域经济发展－研究报告－澳门－2018－2019②社会发展－研究报告－澳门－2018－2019 Ⅳ. ①F127. 659

中国版本图书馆 CIP 数据核字(2019)第 280679 号

澳门蓝皮书
澳门经济社会发展报告（2018～2019）

主　　编 / 吴志良
执行主编 / 林广志　娄胜华

出 版 人 / 谢寿光
组稿编辑 / 祝得彬　王晓卿
责任编辑 / 郭红婷

出　　版 / 社会科学文献出版社 · 当代世界出版分社（010）59367004
地址：北京市北三环中路甲 29 号院华龙大厦　邮编：100029
网址：www. ssap. com. cn
发　　行 / 市场营销中心（010）59367081　59367083
印　　装 / 三河市东方印刷有限公司

规　　格 / 开 本：787mm × 1092mm 1/16
印 张：33　字 数：545 千字
版　　次 / 2019 年 12 月第 1 版　2019 年 12 月第 1 次印刷
书　　号 / ISBN 978－7－5201－4918－1
定　　价 / 168. 00 元

本书如有印装质量问题，请与读者服务中心（010－59367028）联系

主编简介

吴志良 1985年毕业于北京外国语学院葡萄牙语专业，1986年赴葡萄牙进修，1991年在澳门东亚大学完成公共行政课程，1997年获南京大学历史学博士学位。现任澳门基金会行政委员会主席、历史文化工作委员会主席、澳门学者同盟主席，兼任全国政协委员、全国港澳研究会副会长、中国作家协会全委会委员，以及澳门大学、北京外国语大学客座教授。

主要从事澳门历史与政治研究，代表性著作包括：主编“澳门论丛”“新澳门论丛”“濠海丛刊”“澳门法律丛书”等丛书百余种，也是《粤澳公牍录存》、“澳门丛书”、《澳门百科全书》和《澳门总览》的主编之一；合作主编《明清时期澳门问题档案文献汇编》《粤澳关系史》《澳门历史新说》《澳门编年史》《澳门史新编》《中国地域文化通览·澳门卷》和“列国汉学史书系”(25部)；著有《葡萄牙印象》、《澳门政制》、《青年与澳门未来》、《东西交汇看澳门》、《生存之道——论澳门政治制度与政治发展》(中文、葡文版)、《澳门政治制度史》、《一个没有悲情的城市》和《悦读澳门》；合著有《葡萄牙投资指南》、《澳门政治社会研究》、《镜海飘渺》、《东西望洋》、《过十字门》、《早期澳门史论》和 *Revisitar os Primórdios de Macau: Para uma Nova Abordagem da História*。

摘　要

《澳门经济社会发展报告（2018～2019）》由总报告、政治篇、法律篇、经济贸易篇、社会民生篇、文教科技篇六大部分共28份报告及附录组成。

2018年，澳门的经济社会形势整体平稳，但受到外部经济不确定性增加的影响，经济增长自下半年起放缓，在商品及服务贸易和投资方面尤其突出。另一方面，港珠澳大桥通车，使粤港澳大湾区成员城市的距离进一步拉近，在粤港澳三方已有共识的基础上，澳门社会各界继续积极主动融入国家发展大局，着力推动世界旅游休闲中心、中国与葡语国家商贸合作服务平台，以及“以中华文化为主流，多元文化共存”的文化交流基地的建设，凡此种种均有利于新市场和经济增长点的开拓。《澳门经济社会发展报告（2018～2019）》以总结2018年澳门经济社会发展情况为主，辅以特区成立20年来在经济、社会和科技发展方面的回顾，为日后全面检视澳门特别行政区成立20年来的成果稍做铺垫。

本报告重点关注2018～2019年澳门在经济社会方面所取得的进展和呈现的问题，例如粤港澳大湾区的建设规划，澳门特区的法制建设，博彩旅游服务业的发展，就业、医疗、社会保障、教育等民生建设，以及中华历史文化与澳门历史文化的传承和推广，为便利深入研究提供基础资料，并针对有关问题提出对策建议。此外，本报告订定了一批持续研究和关注的议题，以年度为单位做长期跟踪探讨，包括澳门经济情势、公共行政改革、历史文化推广等。

本报告另附有《澳门概况》，涵盖经济、社会、环境、民生诸方面，帮助读者了解澳门各个领域最近的发展和变化，同时掌握特区各项主要指标的变化趋势以及2018年澳门经济社会的重大事件，从而更客观地评价澳门特区过去一年的发展成果。

关键词： 澳门　粤港澳大湾区　经济社会发展　历史文化

目　录

Ⅰ　总报告

Ⅱ　政治篇

Ⅲ　法律篇

Ⅳ 经济贸易篇

Ⅴ 社会民生篇

Ⅵ 文教科技篇

Ⅶ　附录

皮书数据库阅读使用指南

总 报 告

General Report

B.1 处于关键转折时期的澳门经济和社会

“澳门蓝皮书”课题组

摘 要： 2018年，澳门经济发展整体平稳，但自下半年起出现放缓，长远增长局面存在一定隐忧，经济发展处于关键转折期，部分主要经济要素在2019年预计将取得稳定增长。与此同时，澳门在完善社会保障体系、人力资源发展规划、灾害防治以及都市更新方面也取得新的进展。融入国家发展大局，明确澳门的经济发展腹地，是澳门经济社会发展在进入新阶段后的必然，也获得中央政府的支持。澳门在粤港澳大湾区内的定位为世界旅游休闲中心、中国与葡语国家商贸合作服务平台、“以中华文化为主流、多元文化共存”的交流合作基地，促进澳门经济适度多元可持续发展。正确处理“一国”与“两制”之间的辩证关系，才能体现中央对澳门特区的全面管治权以及保障国家安全，又能保持澳门社会稳定和经济发展。

关键词： 澳门 “一国两制” 粤港澳大湾区 经济发展 社会发展

一 经济发展处于关键转折

澳门经济在经历过2014～2016年的收缩之后，于2017年下半年起恢复实质增长。然而，受到外部经济不确定性增加，特别是贸易保护主义抬头和贸易环境恶化的影响，澳门经济自2018年下半年起再度放缓，趋势与全球经济一致。整体本地生产总值的平均季度实质增长率从上半年的7.7%放缓至下半年的2.0%，全年实质增长4.7%。

整体而言，2018年澳门的经济增长由服务出口带动，服务出口对全年经济增长的贡献为7.3个百分点，占全年本地生产总值的50.5%。私人消费开支自2017年第二季度恢复增长势头之后，到2018年一度转为强劲，上半年的平均季度实质增长率曾达5.6%，但在下半年放缓至3.5%，占全年本地生产总值的24.1%。特区政府规模维持合理水平，最终消费支出占全年本地生产总值的9.7%。然而，由于私人投资自2015年第四季度开始持续放缓，内部需求持续疲弱，对2018年经济增长的贡献为－0.9个百分点，占全年本地生产总值的49.5%。

当前澳门经济的增长局面存在一定的隐忧，经济发展尤其处于关键转折。与2008年因国际金融危机而引发的全球性经济大衰退（Great Recession）期间比较，澳门当时仍受惠于内部和外部经济体的政策因素，例如量化宽松货币政策等，服务出口和外部需求强劲，加上大型度假项目陆续落成，使内部和外部需求均呈现强劲增长。即使后来内部需求转趋疲弱，强劲的外部需求仍足以抵销前者的影响，宏观经济在这段时期仍能保持增长的势头，整体上并未受外部经济衰退的过多影响。然而，自2018年下半年起，内部需求和服务出口均呈现放缓迹象，外部需求抵消内部需求趋缓的效应减弱，私人消费支出放缓幅度明显。居民以至游客的消费模式都有转变，与以往相比都变得更加审慎，经济增长出现“双重放缓”，凸显澳门经济结构单一、发展资源有限的大问题。

在过去近20年，博彩业作为澳门的龙头产业，其扩张也带动旅游、酒店、餐饮、零售、会展、物流、文创等相关产业发展，而因应专营合约条款而向特区政府和社会做出的负担，带动整体社会福利的改善与提升。与此同时，澳门的经济转型也带动了规模经济结构产生根本变化，最突出的是中小企业的生存空间被压缩，“一业独大”情况依然。即使近年社会加大对文创产业的发展力度，但由于资本不足，发展未达规模，产值离形成产业尚远。以上种种，催使澳门必须探索应对之道，通过扩大经济发展空间，开拓新的市场和创造新的需求，使澳门经济今后能稳健、可持续和适度多元化发展。融入国家发展大局，明确澳门的经济发展腹地，无疑是探索澳门发展出路的最佳答案。

二　融入国家发展大局

融入国家发展大局，既是澳门经济社会发展在进入新阶段后的必然，也是中国共产党第十九次全国代表大会召开以来对港澳的具体支持举措。2018 年 10 月 24 日，港珠澳大桥通车，这是澳门以至整个国家在本年的一件大事、盛事和喜事。大桥使珠江两岸的粤港澳大湾区成员城市更紧密地联结起来，同时西部成员城市可借助东部城市经济的外溢效应带动本身的发展。在此之前，国务院于 8 月 3 日宣布取消港澳台人员在内地就业许可制度，并于 9 月 1 日正式向合资格港澳台居民发放“港澳台居民居住证”，让居住在内地的澳门居民凭证享有与内地居民相同的就业、参加社会保险和住房公积金的权利，并享用当地的基本公共服务和办理各项手续。12 月 12 日，《〈内地与澳门关于建立更紧密经贸关系的安排〉货物贸易协议》签署，澳门原产货物在进入内地时获全面豁免关税，并专章订明粤港澳大湾区贸易便利化措施，促进货物往来便利化和贸易自由化。该协议的签署标志着《中华人民共和国国民经济和社会发展第十三个五年规划纲要》中关于 CEPA 升级的目标提前完成，具有里程碑的意义。通过这三项重大举措，澳门与内地的陆路交通、人员和商品流动得到有效的梳理并进一步扩充，为澳门全面融入国家发展大局提供更完善的基础条件。

自从“粤港澳大湾区城市群”的概念在 2017 年的《政府工作报告》中首度提出以来，在中共中央和国务院的支持下，粤港澳三地均积极探索城市群的发展定位、战略和目标，并在国家主席习近平的见证下，国家发展和改革委员会、广东省人民政府、香港特区政府和澳门特区政府代表于2017年7月1日在香港签署《深化粤港澳合作　推进大湾区建设框架协议》（以下简称“框架协议”）。2018年，粤港澳大湾区正式进入实质规划的阶段。按照中央的工作部署，国务院成立“粤港澳大湾区建设领导小组”，并于8月15日在北京召开第一次会议。根据框架协议，澳门在大湾区内的定位为世界旅游休闲中心、中国与葡语国家商贸合作服务平台、“以中华文化为主流、多元文化共存”的交流合作基地，促进澳门经济适度多元可持续发展。通过这些定位，澳门的功能可被概括为“精准联系人”、“区域商贸合作服务平台”和“‘一国两制’成功实践示范区”。

另一方面，这些定位又使澳门在大湾区内有着特殊的位置。她不但是唯一一座位处珠江三角洲西部的中心城市，更是唯一一座同时具备经济和文化功能的城市，对内以提升各成员城市的生活素质、对外以推动大湾区成为国际文化交流中心为目标。经过特区政府和社会各界在2018年的努力，推动历史文化工作已初步取得“遍地开花”的效果，但仍有待进一步与建立传承意识和文化自信结合起来，使历史文化工作推广更有系统和针对性。

澳门深厚的文化底蕴是丰富澳门旅游内容的一个重要元素。随着近年多个大型度假项目陆续落成启用，博彩业以外的旅游休闲元素成为这些项目的主要市场目标，使游客的旅游体验变得更丰富和多元。《澳门旅游业发展总体规划》在2018年进入实施阶段，从旅游资源、产品、品质、服务、品牌、市场出发，同时处理好产业与城市发展、承载力、应用科技和业界协作的关系，使现时在建设世界旅游休闲中心的进程中呈现的旅客结构单一、主客关系恶化、休闲氛围不足、业界缺乏参与、产品创收偏低等情况能有所改善。

将澳门建设为中国与葡语国家商贸合作服务平台，在20世纪90年代已经由行政当局提出，而随着中国—葡语国家经贸合作论坛（澳门）的召开，并通过其秘书处跟进后续的工作，平台的建设进程现已取得一些成果，在2018年亦然，例如促进商贸合作和对接、建设葡语国家人民币清算中心、开展“中葡合作发展基金”具体工作、推动中医药领域合作等，并加强葡语国家食品集散功能和丰富会议展览内涵。而国家主席习近平在12月访问葡萄牙期间，中葡双方发表关于进一步加强全面战略伙伴关系的联合声明，葡萄牙方面明确支持澳门发挥中国与葡语国家商贸合作服务平台的作用，对其余葡语国家有重要的指引意义。

为落实第12/2013号法律《城市规划法》和配套施行细则的有关规定，特区政府在2018年10月成立编制澳门特别行政区总体规划草案的跨部门委员会，在有关批示中明确以建设“世界旅游休闲中心与美丽家园”为策略主轴，并应配合推进澳门与粤港澳大湾区的融合，巩固澳门继续成为优质旅游休闲目的地以及地区最重要的文化中心。配合第7/2018号法律《海域管理纲要法》的实施，编制澳门特区总体规划草案又以建立一个平衡、可持续和尊重澳门本土独特性的土地发展模式，促进海域综合管理为目标。澳门特区总体规划草案可被视为澳门特区内部以土地和海域的管理与利用为工具，配合融入国家发展大局的进程，提高居民综合民生水平和生活素质，对澳门今后的可持续发展有着深刻而直接的影响。

澳门要融入国家发展大局，离不开有效落实“一国两制”方针，正确处理“一国”与“两制”之间的辩证关系。澳门特区成立20年来，成功落实“一国两制”方针，既体现中央对澳门特区的全面管治权以及保障国家安全，又能保持澳门社会稳定和经济发展，为澳门进一步实践“一国两制”和基本法提供引领，同时为促进国家统一大业的完成提供借鉴。2018年4月15日，为配合“全民国家安全教育日”，澳门特区政府与中央人民政府驻澳门特别行政区联络办公室首度联合主办“国家安全教育展”，累计超过1.8万人次参观。社会各界通过展览巩固了对总体国家安全观的认识，为维护国家安全和国家利益奠定必要的群众基础。10月4日，澳门特别行政区维护国家安全委员会成立，以协助行政长官在维护国家安全事务方面的决策并负责执行统筹工作。澳门特区警察总局与中国人民解放军驻澳门部队于11月8日首次联合举行反恐演练，不但是出于维护澳门治安稳定的需要，更把澳门的社会治安与国家安全有机地结合起来。特区政府主要官员和检察长4月参加任期中段国情培训，在港澳特区尚属首次，使他们树立起大局政治意识，而且能更确切地掌握国家现行的大政方针、国际关系形势和国家的立场、策略选择等，有利于他们在落实治理澳门时与国家的基本政策、方针和立场一致，有利于“一国两制”的进一步实践和探索，促进澳门长期繁荣稳定。

三　民生建设进一步完善

近年澳门经济的急速发展带动社会出现了深刻的转型，尤其体现在就业居民收入水平持续提高、居民教育水平提升、就业市场扩张、职业与行业收入差距扩大等方面。根据特区政府对“中等收入阶层”的标准，属于此一阶层的就业居民近年占全体就业居民的60%～70%，就业住户则占全体就业住户的70%左右。社会结构的变化也直接导致居民对社会服务以至公共政策的诉求出现转变。社会团体近年的活动趋势最能反映这种变化。在传统的救济性慈善社团减少的同时，新型社团，特别是权益表达、趣缘性社团、商会组织、国际性社团等增长迅速；而社团的服务内容也转为以社会公益服务为主，同时加强政治参与，特别是通过智库组织为社团的政治代理人研究公共政策和培养政治人才，并维护社团代表的利益以及支持特区政府施政等，推进特区政府与民间社会新型伙伴关系的形成。这就要求特区政府要以新的态度来处理与民间社会的关系，从而使政府对社会的治理取得应有的效益。

完善社会保障体系，让居民在退休后得到充分的财务保障，是近年澳门社会众多诉求之中比较突出的一个环节。2018 年 1 月 1 日，第 7/2017 号法律《非强制性中央公积金制度》生效，使澳门的第二层社会保障体系（任意性员工退休金制度）进一步完善，社会保障体系建设取得积极的进展。制度生效以来，已有超过 100 名雇主实体加入，但其中 70% 均为社会服务机构，反映私人企业对加入制度的兴趣不大，部分原因在于其会加重企业尤其是中小企业的经营成本；也有部分原因在于一些企业现有私人退休金的结构未能与非强制性中央公积金制度衔接，有些退休金的条件在一定程度上优于该制度，有可能影响雇员现有的权益。无论如何，通过雇主和雇员的共同供款，加上特区政府从预算盈余中的分配，让居民能获得更充分的养老保障，这是建立中央公积金制度的目的。虽然制度有利于提高居民在退休后的生活质量，但对于是否过渡至强制性中央公积金制度，社会上的分歧不小。这需要特区政府、雇主和雇员三方寻求最大的平衡和共识，使中央公积金制度更臻成熟，日益完善。

回顾澳门社会保障体系的建设过程，行政当局在构思设立社会保障基金时，为争取雇主方的支持而设定了极低的供款门槛（雇主月供款额仅 30 澳门元，雇员仅15澳门元，至2017年才调升1倍）。由此产生的财务缺口由特区政府和幸运博彩专营合约条款订定的拨款弥补。后来又由于公共财政条件大为改善，特区政府加大其他层次的社会保障投入，例如加大社会救济发放力度、发放普遍性的敬老金（这已几乎可视为对长者发放的第二份“现金分享”）、建立中央公积金个人户口（非强制性中央公积金制度的前身和雏形）、实施医疗补贴计划（俗称“医疗券”）、长者乘车免费等；又为社会保障基金提供特别拨备，以巩固基金的财务基础。面对澳门人口老龄化问题日益明显，特区政府对社会保障体系的负担会日益加重，因而应发展养老创新产业促进老年人就业，以及结合粤港澳大湾区的规划建设使养老金制度的效益延伸至大湾区内，以缓解特区政府的负担压力。

人力资源发展规划也在2018年取得一定的进展。在高等教育方面，为实施第10/2017号法律《高等教育制度》的配套行政法规在8月8日生效，确立高等教育的咨询、发展资助、素质评鉴、行政管理和学分制度等执行框架。历时十余年的高等教育立法工作至此完成，澳门从而具备一套与国际接轨、有助于提升高等教育素质和拓展学术研究领域的法律框架。各高等教育机构在2018年也发展出独特的优势。语言和历史继续成为澳门高等教育机构的传统特色专业，同时培养出一批具有前沿潜质的科学技术特色专业，例如获科学技术部批准在澳门大学设立“智慧城市物联网国家重点实验室”以及在澳门科技大学设立“月球与行星科学国家重点实验室”。国家主席习近平在6月回复了对澳门高等院校师生的联署信件，期望院校能培养更多“爱国爱澳”人才，创造更多科技成果。另一方面，特区政府通过人才发展委员会，在2018年完成一批行业的职业供需状况调查，并推出多项实习计划，涵盖联合国机构、粤港澳大湾区企业等，又展开研究吸引旅居外地的澳门居民回澳发展事业等。以上措施既从拓展澳门经济发展空间的角度出发，也从配合建设粤港澳大湾区的角度出发，也提供充裕的条件让澳门的年青一代拓宽视野，从而更好地明辨自己日后的发展路向。“乐业”的前提是“安居”，对于吸引旅居外地的澳门居民回澳发展事业，有参与人才发展委员会举办的“海外人才回流考察行动计划”的人士指出住宅价格和生活费用偏高影响他们回澳意欲。可见人力资源的长远发展规划，仍需要其他方面配合才能使其应有的效益发挥出来。

2017年8月23日的“天鸽”风灾，为澳门带来广泛的破坏，同时暴露了基础设施建设的脆弱。对此，特区政府痛定思痛，设立检讨重大灾害应变机制暨跟进改善委员会，邀请国家减灾委员会、内地学术机构和民政部国家减灾中心的专家来澳实地评估，根据有关建议落实改善重大灾害应变机制的工作，包括修改热带气旋信号与风暴潮警告的定义和悬挂或发出的指标、设立避险中心、举行实地演习、配置 70 多种应急救援装备，在高点装设警报系统和低洼地区装设扬声器，加强供电、供水和电信设施的防淹能力，改进善后安排，等等。2018 年 9 月，比“天鸽”更强烈的热带气旋“山竹”来袭，上述措施对减轻损失均起到积极的作用，而且在善后安排方面除特区政府提早宣布台风后翌日停课外，更首次引用第 72/92/M 号法令（重订及更新关于民防的规范）的有关规定，关闭非必要的公共部门，使道路通勤压力大为舒缓，有利于清障善后等工作的开展。不过，内港一带受地形影响而受灾较为严重，居民期望防洪基建能尽快建成，以减轻风暴潮以至平时潮涨对该区居民生活所造成的影响。

四　2019年的展望

澳门特区成立 20 年来，成功落实“一国两制”方针，既体现中央对澳门特区的全面管治权以及保障国家安全，又能保持澳门社会稳定和经济发展；正确处理“一国”与“两制”之间的辩证关系，为澳门进一步实践“一国两制”和基本法提供引领，同时为促进国家统一大业的完成提供借鉴。在政治制度发展方面，扩大行政长官选举委员会的规模和构成，增加立法会中经选举产生的议员的名额，同时完善间接选举的选举办法。随着市政署在 2019 年正式成立，市政机构的代表得以参加行政长官选举委员会，完善了基本法附件一有关规定。在公共行政方面，特区政府从建立新的行政文化入手，逐步有系统地展开规范性改革，完善相关法律法规，在此基础上改善特区政府架构和发展电子政务，确立立法统筹机制，同时加强廉政公署和审计署等行政监督的功能，取得积极的效果。

经济的飞跃发展，是澳门特区成立 20 年来所缔造的一个奇迹，也为澳门下一阶段的经济发展打下坚实的根基。通过参与粤港澳大湾区的建设融入国家发展大局，为处于发展转折的澳门提供出路，而澳门特区自成立以来在行政革新、法制建设、社会治理等领域取得的独特经验，以及澳门自身在旅游、经贸和文化方面的独特角色，既可在参与大湾区建设的进程中向一同探索的成员城市分享，也有助于彰显澳门作为大湾区中心城市的引领作用。随着第五届特区政府在 2019 年底成立，“大湾区”将成为今后特区政府的施政以及澳门经济社会发展大局中的重要内容。事实上，部分澳门基层社团已未雨绸缪，在大湾区城市内率先设立办事处，以利于回应将来大批澳门居民在内地居住和就业时所产生的日渐增多的服务需求。而幸运博彩批给和转批给合同近期统一划定在 2022 年届满，竞投条款的订定不但影响日后澳门经济发展的方向，也为澳门在粤港澳大湾区框架内的中心城市定位，以至社会政策的持续性产生深远的影响，其效应更将辐射至大湾区其他城市，彼此的协同和互补效应将更显著。

综合国内外经济体近期的经济发展形势对澳门的影响以及澳门内部需求的情况，澳门大学预测本地生产总值在 2019 年将增长 2.7%，区间为 -6.5% ~ 11.9%；私人消费支出预计增长 4.0%，区间为 0.2% ~7.8%；固定资本形成总额预计收缩 7.5%，货物出口预计增长 0.6%，服务出口预计增长 4.2%。而根据国际货币基金组织的预测，澳门的本地生产总值在 2019 年预计将增长 4.3%，2020 年为 4.2%，2024 年则为 4.1%，高于全球经济增长率的预测。而贸易经常账平衡的增长率在 2019 年预计可达 37.4%，2020 年为 38.7%，2024 年为 41.7%，幅度为发达经济体中最高。

2019 年适逢澳门特别行政区成立 20 周年以及中华人民共和国成立 70 周年。澳门过去近 20 年在实践“一国两制”的进程中所取得的成就，为其未来发展奠定了坚实的基础；新时代港澳特区融入国家发展大局，特别是参与粤港澳大湾区建设，又为特区发展注入了全新的动力和活力，也为澳门经济社会转型创造了更多、更好的条件。

政　治　篇

Politics

B.2
“一国两制”与澳门基本法的成功实践及其经验

骆伟建　赵英杰*

摘　要： 澳门基本法是“一国两制”方针政策的法律化，两者的目标都在于维护国家的统一和领土完整，有利于澳门的社会稳定和经济发展。“一国两制”与基本法在澳门20年的实践是成功的。这主要体现为，在“一国”上，落实了中央管治权和维护了国家安全；“两制”上，保持了澳门特区社会稳定与经济发展。“一国两制”与澳门基本法在澳门特区的成功实践在于坚定持续地宣传教育，培养“爱国爱澳”人才队伍，发展经济与改善民生，严格按照宪法与基本法办事以及正确处理政治架构中的双重关系。这样的成功经验，为澳门特区下一步实践“一国两制”与澳门基本法提供了引领。

* 骆伟建，澳门大学法学院教授、宪法与基本法研究中心主任，主要研究方向为宪法与基本法；赵英杰，澳门大学法学院博士研究生，主要研究方向为宪法与基本法。

关键词： “一国两制” 澳门基本法 澳人治澳 中央管治权

“一国两制”是一项创新的理论和实践。在澳门特区成立20周年，检视、回顾与总结“一国两制”与澳门基本法的成功实践及其经验，为澳门特区下一步实践“一国两制”与澳门基本法提供了引领。

一 “一国两制”与澳门基本法的构想

（一）“一国两制”与澳门基本法的形成

“一个国家，两种制度”的构想主要是在党的十一届三中全会以后形成的，“这个构想是从中国解决台湾问题和香港问题出发的”。[①] 解决台湾和港澳问题可以有两种方式，“一种是和平方式，一种是非和平方式”[②]。非和平方式或者说用武力解决问题，总是不好的。怎样才能用和平方式解决问题呢？这就必须充分照顾到港澳和台湾的历史与实际情况。“一九八一年国庆前夕叶剑英委员长就台湾问题发表的九条声明，虽然没有概括为‘一国两制’，但实际上就是这个意思。两年前香港问题提出来了，我们就提出‘一国两制’。”[③]

对“一国两制”做全面的理解，就必须讲两个方面。“一方面，社会主义国家里允许一些特殊地区搞资本主义，不是搞一段时间，而是搞几十年、成百年。另一方面，也要确定整个国家的主体是社会主义。”[④] 1984年12月19日中英联合声明和1987年4月13日中葡联合声明先后签署，中央政府提出了对港澳的十二条政策，标志着“一国两制”理论正式应用于实践，成功地解决了港澳的历史遗留问题，并形成了一系列具体政策。

① 邓小平：《我们非常关注香港的过渡时期》，载《邓小平文选》（第三卷），人民出版社，1993，第67页。

② 邓小平：《中国是信守诺言的》，载《邓小平文选》（第三卷），第101页。

③ 邓小平：《中国是信守诺言的》，载《邓小平文选》（第三卷），第102页。

④ 邓小平：《会见香港特别行政区基本法起草委员会委员时的讲话》，载《邓小平文选》（第三卷），第219页。

“一国两制”理论如何能在实践中长期贯彻下来并能够消除港澳居民的担心呢？邓小平提出了两点。一是理论制度化。“一国两制”不仅是一种构想、一种理论、一种政策，更是一种制度，制度更具有稳定性，就是特别行政区制度。1982 年宪法第 31 条为国家实行“一国两制”，设立特别行政区奠定了宪法基础。二是制度法律化。为确保制度能够长期不变，就需要有法律保障。香港基本法和澳门基本法，以“一国两制”为理论基础，以中国宪法为立法依据，遵循对港澳十二条方针政策，从港澳实际出发，对特别行政区制度做出了全面的规范，为“一国两制”的实践奠定了制度和法律的基础。

（二）“一国两制”与澳门基本法的目标

“实现祖国完全统一，是全体中华儿女共同愿望，是中华民族根本利益所在”[①]，也是“一国两制”正当性、合理性的来源。“实现国家统一是民族的愿望，一百年不统一，一千年也要统一的。怎么解决这个问题，我看只有实行‘一个国家，两种制度’。”[②] 采取“一国两制”的办法解决港澳问题，不是一时的感情冲动，也不是玩弄手法，完全是从实际出发的，是充分照顾到港澳的历史和现实情况的，要归功于马克思主义的辩证唯物主义和历史唯物主义，[③]是实现祖国统一、维护国家主权的原则性与充分考虑港澳台历史和现实的高度灵活性的有机统一。

“‘一国两制’能不能够真正成功，要体现在香港特别行政区基本法里面。这个基本法还要为澳门、台湾作出一个范例。”[④] 任何一个法律都有其理论或政策，也不可能脱离理论或政策。基本法背后的理论就是“一国两制”，基本法是“一国两制”理论的法律化。那何为“一国两制”理论呢？“一国两制”是一个有机整体，其中“一国”有两个核心：一是领土的完整，二是主权的统一；“两制”包括三个内容，即高度自治、“澳人治澳”（港人治港）和保持

---

① 习近平：《坚持“一国两制”，推进祖国统一》，中国共产党新闻网，2017 年 11 月 8 日，http：//jhsjk. people. cn/article/29635040，最后访问日期：2018 年 12 月 31 日。

② 邓小平：《一个国家，两种制度》，载《邓小平文选》（第三卷），第 59 页。

③ 参见《邓小平文选》（第三卷），第 60、101 页。

④ 邓小平：《会见香港特别行政区基本法起草委员会委员时的讲话》，载《邓小平文选》（第三卷），第 215 页。

原有的社会制度。维护国家的统一和领土完整，有利于澳门的社会稳定和经济发展，从而保障“一国两制”基本方针政策的全面准确实施，确保“一国两制”实践不动摇、不变形、不走样。

二 “一国两制”与澳门基本法的成功实践

我们清楚了“一国两制”与澳门基本法的形成，明确了实施“一国两制”和基本法的目标，梳理“一国两制”与澳门基本法在澳门实践的20年，可以肯定地说是基本成功并取得了举世瞩目的成就。

（一）关于“一国”

1. 落实中央管治权

（1）外交方面

外交是国家主权的象征。“制度可以不同，但在国际上代表中国的，只能是中华人民共和国。”[①] 中央政府负责管理与澳门特区有关的外交事务，并授权澳门特区自行处理有关对外事务。澳门回归前，中葡双方曾就有关国际公约在回归后适用于澳门特区问题进行磋商并签署了协议。“自1999年12月20日起，在澳门继续适用的国际公约共计156项。”回归后，中央人民政府严格按照基本法有关规定处理有关国际公约适用于澳门特区问题。根据实际情况和澳门特区的需要，“截至2018年底，公署共办理国际公约适用澳门事项600余起，其中450项国际公约已在澳门特区适用”。[②]

（2）防务方面

特区的防务是国家国防的一个重要组成部分，而军队是履行防务的主要力量，国防离不开军队。1999年6月28日，全国人民代表大会常务委员会通过了《中华人民共和国澳门特别行政区驻军法》，使驻军有法可依。同时澳门特区立法会也先后制定了第4/2004号法律《军事设施的保护》、第6/2005号法

① 邓小平：《中国大陆和台湾和平统一的设想》，载《邓小平文选》（第三卷），第30页。

② 《国际公约在澳门特区适用的情况简介》，中华人民共和国外交部驻澳门特别行政区特派员公署网站，http：//www.fmcoprc.gov.mo/chn/satfygjzz/tyyflsw/gjgy/，最后访问日期：2019年3月27日。

律《中国人民解放军驻澳门部队协助维持社会治安和救助灾害》、第23/2009号法律《中国人民解放军驻澳门部队因履行防务职责而享有的权利和豁免》。立法会和行政长官通过法律和行政法规保障《中华人民共和国澳门特别行政区驻军法》的实施和驻军履行职责。2017年8月，面对台风“天鸽”，经澳门特区政府请示，中央政府批准驻澳部队首次协助特区政府参与救灾，赢得澳门同胞的普遍认可。

（3）人员任免方面

人员任免是中央行使国家主权的具体体现。任免并非形式上或口头上的，而是实质性的。中央按照基本法的规定对澳门特区行政长官、特区政府主要官员和检察长实行任免，确保特区对中央的负责是实质的而非形式的。港澳特区行政长官每年向中央人民政府述职就是接受中央政府的指令，确保中央全面管治权和主权的实施。

2. 维护国家安全

（1）制定《维护国家安全法》

澳门基本法第23条规定澳门特区应自行立法维护国家安全。2009年3月3日，第2/2009号法律《维护国家安全法》在澳门特区正式生效，共有15条条文，规定了叛国、分裂国家、颠覆中央人民政府、煽动叛乱、窃取国家机密、外国的政治性组织或团体在澳门作出危害国家安全的行为，以及澳门的政治性组织或团体与外国的政治性组织或团体建立联系作出危害国家安全的行为七种犯罪行为及其罚则，同时亦就法人的刑事责任、附加刑、减轻等方面做出规定，确保维护国家安全。

（2）宣传教育与统筹管理

国土安全涉及国家的核心利益，在总体国家安全当中处于一个特别重要的位置①，应积极开展全民国家安全教育。例如，2018年4月15日，在“全民国家安全教育日”之际，由澳门特区政府与中央政府驻澳门联络办公室联合主办的“国家安全教育展”开幕，这是首次在澳门也是首次在境外举办的

---

① 《陈理谈〈习近平关于总体国家安全观论述摘编〉》，中国共产党新闻网，2018年8月14日，http://theory.people.com.cn/n1/2018/0814/c40531-30227214.html，最后访问日期：2018年12月30日。

"国家安全教育展"。①

此外，第22/2018号行政法规《澳门特别行政区维护国家安全委员会》已于2018年10月4日正式生效，并成立了"维护国家安全委员会"，把握"总体国家安全观"以人民安全为宗旨的核心理念，对维护国家安全进行统筹管理，切实加强澳门特区维护国家安全的体制、机制以及法制建设。

3. 支持特区发展

发展是永恒的主题，习近平主席在庆祝香港回归祖国20周年大会上提出，香港要始终聚焦发展这个第一要务，发展是解决香港各种问题的金钥匙。② 澳门也是如此。

（1）经济发展方面

2003年全国遭受突如其来的"非典"疫情，澳门特区经济也受到重创。中央政府大力支持、尽最大努力帮助澳门特区战胜"非典"、恢复经济、改善民生，先后出台了港澳个人游政策（"自由行"）和《内地与澳门关于建立更紧密经贸关系的安排》（CEPA）等多项支持港澳经济的政策和措施，助推博彩业蓬勃发展，带动澳门经济飞速发展。2003年12月，经国务院批准设立珠澳跨境工业区，以在CEPA框架内发挥"一国两制"优势，推动澳门与内地加强合作、互动发展，应对国际金融危机冲击、扩大澳门社会就业③。为进一步加强粤澳合作可持续发展，2011年广东省政府与特区政府正式签署了《粤澳合作框架协议》，推动珠澳跨境工业区转型，建设现代物流商务园区，其中横琴新区开发是粤澳合作最直接和最大的平台。随着2017年国务院政府工作报告首次写入"粤港澳大湾区"及《深化粤港澳合作　推进大湾区建设框架协议》的签署，粤港澳大湾区建设正式驶入轨道，进一步深化粤港澳合作，推动区域经济发展。

与此同时，中央高度重视澳门经济适度多元发展问题，对促进澳门经济适

① 《维护国家安全，澳门特区只有"一国"之责，没有"两制"之分》，环球网，2018年8月29日，http://china.huanqiu.com/article/2018-08/12868391.html，最后访问日期：2018年12月28日。

② 《习近平在庆祝香港回归祖国二十周年大会暨香港特别行政区第五届政府就职典礼上的讲话》，《人民日报》2017年7月2日，第2版。

③ 《国家副主席习近平11日来到珠澳跨境工业区考察》，中国政府网，2009年1月11日，http://www.gov.cn/ldhd/2009-01/11/content_1202100.htm，最后访问日期：2019年1月21日。

度多元发展提出了明确的部署与要求。其中，澳门作为“中国与葡语国家商贸合作服务平台”（简称“一个平台”），始于2003年10月在澳门召开的中国—葡语国家经贸合作论坛（澳门）；作为“世界旅游休闲中心”（简称“一个中心”），于2008年底国家发展和改革委员会在《珠江三角洲地区改革发展规划纲要》中首次宣布。① 为深化澳门平台作用，在2016年中国—葡语国家经贸合作论坛第五届部长级会议开幕式上，李克强总理又提出支持在澳门成立中国—葡语国家金融服务平台、企业家联合会、文化交流中心、双语人才培养基地、青年创新创业中心五项新举措。② 支持特区政府每年举办世界旅游经济论坛，打造一批有国际影响力的会展品牌，加快经济社会发展。③

（2）科教文卫等方面

近年来内地与澳门在高等教育领域的交流成效显著。据统计，目前在内地高校和科研院所就读的澳门学生约5000人，内地在澳门就读学生近14000人次。④ 基础教育领域广结“姊妹学校”，澳门特区政府通过“千人计划”每年组织人员赴内地参访。

2018年6月，为落实国家主席习近平对香港科技创新工作的重要批示精神，国家科技部牵头推出了中央财政科技经费过境港澳、鼓励港澳机构参与中央财政科技计划、鼓励港澳自主设立国家重点实验室等一系列措施。澳门特区政府也配合本地科研事业发展积极培养科研人才，向国家科技部申请建立智慧城市物联网国家重点实验室、月球与行星科学国家重点实验室。⑤

---

① 《澳门特别行政区五年发展规划（2016～2020年）》，澳门特别行政区政府建设世界旅游休闲中心委员会网站，2016年9月，http://www.cccmtl.gov.mo/files/projecto_plan_cn.pdf，最后访问日期：2018年12月28日。

② 李克强：《在中国—葡语国家经贸合作论坛第五届部长级会议开幕式上的主旨演讲》，http://www.xinhuanet.com/politics/2016-10/12/c_1119697875.htm，最后访问日期：2018年12月26日。

③ 《中央19项政策惠澳门，助经济社会发展》，大公网，2016年10月11日，http://news.takungpao.com/mainland/focus/2016-10/3378853_wap.html，最后访问日期：2018年12月28日。

④ 刘锦：《基推会教育团访教育部促合作》，澳门基本法推广协会官网，2017年11月28日，http://www.basiclaw.org.mo/index.php?p=3_1&art_id=2031，最后访问日期：2019年1月10日。

⑤ 《把握中央惠港澳科技政策，推动澳门科技创新发展》，澳门特别行政区政府网站，2018年6月10日，https://www.gov.mo/zh-hans/news/208232/，最后访问日期：2019年1月10日。

此外，发展文化也是提升澳门软实力的重要途径。澳门在其独特历史发展中，形成了独有的中西文化交融环境，展现出以中华文化为主流、多元文化并存的文化格局，① 中央推动澳门特区建设“以中华文化为主流、多元文化共存”的交流合作基地。

（二）关于“两制”

1. 保持社会稳定

（1）社会治安方面

澳门回归以前，社会治安不稳定，连续发生一系列恶性事件。基于社会治安问题以及澳门居民向中央的建议，中央政府于1998年9月宣布在澳门驻军。驻军为稳定内部治安提供了必要条件，是维护治安力量的重要后盾。澳门特区行政长官何厚铧上任伊始就曾指出，“只有治安良好，经济才能稳定发展”。澳门回归以来，保安部队始终将“预防和打击犯罪、保障居民生命和财产安全、维护社会安稳太平”作为工作方向，努力落实一系列保安策略和措施，无论在重组架构、完善内部管理、强化人员素质方面，还是在加强警务行动、提高办案能力、深化社区警务等方面，均取得了显著的成效。②

（2）防灾减灾方面

防灾减灾工作也是维持社会稳定的重要因素。2017年8月，台风“天鸽”引起澳门居民对防灾减灾机制的反思。2018年3月《澳门“天鸽”台风灾害评估总结及优化澳门应急管理体制建议》正式公布，根据专家意见和建议，澳门供水、供电、通信部门更新了应急预案，相关部门积极推进，并与内地持续加强合作。基于“天鸽”后的经验总结，2018年9月，台风“山竹”来袭之时，澳门特区各部门加大部署，有序、有效应对。2019年是澳门特区政府

---

① 《澳门学者探讨“文化交流合作基地”方略》，新华网，2017年9月25日，http://www.xinhuanet.com/gangao/2017-09/25/c_129711671.htm，最后访问日期：2019年1月10日。

② 《澳门回归5周年：社会治安从“不靖”到“良好”》，中华人民共和国驻葡萄牙大使馆网站，2004年12月15日，http://pt.china-embassy.org/chn/zt/aomen/t175063.htm，最后访问日期：2019年1月4日。

落实《防灾减灾十年规划（2019～2028）》的开局之年，保安部门将着力完善民防领域的预案体系，持续健全民防管理的法制、体制和机制。

（3）个人资料保护及网络安全方面

维持社会稳定不可忽视个人资料保护及网络安全。澳门特区为加强个人资料保护，鉴于现行第11/2009号法律《打击电脑犯罪法》为针对电脑及网络犯罪行为的刑事法律，仅属于事后的刑事侦查措施，特区政府制定了《网络安全法》法律草案。同时，通过第8/2005号法律《个人资料保护法》，并根据澳门特区第83/2007号行政长官批示设立个人资料保护办公室，并于2012年7月获正式接纳为“全球私隐执法网络”及“亚太区私隐机构组织”成员，加入全球私隐执法网络。①

2. 保持经济发展

（1）优先解决经济发展

澳门回归后，澳门特区政府将施政重点放在优先解决经济发展问题上，制定了“以博彩旅游业为龙头、以服务业为主体、其他行业协调发展的产业结构”，扭转了澳门经济下滑的局面。此外，为推动澳门经济适度多元发展，从2003年开始，澳门特区政府将会展业作为施政重点，设立“会展业发展委员会”，并增设“会展及产业发展厅”，制订“会展活动激励计划”，推动会展业发展。澳门特区积极发展中医药产业，2011年在澳门大学和澳门科技大学成立中国第一个中医药领域的国家重点实验室，2015年在澳门成立了传统医药合作中心。截至2017年底，统计显示，澳门会展业、金融业、中医药产业及文创产业的增加值总额已达320.8亿澳门元，占所有行业增加值总额的8.1%。与2015年相比，增加值总额上升23.6%，占比增加0.79个百分点。②

（2）积极拓展发展空间

在中央政府的支持和协助下，澳门特区积极参与国际组织和国际会议活动，

① 《个人资料保护办公室简介》，https：//www.gpdp.gov.mo/index.php？m = content&c = index&a = print_ news&catid = 387&id = 8，最后访问日期：2019年1月7日。

② 《澳门经济适度多元发展初见成效》，中央政府网站，2018年12月1日，http：//www.gov.cn/xinwen/2018－12/01/content_ 5345143.htm，最后访问日期：2018年12月28日。

已由回归前的51个增加到110余个。① 此外，特区还举办了大量区域性、专业性国际组织会议和活动，如世界旅游组织部长级圆桌会议、第八届APEC旅游部长会议、中国—葡语国家经贸合作论坛会议、第54届亚太旅游协会年会等。这些会议的举办对于加强澳门产业结构多元化和城市形象国际化起到积极助推作用。②

同时，澳门特区政府携手泛珠省区贯彻落实《国务院关于深化泛珠三角区域合作的指导意见》，将泛珠三角区域作为内地与澳门深度合作核心区；依照《粤澳合作框架协议》，积极引导澳门业界参与自由贸易试验区的建设，积极参与横琴片区、南沙片区、前海片区等广东自由贸易试验区重要合作平台的发展；重视与长江经济带的合作，有序筹建“苏澳合作园区”。强化闽澳合作、京澳合作、澳台合作、港澳合作和泛珠三角区域合作，“在现有的基础上扩充合作内涵和质量”。③ 此外，自澳门回归以来，中央政府积极支持澳门特区拓展发展空间，包括将珠海拱北海关到澳门关闸的地段交由澳门特区政府管辖、设立珠澳跨境工业区、授权澳门对设在横琴岛的澳门大学新校区实施管辖以及授权澳门管辖85平方公里海域④，为澳门特区通过填海造地、土地租赁、区域合作等方式拓展空间注入活力。

（3）积极开展人才培养

人才培养是特区发展的关键，2010年提出“教育兴澳”“人才强澳”的施

① 《澳门特区参与国际组织和国际会议活动简况》，中华人民共和国外交部驻澳门特别行政区特派员公署网站，http://www.fmcoprc.gov.mo/chn/satfygjzz/gjzzygjhy/t1139415.htm，最后访问日期：2019年1月2日。

② 《澳门特区参与国际组织和国际会议活动简况》，中华人民共和国外交部驻澳门特别行政区特派员公署网站，http://www.fmcoprc.gov.mo/chn/satfygjzz/gjzzygjhy/t1139415.htm，最后访问日期：2019年1月2日。

③ 《澳门特别行政区五年发展规划（2016~2020年）》，澳门特别行政区政府建设世界旅游休闲中心委员会网站，2016年9月，http://www.cccmtl.gov.mo/files/projecto_plan_cn.pdf，最后访问日期：2018年12月28日。

④ 《拱北海关“三不管”地段将租给澳门管理》，人民网，2002年7月18日，http://www.people.com.cn/GB/shizheng/18/21/20020718/778571.html；《国务院关于设立珠澳跨境工业区的批复》（国函〔2003〕123号），http://www.gov.cn/gongbao/content/2004/content_63058.htm；《十一届全国人大常委会第九次会议27日在北京闭会》，中国政府网，2009年6月27日，http://www.gov.cn/jrzg/2009-06/27/content_1351938.htm；《中华人民共和国澳门特别行政区行政区域图》已经2015年12月16日国务院第116次常务会议通过，具体参见《中华人民共和国国务院令》（第665号），http://www.gov.cn/zhengce/content/2015-12/20/content_10456.htm，最后访问日期：2019年1月18日。

政方向，并在2014年施政报告中首次将人才培养长效机制单独列出，提出以"人才建澳"为基本理念，专门成立澳门特区政府人才发展委员会，制定"精英培养计划"、"专才激励计划"及"应用人才促进计划"，研究设立鼓励人才留澳及回澳的机制等。① 为配合《澳门特区五年发展规划（2016～2020年）》的实施，人才发展委员会编制了《澳门中长期人才培养计划——五年行动方案》，分为19个发展策略、45项措施/项目，由人才发展委员会和约15个相关负责机构或部门执行，让人才培养工作能按序推进。②

（三）关于政治体制

澳门特区政府自2000年以来坚持了"循序渐进"、"固本培元、稳健发展"、"协调发展、和谐共进"的指导思想和基本原则。特区政府根据基本法规定，逐步健全了政府架构，除组建五个司级部门以取代回归前的七个政务司外，成立了终审法院、检察院、审计署、海关、警察总局等部门，并重组和调整了一些政府机构，还建立了非政权性市政机构。在立法层面，做了与基本法衔接的大量立法工作以及完善相关配套措施，修改与完善原有法律等；在公务人员队伍建设层面，简化行政手续，树立"以民为本"、为市民服务的公仆意识，建立"高效、廉洁、问责"的管理理念，"把公务员队伍的建设和行政改革作为一项长期和重要的工作长抓不懈"。③

1. 完善行政长官和主要官员、领导和主管人员的通则

通过制定第14/1999号行政法规《行政长官办公室及司长办公室通则》（后经过第1/2005号行政法规修订）、第24/2010号行政法规《澳门特区主要官员通则》以及第112/2010号行政命令《澳门特区主要官员守则》，规范了

---

① 《政府设立人才发展委员会》，澳门特别行政区新闻局网站，2014年1月27日，http：//www. gcs. gov. mo/showCNNews. php? DataUcn = 75751&PageLang = C，最后访问日期：2019年1月17日。

② 澳门特别行政区政府人才发展委员会编制《澳门中长期人才培养计划——五年行动方案》，http：//www. scdt. gov. mo/%E8%A6%8F%E5%8A%83%E8%A9%95%E4%BC%B0/%E4%BA%94%E5%B9%B4%E8%A1%8C%E5%8B%95%E6%96%B9%E6%A1%88/，最后访问日期：2018年12月29日。

③ 刘友于：《"一国两制"在澳门的成功实践》，《学习时报》，http：//www. china. com. cn/chinese/zhuanti/xxsb/704340. htm，最后访问日期：2018年12月29日。

特区主要官员的行为。通过制定第15/2009号法律《领导及主管人员通则的基本规定》、第26/2009号行政法规《领导及主管人员通则的补充规定》以及第384/2010号行政长官批示《领导及主管人员行为准则——义务及违反义务时的责任》，明确了对领导及主管人员的问责及考评制度。通过完善相关的配套措施，切实促进特区政府依法施政、科学施政，优化社会管理职能。

2. 完善相关组织法

通过制定第9/1999号法律《司法组织纲要法》（后经过第9/2004号法律、第9/2009号法律、第4/2019号法律修订）、第2/1999号法律《政府组织纲要法》、第3/2000号法律《立法会立法届及议员章程》（后经过第13/2008号法律和12/2009号法律修订）以及第13/2009号法律《关于订定内部规范的法律制度》，明确了行政、立法、司法机关各项组织规范及权力分工。此外，制定第9/2018号法律《设立市政署》、第25/2018号行政法规《市政署的组织及运作》及第98/2018号行政命令《核准市政署的标志》等，进一步完善基本法相关制度，完善组织架构。

3. 完善特区选举制度

通过制定第12/2000号法律《选民登记法》（后经第9/2008号法律修订）、第3/2001号法律《澳门特区立法会选举法》（经过第11/2008号法律、第12/2012号法律及第9/2016号法律修订）明确了自然人和法人选民登记程序以及立法会议员直接选举和间接选举的程序，并以第2/2012号决议，通过《中华人民共和国澳门特别行政区基本法附件二澳门特别行政区立法会的产生办法修正案（草案）》。制定第4/1999号法律《就职宣誓法》、第3/2004号法律《行政长官选举法》（后经过第12/2008号法律、第11/2012号法律、第13/2018号法律修订），明确了行政长官选举程序，并于第1/2012号决议，通过《中华人民共和国澳门特别行政区基本法附件一澳门特别行政区行政长官的产生办法修正案（草案）》，完善行政长官选举程序。

（四）关于“澳人治澳”

在葡萄牙的管治下，澳门一直实行总督负责制，总督是葡萄牙总统在澳门的代表，由葡萄牙总统任命。总督下设政务司，政务司下设司、厅、署、处、

科、组六级制。在《中葡联合声明》签署前，澳门署以上高级公务员绝大多数为葡萄牙派过来的官员；处、科级的公务员多为土生葡人；中国人大多为勤杂人员，有少数进入科级。[①] 按照《中葡联合声明》的规定，“澳门特别行政区政府由当地人组成”，即“澳人治澳”。

有人认为“澳人治澳”是从澳门特区成立才开始的，实际上“澳人治澳”应该是从制定基本法开始的，澳门基本法是在澳门广大同胞和各方面人士的参与下制定出来的。特别行政区筹委会也是由澳门永久性居民组成的；最后是澳门特区成立。所以“澳人治澳”是三步曲，第一步是参与制定基本法，第二步是参与筹备澳门特区，第三步是直接行使高度自治权，所以“澳人治澳”是有一个过程的。

据统计，“1997 年 11 月，澳门历史上首位华人司长就职。到 1998 年初，澳门公务员队伍中的 76.5% 的领导和主管职位已实现本地化，处长级达到 98.1%，组长级及同等级别的达到 90.6%，厅长级达到 70%”。[②] 澳门回归后，整个特区管理队伍几乎都是新人，如澳门行政长官、9 位主要官员及立法会主席都是回归后才担任现职；终审法院、检察院、审计署也是回归后才建立的，海关、警察总局于 2001 年成立；近 50 个局级部门首长中超过 2/3 是回归前夕或回归后才被委任的。[③] 基本完成了由“葡人治澳”转为“澳人治澳”。

回归 20 年来，澳门特区发生了翻天覆地的变化、取得了可喜的成绩，无不证明“一国两制”方针政策是解决港澳历史遗留问题的最佳制度和方案，也无不证明“一国两制”的伟大构想具有强大生命力。

三 “一国两制”与澳门基本法成功实践的经验

习近平主席在“庆祝中华人民共和国澳门特别行政区成立十五周年晚宴”

---

① 康冀民：《澳门回归之路》，澳门文史资料工作计划出版有限公司，2007，第 11 页。

② 《澳门的公务员制度》，http://www.gmw.cn/03zhuanti/2004-00/jinian/macau/c07.htm，最后访问日期：2019 年 1 月 15 日。

③ 刘友于：《“一国两制”在澳门的成功实践》，《学习时报》，http://www.china.com.cn/chinese/zhuanti/xxsb/704340.htm，最后访问日期：2018 年 12 月 29 日。

上强调，“澳门的进步和成就的取得，离不开‘一国两制’方针和澳门特别行政区基本法的全面正确贯彻落实；离不开特别行政区政府和广大澳门同胞齐心协力、奋勇拼搏，离不开中央政府和全国各族人民这一坚强后盾的大力支持”。[①] 回顾与总结“一国两制”与澳门基本法在澳门成功实践的经验，有助于澳门特区下一步实践“一国两制”与澳门基本法。

（一）宣传教育——形成正确的“一国两制”观

回顾“一国两制”与澳门基本法的成功实践，宣传教育工作发挥了重要作用。无论是特区政府，还是学校、社会团体，都在宣传推广“一国两制”与澳门基本法的工作中发挥了积极的作用。长期以来，澳门各界通过多种多样的形式全面宣传普及基本法，例如，请业界有关专家学者组织讲座、开办宪法与基本法专题研讨班、组织基本法青年推广大使访京团等，通过系统、深度地讲解澳门基本法，逐步使澳门居民全面、正确认识“一国两制”。

1. 形成对中央全面管治权的正确认识

形成正确的“一国两制”观，有利于澳门居民正确认识中央全面管治权。正确理解中央的全面管治权需要站在全局高度，正确处理中央与特区的关系是实践基本法的核心，而正确处理中央全面管治权和特区高度自治权又是正确理解中央与特区关系的关键。通过多种多样的宣传教育，使澳门居民能够认识“一国两制”是在改革开放的大背景下形成的，是为了实现国家统一。中央基于主权对澳门特区享有全面管治权，并授权澳门特区行使高度自治权，这是澳门特区享有并实行高度自治权的正当性，也是“一国两制”理论的核心理念。

2. 形成对行政主导的正确认识

形成正确的“一国两制”观，也有利于澳门居民对澳门特区以行政主导为核心的政治体制有正确的认识。澳门特区实行的政治体制是符合“一国两制”和澳门实际的新的政治体制，在行政、立法、司法机关分权的基础上，保障以行政长官为核心的行政主导权。行政主导有利于特区的政治稳定。澳门

① 《习近平主席：澳门的进步和成就离不开“一国两制”方针和澳门基本法的全面正确贯彻落实》，中央人民政府驻澳门特别行政区联络办公室，2014 年 12 月 19 日，http://www.zlb.gov.cn/2014-12/19/c_127320175.htm，最后访问日期：2018 年 12 月 29 日。

基本法在起草政治体制这一章时，经过几个方案的比较，认为行政主导制是比较稳定的，不仅对中央来讲有需要，而且对澳门制度稳定也有需要。克服了美国的行政权和立法权在法律上过于分散而产生的行政机关制约立法机关手段不足；也解决了英国行政与立法合二为一体制产生的行政机关受制于立法机关的问题。

（二）“爱国爱澳”队伍的发展与巩固

“爱国爱澳”是“一国两制”的生命力，是澳门能够正确处理好“一国”与“两制”关系的主要原因。全面准确理解和坚定不移实施“一国两制”和澳门基本法都离不开人的因素。如何理解“一国两制”和执行基本法，直接关系到“一国两制”和澳门基本法的实践成效。“爱国爱澳”队伍的建设正是澳门社会得以凝聚、团结发展的向心力所在。①

1. 公务人员层面

公务人员队伍是“澳人治澳”的主力军，是澳门特区严格按照“一国两制”和澳门基本法依法施政的关键。开办“澳门基本法高级研讨班”，明确高级技术员等公务人员统一考试内容包括澳门基本法，这不仅是依法施政的需要，也是一种政策倡导。公务人员用人政策本身就是对“爱国爱澳”的最好教育，“爱国爱澳”的公务人员队伍是“澳人治澳”的一扇窗，不仅为澳门居民依照“一国两制”和澳门基本法发挥示范和带头作用，而且使澳门居民对于“一国两制”更有信心。

2. 社团层面

爱国爱澳社团对贯彻实施“一国两制”和澳门基本法起到重要支撑作用。澳门制定法律法规公开征询意见、立足于基层，“爱国爱澳”社团积极宣传以及完全按照“一国两制”和澳门基本法目标引领舆论导向，确保了行政主导以及特区政府的依法施政。同时，培养大量“爱国爱澳”青年作为人才储备，为立法、行政、司法部门输送了“爱国爱澳”人才，确保“澳人治澳”以

---

① 《“一国两制”成功的澳门经验——澳门回归15周年之政治篇》，中国政府网，2014年12月14日，http：//www.gov.cn/xinwen/2014-12/14/content_2790700.htm，最后访问日期：2018年12月29日。

“爱国爱澳”者为主体。爱国爱澳社团是澳门特区发展的重要组成部分，是澳门特区政府顺利施政的桥梁，更是澳门居民对“一国两制”发展的信心根基。

3. 青少年层面

青少年是澳门“一国两制”未来发展的希望，也是“爱国爱澳”队伍不断发展和壮大的源泉。澳门致力于培养及促进受教育者“爱国爱澳”，培养其对国家和澳门的责任感，例如，1999 年发布了《德育及公民教育指引》，制定第 9/2006 号法律《非高等教育制度纲要法》，编辑出版《国旗、国徽、国歌、区旗、区徽》和《品德与公民》教材。可以说，澳门青少年“爱国爱澳”是澳门居民“爱国爱澳”优良传统的延续，更是澳门坚定贯彻“一国两制”和澳门基本法的保证。青少年的“爱国爱澳”情感需要一代一代的重视与培养，任重道远，不可有丝毫松懈。

（三）发展经济与改善民生是成功实践的物质基础

“一国两制”提出之时，很多人都担心“变”与“不变”的问题。邓小平让大家不要担心，“政策不会变，谁也变不了。因为这些政策见效、对头，人民都拥护。既然是人民拥护，谁要变人民就会反对”。[①] 发展经济与改善民生是澳门居民所拥护的，而实践“一国两制”与澳门基本法有利于发展澳门特区经济和改善民生，发展经济与改善民生也是成功实践“一国两制”与澳门基本法的物质基础。

1. 发展经济方面

澳门坚持“国家好、澳门好”的观念，正如澳门特区五年发展规划中所指出的，“国家发展是澳门发展的坚强后盾与最大优势”，澳门主动对接国家的重大发展战略，进一步提升澳门在国家经济发展和对外开放中的地位和功能。[②] 澳门特区充分利用各方面积极因素来拓展经济发展的空间，发挥自身优势，融入国家发展，实现资源共享、互利共赢。“只要路子对、政策好、身段灵、人心齐，桌子上也可以唱大戏”，澳门要不断“推动经济适度多元和可持

---

① 邓小平：《保持香港的繁荣和稳定》，载《邓小平文选》（第三卷），第 72 页。

② 《澳门特别行政区五年发展规划（2016～2020 年）》，澳门特别行政区政府建设世界旅游休闲中心委员会网站，2016 年 9 月，http：//www. cccmtl. gov. mo/files/projecto_ plan_ cn. pdf，最后访问日期：2018 年 12 月 28 日。

续发展，把澳门发展大戏唱好唱响”。①

2. 民生改善方面

澳门特区政府努力建设社保、教育、医疗、住屋领域的四大长效机制，持续优化由双层式社会保障、社会援助、社会福利构成的社会保障体系。澳门特区政府不断改善民生，关注澳门居民的衣食住行，推进公屋建设，持续发放现金分享及水电、医疗、学习等各样津贴，提高澳门居民生活指数及幸福指数。这种安居乐业的生活是实践“一国两制”和澳门基本法所带来的，是人民所拥护和享受的，也为“一国两制”与澳门基本法的成功实践提供了物质基础。

（四）严格依照宪法与基本法办事并完善相关配套措施

澳门回归20年以来，“一国两制”与澳门基本法的成功实践正是严格依照宪法与基本法办事的直接结果。宪法作为国家的根本大法，具有最高效力，整体适用于澳门特区。宪法不仅是澳门基本法的立法依据，而且是澳门特区成立以及澳门特区制度的法律依据。宪法与澳门基本法共同构成澳门特区的法制基础。

严格依照宪法和基本法办事，一方面在于强调中央对香港和澳门有全面管治权，另一方面在于强调港澳也需承担宪法所确立的义务。其本质是厘清“一国”与“两制”的关系、中央与特区的关系。澳门特区不仅在社会上开办宪法与基本法研讨班课程以及开展各种形式的宪法与基本法宣传教育，而且紧抓学校教育，将宪法与基本法纳入大学通识课程。

同时，澳门回归以来制定法律法规完善基本法相关配套措施，厘清了各机关的工作权限，规范了各组织机关的标准与流程。确保在行政主导下，行政、立法、司法在分权的基础上，又相互制约且配合。

（五）正确处理政治架构中的双重关系

“一国两制”与澳门基本法在澳门的成功实践还在于正确处理政治架构中的双重关系，包括纵向的权力关系，即中央与特区的关系，以及横向的权力关

① 《张德江：中央全力以赴支持澳门发展》，文汇快讯网，2017 年 5 月 9 日，http：//news. wenweipo. com/2017/05/09/IN1705090045. htm，最后访问日期：2018 年 12 月 30 日。

系，即澳门特区内部的行政、立法与司法关系。

1. 纵向权力关系——中央与特区的关系

中央与特区的关系是“一国两制”的核心，而中央与特区关系的核心是二者之间的权力关系。澳门特区能够正确处理中央与特区关系，主要是基于澳门特区准确把握了中央与特区的关系性质，即基于“一国”原则是领导与被领导的从属关系，基于主权原则是授权与被授权的关系，基于授权理论是监督与被监督的关系。把握了中央与特区之间权力关系性质，就能够准确行使各自的权力和履行各自的义务。

回归20年来，澳门特区始终与中央保持紧密的联系，充分履行主体责任，确保中央全面管治权和特区高度自治权有机结合。在维护特区高度自治权的同时，中央和特区各有分工，以咨询协商为基本理念，使澳门与祖国内地形成良好互动，有利于澳门特区融入国家发展；而中央将澳门特区纳入国家治理体系，发挥“两制”优势，进一步为国家改革开放和现代化建设做出更大贡献。

2. 横向权力关系——行政、立法与司法的关系

澳门特区社会稳定发展也需要正确处理内部的横向关系，即在行政、立法、司法分权的基础上，既互相独立，又互相制约、互相配合，保障以行政长官为核心的行政主导。行政长官作为特区首长，是澳门特区政治体制的核心。各机关间虽有制衡，但制衡不是目的，而是通过制衡进一步达到互相配合。同时通过完善澳门特区不同的组织规范，明确各机关之间的权力界限，确保各机关之间权责分明、程序简化，从而构建高效施政。

结　语

“一国两制”与澳门基本法维护了国家的统一和领土完整，推动了澳门的社会稳定和经济发展，在澳门20年的实践可以说是成功的。

这样的成功实践基于澳门特区20年来坚定持续宣传推广“一国两制”与澳门基本法，在澳门特区形成了正确的“一国两制”观，使澳门居民能够正确认识中央全面管治权与澳门以行政长官为主导的政治体制。澳门特区20年来传承与发扬“爱国爱澳”优良的传统，无论是公务人员队伍、社团组织还是青少年队伍，都注重“爱国爱澳”队伍的建设与发展，形成国家认同以及

同祖国内地的良好互动，增添了澳门居民对“一国两制”与澳门基本法的信心。

澳门特区20年来不断发展经济与改善民生为“一国两制”与澳门基本法的成功实践提供了物质保障，并证明了这样的政策是见效、对头的，更是澳门居民所拥护的。同时还需要严格依照宪法和基本法办事，贯彻落实“一国两制”与澳门基本法的法律保障以及正确处理澳门特区政治架构中纵向的权力关系——中央与特区的关系和横向的权力关系——行政、立法、司法的关系。

在澳门特区成立20周年这一特别时间节点，一方面庆祝“一国两制”与澳门基本法在澳门的成功实践，另一方面也需要总结“一国两制”与澳门基本法在澳门成功实践的经验，为澳门下一步实践“一国两制”与澳门基本法提供引领。

B.3
澳门特区政制发展的实践分析

鄞益奋*

摘　要： 澳门政制发展主要体现为行政长官产生办法和立法会产生办法的修订和发展。回归以来，澳门特区政府从澳门实际情况出发，对行政长官选举法和立法会选举法进行修订，调整行政长官选举委员会的规模和构成，增加立法会直选议员和间选议员的名额，修订行政长官选举委员会和立法会间接选举的选举办法，建构更为公平、公正的选举制度。

关键词： 澳门　政制发展　行政长官选举法　立法会选举法

澳门回归祖国以来，政制稳健发展，经济快速增长，社会繁荣稳定，形成了政制发展、经济增长、社会稳定相互促进的良好局面。回归后不久，澳门特区政府严格遵守基本法的规定，颁布了《立法会选举法》和《行政长官选举制度》，形成了立法会产生和行政长官产生的具体办法，建立了澳门特区政制的原初架构。因应澳门经济社会的发展需求，在广泛征求各方意见的基础上、严格按基本法办事的前提下，坚持“有利于保持澳门特别行政区基本政治制度的稳定，有利于行政主导政治体制的有效运作，有利于兼顾澳门社会各阶层各界别的利益，有利于保持澳门的长期繁荣稳定和发展等原则”四个“有利于”原则，对《立法会选举法》和《行政长官选举法》进行了循序渐进的修订，推动了澳门政制的不断完善和发展。

* 鄞益奋，管理学博士，澳门理工学院社会经济与公共政策研究所副教授、所长，主要研究方向为公共行政与公共政策。

一 行政长官选举办法的原初架构

澳门特区行政长官选举办法的原初架构主要体现于澳门基本法附件一和《行政长官选举法》的相关规定，主要内容是澳门特区行政长官选举委员会的基本构成及产生方式，以及澳门特区行政长官的选举办法。

（一）行政长官选举委员会的基本构成及产生方式

澳门基本法附件一指出，“行政长官由一个具有广泛代表性的选举委员会依照本法选出，由中央人民政府任命”。澳门基本法附件一对选举委员会的规模、构成、提名及投票等方面做出了规定。首先，规定了选举委员会的人数为300人。其次，规定了选举委员会的基本构成，分别是“工商、金融界100人；文化、教育、专业等界80人；劳工、社会服务、宗教等界80人；立法会议员的代表、市政机构成员的代表、澳门地区全国人大代表、澳门地区全国政协委员的代表40人”。再次，规定了行政长官候选人的提名方式，即“不少于50名的选举委员会委员可联合提名行政长官候选人”。最后，规定了行政长官候任人的投票方式是一人一票无记名。①

澳门基本法附件一明确规定：“各个界别的划分，以及每个界别中何种组织可以产生选举委员会委员的名额，由澳门特别行政区根据民主、开放的原则制定选举法加以规定。”② 为落实澳门基本法附件一的此项规定，澳门特区政府在2004年出台了第3/2004号法律《行政长官选举法》，对澳门特区行政长官的产生办法，特别是对行政长官选举委员会的基本构成及产生方式进行了进一步的规范（见表1）。

首先，《行政长官选举法》对选委会的界别名额进行了具体的分配，即第一界别工商、金融界共100人；第二界别80人中，文化界18人、教育界20人、专业界30人、体育界12人；第三界别80人中，劳工界40人、社会服务界34人、宗教界6人（天主教代表2人、佛教代表2人、基督教代表1人、

① 《中华人民共和国澳门特别行政区基本法》，澳门基本法推广协会印，2006年8月。
② 《中华人民共和国澳门特别行政区基本法》，澳门基本法推广协会印，2006年8月。

表 1　澳门特区行政长官选举委员会的原初界别名额及产生办法

单位：人

<table>
<tr><th>序号</th><th colspan="3">界别</th><th>名额</th><th>产生方式</th></tr>
<tr><td>第一界别</td><td colspan="3">工商、金融界</td><td>100</td><td>依法选举</td></tr>
<tr><td rowspan="5">第二界别</td><td rowspan="5">文化、教育、专业等界</td><td colspan="2">文化界</td><td>18</td><td>依法选举</td></tr>
<tr><td colspan="2">教育界</td><td>20</td><td>依法选举</td></tr>
<tr><td colspan="2">专业界</td><td>30</td><td>依法选举</td></tr>
<tr><td colspan="2">体育界</td><td>12</td><td>依法选举</td></tr>
<tr><td colspan="2">小计</td><td colspan="2">80</td></tr>
<tr><td rowspan="7">第三界别</td><td rowspan="7">劳工、社会服务、宗教等界</td><td colspan="2">劳工界</td><td>40</td><td>依法选举</td></tr>
<tr><td colspan="2">社会服务界</td><td>34</td><td>依法选举</td></tr>
<tr><td rowspan="4">宗教界</td><td>天主教</td><td>2</td><td>确认提名</td></tr>
<tr><td>佛　教</td><td>2</td><td>确认提名</td></tr>
<tr><td>基督教</td><td>1</td><td>确认提名</td></tr>
<tr><td>道　教</td><td>1</td><td>确认提名</td></tr>
<tr><td colspan="2">小计</td><td colspan="2">80</td></tr>
<tr><td rowspan="5">第四界别</td><td rowspan="5">立法会议员的代表、市政机构成员的代表、澳门地区全国人大代表、澳门地区全国政协委员的代表</td><td colspan="2">立法会议员的代表</td><td>16</td><td>自行选举</td></tr>
<tr><td colspan="2">市政机构成员的代表</td><td>0</td><td>—</td></tr>
<tr><td colspan="2">澳门地区全国人大代表</td><td>12</td><td>自行选举</td></tr>
<tr><td colspan="2">澳门地区全国政协委员的代表</td><td>12</td><td>自行选举</td></tr>
<tr><td colspan="2">小计</td><td colspan="2">40</td></tr>
<tr><td colspan="4">总　数</td><td colspan="2">300</td></tr>
</table>

道教代表 1 人）；第四界别 40 人中，立法会议员的代表 16 人、澳门地区全国人大代表 12 人、澳门地区全国政协委员的代表 12 人。①

其次，《行政长官选举法》规定选委会的产生方式有当然委员、选举产生、确认提名产生以及自行选举产生等几种方式。其中，澳门地区全国人大代表为当然委员；第一界别、第二界别及第三界别中的劳工界和社会服务界的选委会委员依法选举产生，第三界别中的宗教界的选委会委员，由宗教团体各自以协商方式提名，由管委会确认和登记；第四界别中的立法会议员代表及澳门地区全国政协委员的代表，则是自行选举产生。②

① 《行政长官选举法》（第 3/2004 号法律），澳门特别行政区政府印务局网站，https://images.io.gov.mo/bo/i/2004/14/lei-3-2004.pdf。

② 《行政长官选举法》（第 3/2004 号法律），澳门特别行政区政府印务局网站，https://images.io.gov.mo/bo/i/2004/14/lei-3-2004.pdf。

（二）行政长官选举委员会委员的选举办法

《行政长官选举法》对行政长官选举委员会委员的选举办法进行了具体规定。第一，规定行政长官选举委员会委员选举的投票资格是已完成选民登记的社团和组织，即“已按照第 12/2000 号法律作登记的社团或组织，在其所属的不设分组的界别或界别分组选举中具有投票资格”；第二，规定行政长官选举委员会委员选举的被选资格是年满 21 周岁的已完成选民登记的自然人，即属于不设分组界别或相关界别分组并年满 21 周岁、已作选民登记，在该界别或界别分组选举中具有被选资格；第三，在选举方式上，规定有资格投票的社团最多享有 11 票的投票权，即“具有投票资格的每一社团或组织享有最多 11 票投票权，由最多 11 名已作选民登记的投票人行使”；第四，在参选人提名方面，规定年满 21 周岁的自然人选民，并获得相应选举界别（界别分组）的以完成选民登记的社团或组织总数的 20% 的提名，即“属于不设分组的界别或相关界别分组，并获该界别或界别分组内至少占总数 20% 已作选民登记的社团或组织提名的年满 21 周岁者”；第五，在选举标准方面，规定了自动当选的倾向，即“如不设分组的界别或某界别分组的候选人数目不多于该界别或界别分组获分配的选委会委员名额，则该等候选人自动当选，而无须进行投票”。①

二　行政长官产生办法的修订与发展

澳门特区政府行政长官产生办法主要历经 2008 年、2012 年和 2018 年三次修订。特区政府在 2008 年、2012 年和 2018 年分别颁布了第 12/2008 号法律《修改第 3/2004 号法律〈行政长官选举法〉》、第 11/2012 号法律《修改第 3/2004 号法律〈行政长官选举法〉》、第 13/2018 号法律《修改第 3/2004 号法律〈行政长官选举法〉》，主要修订内容是调整了行政长官选举委员会的规模和构成，修订了行政长官委员会委员选举办法。

① 《行政长官选举法》（第 3/2004 号法律），澳门特别行政区政府印务局网站，https：//images. io. gov. mo/bo/i/2004/14/lei－3－2004. pdf。

（一）调整行政长官选举委员会的规模和构成

2012 年《行政长官选举法》的修订主要体现在两个方面。一是行政长官选举委员会的人数由 300 人增加到 400 人；二是维持《基本法》附件一规定的现行 1/6 的提名比例，在选委会人数增加至 400 人的情况下，提名行政长官候选人所需选委人数由 50 人增加至 66 人。其中，行政长官选举委员会的人数由 300 人增加到 400 人以及当中的名额分配，最为社会所关注。

澳门特区政府在经过全国人大常委会关于"《基本法》附件一修正案"的批准后，对《行政长官选举法》做出了修订，将行政长官选举委员会的人数由 300 人扩展为 400 人，目的是进一步扩大选举委员会的代表性。在新规定下，第一界别工商、金融界共 120 人；第二界别文化界、教育界、专业界、体育界共 115 人，其中文化界 26 人、教育界 29 人、专业界 43 人、体育界 17 人；第三界别劳工界、社会服务界、宗教界共 115 人，其中劳工界 59 人，社会服务界 50 人，宗教界中的天主教代表 2 人、佛教代表 2 人、基督教代表 1 人、道教代表 1 人；第四界别立法会议员的代表、市政机构成员的代表、澳门地区全国人大代表、澳门地区全国政协委员的代表共 50 人，其中立法会议员的代表 22 人、澳门地区全国人大代表 12 人、澳门地区全国政协委员的代表 16 人。[①]

2018 年，特区政府再次修订了《行政长官选举法》，在行政长官选举委员会中纳入 2 名市政机构代表，将行政长官选举委员会澳门地区全国政协委员的代表由 16 人减至 14 人。[②]

（二）修订行政长官选举委员会委员的选举办法

第一，第 12/2008 号法律将投票资格修订为："已按照《选民登记法》被登录于选委会选举日期公布日前最后一个已完成展示的选民登记册的法人，推

① 《修改第 3/2004 号法律〈行政长官选举法〉》（第 11/2012 号法律），澳门特别行政区政府印务局网站，https：//images. io. gov. mo/bo/i/2012/37/lei – 11 – 2012. pcf。

② 《修改第 3/2004 号法律〈行政长官选举法〉》（第 13/2018 号法律），澳门特别行政区政府印务局网站，https：//images. io. gov. mo/bo/i/2018/51/lei – 13 – 2018. pcf。

表 2　澳门行政长官选举委员会的制度调整

单位：人

类型			原初架构	2012 年修订	2018 年修订后
工商、金融界			100	120	120
文化、教育、专业等界	文化界		18	26	26
	教育界		20	29	29
	专业界		30	43	43
	体育界		12	17	17
	小　计		80	115	115
劳工、社会服务、宗教等界	劳工界		40	59	59
	社会服务界		34	50	50
	宗教界	天主教	2	2	2
		佛　教	2	2	2
		基督教	1	1	1
		道　教	1	1	1
		小　计	6	6	6
	小计		80	115	115
立法会议员的代表、市政机构成员的代表、澳门地区全国人大代表、澳门地区全国政协委员的代表	立法会议员的代表		16	22	22
	市政机构成员的代表		0	0	2
	澳门地区全国人大代表		12	12	12
	澳门地区全国政协委员的代表		12	16	14
	小计		40	50	50
总　数			300	400	400

定在其所属的不设分组的界别或界别分组选举中具有投票资格”①；第二，第12/2008号法律将选委会委员参选资格的年龄由21岁下调为18岁；第三，在选举方式上，法人选民的投票人数由原来的11人增加至最多22人，进一步确保了候选人具有必要的界别代表性和认受性②；第四，在参选人提名上，因应选举资格的下调，参选人提名也调整为获相关界别或界别分组内至少占总数

① 《修改第3/2004号法律〈行政长官选举法〉》（第12/2008号法律），澳门特别行政区政府印务局网站，https://bo. io. gov. mo/bo/i/2008/40/lei12_ cn. asp。

② 《修改第3/2004号法律〈行政长官选举法〉》（第11/2012号法律），澳门特别行政区政府印务局网站，https://images. io. gov. mo/bo/i/2012/37/lei－11－2012. pdf。

20%已作选民登记的社团或组织提名的年满18周岁者[①]；第五，在选举标准上取消选委会委员选举中的“自动当选”机制，以体现选举的完整性，并提高选委会委员的认受性，即“不设分组的界别或某界别分组的候选人由投票人进行投票，候选人按得票多少依次当选，直至填满获分配的名额”（2012年修订）。

三 立法会产生办法的原初架构

澳门特区立法会产生办法的原初架构源于《澳门基本法》附件二以及《立法会选举法》的基本规定，主要表现为立法会议员的产生方式和名额分配，以及立法会间接选举议员的选举办法。

（一）立法会议员的产生方式及名额分配

澳门基本法附件二指出，澳门特区第二届立法会由27人组成，其中直接选举的议员10人、间接选举的议员10人、委任的议员7人；第三届及以后各界立法会由29人组成，其中直接选举的议员12人、间接选举的议员10人、委任的议员7人。附件二同时要求，“议员的具体选举办法，由澳门特别行政区提出并经立法会通过的选举法加以规定”。

澳门特区政府2001年通过了第3/2001号法律《澳门特别行政区立法会选举制度》，对立法会的直接选举和间接选举做出了具体的规范。规定直接选举的选举方式是，“在澳门特别行政区独一选区内，按比例代表制，以多候选人名单方式选出，每一选民只能对名单投出独一票”；规定间接选举的选举方式是，雇主利益选举组别4名议员，劳工利益选举组别2名议员，专业利益选举组别2名议员，慈善、文化、教育及体育利益选举组别2名议员。[②]

（二）立法会间接选举议员的选举办法

在立法会间接选举议员的选举办法上，《澳门特别行政区立法会选举制度》

① 《修改第3/2004号法律〈行政长官选举法〉》（第12/2008号法律），澳门特别行政区政府印务局网站，https://bo.io.gov.mo/bo/i/2008/40/lei12_cn.asp。

② 《澳门特别行政区立法会选举制度》（第3/2001号法律），澳门特别行政区政府印务局网站，https://images.io.gov.mo/bo/i/2001/10/lei-3-2001.pdf。

规定了立法会间选议员选举的投票资格、被选资格、参选人提名。首先，规定取得法律人格至少3年的法人才可以有投票资格，即“已取得法律人格至少3年，并已在身份证明局登记的代表有关社会利益的法人”；其次，规定年满21周岁的澳门永久性居民才有被选资格，即“具有投票资格且年满21周岁的澳门特别行政区永久性居民”；再次，在参选人提名方面，规定“提名委员会须最少由该选举组别已作选民登记的成员数目的25%组成”；最后，在选举方式上，“每一社团或组织享有最多11票的投票权，由在订定选举日期之日在职的社团或组织领导机关或管理机关成员中选出的最多11名具有投票资格的投票人行使”。①

四 立法会产生办法的修订和发展

澳门特区立法会产生办法主要历经2008年、2012年和2016年三次修订。特区政府在2008年、2012年和2016年分别颁布了第11/2008号法律《修改第3/2001号法律〈澳门特别行政区立法会选举法〉》、第12/2012号法律《修改第3/2001号法律〈澳门特别行政区立法会选举法〉》、第9/2016号法律《修改第3/2001号法律〈澳门特别行政区立法会选举制度〉》，主要表现为增加立法会直选议员和间选议员的名额与人数，修订了立法会间选议员的选举产生办法。

（一）增加立法会直选议员和间选议员的名额

2008年，澳门立法会选举办法修订对间选界别进行了界别名称的重新界定，修订为“工商、金融界选举组别产生四名议员；劳工界选举组别产生两名议员；专业界选举组别产生两名议员；社会服务、文化、教育及体育界选举组别产生两名议员”②。2012年的主要修订是，立法会直选议员增加2人到14人，间选议员增加2人到12人。③

① 《澳门特别行政区立法会选举制度》（第3/2001号法律），澳门特别行政区政府印务局网站，https：//images. io. gov. mo/bo/i/2001/10/lei－3－2001. pdf。

② 《修改第3/2001号法律〈澳门特别行政区立法会选举法〉》（第11/2008号法律），澳门特别行政区政府印务局，https：//images. io. gov. mo/bo/i/2008/40/lei－11－2008. pdf。

③ 《修改第3/2001号法律〈澳门特别行政区立法会选举法〉》（第12/2012号法律），澳门特别行政区政府印务局，https：//bo. io. gov. mo/bo/i/2012/37/lei12_ cn. asp。

新增的2名间选议员名额，一个分配给专业界，一个分配给“社会服务及教育”的新选举组别。由此，专业界由原来的2个名额增至3个名额；“社会服务、教育、文化及体育利益”界别分拆，文化及体育界别得到2个名额，而社会服务及教育作为新的选举组别，获得另外1个新增名额。

表3　澳门立法会人数及结构的制度调整

单位：人

<table>
<tr><th colspan="2">类型</th><th>原初</th><th>2008年</th><th>2012年</th></tr>
<tr><td colspan="2">直选议员</td><td>12</td><td>12</td><td>14</td></tr>
<tr><td rowspan="5">间选议员</td><td>雇主利益选举组别(工商、金融界选举组别)</td><td>4</td><td>4</td><td>4</td></tr>
<tr><td>劳工利益选举组别(劳工界选举组别)</td><td>2</td><td>2</td><td>2</td></tr>
<tr><td>专业利益选举组别(专业界选举组别)</td><td>2</td><td>2</td><td>3</td></tr>
<tr><td>慈善、文化、教育及体育利益选举组别(社会服务及教育界选举组别、文化及体育界选举组别)</td><td>2</td><td>2</td><td>3</td></tr>
<tr><td>小计</td><td>10</td><td>10</td><td>12</td></tr>
<tr><td colspan="2">委任议员</td><td>7</td><td>7</td><td>7</td></tr>
<tr><td colspan="2">总　数</td><td>29</td><td>29</td><td>33</td></tr>
</table>

（二）修订了立法会间选议员的选举办法

经过2008年、2012年和2016年的修订，立法会关于间接选举议员选举办法的主要修订主要表现为四个方面。首先，提高间选议员选举的投票资格，投票资格调整为“在身份证明局登记、获确认属于相关界别至少满四年且取得法律人格至少满七年的法人”，“已按照《选民登记法》作登记，并被登录于选举日期公布日前最后一个已完成展示的选民登记册内代表相关界别的法人”（2008年修订）。其次，备选资格下调为18岁的澳门永久性居民（2008年修订）。再次，参选人提名门槛从25%的符合资格社团的数量下调为20%的符合资格社团的数量（2012年修订）。最后，具有投票资格的法人的最高投票数由11票上调为22票（2012年修订）。

结　语

澳门特区政制的基本框架主要体现于行政长官的产生办法和立法会的产生

办法，因此澳门特区政制的原初架构主要体现行政长官产生办法和立法会产生办法的原初规定。回归以来，澳门特区政府严格按照基本法的规定，根据澳门经济社会发展的实际需要对行政长官和立法会的产生办法与选举办法进行了修订及完善，积极稳妥地推进澳门政制稳步向前发展。

综观澳门特区政制的发展历程，不难发现澳门特区政制发展的基本特点和经验主要体现为四个方面。

首先，澳门特区政府尊重并维护中央政府对澳门的全面管治权。2012 年澳门政制发展“2 +2 +100”的整个历程，严格遵循“五步曲”的程序，并严格遵守全国人大常委会的相关决定。2017 年澳门特区关于设立非政权性市政机构的咨询文本，也充分征询中央政府的意见，确保中央政府对澳门政制发展的主导权和决定权。

其次，澳门特区政府严格按宪法和基本法办事，全面贯彻落实“一国两制”、“澳人治澳”、高度自治的方针。以 2018 年设立非政权性市政机构的做法为例，澳门以“严格按基本法规定”为原则，准确理解基本法第九十五条的规定，确保在基本法的基本要求和框架内来进行，确保符合基本法的规定、不抵触基本法。

再次，澳门特区政府循序渐进地进行政制发展，没有操之过急，也没有频繁对政制进行改革和发展，确保澳门特区基本政治制度的稳定，推进澳门政制发展的民主化进程。比如，法人选民的投票人人数的增加、“自动当选”机制的取消、立法会间接选举议员提名门槛的降低等改革措施，都有力地增强了澳门选举的民主化程度。

最后，澳门立足于自身实际情况来进行政制发展的设计，广泛听取民意，不盲目攀比，不削足适履。澳门特区政府充分意识到，澳门有自身的实际情况，澳门基本法对澳门行政长官的产生办法和立法会的产生办法所做的规定与香港不同，因而需要综合考虑澳门的历史、经济、政治、文化和社会的情况来确定澳门的政制发展。例如，澳门的非政权性市政机构和香港区议会有本质的区分，澳门的非市政性机构不仅有咨询功能，而且还同时发挥提供服务的功能，因而澳门的非政权性市政机构委员采取的是委任而非选举产生的方式。

总而言之，澳门的政制发展有着十分重大的理论意义和实践意义，涉及“一国两制”和澳门基本法的贯彻落实，涉及中央政府与澳门特别行政区的关系，涉及澳门社会各阶层和界别的均衡参与，涉及澳门的经济繁荣和社会稳定。由此，澳门特区政府以较为积极、稳健而务实的方式来推进澳门特区政制的发展，为“一国”下的“两制”的发展模式提供了良好的经验和启示。一方面，澳门特区政府充分回应了经济社会发展对政制发展的改革诉求，广泛听取了社情民意来进一步寻求政制发展的方案；另一方面，澳门特区政府全面考虑中央全面管治权的落实、严格按照基本法办事、从澳门实际情况出发等方面的发展原则和发展要求，循序渐进地推进澳门政制的发展，在推进政制民主的同时，维护了国家的主权、安全和发展利益，确保了澳门的繁荣稳定，实现政治发展、经济发展与民生改善的兼顾和共赢。

B.4
澳门特区公共行政改革进程与效果评析

蒋朝阳*

摘　要： 澳门特区回归20年来公共行政改革经历了两个时期。澳门回归后第一个十年的公共行政改革首先从确立“以民为本”的新行政文化着手，中期因应经济社会发展的需要，开始对公共行政进行“系统的规范性改革”。澳门回归后第二个十年，针对公共行政存在的结构性问题，公共行政改革围绕“阳光政府”、科学施政、绩效治理、提升政府治理能力来进行。2018年在继续深化公共行政架构重整、发展电子政务以优化行政运作机制等方面取得了成效。2019年则稳步实施架构调整，优化公共服务素质。未来澳门公共行政改革仍有必要从进一步完善特区的治理体系、大力提升特区政府的治理能力着手。

关键词： 澳门　公共行政改革　阳光政府

一　澳门回归20年来公共行政改革与成效

2019年是澳门回归20周年。20年来，特区政府锐意进取，依据基本法的有关规定，卓有成效地推进各项公共行政改革。为分析方便，根据20年来澳门特区何厚铧、崔世安等两位行政长官的施政任期，可将20年来公共行政改革分为两个时期：一是1999年12月20日至2009年12月19日，即澳门回归

* 蒋朝阳，法学博士，澳门大学法学院教授，研究方向为宪法、澳门基本法与行政法。

后第一个十年的公共行政改革；二是2009年12月20日至2019年12月19日，即澳门回归后第二个十年的公共行政改革。

（一）澳门回归后第一个十年的公共行政改革与成效

第一个十年公共行政改革可以分为两个阶段：第一个阶段从1999年至2004年，在确保行政延续和稳定的前提下对澳葡政府时期明显的陋习和缺陷进行改革。这个阶段可称为“稳中求变”的改革。面对回归前夕澳门社会治安不稳、经济不景、对公共行政和公务人员整体评价不高，第一届特区政府成立开始，就考虑公共行政改革的问题。但是，基于当时首要任务是尽快稳定治安、提振经济，加之回归初期中高级公务人员经验不足，对公共行政如何改革、何时改革并不清楚，涉及公共行政的法律法规数量繁多且相互交错，修法费时费力且无适当人力，所以，公共行政改革首先从确立“以民为本”的新行政文化着手。①

第二个阶段从2005年到2009年，第二届特区政府因应经济社会发展的需要，开始对公共行政进行“系统的规范性改革”。② 2002年澳门“赌权开放”，带来了澳门经济的飞速发展，但2003年发生的“非典”（SARS），暴露了一些特区政府治理能力上的问题。2006年发生的欧文龙事件，以及在这一时期出现的诸如贫富差距、社保、公屋、交通、外劳和黑工等社会民生问题，曾一度使特区政府的管治威信遭受信任危机。特区政府开始考虑对公共行政进行系统性、规范性的全面改革，以解决危机背后的深层次问题。③ 2007年公布的《澳门特别行政区2007～2009年度公共行政改革路线图》，对这一时期公共行政改革给出了系统性和整体性的指导原则与技术方案。

澳门回归后第一个十年的公共行政改革成效主要体现在以下六个方面。

第一，重组政府组织架构，部门之间关系得到理顺。一是对澳葡时期的行

---

① 赵向阳：《澳门特区公共行政的若干观察》，载杨允中主编《公共行政建设与法制完善》，澳门大学澳门研究中心，2007，第115页。

② 《2004年财政年度施政报告》，澳门特别行政区政府网站，2003年11月19日，https://www.gov.mo/zh-hant/wp-content/uploads/sites/4/2017/11/policy04_cn.pdf。

③ 陈瑞莲、林瑞光：《澳门回归十年公共行政的改革与展望》，《中山大学学报》（社会科学版）2009年第5期，第159页。

政机构进行重组。设立 5 个司，司为行政长官直接领导下的一级行政机关，司的名称、职责范围和职数由法律规定；设司长 1 名，不设副司长，享有法定的职权。二是设立廉政公署、审计署和澳门特区海关，加强审计和廉政工作。撤销临时市政机构，设立“民政总署”，在民政总署下设 12 个厅级单位、38 个处级单位，较原来市政机构减少 31 个附属单位。同时，将具警察性质的部门统一在保安司管辖之下。三是重组政府部门。把澳门基金会和澳门发展与合作基金会合并，司法事务局与法律翻译办公室合并。撤销部分临时性的机构（项目组）。四是优化行政部门之间关系，对行政架构内设部门进行调整，如审计署重组中取消综合事务局，将其研究和技术支持等部门纳入新增设的审计长办公室，合并第一审计局和第二审计局，增强人员调配的灵活性。司法警察局调整内部架构，将原有的博彩罪案调查处与调查经济犯罪的侦查部门合并为博彩暨经济犯罪调查厅，把人力资源、接待暨公共关系处分设人力资源及人事管理处与接待及公共关系处。通过上述调整与重组，政府部门总数由回归前的 71 个下降到 2005 年的 60 个。①

第二，公共服务加以完善，行政效率有了提升。一是推行“服务承诺计划”和“一站式服务”。在社会福利服务方面，充分利用民间社会的资源，加强与民间团体的合作。在“服务承诺计划”中，引入私人企业管理模式；在行政服务方面，引入包括 ISO9000 在内的质量管理认证方法。建立集中的一站式民政综合服务中心，加强管理层和市民的直接沟通。针对市民投诉事项，组成跨部门、跨范畴的专责小组，加快处理和回应。同时，设立部门间的“对内服务承诺”机制，提供跟进支持。二是发展分区服务。在民政总署综合服务中心“一站式服务”及公众服务暨咨询中心服务的基础上，设立了“市民服务中心”，提供分区服务，如社工局和卫生局等建立了相应的分区服务网络。同时，成立分区咨询委员会，发挥市民在政府决策中的作用。三是通过“行政服务协议”整合不同管辖范畴的政府服务，把各部门所提供的服务，以协议方式授权其他部门或机构，减少政出多门、各自为政的现象，使政府服务更加贴近社会与民众的需要。②

---

① 澳门发展策略研究中心：《澳门特区政府公共行政改革研究报告》，2009 年 11 月，第 3 ~4 页。

② 澳门发展策略研究中心：《澳门特区政府公共行政改革研究报告》，2009 年 11 月，第 1 ~2 页。

第三，行政流程得以再造，行政运作进一步规范。通过推行政府 ISO9001 管理质量认证体系建设，不断完善内部管理机制。加强电子政务建设，实现特区政府流程再造。特区政府成立由 10 个部门组成的“电子政府工作小组”，协调政府电子化的发展，2004 年启动 E-Macao 工程，2005 年推出《澳门特区政府电子政务发展纲领（2005～2009）》，通过了《电子文件及电子签名》法律。通过上述举措，推进了澳门特区政府部门办公自动化、公文电子化、资料资讯全面共享，也再造了特区政府工作流程，减少了行政环节。与此同时，推行“衡工量值式”的政府账目审计方法，规范公共会计，建立政府账目审计模式标准，及时回应市民的意见及投诉，并积极推行执法服务责任制、过错责任追究制、执法服务考评制度，规范行政运作。①

第四，公职制度得以完善，公务人员管理进一步科学化。一是改革招聘制度，例如局部尝试进行中央统一招聘，引进心理测试，适当提高部分职位的入职学历要求，制定公职人员招聘指引。二是改革职程及晋升制度，2009 年修订通过《公务人员职程制度》，将一些特别职程予以撤销。同时，解决层级衔接不畅、晋升过快、到达职程顶点后缺乏进取与努力等问题，限制职程晋升的服务年限。倡导营造新流动文化，搭建人员流动的资讯平台，在用人方面增加了学历与资历条件，引入考评机制。三是改革评核制度，增加评核等级，将考核过程透明化，考核主体摆脱过分信赖领导及主管的状况，拉开考核结果的档次，真正使考评起到对公职人员应有的激励作用。四是建立退休公积金制度，对所有新入职的公务人员，除法律法规规定的极少数工种外，例如司法人员，都适用公积金制度。五是在公务人员培训方面，完善公职培训，同时，鼓励公务人员通过在职进修、终身学习，实现自我增值。培训重点则从着重于语言学习，转变为职业技能的提升。对不同层级的公务人员开展有针对性的培训，对领导及高级技术员进行了政治伦理、施政理念、公共行政及管理课程的培训，以提高其宏观管理能力与政策水平；对中下级公务人员、入职或晋升公职人员则进行专业技术课程的培训，以帮助其了解政府运作规程。培训方式多种多样，注重培训效率。②

① 澳门发展策略研究中心：《澳门特区政府公共行政改革研究报告》，2009 年 11 月，第 4～5 页。

② 澳门发展策略研究中心：《澳门特区政府公共行政改革研究报告》，2009 年 11 月，第 5～7 页。

第五，依法行政得以弘扬，廉政建设逐步加强。完善行政组织方面的法律和行政法规，修改制定公职人员《财产申报法律制度》，健全行政程序制度，促使行政程序透明化。针对澳葡政府时期普遍存在的贪污状况，根据基本法的规定，设立廉政公署，加强廉政公署的权力，完善廉政公署的架构。为各部门制订廉政工作指引，加强对公务采购的季度性审查，对工程批给、监管、采购招标提供分析报告，加大对违纪公务人员惩处的力度。

第六，政府咨询组织得到完善，公众参与得到提升。在这一时期，特区政府相继设立新的政府咨询组织，例如，旧区重整咨询委员会（2005 年 11 月设立，2015 年 3 月撤销），三个分区咨询委员会，即北区、中区及离岛区社区服务咨询委员会（2009 年初设立），以及公共行政改革咨询委员会（2007 年设立），等等。对重要的公共事务，特区政府灵活采用透过社团进行咨询与直接接触民众咨询相结合的形式。例如，就优化公交线路议题，特区政府聘请研究单位进行调研，做了 5000 个入户调查，同时广泛听取市民建议，在此基础上提出参考性报告，推出公交优先政策方案；在《澳门城市概念性规划纲要》公开咨询中，参加者来自政府部门、专业界、学界、社会人士、大学生等，在特区政府举行的落实“基本法 23 条”立法工作的大型咨询活动中，形式全面多样且具针对性，其间举行了多场公听会，直接听取社会各界的意见和建议。①

总体来看，到第二届特区政府任期结束时，澳门特区公共行政改革在行政理念的确立、公职法律制度改革、服务型政府的建立、公务人员管理、廉政建设、政策咨询、决策科学化与民主化等方面，取得了较大成效，洗涤了回归前澳葡政府的“夕阳心态”，重塑了积极有为的公共行政精神，进而最大限度地减少了“非典”与全球金融风暴给澳门社会带来的冲击，开创了澳门经济社会发展的崭新局面。②

（二）澳门回归后第二个十年的公共行政改革与成效

回归以来，澳门公共行政改革取得了相当大的成效，但是，长期以来积累

---

① 澳门发展策略研究中心：《澳门特区政府公共行政改革研究报告》，2009 年 11 月，第 8 ~ 9 页。

② 庞欣新：《澳门特区行政改革十五年成效分析》，《行政》总第 106 期，第 809 页。

的公共行政深层次的问题则较少触及。有观点认为，这些针对前线公共服务效率与质量的公共行政改革措施，较少触及澳门特区公共行政中存在的结构性问题，即职能重叠问题。[①] 这是澳门回归后第二个十年公共行政改革需要解决的主要问题。

这个时期的公共行政改革在时间上也可以分为两个阶段。第一个阶段从2009 年 12 月至 2014 年 12 月，公共行政改革围绕“阳光政府”、科学施政、绩效治理来进行。例如，行政长官在《2010 年财政年度施政报告》中提出“全力推动阳光政府建设”的目标，具体举措是：加强廉政建设，全面提升施政透明度；推动公共政策的科学化和民主化，提高政府执行力；提升广大市民对政府的信心；推动良性互动和监督。在《2011 年财政年度施政报告》中，继续秉持“积极构建阳光政府”的理念，提出“除了巩固现有的公共行政体系，深化公共行政的改革措施，特区政府还将逐步确立更科学、更公开、更民主的决策模式，以公共利益为大前提，实现阳光政府的施政理念”。在《2012 年财政年度施政报告》中，则提出“落实科学施政、推进政务公开”的理念，明确“建设一支专业高效、廉洁奉公的公务人员团队，是特区政府落实科学施政、推进政务公开的重要保证”，“进一步增强各级官员的问责意识”。在《2013 年财政年度施政报告》中，提出“强化政府运作机制，提升公共行政效能”的策略，强调“特区政府坚持‘科学施政’理念，贯彻科学决策，增加施政透明度”。同时，针对政策执行效果问题，提出“建立政府绩效治理制度”的目标，力图“把部门的执行力和执行效果、对既定政策是否有具体且有效的行动响应、政策是否达到目标，作为评估绩效的重要指标”。在《2014 年财政年度施政报告》中，进一步提出“提高公共行政绩效，优化公共服务质量”的要求。

第二个阶段从 2014 年 12 月至 2019 年 12 月，主要以深化公共行政改革、提升政府治理能力为目标，力图取得部门重组、效能提升的效果。例如，在《2015 年财政年度施政报告》中，行政长官以“提升政府治理水平，实现社会善治”为目标，提出“精兵简政”的施政理念，表示“政府会乘大势、顺民意，在积极作为中改善不足，不断提高政府执行力和公信力”。《2016 年财政

① 曾军荣、吴帅：《澳门特区公共行政改革：动因、策略与难题》，第二届‘21 世纪的公共管理：机遇与挑战”国际学术研讨会论文，澳门，2008 年 10 月，第 6 ~ 7 页。

年度施政报告》以“深化公共行政改革”为中心，提出两个努力方向：一是“坚持‘以人为本’、‘科学决策’的施政理念，一切从特区整体利益出发，听取民意，与居民之间建立良性互动”；二是“努力增强施政透明度，接受社会和居民监督”。《2017 年财政年度施政报告》中继续秉持“提升公共服务效能”的目标，并强调“坚持施政为民的服务理念，推动精兵简政，深化各项公共行政改革，提升政府施政能力和公共服务”，“推进政府架构调整，完善公职人员制度”。针对特区五年规划，还提出“落实特区五年规划的过程，是提高政府跨部门协同效应，增强施政执行力的过程”；“加强部门联合工作会议，检查特区五年规划落实情况，从而根据综合平衡、环境变化等因素适时作出调整”。《2018 年财政年度施政报告》中重新提出“深化公共行政改革”的目标，表示“落实优化公共决策系统的发展战略。秉持对广大居民负责的态度，积极有为、勤于施政、敢于担当，深入推动各项公共行政改革，全面提升政府的治理能力和水平”。《2019 年财政年度施政报告》则以“稳步实施架构调整，优化公共服务素质”为目标，“努力实现社会治理的共建共治共享”。

到 2019 年 2 月，澳门回归后第二个十年的公共行政改革成效主要体现在以下六个方面。

第一，“阳光政府”的建设取得了成效。一是在廉政建设方面，从 2010 年起，实施《预防及遏止私营部门贿赂》，修订《财产申报》法律制度，扩大官员财产资料适当公开的范围，强化廉政公署行政申诉职能，提高公共部门运作透明度，逐步建立廉洁诚信的行政文化。二是加强审计监督，加大常规审计和专项审计的深度及广度，对大型公共项目进行追踪审计。三是完善官员问责制。2011 年订定澳门特区政府主要官员通则及相关守则、领导及主管人员行为准则等规范性文件，理顺并进一步明确各部门的职责分工，明确各级官员的政治责任、行政责任和法律责任。四是实行政务公开。设立政府发言人办公室，加大政策解说力度，提升对突发事件的应变水平，提高政府的快速回应能力，保持与公众良好的沟通，启动《出版法》和《视听广播法》修订。五是加强政策咨询和政策研究，促进决策的科学化。设立向行政长官负责的政策研究室，作为咨询、辅助决策的机构，协助行政长官了解民意和进行科学决策，协调特区政府各部门政策的制定；在政策制定方面，全面实施《公共政策咨询规范性指引》，加强公共资讯发放的时效性和准确性；建立与政府各部门、各咨询组织、高校研究机构及民间社团定期的联络机制。六是重视行政规划的制定和引领。2016 年 9 月，制定和发布《澳门特别行政区五年发展规划(2016～2020 年)》，并开始落实执行。

第二，公共行政组织架构进行了系统性调整和重组。为从整体上理顺各部门之间的关系，提升部门行政效能，合理配置资源，完善公共服务，2010 年开始检讨政府的组织架构设置、整合部门职能。例如，2011 年合并法律改革办公室和国际法事务办公室，设法律改革及国际法事务局；2016 年 1 月，将法律改革及国际法事务局并入法务局，专责法律统筹机制的工作，并将原法务局的少年感化及社会重返职能分别纳入惩教管理局及社会工作局。与此同时，将社会保障基金划入社会文化范畴，退休基金会划入行政法务范畴。为配合民政总署相关职能的转移，调整文化局和体育发展局组织与运作。落实“精兵简政”理念，从 2016 年至 2017 年底，完成了 15 个公共部门组织调整及职能重组。从 2017 年开始，重点调整经济财政、保安及运输工务范畴等 17 个公共部门的职能。2018 年开展并完成设立非政权性市政机构的立法程序，市政署于 2019 年 1 月 1 日起设立并运作。

第三，建立了由行政长官领导的危机处理统筹机制。为有效应对突发公共事件和提升危机应变处理能力，2012 年建立了由行政长官领导的危机处理统筹机制，涵盖区域和国际应急合作、公共卫生、民防、旅游危机四大应对处理机制。其功能包括：为全力保障居民及旅客的生命与财产安全、第一时间掌握突发事件的情况，进行统一指挥和协调，订定资讯发放与收集方式，采取各项紧急措施，调动应急所需的人力及物力资源，协调各职能部门的分工与合作。因应 2017 年“天鸽”风灾，特区政府设立了“检讨重大灾害应变机制暨跟进改善委员会”，并在国家减灾委员会专家团队的协助下，完成了《国家减灾委协助澳门“天鸽”台风灾害评估专家组的工作报告》，全面总结经验和教训、查找存在问题、明确改善方向，增强大局意识和危机意识，提高应变能力，完善应变机制。为改善民防行动统筹协调制度和相关工作机制，更好地统筹、协调公共部门、私营机构和民间的行动，调动社会共同参与，2018 年 8 月，特区政府完成了《民防纲要法（草案）》的公开咨询。

第四，公共行政运行机制得到了改进，行政效能进一步提升。一是优化流程、简化行政手续，减少一些不合时宜的手续及程序。二是加强公共部门间的协调和跨部门合作，优化跨部门工作流程，提高政策执行力，提升公共行政服务的质量和效率。例如，优化“行政准照/牌照”的跨部门程序，以及多项与经济民生相关的跨部门程序，增加全程电子化的项目，完善“一站式服务”。同时，推出更多的电子化便民服务措施，构建一系列公共服务平台。三是推出政府绩效治理制度。把部门的执行力和执行效果、是否有具体且有效的行动响应、政策是否达到目标等，作为绩效评估的重要指标，并首先对领导层级官员实行绩效评审。对公共部门，则细化评核要素和标准，实施政策执行情况季度报告制度，完善公共服务第三方评估机制，促进和增强公务人员的责任感、服务意识和职业伦理修养。四是检讨官员问责制，规范行政、政治、法律、道德四大问责规定，健全配套制度。这样，通过绩效管理、领导官员评审和官员问责三个不同层面的评价制度，完善政府监督制度。

第五，公务人员管理机制进一步加强，公职法律制度得到全面完善，行政文化核心价值理念得到巩固。一是公职制度进一步优化，修订《公务人员职程制度》，并对公务人员规模进行总量控制。同时，推动人员中央统筹管理模式，完成《公务人员的招聘、甄选及晋级培训》制度的修订，优化中央招聘及晋升机制。对中央招聘，实行统一集中、两级考试。二是在公务人员薪酬福利方面，修订《年资奖金、房屋津贴及家庭津贴制度》，调整公务人员福利制度，推出相应的补助和福利措施；设立专责薪酬调整的评议会，完成“公务人员分级调薪制度”的研究和咨询。这样，公务人员的薪酬制度得到了健全，公平、科学、独立的公务人员薪酬调整机制得以初步建立。三是在公务人员权益保障方面，建立公务人员的申诉渠道，设立公务人员投诉管理机制，增设公务人员因执行职务涉及案件诉讼的司法援助制度，制定《因执行公共职务的司法援助》法律。此外，在公务人员培训方面，加强公务人员行政伦理及专业能力的培训，着重优化培训工作的质量，培养高素质的领导管理人才及专业技术人才。在行政文化建设方面，大力弘扬“爱民为民”、“团结一心”、“勤政高效”及“清正廉洁”的精神，[①] 增强各级公务人

① 《综述：数字盘点胡锦涛第二次澳门之行》，中国新闻网，2009 年 12 月 20 日。http://www.chinanews.com/gn/news/2009/12-20/2028020.shtml，最后访问日期：2019 年 1 月 4 日。

员的国家意识和责任意识，努力形成施政为民、权责一致的良好行政文化氛围。

第六，公众咨询和政府咨询组织制度也得到了进一步完善。2012 年开始，全面实施《公共政策咨询规范性指引》。对于政府咨询组织，有关咨询委员的角色及责任、公众咨询的制度化、公众咨询的成效以及咨询组织的运作更加规范和透明等问题，是咨询制度存在的突出问题。为使特区政府能够真正吸纳民意，自 2014 年开始推出限制咨询成员的重复任职有关制度，规范其委任年期。为增强居民参与公共政策制定的广泛性，自 2015 年开始整合和精简各个范畴的咨询组织，“所有咨询组织每届任期为两至三年，社会人士成员可连任两至三届，但最长不超过六年，最多可同时出任三个咨询组织”。[①] 2017 年，进一步优化咨询组织，推进经济产业、消费者权益保护及运输工务等政策范畴的咨询组织重组。[②] 2018 年，围绕咨询组织的年轻化和专业性、培养治理人才这个重点，继续推动咨询组织的优化和重组。截至 2018 年底，特区政府由行政长官和各司司长主持的政府咨询组织共有 47 个。[③]

总的来看，澳门回归后第二个十年公共行政改革在“阳光政府”建设、深化公共行政改革、科学施政、绩效治理、提升政府治理能力等方面取得了相当的成效，并及时总结 2017 年“天鸽”风灾的经验教训，制定了多项短期和中长期防灾减灾机制，特区政府的应急管理能力得到了进一步提升。特区政府还相继设立了由行政长官主持的建设世界旅游休闲中心委员会、“一带一路”建设工作委员会、海域管理及发展统筹委员会以及建设粤港澳大湾区工作委员会等机构，为配合区域合作、融入国家发展大局，起着重要的作用。

---

① 《2015 年财政年度施政报告》，澳门特别行政区政府网站，2015 年 3 月 23 日，https://www.gov.mo/zh-hant/wp-content/uploads/sites/4/2017/10/cn2015_policy.pdf。

② 《2017 年财政年度施政报告》，澳门特别行政区政府网站，2016 年 11 月 20 日，https://www.gov.mo/zh-hant/wp-content/uploads/sites/4/2017/09/2017_policy_cn.pdf。

③ 澳门特别行政区设立的咨询组织，http://www.gov.mo/Comissoes/List.aspx，最后访问日期：2019 年 2 月 19 日。

二 2018年澳门特区公共行政改革的重点与效果

（一）2018年公共行政改革的重点

2017 年，澳门面对了自 1953 年有台风记录以来最强台风正面吹袭的艰难考验，也暴露了特区政府在应急处理、部门协调等方面的施政短板。2017 年 10 月，在党的十九大报告中，进一步将港澳治理和“一国两制”纳入国家治理体系，对特区施政起着重要的指导意义。为此，《2018 年财政年度施政报告》以“深化公共行政改革”为目标，明确施政重点是“打造勤政、廉洁、高效、公正的法治政府，不断完善和提高治理体系和治理能力”。主要举措包括以下六个方面。

一是完善应急管理机制，提升防灾减灾能力。健全以政府主导和社会参与结合、日常预防与应急处理结合的机制；强化高层统筹指挥、部门协同行动；着力制度建设、资源投入，配合短中长期措施，构建防灾减灾长效机制。①

二是继续深化公共行政架构重整。启动为期 3 年的第二阶段职能重整，主要涉及经济财政、保安及运输工务范畴等 17 个公共部门。从组织架构的职能分工和运行机制两个方面，研究公共行政运作机制层面的改革方案。展开设立非政权性市政机构的立法程序。

三是深化行政运行机制改革。优化多项与经济民生相关的跨部门程序，增加全程电子化的项目，完善“一站式服务”。

四是深化公职制度改革。就《公务人员职程制度》第二阶段的修订方案，以及“分级调薪”制度的初步方案开展咨询；优化公务人员的晋升制度。

五是推进政府绩效管理，完善公共服务评估机制。检讨官员问责制，规范行政、政治、法律、道德四大问责规定，健全问责配套制度；深化绩效评核工作，细化评核要素和标准，完善第三方评估；增强各级官员的国家意识和责任

① 《2018 年财政年度施政报告》，澳门特别行政区政府网站，2017 年 11 月 14 日，https：//www. gov. mo/zh－hant/wp－content/uploads/sites/4/2017/11/2018_ policy_ cn. pdf。

意识，努力形成施政为民、权责一致的良好行政文化氛围。

六是培养治理人才，推动咨询组织的优化和重组，强化咨询组织的年轻化和专业性；提高施政透明度，提高政策解说能力和执行力。

（二）2018年公共行政改革的效果

2018 年澳门特区公共行政改革的成效主要体现在以下几个方面。①

1. 公共行政组织改革取得了较大进展

有序重整行政组织职能架构。2018 年，完成澳门保安部队事务局②、治安警察局③、司法警察局、海事及水务局④、高等教育辅助办公室⑤等部门的重组；设立政策研究和区域发展局、医学专科学院；重组教育暨青年局、礼宾公关外事办公室、法律及司法培训中心、金融情报办公室、文化产业基金及旅游发展委员会；研究设立信息保护局、澳门投资发展基金管理股份有限公司、澳门旅游业发展总体规划跨部门策导小组及澳门都市更新股份有限公司。2018 年 10 月，将金融情报职能转移至保安范畴，金融情报办公室归由保安司监管。在优化咨询组织方面，重组文化产业委员会，设立高等教育委员会。

设立市政署，健全基本法的实施。特区政府严格按照基本法的相关规定，综合公开咨询收集的意见，经立法会审议通过完成《设立市政署》的立法工作，并跟进规范市政署组织架构和职能的相关行政法规。市政署于 2019 年 1 月 1 日成立。

配合维护国家安全法的实施，设立相关负责和执行机构。2018 年 10 月初成立澳门特区维护国家安全委员会（以下简称“国安委”），并设立澳门特区

① 《2019 年财政年度施政报告》，澳门特别行政区政府网站，2018 年 11 月 15 日，https://www.gov.mo/zh-hant/wp-content/uploads/sites/4/2018/11/2019_policy_cn.pdf。

② 《修改第 9/2002 号行政法规〈澳门保安部队事务局的组织与运作〉》（第 29/2018 号行政法规），增设资讯系统厅、陆路口岸厅。

③ 参见《订定治安警察局职责及职权制度》（第 14/2018 号法律）、《治安警察局的组织及运作》（第 34/2018 号行政法规）。

④ 参见《修改第 14/2013 号行政法规〈海事及水务局的组织及运作〉》（第 30/2018 号行政法规）。

⑤ 2019 年 2 月 11 日升格为高等教育局。

维护国家安全委员会办公室（以下简称“国安办”），担当国安委内部附属的常设执行及辅助部门。“保安司司长兼任国安办主任，统筹司法警察局和治安警察局的执法力量，执行国安委的有关决策和落实部署。司法警察局负责国安委和国安办运作所需的人员、技术、行政及财政等支援。”

2. 全力发展电子政务，行政运作进一步优化

优化跨部门“行政准照/牌照”审批服务。“2018 年完成 10 项涉及车辆上的广告准照、持续进修发展计划和药剂师专业注册及核发准照等服务的跨部门程序的优化，使优化跨部门服务的项目数增至 55 项。”“完成了修改规范饮食及饮料场所发牌制度的行政法规，设立恒常的联合审批委员会，以加快发牌时间，并修改了发出临时牌照的要件，让申请者能尽快营业。”

扩展“一站式”公共服务，推动“一窗式”服务模式。例如，推动证明文件共享，相关部门合作就商业登记证明及物业登记证明等证明用途的文件推出了便民方案。采用该方案而实现“一站式”的跨部门服务共有 49 项。此外，法务局与身份证明局合作，以资料互联的方式，简化办理初生婴儿身份证的程序。发展“一窗式”服务模式，由身份证明局及民政总署先行先试，逐步使市民可在综合性的柜台办理不同的服务。

推动公共服务电子化。制定了规范统一电子平台、个人账户及电子文件的处理与管理的行政法规，新增约 15 项全程电子化的服务，主要涉及社会保障、应课税品（消费税之缴纳、豁免、退回及查询）等范畴。至 2018 年底，合共约有 70 项服务实现全程电子化。建立通用的网上预约及轮候平台及流动应用程序，进行公共服务预约及远程取筹。目前已将身份证明局、财政局、法务局、社会保障基金、交通事务局及民政总署所提供的服务及服务地点集中于有关平台。扩展网上服务，包括物业登记证明、商业登记证明、个人资料证明书等网上申请服务；居民身份证、旅行证件及刑事记录证明书网上申请进度查询；“海牙公约认证/进度查询”，可让外地机构网上查证附加意见证书的真伪。实施饮食牌照续期电子化，2018 年底，市民可通过网络上传续期申请、提交文件及缴交费用，并在城市指南服务机印制获续期的牌照。工务局设立了“公共下水道网络记录图申请”、“电力装置使用准照—申请装置检查及确定使用准照”及“电力装置使用准照—申请转移确定使用准照拥有权”申请的网上查询处理进度服务。房屋局为房地产经纪及房地产中介人新增准照网上续期

服务，以及分层建筑物管理商业业务准照及临时准照的电子申请服务。拓展更改联络资料的服务，目前参与的行政部门有身份证明局、退休基金会、社会保障基金、海事及水务局、文化局和教育暨青年局，服务点亦增至44个。

扩大自助服务范围。推出24小时办理《刑事纪录证明书》自助申请。增设多功能自助服务机的电子支付功能，有关行政费用通过自助服务缴交。截至2018年9月，增加了4项自助服务，包括“核实亲属关系自助服务”、“电子健康纪录互通”、“2018年电子医疗券系统”及“缴纳任意性制度供款”等相关服务。增加自助服务机的服务点，截至2018年9月30日，在澳门44个地点设置了70台多功能自助服务机，提供涉及10个政府部门的29项自助服务。

构建智慧城市。推出“市政设施EasyGo”应用程序，市民及游客可利用电子通信设备，获取前往市政设施的位置及路线等资讯。为改善政府资讯及服务发放的质量，于2018年1月推出新的政府入口网站，并与统一个人账户、澳门公共服务移动应用程序，以及部门网站整合，推出更新版移动应用程序。及时公布政府资讯，例如，运输工务范畴辖下各部门已在部门网站上载所有金额超过1000万元的公共工程和超过100万元服务的直接判给项目资料。根据特区政府与阿里巴巴集团于2017年8月签订的合作框架协议，2018年9月完成建立临时云计算中心（简称“试点云”），正式云计算中心（简称“生产云”）也正在建设中。

优化“公务人员管理及服务平台”的功能。2018年底，共有超过70个部门通过该平台处理有关年假、缺勤及工作时间等人事管理业务。

3. 公职制度进一步完善，人员能力得以全面提高

完善公职制度。贯彻以绩效为导向的公职制度改革方向，继续实施统一管理开考及优化相关流程；逐步形成综合能力试恒常开考机制。逐步完善《公务人员职程制度》，针对职程设置的基础、职程现状及相关情况进行分析，拟定了职程制度的改革草案，对部分一般职程和个别特别职程提出整合及修订建议，订定调薪的分级界限。推进公务人员评核制度及晋升机制的改革，完成《修订公务人员工作表现评核一般制度及晋升机制》的咨询工作，并草拟法律草案。完成《澳门公共行政工作人员通则》第一阶段有关假期、缺勤和工作时间等规定的修订，于2019年1月开始实施。同时，就第二阶段有关报酬及补助等规定的修订开展咨询，随后将进行相关的立法工作。与此同时，从行

政、政治、法律、道德等方面检讨官员问责制，逐步完善有关问责的配套制度；持续推行公共服务素质评价机制。

全面提升人员能力。为配合国家发展战略及特区政府的施政，特区政府积极开办各专项培训，提升公务人员对各项政策措施的掌握，更好地推进相关工作。包括对公务人员进行宪法和澳门基本法培训、法律基础知识培训和专业法律培训，开办智慧城市与大数据治理系列培训课程、以智慧城市及电子政务为主题的“澳门高级公务员专题研习班”及“电子政务专责小组交流学习”，开办中葡文翻译及传译课程。对政府高级官员开办“一带一路”专题研讨班，并与国家行政学院合作，以领导及主管人员为对象开办“危机与应急管理研修班”培训课程，提高他们在危机管理机制上的预防、协调、跟进等方面的执行能力，以及应对突发事件的指挥和统筹能力。

三　2019年澳门公共行政改革与未来展望

（一）2019年公共行政改革的举措

2018 年 11 月 12 日，国家主席习近平在会见港澳各界庆祝国家改革开放四十周年访问团的讲话中指出，希望港澳特区在助力国家全面开放、融入国家发展大局、参与国家治理实践和促进国际人文交流四个方面“更加积极主动”。① 为此，2019 年特区政府施政报告以“把握机遇、均衡发展”为题，明确了 2019 年施政方针。在公共行政方面，《2019 年财政年度施政报告》则以“稳步实施架构调整，优化公共服务素质”为目标，“努力实现社会治理的共建共治共享”。

2019 年公共行政改革的举措主要包括三大方面。②

① 《习近平会见香港澳门各界庆祝国家改革开放 40 周年访问团时的讲话》，中国共产党新闻网，2018 年 11 月 13 日，http：//cpc. people. com. cn/n1/2018/1113/c64094 –30396591. html。

② 澳门特别行政区政府：《2019 年财政年度施政报告》，澳门特别行政区政府网站，2018 年 11 月 15 日，https：//www. gov. mo/zh – hant/wp – content/uploads/sites/4/2018/11/2019_policy_ cn. pdf。

1. 公共行政组织改革

继续进行政府职能架构重组。主要涉及经济财政、保安及社会文化范畴，完成消费者权益保护咨询组织的重组。其中，在司法警察局内，设立一个厅级部门及适量的处级附属单位，承担针对危害国家安全犯罪的情报搜集分析、案件调查、国家安全宣传教育以及协助特区政府维护国家安全顶层架构运作的工作，并组建专责网络安全和反恐事务的专门附属单位。重组出入境管理部门，提升执法工作效率，治安警察局出入境事务厅将调整为两个厅级部门，分别是出入境管制厅和居留及逗留事务厅。在“精兵简政”及确保金融情报工作得以独立、高效运作的前提下，重组警察总局。加强港珠澳大桥的口岸物流管理，增加澳门海关监管物流营运商的权限，并增设新的附属单位，专责处理口岸物流设施监管等事务。增加保安部队事务局陆路口岸管理职能，负责港珠澳大桥澳门口岸及正在建设的青茂口岸旅检大楼设施的管理工作。

健全民防管理体制和运作机制。为配合特区政府《防灾减灾十年规划（2019～2028）》，着力完善各类民防预案体系，持续健全民防管理体制和运作机制，发挥政府在统筹、协调和指挥方面的功能，有效利用民间社团力量以及居民个人或团体的专业技能，在民防领域初步形成由政府全面主导和主要承担责任、社会多元主体共同参与的现代化治理格局，增强特区安全治理的能力。在新的民防法律通过和颁布后，尽快完成民防应急部门的筹组。根据民防协调实体与其他部门在民防领域的权力配置关系，就相关实体的组织法规进行修订。

2. 深化电子政务发展，持续优化行政运作机制

在《2015 年—2019 年澳门特别行政区电子政务整体规划》执行成效的基础上，启动 2020～2024 年澳门智慧政务发展规划的制定工作。

继续优化跨部门“行政准照/牌照”审批程序。2019 年将再优化 20 项与经济民生相关的跨部门程序。至 2019 年，累计将有 75 项跨部门服务流程完成优化。2019 年约有 20 项公共服务实现全程电子化，主要涉及社会保障、法律推广、雇员及劳务等范畴的服务。至 2019 年底，预计累计有 90 项服务实现全程电子化。

促进跨部门资料整合和共享。推动有关登记及记录文件，包括商业登记及物业登记等资料的共享应用于更多跨部门的公共服务上。结合正在建设的

“云计算中心”，推动各部门把各类可共享的证明文件存放于该中心，进一步促进跨部门资料整合和共享。通过“一窗式”服务模式，选取性质相似的服务，结合流程优化及电子化等措施，使市民可以在综合性的柜台办理不同的服务。

推进电子政务向个人化方向发展。草拟规范电子签名分级模式、电子文件与电子通知效力及文件共享等内容的电子政务法律草案。重整各项服务流程，以人生历程中不同阶段可能需要办理的各项政府服务为主题，如出生、入学、就业、婚姻、社会保障、救助、养老等，重点推动与市民息息相关的公共服务逐步实现全程电子化及“一网一户”的个人化服务。

构建政府智慧城市与电子政务平台，以“汽车所有权首次登记”为试点，逐步提供“登记公证网上服务”。此外，逐步简化有关民事登记，如出生、结婚、死亡等登记证明文件的递交，为市民提供更便捷的服务。促进市政服务电子化，包括构建市政意见实时反映平台，市民可透过移动应用程序就“环境卫生”“公园/休憩区设施”“街道设施”“食品安全”等问题反映意见，并查询个案进度或跟进结果；建立“一站式饮食牌照”共享资讯系统，为市民提供“线上递交服务申请”及“线上查询饮食及饮料场所资讯”等服务；扩展“市政设施 EasyGo”的功能，逐步发展成资讯和服务导航平台；开发民政活动网上报名系统，实现活动报名、抽签、通知及缴费等环节的电子化。运输工务范畴辖下部门的招标文件将实行电子化，仅提供电子版本。构建公共房屋网上申请平台。拓展证明文件网上申办服务，提供身份证明范畴的证明书网上查询，优化《社团及财团证明书》的网上申请程序。扩展多功能自助服务机的功能及服务点，并计划将更多自助申请的服务时间延伸至全日 24 小时，方便居民随时办理申请手续。

推动政府数据开放，完成及推出“数据开放服务平台”，完成正式云计算中心基本设施建设。地籍局计划推出“数字澳门三维城市信息系统”移动版本，满足市民更多需求。完善“公务人员管理及服务平台”的功能，推出手机应用程序，让公务人员可便捷地透过手机使用各类个人化服务。

3. 完善公务人员管理

优化统一管理开考。全面检讨及改革公务人员的入职招聘开考流程，落实缩短开考程序的各种措施；确立恒常的综合能力试开考机制；针对公共部门有共通性职务人员的需求，制订与部门合作进行专业或职务能力评估开考的招聘程序，减省不必要的步骤，提升招聘效益。

优化人员管理机制。按照公职制度改革的方向，逐步推进职程、评核、晋升、薪酬及人员通则等制度的完善。完成《公务人员职程制度》法律的修订工作；完成公务人员评核制度及晋升机制法律草案；进行《澳门公共行政工作人员通则》第二阶段有关报酬及补助等规定的修订。

强化公务人员培训。为支持澳门融入国家发展大局，落实特区五年发展规划，2019 年持续为各级人员开办各类针对性及专业性的培训，提升公务人员对政策的理解和专业能力。包括：为中、高级别的公务人员举办澳门基本法研讨班，举办宪法与澳门基本法专题讲座，开办有关智慧城市和大数据应用等一系列的培训课程；持续为各级人员安排各类法律知识的培训，举办绩效管理培训课程；继续推进中葡文翻译及传译学习计划；将为领导及主管人员开办有关“一带一路”倡议及粤港澳大湾区发展建设政策解读及专题研讨的培训课程；持续为各级公务人员开办突发事件应急管理的培训，继续为领导及主管人员开办“危机与应急管理研修班”。

完善问责的配套制度。修订纪律制度及退休与离职制度，完善领导及主管人员行政问责的相关规范。根据第三方机构有关市民对公共服务的评价报告，结合特区五年发展规划的落实情况、部门的施政及重点工作目标的完成情况、组织及服务评审等评价指标，进行公共部门及官员绩效评审。

（二）未来公共行政改革的展望

经过 20 年的努力，澳门特区公共行政改革取得了相当大的成效。如果将其与 2009 年澳门发展策略研究中心发布的《澳门特区政府公共行政改革研究报告》中所指出的公共行政存在的问题来比较，政府职能关系得到了理顺，公职制度进行了深化改革和完善，决策与执行的沟通得到了改进，官员问责制度得到了完善，政府咨询组织和相关机制也得到了改进。当时坊间所提出的行政机构叠床架屋、行政职能重叠、行政程序繁杂、政府绩效不高等诸多问题，[①] 在不同程度上得以解决。

① 鄞益奋：《政府善治与精兵简政》，《澳门日报》2014 年 8 月 27 日，F04 版。

应该看到，澳门公共行政改革与完善澳门特区政府的治理体系和提升治理能力相比较，未来尚须做出更大的努力。从近年来澳门特区审计署和廉政公署所公开的相关报告情况来看，公共行政方面也存在某些亟待改进的领域。例如，重大公共工程的执行与管理问题①，电子政务项目执行率低问题②，跨部门协调不畅、无法形成协同效应问题③，行政审批标准和程序不够严谨、程序不透明、规则需要制定和优化等问题。④ 此外，克服民意的碎片化以及所带来的行政运作的碎片化，构造整体性政府，发挥政府作为"看得见的手"在推动社会经济有序发展中的重要作用，例如制订产业政策、调整产业结构、鼓励创新、提供中小企业发展的良好社会环境和公共服务，以及在提高公务人员的治理能力、落实绩效治理、强化问责的约束力等方面，也有许多工作要做。

澳门特区治理体制是国家统一治理体系的组成部分。在新时代，如何把维

① 澳门特别行政区审计署：《轻轨系统——第四阶段专项审计报告》，2018 年 9 月，第 37 页。报告认为，截至 2018 年 8 月，澳门轻轨系统只能预计氹仔线在 2019 年通车，整项工程的执行情况，包括路线设定、造价预算、工程管理、竣工时间，皆与当初的计划存在巨大落差。轻轨系统未能如期发挥功效，给特区政府及社会带来一定的负担。

② 澳门特别行政区审计署：《电子政务的规划及执行——衡工量值式审计报告》，2018 年 8 月，第 24 页。报告认为，多年来提出的 61 个电子政务项目，截至 2018 年，完成了 39 个项目，完成率为 63.93%，而未完成的 22 个项目当中，16 个分别属于《电子政府策略研究报告》及《澳门电子政务发展纲领（2005～2009）》的项目，由提出至 2016 年 12 月 31 日超过 10 年仍未完成。

③ 澳门特别行政区审计署：《道路工程的协调管理——衡工量值式审计报告》，2017 年 5 月，第 42 页。报告认为，道路开挖的问题中反映出不少公共部门在落实政策与履行职责时常见的工作失误。其中，由多个部门组成的"协调小组"会议，表面看来运作正常，亦有定期开会，但除了两个月一次的会议沟通，根本无法产生实质成果，完全没有体现跨部门合作的协同效应。

④ 澳门特别行政区廉政公署：《贸易投资促进局审批"重大投资移民"和"技术移民"的调查报告》，2018 年 7 月 2 日，第 26～27 页。该报告指出，"重大投资移民"和"技术移民"存在审批标准和程序不够严谨、程序不透明、规则需要优化等问题。澳门特别行政区廉政公署：《关于路环叠石塘山建筑项目的调查报告》，2018 年 2 月 6 日，第 24 页。该报告指出，工务部门在建筑项目的审批工程中，必须严格遵循合法性原则，包括相关的行政指引；环保和市政部门应尽早完善与环评、景观、绿化有关的法律法规。澳门特别行政区廉政公署：《关于气象局台风预报程序及内部管理的调查报告》，2017 年 10 月 19 日，第 16～17 页。该报告认为，气象局台风预报的决策权高度集中，但程序不规范、标准不透明，存在相当的随意性；建议修改《热带气旋情况的指示》，完善有关台风预测及悬挂风球的法规；建立包括气象技术人员参与的专门会商机制；订定悬挂风球期间领导及工作人员的留守值班制度；完善内部人事及设施管理。

护中央对澳门特区全面管治权和保障特区高度自治权有机结合起来，如何“完善与基本法实施相关的制度和机制”，如何实现特区政府的“积极作为”，如何“融入国家发展大局”、推进同内地的互利合作，如何增强“国家意识和爱国精神”、壮大“爱国爱澳”力量，也成为澳门特区公共行政发展所面临的课题。为此，未来的公共行政改革有必要从构建服务型政府、法治型政府、责任型政府、阳光型政府和有为型政府①五个方面整体性推进，以完善特区的治理体系，大力提高特区政府的治理能力。

---

① 杨爱平：《澳门特区政府治理能力的现状与发展路向》，《港澳研究》2014 年第 3 期，第 50 ~ 53 页。

B.5 澳门公务人员制度改革及其效果

李良汪*

摘 要： 本文透过对澳门公务人员制度的发展进行梳理，分析澳门公务人员的招聘、薪酬、晋升、评核、培训五项与公务人员职程和发展息息相关的制度，并透过探讨现存问题，提出改革方向，以提高澳门特区政府的执行能力及施政水平。

关键词： 澳门 公务人员制度 晋升制度 薪酬制度 评核制度

一 澳门公务人员制度的发展历程

（一）回归前公务人员制度的改革概述

1984 年，时任澳督高斯达（Almeida Costa）颁布《澳门公共行政组织结构大纲》，旨在理顺行政关系、简化行政程序、加强行政组织的灵活性和公务人员对公共行政的参与感，提高行政运作的效率和效益，以满足澳门经济发展和社会进步的需要。高斯达同时颁布了《进入公职条例》、《一般职程制度》和《领导和指导人员章程》三项法例。

1987 年，时任澳督文礼治对《澳门公共行政组织结构大纲》加以完善，但当时整个公共行政系统和公务人员制度仍然过于依赖葡萄牙《海外公务员章程》，未能符合《中葡联合声明》签署后澳门过渡期的新形势。

1988 年，澳门公共行政法律和公务人员制度出现新的转折点，澳葡政

* 李良汪，公共行政硕士，民众建澳联盟理事长兼该会公共行政改革关注组召集人，研究方向为公共行政。

府分别制定多项法令，包括废止《海外公务员章程》在澳门的效力；把该章程的部分条文加以修订改编，变成澳门的法例；对政府部门的办公时间、年资计算及预支薪金等做出规定；制定澳门公务人员和公职人员的纪律章程等。

1989 年，文礼治获立法会全面授权继续检讨公职人员的法律制度，力求简化法律概念和程序，并将其法典化以便应用；同时加强有关法例之间的协调和衔接，并促成其现代化，以逐步满足澳门过渡期的需要。其后分别颁布《外聘人员在澳门政府机关担任职务章程》、《澳门公共行政机关领导及指导人员章程》、《澳门公职一般及特别职程制度》和《澳门公职人员章程》四项法令，部分其后再经修订，奠定了澳门公务人员制度现代化的基础。①

（二）回归后公务人员制度的改革概述

澳门回归后，特区政府亦先后制定及修改多部与公务人员制度相关的法律法规，包括《公共行政工作人员工作表现评核原则》《公共行政工作人员的工作表现评核一般制度》《公务人员公积金制度》《公务人员职程制度》《领导及主管人员通则的基本规定》《领导及主管人员通则的补充规定》《公务人员的招聘、甄选和晋级培训》《公共部门劳动合同制度》《澳门公共行政工作人员通则》等，部分制度至今仍在修订当中或正计划修订。

澳门公务人员制度经过回归前后的多次制定及修改，已基本形成完整的法律制度体系，其主要体现为四个方面：一是条文更完整，以便公务人员应用及公众查阅，使制度更透明化；二是明确规范公务人员的权利与义务；三是完善公务人员的权益及职业保障；四是统一了较具争议性的规定及堵塞漏洞。

2019 年，特区政府就完善公务人员制度制订了三大项工作计划，包括优化统一管理开考、逐步完善公职制度及强化公务人员培训，范围涉及公职招聘、薪酬、晋升、培训及评核，一系列的检讨修改是回归二十年以来最具规模、最有系统性的公务人员制度改革。

---

① 吴志良、陈欣欣：《澳门政治社会研究》，澳门成人教育学会，2000，第 71、83、84 页。

二　澳门现行公务人员制度存在的问题及影响

随着社会不断发展，部分制度亦再次显得不合时宜，虽然特区政府近年因应发展需要亦做出相应改革，但部分仍未能符合社会期望，甚至出现一再改革仍问题不断或长期停留在研究阶段等情况。

（一）招聘制度：改革欠缺清晰目标，且预期及评估不足

2012 年，特区政府为改善公职招聘乱象，推出“中央招聘”，并以高级技术员及技术辅导员职程首先试行，透过由各开考部门代表组成的典试委员会、抽签分配录取人员到不同部门等措施，改善任人唯亲情况。然而，制度实施后出现招聘程序冗长、人员错配到不同部门等问题，为社会及各公共部门所诟病。为完善“中央招聘”衍生的问题，2016 年特区政府又对公职招聘进行改革，推出统一管理开考，并于 2017 年再度修改相关行政法规，由一个开考的两个程序，修改为两个独立的开考，包括“综合试”及“专业试”。前者由行政公职局负责，后者则由开考部门负责，“综合试”合格的考生方能参与“专业试”开考。

自 2012 年起，公职招聘经历数次“大修小改”，部分问题确实得以完善。例如，透过由开考部门负责“专业试”，避免“中央招聘”人员错配的问题，但再次出现任人唯亲的风险。另外，虽然招聘效率因开考程序形成恒常机制后有望改善，但与社会期望的效率相比仍有距离。制度至今仍在完善及改革的进程当中，当局在推行前显然没有做好各项评估及缺乏改革的清晰目标，予人“朝令夕改”之感。2018 年，特区政府表示正陆续检讨和优化公务人员招聘制度，例如设定可进入面试的人数限额为招聘空缺的 5 倍。有关修法对提高效率虽有一定程度的帮助，但可能影响“择优而录”原则。连同效率与公平这两项尚未有效完善的原则，为公职招聘改革增添了一些不确定性。以 2016 年卫生局招聘 54 缺行政技术助理员为例，有 5300 名考生投考，整个招聘程序只需半年多时间便完成，故公职招聘效率关键在于招聘部门本身，考生多寡并非最主要的影响因素。

要做到整个招聘程序提速增效，部门对典试委员会的支持尤其重要。根据

《公务人员的招聘、甄选及晋级培训》规定，一般情况下，典试委员会成员及相关协助人员优先执行开考工作。但实务上，部分公务人员担任典试委员会成员期间，除要负责日常自身工作，还须跟进开考，不少典试委员会成员实际上并没有条件以开考工作为先，对招聘效率造成一定影响。另外，公职招聘任何一个阶段均须十分严谨，包括出卷、考试规则、监考、改卷、计分、公布每阶段名单等，任何一个环节有缺失均可能导致整个招聘撤销重来。故典试委员会及主持开考的人员均须熟悉开考程序和相关法律法规，一方面确保程序公义，另一方面可避免操作不当而影响招聘效率及增加行政成本。

（二）薪酬制度：缺乏清晰定位及完善的调薪机制

1. 现行调薪机制

澳门公务人员薪酬提高主要有两个因素：一是职位薪俸点的改变，例如人员晋阶或晋级等，但这只涉及个人收入的提高；二是透过法律对薪俸点 100 点的对应金额做出调整，从而令整体公务人员的薪酬上升。2012 年之前，澳门公务人员调薪没有充足的科学依据及完善的制度，是否调薪以及调薪幅度主要取决于特区政府参照当时的通胀水平及“长官意见”，故常引起应否调薪、调整幅度及应否追溯等争议。

2012 年 1 月 26 日，《澳门特区政府公报》刊登第 9/2012 号行政长官批示，成立“公务人员薪酬评议会”（下称“评议会”），并制定四个调薪的主要因素，包括通胀率、私人市场薪酬趋势、政府财政状况以及社会和公务人员的意见。然而，虽然制定了上述四个考虑调薪的因素，但各占比例或主次考虑以及如何计算调薪幅度等没有明确。另外，由评议会向行政长官建议调薪到政府宣布调整公务人员的薪俸点，在这一过程中亦没向社会披露太多信息。显然，调薪方式谈不上科学化，讯息公布也欠缺透明，制度仍有很大的完善空间。

2. 欠缺清晰定位

由澳葡政府到特区政府，在公务人员薪酬方面一直没有明确的策略定位，每次调薪只按“长官意见”或简单以通胀率作为主要考虑因素做调整。因此，特区政府应先对公务人员的薪酬做策略定位。例如，考虑按效率工资理论，将公务人员的薪酬水平定位优于市场水平，又或应尽量贴近市场薪酬水平。总而言之，订定公务人员薪酬定位可让调薪措施更有明确方向。

3. 可加可减的调薪机制

一个完善的调薪制度，其中一个基本要素是应有加薪、冻薪及减薪的机制，三者缺一不可。换句话说，只加不减的调薪机制不会是一个完善的机制，这在理论与制度理想化建设上是毋庸置疑的。然而，由于澳门“社团社会”的特色，根据集体谈判工资理论，将来即使依据所有调薪因素及科学化的计算方式而要做出减薪决定时，考虑的可能不再是制度本身，更多的是政治因素。

4. 分级调薪

澳门现行公职职程众多，除一般职程及特别职程外，还有一些职位出缺时将撤销的职程和由专有法规规范的特别职程，共 70 个以上，当中还未包括领导及主管官职、受私法制度规范的基金会及其他公共机构人员的相关职程，以及薪酬不以薪俸点计算，但与之相关联的职位（如行政长官、主要官员、立法会议员及司法官等）、上述列举的职程和职位、相关人员的薪酬均与薪俸点有着直接或间接的关系。在结构上，不同职程的薪俸点虽然不同，职程之间的薪俸结构却有一定程度的紧密性，当中部分薪俸点的差距亦较为贴近。因此，制度所涉及范围之广、牵动之大，稍有差池便会影响整个公务人员团队的士气稳定与绩效运作。此外，分级调薪的症结在于应“先分级，后调薪”，在调薪层面上划分各级公务人员是整个制度的灵魂所在。然而，特区政府仍未对高、中、低层的公务人员做清晰或明确的分类，这既不利于日后分级调薪的实施，亦不利于其他与公职有关的制度建设。

（三）晋升制度：晋级的“必然”与“限制”所带来的影响

澳门公务人员的晋升制度与职程、评核以及培训制度等息息相关。截至 2018 年 12 月 31 日，澳门公职人员（连同受私法制度规范的基金会及其他公共机构的人员）总数为 34506 人①，当中绝大部分为一般职程制度。有关晋升制度分为晋阶及晋级，前者是根据公务人员按法律规定的年资及工作表现评核达标，晋升至紧接的职等，薪酬同步提高，但工作的复杂程度无明显改变，只

① 《澳门特别行政区公共行政人力资源季度统计资料》，澳门特别行政区政府行政公职局网站，https：//www. safp. gov. mo/wcmpro/groups/public/@ safp/@ ext/@ information/documents/web/wcm_ 007946. pdf。

是增加所担任职务的工作经验；后者则是指在某一垂直职程内晋升至紧接的职等/职级，薪酬同步提高的同时，工作复杂程度及责任亦会按职级递增。一般职程的四个人员组别当中，除工人组别是横向职程（只能晋阶），其余的高级技术员、技术员及技术辅助人员组别均为垂直职程，可在职程内晋升至紧接的职等/职级，即晋级，并分为五个职级（二等、一等、首席、特级/顾问、首席特级/首席顾问），每个职级有三个职阶，最高职级有四个职阶。

一般而言，垂直职程的晋级相对晋阶较受公务人员的重视及关注，因不论是薪酬、工作复杂程度及责任亦较高，故晋级的条件亦相对晋阶为高。前者须满足年资、评核以及晋级培训三个条件，后者则只需满足年资及评核条件。然而，由于现时澳门公务人员评核只流于“走过场”与“大镬饭”的形式，加上累积足够的培训时数亦不难，故只要具相应的服务年资，晋级已可说是“必然”的事。倘不计算晋级所需的行政程序，一般情况下，公务人员只需六年时间便可由职程内的第一职等晋升至第四职等，但由第四职等晋升至第五职等（最高职等），最快也需要八年时间。这导致在同一职程中，处于第一至第三职等的公务人员，其积极性一般相对为高；同时亦令第四职等及第五职等的公务人员感到不公，认为很多年资尚浅的公务人员的职等及薪酬已与其相差不大。例如，同一部门中，有职程年资分别为十多年及六年多的顾问高级技术员，容易引发负面影响。

另一方面，现行晋级制度只容许职程内晋升，例如技术员职程的公务人员，一般情况下由二等技术员入职，即使工作期间表现优秀、学历高、工作经验丰富，也只能在职程内晋升至首席特级技术员。除获委任为领导及主管官职或透过豁免开考进入更高职程等特别情况外，倘希望进入较高职程，正常情况只能透过公开招聘进入。实务上，往往这些优秀人才在部门开考前，或已考获其他部门的更高职程，导致部门需要重新招聘及培养公务人员。现行制度缺乏弹性，不利于部门提拔或挽留所需要且有经验的优秀人才，影响部门及公务人员的发展。

（四）评核制度：流于“大镬饭”形式

根据第8/2004号法律《公共行政工作人员工作表现评核原则》规定，评核按公务人员工作表现的优劣程度，分为“优异”、“十分满意”、“满意”、

“不大满意”或“不满意”五个级别的评语。2005 年，取得“优异”和“十分满意”评语的公务人员占公务人员总数的七成，2015 年，取得同等评级的人员超过九成①，故有声音质疑现行公务人员评核制度能否反映实况。

1. 评核人未严格按照准则评核

第一种情况是评核人对评核目的、项目、准则、指引、程序，以至相关法律法规均不了解，导致评核出现偏差。以每年三次的评核会议为例，第一次评核会议属事前性的目标制定，评核人应与被评核人做充分沟通，订立工作目标和应达致的成果；第二次评核会议属事中性监督，跟进了解被评核人的工作表现，并在必要时进行调整，或做出反馈与支持等；第三次评核会议属事后性评分，对被评核人的工作表现做最后评审，并给予相应评分与评语，并清楚讲述其工作表现如何。三次会议分别有不同的作用，没有进行或延迟进行均会对公务人员绩效造成影响。然而，在实务工作中，有评核人一年只进行给予评分的评核会议，没有进行事前性的目标制定及事中性监督的评核会议，导致公务人员未能满足工作要求。

另一种情况是，虽然评核人按照法律执行所有既定的评核程序，评核人亦清楚评核标准，但由于“十分满意”或“优异”评语有助于公务人员更快晋级，在出于“善意”及避免下级不满等原因之下，绝大部分评核人以“十分满意”为最低标准，令评核流于“走过场”形式，未能真正发挥制度成效。这种“中间错误”② 往往会影响工作积极的公务人员士气，而“晕轮效应”③、“近因效应”④、“个人偏见”⑤ 等评核方式亦然，故评核人的素质（是否公私分明）与能力（相关工作知识及观察力）是评核制度能否发挥成效的关键。

---

① 《修订公务人员工作表现评核一般制度及晋升机制》咨询文件，澳门特别行政区政府行政公职局，第 4 版。

② 评核人不想引起下属不满，于是一视同仁，不论被评核人工作表现如何，均给予同等分数，导致难分优劣。

③ 评核人对被评核人某一方面的优劣表现已有认识，但没有全面认识其他方面的工作表现，结果以偏概全。

④ 评核人没有以整段期间做评核，只以近期记忆所及的表现进行评核，令被评核人在临近评核时才努力工作。

⑤ 评核人因个人背景关系，对某些人存有偏见，最常见的是性别、种族、年龄及出身等偏见。

2. 评语与评分未能反映差别

即使评核人根据事实及依照准则做工作表现评核，但在现行“四舍五入”的评核机制下，亦难以真正分清公务人员的“优劣”。例如，甲公务员评核分数是4.4分，计算整数后为4分，评语为“十分满意”；乙公务员得分是3.5分，计算整数后同为4分，亦是“十分满意”。虽然两者相差0.9分，但评语及产生的效果均一样，未能有效反映差别，从而产生公平性问题，令整个评核准则的公信力受到影响。

（五）培训制度：欠缺认知与品质，流于“走过场”形式

1. 欠缺对培训的认知

澳门现时公务人员培训制度主要与晋级制度挂钩，根据经第4/2017号法律修改的第14/2009号法律《公务人员职程制度》及经第23/2017号行政法规修改的第14/2016号行政法规《公务人员的招聘、甄选及晋级培训》相关规定，第三级别至第六级别的一般职程公务人员须接受晋级培训，而培训分为修读式与达标式。在澳门公务人员培训方面，现时尚未建立完善的制度，不少公务人员参与培训只为应付晋级，而即使部门领导及主管，也认为经“过五关、斩六将”入职的公务人员已具备处理工作的一切条件，即使认为需要培训，也应该在日常工作中学习，显然对培训的重要性及必要性没有足够认知。

2. 对培训欠缺系统性的评估机制

根据第24/2011号行政法规《行政公职局的组织及运作》第2条（五）项①及经第23/2017号行政法规修改的第14/2016号行政法规《公务人员的招聘、甄选及晋级培训》第39条第3款②规定，行政公职局具有研究、统筹及发展公务人员培训与发展政策的职责，以及具有辅助公共部门明确公务人员的培训需求和编制培训计划等职权。最新一期的《公共行政人力资源报告》显

① 第24/2011号行政法规《行政公职局的组织及运作》第2条（五）项：“研究、统筹及发展公务人员培训与发展政策。”

② 经第23/2017号行政法规修改的第14/2016号行政法规《公务人员的招聘、甄选及晋级培训》第39条第3款：“公职局尤具下列职权：（一）如有需要，辅助公共部门及实体明确公务人员的培训需求和编制培训计划；（二）确保在筹备、指引和管理培训课程方面与各培训实体配合；（三）就晋级培训事宜发出指引，但不影响本行政法规及其他适用法例的规定。”

示，截至2017年底，由行政公职局开展的特别、语言及专业技术培训课程（未包括其他公共部门和私人实体），开办课程数目为415个、课时为13493小时、学员人数为10114人①。然而，由于培训成效欠缺有效评估，公务人员对课程内容是否理解，以至能否学以致用亦不得而知，使培训流于“走过场”形式。

三　公务人员制度未来的改革方向

（一）公务人员招聘需兼顾效率与公平

1. 合理增加试卷难度

担心过多投考人进入专业面试阶段而影响招聘效率，除限制人数外，更可从知识考试难度方面着手，但内容与招聘职程所具备的知识程度应相符，具体可透过在题型或扣分方式方面着手。例如，选择题为多选题，答错需倒扣分等。

2. 对开考程序每一阶段设定时间表

典试委员会可就开考过程的每一阶段订定时间表，因应投考人数及每一阶段的“上诉期”衡量时间及进度。倘出现合理理由，如投考人提起声明异议等则因应情况延迟，确保开考按时推进，提高招聘效率。由于不具约束力，部门领导或人事部门主管应监督与协调开考进度，确保如期进行。

3. 支持典试委员会成员

担任典试委员会成员的公务人员往往需要同时兼顾日常工作与开考工作，在一定程度上会影响招聘效率。部门在委任典试委员会成员前，除考虑其对相关范畴或招聘职位的熟悉程度，亦应考虑有关人员正负责的工作及项目，避免对两方面均构成影响。同时，公务人员担任典试委员会成员期间，部门领导或上级应按实际情况安排或调配工作，确保招聘效率及成效。

4. 其他部门人员担任典试委员

社会过去一直质疑部门聘用任人唯亲，希望修法改善有关问题。然而，新

① 《2017年澳门特别行政区公共行政人力资源报告》，澳门特别行政区政府行政公职局，第171页。

修订的招聘制度，有关“专业试”或“职务试”由聘用部门自行开考，未能消除社会疑虑。现时聘用部门会因应开考，委任局内人员组成典试委员会，负责一切与招聘和甄选有关的工作。建议在典试委员会的正选委员及候补委员当中，加入一位部门以外且为相关范畴的公务人员，确保开考的公平公正。

5. 加强对各级人员的相关培训

过去不少部门的招聘，在开考过程中甚至公布最后成绩名单后，因被揭发违反考试规则、“公平原则”等而遭撤销，导致重新开考，既延误有关部门的用人需求，亦浪费行政成本。归根究底，绝大多数原因均为典试委员会或执行开考的工作人员不了解相关法律法规及考试规则。因此，应加强相关培训，尤其是人事管理部门的主管与公务人员，避免开考因程序有误或违反考试规则而遭撤销。

6. 因应情况合并开考

行政公职局应对各开考的“专业试”或“职务试”进行分析整理，加强协调各部门共同开考，避免考生须不断应考，同时影响效率及浪费行政成本。

（二）科学化的调薪机制及薪酬定位

1. 建立科学化的调薪计算方式

建议特区政府未来可在调薪所参考四个因素的基础上，优化及订出调薪所依据的计算公式。例如，参考香港“薪酬水平调查”的做法，除可让调薪工作因更科学化而获得更多的认受外，亦提高了有关机制的透明度。另外，对四项因素订出合理的参考值或先后次序。由于公务人员的薪酬支出涉及公共财政开支，故建议应首要考虑财政状况，其次则为通胀率与私人市场薪酬趋势，最后则为社会和公务人员的意见。与此同时，需常态性收集公私营机构与薪酬相关的资料，确定薪酬调查目的与范畴、选择调查方式以及整理和分析调查数据，建立完善的市场薪酬调查机制，以确保参考因素不会因数据时间性的问题而影响效果；而计算调薪结果的工作可交由独立专业人士所组成的专责委员会，按既定机制与科学计算方式，计算出薪酬调整幅度。

2. 公务人员薪酬策略性定位

澳门公务人员薪酬至今仍没有策略性定位，参考新加坡及香港，两地均以保持与私人市场薪酬水平相若为大原则。考虑到澳门的历史背景、社会与政治文化、就业市场等多方面因素，澳门应按自身实际情况订定公务人员薪酬的策略性定位，如应优于私人市场或与之保持相若。有关定位可作为其他公职制度改革的原则性与方向性指针，有利于一系列公职制度的连贯与配合，以及作为日后公务人员薪酬调整的一大参考原则。

3. 研究建立“可加可减”的调薪机制

根据澳门社会的实际情况，提出研究“可加可减”的调薪机制较为敏感，特别是在现时特区政府库房财政稳健的情况下，该机制更显得没有需要，即使提出研究也不会得到社会共同认真思考。然而，一个完善的调薪机制理应参考各项因素与科学数据后做出加薪、减薪或冻薪的决定；再者，倘将来特区政府税收未如理想，刚性的人员开支将造成重大负担。长远而言，特区政府应完善有关调薪因素所参考的各项依据，制定科学化的机制，而此机制能否得到社会广泛认同（尤其是公务人员群体），提出研究以至推行时机的拿捏将会是一个重要因素。

4. 完善分级调薪制度与公务人员薪酬评议会职权

完善的分级调薪制度，能令各级公务人员在调薪后均感到满意，从而有利于提高工作效益，而社会及公务人员团体亦期望尽快落实有关制度，以更好地支持收入较低的公务人员。但必须指出的是，落实澳门公务人员分级调薪制度，先决条件是必须全面检视包括一般职程在内所有职程的层级结构与薪俸差比例，贸然推行除成效存疑外，还可能出现较低职级的薪酬日后可能高于较高职级，引起反效果。因此，若要制定行之有效的分级调薪机制，则需对现行的薪俸结构进行大刀阔斧式的改革以及对公务人员层级进行明确划分。以香港为例，“分级调薪”不一定是低层公务人员增幅最大，其因应各项指标对低层、中层及高层公务人员的薪酬进行趋势调查，结果可能是高层公务人员加薪幅度高于中低层的公务人员。有鉴于此，澳门的“分级调薪”应思考建立制度的原意，是基于支持收入较低的公务人员，还是以科学方式计算不同级别人员的调薪幅度。若是前者，特区政府更应以补助措施方式支持收入较低的公务人员，或可考虑设立只有利于相关人员的制度，否则既无助于支持他们，还会引发争议。

（三）主要导向结合基础要素作为晋升与提拔的改革方向

晋级制度与职程、薪酬、评核及培训等制度息息相关，是激励公务人员，提高工作成效的关键之一。现行晋级制度在上文所述的因素影响下，难以发挥激励及“奖勤”作用。特区政府亦发现相关问题，并于2017年11月展开《修订公务人员工作表现评核一般制度及晋升机制》的咨询，期望完善公职晋升制度及职涯发展。咨询文件明确指出，现行晋升机制偏重年资，忽略了能力和绩效。以职业生涯发展为考虑提出三点建议，分别是提高职程内晋级的激励性；为优秀人才提供向上流动的竞争机会；为特区政府储备主管梯队人才，当中更提及将以绩效及能力为导向，设立跨职程晋升制度，并订定基本原则、程序、甄选方式及执行细则，以确保相关公平性及合理性。[①] 有关改革方向社会早有声音提出，以绩效和能力为导向亦为部分发达国家和高效政府所采用，然而，关键仍在于评核制度能否相适应而进行改革，亦需要清晰厘定能力的标准，否则晋升制度改革恐难达到预期成效。

值得指出的是，特区政府近年强调公务人员改革将以绩效及能力为导向，但按照澳门公务人员的发展历程及职程制度，学历、经验、品格及知识等亦应作为改革必不可缺的基础，关键是将以上提拔或晋升的重要元素按次序做先后考虑。例如，在甄选时，当绩效及能力等主要导向未能分出最优秀或合适的人选时，其他要素则可发挥关键作用。为此，建议未来晋升制度以绩效及能力为主要导向，其他要素作为基本条件，再结合多元化的晋升方式，例如作为跨职程晋级，以至甄选领导及主管人员的重要参考，让主要导向达标且具备基础要素的优秀公务人员有向上流动及发挥的机会。

（四）评核机制应以激励为主要改革导向

1. 加强评核人对评核工作的认知

《修订公务人员工作表现评核一般制度及晋升机制》的咨询文件，就评核方面提出完善评核项目、重订评分体系、调整不同主体的参与模式、调整评核流程，以及简化评核结果的取得方式[②]。然而，这些均为制度设计的改革，人为因素的改革却未触及，即使日后制度再完善，若未能有效执行亦只会得到同

① 《修订公务人员工作表现评核一般制度及晋升机制》咨询文件，澳门特别行政区政府行政公职局，第27版。

② 《修订公务人员工作表现评核一般制度及晋升机制》咨询文件，澳门特别行政区政府行政公职局，第10版。

样的结果。为此，建议在完善制度设计的同时，加强评核人对评核工作的认识与认知，包括法律法规、评核目的及评分准则等一系列与评核相关的工作内容，避免影响评核成效。

2. 加强部门领导及评核咨询委员会的监督责任

第87/89/M号法令核准的《澳门公共行政工作人员通则》第279条第12款[①]及第26/2009号行政法规《领导及主管人员通则的补充规定》第21条第1款（七）项[②]规定，须以公正的态度对待下属以及进行工作表现评核。然而，在实务工作中，即使评核人对评核工作有所认识，但仍可能为免引起下属不满，不论绩效表现如何，均“一视同仁”对待下属，给予相近评分。为减少上述情况出现，建议加强部门领导及评核咨询委员会的监督责任，并研究把评核人的评核任务列入被评核的计分项目，以确保评核工作得到认真执行。

3. 评核分数及评语应体现差别

现行评核制度采取五分制，并以“四舍五入”的方式计算最终评分及获得相应评语，出现如3.5分及4.4分所获评语相同的情况，未能体现绩效分别，甚至引起公平性争议。建议未来循评级细分的方向，或改变“四舍五入”的计算方式，以明晰绩效差别。

（五）提高参与培训的积极性及实用性

现行澳门公务人员的培训主要与晋级制度挂钩，故不少公务人员获得足够的时数后，便没有动力再参与培训，建议未来研究把培训与评核制度相结合，提高公务人员持续参加培训的动机。另外，培训欠缺有效的评估，公务人员能否把学习成效应用于日常工作中亦是值得关注及改善之处。现时澳门特区政府的公务人员培训工作主要由行政公职局主导组织，但大多只属一般性、基础性及普遍性的课程。要有效提高公务人员的日常工作表现及执行能力，更应进行系统及有针对性的培训。为此，建议各公共部门因应自身职能，加强培训所需的资源投入，按部门发展及日常工作需要，对辖下公务人员开展有针对性的培

---

① 第87/89/M号法令核准的《澳门公共行政工作人员通则》第279条第12款：“领导及主管或等同领导及主管者，有义务以遵守合法性之方式及以公正之态度对待下属。”

② 第26/2009号行政法规《领导及主管人员通则的补充规定》第21条第1款（七）项：“公正、无私和客观地评估由其负责的工作人员的工作表现评核。”

训项目。长远而言，澳门的公务人员培训制度应向“双轨并行”的方式改革，由行政公职局负责一般性课程，由部门自身按实际需要开展有针对性的培训项目，以加强培训的实用性。

结　语

公务人员是一个国家或地区发展的重要推动者及执行者，促进公务人员不断提高能力与绩效，稳定公务人员队伍，是每个国家或地区提供优质公共服务的基础元素，澳门亦不例外。回归二十年来，澳门公务人员制度随着时代变迁及社会发展，亦需要与时并进，否则将影响公共服务、施政水平，甚至政府管治。澳门特区政府近年积极对公务人员制度进行改革，包括《澳门公共行政工作人员通则》、《公务人员职程制度》及《公务人员的招聘、甄选及晋级培训》、《公共部门劳动合同制度》等，连同计划开展的工作，范围涉及公务人员的招聘、薪酬、晋升、评核、培训等多方面，期望透过完善相关制度，提升公务人员的执行能力及服务水平。

然而，在改革进程当中，不少深层次问题仍未能有效解决，而难题往往已非制度本身，而是受潜在影响群体的利益角力。另外，无论再完善的制度，倘管治者的思维与能力不足，亦会影响制度实施成效。因此，倘要突破公务人员制度的改革困局，成功的关键在于管治者的智慧与魄力。

B.6
澳门行政监督制度建设与实践

李燕萍*

摘　要： 约束和监督公共权力是现代民主政治的核心内容，也是行政管理体系的重要组成部分。澳门特别行政区成立以来，特区政府高度重视行政监督工作，设立了廉政公署与审计署作为专门的行政监督机构，在权力配置、人员供给和经费保障等方面给予充分的资源与支持，较短时间内提升了特区政府的整体廉洁形象，取得了一定的成果。展望未来，澳门行政监督应以完善制度、提升能力、积极参与大湾区公共行政监督为重点，为"一国两制"澳门模式提供良好的注脚。

关键词： 澳门　行政监督制度　廉政　审计

行政监督主要是指对政府机关及其公务人员进行约束、检查和督促，目的在于促使行政机关及其公务人员的政务活动合法、合理，防止滥用职权，保证行政机关正常地履行职责，提高行政效能。行政监督是公共行政系统自我纠错、自我革新的重要组成部分，对政府持续健康发展有着不可忽视的作用。行政监督有内部和外部之分，内部的行政监督是指行政机关内部上下级之间，以及专设的行政监察、审计机关对行政机关及其公务人员的监督。外部的行政监督泛指执政党、立法机关、司法机关和人民群众等多种社会力量对行政机关及其公务人员的监督。[①] 虽然内部行政监督在独立性与客观性方面可能不如其他

* 李燕萍，博士，澳门理工学院一国两制研究中心副教授，研究方向为宪法与基本法、"一国两制"与澳门公共行政现代化。

① 张国庆主编《公共行政学》，北京大学出版社，2017，第370~371页。

形式的监督，但是在监督内容的广泛性和全面性、监督方式的灵活性和预先性上具有优势。行政权具有管理领域广、自由裁量度大、以强制力保证实施等特点，决定了它是最具有动态性、最容易违法或滥用的一种权力，内部行政监督熟悉行政权运行规律与特点，较易实施有针对性的监管，在防止和纠正失职违法行为、保证行政法制、维护政府廉洁、保障公民权利、提高行政效能等方面发挥着重要作用。① 回归后澳门特别行政区逐步建立了以政府各部门和跨部门的投诉机制为基础、以廉政公署和审计署为专职机构的行政监督体系。廉政公署与审计署作为澳门行政监督的核心机构，在实践中不断探索合宜的监督方式，为特区政府的廉政建设做出了贡献。

一　澳门特别行政区行政监督制度的建设历程

回归至今，澳门特别行政区经历了四届政府，公共行政的社会经济条件与内外部环境都有了很大变化，但是，重整吏治、锐意改革、建设“阳光政府”始终是澳门特区政府努力追求的内容。从回归伊始，特区政府就有意识地顺应变化，根据澳门基本法的规定成立了廉政公署与审计署，完善相关法律制度，不断探索符合澳门社会实际情况的行政监督方式，为社会健康发展提供保障。整体上看，澳门行政监督制度建设可以分为三个时期。

（一）建章立制，行政监督制度建设初始阶段（2000～2006年）

1999 年 12 月 20 日澳门特别行政区成立，在特区政府的领导下，各项工作有条不紊地展开，建设一个廉洁的社会从一开始就是特区政府关注的重点问题。首任行政长官何厚铧在 1999 年参选行政长官的政纲中就包含“打击贪污，厉行廉政”的重要内容。在首份施政报告中具体明确了在澳门建设廉洁法治的社会，“廉政公署将加快处理过去累积的大量案件，透过立法程序和行政指引，促进公共行政优良作风的形成，强化行政申诉机制，积极开展宣传教育，弘扬廉洁的社会文化”。为达到这一目标，将修订法律，赋予廉署“应有的侦查权，并增加财政及人力资源，扩大廉政队伍的

① 姜明安：《行政法与行政诉讼法》，北京大学出版社，2011，第 75 页。

实力”。[①] 澳门基本法第59条规定：“澳门特别行政区设立廉政公署，独立工作。廉政专员对行政长官负责。”第60条规定：“澳门特别行政区设立审计署，独立工作。审计长对行政长官负责。”据此，全国人民代表大会澳门特别行政区筹备委员会在1998年9月19日第三次全体会议上通过了《关于设立澳门特别行政区廉政公署、审计署和海关的决定》。决定指出，“为实施基本法，确保澳门特别行政区政府的顺利运作，决定在澳门特别行政区成立时，按照基本法的规定设立澳门特别行政区廉政公署、澳门特别行政区审计署和澳门特别行政区海关。以上三个部门的具体职权和组织结构等由澳门特别行政区法律规定”。可见，回归前就为特区政府的廉政建设做好充分思想准备和制度安排。2000年8月15日第10/2000号法律《澳门特别行政区廉政公署》组织法生效，特区政府肃贪倡廉的决心在法律层面上得到具体落实。为了配合廉政公署反贪调查人员的刑事警察身份，通过相关法例赋予廉政公署人员配枪的权力，颁布第217/2000号行政长官批示：“第三十六条第一款所指的廉政公署人员得持有、携带和使用口径不超越9毫米（.38）的手枪、左轮手枪和步枪”，以及第86/2000号廉政专员批示《核准〈廉政公署枪械使用规章〉》。为了规范廉政公署自身的纪律行为，2001年8月1日第164/2001行政长官批示《设立廉政公署人员纪律监察委员会》生效，委员会负责对廉政公署的纪律调查行动。第11/1999号法律《澳门特别行政区审计署》为特区审计组织建设提供了基本的组织法规范和保障，独立进行相关的审计监督工作。

（二）完善制度，强化监督管理（2007～2014年）

2006年底，澳门前运输工务司司长欧文龙贪腐案件曝光，震撼了澳门社会。一时间澳门特区政府及其廉政机构被推上了风口浪尖，政府管治遭受信任危机，人们期待特区政府推出更加有力的措施强化澳门行政监督体制。为了扭转欧文龙案带来的被动局面，特区政府痛定思痛，针对制度漏洞进行补救，主要表现在两个方面。

---

① 《2000年财政年度施政报告》，澳门特别行政区政府网站，2000年3月29日，第5页，https：//www. gov. mo/zh－hant/wp－content/uploads/sites/4/2017/11/cn2000_ policy. pdf。

一是组织机构优化。为了适应澳门廉政工作的新情况，2009 年行政长官公布第 3/2009 号行政法规《廉政公署部门的组织及运作》，增加人员，调整机构设置，以应对日益复杂的行政监督工作。2012 年立法会重新界定了廉政公署的工作范围与性质，赋予其相应权力。① 相关的行政法规也得到修改。按照修改后的法律，廉政公署依据自身职责，“针对在公共部门及私营部门活动范围内的贪污犯罪及与贪污相关联的欺诈犯罪进行防止及调查行动，以及执行行政申诉工作，以促使人的权利、自由、保障及正当利益得到保护”。在行政申诉方面，强化了政府部门对廉政公署工作的配合责任，规定“任何自然人、公法人或私法人的保密义务，如未经法律明确保护者，因履行与廉政公署合作的义务而中止”。此外，将被劝谕机关不接受劝谕的答复期限从 90 日缩短为 15 个工作日，以免过长答复期对廉政公署的工作造成被动局面。

二是重点制度突破。其一，随着澳门经济快速发展，私人企业卷入行贿受贿案件增多。“欧文龙案件”显示出官商勾结现象严重，民众要求将私人机构纳入反贪范围，要求特区政府主动预防经济急速发展可能衍生的各类潜在腐败，对客观上较易滋生公务腐败的部门或行政环节给予加倍的廉政监督和审计监督。顺应形势，2010 年 3 月 1 日，第 19/2009 号法律《预防及遏止私营部门贿赂》生效，廉政公署的监管范围延伸至私人领域。其二，澳门自 1998 年起建立公务人员财产申报制度，规定所有的公务人员必须申报其本人及配偶的财产，申报内容包括各种收入、存款、债务、动产及不动产等。但是，这个可以发挥重要反贪作用的制度在欧文龙案件中毫无作用。因为公职人员的申报资料不对公众公开，无人可以发现欧文龙的暴富，有人因此将澳门财产申报制度称为“虚设”的制度②。特区政府推出建设“阳光政府”理念，廉政公署于 2010 年初着手对财产申报制度展开检讨及修法工作。2013 年 4 月 22 日，经第 1/2013 号法律重新公布的第 11/2003 号法律《财产及利益申报法律制度》生效，该法律规定副局级及以上官员须公开财产或可能产生利益冲突的状况。由终审法院办事处确保公众可在法院互联网自由查阅公开的资料，增加公众对官

① 参阅经第 4/2012 号法律重新公布的第 10/2000 号法律《澳门特别行政区廉政公署组织法》。

② 银木：《财产申报制度形同虚设》，《正报》2006 年 12 月 12 日。

员财富来源及利益的监察力度。其三，从 2007 年开始，特区政府通过制定官员问责规范来推进官员问责制度建设，先后出台实施了第 15/2009 号法律《领导及主管人员通则的基本规定》、第 24/2010 号行政法规《澳门特别行政区主要官员通则》、第 112/2010 号行政命令《澳门特别行政区主要官员守则》等法律文件，加强对官员的问责规定，明确奖惩办法，为公众对官员尤其是主要官员的廉洁表现提供了一个规范化监督标准，确立了离任行政长官、主要官员及领导人员终止职务后从事私人业务的原则及标准。

（三）开拓创新，不懈努力，迈向新时代（2015年以后）

欧案之后澳门行政监督出现了一些新的工作重点。因应澳门经济适度多元化的发展思路，澳门特区在经济发展上不断积极求变。一方面，依据自身特色扭转单一结构，促进适度多元发展；另一方面，通过参与区域合作，融入国家发展大局。会展业和金融业是澳门重点培育的亮点产业。澳门是自由港，银行的融资成本远比内地低，有利于发展特色金融。特色金融包括融资租赁、财富管理以及将澳门打造为中国与葡语系国家的人民币清算平台等几方面。经过多年的不懈努力，澳门特区经济适度多元发展初见成效。2017 年，澳门博彩企业的非博彩业务收益达到 306.74 亿澳门元，占整体业务收益的 10.36%，较 2015 年增加了 28.3%，占比上升 0.97 个百分点。① 为了跟上经济发展步伐，必须从制度细节入手完善防贪工作，2015 年 1 月 1 日，第 10/2014 号法律《预防及遏止对外贸易中的贿赂行为的制度》生效，填补相关漏洞。作为微型经济体，通过参与区域合作机制融入整个国家经济发展是澳门经济发展的重要内容，如何防范区域合作中可能存在的贪腐行为，在粤港澳大湾区建设中顺利贯彻“阳光政府”理念是澳门行政监督必须思考的问题。

二 澳门行政监督制度的主要内容

澳门特别行政区的行政监督体系以政府各部门的投诉机制为基础，以廉政公署监督与审计监督为核心，形成相对完整的政府监督系统。各个监督主体根

① 2017 年澳门特区政府经济财政司司长梁维特在特区立法会做施政辩论时的论述。

据法律规定，在自身权限范围内履行对公共行政部门的监督职能。其中，廉政公署和审计署的监督工作最为重要，构成了澳门行政监督的主体部分。

（一）澳门廉政公署的监督内容与方式

廉政公署的职责主要包括以下五个方面。第一，开展预防及遏止在公共部门及私营部门发生贪污犯罪及与贪污相关联的欺诈犯罪的行动。第二，针对由公务员实施的贪污犯罪及与贪污相关联的欺诈犯罪，依刑法及刑事诉讼法进行调查及侦查，但不影响法律赋予其他机构就该等事宜进行调查或侦查的职责。第三，针对在私营部门发生的贪污犯罪及与贪污相关联的欺诈犯罪，依刑法及刑事诉讼法进行调查及侦查，但不影响法律赋予其他机构就该等事宜进行调查或侦查的职责。第四，针对在因应澳门特别行政区机关选举而进行的选民登记及有关选举中实施的贪污犯罪及与贪污相关联的欺诈犯罪，依刑法及刑事诉讼法进行调查及侦查，但不影响法律赋予其他机构就该等事宜进行调查或侦查的职责。第五，执行行政申诉工作，以促使人的权利、自由、保障及正当利益得到保护，并透过法律所指途径及其他非正式途径，确保行使公权力的合法性及公共行政的公正与效率。[①] 据此，澳门廉署确立了自身的工作内容与努力目标：肃贪、防贪、行政申诉与廉政教育，在澳门建设廉洁法治的社会。

①肃贪。回归前澳门贪污现象严重。澳葡当局机构设置重叠，效率低下，为官员贪污腐败提供了条件。而当时的反贪公署受制于人力资源和执法权的匮乏，难以展开有效的打击贪污行动。回归后，在特区政府的推动下，2000 年 8 月 7 日立法会细则性审议和表决廉政公署新组织法案，法案获一致性通过，全程没有异议，没有弃权或反对票，法案原文没做修改，45 个条文顺利通过。[②] 新《廉政公署组织法》赋予廉政公署前所未有的权力，包括拘留、搜查、搜索、扣押、配枪权等，同时赋予调查员刑事警察身份。廉政公署在刑事侦查方面的权限实现了历史性突破，从以往人们口中的“无牙老虎”变成了有尖牙

① 参阅第 4/2012 号法律重新公布的第 10/2000 号法律。

② 《特府游说奏效　议员疑虑全消　廉政公署法案获一致通过》，《华侨报》2000 年 8 月 8 日。

利齿的对付贪官的“有牙老虎”。[①] 特区政府的支持激发了廉政公署工作人员的斗志，迅速取得反贪的明显效果，澳门腐败现象大为减少。“透明国际”和亚洲地区廉洁指数等国际性评估指标都给予澳门较高的评价，澳门在廉洁指数的排名上多次位于亚洲前列。2003 年 1 月葡萄牙高等法院院长薛克重访澳门，在参观廉政公署后撰文谈到，他印象最深的是两个方面：一方面，廉政公署掌握的资源相应得到补充和完善；另一方面，廉政公署的工作目标不负众望，原先预计的犯罪率持续不降的情况并没有出现。[②]

澳门廉政公署是具有侦查权的机构，拥有较大的执法权限，因此必须设立相应的监督机制以免发生滥用权力的现象。廉政公署对自身工作人员的个人诚信及严守纪律高度重视，除了内部的监控机制外，廉政公署人员纪律监察委员会由行政长官从澳门特别行政区公认具备适当资格的人士中指定，并以批示设立。纪监委分析及监察针对廉政公署人员的非刑事性质的投诉，并向行政长官提出建议，以保障廉政公署自身的工作效能与廉洁自律。

②防贪。如果说肃贪类似于啄木鸟去除害虫的行动，重点是扫除政府机体中的腐败变质成分，那么防贪就像中医理论重视的“治未病”，侧重于预防和填补制度漏洞。澳门廉政公署在大力肃贪的同时，高度重视防贪工作。腐败通常是权力和利益之间的交换，因此约束政府的随意干预和控制腐败行动之间具有关联性。世界银行报告在分析腐败发生的条件时提到：“当公共部门官员拥有巨大的决定权，仅有微弱的责任心时，从事腐败活动的激励因素就应运而生了。”[③] 澳门廉政公署的防贪工作主要从两个方面入手：其一是事先预防，广泛普及法律知识，培养公务员的廉洁操守；其二是在腐败行为发生后加强制度建设，填补制度性漏洞，避免腐败行为重演。2004 年廉政公署正式公布了《公务人员廉洁操守指引》，整理归纳了澳门法律中与公务人员基本操守相关的内容。指引分为“公职义务”、“利益冲突”、“收受利益的处理”、“兼职”、“回避制度”、“保密义务”、“部门/机构资产及资源的使用”、“法律责任”和“举报责任及途径”九个部分，涵盖了防止公务人员可能与贪腐发生联系的各

---

① 《廉署今具条件成有牙老虎》，《澳门日报》2000 年 8 月 8 日。

② 薛克：《十年后重临廉政公署》，《澳门廉政》2003 年第 1 期，第 6 页。

③ 胡鞍钢主编《中国：挑战腐败》，浙江人民出版社，2001，第 274 页。

个方面。此外，廉政公署还针对特定时间的特定问题出台专项预防措施。例如，《公共部门人员处理节日馈赠事宜指引》协助公务人员恰当处理华人社会节日期间礼尚往来中可能存在的腐败问题。《候选人廉洁选举指引》和《选民廉洁指引》对于选举期间候选人和选民行为提供引导，呼吁市民对有关贿选的任何情况进行举报，尽可能地净化澳门选举环境。

③行政申诉。行政申诉是指廉政公署依法对公共部门或机构行政违法或行政失当的投诉进行调查，纠正违法或不公平的行政行为或行政程序，以促使人的权利、自由、保障及正当利益得到保护，确保行使公权力的合法性及公共行政的公正与效率。[①] 由廉政公署同时兼负反贪与行政申诉职责是澳门行政监督制度的一大特色。澳门前廉政专员冯文庄认为："两种职责合二为一的好处，在于可使资源得到充分运用，由于贪腐犯罪与行政违法关系密切，不少贪腐案件都是由行政申诉调查过程中发现，故行政申诉的调查成果有助于反贪的刑侦工作。反过来，反贪调查中也可折射出行政管理的漏洞，这有利于及时做出纠正，发挥互补功能。"[②] 行政申诉与反贪毕竟不是一回事，有着相对独立性。廉政公署是一个独立的机关，既非任何部门的上级机关或监督实体，也不能处理任何行政诉愿或司法争讼，廉署的工作无法中断或中止向行政当局提出诉愿或向司法机关提出诉讼的期间。澳门廉政公署的行政申诉权作为一种独立于行政权之外的监督权力，严格坚持监督权的界限，绝不干涉行政机关的正常工作秩序。廉政公署每年将大量应由行政机关决定的投诉事项转交有关部门处理，也无权撤销和直接改变行政机关的行政行为。[③] 澳门特区政府部门都非常重视廉政公署报告，对于揭露出来的行政违法或不当行为，均会回应并做出改进。

④廉洁教育。廉洁教育是澳门廉政公署的一项法定职责。廉政公署组织法第 4 条第 15 款明确规定："进行宣传教育工作，以遏止贪污及行政违法行为，并推动市民采取预防措施或减少各种有利犯罪行为发生的行为及情况的出现。"世界各地廉政建设经验都表明，良好的道德习惯对抑制贪污有重要作用。J. 波普指出："在公务员缺乏工作道德或者不理解公众责任感概念的情况

① 卢熙、吴轩：《澳门特区一般监督制度的探究与启示》，《法制博览》2015 年第 2 期。

② 冯文庄：《澳门廉政快报》，2011 年第 1 期，引言，第 2 页。

③ 卢熙、吴轩：《澳门特区一般监督制度的探究与启示》，《法制博览》2015 年第 2 期。

下，腐败往往应运而生。在那些公务员把他们所拥有的职位不是归功于公众而是归功于任命他们的亲戚的社会里，这一点尤为明显。”① 澳门是一个人稠地少的地方，30 平方公里的土地上聚集了 60 多万人口，人们因为亲戚、朋友、邻里的关系形成了各种关系网，是一个注重人情的微型社会。廉洁教育对于澳门特区具有更为重要的意义，只有居民从意识深处树立了正确的是非观，才可能产生全面参与监督贪腐的动力和能力。澳门廉政公署的廉洁教育分为三大板块进行：构建廉洁奉公的公务人员队伍、培育诚实守法的新一代、提升市民大众的廉洁意识。② 形成了以廉政公署为核心，社会各界力量共同参与的全方位防贪教育体系。

（二）澳门审计监督主要内容与方式

在澳门特别行政区的政治体制中，审计署是一个享有行政、财政及财产自治权的独立机关。审计署根据澳门特别行政区基本法第 60 条及第 11/1999 号法律而设立，由审计长领导，并对行政长官负责。审计署的主要职责是审计澳门特区的总账目，并对公共行政领域的部门及机构，以及大部分经费由公帑支付之实体等“审计对象”进行账目及运作上的各项审计工作。

①政府账目审计。对澳门特区政府预算执行情况，对政府的公共收支表、资产负债表、享有财政自治权的部门及机构的管理账目，以及预算外资金的管理和使用情况进行账目审计，以此作为撰写澳门特区总账目审计报告的基础。

②衡工量值式审计。对审计对象在公共资源管理上或投资管理所达到的效益、效率及节省程度三方面进行审查，并对审计对象提出建议。

③专项审计。对审计对象的预算管理、内部管理、管理模式及财政活动之效益进行审查，是由政府账目审计延伸出来具有特定性的专项审计工作。③

在澳门，被审计署审计的实体称为“审计对象”，包括非自治或享有行

---

① J. 波普：《加强公共部门的责任感与道德观念》，载〔加〕里克·斯塔朋赫斯特、〔美〕萨尔·J. 庞德主编《反腐败——国家廉政建设的模式》，杨之刚译，经济科学出版社，2000，第 106 页。

② 澳门廉政公署：《清风明月：澳门廉政工作回顾特刊》，第 92 页。

③ 参阅《澳门特别行政区审计署》（第 11/1999 号法律）第 3 条。

政自治的部门、享有财政自治的部门及机构（属公共行政领域的所有部门及机构）。审计署有权审计每年过半数收入来自特区政府的实体，以及其他不符合以上要件，但书面同意成为“审计对象”的实体。为保障公众利益，并经行政长官批准，审计署可对被特许人进行账目审计，亦可依其他法规的规定，进行不同类别的审计工作。审计署的审计工作结果是公开的。审计署在完成审计项目后所撰写的审计报告，在送呈行政长官之前，须依法送交“审计对象”或相关人士做书面回应，这些回应将成为审计报告的附件。[①] 根据组织法规定，审计署每年编制澳门特区总账目之审计报告，并把报告送呈行政长官。行政长官向立法会提交预算执行情况报告时，将一并提交有关审计报告。

审计署通过认识公共部门及机构内部监控，管理薄弱环节及高风险范围，有序开展风险基础审计。提升账目审计的素质、适时性和效益，加强系统审计的广度和深度，推动公共部门和机构建立及巩固内部监控，为开展风险基础审计做准备。审计署对涉及大量财政资源的公共项目或计划的合同执行、预算执行，以及在管理或决算前的所有财政活动等开展各项审计工作。加大衡工量值式审计或专项审计的力度，根据效益、效率及节省程度等原则，对动用大量公帑而备受关注的实体和活动进行深入审查。通过跟进项目的执行情况，及时提出有助于推动良好管理公帑及公共资源的建议。通过适当的审计方法，对审计对象的合法性、合规性、透明度，以及在财政活动记录上可能出现欺诈、非法占有资产或其他违法和有损公帑的行政行为进行深入分析。强化资讯技术的应用，以增进审计署与审计对象、公共部门以及社会大众的沟通，推动公共部门及机构的内部监控机制的发展。扩大及丰富审计人员培训活动，确保审计队伍的高度专业化，对正处于探讨或规划阶段的审计工作需要何种技术知识的培训进行针对性研究。

审计监督既是现代社会的需求，也是公共部门对公众负责任的表现，其最终目的是透过审计工作推动更好的公共管治。因此，审计署致力于对学校、社团及“审计对象”等推广审计文化及其积极意义，介绍良好管理公共资源对广大居民的重要性。审计署持续为公共部门及机构举办培训活动，加强推动审

① 参见《澳门特别行政区审计署》（第11/1999号法律）第12条。

计文化。在不影响相关部门及机构所提供的服务效益及素质的情况下，向其推广合法、严谨及具透明度的公共资源管理文化。审计署长期向中学及高等教育的学生推广审计署的职责、组织运作及审计工作，让青少年了解对公共财政管理进行审计监督的重要性。

三 澳门行政监督制度存在的主要问题

澳门行政监督制度是在回归后特区政府根据澳门基本法的规定认真规划、廉政公署与审计署两大机构与社会各界的共同努力下逐步发展起来的，至今已经形成了具有澳门特色的行政监督体系。二十年的实践表明，澳门行政监督取得了一定的社会成效，尤其是在较短时间扭转社会风气，构筑起具有廉洁气质的社会环境，为澳门特区的良好发展奠定了基础。但是，实践中也同样暴露出一些问题，特别是在“欧文龙贪腐事件”之后，民众对特区政府廉洁提出了更高的要求，希望澳门社会向更加健康的方向迈进。澳门行政监督中存在的问题主要包括两个方面。

第一，监督法律法规制定进展缓慢，无法满足社会发展需求。行政监督是一种法制监督，应当以相关的法律法规为依据，依法进行。澳门的监督法律立法进展缓慢，某些领域甚至是空白。已有的立法中存在许多不合理之处，需要进一步积累经验，予以修改完善。立法滞后使监督机关的监督行为缺乏法制手段和法律依据，缺乏相关的法律依据对涉及的人员进行惩处，影响监督工作的严肃性和公正性。例如，在审计领域，缺乏经济责任审计的规定。经济责任审计是在事实明确、查清问题的基础上，进一步分清领导者的责任，对领导者做出客观公正的评价，并追究其相应的责任。① 目前澳门的审计工作主要停留在查“事”的水平上，难以深入下去，分清领导者的责任。年年审计，年年都发现问题。但假如年年认同，却始终不改，那么不免被人质疑审计只是流于形式。对于审计来说，最大的作用或许不仅仅是揭短，能够有针对性地进行修正

① 李成姬：《经济责任审计要做到经济监督和行政监督的有机结合》，《中国审计》2001 年第 6 期。

才是最终目的。[①] 在廉政领域，廉政公署的行政申诉监督缺乏必要的刚性，没有强有力的后续保障手段。

第二，监督主体之间欠缺协调性，行政自由裁量权的监督失范。澳门的行政监督除了廉政公署与审计署作为专门机构负责以外，各个政府部门均负有监督职责。澳门按照现代官僚制原理设立政府组织机构，下级服从上级，上级有权监督下级。在职务等级原则的指导下，“任何机构都有固定的监督和监察制度，下级机构有权向上级机构投诉或提出异议”[②]。通过行政系统自身的常规监督与廉政公署和审计署的专门监督相结合，构筑牢固的行政监督体系。但在实践中，各个监督主体在实际运行机制中缺乏应有的沟通和有效协调，信息不畅，难以形成监督合力。政府部门缺乏将日常工作中发现的违法或违纪行为提交廉政公署与审计署的动力，后者也缺乏途径从政府部门直接获取资讯。行政自由裁量权赋予行政官员一定的自主性，在一定范围内根据具体情况自由行使权力。一些官员不是在良知和理性的作用下正确运用这种权力，而是在私欲支配下滥用，给社会造成恶劣影响。[③] 与监督行政行为的合法性相比，监督行政在实质上的合理性存在更大的困难。廉政公署与审计署通常秉持着尊重行政、不干预行政原则提出劝谕或建议，难以有效约束行政自由裁量行为。

四　澳门行政监督制度的发展方向

澳门行政监督制度发展面临的困难既有现代公共行政发展的共性问题也有自身的个性问题，需要认真分析，仔细研究对策。维护公共行政的能动性与保障行政监督的有效性之间的合理互动关系是各国公共行政建设过程中普遍存在的问题。在粤港澳大湾区建设背景下，粤港澳地区已经从传统的以工商业民商事合作为主迈进了政府主导公共行政协调发展时代，相应的，跨域行政行为将越来越多，合理有效地及时跟进监督是澳门特区政府必须思考的问题。展望未

① 晓辰：《审计并非只为揭短》，《澳门时报》2017 年 3 月 6 日。
② 〔德〕马克斯·韦伯：《经济与社会》（上卷），商务印书馆，1997，第 224 页。
③ 姜明安：《行政法与行政诉讼法》，北京大学出版社，2011，第 175 页。

来，澳门行政监督应以完善制度、提高能力、积极参与大湾区公共行政监督为重点，为“一国两制”澳门模式提供充实的内容。

一是保持行政监督制度与权力格局的动态平衡，适度引领澳门公共行政改革与发展。权力格局是指特定领域内各种权力主体之间相互联系、相互作用而形成的一种相对稳定的力量结构和比例关系。行政监督制度与权力格局的平衡是在一定的政治、经济、社会、文化条件下，权力格局与行政监督制度相匹配，行政监督制度中的任何博弈主体都没有意愿去按制度以外的规则行事。[①] 换言之，规则得到遵守，各方的利益与意志均得到尊重和体现。但是，这种平衡不是绝对和静态的，而是在互动中不断趋于理想状态的动态平衡。[②] 目前，在澳门，行政部门仍然是最强大的权力主体，如果过分弱化行政部门的内部监督，片面地强调立法会和其他权力主体对行政权力的监督，不利于行政监督制度建设。只有在内外部监督主体的共同努力下，才可能保持澳门公共行政系统的廉洁与效率。例如，审计制度与高官问责制相结合，明确经济责任审计制度，实现对“事”监督与对“人”监督的有机结合，利用审计手段及其业务优势，较好地解决其他监督方式不能解决的问题，在查清经济问题的基础上追究有关领导者的责任，使行政处理更准确、更有力。加强廉政公署行政违法纠错机制的权威性和拘束力。回归以后澳门特区强化了廉政公署在打击遏制贪腐违法案件方面的权力内容，在公共行政领域廉政建设领域取得了一定的成效。由于现存管理体制和权限制度难以在瞬间彻底革新，旧有葡式制度下大量存在的行政违法、违规、效率低下、未尽责作为等问题依然难以合法、有效地做出处理。因而，有必要进一步强化廉政公署的行政申诉处理善后制度、行政违法干预纠正制度、行政立法建议制度，以更好地响应公共行政领域廉政建设的实际需要。

二是积极参与粤港澳大湾区廉政建设，为湾区提供廉洁的发展环境。澳门特区成立以来，非常重视区域合作，秉持取长补短的积极态度，不断开启借力合作发展的新模式。在互惠互利的基础上，首先加强与邻近地区，尤其是广东

---

① 成志刚、唐俊晖：《保持行政监督制度与权力格局的动态平衡》，《中国行政管理》2008 年第 5 期。

② 张维迎：《博弈论与信息经济学》，上海人民出版社，1996，第 17 页。

西部地区、珠海和香港在旅游、经贸和出口加工等方面的合作。同时，逐步加强与其他内地省市的协作关系，扩展发展空间，寻求发展机遇。2017 年以来，随着粤港澳大湾区国家战略的确定，粤港澳合作发展迈上了新台阶，全面建立健全政府合作的长效运作体制和机制，或者说政府合作的制度安排和基本平台成为这一阶段的重要内容。随着公共行政呈现出的跨域发展态势，行政监督也必须紧紧跟上，以满足区域廉政建设需求。

法　律　篇

Law

B.7 法律改革在路上

——回顾、成效与展望

赵国强*

摘　要： 本文首先对澳门回归二十年来的法律改革做了一个简单的梳理，包括对“午夜立法”、“原有法律基本保留”、《立法法》的产生、“法律适应化”以及“立法统筹”等的回顾。其次介绍了2018年法律改革所取得的成效，包括2018年立法概况、相关重要法律的制定、设立维护国家安全委员会、“法律适应化”的进展以及保安领域的立法规划等事项。最后，就“立法统筹”机制的完善、专家学者的参与、本地法律人才的培养与使用以及法律改革的重点提出相关建议，希望通过二十年的实践与摸索，尽快走出一条符合澳门实际情况的法律改革之路。

* 赵国强，澳门大学法学院特聘教授、博士生导师，主要研究方向为澳门刑法、中国区际刑法以及比较刑法。

关键词： 法律改革　原有法律　立法统筹　国家安全

2019年是值得庆贺的一年，它不仅是中华人民共和国成立七十周年的喜庆之年，也是澳门回归祖国二十周年的喜庆之年。澳门回归之后虽然原有的社会制度不变，但整个社会仍然发生了巨大的变化，这种变化反映在法制领域就是法律改革的提出与延续。为此，本文将以法律改革为轴心，以二十年之回顾、2018年之成效与2019年之展望为视角，分别就法律改革问题做简单的介绍与评析。

一　回归二十年法律改革之回顾

沿着回归二十年来澳门法律改革留下的历史轨迹，我们就以下几个方面的问题做重点梳理。

（一）法律改革与“午夜立法”

根据《中华人民共和国澳门特别行政区基本法》（以下简称“基本法”）第十八条第1款规定，澳门回归后，特别行政区（以下简称“特区”）的法律体系将由基本法、保留下来的原有法律以及由特区立法机关制定的法律组成。很显然，在这三种法律中，与法律改革直接相关的是保留下来的原有法律以及由特区立法机关制定的法律。澳门回归之初，尽管经过全国人大常委会的审查，绝大部分原有法律被保留下来，但仍然有少量比较重要的原有法律因抵触基本法而被废除。① 这些被废除的原有法律如果在澳门回归之时得不到弥补，

① 全国人大常委会对澳门原有法律的审查范围仅限于由本地立法机关于1976年至1999年上半年制定的尚在生效的原有法律和法令。1999年10月31日，九届全国人大常委会第十二次会议通过了《关于根据〈中华人民共和国澳门特别行政区基本法〉第一百四十五条处理澳门原有法律的决定》。根据这个《决定》，被列入附件一的12部原有法律、法令及其他规范性文件因抵触基本法而不予保留；被列入附件二的3部原有法律、法令虽因抵触基本法不予保留，但在特区立法机关制定出新的相应法律前，可按基本法规定的原则和参照原有做法处理有关事务；被列入附件三的18部原有法律、法令中的部分条款因抵触基本法不予保留。

就会造成“法律真空”，直接影响到新成立的特区的正常运作。为此，所谓“午夜立法”，就是指在澳门回归当日，由特区第一届立法会因应第一届特区政府、立法机关以及司法机关运作的需要制定必不可少的法律，或为因抵触基本法而不予保留的重要的原有法律制定相应的替代法律，这些立法都是在当天凌晨进行并完成，故有人称之为“午夜立法”。

“午夜立法”的前提是相关法案必须在澳门回归前草拟完毕，为此，澳门特区筹备委员会成立后，于1999年4月10日根据全国人大的相关决定通过了《澳门特别行政区第一届立法会具体产生办法》，并于1999年7月3日和1999年8月29日先后通过了关于特区第一任行政长官和第一届立法会在1999年12月19日前开展工作的决定。根据后一个决定，特区第一届立法会在其全部议员产生后，其中一项重要任务就是审议在澳门回归当日须予通过的必备法案，以供“午夜立法”之用。

1999年12月20日，通过“午夜立法”方式由特区第一届立法会制定的法律共有11个，分别为《回归法》、《政府组织纲要法》、《法规的公布与格式》、《就职宣誓法》、《国旗、国徽及国歌的使用及保护》、《区旗及区徽的使用及保护》、《澳门特别行政区处理居民国籍申请的具体规定》、《澳门特别行政区永久性居民及居留权法律》、《司法组织纲要法》、《司法官通则》及《澳门特别行政区审计署》。

毫无疑问，这11个法律是为新政权鸣锣开道的奠基性法律。正是有了这些法律，才得以从政治层面上确保澳门的平稳过渡；也正是有了这些法律，才得以从法制层面上确保新政权产生后包括行政、立法与司法在内的各种政权机构的顺利运作。由此可见，如果我们从法律改革的角度考察，通过“午夜立法”产生的这11个法律为新政权实施法律改革提供了必要的组织方面的立法保障。

（二）法律改革与“原有法律基本保留”

如果说，“午夜立法”产生的11个法律为澳门回归之初开展法律改革提供了必要的组织方面的立法保障的话，那么，对基本法第八条规定的正确诠释，则可以说成为特区政府开展法律改革的理念保障。因为根据基本法第八条规定：“澳门原有的法律、法令、行政法规和其他规范性文件，除同本法相抵触或经澳门特别行政区的立法机关或其他有关机关依照法定程序作出修改者外，予以保留。”于是，针对基本法第八条的规定，有人认为，基本法第八条规定体现的是“原有法律基本不变”的原则，以“基本不变”取代“基本保留”，并以此为由，甚至认为既然是“基本不变”，那就表明对被保留下来并被采用为特区法律的原有法律就不能变，起码不能进行大改，否则就是违背了基本法第八条规定的“原有法律基本不变”原则。很显然，这种观点是对基本法第八条规定的曲解，这种曲解从理念上严重阻碍了法律改革的提出与开展，阻碍了特区立法机关依据社会变化对原有法律做出必要的修订。

上述观点得到了及时澄清。有学者指出，从基本法第八条规定的内涵及澳门回归时的实际情况来看，该条文体现的并非“原有法律基本不变”原则，而是“原有法律基本保留”原则，“基本保留”与“基本不变”不能混为一谈。“基本保留”是受时间制约的，它仅仅指澳门回归之时对原有法律的一种处理原则，在法律层面上表达了两层含义：第一，澳门回归之时，凡与基本法不相抵触的原有法律将予以保留；第二，澳门回归之时，凡未经特区立法机关或其他有关机关依照法定程序做出修改的原有法律将予以保留。由此可见，基本法第八条规定的“原有法律基本保留”原则只是实现特区法制平稳过渡的一项原则，它与原有法律的变与不变，没有直接的关系。特区成立之后，特区立法机关或其他有关机关只要认为社会有需要，完全可以对原有法律做出修订，这是在行使基本法赋予的职权，不存在抵触基本法第八条规定的问题。

也有人认为，原有法律即使可以变，但原有法律所包含的重要原则不能变，也就是说特区立法机关对原有法律所包含的重要法律原则不能做出修改，这种看法同样是错误的。首先，因为基本法第八条明确规定特区立法机关或其他有关机关有权修改原有法律，并没有规定原有法律所包含的法律原则不能修改。其次，从立法规律考察，世界上从来就没有不变的法律，任何法律都会随着社会的变化而变化。一个国家或地区需要什么样的法律原则，必须从本国或本地区的实际情况出发，对澳门原有法律的修订同样如此，必须“立足本地，放眼世界”。因此，对原有法律所涉及的原则，一样可以做出修订，关键是看社会有无需要。

正确理解基本法第八条的规定，对澳门法律改革的提出与开展具有十分重要的理论意义，从理念上为法律改革的提出与开展起到了保驾护航的作用。在法律改革的过程中，它既可以使特区立法机关或其他有关机关放开手脚大胆地修订原有法律，也可以督促特区立法机关或其他有关机关更自觉地关注社会需要，牢固地树立起“立法为民”的法制理念。

（三）法律改革与《立法法》的产生

考察特区法制体系的形成和发展，不能忽视澳门回归前后立法权的变化。因为澳门回归前实行的是“双轨”立法体制，原澳门立法会和澳葡总督都是立法机关，前者行使立法权制定的法律文件叫“法律”，后者行使立法权制定的法律文件叫“法令”，两者具有同等的法律效力。但是，澳门回归后，基本法仅明确规定立法会是立法机关，至于行政长官是不是立法机关、有没有立法权，则无明确的规定。

关于这个问题，澳门学界存在着分歧。一种观点认为，根据基本法规定，特区立法体制已由“双轨”立法体制转化为“单轨”立法体制，特区立法会是唯一的立法机关，行政长官不属于立法机关，行政长官只有制定行政法规的行政领导权，而无立法权。比如，根据基本法第八条规定，法律和法令之所以同行政法规分开规定，乃是因为只有法律和法令才是立法权的产物。另一种观点认为，澳门回归前因法令和作为行政法规的训令均由澳督制定，故相互之间的界限相当模糊，不少法令的内容实际上属于行政管理性质，具有行政法规的性质。如果认为行政长官无立法权，澳门回归后行政长官就无法通过制定行政法规来修订具有行政法规性质的法令，而通过立法会制定的法律来修订此类具有行政法规性质的法令，既不合理，也不利于立法会的正常运作。所以，赋予行政长官一定的立法权，就可以用行政法规修订相关的法令。

这一理论上的分歧不仅事关特区的立法体制，而且涉及对原有法令的修订权，给法律改革的进行带来重大影响，必须予以解决。为此，特区立法会于2009年制定了《关于订定内部规范的法律制度》（第13/2009号法律，以下简称《立法法》），专门对特区立法会的立法权和行政长官制定行政法规的权限做出了相应的规定。《立法法》采取了折中的方法，首先充分肯定特区立法会依照基本法享有一般立法权，有权就特区自治范围内的任何事宜制定、修改、暂停实施和废除法律，同时列明了某些事项必须由特区立法会制定的法律予以规范。其次，在上述前提下，《立法法》将行政长官制定的行政法规分为两类，即分为独立行政法规和补充性行政法规。独立行政法规可就法律没有规范的事宜设定初始性的规范，同时也列明了某些事项可由独立行政法规做出规定；补充性行政法规则可为执行法律而订定所必需的具体措施，包括可为具体执行相关法律订定的事宜做出规定。最后，就原有法律中法令的修改、暂停实施或废止，《立法法》做出了明确规定，即若法令的内容属于特区立法会专有立法事项，此类法令的修改、暂停实施或废止须透过特区立法会制定的法律为之；若法令的内容属于可通过独立行政法规来规范的事项，此类法令的修改、暂停实施或废止可透过行政长官制定的独立行政法规为之；对于那些法令的内容属于需制定具体执行性规定的事项，此类法令的修改、暂停实施或废止可透过行政长官制定的补充性行政法规为之。

应当指出，《立法法》对特区法制体系的形成来说是一部相当重要的法律。这部法律为确保特区立法体制的正常运作提供了法律保障，在不明确赋予行政长官立法权的前提下，将行政长官有权制定独立行政法规视为立法权的补充，这一做法是符合特区法制实际情况的。尤其是在对原有法律中法令的修订权限问题上，《立法法》做出了明确的划分，客观上加快了对法令进行修订的步伐，从而有助于加快法律改革的步伐。

（四）法律改革与“法律适应化”

所谓“法律适应化”，就是指将原有法律中不能适应特区实际情况的名称、词句按照《关于根据〈中华人民共和国澳门特别行政区基本法〉第一百四十五条处理澳门原有法律的决定》（以下简称《决定》）附件四规定的一般原则进行替换。及时开展“法律适应化”工作，不仅是为了全面贯彻、落实全国人大常委会相关《决定》的替换要求，而且事关特区法制的清晰性和科学性，这对于明确法律改革的考察范围具有重要的现实意义。

为了完成“法律适应化”工作，特区政府在2010年的施政报告中，明确提出要用三年时间，对澳门回归后被保留的原有法律从名称、词句的表述、法律的效力性等方面进行适应化研究、分析和清理。此项工作极其复杂、繁重。有的原有法律因机构性质发生变化，如澳门回归前的审计法院在回归后成为具有行政机关性质的审计署，所以光替换名称是不行的，还必须在内容上进行适应化的修订；有的原有法律因年代久远，效力模糊，甚至相互重叠，所以首先要厘清法律效力。在整个“法律适应化”的过程中，特区政府负责此项工作的主管部门做了大量的工作，成立了专家小组。“法律适应化”工作分为两个阶段：第一阶段首先针对1976年至1999年12月19日期间颁布的2123部法律、法令的生效状况做出技术分析和清理，列出“仍在生效的原有法律”和“不再生效的原有法律”清单；第二阶段再依据全国人大常委会的《决定》和《回归法》，对“仍在生效的原有法律”进行适应化处理，并提出相关的立法建议。截至2016年，第一阶段原有法律效力的清理工作已经结束，此后准备分两次通过相应的立法程序对清理结果予以确认。

（五）法律改革与“立法统筹”

所谓“立法统筹”，就是指在法律修订过程中，就立法的整体规划、法案草拟、立法跟进等各项工作做统筹性安排，以保障立法政策的统一性、立法技术的妥适性以及立法工作的效率。毫无疑问，切实做好“立法统筹”工作，对促进法律改革具有重要的实际意义。

虽然在法律改革的进程中，特区政府在推进立法统筹方面做出了不少努力和尝试，如推出年度立法计划、制定操作性立法技术指引以及设立专门负责立法统筹的机构①，但效果不显著。鉴于此，第四届特区政府在原有立法统筹的基础上，提出建立和强化立法统筹机制，并于2016年正式推行《集中统筹立法机制内部操作流程指引》，优化立法工作的前期论证及决策阶段，明确立法项目的启动以及各公共部门的参与角色与应遵守的一般原则，完善整个法规草拟及制定的流程。与此同时，特区政府还制定了《在制定法律时应遵从的立法技术形式上的规则》，使各公共部门草拟的法规条文在编排、格式及用语等方面符合规范性标准，以促进整体立法技术的协调统一，提高法规草拟的质量，减省草案文本修改时间，提高立法效率。

应当肯定，“立法统筹”的提出和完善，对于法律改革起到了十分重要的

① 2005年3月，特区政府以项目组的形式成立了“法律改革办公室”。“法律改革办公室”作为中央机制，对重大法典、主要法律及其他重要法规进行检讨，以便对其进行评估及修订。2011年1月，特区政府将“法律改革办公室”与“国际法事务办公室”合并，成立了“法律改革及国际法事务局”。2016年1月，“法律改革及国际法事务局”撤销，其原来的职能由特区政府法务局行使。

促进作用。比如，在“立法统筹”机制建立之后，目前特区政府所有的法律草拟工作，无论是列入年度立法计划的项目，还是计划以外的立法项目，其前期论证、启动立法、咨询、草拟法案以至法案审议等各项工作，都在立法统筹机制的推动下有效进行。特区政府法务局在“立法统筹”机制中扮演了“龙头”角色，做出了大量努力。据统计，仅在2016～2018年三年间，由法务局完成草拟及提供法律技术分析意见的法律就有93项，行政法规有141项，还包括51项立法建议书。

回顾澳门回归20年来所走过的法律改革之路，通过法律改革所取得的成绩是主要的，也是全体澳门居民有目共睹的。从1999年12月20日澳门回归之日起至2018年12月通过的法律数量来看，特区立法会共审议通过了271项法律，其中新制定的法律有178项、修订的法律有93项，平均每年要审议通过14项法律。

二　2018年法律改革之成效

分析2018年法律改革工作的成效，可以从2018年立法概况、相关重要法律的制定、设立维护国家安全委员会、“法律适应化”的进展以及保安领域的立法规划等方面进行介绍与评估。

（一）2018年立法概况

通过17年的法律改革，特区政府与特区立法会在立法领域的相互配合应当说越来越有默契，各自的立法经验也越来越丰富，从政府法案的提出到立法会对法案的一般性讨论及细则性讨论，不但工作效率越来越高，而且立法质量也越来越成熟。正因为如此，2018年既是任务极其繁重的一年，也是成果相当丰富的一年。

从特区政府层面来看，通过立法统筹，政府提出法律草案的效率得到了相当大的提高。以政府法务局为例，从2016年正式启动立法统筹开始，在2016年和2017年两年间，由其完成草拟及提供法律技术分析意见的法律总共有45项，但2018年一年，则增加至48项法律，超过前两年的总和。正因为政府草拟法案的效率得到大幅提高，所以特区政府在2018年总共向立法会提交了39

个法律草案，打破历年纪录。

从特区立法会层面来看，面对政府提出的众多法律草案，从2017年第六届立法会产生之后，立法会的立法工作无疑是繁重和紧密的。自第六届立法会运行以来，议员共提出了1017条书面质询，立法会共召开过79次全体会议，举行过9次辩论会议。但在如此繁重的工作面前，全体立法会议员不畏困难挑战，砥砺奋进，一如既往地坚守基本法和《立法会议事规则》。[①]

综观2018年特区立法会的立法成效，从2018年1月至2018年12月底，特区立法会全体会议审议通过并经特区公报刊登的法律共有19项，三个常设委员会通过一般性讨论及表决的法律草案共有17项，正在排队待议的法律草案则有3项，合计39项。

（二）相关重要法律的制定

在2018年制定的法律及通过一般性讨论及表决的法律草案中，有2项法律及1项法律草案对“一国两制”在澳门的实践具有重要的现实意义。

1. 关于《海域管理纲要法》（第7/2018号法律）

根据基本法规定，由于历史的原因，澳门特区在成立之初对海域是没有管辖权的，特区的管辖范围仅限于澳门半岛、氹仔岛和路环岛的陆地。但是，考虑到澳门回归前在澳葡政府管治之下，实际上已经存在对相关海域的管理，因此，从实际情况出发，为了充分体现澳门特区的高度自治权，2015年12月20日，中华人民共和国国务院公布了关于《中华人民共和国澳门特别行政区行政区域图》（国令第665号）。在这个区域图中，不仅确定了澳门特区的陆地管辖范围，而且确定了澳门特区对85平方公里的海域享有管辖权。

毫无疑问，国家正式赋予澳门特区对85平方公里的海域享有管辖权，这不仅是“一国两制”方针政策在澳门的又一深刻体现，而且对于澳门的经济发展具有极其重要的促进作用。为了更好地管理好这片归澳门特区管辖的海域，特区政府于2016年11月15日至12月14日就《海域管理纲要法》进行了为期30日的公开咨询，并于2018年7月12日经立法会全体会议审议通过了《海域管理纲要法》，2018年7月23日经特区公报公布后翌日起生效。该

---

① 《政府年余提四十二法案破纪录》，《澳门日报》2019年2月14日，A02版。

法律在内容上主要包括五个部分，即海域的范围、海域的管理、海域的使用、海域的保护和海域的发展。

2. 关于《设立市政署》（第9/2018号法律）

根据基本法第九十五条规定，澳门特区可设立市政机构，而市政机构在性质上属于非政权性机构，其职能是受政府委托为居民提供文化、康乐、环境卫生等方面的服务，并就这些事务向政府提供咨询意见。为此，按照基本法附件一及其修正案《澳门特别行政区行政长官的产生办法》第二条规定，在行政长官选举委员会委员中应当包括市政机构成员的代表。

但是，由于澳门回归之前的市政机构明显带有政权性质，而回归之初因时间紧，无法使其完全脱离政权性质，为了实现平稳过渡，澳门特区筹备委员会于 1999 年 8 月 29 日发布了《关于澳门市政机构问题的决定》，规定在澳门特区设立非政权性市政机构之前，将澳门原市政机构改组为临时性市政机构，其任期根据《回归法》（第 1/1999 号法律）第十五条规定，不得超过 2001 年 12 月 31 日。2001 年 12 月，特区立法会通过了《设立民政总署》的法律（第 17/2001 号法律），规定于 2002 年 1 月 1 日起以民政总署替代临时性市政机构。民政总署成立以来，尽管为社会和市民提供了良好的服务，得到了广泛认同，但其性质仍然不属于基本法所指的非政权性市政机构，故其成员也不可能进入行政长官选举委员会。

鉴于民政总署与基本法规定的市政机构之间的“脱节”，为保证“一国两制”在澳门的全面贯彻和落实，第四届特区政府成立了“开展设立市政机构的研究小组”，并于 2017 年 10 月 25 日至 11 月 23 日就设立非政权性市政机构问题进行了公开咨询。在公开咨询的基础上，特区政府向立法会提交了法律草案。立法会经过审议，于 2018 年 7 月 30 日通过了《设立市政署》的法律，并于 2018 年 8 月 2 日经特区公报公布后自 2019 年 1 月 1 日起生效。《设立市政署》法律的制定和生效，不仅进一步落实了基本法，使行政长官选举委员会的组成与基本法相符合，而且在市政机构的运作方面也必然会开创新局面，为市民带来更好的服务。

《设立市政署》法律主要包括市政署的职责、市政署的监督、市政署的组织架构、市政署成员的产生方式等部分。在组织架构方面，该法律明确规定，市政署下设市政管理委员会和市政咨询委员会。“市政管理委员会为市政署的管理机关，负责对市政署为居民提供文化、康乐、环境卫生等方面的服务作出决议，并确保有关决议的执行。”市政咨询委员会则为市政署的咨询机关，负责就有关事务提供咨询意见。无论是市政管理委员会还是市政咨询委员会，其成员均由行政长官委任。其中，市政管理委员会成员从具备公民品德、公共管理经验及能力的澳门永久性居民中委任；而市政咨询委员会成员则从具备公民品德、市政范畴的社区与基层服务经验或足够的专业及服务能力的澳门永久性居民中委任。

3. 关于《修改第5/1999号法律〈国旗、国徽及国歌的使用及保护〉》（第1/2019号法律）

2017 年 9 月 1 日，全国人大常委会通过了《中华人民共和国国歌法》（以下简称《国歌法》）。2017 年 11 月 4 日，全国人大常委会又做出决定，将《国歌法》列入基本法附件三，从而使《国歌法》这一全国性法律得以在澳门特区生效。众所周知，国歌是中国宪法所规定的国家的象征和标志，维护国歌的尊严，就是维护国家和民族的尊严。在《国歌法》列入基本法附件三之后，澳门特区必须按照基本法和《国歌法》的规定，从澳门现行法律制度出发，切实采取相应的立法措施，以确保《国歌法》在澳门特区得到全面、准确的贯彻执行，这是关乎“一国两制”的大事，是“一国”原则使然。特区政府考虑到落实《国歌法》涉及的范围较广，决定通过本地立法予以实施。

事实上，澳门特区在回归之初已经通过“午夜立法”方式，就《中华人民共和国国旗法》（以下简称《国旗法》）和《中华人民共和国国徽法》（以下简称《国徽法》）在澳门特区的实施制定并通过了第 5/1999 号法律《国旗、国徽及国歌的使用及保护》，该法律除了就国旗、国徽的使用及保护做出了具体规范外，也对国歌的使用及保护做出规范。但是，一方面考虑到第 5/1999 号法律主要是针对《国旗法》和《国徽法》进行立法，关于国歌的规范相对来说比较简单，无法涵盖《国歌法》所规定的具体内容，如缺乏国歌的奏唱等；另一方面也考虑到第 5/1999 号法律已颁布实施了 18 年，有必要因应实际情况做出检讨，如全日制学校应升挂国旗及举行升旗仪式等。基于此，特区政府决定修改第 5/1999 号法律，以全面、准确落实《国旗法》、《国徽法》和《国歌法》的各项规定。

《修改第 5/1999 号法律〈国旗、国徽及国歌的使用及保护〉》的法律草案于2018年8月13日交特区立法会做一般性讨论及表决，2019年1月24日获特区立法会全体会议通过，2019年2月4日刊登于特区公报后翌日起生效。在落实《国歌法》方面，该法律的主要内容包括订定奏唱国歌的场合、订定禁止使用国歌的场合、订定国歌奏唱的形式和礼仪、调整侮辱国歌的犯罪行为、订定在重大庆典和节日播放国歌、订定将国歌纳入中小学教育、订定特区政府可要求新闻媒体配合特区政府宣传国歌等具体规定。

（三）设立维护国家安全委员会

在“一国两制”框架中，国家安全属于“一国”范畴，根据基本法第二十三条规定，澳门特区“应自行立法”来禁止危害国家安全的行为。这一规定将维护国家主权和高度自治有机地结合在一起，实际上包含两层含义：第一，澳门特区必须制定法律来切实维护国家安全，落实基本法第二十三条规定，这是特区责无旁贷的宪制性责任；第二，澳门特区究竟如何制定维护国家安全的法律，由其从本地区实际情况出发自行制定。为此，澳门特区于2009年制定了《维护国家安全法》（第2/2009号法律，以下简称《国安法》）。

但是，在当前国际形势多变的形势下，正如习近平总书记指出的那样，“当前我国国家安全的内涵和外延比历史上任何时候都要丰富，时空领域比历史上任何时候都要宽广，内外因素比历史上任何时候都要复杂”。① 因此，仅仅满足于制定一个框架性的《国安法》是不够的，为了有效地维护国家安全，《国安法》必须有决策、程序、执行等方面的配套法律辅助。这一问题得到了特区政府的高度重视，并于2018年9月3日首先由行政长官以独立行政法规的方式颁布了第22/2018号关于《澳门特别行政区维护国家安全委员会》的行政法规。

根据第22/2018号行政法规规定，维护国家安全委员会的职责包括五项：一是统筹、协调澳门特区维护国家主权、安全及发展利益的工作，并研究落实有关部署以及行政长官的相关指示及要求；二是分析研判澳门特区涉及国家安全及社会稳定的形势，规划有关工作并提出意见及建议；三是协助制定澳门特

① 《在中央国家安全委员会第一次会议上的讲话》（2014年4月15日），《人民日报》2014年4月16日。

区维护国家安全政策；四是统筹推进澳门特区与国家安全有关的法律制度建设；五是统筹处理澳门特区涉及国家安全事务的其他事宜。该委员会由行政长官担任主席，保安司司长担任副主席，共由9名委员组成。

除此之外，考虑到《国安法》规定的罪行以及所维护的利益关系到国家的独立、统一、完整、内部及对外安全等较为敏感的事宜，特区政府还拟通过修订第9/1999号法律《司法组织纲要法》，明确规定有关《国安法》所规定的罪行的诉讼，应由确定委任且具有中国国籍的检察官和法官行使检察权和审判权。这些检察官将由检察长指定，而法官则由法官委员会预先指定，有关的预先指定为期两年。修订第9/1999号法律《司法组织纲要法》的法律草案于2018年7月2日在立法会通过一般性讨论及表决，并于2019年2月20日在立法会做细则性讨论及表决。

（四）“法律适应化”的进展

如前所述，“法律适应化”的工作分为两个阶段。截至2016年，特区政府已完成第一阶段的工作，从1976年至1999年12月19日期间颁布的2123部法律、法令中，列出了“不再生效的原有法律”清单。第二阶段就是由立法会对这些“不再生效的原有法律”予以确认。

根据特区政府列出的清单，“不再生效的原有法律”数量庞大，因此，为提高相关法案的审议效率，根据特区政府法律技术人员和立法会顾问团组成的“原有法律清理及适应化小组”的建议，立法会将须确认的“不再生效的原有法律”分为两批分别予以确认。第一批为1976～1987年“不再生效的原有法律”，第二批为1988年至1999年12月19日期间“不再生效的原有法律”。

2017年8月21日，特区公报刊登了第11/2017号关于《确定1976年至1987年公布的若干法律及法令不生效》的法律。根据该法律，在1976～1987年共有472项原有法律、法令因默示废止或失效而被确认为不再生效，另有7项原有法律因内容不合时宜而被明令废止，合计被确认不再生效及被明令废止的原有法律、法令共有479项。

2018年10月16日，特区立法会对政府提交的关于《确定1988年至1999年公布的若干法律及法令不生效》的法案进行了一般性讨论及表决。根据该法案，在1988年至1999年12月19日期间共有275项原有法律因默示废止或失效而被确认为不再生效，另有 8 项原有法律因其内容不合时宜而被明令废止，合计被确认不再生效及被明令废止的原有法律共有 283 项。

尽管 2018 年 10 月 16 日关于《确定 1988 年至 1999 年公布的若干法律及法令不生效》的法案尚未正式成为法律，但“法律适应化”的总任务应当说基本完成。将第 11/2017 号法律与 2018 年的法案合起来考察，通过“法律适应化”工作，在 1976 年至 1999 年 12 月 19 日期间产生的 2123 项原有法律、法令中，被确认不再生效及被明令废止的原有法律共有 762 项。“法律适应化”工作的完成，对于澳门法律改革在明晰的范围内有序、有效地进行具有很重要的实际意义。

（五）保安领域的立法规划

就 2018 年的立法规划而言，保安领域的立法规划令人刮目相看。据相关媒体报道，目前已完成咨询或正在起草的涉及保安领域的法律草案共有 8 项。

第一项是关于制定《民防纲要法》。鉴于 2017 年 8 月“天鸽”风灾的教训，特区政府于 2018 年 6 月 28 日至 8 月 11 日，就制定《民防纲要法》进行了公开咨询，并在 2018 年 12 月 21 日公布了咨询总结报告。报告显示，绝大多数居民对制定《民防纲要法》持肯定态度，也认同增设罪名以惩治在突发紧急状态下故意造谣惑众、扰乱社会秩序的行为。

第二项是关于制定《网络安全法》。随着互联网及通信技术的高速发展，有关维护网络安全的问题已引起世界各国和各地区的高度重视。为此，澳门特区政府向特区立法会正式提交了《网络安全法》的法律草案，该法律草案已于 2018 年 10 月 18 日在立法会通过了一般性讨论及表决，目前正在等待细则性讨论及表决。

第三项是关于修订出入境管理及居留许可方面的法律。修订此方面法律制度的根本目的是优化出入境管控、逗留及居留许可制度，并订立新罪名，以便有效并依法惩治“假结婚”行为。目前，有关修订出入境法律制度的咨询文件已完成公众咨询，并于 2018 年 11 月 28 日公布了咨询总结报告，现正在由法务局继续跟进分析。

第四项是关于制定《通讯截取及保障法律制度》。目前，为制定该法律，特区政府已分别于 2018 年 5 月 8 日至 6 月 6 日以及 2018 年 9 月 26 日至 11 月 9

日两次向社会进行公开咨询，以便根据社会意见，就通讯截取及保障制定相应的管理制度，完善相关的执法手段。预计在 2019 年上半年可公布咨询总结报告。

第五项是关于制定与《国安法》配套的程序法。关于这方面的法律草案，目前已完成草拟工作，“并将视乎中央统筹及整体立法工作量”，再决定是否在 2019 年内开展立法。

第六项是关于修订《司法警察组织法》。其中拟修订的内容包括在司法警察局内部设立执法机构，专责处理涉及国家安全案件的执法工作。目前，此项法律修订的草案文本已处于最后草拟阶段。

第七项是关于制定《保密法》。此项立法工作正在由法务局跟进立法。

第八项是关于制定《反恐法》。此项立法工作已于 2018 年 6 月完成法案草拟工作，目前正在进一步完善法案条文。①

三　2019年法律改革之展望

通过上文的介绍与评估，2018 年的法律改革成效显著。当然，在充分肯定成绩的前提下，我们也必须清醒地看到，澳门法律改革所面临的任务仍然是相当繁重的，困难也很多。当我们步入 2019 年反思 2018 年法律改革所走过的道路时，有些问题值得我们关注和思考。

（一）关于“立法统筹”机制的完善

就法律改革现状来看，可以说特区政府相关部门都在“满负荷”运行，非常辛苦，也做出了大量努力。但是，即便如此，社会上仍然对立法工作有质疑。例如，有立法会议员认为，长期以来，澳门的法律制度一直与经济社会的发展严重脱节，加上法律改革进程缓慢，以致制定法律的工作进度与质量均备受社会诟病。在 2018 年，虽然特区政府各部门送交的法案有近 40 项，但大部分均不属于原订的立法计划范畴之内，而在计划范畴内提交的 12 项法案，则

① 有关第五、第六、第七及第八项立法信息参阅《黄少泽介绍国安配套立法》，《澳门日报》2019 年 2 月 6 日，A06 版。

只有7项法案能够如期交出，完成率只有五成八，与特区政府曾许下的保持约八成完成率的承诺仍有一段距离。这些问题的存在客观上反映了现今的“立法统筹”机制未能充分发挥应有的效应，故建议特区政府着手检视，以免立法计划受到制约，影响澳门整体立法的进程。①

上述批评虽有些苛刻，但值得特区政府反思。应该说，“立法统筹”机制的建立对提高立法效率具有很重要的现实意义，但为什么12项法案的立法计划只能完成5项呢？特区政府有关部门有必要进行研究，找一下原因和根源，并切实采取有效措施来加快立法进度。

比如，在特区政府各部门制订立法计划时，应当从实际出发，“量力而行”，不能“好高骛远”，为“立法”而“立法”。在做立法计划时，要论证在先，要考虑到方方面面的因素，把问题想在前面，要避免在制订了立法计划后再考虑问题。因此，充分发挥“立法统筹”机制的统筹效应，合理制订立法计划是第一步。立法计划不合理，客观上做不到，不管如何进行“立法统筹”也是无济于事的。

又如，在立法计划制订出来后，就必须在确保落实上下功夫。如何确保落实，首先要实行“专人负责制”，不同的法案要有不同的专人负责，跨部门的法案，要有不同的跨部门的专人负责。其次要有时间概念，对法案的论证、草拟、咨询都要订立一个确切的时间表。在这个过程中，处于“立法统筹”中央机制的法务局应当发挥更大的作用。必须通过制定相关法律，赋予法务局在“立法统筹”中享有统筹、分配、监督等方面的实权，在“统分结合”的法律草拟模式下，将法律草拟真正地“统”起来，只有这样，才能充分发挥“立法统筹”的应有作用。否则，统分不明，“立法统筹”很容易“走过场”。

再如，在立法咨询过程中，意见有分歧时，必须遵循一般的立法规律，该统则统，该立就立，不必在不同意见达成共识后再进行立法，否则会拖慢正常的立法计划。从澳门回归20年的立法实践来看，如何提高立法效率是一个非常值得反思的问题，因为不少法律从问题的产生到制定法律草案，再到正式成为法律，往往需要很多年。花几年时间来制定一个非大法典的法律，在常态下不能说是正常的。“开门立法”，听取社会民众意见本身没错，但在不同观点

---

① 何润生：《立法计划进度与预期严重不符》，《澳门日报》2019年1月20日，B08版。

面前举棋不定，优柔寡断，无限期地拖延立法，至少不能说是一种科学的立法态度。事实上，通观世界各国或各地区的立法，一种法律的产生往往不可能取得一致意见，如果等到各方意见都一致了才制定法律，则无法发挥法律对社会的促进和保障作用。立法要讲民主，要谨慎立法，但立法也要讲集中，讲效率，讲气魄，尤其是一些急需制定的与民众利益息息相关的法律，更要讲立法效率。即便在社会公众意见不一致的情况下，立法者也可以通过立法论证、立法听证等多种形式，先行立法，以后通过法律的适用再总结经验，必要时可以修改法律。如果立法都要做到面面俱到，十全十美，不存在不同意见，这显然是一种“乌托邦”的想法，这样做的结果是降低立法效率，影响社会发展，阻碍法律改革的顺利进行。因此，完善“立法统筹”机制，还应当在“果断”上下功夫。

（二）关于专家学者在立法中的作用

立法要不要专家学者参与？这个问题其实不难回答，因为立法不仅会涉及立法技术问题，而且会涉及相关的法学专业理论，所以，在法律改革过程中，让专家学者参与具体立法活动，无疑有助于提高立法的效率和质量。

从目前法律改革过程中特区政府提出立法计划和起草相关法律草案的立法活动来看，澳门本地的专家学者参与立法的程度还有待提高。特区政府设有一个“法律改革咨询委员会”，有关法律草案会在该委员会中收集意见，特区政府在启动对某个大法典的修订时，会“外派”给专家学者，或者邀请专家学者参与，但对于大量须提交给立法会的法律草案的前期论证以及具体起草，则很少有专家学者的直接参与。当然，我们不能说因为没有专家学者直接参与法律草案的论证和草拟，就会拖慢法案的提交进度或影响法案的立法质量，但从实际情况来看，确实可能会发生由于没有专家学者的直接参与或把关而影响立法进度和质量的情况。举例来说，2009 年修订《选民登记法》时，特区政府向立法会提交的第一个法律草案规定，对《选民登记法》所规定的九种犯罪，凡犯罪未遂的都要按犯罪既遂处罚，不给予减轻处罚，这一规定显然与澳门《刑法典》总则的规定相抵触，因而受到部分议员的质疑，并被退回。后政府采取折中办法，在第二次提交的法律草案中规定对九种犯罪中的五种犯罪的未遂可比照犯罪既遂特别减轻刑罚，但其余四种犯罪的未遂仍按犯罪既遂处罚。

此折中方案最后虽被立法会通过，但客观上不仅影响了该法律的立法进度，而且影响到该法律的立法质量。再举例来说，在起草《动物保护法》草案时，由于没有专家学者的参与，草案一上立法会就在虐杀动物行为的量刑问题上受到质疑。法案被退回修订量刑后又引起了社会反对，为此，专家学者需要出面做出法理上的解释。诸如这些问题，如果提前有专家、学者直接参与法案的论证和草拟，是可能避免的。

专家学者参与立法，甚至由专家学者直接提出法律草案，这在世界各国和各地区普遍存在。因此，今后特区政府在经常性的法案论证及草拟过程中，对一些专业性较强的法律草案的论证和起草，完全可以也有必要利用专家学者在专业法学理论中的优势，充分发挥他们在整个立法活动中的作用，并由此来作为提高立法效率和立法质量的一个有效途径。或许有人会问，特区政府各部门不是也有法律方面的顾问或高级技术员吗？但这并不能取代社会上专家学者的作用。立法有很强的专业性，这种专业性不是每个政府部门的法律顾问或高级技术员都能胜任的。举例来说，在 2017 年修订澳门《刑法典》分则规定的性犯罪时，特区政府在咨询文件中曾建议将新增的两个罪名纳入澳门《刑法典》总则第 5 条第 1 款 b 项之中，这显然是特区政府有关法律工作人员因对刑法专业理论缺乏必要的了解而犯下的错误，需由专家学者加以纠正。目前，世界上很多国家和地区的政府在论证和起草法律时之所以要邀请社会上的专家学者参与，其道理就在于此。

（三）关于本地法律人才的培养与使用

法律改革是一项专业性很强的改革，除了特区政府和社会应给予高度重视外，还需要由一批具备法律专业知识的人落实、操作，本地法律人才尤其是法学理论研究方面的本地法律人才不足，必然会影响法律改革的顺利进行。

当然，导致法学理论研究型的本地法律人才匮乏的原因与澳门回归前的历史是紧密相关的。澳门回归前，为迎接澳门的回归，在当时本地法律人才几乎是空白的情况下，培养本地法律人才主要侧重于对法律的操作，即培养接班人式、操作型的本地法律人才，因而在法学理论研究方面，本地法律人才是相当匮乏的。

澳门回归后，随着本地法律人才大量涌现，澳门的法学理论研究有了很大

的发展。但法学理论的研究毕竟不是短期就可以解决的，时至今日，法学理论型本地法律人才仍然是不足的。由于法律改革与法律实务性的操作不同，要持久、深入、有效地开展法律改革，就必须有相应的法学理论研究基础。没有充足的理论研究“打头阵”，法律改革客观上很难进行下去。法学理论型人才的匮乏和法学理论研究的薄弱，阻碍了澳门法律改革的深入发展，这一问题应当引起社会和特区政府有关部门的重视。比如，在法学理论型人才的培养方面，特区政府可以从政策上、经济上激励澳门本地有志学习法律的青年到境外学习和深造，不仅是去葡萄牙深造，还要鼓励他们去世界各国各地区学习法律，以拓宽视野，汲取先进的法学理论，了解各国各地区先进的立法例，而后回澳门服务于社会，这样才会有比较，才会有进步。再如，对于本地法律人才仅仅设立人才资料库是不够的，还要大胆地使用，要有步骤地让本地法律人才担当起法律草拟的重任，要信任他们，让他们在实践中通过自身的摸索和学习得到成长。以不成熟为由不让本地法律人才担当法律改革的重任，他们就会像“永远长不大的孩子”而无法成为优秀的本地法律人才。在法学理论研究方面，特区政府包括整个社会都要积极营造一种学术研究的氛围，提供必要的学术研究平台，也可以有目的地引进一些境外的法律人才来澳门研究澳门法律，以此带动澳门的法学理论研究。当然，法学理论型人才的培养和法学理论研究的兴旺是需要较长时间的，但我们必须重视并采取各种措施来加快培养和使用法律人才的步伐，如此，澳门的法律改革才会有后继之力。

（四）关于法律改革的重点

从过往法律改革的实践考察，在法律改革的重点问题上，值得我们重视与反思。

法律改革的重点应当放在哪里？长期以来，澳门社会上一直存在着“澳门法律严重滞后”的说法，这种说法不无道理，但也要具体分析。从滞后的对象来看，“严重滞后”主要是针对澳门回归后被保留下来的原有法律而言，因为这些原有法律有相当一部分属于20世纪80年代或90年代甚至是70年代制定的法律。面对澳门回归后社会的巨大变化，这些原有法律确实存在“严重滞后”的现象。但是，如果我们把法律改革的注意力全部放在这些“严重滞后”的原有法律之上，并非法律改革的应有之义。法律改革应当让法律充分发挥服务于现实社会的作用，要通过法律改革建立起一套符合澳门实际情况的法律体系，包括现在没有但有需要新制定的法律。因此，“严重滞后”的原有法律需要改革，但也要分轻重缓急。法律改革的核心应当是从实际需要出发，既要修订原有法律，也要制定新的法律；不管是修订还是新制定，都要着力于法律对社会的促进与保障作用。正是从这一角度考察，澳门法律改革的重点不是原有法律需不需要修订的问题，而是应当放在如何使法律更好地服务于社会、服务于民生。

举例来说，特区政府曾提出整体修订《刑法典》《刑事诉讼法典》《民法典》等几部大法典的计划，现在看来，这种想整体修订大法典的思路是不切合实际的，更不应当成为法律改革的重点。因为大法典虽与民生相关，但大法典由于体系庞大、涉及范围较广，如果研究跟不上、人才跟不上，对大法典进行整体修订就很难完成，即便做了，成效也有限，甚至就是对大法典中的某个或几个问题做局部修订，其花费的时间、人力与物力都很大。因此，对大法典的改革可以是“以点带面”，发现哪些条款落后了，或不合理，或民间有较强反响，就改哪些条款，不能贪大求全。从近几年特区政府对大法典的改革来看，“以点带面”的改革方式得到采用，值得坚持。

正因为法律必须与社会紧密联系，必须以民生为主，所以，法律改革的重点应当放在与民生紧密联系的法律之上，包括原有法律的修订和制定新的法律。对原有法律而言，要及时发现哪些原有法律因“严重滞后”而阻碍了社会发展，影响了民生，这些原有法律应当作为法律改革的重点。对制定新的法律而言，特区政府要不断及时地了解民情，从社会的实际需要出发，凡与民生尤其是重大民生有关的法律，必须作为法律改革的重点，该制定的要尽快制定，不能拖而不决。总之，以民为重，这就是法律改革的重点。

澳门法制在“一国两制”方针政策的指引下，取得了很大的发展，法律改革的成绩也是主要的，应当给予充分肯定。当然，法律改革不可能是一帆风顺的，存在这样或那样的问题也是正常的。关键是要不断地总结经验，发现问题，并采取必要的措施加以改善。我们完全可以相信，有“一国两制”和基本法的保障，通过特区政府、特区立法会和广大澳门居民的共同努力，澳门特区的法律改革之路一定会越走越宽、越走越快、越走越扎实。

B.8 立法统筹机制的建立与运行

方 泉*

摘 要： 在往届政府法务工作的基础上，第四届澳门特区政府正式提出中央统筹立法的工作方针，通过建立和运行集中统筹立法机制，逐步推进立法统筹工作。文章梳理了本届政府法务部门五年来在集中统筹立法方面所做的工作，对机制的运行效果进行评析，并就今后进一步检讨及优化机制提出建议。

关键词： 立法统筹 集中统筹立法机制 立法计划

回归以来，澳门经济急速发展，社会面貌变化较大，尽管澳门特区政府在推进法制建设方面做了不少工作，但在立法质量及规划效率方面，社会上存在一些批评之声。为提高立法的质量和效率，回应社会快速发展对法制建设和法律改革的诉求，消除法律领域的积弊，第四届澳门特区政府正式提出中央统筹立法的思路，并推进建立、实施集中统筹立法机制，这是特区政府在法务领域着力推进的一项重大的全局性工作，对提高特区立法的质量和效率具有重大意义。

一 从提出中央统筹立法到建立集中统筹立法机制

（一）中央统筹立法的基本思路

1. 中央统筹立法的内涵及必要性

关于统筹立法，澳门特区政府最初提出的措辞是“中央统筹立法”。根据澳

---

* 方泉，法学博士，澳门科技大学法学院教授、执行副院长，研究方向为刑事法学。

门基本法的规定，凡涉及公共开支、政治体制或政府运作的法律，只能由政府提案。简言之，绝大多数关乎区计民生的法律的制定，均须由政府提出立法计划。澳门特区政府在立法提案权上的这一主导地位为实现中央统筹立法提供了基本便利。但从过往情况看，这一主导地位并未体现为立法上的有效性。对于这一点，特区政府及社会上比较大的共识认为，关键还是在于缺少统筹安排。因此，从立法形式和技术上说，首先，中央统筹立法是立法规划层面上的统筹安排，即特区政府各部门、立法机构在中央统筹机制下规划、制订协调统一的立法工作计划。

其次，中央统筹立法是指协调法律体系层面上的统筹安排。澳门特区法律体系的构成较为复杂，从类别上说，包括基本法、基本法附件三所列在特区实施的全国性法律、国际协约、澳门原有法律及澳门特区制定的法律。从位阶上说，按照《关于订定内部规范的法律制度》第 3 条的规定，包括基本法、法律、行政法规及其他规范性文件。由此，当需要通过制定法律等规范性文件调整特定的社会关系和社会秩序时，无论是在立法的形式上（效力等级）还是在立法的内容上，都应当考虑既有法律规范的位阶及内容，必要时做相应处理，以保持法律体系结构完整、内部协调一致，避免发生立法的重叠（特别法造成的竞合除外）、矛盾、不闭合等问题，造成立法冗余，浪费立法资源，进而导致司法实践中的困难。

再次，中央统筹立法是对立法技术标准的统一把关。法治社会的基础是制定良好的法律。这是法治社会对立法提出的质量要求。良好的立法需要良好的立法机制和立法技术。法律的自洽需要达到很多技术上的标准，包括法律的体系、布局，表述、颁布等，都需要有一个一致性的标准，[①] 而集中统筹立法是保证上述立法技术标准的一个有效途径。

2. 初期准备

尽管之前出现过不同形式或程度的中央统筹立法思路，但在第四届特区政府任期前，前三届特区政府并未正式提出过中央统筹立法的实施方案及其工作机制的建立。不过，在第三届特区政府期间，法务部门基本完成了为期 3 年的澳门原有法律清理及适应化工作。该项工作主要是对 1976 年至 1999 年 12 月 19 日颁布的 2123 项原有法律及法令的生效状况进行清理，即对约 4 万条条文

① 范剑虹：《论澳门立法技术的标准》，《“一国两制”研究》2013 年第 1 期，第 97 ~ 102 页。

进行逐条分析，确认每一项法规是否仍生效，并注明每一项法规不生效的原因和依据。此外，对仍然生效的原有法律及法令按照《回归法》的规定进行法律适应化处理和对与现行法律制度不协调的相关条文内容及翻译上的不准确之处提出修订建议。按该期工作结果显示，生效的法规共668项（法律108项，法令560项），不生效的法规共1455项（法律232项，法令1223项）。① 原有法律的清理及适应化工作为特区之后的中央统筹立法工作，特别是建立中央统筹立法机制做了必要的基础性工作。

特区政府《2014年财政年度施政报告》在法务领域的施政重点中提出，要增进与立法会的沟通合作，落实当年的立法计划，并从规范立法程序、完善立法计划编制等层面持续深化立法统筹工作。但在施政报告的正文内并未明确表述有关构建集中统筹立法机制的具体内容。

（二）集中统筹立法机制的准备与逐步推进实施

中央统筹立法作为一种立法组织形式上的选择，自第四届特区政府正式提出之后，主要通过建立集中统筹立法机制逐步推进落实，这集中体现在第四届特区政府在历年施政报告中都提出或明确提出将建立、实施集中统筹立法机制作为法务领域的施政重点。简言之，集中统筹立法机制是在遵守现有立法制度的前提下，结合澳门社会发展现实、政策导向、立法需求等各项因素，由专责法务部门在立法计划上做出统筹安排以及在法案草拟上进行技术协调的一项制度性安排，是落实中央统筹立法的具体工作路径。

1. 准备实施（2015）

特区政府《2015年财政年度施政报告》在法务领域明确表述了关于建立集中统筹立法机制的工作内容。报告提出，特区政府将“在完善立法程序的基础上，逐步建立集中统筹立法机制，解决过往由不同部门分散草拟法案所衍生的问题，确保政府在立法提案中体现立法政策的和谐性和连贯性，以及立法技术上的妥适性和可行性，务求使法律改革和法制建设在落实特区政府施政的

① 此数据为2014年特区政府施政报告内容。在此工作基础上，如前文所述，第11/2017号法律《确定一九七六年至一九八七年公布的若干法律及法令不生效》以及2018年《确定一九八八年至一九九九年公布的若干法律及法令不生效》法案（立法会一般性通过）共明示废止原有法律762项。

长效机制及提高依法施政水平等方面，发挥其应有的作用”。[①] 同时，明确提出要抓紧涉及民生事务及基础性法律的草拟工作，将具迫切性及法律技术较成熟的立法项目纳入 2015 年的立法计划。

2015 年，特区政府就建立和完善集中统筹立法机制的政策目标和相关措施制订了具体落实计划，特别是完成了法律及内部工作规则上的准备。特区政府通过修订第 26/2015 号行政法规《法务局的组织及运作》，为今后以法务局为集中统筹立法机制的枢纽机构及其相关运作明确了法律依据。同时，法务部门制定了《集中统筹立法机制内部操作流程指引》，以加强集中统筹立法机制的可操作性，该份指引围绕着集中统筹立法的展开，为特区政府各部门提出立法建议、做出立法决策、进行法案草拟以及提交法案提供工作流程指引。

2. 逐步推进（2016 ~2018）

自 2015 年起，每年的施政报告都会将实施集中统筹立法机制列入法务领域的施政重点，提出年度立法项目计划，并确定实施时间表。

《2016 年财政年度施政报告》在法务领域的施政重点继续强调要“逐步实现统筹立法”。2016 年，法务领域的一个重大举措是完成了法务部门的重组工作，对两个法务部门实施合并，根据第 26/2015 号行政法规《法务局的组织及运作》重新订立法务部门的组织架构。2016 年 1 月 1 日，原法务局部分职能移交其他相关部门，原社会工作局重组，并接收原法务局负责的社会重返职能；澳门监狱与原法务局负责的少年感化院合并更名为“惩教管理局”，而少年感化院仍作为厅级部门。法务局与法律改革及国际法事务局合并，并沿用“法务局”名称。这次合并是对集中统筹立法机制的实际运行做出的组织机构准备。2016 年，特区政府正式实施《集中统筹立法机制内部操作流程指引》，制定了未来 3 年中期立法规划，以配合特区发展定位及施政工作，强调特区政府统筹决策在立法程序中的导向作用，明确“统分结合”的法规草拟工作模式。法务部门以中期立法规划为总体框架，确定每年立法计划的项目安排。同时还在与立法会沟通的基础上推出《在制定法律时应遵从的立法技术

① 《2015 年财政年度施政报告》，澳门特别行政区政府网站，2015 年 3 月 23 日，https://www.gov.mo/zh-hant/wp-content/uploads/sites/4/2017/10/cn2015_policy.pdf。

形式上的规则》，以推进特区政府整体立法技术上的统一，提升规范性文件的质量。①

特区政府《2017年财政年度施政报告》在法务领域的施政重点指出，要透过已构建的立法统筹组织体制，认真执行立法规划、协调法规草拟、加强立法技术的统一应用，推动集中统筹立法机制的落实。法务部门开展立法项目的研究论证和法规草拟工作，倡导集中统筹立法机制。2017年，法务部门建立了立法项目资料库，除年度立法计划项目外，将中期立法规划项目、编制中期立法规划过程中所收集的立法建议项目及其他立法研究项目，均纳入立法项目资料库。以此加强立法流程的跟踪和统筹工作，以便监督、统筹特区整体立法工作。

2018年特区政府《施政报告》在法务领域的施政重点提出，要“严格执行集中统筹立法机制”，全面监督年度立法计划的进展状况。在过去几年，由于年度立法计划的实施完成情况不甚乐观，社会上不断有批评声音，特区政府要求法务部门应持续跟进各部门对《集中统筹立法机制内部操作流程指引》的执行情况，加强对立法项目草拟工作的监督，研究建立立法后评估跟进机制，关注法规的实施情况，收集社会各界对法规实施的意见和建议，使立法统筹机制更符合实际需要。

3. 检视与优化（2019年至今）

《2019年财政年度施政报告》强调，加强集中统筹立法机制是特区政府在法务领域的一项“核心”工作，提出要“优化”统筹立法机制。这既表明了特区政府计划长期实施集中统筹立法的决心，也对2016年正式实施集中统筹立法机制以来的工作提出了更高的要求，同时更是对社会上批评声音的某种接受和回应。

报告提出，2019年特区政府要全面检视《集中统筹立法机制内部操作流程指引》，将从细化集中统筹立法的执行流程和完善立法计划编制方面着手，进一步明确和细化各阶段的执行标准，使法规草拟流程更加顺畅。同时检讨和完善立法计划的编制程序，加强法务部门与政策推行部门在立法政策和立法原

① 《2017年财政年度施政报告》，澳门特别行政区政府网站，2016年11月15日，https：//www. gov. mo/zh - hant/wp - content/uploads/sites/4/2017/09/2017_ policy_ cn. pdf。

意方面的沟通，加强法务部门对立法建议的前期论证工作。[1] 通对立法计划的合理性和可行性进行分析与论证，充分评估及制定更具操作性和可控性的时间表，从而提高立法计划的执行率。

二 集中统筹立法机制的相关法例和工作规则

（一）第26/2015号行政法规《法务局的组织及运作》

第26/2015号行政法规《法务局的组织及运作》（以下简称《法规》）为集中统筹立法机制的机构设置以及法务局在此机制中担任枢纽角色提供了法律依据。

《法规》第1条“性质”规定，“法务局为澳门特别行政区的公共部门，负责总体法务政策与集中统筹立法方面的研究及技术辅助工作”。第2条“职责”第2项规定，法务局“执行集中统筹立法工作，协助制定立法计划，并监督其执行”。这两条明确了法务局在集中统筹立法机制中的角色地位及职责。

在与集中统筹立法相关的机构层级设置方面，《法规》第7条规定，法务局下设法制研究及立法统筹厅，其职权主要包括：“就澳门特别行政区法制的完善进行研究及提出建议”；“协调及落实集中统筹立法工作”；“协助制定立法计划，并监督其执行”。法制研究及立法统筹厅下设法制研究处和立法统筹处，立法统筹处的职权主要包括：“为执行集中统筹立法工作编制所需指引及施行细则”；“协助制定立法计划，且在有需要时提出调整方案”；“监督立法计划及计划以外的其他立法项目的执行情况并编写报告，以促进负责的公共部门及实体按时完成草拟工作”；“就立法项目的启动进行前期法律分析”；“要求负责立法项目的公共部门及实体提交工作进度报告”。法务局还下设法律草拟厅和法律翻译厅。其中，法律草拟厅的职责包括：编制属政府权限的法律提案、规范性文件；“在执行集中统筹立法工作上，就特定立法项目与其他公共部门及实体组成法规草拟小组共同草拟法规草案”；统筹法律清理工作；等等。法律翻译厅则负责属于特区政府权限的法律提案、规范性文件等的中葡译本核对及翻译等工

① 《2019年财政年度施政报告》，澳门特别行政区政府网站，2018年11月15日，https：//www. gov. mo/zh－hant/wp－content/uploads/sites/4/2018/11/2019_ policy_ cn. pdf。

作，包括在法律技术词汇出现语文问题时对其进行统一阐释。这些层级设置都为法务局在集中统筹立法机制中的枢纽角色提供了部门保障。

（二）《集中统筹立法机制内部操作流程指引》

要具体实施集中统筹立法机制，仅仅有《法规》在组织机构上的设置是不够的。2015 年，法务部门制定了《集中统筹立法机制内部操作流程指引》（以下简称《指引》），旨在明确在立法项目的启动及法规草拟和制定的过程中，各公共部门和实体的参与角色及应遵守的一般原则与步骤，以确保特区政府在整体立法政策和立法技术上的协调统一。《指引》明确规定，在统筹立法的各个阶段，各参与部门应当遵循全局性原则、组织协调及分工原则、立法项目协调原则、必要性原则、实效性原则、简明易懂原则、检讨及完善原则。

按照《指引》的规定，集中统筹立法的操作流程一般分为三个阶段。第一阶段为前期论证及决策阶段，由推行机构（包括法务局或法务局以外的其他机构）提出立法建议书，提交推行机构所属司长指定人员就建议进行分析，继而经行政长官决定转交法务局分析，并视情况听取法律改革咨询委员会的意见。立法建议书应当包括《指引》所规定的各方面内容要件。而法务局的分析主要包括立法建议是否符合澳门基本法的规定，是否符合第 13/2009 号法律《关于订定内部规范的法律制度》的规定，要从现有法律体系的整体内容上分析立法建议的必要性。经上述程序后，立法建议书及分析报告将提交行政长官，由行政长官决定是否启动立法项目。

若行政长官决定启动立法项目，则流程进入第二阶段——草拟阶段。按行政长官决定是否组成法规草拟小组，分别由推行机构自行草拟法案或成立法规草拟小组草拟法案。由推行机构自行草拟的法案需定期向法务局报告工作进度。在此期间，可以按照《公共政策咨询规范性指引》的有关规定进行公开咨询，或向有关团体或人员进行针对性咨询。之后，拟定的法律草案视内容交有关部门提出意见。由法务局以外的推行机构自行草拟的法案此时要交法务局进行立法技术分析并提出修改意见，由法规草拟小组草拟的法案则无须再经此程序。

第三阶段即提交阶段，经上述程序的草案提交行政法务司司长，再交行政会讨论决定后，提交立法会进行一般性和细则性通过，直至公布实施。《指引》规定，在紧急情况下，可由行政长官决定启动紧急草拟程序，并指定相应范畴的司长负责统筹有关立法项目。在此情形下，可以视情况省略前两个阶段的全部或部分步骤。

（三）《在制定法律时应遵从的立法技术形式上的规则》

为保证特区政府各部门在立法技术上的一致性，提高规范性法律文件的质量，进而为实施集中统筹立法机制提供技术保障，2016 年，法务部门在与立法会沟通的基础上，制定了《在制定法律时应遵从的立法技术形式上的规则》（以下简称《规则》），规则着重规定了法律规范的形式要件，以保障法律结构设计严密、条文表述严谨、用语规范统一。《规则》从五个方面对立法技术形式进行统一规范，包括规范性文件的编写、规范性文件的修改、特定内容的编写、关于过渡及最后规定章节的制定及编写，以及在制定规范性文件时应依循的表述及语言规则。

在规范性文件的编写方面，《规则》要求制定者在规范性文件的标识、不同体量规范性文件的结构排列、规范性文件开始和结尾的标准内容、内文编写和条文编写上遵循统一规范。例如，法律及决议开始部分的格式表述应遵从第 3/1999 号法律《法规的公布与格式》第 12 条第 1 款的规定，即“立法会根据《澳门特别行政区基本法》第七十一条（一）项，制定本法律”。

关于规范性文件的修改，除一般规则外，《规则》对新增条文、修改现行条文、修改编排结构、修改提述等都做了统一规范。关于特定内容的编写，主要针对法律的定义、公布、生效或废止、附件、更正等方面进行统一规范。

在语言规则及表述方面，《规则》要求法律语言表述清晰，对外文的使用、简称、缩写、语法、大小写、标点符号、字体等均做出规定。特别是在表述清晰方面，要求法律语言应当简洁而严谨，一般应避免使用空泛或不确定的概念。

三　2015年以来集中统筹立法机制的运行情况

（一）2015年的立法计划与实施情况

2015 年，特区政府共提出 6 项法律提案项目，计划制定《分层楼宇共同部分管理法律制度》、《轻型出租客车（的士）客运法律制度》和《区际刑事司法互助法》，以及修订第10/2011号法律《经济房屋法》、第5/2011号法律《预防及控制吸烟制度》和第17/2009号法律《禁止不法生产、贩卖和吸食麻醉药品及精神药物》。

上述6项法律提案在当年的完成情况是：向立法会提交3份法案。其中，《经济房屋法》获立法会细则性讨论通过，《预防及控制吸烟制度》及《分层楼宇共同部分管理法律制度》法案由立法会常设委员会细则性讨论。此外，《轻型出租客车（的士）客运法律制度》、《区际刑事司法互助法》及修改第17/2009号法律《禁止不法生产、贩卖和吸食麻醉药品及精神药物》则进入草案最后讨论和修订阶段。

除立法计划项目之外，特区政府于2015年上半年公布了《检讨消费者权益保护法律制度》咨询总结报告。成立了跨部门工作小组，对涉及澳门现行习惯水域管理范围的法律制度进行了系统检讨，并对将来划定水域所必要的立法工作进行了研究。展开了修订《民事诉讼法典》的业界咨询，以及检讨《刑法典》有关性犯罪章节的公众咨询。

（二）2016年立法计划与实施情况

1. 立法计划

2016年，特区政府共提出8项法律提案项目，计划修改第14/2009号法律《公务人员职程制度》、第66/99/M号法令《私人公证员通则》、第2/2006号法律《预防及遏止清洗黑钱犯罪》和第41/83/M号法令《预算纲要法》；计划制定《冻结资产执行制度》、《医院、全科及公共卫生范畴医学培训法律制度》、《长者权益保障法律制度》和《社会房屋法》。

2. 实施情况

8项法律提案项目在当年的完成情况是：向立法会提交3份法案。其中，《冻结资产执行制度》于2016年8月获立法会细则性审议通过并正式公布；修改第66/99/M号法令《私人公证员通则》和《预算纲要法》获立法会一般性讨论通过，并由立法会常设委员会做细则性讨论。未能提交的法律提案的进展情况包括：修改第2/2006号法律《预防及遏止清洗黑钱犯罪》和《长者权益保障法律制度》进入草案最后审核阶段；《医院、全科及公共卫生范畴医学培训法律制度》完成法案初稿的草拟工作，负责部门按法律意见进行修改；修改第 14/2009 号法律《公务人员职程制度》中有关特别职程的内容和《社会房屋法》处于法案最后完善阶段。

未能于当年提交的法案项目中，第 3/2017 号法律《修改第 2/2006 号法律〈预防及遏止清洗黑钱犯罪〉及第 3/2006 号法律〈预防及遏止恐怖主义犯罪〉》、第 4/2017 号法律《修改第 14/2009 号法律〈公务人员职程制度〉》均已于 2017 年获立法会通过，第 12/2018 号法律《长者权益保障法律制度》则于 2018 年获立法会通过。《社会房屋法律制度》法案于 2017 年提交立法会并获一般性通过。

此外，法务部门继续跟进 2015 年立法计划中未能完成的有关项目。按照集中统筹立法机制推进重大立法项目，法务部门开展了《海域管理纲要法》的研究制定和公众咨询，以及修订行政准照制度的立法论证和公众咨询，并就制定《船舶登记法》开展专项研究及法案初稿的草拟。

（三）2017年的立法计划与实施情况

1. 立法计划

2017 年，特区政府共提出 5 项法律提案项目，计划制定《海域管理纲要法》、《职业介绍所准照及运作制度》和《社会工作者专业资格认可及注册制度》，修订第 87/89/M 号法令《澳门公共行政工作人员通则》和修改第 10/2012 号法律《规范进入娱乐场和在场内工作及博彩的条件》。

2. 实施情况

上述五项法律提案项目在当年的完成情况是：向立法会提交了 4 份法案。其中，《海域管理纲要法》、修订《澳门公共行政工作人员通则》和《社会工作者专业资格认可及注册制度》法案获立法会一般性通过；《职业介绍所业务法》法案于 2018 年获立法会一般性通过。当年未能提交的修改《规范进入娱乐场和在场内工作及博彩的条件》法案于 2018 年提交，并于 2018 年获立法会通过（第 17/2018 号法律）。

除立法计划的提案项目外，法务部门跟进分析涉及交通、教育、特色金融、娱乐场幸运博彩等领域的 30 项法律法规的立法建议；直接跟进和协助部门草拟涉及海域管理、船舶登记、仲裁和调解制度等 20 多项立法项目；对各部门草拟的 28 项法律和 56 项行政法规草案提供法律意见、中葡文文本核对和翻译方面的协助。

（四）2018年的立法计划与实施情况

1. 立法计划

特区政府在中期立法规划的框架下，因应施政工作的需要，回应社会对涉及民生事宜的立法诉求，并按照各法律提案项目的政策和技术成熟度，制订了 2018 年立法计划。2018 年，特区政府共提出 12 项法律提案项目，计划制定《设立非政权性市政机构》、《船舶登记法》、《非全职劳动关系法》、《澳门保安部队人员通则》、《网络安全法》、《酒店的发牌及运作》、《医疗人员执业资格及注册法律制度》、《私立学校通则》、《建筑师、工程师及规划师的专业道德规范及纪律制度》和《轻轨交通系统法》，计划修改第 7/2008 号法律《劳动关系法》和《保险业务法律制度》。

2. 实施情况

上述 12 项法律提案项目在当年的完成情况是：向立法会提交了 6 份法案。其中，第 9/2018 号法律《设立市政署》及第 3/2018 号法律《修改经十二月三十日第 66/94/M 号法令核准的〈澳门保安部队军事化人员通则〉》提交立法会并通过。《网络安全法》法案、《船舶登记法》法案、《医疗人员专业资格及执业注册法律制度》法案、《轻轨交通系统法》法案提交立法会并获立法会一般性通过。另外，《酒店业场所业务法》法案于 2019 年初提交立法会并获一般性通过。

除当年的立法计划，2018 年法务部门共跟进了 15 项立法项目、18 项法律法规的立法建议，以及对各部门草拟的 36 项法律和 42 项行政法规草案提供法律意见、中葡文文本核对和翻译方面的协助。

（五）2019年法律提案项目

2019 年，特区政府提出 8 项法律提案项目，计划制定《动物防疫及兽医法》、《最低工资法》和《药物专业及药物业活动法律制度》，修订第 14/2009 号法律《公务人员职程制度》、《民事诉讼法典》、《刑法典》，修改《印花税规章》、《印花税缴税总表》及第 11/2009 号法律《打击电脑犯罪法》。

此外，2019 年特区政府要继续跟进落实 2018 年的立法提案，持续完善基础性法律。推进《行政条件制度》、《民商事调解法》、《澳门特别行政区保密制度》、修订《广告活动》等重点项目的内部立法程序。

四　评析与建议

（一）中央统筹立法的意义

通过集中统筹立法机制实现统筹立法的施政方针意义重大。通过中央统筹立法，不仅可以从形式和技术上进行统筹，也是对立法的实质统筹，中央统筹立法的意义和价值也在于此。

首先，中央统筹立法是对遵守澳门基本法的统一把关。一方面，澳门基本法是特区宪制性法律文件，是澳门特区立法的基本指引。《关于订定内部规范的法律制度》第 3 条第 1 款明确规定，“澳门特别行政区的法律、独立行政法规、补充性行政法规及其他内部规范性文件须在符合《基本法》的前提下方为有效”。特区政府在 2016 年施政报告中也特别指出，要进一步加强和实施与基本法相配套的法律体系及制度建设。另一方面，遵守基本法，也就在根本上确保了澳门法律内容上的协调一致，使得“中央统筹立法”由表及里，形神兼备。

其次，中央统筹立法是法治利益层面上的综合权衡。法治首先是良法之治。所谓良法，其中的一个评价指标是应当公平合理地权衡法治利益。尤其在当今利益多元的时代，法治其实正是在各种利益冲突及通过良法解决冲突的过程中不断培育和实现的。具体到澳门的立法活动，由于提案权由特区政府主导，立法过程本应包含的多元利益博弈可能在提案阶段无法得以充分地展开，法律作为合意似乎只能寄望于立法会在审议通过法案过程中的博弈。有鉴于此，中央统筹立法的一个实质性要求应是在实现社会公平的目标指引下，对多元法治利益进行综合考虑、权衡配置。政府主导立法提案往往服务于施政目标的实现，但施政目标归根到底也是为了澳门区计民生的不断改善，为了各界市民公平分享经济发展的红利、分担社会急速转变的成本，为了澳门长期稳定发展。

（二）集中统筹立法机制实施效果未尽理想，立法计划实施率偏低

2015 年以来集中统筹立法机制的实施有初步成效，但若以向立法会提交法案为评价标准，则效果仍未尽理想。其中，最受诟病的就是所谓“货不对版”，亦即立法计划实施率总体偏低。自 2015 年以来，每年的政府施政报告都会列出当年的立法项目计划，但实际情况是，被列入年度立法计划的法案往往不能如期完成，提交给立法会的多是未被列入年度立法计划的法案，反映出立法统筹机制的运作的确存在问题。① 以 2018 年为例，各个政府部门送交了约 40 个法案至立法会，但是大部分不属于原立法计划中的内容，而计划向立法会提交的 12 份法案，只有 6 份如期交出，完成率只有一半。有意见认为，这反映现今机制不但未能发挥原有绩效，未能弹性协调处理各个部门的立法程序和进度，更无法有效统筹及提高本澳立法进度和质量。② 对此，法务部门回应称，无论是计划内的立法项目，还是计划外的立法项目，对于特区的法制建设都同样重要，都需要在集中统筹立法机制下加以有效推进，不宜单纯以立法计划项目的完成状况来衡量整个机制的成效和制度性安排。③ 此回应有一定道理，但并不能改变立法计划在一定程度上被虚置的事实。

（三）实施效果不佳的主要原因

1. 立法计划的制订缺乏统筹指引

目前，集中统筹立法机制的运作主要依照《集中统筹立法机制内部操作流程指引》（以下简称《指引》）规定的流程。但从具体内容上看，这个指引只是在微观上就某个立法项目自某个立法建议到提交法案的过程进行统筹安排，至于这个立法项目如何列入年度立法计划，却缺少流程指引。当然，近几年的年度立法计划主要依据此前制定的三年立法计划，但进一步的问题则是，中长期立法计划的统筹又当如何进行同样缺少流程指引。

---

① 《政府统筹不力碍立法》，《澳门日报》2018 年 9 月 11 日，A3 版。

② 《何润生促整体提升集中立法统筹机制》，澳门街坊会联合总会网站，http：//news. ugamm. org. mo/CN/？ action – viewnews – itemid – 12634。

③ 《法务局回应社会各界对提升集中统筹立法机制的建议》，澳门特别行政区政府网站，2019 年 1 月 16 日，https：//www. gov. mo/zh – hant/news/270228/。

2.《指引》本身的落实问题

即使是已经投入运作三年多的《指引》，在政府各部门之间的落实情况也并不理想。虽然没有公开统计资料可以罗列，但从近年政府施政报告中反复强调加强宣传集中统筹立法机制的呼吁来看，从政府正式提出必须检讨《指引》及加强监督来看，《指引》在政府各部门的落实情况并不乐观。

3. 缺乏对集中统筹立法的监督

过往工作的成效未尽理想，缺乏有效监督是其中的重要原因。由于立法提案权由特区政府主导，往往仅就与政府施政目标关系大的法律提案。虽然从整体上看，政府的施政目标与区际民生的根本利益是一致的，但具体到立法的重点、顺序、制度设置、利益分配，则未必能够与澳门客观存在的立法需求很好地契合。① 任何机制的实施，除了工作流程的规范化，还需要有监督机制来保障制度被遵守、工作被落实。因此，统筹立法的监督机制必不可少。特区政府除了设立立法统筹机构、制定统筹工作机制之外，还需要建立有效的统筹立法监督机制。

（四）建议

1. 制定《制定立法计划流程指引》，合理有序制订立法计划

制订立法计划是实现中央统筹立法的前提要求。前文已述，《指引》本身只是针对单个立法项目进行统筹的工作流程，要规范、有序地制订立法计划，必须制定《制定立法计划流程指引》。从立法规划来说，既要制订政府各部门的立法计划，也要统筹制订特区政府层面的总体立法计划；既要制订年度立法计划，也要统筹制订中长期立法计划；既要立足于政府的施政工作，也要因应立法会的会期及相关部门的协调安排。

此外，要合理制订立法计划，还要全面准确地认识澳门的立法需求。一是因应澳门现时社情发展变化的需要。澳门回归以来社会面貌发生巨大变化，社会各领域尤其是民生领域提出了很多立法要求。二是因应中央政府对澳门特区政策的需求。澳门虽是偏居一隅的小城，也是“一国”之内实行“两制”的

① 方泉：《实现澳门中央统筹立法的几点思考》，澳门基本法推广协会网站，http：//www. basiclaw. org. mo/index. php？ p =5_ 1&art_ id =1817。

特区，立法需求既要基于“内需”，也要考虑“外需”，即外部环境的要求。例如，今后一段时期立法工作的重点之一是结合中央关于澳门习惯水域的政策批复及相关法律法规，检视澳门现行法律制度中有关水域发展管理的内容，并在必要的情况下制定相关的法律法规。另一个重点则是根据“一带一路”中澳门的角色定位，因应发展需要制定相应的法律法规。只有这样，才能及时适应社会需求，有效利用立法资源，在既定的大方向指引下稳步推进立法。

2. 检视及充分落实《指引》

为提高机制的运作效果，特区政府已明确提出要检视《指引》的内容。近期，法务部门对社会呼声给予回应称，针对统筹立法，在立法政策层面采取了四个方面的措施：建立和完善立法决策统筹机制；建立和完善立法统筹的组织体制；强化立法计划的制订和执行力度；优化法案咨询和草拟的流程。在立法技术方面采取的有关措施则包括：建立一种统分结合的法规草拟工作模式；加强法务部门在立法技术层面的统筹角色；制定统一性和可操作性的立法技术指引；建立一支配合特区立法需要的法律草拟人员队伍。① 当然，上述措施的实际成效如何还有待观察。值得注意的是，特区政府每年都向立法会提交数十个法案。按法务部门所说，无论是不是列入年度立法计划的法案，都经过法务部门的统筹立法提出，则对统筹立法人员是非常大的工作量。堪称巨大的立法统筹工作能否保证法案质量，是否违背统筹立法初衷，需要进一步检视。

3. 建立及加强统筹立法监督机制

应当建立及加强集中统筹立法的监督机制。实际上，早在2015年的施政报告中就提出，“透过完善项目进度汇报机制、拓展‘立法计划统筹系统’的使用范围等措施，严格监督各立法项目的落实情况”。中央统筹立法要真正实现初衷，实现多层面的目标，还需要有相应的立法监督机制。

4. 统筹立法人员的培养

持续加强专业培训，提高法律草拟和翻译人员在立法技术、语言等方面的能力，为集中统筹立法工作提供支持与配合，以提高法规草拟的严谨性和完整性，提高法案的整体质量。近年特区政府的施政报告在法务领域的重点工作都

① 《法务局回应社会各界对提升集中统筹立法机制的建议》，2019年1月16日，澳门特别行政区政府网站，https：//www. gov. mo/zh－hant/news/270228/。

提到了这一点。

5. 修订第13/2009号法律《关于订定内部规范的法律制度》

目前用于指导规范集中统筹立法机制实际操作的主要是《指引》和《规则》。但无论是制定立法项目的工作流程指引，还是制订立法计划的工作流程指引，包括立法技术上的统一指引，都只属于内部工作文件的层面。应考虑适时修订第 13/2009 号法律《关于订定内部规范的法律制度》，进一步明确立法权限、立法程序和立法技术标准，将《指引》及《规则》中的一些原则性规定或核心流程补充进去，特别是补充有关立法计划的制订程序的内容，以全面规范立法活动，提高立法质量，健全立法制度，推动完善特区法律体系。

B.9

澳门区际法律事务合作进展

赵琳琳*

摘　要： 澳门回归祖国迎来20周年，澳门与周边地区的交流与合作也日益密切。在“一国两制”下，区际合作面临制度差异和协调的问题。其中，法律制度关系到区际合作的长远发展，因此，加强区际法律事务合作十分必要。目前，澳门与其他地区的法律合作取得了不少进展，不过也存在一些空白，需要加以梳理和深入研究，以便为区际合作营造良好的法治环境和提供保障。

关键词： “一国两制”　区际合作　粤港澳大湾区　区际法　司法协助

2018年10月24日，港珠澳大桥正式开通，为三地交流与合作提供了便利的交通条件。2019年2月18日，中共中央、国务院印发了指导区际合作的纲领性文件《粤港澳大湾区发展规划纲要》。粤港澳大湾区、“一带一路”建设等给澳门带来了巨大的历史机遇，与此同时，澳门也可能因区域融合发展而面临较大的竞争和挑战。跟世界上其他三大湾区不一样，粤港澳大湾区具有“一国两制”和“三法域”的突出特点，法律制度存在差异，通过制度创新推进区际法律事务合作势在必行。2019年是澳门回归祖国20周年，推动区际更紧密合作需要拓宽思路，立足本地、着眼未来，以实现共赢。不过，区际法律事务合作涉及的问题很多，本文主要从立法、司法、纠纷解决及法律服务等方面进行探讨。

* 赵琳琳，法学博士，澳门科技大学法学院副教授、博士生导师，研究方向为诉讼法、司法制度。

一 澳门区际法律事务合作的背景

随着广东自贸区的建立、粤港澳大湾区和“一带一路”建设的推进，粤港澳合作进入更密切、更广阔的阶段。区际的金融、贸易、旅游、治安、环保、交通、保险、就业、养老、纠纷解决、法律服务等各方面由于存在跨境因素，处理起来并不容易，需要借助于法律规范和实践操作的大胆创新。自澳门回归祖国以来，经济发展达到前所未有的水平，与周边的交往也日益频繁，但澳门居民或企业可能对其他地区的法律制度和社会制度以及地方政策、生活环境、风俗习惯等不太熟悉，去外地经商、就业或求学需要一个适应过程，这当中离不开各地法律事务的合作。

（一）澳门“一个中心”和“一个平台”的建构目标

目前澳门的经济发展形式还比较单一，必须找准自身定位、提高自身能力，这样才能有效参与区际竞争，真正融入国家发展大局。2009 年澳门特区政府提出推动澳门成为“世界旅游休闲中心”和“区域商贸服务平台”，实现经济的多元化发展。澳门还获得了联合国教科文组织“创意城市美食之都”的称号，这也有利于带动周边地区的旅游业发展。根据第 330/2015 号行政长官批示，澳门成立了“建设世界旅游休闲中心委员会”。2014 年“一个平台”被具体表述为中国与葡语国家商贸合作服务平台。基于特殊的历史和文化，澳门有条件充当联系纽带，充分发挥平台作用，并带动金融、贸易、航空、物流、会展等行业的发展。2017 年中国与葡语系国家的贸易总额达 1100 多亿美元①。澳门特区政府还在大力倡导“中国与葡语国家青年创新创业交流中心”建设。

（二）粤港澳大湾区战略

如今粤港澳大湾区已上升为国家战略，“一国两制”前提下的大湾区合作

① 柴逸扉：《融入湾区建设　发挥港澳所长——港澳代表委员热议政府工作报告》，《人民日报》（海外版）2018 年 3 月 8 日。

具有多样性和互补性的制度优势，也是澳门融入国家发展的极佳切入点。《深化粤港澳合作　推进大湾区建设框架协议》就明确指出："推进澳门建设世界旅游休闲中心，打造中国与葡语国家商贸合作服务平台，建设中华文化为主流、多元文化共存的交流合作基地，促进澳门经济适度多元可持续发展。"除了博彩业以外，澳门还在拓展会展旅游、中医药、特色金融等产业。周边的广东自贸区珠海横琴新区片区也在积极发展高新技术、文化科教、金融、旅游等产业，旨在打造促进澳门经济适度多元化发展的新载体。2018 年中央成立了粤港澳大湾区建设领导小组。目前澳门特区政府正在编写五年发展规划附件，增加大湾区发展的相关内容；成立了"建设粤港澳大湾区工作委员会"；举办"大湾区青年论坛"，积极培养青年人才；等等。

（三）"一带一路"建设

"一带一路"建设是中国全面深化改革开放的总体规划。历史上，澳门就是古代海上丝绸之路的重要节点。澳门是东西方文化交汇之地，具有语言、文化、自由港等优势，现在仍然可以在"一带一路"中发挥自己的独特作用。早在 2015 年《推动共建丝绸之路经济带和 21 世纪海上丝绸之路的愿景与行动》中就已经提出"深化与港澳台合作，打造粤港澳大湾区"。为了有序推进相关工作，2017 年 3 月澳门专门成立了"一带一路"建设工作委员会，积极服务于国家开放合作事宜。2018 年 12 月澳门特区政府还与国家发展和改革委员会签署了《关于支持澳门全面参与和助力"一带一路"建设的安排》。目前，澳门特区政府正在重点开展"中葡中小企业商贸中心"、"中葡经贸合作会展中心"和"葡语国家食品集散中心"的相关工作。澳门拥有丰富的归侨侨眷人脉资源，有利于协助企业"走出去"。澳门"一个中心"和"一个平台"建设与"一带一路"建设是互相促进的，澳门应该以此为契机开拓发展空间，助力大湾区建设及国家发展。

二　澳门区际法律事务合作的现状

2018 年 8 月，国务院宣布取消港澳台人士在内地就业许可事项审批，各地之间的人员往来将更加密切。但由于法律差异的存在，必须建立有效、健全的沟通协作机制，通过立法或协议的方式打破区际壁垒，实现各地在金融、贸易、医疗、税务、保险等各领域的规则对接。目前港澳与内地之间没有统一的区际冲突规范，大多是就具体事项签订合作协议或安排。根据2011年的《粤澳合作框架协议》，“法律事务与治安管理合作”的内容包括：建立法律事务协调与沟通机制，成立法律问题协商与合作专家小组；加强律师、公证等法律服务业的交流合作；通过警务合作打击跨境犯罪；推动区域突发事件应急管理合作，实现信息共享、平台互联互通等。

（一）区际合作的相关协议或安排

澳门与内地签订的整体协议或安排主要有：2001年9月15日《关于内地与澳门特别行政区法院就民商事案件相互委托送达司法文书和调取证据的安排》生效；2003年1月24日签署《国家知识产权局与澳门特别行政区经济局关于在知识产权领域合作的协议》；2003年10月17日签署《内地与澳门关于建立更紧密经贸关系的安排》；2003年12月27日签署《内地和澳门特别行政区关于对所得避免双重征税和防止偷漏税的安排》；2006年2月28日签署《内地与澳门特别行政区关于相互认可和执行民商事判决的安排》；2007年10月30日签署《关于内地与澳门特别行政区相互认可和执行仲裁裁决的安排》；2009年7月15日签署修订的《内地和澳门特别行政区关于对所得避免双重征税和防止偷漏税的安排》议定书，2011年4月26日签署第二议定书，2016年7月19日签署第三议定书。2011年12月，在《澳门轻轨项目与内地建立技术援助合作备忘录》的框架下，澳门运输基建办公室和内地的城市规划设计研究院签署了《澳门轻轨交通立法调研与咨询合作协议书》。2017年，澳门社会文化司和国家文物局签订了《关于文化遗产领域交流与合作更紧密安排协议书》。上述协议涉及经贸、税务、司法、交通、文化等各领域，为澳门融入国家发展大局奠定了良好的基础。

由于地理位置相近，澳门与广东省的合作更为密切。2011年，《粤澳合作框架协议》指出，双方的合作原则是平等协商、互利共赢、优势互补。2017年3月，国务院工作报告正式提出研究制定粤港澳大湾区城市群发展规划，发挥港澳的独特优势，提升港澳在国家经济发展和对外开放中的地位与功能。2017年7月1日，三地正式签署了《深化粤港澳合作　推进大湾区建设框架

协议》。2018 年 1 月签署的《广东省司法厅与澳门特别行政区政府法务局在公证领域的会商备忘录》规定了粤澳在公证领域的交流合作内容，并提出设立联合工作小组。2018 年 3 月签署《广东省科学技术厅与澳门科学技术发展基金科技创新交流合作的安排》，以加强双方在生物医药、智慧城市等领域的交流合作。

除了与广东省签署的协议外，澳门还与广东省的一些城市签订了合作协议。例如，2015 年澳门与珠海的旅游和文化部门签署了《旅游合作框架协议》和《文化合作框架协议》；2016 年澳门与江门签署了《关于推动粤澳共建江门大广海湾经济区的框架协议》；2019 年 1 月 10 日，澳门特区政府又与深圳市政府签订了法律合作安排，以发挥各自优势，优化资源分配，推动创新创业等。澳门还和中山市合作开发了“粤澳全面合作示范区”翠亨新区，也将共同编制合作专项规划。可见，澳门与内地尤其是广东省的合作范围逐步扩大，合作内容亦不断深化。

澳门与香港签订的协议或安排主要有：2004 年 9 月 6 日签订《关于“更方便澳门居民入出境香港”的安排》备忘录；2005 年 5 月 20 日签订《关于移交被判刑人的安排》；2009 年 11 月 24 日签订《关于持永久性居民身份证入出境及互免填报入出境申报表协议》；2013 年 1 月 7 日签署《关于澳门特别行政区与香港特别行政区相互认可和执行仲裁裁决的安排》；2017 年 10 月 27 日签署《香港特别行政区与澳门特别行政区关于建立更紧密经贸关系的安排》及其附件；2017 年 12 月 5 日签署《民商事案件相互委托送达司法文书的安排》。此外，澳门还在持续跟进与香港就《国际性诱拐儿童民事方面公约》合作的有关工作。

（二）区际司法协助现状

根据澳门第 99/2000 号行政长官批示设立了直属于行政长官的工作小组，以开展区际及国际司法互助工作的研究及向行政长官提出建议。在工作小组中，行政法务司司长负责协调工作及代表澳门特区签署协议，保安司司长负责与国际刑警的协调及联络工作，终审法院院长负责民商事司法协助，检察长则负责刑事司法协助。目前，港澳特区与内地在民商事司法协助方面已基本实现全覆盖，但刑事司法协助进展缓慢，港澳之间仅签署了移交被判刑人的安排，文书送达、取证、刑事裁判的承认和执行等工作尚未启动，澳门与内地之间的刑事司法协助则更少。

1. 区际民商事司法协助现状

澳门回归以后，最高人民法院与澳门就民商事司法文书送达、仲裁裁决以及民商事判决的认可和执行等签署了三项安排。据统计，在民商事案件相互委托送达司法文书和取证方面，自 2001 年 9 月 15 日起至 2017 年底，澳门终审法院收到内地法院的委托书共 952 件，向内地转移送达澳门法院的委托书共 403 件，合共收发委托书 1355 件。在相互认可和执行民商事判决、仲裁裁决方面，直至 2017 年底，中级法院受理的请求审查及确认内地司法裁判或仲裁裁决的案件合共 189 件；但迄今未收到来自香港的确认和执行仲裁裁决的有关请求。[①] 2015 年初，珠海横琴新区法院率先提出建立区际司法协助便捷通道的设想，建议采用在线审批的方式，广东省高级人民法院审查并出具加盖电子印章的电子版文书后，横琴新区法院自行打印，就近寄送澳门[②]。自 2016 年 1 月 1 日起，第一个涵盖内地四级法院的跨区域司法协助案件管理平台正式投入使用，对于涉港澳台案件可进行送达、取证、移交赃款赃物、罪犯移管和裁判互认等司法协助。[③]

2. 区际刑事司法协助现状

整体来看，澳门与周边地区尚未达成统一的刑事司法互助协议，难以满足社会发展需要，不利于及时、有效打击跨境犯罪。立法上，澳门《刑事诉讼法典》第五卷规范澳门与特区以外当局的关系，主要涉及司法互助请求、逃犯移交以及澳门以外司法当局刑事判决的效力；澳门还制定了第 6/2006 号法律《刑事司法互助法》。但上述规范只适用于国际刑事司法协助领域，对区际刑事司法协助不适用。2015 年 12 月，澳门特区政府向立法会提交《区际刑事司法协助法》草案，但是 2016 年 6 月初要求撤回，并被立法会接受；该法案

① 《澳门特别行政区法院司法年度年报（2016～2017）》，澳门特别行政区法院网站，http：//www. court. gov. mo/ebook/2016－2017/index. html，最后访问日期：2019 年 2 月 8 日。

② 《珠海横琴新区人民法院涉澳民商事审判白皮书（2014 年—2016 年）》，珠海横琴新区人民法院网站，http：//web. hqcourt. gov. cn/upload/file/20171214/20171214031224＿35968. pdf，最后访问日期：2019 年 2 月 8 日。

③ 李阳、吴延波：《根相连　心相契　终相守：内地与香港构建中国特色区际司法协助机制 20 年回顾与展望》，《人民法院报》2017 年 6 月 30 日。

旨在为区际刑事司法协助建立必要的法律基础，但不同法域的法律制度存在很大差异，需要在充分考虑这些差异以及维持自身法律制度的完整性之间寻求平衡点，目前仍需深入研究各种方案，撤回以后有关工作仍会继续进行。[①]

尽管没有正式协议，实践中各地刑侦部门会进行情报沟通、人员互访、技术交流、联合指挥等，但是做法不一，可能会影响办案效率。由最高人民检察院授权，广东省人民检察院与澳门检察院也定期会面，共同协商解决个案中出现的问题，并在一些领域取得了开创性成果，特别是协助追赃。珠海市人民检察院的“涉澳个案协查办公室”也是内地与澳门开展司法协助的重要平台，近年来平均每年相互协助调查取证 20 余件次[②]。从澳门法院的裁判意见来看，也会在一些案件中认可来自域外的证据。例如，“虽然澳门和中国内地仍没有签定任何刑事司法互助协议，但这仅代表任一方没有任何法律义务去协助另一请求方作出相关的调查取证措施，并不代表所获得的调查结果不能采纳为证据”[③]。

三　澳门区际法律事务合作的未来展望

区际融合发展离不开良好的法治环境，现在各地的法律资源亟待整合，诸多问题需要进一步研究和明确，比如法律规范和协议、安排的地位及效力等。在“一国两制”的前提下，应敢于进行制度创新，加强各地法律制度的协调对接，探索新的合作模式，促进资源共享。《粤港澳大湾区发展规划纲要》第十章也提到了“加强法律事务合作”，这一文件将在很长一段时期内发挥指导作用，应结合此文件的精神来统筹未来区际法律合作中的各种问题。

（一）制定统一的区际冲突示范法

区际合作涉及面非常广，比如科技创新、生态旅游、环境保护、税收社

---

① 《各司法管辖区法律制度差异大须寻平衡点　区际刑事司法协助仍须研究》，《澳门日报》2016 年 6 月 19 日。

② 《澳门检察院代表团访问珠海市检察院探讨深化“自贸区时代”的司法合作》，珠海市人民检察院网站，http：//www. zhuhai. jcy. gov. cn/jcgz/gzdt/201901/t20190110_ 2463511. shtml，最后访问日期：2019 年 2 月 8 日。

③ 澳门特别行政区中级法院第 778/2012 号案司法上诉裁判书，澳门特别行政区法院网站，http：//www. court. gov. mo/ebook/2016 - 2017/index. html，最后访问日期：2019 年 2 月 8 日。

保、文化教育、交通、保险、医疗、养老等，很多问题都是全新的，没有样本可供借鉴，需要立法、行政、执法、司法等各环节及时跟进。目前签订的各种协议或安排比较分散，缺乏更高位阶的规范指导。从长远发展来看，为了打造一流的营商环境和优质的宜居宜业宜游湾区，建议通过制定区际冲突示范法对区际合作的原则、内容、程序、效力等基本问题做出概括规定，以便从整体上指导“一国两制”背景下的区际合作问题。同时，可进行地方立法，就具体问题做出可操作性安排，确保各地结合本地实际情况充分发挥自主作用，降低磨合成本，提高合作效率，以适应开放型经济的发展。此外，鉴于“天鸽”风灾的惨痛教训，澳门需要加强应急管理中的区际合作。2019 年 1 月 31 日，深圳市应急管理局已经正式挂牌。从地理位置来看，澳门的防风救灾应充分听取广东省尤其是珠海、中山以及香港特区的意见和要求，具体可通过联席会议机制开展，有关跨域防救合作机制亦可在立法或协议中加以明确。

（二）区际民商事争议解决机制

跨境纠纷大多集中在民商事领域，除了诉讼方式以外，替代性纠纷解决机制（Alternative Dispute Resolution，ADR）是非常好的选择，现在各地也非常重视。ADR 在许多国家已成为与诉讼并驾齐驱、功能互补的重要纠纷解决机制。内地已向港澳派驻司法联络小组，该小组由内地司法机关具有丰富经验和理论水平的人员组成；跨境调解或仲裁机构也陆续成立，为解决区际民商事纠纷提供了坚强后盾。

1. 跨境诉讼

在跨境诉讼中，管辖权冲突问题时有发生，通知诉讼参与人、送达司法文书往往困难，加上取证、认证的复杂性，使得跨境纠纷的诉讼周期比较长。因此，必须用开放、长远的眼光来分析和解决问题。21 世纪已进入互联网时代，传统诉讼方式正在经历变革，加大诉讼的科技含量是未来司法的发展趋势。各地司法机关应积极吸收和利用现代信息技术，加快诉讼处理流程，提高司法透明度。这一点对澳门特别有意义，许多诉讼参与人来自境外，在澳门逗留时间有限，诉讼电子化便于司法机关办案。法院可采取网上立案、电邮通知、电子签章、远程视频等方式，以避免审判程序的拖延。有的方式会对传统诉讼原则造成冲击，可通过制度完善来降低其负面影响。近年来，广东法院通过信息技

术深度推进“智能法院”的建设，比如，深圳法院电子卷宗随案同步生成系统已经上线。当事人可通过相关网站、手机 App、社交通信平台等便捷方式获取案件信息。如果澳门投资者在内地的生产经营陷入困境、资不抵债，则可能面临破产清算问题。2019 年初，深圳、北京、上海等地相继成立破产法庭，管辖范围涉及跨境破产案件。由于各地民事实体法和程序法存在很大差别，相关问题有待深入研究。

2. 跨境调解

2013 年，深圳国际仲裁院联合深圳证券期货业纠纷调解中心、香港中国企业协会商事调解委员会、香港国际仲裁中心香港调解会等粤港澳地区 12 家商事调解机构共同创立了“粤港澳商事调解联盟”①。2013 年澳门世界贸易中心仲裁中心设立“调解员资格认可考试”。澳门消费者委员会与珠海市横琴新区消费者协会共同创建了“跨境视频调解与仲裁机制”，两地消费者一旦发生跨境消费纠纷，可通过“跨境视频调解平台”进行调解，大大降低了解决跨境消费争议的成本。澳门消费者委员会的消费争议仲裁中心还陆续与香港、江门、佛山等地的消费者组织开展了相关合作。这一方式有利于克服异地维权的障碍，减轻当事人的负担，值得推广。从 2010 年开始，香港就要求所有案件先经过调解，然后才考虑到法院诉讼，以避免对司法资源的浪费。在调解问题上，澳门跟香港、内地比起来稍微落后。不过，2018 年澳门特区政府草拟了《民商事调解制度》法案文本，将尽快提交立法会。

3. 跨境仲裁

澳门现有五个仲裁机构，包括消费者委员会的消费争议仲裁中心、世界贸易中心仲裁中心、律师公会自愿仲裁中心、金融管理局的保险以及私人退休基金争议仲裁中心，以及房屋局楼宇管理仲裁中心。其中，消费争议仲裁中心是目前运作最良好的仲裁机构，该中心和内地很多省市建立了合作关系；但其他四个仲裁中心的受案数量还比较少。实际上，各地在仲裁方面各有优势，彼此之间不是竞争关系，而是合作关系。香港有英美法系的特点和英语优势，澳门有葡语国家的资源和葡语优势，如果能错位发展、良性互动，会对区际合作、粤港澳大湾区发展乃至“一带一路”建设有非常大的助

① 王蕊：《粤港澳商事调解联盟成立》，《深圳特区报》2013 年 12 月 8 日。

力。2012 年粤港澳三地的仲裁机构及专家共同设立了“中国南沙国际仲裁中心”。2018 年 11 月，粤港澳大湾区仲裁研究会也正式成立。虽然澳门终审法院的相关报告没有分别提及域外司法裁判和仲裁裁决的确认和执行情况，但是不难发现，澳门与内地、香港之间互相认可和执行司法裁判或仲裁裁决的数量并不多，这也说明该领域具有广阔的发展空间。可以预见的是，鉴于仲裁的独特价值和优势，仲裁的适用可回避区际法律冲突问题，将在解决区际争议中发挥重要作用。

澳门现有的两个主要仲裁规范是第 29/96/M 号法令和第 55/98/M 号法令，分别对区域内自愿仲裁和涉外商事仲裁做出了专门规定。2018 年，澳门特区政府公布了《仲裁法（法案)》，当中取消了内部仲裁和涉外仲裁的二分法，修正了原有制度的不足之处，简化了仲裁程序，力争与国际仲裁规范接轨，真正发挥澳门仲裁的独特优势。目前澳门仲裁机构的总体利用率不高，随着社会发展，新的纠纷类型将层出不穷，可以考虑合并现有的仲裁中心，以发挥规模优势，集中力量参与区际法律服务方面的竞争与合作。当然，合并之后的仲裁机构内部可实行专业分工。此外，澳门应加强仲裁机构民间化的改革，减少行政依赖。在实际运作方面，适当扩大受案范围可以让更多案件涌入仲裁程序，比如提高争议金额的上限、增加可仲裁事项等。同时，还应当建立专业、优质的仲裁员队伍，实现持续发展。按照国际惯例，仲裁员应当是兼职的，这有两大好处：一是民商事交往涉及各种专业、复杂的问题，兼职仲裁员来自不同领域，当事人可自由选择不同专业特长的仲裁员来解决自己的纠纷；二是兼职仲裁员有利于避免内外干扰，确保仲裁的独立性和公正性。因此，澳门应通过立法进一步明确仲裁员的资格条件，培养合适的仲裁员队伍，建立仲裁员名册供当事人选择。

（三）区际刑事司法协助机制

区际合作的良性发展还需要处理好治安环境和社会安全的问题。如今，跨境犯罪不断增多，由于法律规范层面的缺失，相关犯罪有时难以得到及时有效追究，包括金融犯罪、洗钱犯罪、毒品犯罪、诈骗犯罪等。这些犯罪的防治非常重要，比如，金融犯罪和洗钱犯罪的防治关系到整个营商环境或金融环境的安全；一些犯罪分子利用澳门的地缘优势连续流窜犯案，还有不少外国犯罪集

团利用澳门作为中转站，借用人体或其他方式将毒品偷运至内地；诈骗犯罪骗取居民数额较大的公私财物，侵犯了人们的财产权。当前的区际刑事司法实践只能依靠一些非正式途径进行，需要统一规划、尽早解决。

1. 在“一国”前提下尽快达成区际刑事司法互助协议

虽然各地的刑事法律制度存在差异，但在“一国”的前提下，各地的利益息息相关，维护安全和稳定秩序是各地共同的愿望。区际刑事司法协助是一个主权国家范围内不同法域之间的司法协助，不涉及国家主权问题，应当本着平等协商、互助互利的原则为对方提供帮助。即便在个别问题上还存在一定争议，但可从易到难、分步进行，先就无争议的部分尽快签署协议，将来在总结经验、充分协商的基础上再解决其他部分。

2. 充分利用已生效的国际刑事公约

内地签署的一些国际刑事条约近年也在澳门公布生效，如《联合国反腐败公约》《制止向恐怖主义提供资助的国际公约》《联合国禁止非法贩运麻醉药品和精神药物公约》《反对劫持人质国际公约》《禁止贩卖人口及意图营利使人卖淫公约》等。这些国际公约中有些条文直接规定了司法协助的内容，虽然是国际性的，但是对于解决区际司法协助亦有相当大的借鉴作用。对于其中切实可行的规定，可以先在区际司法实践中试行，条件成熟的时候再纳入区际刑事司法协助的有关协议。

3. 加强实务部门的交流与合作

1984 年中国加入国际刑警组织，1987 年还设立了国际刑警组织中国中心局广东联络处。澳门司法警察局设有附属单位“国际刑警组织中国国家中心局澳门支局”。多年来，港澳和内地警方透过国际刑警机制进行了大量警务合作。不过，各地刑事司法体制不同，侦查模式存在差异。例如，澳门和台湾地区实行检察领导侦查模式，警方采取侦查措施的权力比较小，域外提出的某些协助要求需要由警方向检察院或者法院提出申请。澳门保留了刑事起诉法庭制度，部分强制措施和侦查行为的决定权属于预审法官。但内地的刑事侦查主体比较多元，不同的案件类型，侦查主体不一，以公安机关为主，但不受检察机关领导。2000 年 4 月最高人民检察院下发《关于进一步规范涉港澳个案协查工作的通知》，形成了最高人民检察院指导内地与港澳开展个案协查的机制，但作用范围有限，合作的内容与方式也比较单一，不利于从整体上解决区际刑事司法冲突与互助问题。在司法协助中，法院的职能和作用非常广泛，但目前各地审判机关的合作主要在民商事领域，刑事方面不多，今后应该重点发展。不过，参与刑事司法协助的机关众多则不利于提高效率，应当确定各自的主管机构，既方便沟通与合作，又便于内部分工和协调。比如，可以由内地最高人民检察院、香港律政司、澳门检察院、台湾相关法务部门作为各地的统一联络机关。

（四）开放法律服务市场

随着港珠澳大桥的全线贯通以及广深港高铁（香港段）的通车，不管是人流、物流还是其他方面的往来都会大幅增加，难免产生跨境争议，因而需要加强法律服务。除了政府层面，民间层面可以成立由公司、智库、社团组成的协商机构，以便克服和解决各种可能出现的障碍。由于内地房地产业、旅游业、金融业、服务业的快速发展，澳门居民来内地投资、居住的人数在增多，引起相关纠纷的集中增长，比如房屋买卖合同纠纷、机动车交通事故责任纠纷和离婚纠纷等。各地的法律服务应与时俱进，以便相互之间的机制对接。近年来，广东省对港澳律师事务所采取了开放政策，尤其是在广州、深圳、珠海这三个城市，已允许律师事务所合营。2014 年广东省司法厅发布《香港特别行政区和澳门特别行政区律师事务所与内地律师事务所在广东省实行合伙联营的试行办法》和《内地律师事务所向香港律师事务所驻粤代表机构派驻内地律师担任内地法律顾问试点工作的实施办法》。2015 年司法部修改了《香港、澳门特别行政区律师事务所驻内地代表机构管理办法》。2016 年 2 月 15 日，全国首家内地与港澳合伙经营的律师事务所在珠海横琴揭牌，打通了港澳与内地法律服务的壁垒，有利于促进营商环境的法治化和便利化，实现区域创新协同发展。

除了律师业，跨境公证也发挥越来越重要的桥梁作用。1996 年司法部在澳门成立了中国法律服务（澳门）公司，由司法部与澳门律师公会签订协议，为澳门居民、法人及其他组织提供涉及内地与澳门的法律服务。根据 2018 年《司法部关于印发中国委托公证人（澳门）名单及签名式样、印鉴的通知》，中国委托公证人（澳门）出具的委托公证文书，须经中国法律服务（澳门）公司核验并加盖核验章后，方可在内地使用。2018 年司法部又新增了第二批中国委托公证人（澳门），有利于进一步推动澳门与内地公证界的沟通合作，提高跨境公证的质量，在预防纠纷、提供证据等方面有所作为。当然，所有产业的发展都离不开人才，如今内地城市都在加大力度吸引人才，为本地区的发展存储人力资源。澳门也应当优化人才培养和引进机制，毕竟经济发展、技术创新、跨境服务等都需要很强的学习能力和竞争能力。

B.10
《民防纲要法》咨询内容及民情分析

甄庆悦*

摘　要： 2018年，澳门特区政府进行《民防纲要法》公开咨询[①]，涉及新闻、资讯传播、个人及机构的权利和义务等议题，社会高度关注，认同立法有必要且迫切，但反对部分建议，如拟设“虚假社会预警罪”、强调媒体的社会责任等。经咨询后，当局保留前者，删除后者。反观整个咨询过程，凸显出一些深层次的社会问题：一是特区政府的施政能力、立法素质需要进一步提高；二是咨询出现“社会热、网民热、主流社团冷”情况，咨询效果打折扣。特区政府需要进一步提高自身的施政能力，提高公共监督及透明度，提高公信力。

关键词： 《民防纲要法》　虚假社会预警罪　传媒社会责任　政府公信力

一　修法背景

澳门是自由港、旅游城市，城市虽属微型，但国际化程度高，个人、机构等享有行动、资讯及言论自由。保安及公共安全领域的立法修法，20年来主要涉及部门设立、组织运作、架构重组及人员薪资福利调整等，比较重要的立法、修法有《维护国家安全法》《澳门特别行政区内部保安纲要法》《入境、

* 甄庆悦，澳门大学经济系学士，传新澳门协会副理事长，前澳门日报采访副总主任（政治经济），研究方向为澳门及国际政治、经济。

① 《民防纲要法》咨询文本，https：//www. gov. mo/zh - hant/wp - content/uploads/sites/4/2018/06/谘询文本中文 . pdf。

逗留及居留许可制度》《预防及遏止恐怖主义犯罪》《打击电脑犯罪法》等。事实上，在各保安部队人员的努力下，澳门的治安在回归后大幅改善，犯罪率降低。澳门有全球最高的博彩收入，同时是世界上最安全的城市之一。

2018 年，澳门特区政府先后就《网络安全法》、《出入境管控、逗留及居留许可的法律制度》、《民防纲要法》与《通讯截取及保障法律制度》进行公众咨询及立法。如此高频率的保安领域立法、修法，加上触及新闻、资讯传播，个人隐私，以及个人、机构的权利和义务等社会敏感内容，引起关注。尤其是 2017 年澳门遭受超强台风“天鸽”吹袭后，政府为改善民防协调机制而制定的《民防纲要法》咨询文本，拟新增“虚假社会预警罪”，强调传媒协助传播民防讯息的社会责任，引起网上广泛讨论，争议不少。除咨询文本的法律分析外，通过咨询过程，也能观察到政府官员的管治思维和提案素质，以及官民间的意见分歧等，反映出当下澳门的政治及社会生态、特区政府的施政能力及素质有待进一步提高，社会对特区政府的信任不足。

2017 年 8 月 23 日，百年一遇的超强台风“天鸽”袭澳，澳门受损严重。灾后的澳门满目疮痍，多个民间社团及众多市民自发组织义工队到街上收拾、清洁，向有需要的人士送饭、赠水。特区政府还向中央请求驻澳部队协助重灾区清理。在官、军、民合力下，澳门灾后一个多星期后基本恢复社会秩序。

针对“天鸽”应对缺失，特区政府参考了国家减灾委员会专家组的建议，拟制订新的“民防法”。《民防纲要法》由警察总局（SPU）于 2018 年 6 月 28 日至 2018 年 8 月 11 日进行公众咨询。咨询总结报告于 2018 年 12 月 21 日公布，正待有关部门草拟法案，并交立法会审议。社会普遍认同修法决定，唯部分建议引来反弹，不少意见批评政府错置了修法的重心及对象。“天鸽”重挫澳门的重要原因在于防灾基建落后、特区政府部门高层决策失误、灾害预警失灵，以及多个部门行动无统筹；而民间自发协作，灾情有所减轻。然而，“民防法”咨询文本里有较多规管个人、传媒及公司机构的责任，针对特区政府、官员应对灾害责任的条文很少。

二 “强化资讯传播”上的争议

特区政府冀制定“民防法”实现三大目的，即回应社会发展形势、推动民防强势统筹、调动社会共同参与。咨询文本最大争议在于“1.2.4. 强化资讯有效传播”章节。文本指出，“为确保突发公共事件状态持续期间，当局的重要资讯得到有效传播，阻遏不实谣言在坊间流传”，提出了两个修法建议：一是“强调大众媒体在传播当局重要民防资讯方面的社会责任”；二是“增设与民防事件有关的虚假社会预警罪，制裁在宣告进入紧急预防状态后的造谣或散布谣言行为，违法者将被处以最高三年徒刑”。

（一）对“虚假社会预警罪”的争议

上述两个修法建议反响颇大。针对“虚假社会预警罪”，社会、关注政策人士、传媒相关协会、传媒以及法律学者都提出了意见，反对声音不少。有意见认为，现行《刑法典》[①] 已有打击造谣、传谣的规定，另有意见担心“虚假社会预警罪”定义不清，易误“踩地雷”，令社会出现“寒蝉效应”，居民在灾难期间不会发布、转发任何讯息，包括特区政府希望居民转发的官方民防讯息，反而不利于救援。亦有传统社团人士在公众咨询会上支持“虚假社会预警罪”，认为“行得正，企得企，怕什么人查”。

澳门大学传播系代主任、议员林玉凤接受媒体访问时表示，需要明确定义何谓“散布谣言”，强调仅当恶意散布谣言，而且该谣言有明显导致任何人命财物损失才可定罪，否则连新闻机构转述受访者消息也随时‘踩界”。而且三年量刑过重，应与《刑法典》其他量刑平衡。[②]

澳门大学法学院特聘教授赵国强接受媒体访问时认为，“就行为侵害的法益而言，在《民防纲要法》中设置‘虚假社会预警罪’具有必要性和合理性”，但同时指出，“若然要定罪，就不能简单地从日常生活的角度去理解‘恶意’，应当将‘恶意’解释成刑法中的‘故意’”。因此，‘虚假社会预警罪”只能由故意构成，过失不能构成此罪”。在具体拟定条文时，他希望从罪刑法定的原则出发，将此罪的主、客观要件规定得越明确越好。[③]

---

① 《刑法典》，https：//bo. io. gov. mo/bo/i/95/46/codpencn/codpen0001. asp。

② 《林玉凤：不认同设虚假社会预警罪》，《澳门日报》2018 年 6 月 30 日，A7 版，http：//www. macaodaily. com/html/2018 - 06/30/content_ 1276900. htm

③ 《虚假社会预警罪符刑法原则》，《澳门日报》2018 年 7 月 11 日 B8 版，http：//www. macaodaily. com/html/2018 - 07/11/content_ 1279497. htm。

2018 年 12 月底，特区政府在咨询总结报告中做出了较为清晰及统一的修法目的总结："特区政府建议增设'虚假社会预警罪'所针对的，是在较为严重的突发公共事件状态下（紧急预防或更高级别的突发公共事件状态）的故意造谣和传谣行为，而有关谣言是已经被证实为'虚假'而非'未经证实'，且危害公共安全和公共安宁者。故在立法上作相应处罚，具有必要性。"①

按照澳门现行《刑法典》的规定，根据谣言所针对的对象、具体的虚假内容和造谣传谣的目的，分别订立了"公开及诋毁"罪、"侵犯行使公共当局权力之法人"罪、"以实施犯罪恐吓"罪、"滥用及虚构危险信号"罪和"煽动集体违令"罪等予以制裁。有关规定虽然都以传播不实消息为条件，但该等罪状所保障的利益（特定个人的名誉，政府部门的公信力，免受犯罪破坏的安宁、安全和机关正常秩序，政治制度的稳定）、构成犯罪的条件以及追究的方式等方面，与紧急民防状态下的造谣传谣行为所损害包括公共安全、公共秩序及社会安宁等重要利益不完全匹配，形成法律漏洞。

增设"虚假社会预警罪"，旨在填补现行法律未能关注或兼顾的有损澳门根本利益的漏洞，所针对的显然是存心要让社会在危急情况下产生恐慌和混乱的造谣与传谣行为，这些谣言绝不在言论自由之列。

为确保在保障居民基本权利自由以及制裁灾难期间恶意造谣传谣行为之间取得平衡，特区政府在草拟"虚假社会预警罪"的具体条文时，将在咨询文本的基础上进一步厘清概念和构成要件，包括主观意图必须是"故意"，并订明谣言的特点，确保罪状的严谨性和可制裁性。同时针对有关行为和其中的具体特别情况（如行为后果的严重性、行为人的身份或谣言内容等），分别订立两个处罚级别予以制裁。初步立法方向如下：一是"借造谣传谣以图妨害突发公共事件状态消除或缓和，或意图引起公众恐慌，处两年徒刑或科二百四十日罚金"；二是"如上述行为实际造成社会恐慌、影响公共当局及个人的行动、由参与民防行动的人士作出，或谣言内容使人误信消息源自公共当局，则处以最高三年徒刑"。

① 《〈民防纲要法〉公开咨询总结报告》，澳门特别行政区政府网站，https：//www. gov. mo/zh－hant/wp － content/uploads/sites/4/2018/12/% E6% B0% 91% E9% 98% B2% E7% B6% B1% E8% A6% 81% E6% B3% 95% E5% 85% AC% E9% 96% 8B% E8% AB% AE% E8% A9% A2% E7% B8% BD% E7% B5% 90% E5% A0% B1% E5% 91% 8A. pdf。

（二）造谣传谣案件少，立法基础弱

至此，社会才较清晰地明白保安当局的修法想法，但上述总结尚未解释部分争议。首先，讨论“虚假社会预警罪”并非单纯的立法技术问题，也是政治问题，还得看社情民意、立法后的预期效果等。社情民意方面，虽然官方未公布过造谣、传谣相关案件的统计数字，但澳门过去相关案件极少，且未足以损害公共安全。“治乱世用重典”非澳门法律体系所强调，何况澳门在造谣、传谣方面远未至于“乱”，立法的社会基础比较薄弱。

其次要强调的是，不论日常还是灾难或紧急公共事件，社会一直要求打击造谣、传谣行为，问题是应否将一项犯罪行为、罪名无限扩延。一如当局所言，现行《刑法典》已有数项针对谣言的惩罚，是否有必要专设一项应对灾难或紧急公共事件的造谣传谣罪依然有争议。如按官方说法：“不完全匹配，形成法律漏洞。”到底不匹配什么，漏洞又在哪里？“虚假社会预警罪”是在灾难或紧急公共事件下，现有《刑法典》与谣言相关的规定不完全匹配及有法律漏洞而设置的，如此在灾难或紧急公共事件的前提下，还有多少法律不完全匹配及有漏洞，是否需要修订？当局未有清晰解释。如果现法“不匹配、有漏洞”则直接修改《刑法典》或许是更好的做法，而非在单行法的“民防法”中另立罪名，影响法律的一致性、完整性。故当局应谨慎考虑，必须要有极强且可令公众信服的理据，法律条文必须很清晰、可执行并与《刑法典》匹配，才可设立“虚假社会预警罪”，否则弊大于利。

三　“民防法”无须另行强调媒体社会责任

“民防法”建议修法时，强调大众媒体在传播当局重要民防资讯方面的社会责任，也引起了争议。虽然当局解释，“大众媒体”是指现民防架构成员即官方的澳门广播电视股份有限公司（以下简称“澳广视”），在现法中已负有法定责任及义务。其他媒体不受限，特区政府鼓励媒体主动优先发放民防讯息，该建议不影响新闻自由等。不过，媒体、学者及相关人士认为不应在《视听广播法》《出版法》之外以其他法律规管传媒。最终，特区政府在咨询总结报告中删除了这一建议，理由与坊间批评基本一致。

客观而言，澳广视虽为民防架构成员，本质仍是传媒机构，当局无必要在“民防法”中强调传媒的社会责任。法律上，已有《出版法》及《视听广播法》规范传媒的权利及义务，不宜“法出多门”。《出版法》第4条（出版自由）第1款规定：“出版界思想表达自由的行使，不受任何形式的检查、许可、存放、担保或预先承认资格等限制。”第3款亦规定：“对出版自由的限制，只能援引本法律和一般法的规定，以保障人们身心完整性，其审议和适用只能由法院负责。”

另外，《出版法》第18条（官方文告和必须刊登的信息）第1款指出：“周刊或刊期少于一周的定期刊物，不得拒绝刊登总督透过新闻司发出的官方文告，并应在接获后在刊物续后两期的任一期内为之。”即所有澳门媒体都有义务刊登政府的新闻稿等，政府资讯及民防讯息的发放渠道已得到保障，故无必要在其他法律中规管传媒。

澳门传媒的社会责任之一是报道、评论尤其是涉及重大公共利益的社会事件，监督政府，推动社会进步，这是无须强调的。再者，灾难之下，基于天职及社会责任，所有有能力的传媒都会第一时间报道民防相关的讯息和官方消息，助社会渡过难关，同时争取读者的关注并提高公信力。

四　发挥警察总局现有的协调统筹职能

特区政府参考国家减灾委员会专家组的建议，拟在保安范畴设立一个独立且恒常持续运作、专门预防和应对自然灾害与安全事故，并跟进善后的专责部门（暂名为“民防及应急协调局”）。当宣布进入特定民防状态时，该专责部门在执行行动方面受联合行动指挥官的指挥及领导，并向其提供决策支持。

社会对设立“民防及应急协调局”普遍持批评态度，认为这与特区政府精兵简政的大政策背道而驰。探讨有无必要设立“民防及应急协调局”，可从三方面分析。

（一）澳门重大自然灾害较少

澳门地域狭小，全境只32平方公里，且不在地震活跃带，没有地震等重大自然灾害，一直困扰澳门的是海水倒灌而成的严重“水浸”，影响内港一带居民生活。只要特区政府拿出决心，落实2008年特大台风‘黑格比”袭澳后拟定的一系列治水措施及建设，澳门最大的自然灾害隐患便可减去大半。

（二）充分发挥警察总局的统筹协调职能

咨询文本及当局未透露“民防及应急协调局”的具体二作、实际运作及部门规模，从澳门公共行政制度及现况评估，“民防局”主责是统筹、协调、跟进。然而负责实质救灾、处理安全事故的是处于最前线的消防、治安警察及海关等。若要协调上述保安部队的运作，现有的警察总局及其下设的民防中心已可为之。事实亦说明，2018年另一超强台风“山竹”来袭，专责统筹全澳民防工作的警察总局表现出应有水平，无论事前演习、救灾及善后亦然，故无须再设一个专责部门。

在保安领域，除保安司司长及其办公室外，其辖下还有警察总局、海关、保安部队事务局、治安警察局、司法警察局、惩教管理局、消防局、保安部队高等学校、金融情报办公室。根据截至2018年9月的统计，保安部队人员有11259人，占全体公务员的35.65%。① 其中警察总局、保安部队事务局、治安警察局、司法警察局已存在职能重叠现象，增设“民防及应急协调局”无益于统筹、协调。比较理想的做法是维持现有制度，继续由警察总局及局长承担平常的统筹、协调工作，相信可减少许多不必要的行政程序及平级统筹、协调所产生的矛盾。

五　针对个人和机构的罚则应做更多研究

“民防法”咨询文本涉及对个人、机构的罚则，但包括细则执行等方面鲜有公开讨论。

咨询文本在“明确各类义务责任”中列出：

> 对法人或个人而言，不遵守法律和民防当局合法命令或指示的行为，

① 澳门特别行政区公共行政人力资源季度统计资料，https：//www. safp. gov. mo/wcmpro/groups/public/@ safp/@ ext/@ information/documents/web/wcm_ 007946 pdf。

若违令于一般或预防状态下作出，按违令罪论处（最高一年徒刑或一百二十日罚金）；若是在进入紧急预防或更高级别状态后作出，则按加重违令罪论处（最高两年徒刑或二百四十日罚金）；

对不参与获指派的协防工作的公务人员（包括视听广播承批实体的负责人），按加重违令罪论处（最高两年徒刑或二百四十日罚金），并构成严重违纪行为；

对水、电及电讯等关键基础设施的营运实体，其负责人如不服从有权限实体发出的合法命令，其处罚与一般法人和个人违令或加重违令情况相同。

澳门法律体系极为重视个人自由、私人生活及私人财产保护，尤其是对个人而言，协助救灾主要出于自愿，不宜用法律处罚。另水、电、电讯等关键基础设施亦有相关的法律及营运合同规管，不一定适合在“民防法”中再行订定，应该再研究。

六　娱乐场停运关闭口岸，社会认受性高、操作性强

“民防法”咨询文本的不少内容是吸收“天鸽”教训而做出的修法建议，部分内容获社会认同。特别是拟引入一些例外措施，可更好保障居民及旅客的人身安全，使城市管理更灵活，具有突破性意义。

咨询文本建议引入以下例外性措施：一是要求电讯营运商优先无偿传播及发送民防资讯；二是关闭指定的出入境口岸（由行政长官行使不可授予的专属权限）；三是宣告中止正在或即将于受影响区域进行的、获当局许可或批给开展的公众娱乐、博彩或其他大型活动（由行政长官行使不可授予的专属权限）。

上述建议主要针对“天鸽”袭澳时，特区政府的应对缺失以及社会强烈要求的意见而做出。按现行法律规定，每当8号、10号台风讯号悬挂时，全社会都进入戒备状态，除官方民防人员以及传媒、水、电供应等特殊行业仍运作外，其他工作、活动都须停止。作为澳门经济命脉的娱乐场，按规定如欲暂停营业，须获博监局批准，而在“天鸽”袭澳时，众多娱乐场从业员要冒险

上下班。是次修法可填补法律不足，保障娱乐场人员以及公众的生命安全。

值得关注的是，“山竹”吹袭时，经政府与6家博彩企业协商，所有娱乐场停运33小时，这是澳门博彩史上的首次。有博企更开放部分娱乐场停车位给受影响的居民泊车，体现社会责任。据相关人士评估，台风当日全澳娱乐场停运33小时，损失只约10亿澳门元。故娱乐场在天灾期间停运的社会支持度及可操作性甚强，并无大争议。

同样是突破性的修订，还有行政长官可关闭指定的出入境口岸。此建议有实际意义，因8号、10号台风期间，澳门所有公共运输服务停运，全城停止运作，为免旅客通关危险及到澳后无从活动，关闭口岸是对居民及旅游负责任的做法。不过，关闭澳门口岸并非澳门单方面的事，必须与珠海、广东及中央相关方面沟通及协作，当局尚未公布相关细节操作机制。获社会认同的修法建议，还有统一事故分类分级以及设立志愿协防制度，拟透过强制性保险方式，实现志愿协防人员的保障，并由行政长官以批示具体订定。

七　咨询效果与原因分析及立法建议

2017年，特区政府应对“天鸽”不力，饱受社会批评。2018年，在应对另一超强台风“山竹”上，特区政府表现出应有水平，获社会认同，说明法律重要，执行者更关键，这就是“民防法”咨询碰壁的原因之一。

“民防法”与另外三部法律公开咨询带来的反思是，修法原意虽好，为何会引起社会反弹及不满？除法律观点的不同及碰撞外，政府、官员的素质、态度、执行力不符社会期望及要求也是主因，政府及社会要查找不足并加以改善。否则，随着国际安全局势越趋严峻，将有更多保安领域的修法立法，处理不好，会加剧社会矛盾及对政府的不信任，日后施政将更困难。

（一）咨询成效不彰原因

1. 特区政府公信力有待提高，政策解说力弱

“民防法”以及另外三部法律确有修法、立法必要，咨询内容未获社会普遍认同，问题在于方向及细节。例如，《网络安全法》主要针对关键基础设施安全，并非个人网上活动等，虽然特区政府在多个正式场合多次说明，但仍未

能消除社会对隐私保障的担忧，最后细则性审议《网络安全法》法案的立法会第一常设委员会要求特区政府在法案文本上清晰列明，特区政府监察仅涉及关键基础设施的机器语言，不得收集及存取数据内容。

2. 强调加大权力罚则，法律理据解释不足

前文所述四部法律的咨询及立法均加大了罚则，官员对澳门原有法律的认识也不足。

值得注意的是，“民防法”等修法均涉及水、电、电信等领域及机构，这些领域和机构均有各自的法律制度、经营合同，部分内容与“民防法”及《网络安全法》相关，或甚至相抵触，当局须谨慎理顺彼此关系，并向社会说明。

以上立法弊病，主要在于相关部门草拟法案时多只顾自身问题，缺乏整套法律体系概念。近年，特区政府设立了立法统筹机制，有助于解决这一问题。

3. 主流社团欠缺积极性，影响公众咨询质量

澳门是社团社会，很多重要事情有社团参与，特别是传统大社团已成为特区政府的管治联盟。对于就“民防法”等四部法律的咨询，传统社团及其主力代表人物、议员，鲜有公开讨论及表态，与网络上的活跃讨论对比鲜明，社团与社会更见疏离。

以上咨询整体呈现“网络热、主流社团冷、社会参与度低”特点，从当局在咨询期间收到的意见统计可见一斑。例如，根据“民防法”咨询总结报告，最具争议的“强化资讯有效传播”内容共收到390条意见，占所有意见的15.61%，是占比最多的部分，但比预期少很多。当中，大多数是赞成意见，有290条“赞成”（74.36%），只有17条意见“不赞成”（4.36%），“其他”83条（21.28%）。数据与民情、舆情存在落差。

综上可观察到两个问题：一是传统社团不积极参与“民防法”等法律的咨询，与社会尤其是年轻人的疏离感增强；二是澳门市民普遍的社会参与度不高，即使对“民防法”咨询文本有各种意见，却较多在社交媒体上讨论，未必会正式向当局递交意见或参与咨询会。然而，公众咨询旨在让各持分者公开、公平地发表意见，让不同立场人士通过意见交流或辩论，寻求社会最大共识，提高法律制定的效率、质量及可操作性。上述四部法律的咨询，均未能形成良好的社会讨论，将影响立法的严谨性及认受性，他日执法会倍加困难。

（二）“民防法”及相关立法建议

澳门公众对法治、个人权利保障的意识越来越高，“民防法”等四部法律涉及敏感议题，社会担忧自由、宽松的城市特质受影响，当局必须谨慎处理，本文提出如下建议。

第一，尽快公布行政法规，交代具体执行细节。不少法律需要若干行政法规配套，方能运作，这些行政法规涉及实际操作，实为法律成败关键。行政、立法机构对法律与行政法规所规管的范围及内容时有争议，所以当局应尽快公布各法律的配套性行政法规及执行细则。例如，“民防法”有两条配套性行政法规，既让立法会审议时更能把握，提高法案审议的质量及可操作性，也能说服社会。

第二，提高施政素质，广纳民意，增加立法的认受性。特区政府有必要革新管治思维、提高施政素质，当以服务居民为宗旨。特区政府要鼓励各界参与咨询，并且咨询应以聆听为主，适时回应，方能吸纳更多民意，立法更具社会认受性及操作性。

第三，增强法律宏观概念，优化立法统筹制度。加强各部门法律人员对澳门法律体系的宏观概念理解，避免法律间不衔接、不兼容等问题；优化立法统筹，提高立法的效率及质量。

第四，落实官员问责制度，加强公众监督机制。为提高特区政府公信力，有必要强化及落实官员问责制度、公众监督制度，使官员权利与义务相匹配，承担相应的责任，促进良性的公共行政文化。公众监督方面，必须自我接受公众监督，可增加现有警监会的监督职能或另立新的监督实体、制度，避免“自己查自己”。同时加强透明度，定期公布与“民防法”等四部法律相关的执法情况、相关数据，如网络攻击、造谣传谣、监听个案等。

B.11 澳门雇员劳动权益保障的现状与发展方向

李振宇　常宗飞*

摘　要： 回归后，澳门经济社会发展取得了长足的进步和巨大的成就。“一国两制”事业在澳门取得了空前的成功。澳门成为“一国两制”成功实践的热土。不过，在经济快速发展的同时，澳门雇员劳动权益保障与发展状况却未能跟上经济社会发展步伐，难以回应广大雇员对于享受优质生活的合理期待。因劳动法律法规滞后、不健全，雇员劳动权益受损的情况亦较为严重。因此，特区政府须尽快完善各项劳动法律法规，全面加强雇员劳动权益法律保障，达到与自身发展相适宜的劳动权益保障水平，以促进经济社会的可持续发展。

关键词： 澳门　“一国两制”　劳动权益

一　回归后澳门经济发展与就业状况

回归之初，澳门经济低迷，经济连续多年负增长，就业市场不断恶化，失业率逐年上升，2000 年失业率一度达到 6.8%（见表 1）。但随着 2002 年澳门开放赌权、2003 年中央推出内地居民赴港澳“自由行”政策，澳门经济

* 李振宇，澳门工会联合总会副理事长，澳门特别行政区立法会议员，研究方向为公共行政管理；常宗飞，生态学博士，澳门工会联合总会议员助理，研究方向为进化生物学、种群遗传学。

犹如插上了腾飞的翅膀，实现了跨越式发展。赌权开放创造了更多的就业职位，缓解了就业压力，就业市场状况持续改善，失业率开始逐年下降。“自由行”政策方便了内地居民往来澳门，到澳门旅行的内地居民数量不断上升，旅游总收入不断增加。2002 年澳门入境旅客主要来自香港、内地及台湾地区，分别占入境旅客总数的44%、37%及13%。[①] 从2003 年开始，内地成为澳门旅游市场最大客源地，当年入境澳门的旅客中来自内地的占48%，来自香港的旅客数量降至第二位，占39%。[②] 2018 年，澳门全年入境旅客超过3580 万人次，当中内地旅客数量达到 2526 万多人次，占旅客总数的70.56%。2018 年全年旅客总消费达696.9 亿澳门元，同比上升 13.6%。按国家和地区分析，中国内地旅客人均消费最高，达2242 澳门元，高居各国各地区旅客之首[③]。

表 1　1999～2018 年澳门整体就业状况

年份	1999	2000	2001	2002	2003	2004	2005	2006	2007	2008
就业人口(千人)	196.1	195.3	205.0	204.9	205.4	219.1	237.5	264.2	293.0	317.1
劳动力参与率(%)	65.5	64.3	65.0	62.6	61.2	62.2	63.4	65.7	68.6	70.7
失业率(%)	6.3	6.8	6.4	6.3	6.0	4.9	4.1	3.8	3.2	3.0
月收入中位数(澳门元)	4920	4822	4658	4672	4801	5167	5773	7000	8000	8000
年份	2009	2010	2011	2012	2013	2014	2015	2016	2017	2018 年第四季
就业人口(千人)	311.9	314.8	327.6	343.2	361.0	388.1	396.5	389.7	379.8	388.0
劳动力参与率(%)	72.3	72.0	72.5	72.4	72.7	73.8	73.7	72.3	70.8	70.9
失业率(%)	3.5	2.8	2.6	2.0	1.8	1.7	1.8	1.9	2.0	1.7
月收入中位数(澳门元)	8500	9000	10000	11300	12000	13300	15000	15000	15000	16000

资料来源：根据历年澳门统计年鉴整理。

回归以来，澳门经济社会各个领域都发生了翻天覆地的变化。经济实现跨越式发展，本地生产总值由 1999 年的 518.72 亿澳门元增至 2018 年的 4403.16 亿澳门元，增长 7.49 倍。人均生产总值由 1999 年的 12.14 万澳门元（约合

---

① 数据来自澳门特区政府统计暨普查局《旅游统计：2002》。

② 数据来自澳门特区政府统计暨普查局《旅游统计：2003》。

③ 数据来自澳门特区政府统计暨普查局 2018 年第四季旅客消费调查。

1.52 万美元）增长至 2018 年的 66.69 万澳门元（约合 8.26 万美元）（见表 2）。社会民生持续改善，整体就业人口月收入中位数由 1999 年的 4920 澳门元增长至 2018 年第四季的 16000 澳门元（见表 1），本地就业居民月收入中位数则达 2 万澳门元（见表 3），整体就业人口失业率多年来一直保持在 2% 以下（见表 1）。社会保障制度日趋完善，初级卫生保健体系被世界卫生组织评定为典范；实现了从幼儿园到高中 15 年免费教育，居民人均预期寿命达 83.4 岁。这些数据反映了澳门回归后所取得的巨大成就，体现了“一国两制”事业在澳门取得的巨大成功。

表 2　1999～2018 年以当年价格按支出法计算的澳门本地生产总值

年份	1999	2000	2001	2002	2003	2004	2005	2006	2007	2008
本地生产总值(百万澳门元)	51872	53938	54718	58826	65734	84920	96872	118338	147382	167760
人均本地生产总值(澳门元)	121363	125271	126107	134181	148182	186776	204607	238057	282962	312149
年份	2009	2010	2011	2012	2013	2014	2015	2016	2017	2018
本地生产总值(百万澳门元)	171467	225051	294347	343818	411865	442070	362213	362356	405790	440316
人均本地生产总值(澳门元)	318611	419153	536178	603525	692501	710895	564635	561053	625254	666893

资料来源：澳门特区政府统计暨普查局。

表 3　2008～2018 年澳门居民就业状况

年份	2008	2009	2010	2011	2012	2013	2014	2015	2016	2017	2018 年第四季
就业人口(千人)	235.0	241.0	251.5	258.6	263.7	270.1	276.6	278.8	276.9	279.1	283.8
劳动力参与率(%)	64.3	67.0	67.4	67.7	67.0	66.7	66.9	66.5	65.2	64.7	64.6
失业率(%)	3.7	4.4	3.5	3.2	2.6	2.4	2.3	2.5	2.7	2.7	2.4
月收入中位数(澳门元)	9300	10000	10000	11000	13000	15000	15000	18000	18000	19000	20000

资料来源：澳门特区政府统计暨普查局。

二 澳门劳动权益保障现状

近年，澳门的就业市场较为稳定，失业率处于较低水平，实现了充分就业。不过，澳门劳动权益保障仍存在几个重大问题，包括法律滞后、不健全；劳动基准与经济社会发展水平不相适应；外雇输入、监管及退场机制不完善，损害本地居民就业权益；职业安全与健康状况有待改善；等等。

（一）澳门劳动基准制度现状及存在的问题

劳动基准制度是指关于工资、工作时间、职业安全卫生等劳动条件的法律规范总和[①]，是国家或地区通过立法确定的雇员享有的最低劳动标准，也是雇员劳动权益中最基本和最核心的内容。劳动基准制度的制定和执行情况，反映了一个国家或地区对雇员劳动权益保障的程度。

澳门现行第 7/2008 号法律《劳动关系法》是回归后特区政府制定的首部劳动关系法律法规，该法对劳动基准做出了集中而具体的规定，力图实现对雇员劳动权益的全面保障。不过，《劳动关系法》在制定之初因“强资本、弱劳动”的格局，各项劳动基准相比旧有劳动法律法规并未有较大突破和提高，仍部分沿用澳葡政府时期订定的劳动基准。例如，工作时间、休息时间、强制性假日天数、年假权利、单方解约赔偿的订定方式等均基本沿用 1984 年 9 月生效的第 101/84/M 号法令《订定雇主与工作者在工作关系上应尊重及遵守的最低及基本条件》或 1989 年 3 月生效的第 24/89/M 号法令《设立澳门工作关系》中的相关规定，导致雇员劳动权益并未因《劳动关系法》的实施而有较大改善和提高。随着社会经济的发展，《劳动关系法》中的部分条文已越来越难以满足雇员对自身权益保障的合理期待和诉求，亟待改善和提高。

1. 工时制度

工时制度是劳动基准中最基础、最重要的一环，在规范企业用工的同时也保障雇员的身心健康。合理的工时制度有利于维护劳资双方共同利益，增强企业竞争力，促进经济发展。

---

① 董保华：《中国劳动基准法的目标选择》，《法学》2007 年第 1 期，第 52 页。

（1）工作时间

《劳动关系法》第 33 条规定："正常工作时间每日不得超过 8 小时，每周不得超过 48 小时。"相关规定仅符合国际劳工大会 1919 年通过的《工作时间（工业行业）公约》所建议的标准，与澳门现时以服务业为主导的产业结构并不相符，亦难以匹配澳门经济社会的发展水平。表 4 显示了世界部分国家和地区的标准工时情况，从中可以看出，澳门 48 小时的正常周工作时间超过世界上主要国家和地区。

表 4　世界部分国家和地区工时

国家或地区	日标准工时(小时)	周标准工时(小时)
中国内地	8	44
中国台湾	8	两周不超过 84
新加坡	8 或 9	44 或两周不超过 88
韩国		40
日本	8	40
澳大利亚		38
法国		35
希腊		40
美国		40
比利时	8 或 9	38
加拿大	8	40
中国澳门	8	48

资料来源：《澳门劳动基准制度的完善——基于国际比较的视角》，澳门工会联合总会出版，2015，第 35 页。

（2）超时工作

《劳动关系法》第 36 条规定了三种超时工作情况：第一，在发生不可抗力、雇主面临重大损失及雇主面对不可预料的工作增加三种情况下，雇主可无须征得雇员同意而安排雇员提供超时工作；第二，由雇主预先要求并征得雇员同意；第三，由雇员主动提供并预先征得雇主同意。法律对第一种情况下雇员每日超时工作的时间做出限制，当发生不可抗力及雇主面临重大损失情形时，雇员的每日工作时间不可超过 16 小时；当雇主面对不可预料的工作增加的情形时，雇员的每日工作时间则不得超过 12 小时。

对于超时工作之后的补偿休息时间，《劳动关系法》亦做出规定，若超时工作时间达至上述第一种超时工作的前两种情形（即发生不可抗力、雇主面临重大损失）的每日上限16小时，补偿休息时间不少于24小时，若未达至每日上限16小时，补偿休息时间则根据工作时间按比例计算。法律规定补偿休息时间的权利须在紧接提供超时工作15日内享受，而非在紧接的第二日享受。这显然与《劳动关系法》第33条第2款规定的“须确保雇员每日有连续10小时且总数不少于12小时的休息时间”相抵触。此外，《劳动关系法》对于每周超时工作的上限亦没有做出明确限制。

在超时工作报酬方面，《劳动关系法》第37条规定，雇员在“由雇主预先决定，不论雇员同意与否”的情况下提供超时工作，有权收取超时工作的正常报酬及50%的额外报酬；在“由雇主预先要求并征得雇员同意”及“由雇员主动提供并预先征得雇主的同意”两种情况下提供超时工作，雇员有权收取超时工作的正常报酬及20%的额外报酬。并规定超时工作报酬不会损害雇员享有额外金钱补偿额的权利，尤其是因提供夜间工作及轮班工作获得的权利。表5列出了世界部分国家和地区的超时工作报酬情况。

表5　超时工作报酬之国际比较

国家或地区	加班工资支付比例
美　国	150%
加拿大	工作日:150%;节假日:200%
意大利	110%
法　国	每周工作第36~43小时为125%,第44小时以后为150%
葡萄牙	工作日:第1个小时为150%,第2个小时及以后为175%;周末及节假日:200%
巴　西	工作日:150%;节假日:200%
俄罗斯	工作日:前2小时为150%,超过2小时为200%;周末及节假日:200%
日　本	依加班时段不同(如夜间、假日、工作日等),125%~150%;唯1个月加班超过60小时者,150%
韩　国	150%
爱尔兰	125%
芬　兰	工作日:2小时以内为150%,2小时以上为200%
中国台湾	2小时以内:133%;2小时以上:167%
中国大陆	工作日:150%;休息日:200%;节假日:300%

资料来源：候玲玲：《我国加班工资计算基数地方裁审规则之探究》，《劳动基准法律问题研讨会论文集》（未公开发表），第62页。

（3）夜间工作

《劳动关系法》第39条规定，于0时至早上6时期间提供的工作，视为夜间工作；雇员有权因提供夜间工作而收取工作的正常报酬，以及20%的额外报酬；但获聘用时明确约定提供包括夜间时段工作的雇员则无权收取额外报酬。

（4）轮班工作

《劳动关系法》第40条规定："雇员并非按照固定的上下班时间而是于不同时间提供工作，视为轮班工作。"法律规定雇主在安排轮班工作时，须遵守正常工作时间的上限，并须确保雇员每日有连续10小时且总数不少于12小时的休息时间；且可按连续或分段工作的方式订定上下班时间；若按分段工作的方式订定上下班时间，则每段工作时间之间须有不少于2小时的休息时间，保障雇员有合理的休息时间恢复体力。

在轮班工作报酬方面，提供轮班工作的雇员有权收取工作的正常报酬以及10%的额外报酬，而获聘用时明确约定提供轮班工作的雇员则无权收取额外报酬。

（5）休息日工作

《劳动关系法》第43条规定，在下列三种情况下，雇主可无须征得雇员同意而安排雇员在休息日工作，包括雇主正面临重大损失或发生不可抗力、雇主面对不可预料的工作增加以及雇员提供工作对确保企业营运的持续性属不可缺少。在上述情况下提供工作的雇员有权在提供工作后的30日内享受由雇主指定的1日补偿休息时间以及有权收取额外的1日基本报酬。

（6）强制性假日工作

《劳动关系法》第44条规定："雇员须被豁免在强制性假日工作，且不丧失基本报酬。"第45条规定，在雇主正面临重大损失或发生不可抗力、雇主面对不可预料的工作增加以及雇员提供工作对确保企业营运的持续性属不可缺少三种情形下，雇主可无须征得雇员同意而安排雇员在强制性假日工作。雇员在强制性假日提供工作，有权在提供工作后的30日内享受由雇主指定的1日补偿休假及额外的1日基本报酬。上述1日的补偿休假亦可透过与雇主协商以1日基本报酬作为补偿代替。

2. 休息休假制度

自19世纪"五一国际劳动节"诞生起，休息休假权就成为各国民众最希望争取的权利之一。近年，世界各国和地区日益重视对雇员休息休假权的保障与完善。推行休假制度的目的有三：第一，休假可以保护劳动者的身心健康，调动其积极性，促进企业发展；第二，每位劳动者都需要“充电”，无论是知识方面还是健康方面，休假过后劳动者往往可以更高效地投入工作；第三，休假尤其是较长时间的休假，如带薪年假制度，可以有效增加劳动者的生活幸福感，劳动者可以利用休假时间享受家人、朋友的相聚，通过旅游增长见识，提高素质等。

（1）有薪年假

《劳动关系法》第 46 条规定，劳动关系满 1 年的雇员，于翌年有权享受不少于 6 个工作日的有薪年假。这一年假天数仅符合 1936 年国际劳工大会通过的第 52 号《带薪年休假公约》的要求，但国际劳工大会于 1970 年对第 52 号公约进行了修订，通过了新的第 132 号《带薪年休假公约（1970 年）》，规定“服务每满一年至少应有三个工作周以上之带薪年假”。在世界范围内进行比较，澳门的年假水平仅比菲律宾的 5 天略高（见表 6）。

表 6　世界部分国家和地区雇员年假天数比较

国家或地区	英国	奥地利	希腊	法国	马耳他	巴西	韩国	马来西亚	南非	美国	越南	新加坡	中国香港	印度尼西亚	印度	中国澳门	菲律宾
年假天数	28	25	25	25	24	22	19	16	15	15	14	14	14	12	12	6	5

资料来源：《澳门劳动基准制度的完善——基于国际比较的视角》，澳门工会联合总会出版，2015，第 43 页。

（2）强制性假日

澳门的强制性假日包括 1 月 1 日、农历新年（农历正月初一、初二及初三）、清明节、5 月 1 日、中秋节翌日、10 月 1 日、重阳节、12 月 20 日，共 10 天。相关强制性假日自 1989 年经第 24/89/M 号法令《设立澳门工作关系》实施至今 30 年未曾增加，不但少于香港地区 12 天的法定假日，相比世界其他国家和地区亦处于靠后的位置（见表 7）。

表 7　世界部分国家和地区公众假期天数比较

单位：天

国家或地区	马来西亚	印度	日本	韩国	菲律宾	马耳他	印度尼西亚	奥地利	希腊	南非	中国香港	新加坡	中国内地	法国	巴西	中国澳门	美国	越南	英国
公众假期	16	16	15	15	15	14	14	13	12	12	12	11	11	11	11	10	10	9	8

资料来源：《澳门劳动基准制度的完善——基于国际比较的视角》，澳门工会联合总会出版，2015，第 43 页。

3. 产假

《劳动关系法》第 54 条规定，女性雇员有权因分娩而享受 56 日产假。这一产假天数仅比国际劳工大会 1919 年通过的第 3 号《保护生育公约》所规定的 6 周产假多 2 周。表 8 列出了 1984 年至今澳门产假的变化情况。

表 8　1984 年至今澳门产假变化

产假天数	法律法规	实施时间
30 天	第 101/84/M 号法令《订定雇主与工作者在工作关系上应尊重及遵守的最低及基本条件》	1984 年 9 月 1 日
35 天	第 24/89/M 号法令《设立澳门工作关系》	1989 年 3 月 30 日
56 天	第 7/2008 号法律《劳动关系法》	2009 年 1 月 1 日

4. 职业安全与健康状况

回归后，随着经济的快速发展，澳门发生工作意外的情况增加，工作意外受害人数整体上升（见图 1）。近年，受外来安全文化的影响，特区政府开始重视并不断加强职业安全与健康的宣传教育，努力营造良好的职业安全与健康的社会氛围，使澳门职业安全与健康状况有所改善，工作意外受害人数趋于稳定。

2017 年，澳门工作意外受害人人数最多的三个行业分别是“文娱博彩及其他服务业”、“酒店及饮食业”和“建筑业”，分别占 41.0%、25.7% 及 10.2%。虽然建筑业的工作意外受害人比重较低，但发生严重工业意外的概率更高。2017 年，17 名“长期无工作能力”的受害人中，12 人从事建筑业，占

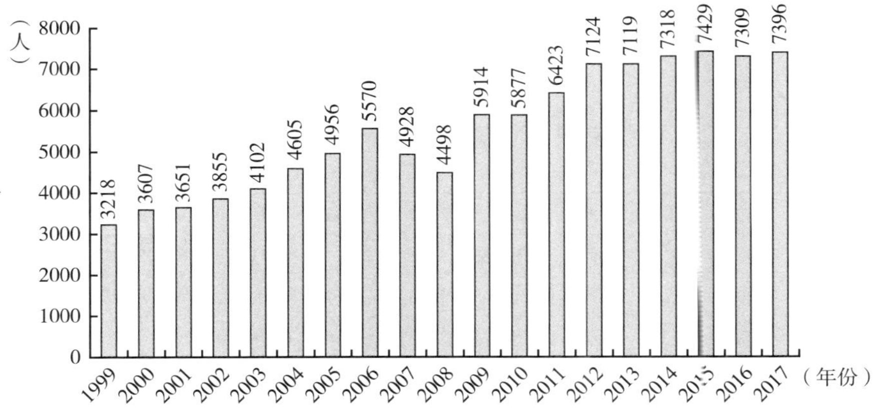

图1　1999～2017年澳门工作意外情况

资料来源：参见澳门特区政府劳工事务局1999～2017年工作意外统计数据。

70.6%；19名“死亡”受害人中，6人从事建筑业，占31.6%，其中5人的死亡同违反职业安全与健康法律法规有关，该5人均从事“建筑业”。[①]

虽然建筑业每次发生严重工业意外后，劳工事务局均会向相关承造商发出停工令，并加大巡查执法力度，但由于巡查人手限制，难以完全发现所有安全隐患。要有效遏止工业意外的发生，关键在于完善职业安全与健康法律法规，提高建筑业界的安全管理水平及意识。澳门现行《建筑安全与卫生章程》规定：“凡雇用每日为一百名或以上工人的建筑地盘的负责承造商必须有一名具资格安全督导员为其服务”，但并未对安全督导员的资格及其职责做出明确规定，更没有明确规定工程承造商为确保安全督导员履行其职责所需要提供的协助、支持以及不履行其责任所须承担的法律后果等。相关法规自1991年实施至今28年未有修订，已无法适应社会和经济的发展现状，有必要尽快加以修订完善。

（二）外地雇员政策不完善

澳葡政府于1988年先后颁布第12/GM/88号批示与第49/GM/88号批示，

① 澳门特区政府劳工事务局：《工伤统计分析报告：2017》。

正式输入外地雇员，至今超过30年。截至2018年底，澳门外地雇员数量超过18.8万人（表9），占总就业人口的48.45%①。

表9　1999~2018年澳门外地雇员数量变化

单位：人

年份	1999	2000	2001	2002	2003	2004	2005	2006	2007	2008
外地雇员	32183	27221	25925	23460	24970	27736	39411	64673	85207	92161
年份	2009	2010	2011	2012	2013	2014	2015	2016	2017	2018
外地雇员	74905	75813	94028	110552	137838	170346	181646	177638	179456	188480

资料来源：澳门特区政府统计暨普查局。

自开放外地雇员输入以来，澳门劳资双方对于外地雇员政策的争论就未中断过，各界论者都有不同意见。一方面，资方强调澳门人力资源短缺情况严重，必须实施外地雇员政策才可解决；另一方面，大量外地雇员的输入，直接影响了本地居民的就业机会及薪酬增长，尤其在经济发展处于低潮时，这种影响更为突出，引起本地雇员及劳工团体的强烈关注。

现时澳门仅庄荷、监场主任及职业司机三个职业不能输入外地雇员，其他职业均开放输入外地雇员。不过，上述三个职业尤其是职业司机未来能否继续禁止输入外地雇员，现时难以判断。资方一直称职业司机人力资源紧张，严重影响中小企业的日常运作甚至业务扩展。现时不论酒店食肆、民生货品的送货均有延迟，强烈要求特区政府开放输入外地雇员。不过，劳方认为，职业司机人力资源紧张的主要原因在于企业薪酬过低，缺乏吸引力。2017年12月，劳工事务局举行“轻型送货司机招聘会”，115家企业提供267个轻型送货车司机的职位空缺，当中253个空缺需要从事搬运工作。而上述职位薪酬最高2万澳门元，最低仅7500澳门元。在既要驾驶，又要从事搬运工作的情况下，7500澳门元的薪酬显然难以吸引应聘者，导致现场应聘成功者寥寥无几，最终仅9人成功获聘。中小企业的职业司机人力资源紧张的另一原因是供求出现错配。劳工事务局在职业司机就业转介过程中发现，求职者往往希望从事轻型

① 就业人口数据来自澳门特区政府统计暨普查局2018年第四季就业调查。

客车司机，而雇主往往要求重型客车及货车司机[①]。

鉴于劳资双方对于应否输入外雇职业司机争执多年，2018 年 8 月，行政长官指示人才发展委员会就职业司机人力资源问题进行研究，并表示该研究报告将作为特区政府立场。

除职业司机外，庄荷成为近期劳资博弈的新议题。在 2018 年 12 月召开的澳门经济发展委员会上，有资方代表表示，面对庄荷人力资源紧张，建议可按百分比上限输入外地雇员，若他日受外围因素影响亦可先裁减外雇庄荷。此言论一出，便引起社会尤其是劳方的强烈反对，要求特区政府澄清态度。之后，行政长官重申，特区政府承诺庄荷不输入外地雇员的政策没有改变。

另外，澳门近期亦有雇主对外地雇员政策为何仍被定性为临时措施提出质疑，认为每年访澳旅客超过 3000 万人次，人力资源需求大，而本地劳动人口不足 30 万人，为服务庞大的旅客数量，认为外地雇员政策是有其长期需要的，非临时性政策，主张重新检视外地雇员输入政策[②]。对于相关言论，劳工事务局表示，外地雇员政策是否继续作为临时措施，需要社会凝聚更多共识，强调社会不应忘记全球金融海啸爆发时，澳门经济发生重大逆转，当局曾调整外地雇员政策，包括拒绝部分新申请外地雇员，清洁、保安等行业外地雇员配额到期后减半。倘外地雇员政策不是临时性政策时，政府推行相关调整时将会衍生大量问题，例如赔偿等。

（三）欠薪问题较为严重

在澳门，欠薪属“轻微违反行为”。根据近年澳门劳工事务局的活动报告，每年涉及轻微违反的劳资纠纷个案中，多以涉及“欠付工资”事项为主。2015 年，涉及“欠付工资”的事项占劳资纠纷个案轻微违反总处罚项次的 35%，2016 年升至 37.4%，2017 年略有下降，为 26.8%。

《劳动关系法》第 85 条规定，倘雇主全部或部分否定雇员获取报酬的权利，可按所涉及的每一雇员向雇主科处 20000～50000 澳门元罚金；第 87 条规定，对雇主所科处的罚金可按《刑法典》的规定转换为监禁。澳门社会一直

---

① 《当局愿助业界配对求才》，《澳门日报》2018 年 11 月 27 日，A3 版。

② 《改变外雇定位需更多共识》，《澳门日报》2018 年 5 月 15 日，A10 版。

有意见指出相关处罚措施对于恶意欠薪行为无法起到阻吓及惩戒作用，建议将恶意欠薪刑事化。在现行《劳动关系法》制定之初，特区政府曾表示考虑将恶意欠薪行为刑事化，但鉴于涉及《刑事诉讼法》《劳动诉讼法》等一系列法律的修改带来的困难，有可能会拖延已讨论10多年的《劳动关系法》的修订进程，对雇员的保障会更加不利，特区政府权衡利弊后，决定维持其属轻微违反的规定。

三　澳门《劳动关系法》修法回顾

《劳动关系法》实施不到两年，特区政府即于2011年施政报告中表示将检讨相关法律。在2015年施政报告中，特区政府首次明确修法意愿及方向，提出将研究增设男士侍产假。之后在历年施政报告中，特区政府均将修订《劳动关系法》列入年度施政方针中。2017年9月25日至11月8日，特区政府就“修改第7/2008号法律《劳动关系法》”及“制定非全职工作制度”展开为期45天的公开咨询。在修改《劳动关系法》咨询文本中，特区政府建议优先修订七项事项，包括增设3～5个工作日的男士有薪侍产假；新增产假后14日无薪合理缺勤；引入周假与强制性假日重叠的处理方法（即重叠当日按强制性假日处理，雇主另行安排雇员的周假）；引入选定部分强制性假日的机制（即劳资双方可协议将法定10天强制性假日中的3日调于公众假日享受）；增加强制性假日补偿休假的灵活性（即将安排补休的期间由现行规定的30日内享受，延长至3个月内享受）；可选择性的补偿制度（即强制性假日工作后获得的额外“两工”可协议选择金钱补偿或补休，而当属非自愿于周假工作的情况，可由现行规定的“一工一假”的补偿，协商为以“两假”作补偿）；对于雇员因自身原因中途终止于周假或强制性假日工作的情况，增设按比例计算补偿的规定（即按当日已提供工作的时数计算补偿）。上述七项优先修订内容中，前三项属于社会较关注的事项，后四项属于可增加灵活性的事项。对于增加后四项灵活性事项，特区政府在咨询文本中表示是因应澳门特别行政区的经济及社会发展的需要，为配合产业结构的转变及人力资源需求的增加，而对现行《劳动关系法》中的假期制度及雇员于假期提供工作的相关补偿规定做出调整，希望借此体现补偿的公平性、合理性以及增强法律的可操作性。

2018 年 5 月，特区政府公布修改《劳动关系法》咨询总结报告。报告显示，对于七项优先修订内容，社会支持度不一。支持增设 3～5 个工作日男士有薪侍产假的意见占 93.2%，对于男士有薪侍产假的日数，绝大部分意见认为应定为 5 天；对于“新增产假后 14 日无薪合理缺勤”，社会支持度为 91.9%；引入周假与强制性假日重叠的处理方法，社会支持度为 86%；支持“增加强制性假日补偿休假的灵活性”的社会意见占 83.9%；对于“可选择性的补偿制度”，社会支持度为 63.4%；对于“平衡劳资双方权益的补偿制度”，社会支持度为 79.8%；而对于“引入选定部分强制性假日的机制”，社会反对声音最强烈，支持度仅为 36.1%，反对的声音高达 63.9%。

在修改《劳动关系法》咨询总结报告小结部分，特区政府表示经考虑及分析收集到的意见后，认同需要对部分事项的修法构思做出调整及做更具体仔细的考虑。对部分修法内容，特区政府表达出明确的倾向性，包括将男士有薪侍产假订为 5 日；在延长产假天数方面，特区政府表示愿意为本地雇员提供延长产假的报酬方面的补贴；对于引入选定部分强制性假日的机制，特区政府会对相关事宜做出审慎考虑；对于引入周假与强制性假日重叠的处理方法、增加强制性假日补偿休假的灵活性、可选择性的补偿制度、平衡劳资双方权益的补偿制度这四方面，因大部分意见认同有关修法构思，故特区政府将继续按照这四项修法构思内容跟进法案的草拟工作。

社会尤其是劳工团体对于“引入选定部分强制性假日的机制”的修法建议反对声音强烈。劳工团体指出澳门的强制性假日制度是为了满足雇员在特定节假日庆祝和纪念的需要，若引入“选择性机制”，不但导致传统节日因脱离时间节点而失去过节意义，使中华传统文化习俗被忽视，更将改变相关假日“强制性”的性质，雇员很可能在“没得拣”的情况下被迫将强制性假日改期放假，削弱雇员的假期保障，强调不能接受这种动摇劳动基准原则的做法。

面对社会的强烈反对，特区政府将“引入选定部分强制性假日的机制”由最初的“十选三”（即劳资双方可经协商在 10 天强制性假日中选择 3 天改于公众假日享受）改为“四选三”，即劳资双方可经协商在元旦、清明节、中秋节翌日及重阳节这 4 天强制性假日中选定当中 3 天改于公众假日享受。特区政府强调修改为“四选三”主要考虑到希望增加劳资的灵活性及协商性。

对于特区政府将“引入选定部分强制性假日的机制”由“十选三”改为

“四选三”，劳方并不接受，认为特区政府的相关做法“换汤不换药”，本质上仍降低了雇员劳动权益保障水平。对此，特区政府解释指“四选三”方案并没有修改现行法律对强制性假日提供工作后的补偿规定，即若劳资双方经协商后同意调动强制性假日于其他公众假日享受，则雇员仍可就在强制性假日工作获“三工”补偿，因此不会削减雇员劳动权益。

因应澳门社会特别是博彩从业员关注“四选三”修法建议，特区政府随后与六家博彩企业负责人会面，指出社会担忧博彩从业员面对博彩企业无议价能力，出现“被调假”的情况，强调特区政府高度重视本地居民的就业和向上流动问题，致力维护劳动权益，要求博彩企业遵守《劳动关系法》及相关法律法规，呼吁博彩企业承担社会责任，合法、妥善地处理雇员休假安排。六家博彩企业则一致承诺，日后若实施“四选三”方案，绝不会主动要求员工调动强制性假日。

然而，特区政府的解释及博彩企业的承诺并未消除社会尤其是劳工团体的忧虑。劳工团体不断通过各种方式表达反对意见，强烈要求特区政府撤销相关修法建议。劳工团体强调，现行《劳动关系法》已有制度照顾企业营运的灵活性，有关强制性假期制度容许雇主“买假”，即雇员在强制性假日上班可以获得“一工一假”或“两工”的补偿，几十年来一直如此，指出现时没有修改相关做法的理由和依据。

面对社会的强烈反对，特区政府于2018年11月决定将“四选三”方案再次送交社会协调常设委员会讨论。对此，劳工团体认为这样会拖慢修法进度，建议特区政府把已有强烈共识的修法内容优先立法。2018年12月5日，社会协调常设委员会举行年度全体会议，讨论包括“四选三”在内的《劳动关系法》七项优先修订法案。经济财政司司长会后表示，就公众关心的“四选三”方案，由于劳资双方未达成共识，劳资政三方协议暂不讨论此方案。劳工事务局随后表示将尽快修订法案文本，期望2019年提请到立法程序。

四　完善劳动法律法规，加强雇员劳动权益保障

一个国家或地区劳动法律法规对雇员权益的保障程度，是该国家或地区被视为进步或落后的指标之一，不容忽视。作为经济水平较为发达的地区，澳门

对雇员劳动权益的保护不尽如人意，与其他国家和地区相比存在较大差距。除劳动法律法规滞后、不健全外，相关法律法规未得到严格执行亦是导致雇员劳动权益受损的重要原因。这需要特区政府从立法、修法及执法各个方面加以健全完善。

（一）完善《劳动关系法》，加强雇员权益法律保障

澳门现时正在进行的《劳动关系法》修法仍在低水平处争拗，当中延长产假、增设男士有薪侍产假及叠假补假等相关修法建议仅仅是填补相关法律漏洞而已，并未让澳门雇员劳动权益在周边地区或世界范围内产生比较优势。《劳动关系法》修法不应仅限于七项优先修订内容，其他“非优先”劳动权益保障亦应做出整体规划，以跟上世界雇员劳动权益保障的发展趋势及符合国际劳工公约提倡的标准。

1. 适度提高劳动基准

（1）缩短工时，推行5天工作制

澳门工时制度存在诸多问题。例如，工时过长导致雇员缺乏足够的调整和恢复时间，影响工作效率和家庭生活；工时制度灵活性过强，导致加班规定随意性较大，在缺乏集体谈判制度的情况下，易造成普遍的加班现象；加班补偿标准过低，难以遏制雇主随意要求雇员加班的现象；超时工作时间没有周总量上限等。

近十几年，世界大多数国家的工时均呈现逐渐缩短的趋势。很多国家和地区用各自的发展历史证明，缩短工时非但不会影响和阻碍经济发展，反而能起到明显的促进作用。例如，有利于提高生产率；刺激消费，促进第三产业发展；提高雇员的文化素质和专业技能；平衡雇员的工作与生活，增强雇员幸福感，促进劳动关系和谐稳定等。时至今日，世界上175个国家中，已有144个国家实行了5天工作制，当中包括所有发达国家和绝大多数发展中国家，甚至连国际公认的48个最不发达国家中的37个国家也都先后实行了5天工作制。目前，世界上只有极少数国家和地区实行48小时工作制，澳门便是其中之一。

澳门现时的工时制度与建设世界旅游休闲中心的定位不尽相符，旅游休闲中心的理念不仅用于吸引世界各地的旅游者，亦应惠及澳门本地居民，让本地雇员也拥有更多的休闲时间。这不仅能更好地保护雇员的身心健康，也更有利

于促进消费和经济发展。因此，特区政府在建设世界旅游休闲中心的过程中应适时对工时制度做出调整，缩短工作时间，推行5天工作制。

（2）增加年假，完善休息休假制度

澳门6天年假自1984年经第101/84/M号法令《订定雇主与工作者在工作关系上应尊重及遵守的最低及基本条件》实施至今35年未有调升。相比之下，《澳门公共行政工作人员通则》规定，公共行政工作人员“提供无中断之实际服务逾一年，在每一历年内有权享受年假二十二个工作日”，相比普通雇员更多。

澳门的年假天数少于很多国家和地区。与澳门人均GDP水平相近的新加坡、奥地利等国家，年假天数分别达到14天和25天。香港地区的雇员有薪年假天数按雇员年资由7天递增至最高14天。因此，建议特区政府逐渐建立与本地区经济发展水平相适宜的年休假制度和水平，适当增加年假天数。鉴于弹性递增式年假有利于稳定人力资源，澳门可在现行工作满一年享有6个工作日有薪年假的基础上，采用类似香港地区有薪年假随年资逐年增加的做法，最终将有薪年假增至14天。

（3）调升产假，加强妇女权益保障

国际劳工组织（ILO）第183号《2000年保护生育公约》第4条规定，妇女有权享受时间不少于14周的产假。第191号《保护生育建议书》进一步建议各成员国应努力将第183号公约第四条提到的产假期限延长至至少18周。国际劳工组织的数据显示，2013年全世界185个国家和地区中，有98个国家的产假在14周或以上，占总数的53%，其中42个国家产假为18周或以上，占23%；有60个国家的产假为12~13周，占32%；只有27个国家的产假时间少于12周，占15%。澳门的56日产假已远远落后于国际劳工公约的规定。相比之下，《澳门公共行政工作人员通则》则规定：“女性工作人员有权因分娩，活产婴儿死亡或诞下死婴的情况而缺勤九十日”，相关缺勤为合理缺勤，不会损害给予工作人员的任何权利及福利，远优于普通雇员的产假待遇。

产假时间过短可能会使产后女性不能充分恢复身体，无法适应繁重的工作，进而可能导致其退出劳动力市场，对就业市场的稳定及经济发展都是不利的。因此，延长产假对于女性产后身体恢复，以更好地投入工作具有重要的作用。虽然正在进行的《劳动关系法》修法建议增加产假后14日无薪合理缺勤，但仍不符合国际劳工公约的相关规定。建议特区政府逐渐将产假提升至国际劳工公约所倡议的水平，加强女性雇员权益保障。

（4）将部分合理缺勤改为有薪假

《劳动关系法》第 50 条规定，缺勤分为合理缺勤及不合理缺勤。合理缺勤包括因配偶、第一亲等直系的血亲或姻亲死亡而连续缺勤 3 个工作日；因结婚而连续缺勤 6 个工作日；因成为父亲或收养而缺勤 2 个工作日等 12 种情况。第 53 条规定，除法律有相关规定或雇主与雇员另有书面协议外，缺勤不获发报酬。

特区政府正在进行的《劳动关系法》修法已拟将因成为父亲或收养而缺勤 2 个工作日设为男士有薪侍产假。但除此之外，前两种合理缺勤亦有设为法定有薪假的探讨空间。《澳门公共行政工作人员通则》虽然亦将公务人员因结婚、亲属死亡而缺勤视为合理缺勤，但其合理缺勤的时间分别长达 10 天和2 ~ 7 天，且相关缺勤不会损害给予公务人员的任何权利及福利。

祖国内地及台湾地区均设有婚丧假，内地在 1980 年发布的《关于国营企业职工请婚丧假和路程假问题通知》中规定，职工本人结婚或者职工的直系亲属死亡时，按情况给予 1 ~ 3 天假期，可根据路程远近给予路程假。内地《劳动法》及《工资支付暂行规定》亦均明确规定劳动者有权享有带薪婚假和丧假。对于婚丧假天数，内地各省市并无统一规定。一般来说，婚假为 3 ~ 30 天，丧假则一般不超过 3 天。中国台湾地区亦设立法定有薪婚丧假，其《劳工请假规则》规定，雇员结婚可以享有 8 天有薪婚假，而有薪丧假的天数则按与亡者的亲疏关系厘定，一般为 3 ~ 8 天。

婚丧嫁娶事宜一直为国人所重视，从不怠慢。澳门《劳动关系法》的相关规定难以体现婚丧事宜对居民的重要性及意义，亦无法充分体现法律对居民的人文关怀。建议特区政府研究将婚丧合理缺勤设为有薪婚丧假的可行性，此举不但有助于居民更加妥善地处理婚丧事宜，体现法律的人文关怀，亦可进一步加强对雇员劳动权益的保障。

2. 取消“不以合理理由解除合同”法律条文

《劳动关系法》第 68 条规定，无论是否有合理理由，雇主或雇员均可主动提出解除劳动合同。第 70 条规定，在任何时候，雇主得不以合理理由解除合同，而雇员有权收取赔偿。国际劳工大会 1982 年通过的第 158 号《工作终止公约》规定，劳工之工作不得任意终止，除非所持终止工作之理由有关该劳工之能力或行为，或有关企业、工厂或服务之运作要求。《工作终止公约》曾于澳门回归前短暂延伸适用。但澳门劳动法律法规对就业稳定性缺乏足够的重视，以至于无论是第一部规范雇员个人合约的第101/84/M号法令，还是之后的第24/89/M号法令，以及现行的《劳动关系法》，均规定任何时候雇主得不以合理理由解除合同，只需做出相应赔偿即可。

澳门对"不以合理理由解除合同"的赔偿做出规范的法律最早可追溯至1984年第101/84/M号法令《订定雇主与工作者在工作关系上应尊重及遵守的最低及基本条件》，当中规定："无论任何时间及所凭的理由，倘透过预先通知或一项补偿的支付，雇主或工作者得终止工作关系。"对支付的补偿金额计算方式亦做出规定：工作关系在3个月至1年的可获得相等于7天的工资；1年至3年的可获得相等于15天的工资；3年至6年的可获得相等于1个月的工资；6年至9年的可获得相等于一个半月的工资；9年至12年的可获得相等于2个月的工资；12年以上的可获得相等于3个月的工资。

1989年实施的第24/89/M号法令《设立澳门工作关系》对"不以合理理由解除合同"赔偿的计算方式重新做出规定，规定工作关系在3个月至1年者可获得相等于7天的工资；1年至3年者按每年服务获得相等于10天的工资；3年至5年者按每年服务获得相等于13天工资；5年至7年者按每年服务获得相等于15天的工资；7年至8年者按每年服务获得相等于16天的工资；8年至9年者按每年服务获得相等于17天的工资；9年至10年者按每年服务获得相等于18天的工资；工作关系10年以上者按每年服务获得相等于20天的工资。该法规除规定用于计算解雇赔偿的"月薪数值不得超过澳门币一万元"外，亦规定赔偿的最高金额"以在解约日工作者月薪的十二倍数值为限，而不论有关工作关系时间的多寡"；同时规定上述用于计算解雇赔偿的月薪数值可每年视乎经济发展情况而调整。澳葡政府曾分别于1996年2月及1998年1月将用于计算解雇赔偿的月薪数值分别调升至12000澳门元和14000澳门元。

2009年实施的第7/2008号法律《劳动关系法》沿用了第24/89/M号法令《设立澳门工作关系》对于"不以合理理由解除合同"的赔偿金额的计算方式，赔偿的最高金额同样限制在雇员月基本报酬的12倍内，意味着年资在18年以上的雇员将难以得到合理补偿；计算赔偿的月薪上限同样沿用澳葡政府于

1998 年订定的 14000 澳门元。不过，第 7/2008 号法律《劳动关系法》取消了计算赔偿的月薪上限的检讨年限，由《设立澳门工作关系》所规定的“每年视乎经济发展情况而调整”改为“可按经济发展的状况作调整”。

2015 年 4 月公布生效的第 2/2015 号法律《修改第 7/2008 号法律〈劳动关系法〉》将用于计算“不以合理理由解除合同”赔偿的月基本报酬的最高金额调升至 2 万澳门元，并重新规范相关金额的检讨年限，即相关金额“须每两年检讨一次，且可按经济发展的状况作调整”。因此，相关金额的检讨应于 2017 年 4 月进行，但特区政府表示要收集综合消费物价指数和本地雇员就业工资中位数等数据后，才能征集劳资双方的意见，导致相关金额的检讨拖延一年。2018 年 6 月，特区政府向社会协调常设委员会执行委员会提交检讨报告。特区政府提出维持最高 2 万澳门元、假设调升至最高 2.1 万澳门元和假设调升至最高 2.2 万澳门元三个方案供劳资双方讨论。特区政府以 2016 年本地雇员数据为例，若解雇赔偿月薪上限维持 2 万澳门元，整体受惠雇员只有 64%；若调升至 2.1 万澳门元，则雇员覆盖率为 66.3%；若调升至 2.2 万澳门元，雇员覆盖率则为 69%。

对于特区政府提出的调整方案，社会协调常设委员会劳方代表指出回归前“不以合理理由解除合同”的赔偿月薪上限覆盖了超过九成雇员。2015 年 4 月有关金额调升至 2 万澳门元后，虽覆盖了逾 91% 的中小企业雇员，但整体雇员覆盖率降至约 77%。即使将解雇赔偿月薪上限调升至最高 2.2 万澳门元，整体雇员覆盖率亦将降至 69%，将影响部分雇员的劳动权益，希望特区政府确保覆盖率不因检讨而下降。劳方同时期望特区政府能够取消解雇赔偿上限，按雇员实际所得报酬做出相应赔偿。资方则不赞成调升用于计算解雇赔偿的月薪上限，认为应维持现时最高 2 万澳门元的月薪上限，亦不赞成取消解雇赔偿上限，指出澳门现时营商环境尤其是中小企业仍经营困难，若大幅调升解雇赔偿上限对中小企业经营更不利，唯有把成本转嫁至消费者身上，不利于发展。最后，特区政府称将根据实质数据及双方意见等再做决定，若最终决定维持金额不变将适时对外公布，若调整金额无论增加或减少则须再做法律草案跟进后续工作。

对于《劳动关系法》订定允许雇主“不以合理理由解除合同”的条文的立法原意，劳工事务局表示，现行制度是以先前的劳资关系法律制度规定的两大方向为基础。一是劳动关系的终止具灵活性，以确保劳动力市场能与经济发展相协调；二是确立一定程度的保障，让雇员得到个人、职业和经济的稳定。有学者指出，澳门《劳动关系法》设立允许雇主可“不以合理理由解除合同”条文贯彻了自由解除的原则，乃基于遵循契约自由的理念之考虑，更加注重对当事人契约自由的尊重。与澳门《劳动关系法》不同的是，内地《劳动合同法》将劳动者看成社会弱势群体，因此强化了国家干预，侧重于对劳动者权益进行保护①。例如，内地《劳动合同法》第 42 条明确规定了 6 种用人单位不得解除劳动合同的情形，包括从事接触职业病危害作业的劳动者未进行离岗前职业健康检查，或者疑似职业病病人在诊断或者医学观察期间的；在本单位患职业病或者因工负伤被确认丧失或者部分丧失劳动能力的；患病或者非因工负伤，在规定的医疗期内的；女职工在孕期、产期、哺乳期的；在本单位连续工作满十五年，且距法定退休年龄不足五年的；法律、行政法规规定的其他情形。可见，内地《劳动合同法》对雇主解雇权的限制水平相对较高，使雇主一开始行使解雇权时便受到立法的严格监控，彰显了劳动法律在立法上最大限度地向劳动者倾斜的价值取向。

澳门《劳动关系法》允许雇主可“不以合理理由解除合同”过分强调灵活性，忽视了就业关系的稳定性及失去了对作为弱势群体的雇员利益的保护作用。因此，特区政府可考虑取消相关法律条文。即使难以取消，《劳动关系法》亦应对雇主的解雇权进行适当限制，以强化对雇员的解雇保护。例如，可考虑取消“不以合理理由解除合同”赔偿的月薪及年资两重限制，让雇员获得合理赔偿。

另外，对比澳门《劳动关系法》与内地《劳动合同法》，可以看到在劳动关系解除程序方面，内地《劳动合同法》更注重工会在维护劳动者权益方面的职能和作用，赋予工会在用人单位单方解除劳动合同过程中的干预权。因此，有学者建议在解雇程序上，澳门《劳动关系法》未来应强化工会对违法解雇行为的监督职能。而鉴于澳门至今未有《工会法》，建议特区政府尽快制定《工会法》，并完善《劳动关系法》相关规定，赋予工会组织一定的强制性权利，以加大工会的谈判力度，维护雇员的合法权益。

---

① 刘淑华：《澳门与内地单方解雇制度之比较与借鉴》，《中国经贸导刊》2010 年第 11 期。

（二）完善职业安全与健康法律法规

雇员的生命健康权利是最基本、最重要的权利，是一切劳动权益的基础。澳门现时实施的一系列涉及职业安全与健康的法律法规亟待健全和完善。鉴于建筑业工作意外较多，劳工事务局多年来一直计划修订《建筑安全与卫生章程》，拟建立一套安全管理人员制度，包括增加安全管理人员数目；处罚制度方面，建议调升现行处罚金额至约5倍，因应违法行为所造成的后果加重处罚（引致身体完整性受到损害的违法行为处罚加重3倍，引致死亡的违法行为处罚加重5倍），对未履行职责的安全管理人员、专业技术员及具资格人员订定相应处罚，增设中止准照的附加处罚，为期6个月至2年。

2018年4月，劳工事务局曾表示《建筑安全与卫生章程》将在年内进入立法程序，但并未兑现。2018年11月，劳工事务局在回复议员对相关法案立法进展的书面质询时表示，将持续地向业界及劳工团体等进行修法构思讲解，收集各持份者对修法事宜的意见，希望能制定出切合行业实况及发展需要的法案。模糊表态令社会有感修法无期。至于2001年起草、涉及其他行业的《职业安全健康规章》的修订工作方面，劳工事务局表示会持续有序地开展相关工作，以更好地保障各行业雇员的职业安全及健康，但无明确时间表。

相关法律法规的修订工作已拖延多年，导致澳门的职业安全与健康状况没有明显改善。因此，特区政府应加快相关法律法规的修法步伐，设定明确修法时间表，以强化雇员生命安全的法律保障。

（三）完善工作意外赔偿检讨机制

澳门对因工作意外及职业病所引致受害人死亡及长期绝对无工作能力的损害的赔偿做出规范的法律最早来自1986年1月1日生效的第78/85/M号法令《核准工作意外及职业病之损害赔偿》。该法规规定因工作意外或职业病引致的“长期绝对无工作能力”的赔偿金额最高为20万澳门元，对“死亡”的赔付金额上限为15万澳门元，下限为5万澳门元。1995年9月1日生效的第40/95/M号《核准对工作意外及职业病所引致之损害之弥补之法律制度》对上述赔偿金额做出调整，规定对“长期绝对无工作能力”的赔偿金额以15万澳门元为下限及以45万澳门元为上限，对“死亡”的赔付金额以11万澳门元为下限及以 35 万澳门元为上限，并规定“得鉴于通货膨胀率以及劳工暨就业司及澳门货币暨汇兑监理署之意见，每两年于十月份透过总督之训令作调整”。不过，澳葡政府对相关金额的调整直至相关法律实施近 4 年后才进行。1999 年，澳葡政府颁布第 94/99/M 号训令，将“长期绝对无工作能力”的赔偿金额的上限由 45 万澳门元调升至 50 万澳门元，将“死亡”赔偿金额上限由 35 万澳门元调升至 40 万澳门元。

特区成立后，透过第 48/2006 号行政命令对“长期绝对无工作能力”及“死亡”的赔偿金额的上限做出调整，自 2007 年 1 月 1 日起将“长期绝对无工作能力”赔偿金额的上限由之前的 50 万澳门元调升至 62.5 万澳门元，将“死亡”赔偿金额上限由之前的 40 万澳门元调升至 50 万澳门元。2007 年 12 月，特区政府通过第 6/2007 号法律《修改工作意外及职业病保险法律制度》，修改相关赔偿金额的检讨机制，规定相关赔偿限额“应每年作出分析，且在考虑社会发展状况及通货膨胀率，以及听取劳工事务局及澳门金融管理局的意见后，得以行政命令调整”。从 2008 年至 2011 年，特区政府连续四年分别通过第 48/2007 号、第 41/2008 号、第 130/2009 号及第 89/2010 号行政命令对相关赔偿金额做出调整，最终将“长期绝对无工作能力”赔偿金额的上限调升至 125 万澳门元，将“死亡”的赔偿金额上限调升至 100 万澳门元。不过，自 2011 年至今，特区政府未再就相关赔偿金额做出调整。

2018 年 10 月，立法会议员提出口头质询，询问当局会否尽快调升因工作意外及职业病所引致受害人死亡及长期绝对无工作能力的损害之赔偿金额。特区政府表示，劳工事务局已经与金融管理局组成工作小组，以更有效地推进第 40/95/M 号法令中有关弥补权特定给付及金钱给付的金额上限的检讨工作。特区政府引述法院判决数据指出，2011 ~2017 年，共有 1500 多宗永久伤残个案，当中 99% 的判决赔偿低于赔偿限额，每年只有 1 ~4 宗等同或高于赔偿限额；死亡赔偿个案 56 宗，约七成等同赔偿限额。特区政府同意随着社会发展及通货膨胀，需要对相关赔偿金额做检讨，但指出还要考虑工资变动、工伤意外频率严重性等，以及权衡不同持份者的利益。特区政府表示根据 2011 ~2017 年通货膨胀率推算，“死亡”赔偿会由 100 万澳门元调升至 150 万澳门元；“长期绝对无工作能力”赔偿金额则由 125 万澳门元调升至 185 万澳门元。

《修改工作意外及职业病保险法律制度》修改了相关赔偿金额的检讨机

制，但相关规定未得到严格执行。虽然特区政府表示有定期讨论工作意外理赔方面事宜，却从未主动对外公布分析报告，近年更未积极调整相关金额。建议特区政府严格执行法律相关规定，每年对相关金额进行检讨，并向社会公布分析结果及是否决定调整。

（四）完善欠薪责任追究机制

在澳门，建筑业的欠薪问题比较严重。因层层分判而引致的欠薪问题在澳门建筑业存在多年。建筑业欠薪问题无法遏止的一个重要原因在于相关法律法规存在漏洞而导致分判管理混乱。

为规管建筑业存在的制度漏洞，特区政府曾于2015年7月向社会协调常设委员会执行委员会引介《工程承揽的建筑工地或工程地点的人员管理规则》行政法规草案，并表示争取于2016年进入立法程序。2017年施政报告指出，特区政府将于2017年完成相关行政法规草案，但相关施政承诺并未兑现。2017年3月，特区政府在回复议员书面质询时解释立法拖延是因为法务部门建议相关法案由行政法规草案改为以法律形式进行立法。2018年7月，劳工事务局在回复议员书面质询时表示："经听取社会协调常设委员会劳资双方代表及业界对草案内容的意见后，曾对草案文本的内容作出调整。其后，本局将有关的草案文本转交予法务部门、保安部门及工务部门听取技术意见。目前本局正按有关技术意见对草案文本进行调整。"

实际上，《工程承揽的建筑工地或工程地点的人员管理规则》多年来一直被列入特区政府年度施政方针中，但特区政府一直未对相关法案的立法进程设立明确时间表。建议特区政府加快相关法案的立法进程，以有效遏止相关行业不断发生的欠薪行为。

（五）完善外地雇员政策

澳门作为一个劳动力短缺的地区，随着经济的发展必然有输入外地雇员的需求。但大量廉价劳动力的涌入，必将导致劳动力市场供过于求，进而引起劳动力价格下跌及高价位本地劳动力的失业，形成所谓的社会倾销。

澳门第4/98/M号法律《就业政策及劳工权利纲要法》第9条第1款明确规定："在同等成本及效率的工作条件下，当没有合适的本地劳工或劳工不足时，方能雇用非本地劳工，且须有固定期限。”第9条第2款则指出，“即使出现上款所载的要件，当会引致显著减低劳工的权利，或会直接或间接引致作为无理终止劳务关系合同时，不得雇用非本地劳工”。第9条第4款规定，“按市场需要、经济环境和组别增长的倾向，得以经济活动组别订定非本地劳工的雇用”。2010年4月生效的第21/2009号法律《聘用外地雇员法》规定聘用外地雇员须遵守八个原则，包括补充、临时、不歧视、报酬平等、优先、可持续、预先许可及特性，当中“补充性”为最重要的原则，即聘用外地雇员是为了在没有合适的本地雇员或合适的本地雇员不足时，以同等的成本及效率条件补充劳动力。但实际上，法律规定的上述原则，尤其是“补充性”及“报酬平等”等原则并未被严格遵守。为降低营运成本，很多雇主更愿意以各种方式如低薪，变相拒绝本地雇员，转而聘用廉价的外地雇员。

要防止社会倾销，避免大量外地雇员的输入降低本地居民的议价能力甚至造成本地居民失业，特区政府应坚守输入外地雇员的“补充性”原则，通过行政审批管控外地雇员数量，亦须将外地雇员用工成本保持在一定水平上，即外地雇员须以同等的成本补充本地劳动力，以防止雇主滥用外地雇员政策。

非法劳工现象在澳门经常发生，尤其是多发于大型基建及室内装修等工作场所内。第17/2004号行政法规《禁止非法工作规章》对非法工作的定义进行了规范，明确规定即使无报酬，只要存在工作关系亦会构成非法工作。第8/2010号行政法规《聘用外地雇员法施行细则》第7条规定：“非本地居民在获发以雇员身份逗留的许可后，且仅在该许可维持有效的情况下，方可在澳门特别行政区工作。”近年，澳门非法劳工现象有加重的趋势。根据治安警察局、劳工事务局及其他部门联合及单独打击非法工作行动的统计资料，2016年澳门当局共截获怀疑为非法工作者506人，2017年为501人，2018年则升至640人，同比增加27.7%。除非法劳工之外，“过界劳工”是另一种违法情况，即已获许可之外地劳工若在澳门逗留期间为被许可的雇主之外的雇主提供工作，或者转换本身的职业，均属于违法行为。

鉴于《聘用外地雇员法》已实施9年，特区政府应尽快检讨法律实施情况，就法律实施过程中出现的问题和漏洞，加以补足完善，并加大对违犯《聘用外地雇员法》及相关法律法规的处罚力度。特区政府亦应强化外地雇员在澳门期间的监管机制，明晰外地雇员的退场机制，根据劳动力市场的供求变化，适时调节外地雇员数量。最后，特区政府应继续坚守庄荷、监场主任和职业司机不输入外地雇员的立场。

（六）建立全面最低工资制度

1. “一行业两工种”最低工资实施情况

第7/2015号法律《物业管理业务的清洁及保安雇员的最低工资》（俗称“一行业两工种”）于2016年1月1日起正式实施。法律实施至2018年9月，劳工事务局共接获15宗雇主涉嫌违犯法律的投诉个案，涉及20名雇员，投诉事项包括“工资”及“超时工作补偿”等。

《物业管理业务的清洁及保安雇员的最低工资》法律规定：“最低工资金额须每年检讨，首次检讨于本法律生效满一年进行，并可按经济发展情况调整有关金额。”因此，最低工资金额的首次检讨应于2017年1月进行，但2017年10月，特区政府以实施时间尚短，有待业内适应为由，仍维持“一行业两工种”的最低工资金额水平。

2018年10月，特区政府在社会协调常设委员会大会上向劳资双方介绍“一行业两工种”最低工资法律2017年的实施情况及检讨报告。会上，劳工事务局表示，经整体考虑各方面因素，包括受惠雇员的收入水平、雇主的营运成本、消费者的承受能力及社会的营商环境等一揽子因素，认为现行最低工资金额已不适宜，建议最低工资金额时薪由30澳门元调升至32澳门元、日薪由240澳门元调升至256澳门元，以及月薪由6240澳门元调升至6656澳门元，调升后受惠雇员约8500人。

2019年2月20日，行政会完成讨论《修改第7/2015号法律〈物业管理业务的清洁及保安雇员的最低工资〉》法律草案，建议将物业管理业务的清洁及保安雇员最低工资金额由每小时30澳门元调升至32澳门元，增幅约6.7%。特区政府表示有关草案将送立法会审议。

2. 全面最低工资立法进展

2017年11月13日至12月27日，特区政府就《最低工资》法案展开为期45日的公开咨询。2018年6月特区政府公布了咨询总结报告。报告显示，认同应设立全面最低工资制度的意见占90.4%。在全面最低工资适用范围方面，认为需设立豁免适用对象的意见占89.7%，当中大部分意见认为家务工作雇

员应豁免适用最低工资。在最低工资组成方面，咨询文本建议最低工资以第7/2008号法律《劳动关系法》第59条所规定的基本报酬计算，但不包括超时工作报酬、夜间工作或轮班工作的额外报酬、双粮或其他同类性质的给付。对此条款表示同意的意见占35.7%，表示反对但未提及原因的占34.9%。在最低工资的计算方式方面，咨询文本建议最低工资制度分别订定按月、周、日、小时及实际生产结果方式计算最低工资的金额，并对收取组合式报酬的雇员，即按月、周、日或小时的方式结合实际生产结果计算报酬的雇员，订定在计算报酬时，雇主不得支付低于按前四种计薪方式（即按月、周、日或小时）对应的最低工资金额。对此咨询条款，发表的意见当中表示同意的占26.5%，表示反对但未提及原因的意见占27.2%，提出其他具体建议的意见占46.3%。对于是否按实际生产结果计薪的独特性而设立弹性处理规定（由于按实际生产结果计算报酬的方式会因应生产的数量、结果的不同而对雇员的收入产生直接影响，同时，亦会因行业的旺淡季而导致雇员每月的收入有不同程度的差距），咨询结果显示，支持设立弹性处理规定的意见占57.6%，表示不需要设立弹性处理规定的意见占42.4%。对于是否需要设定检讨周期，95.9%的意见认为需要设定检讨周期。就是否需要设定法律待生效期，76.3%的意见认为需要。

根据咨询总结结果，特区政府对全面最低工资制度表达了初步的构思，认为具体制度内容将包括以下几个方面。

（1）适用范围

最低工资制度应适用于本地雇员及外地雇员。原则上，最低工资适用于各行各业的雇员，但经考虑某类雇员工作性质的独特性或其自身状况，建议豁免两类雇员适用最低工资，包括家务工作雇员及残疾雇员。

（2）最低工资的组成

特区政府表示设立最低工资的目的是保障雇员在正常工作情况下获得最基本的收入，由于其他类型的报酬给付如奖赠性质的报酬、外地雇员的回程费用或住宿津贴等并非雇员在正常工作下的定期给付，特区政府认为维持咨询文本的建议较为适宜，即最低工资以《劳动关系法》所规定的基本报酬计算，但不包括超时工作报酬、夜间工作或轮班工作的额外报酬、双粮或其他同类性质的给付。

（3）最低工资的计算方式

特区政府建议维持咨询文本的建议条文内容，即分别订定按月、按周、按日、按小时、按实际生产结果五种方式计算最低工资的金额。

（4）检讨周期

特区政府建议首个全面最低工资水平在法律实施满两年后做出检讨，其后按社会的实际情况以及全面最低工资的实施经验，每两年须至少进行一次检讨。

（5）最低工资制度的待生效期

特区政府建议设定一定期间的待生效期，让市民、雇主及雇员可做好准备，以适应全面最低工资法律的规定。

特区政府同时强调，现时构思的全面最低工资制度是一个可适用于澳门各行各业，让所有雇员均能获得最基本工资保障的制度，因此，现时没有需要在全面最低工资制度以外，针对个别行业或工种设定其他的最低工资制度。

劳工事务局在 2018 年 11 月的施政辩论期间表示，已完成草拟全面最低工资法案文本，社会协调常设委员会正待劳资双方提供书面意见。2018 年 12 月举行的社会协调常设委员会年度第六次全体大会上，资方代表反对推行全面最低工资，认为会给中小微企业带来沉重经济负担，以至推高物价。

特区政府曾承诺在“一行业两工种”最低工资法律实施满三年后，全面实行最低工资[①]。但 2017 年 1 月经济财政司司长在出席社会协调常设委员会会议后表示“在三年内推行全面最低工资立法”，显示特区政府在三年内全面实行最低工资的信心不足。时至今日，“一行业两工种”最低工资法律实施已经 3 年多，特区政府所做施政承诺已无法兑现。虽然特区政府将《最低工资》列入 2019 年的法律提案项目，但能否最终进入立法程序仍未可知。特区政府应明确《最低工资》立法时间表，尽快出台相关法律，保障雇员尤其是弱势雇员的劳动权益。

（七）完善非全职工作立法

随着澳门经济的发展，劳动力市场上已有提供非全职工作模式的雇员。根据澳门社会工作局澳门妇女数据资料库数据，2017 年澳门兼职人口有 19500 人，占当年就业人口的 5.13%，较高峰期 2011 年的 37600 人有较大幅度的下

---

① 《2016 年财政年度施政报告》，澳门特别行政区政府网站，2015 年 11 月 17 日，https：//www. gov. mo/zh – hans/wp – content/uploads/sites/5/2017/09/2016_ policy_ cn – 2. pdf。

降。由于现时澳门并没有相关的法律制度，故在实务操作上，社会对于工作时数较少的雇员应享有的劳动权益问题存有不同的理解，使处理此类雇员权益的事宜存在不稳定因素。

为让不具备条件提供全职工作的人士投入劳动力市场，同时亦有利于企业更灵活地分配人力资源，特区政府建议构建一套有一定灵活性、协商性及可操作性的非全职工作制度，并于 2017 年 9 月 25 日至 11 月 8 日就“制定非全职工作制度”展开为期 45 天的公开咨询。咨询文本建议以单一的工作时数，即每 4 周工作时数不超过 72 小时界定为“非全职工作”。咨询总结报告显示，对此表示支持的占 75.3%，反对的占 24.7%。对于非全职工作雇员的劳动权益，咨询文本建议：非全职劳动合同可以口头方式订立，但必须备有建立劳动关系的书面证明；容许劳资双方另行协议超时工作的额外补偿，以及于周假及强制性假日提供工作的额外补偿；雇员可享有无薪的病假及产假；雇员的基本报酬已包括周假、强制性假日的基本报酬；非全职劳动关系并不适用试用期制度、年假、预先通知期、解约合同赔偿的制度，以及社会保障制度中的强制性供款制度。

根据“制定非全职工作制度”的咨询总结报告，特区政府随后草拟了《非全职劳动关系法》法案，不过，劳资双方均不接受。资方表示不反对非全职立法，但认为现行法案完全不具操作性，故不能接受；劳方则认为咨询文本降低了劳动基准，无法接受订定比《劳动关系法》规定的劳动基准更低的非全职劳动法律。

实际上，对于应否建立非全职工作制度，咨询总结报告显示，反对的社会意见占 56%，支持的仅为 44%，反映澳门社会对于设立非全职工作制度仍有严重分歧，加之特区政府所拟定的法案文本劳资双方均不接受，导致相关法案立法工作进展缓慢。虽然社会协调常设委员会将讨论《非全职劳动关系法》法案列入 2019 年度的工作计划，但相关法案的立法进度不乐观，短期内难以进入立法程序。

结　语

一个国家或地区的劳动权益保障水平应该与其经济、社会的发展程度相适应，落后或者超前都会对整个经济、社会的发展产生不利的影响。回归以来，澳门经济快速发展，但雇员劳动权益保障一直进展缓慢，保障水平远远落后于世界主要国家和地区。构建完善合理的劳动权益保障体系不但能够调动劳动者的积极性和创造性，促进经济健康发展，对于促进劳资关系融洽、构建和谐社会也将产生积极影响。希望特区政府在重视并加强对雇员劳动权益的保障、完善劳动法律法规、构建和谐劳动关系的同时，亦促进社会和谐及经济可持续发展。

经济贸易篇

Economy and Trade

B.12
澳门回归20年的经济发展成就与经验

柳智毅*

摘　要： 澳门回归20年以来，在中央政府和内地各兄弟省市的支持下，在澳门特别行政区政府和社会各界的共同努力下，“一国两制”的成功实践不断丰富和深化，并呈现出强大的生命力和优越性。政治、经济、社会文教等各个领域均取得了巨大成就，发展大局和谐稳定，发展态势良好。本文高度概括和陈述了澳门回归祖国20年来的经济发展成就，包括GPD与人均GDP的大幅增长，根据IMF和世界银行发布的资料，澳门人均财富位列亚洲第一、世界第二；特区财政储备逐年扩大，人均储备超过100万澳门元；就业市场扩大，失业率长期维持在2%或以下，居民收入中位数逐年增加。同时，本文总结了澳门经济发展的成功经验，从回归初期整顿治安，

* 柳智毅，澳门立法会议员、澳门经济学会理事长、澳门大学策略及规划办公室主任，研究方向为澳门经济、澳门人力资源开发与管理。

恢复社会秩序，打破专营垄断，引入竞争，到应对经济困难，均离不开中央的扶持和一系列的惠澳政策措施。回顾过去的二十年，澳门经济有了巨大发展，民生也变得越来越好，关键在于澳门特区全面准确理解和贯彻“一国两制”方针和基本法，坚守“一国”之本，善用“两制”之利，中央在不同时期推出的惠澳政策全方位关顾了澳门所需。祖国内地始终是澳门经济社会发展的根本保障和强大后盾。

关键词： 澳门回归　澳门经济　澳门经验

2019 年是澳门回归祖国 20 周年，20 年来，在中央政府和祖国内地各省市的支持下，澳门先后在何厚铧和崔世安两位行政长官的带领下，全面贯彻落实“一国两制”和基本法，不断丰富和深化“一国两制”的成功实践内容，政治、经济、社会文教等各个领域均取得了巨大成就。社会发展大局和谐稳定，并保持良好发展态势；经济实现了历史性跨越，取得了辉煌成就；居民生活持续改善，市民安居乐业。澳门向全世界展现了“一国两制”成功实践的生命力和优越性，它不仅是解决澳门问题的最佳方案，也是澳门回归祖国后保持长期繁荣稳定，推动澳门能不断向前发展、进步的最佳制度安排和根本保证。在澳门回归 20 周年之际，在新时代，面对日益复杂的全球经济格局，让我们回顾历史，总结经验，前瞻未来，别具意义。

一　澳门回归20年的主要经济发展成就

澳门回归 20 年来，特区政府在中央政府的支持下，在祖国改革开放和全球化潮流中把握了机遇，充分发挥自身的独特优势，以人为本，科学施政，经济实现跨越式发展，澳门经济从回归前连续 4 年的负增长中迅速复苏，并经历了开埠以来最为辉煌的时期，取得了举世瞩目的巨大成就，国际知名度日益提高，以崭新的姿态屹立在祖国的南海之滨。经济规模、财政盈余、居民福利、就业市场大幅扩大，居民收入持续增加，经济发展生机勃勃，“一国两制”在澳门呈现出强大的生命力和优越性。

（一）GPD与人均GDP大幅增长

根据统计暨普查局公布的数据，2017年澳门本地生产总值（当年价格按支出法计算）为4042亿澳门元，约为1999年的7.8倍，年均增长率高达12.1%。从人均数据来看，2017年澳门人均本地生产总值（当年价格按支出法计算）为7.8万美元，亦约为1999年的5.1倍，高居亚洲首位，位列世界第二，在区域经济中的战略地位也大大提升。世界银行（WB）于2018年发布的全球人均GDP排名显示，澳门人均GDP排名已位居世界第二；而国际货币组织（IMF）在2018年8月发表的《全球经济展望》中预测，澳门人均GDP为122489美元（约合837138元人民币），也已经位居世界第二，仅次于盛产石油的卡塔尔（128702美元，约合879600元人民币），并预计到2020年澳门将成全球人均GDP最高的城市。

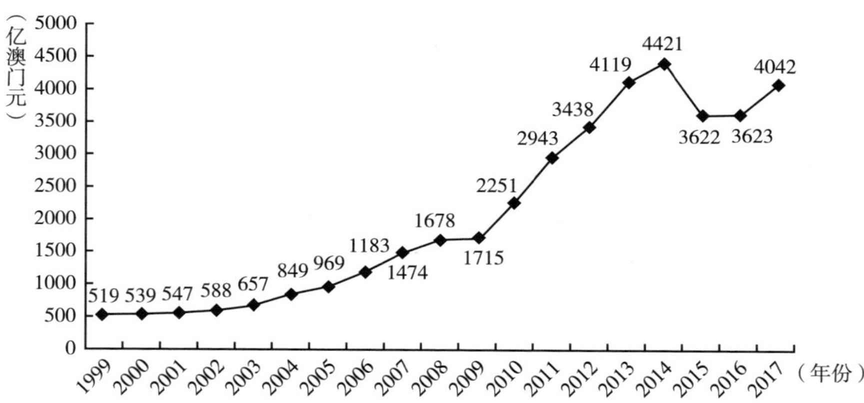

图1　1999~2017年以当年价格按支出法计算的本地生产总值

资料来源：根据澳门特区政府统计暨普查局的国民经济数据整理所得。

（二）财政盈余逐年扩大，人均财政储备超过100万澳门元

2000年，澳门的财政盈余仅有3.2亿澳门元，占当年GDP的0.65%，只

实现基本的收支平衡。在经济持续强劲增长的带动下，博彩业的高速发展给澳门带来政府库房的快速充盈余，而且在收支平衡的原则下，特区政府每年的财政收入显著高于政府支出，至 2013 年财政盈余逐年扩大。2000 ~ 2017 年，澳门特区政府累计财政盈余已超过 5800 亿澳门元。澳门财政储备积累了较坚实的基础。

表 1　澳门公共收入、公共支出和财政盈余积累（2000 ~ 2018 年）

单位：亿澳门元，%

年份	博彩税	总收入（A）	总支出（B）	财政盈余（C = A − B）	博彩税收占政府财政收入比例
2000	56.5	153.4	150.2	3.2	36.8
2001	62.9	156.4	152.2	4.2	40.2
2002	77.7	152.3	134.9	17.4	51.0
2003	105.8	183.7	157.1	26.6	57.6
2004	152.4	238.6	177.0	61.6	63.9
2005	173.2	282.0	211.8	70.2	61.4
2006	207.5	371.9	273.5	98.4	55.8
2007	319.2	537.1	233.5	303.6	59.4
2008	432.1	622.6	304.4	318.2	69.4
2009	457.0	698.7	354.6	344.1	65.4
2010	687.8	884.9	383.9	500.9	77.7
2011	996.6	1229.7	455.9	773.8	81.0
2012	1133.8	1449.9	540.1	909.8	78.2
2013	1343.8	1759.5	513.9	1245.6	76.4
2014	1367.1	1618.6	670.8	947.8	84.5
2015	895.7	1161.1	807.5	353.6	77.1
2016	843.8	1105.0	826.3	278.7	76.4
2017	998.5	1263.7	813.0	450.6	79.0
2018 年 1 ~ 9 月	853.8	992.9	535.2	457.7	86.0

资料来源：根据澳门特区政府统计暨普查局发布的统计数据整理。

2013 年的财政盈余更一度高达 1245.6 亿澳门元。截至 2018 年 9 月底，特区财政储备总额达 5549 亿澳门元，外汇储备则达 1548 亿澳门元，即合计 7097 亿澳门元。以澳门仅有的 65 万多人口计算，人均储备超过 100 万澳门元。

（三）就业市场扩大，失业率长期维持在2%或以下，收入中位数逐年增加

澳门回归初期，经济虽然略有好转，但2000～2003年的失业率仍高企，达6%以上。随着赌权开放和“自由行”政策的带动，澳门经济急速发展，规模不断扩大，劳动力人口和就业人口总量也整体上升。劳动力人口从1999年的20.94万人增加至2018年底的39.25万人，增加幅度达87.4%；就业人口也从1999年的19.61万人增加至2018年的38.54万人，增加幅度96.5%；劳动力参与率也逐渐提高，从回归初期的65.5%上升到2018年第三季度的70.9%；失业率则从回归初期的6.3%～6.8%下降到2018年的1.8%，并且连续7年维持在2%或以下。

表2　澳门人口与社会领域主要数据

年份	劳动力人口（千人）	劳动力参与率（%）	就业人口（千人）	失业人口（千人）	就业不足率（%）	失业率（%）	收入中位数（澳门元）	外雇数量（人）
1999	209.4	65.5	196.1	13.2	1.3	6.3	4920	32183
2000	209.5	64.3	195.3	14.2	3.0	6.8	4822	27221
2001	219.0	65.0	205.0	14.0	3.6	6.4	4658	25925
2002	218.6	62.6	204.9	13.7	3.4	6.3	4672	23460
2003	218.5	61.2	205.4	13.1	2.7	6.0	4801	24970
2004	230.3	62.2	219.1	11.2	1.9	4.9	5167	27736
2005	247.7	63.4	237.5	10.3	1.4	4.1	5773	39411
2006	274.6	65.7	264.2	10.4	1.0	3.8	7000	64673
2007	302.8	68.6	293.0	9.8	1.1	3.2	8000	85207
2008	327.0	70.7	317.1	9.9	1.6	3.0	8000	92161
2009	323.4	72.3	311.9	11.4	1.8	3.5	8500	74905
2010	323.9	72.0	314.8	9.2	1.7	2.8	9000	75813
2011	336.3	72.5	327.6	8.7	1.1	2.6	10000	94028
2012	350.2	72.4	343.2	6.9	0.8	2.0	11300	110552
2013	367.8	72.7	361.0	6.7	0.6	1.8	12000	137838
2014	394.7	73.8	388.1	6.6	0.4	1.7	13300	170346
2015	403.8	73.7	396.5	7.3	0.4	1.8	15000	181646
2016	397.2	72.3	389.7	7.6	0.5	1.9	15000	177638
2017	387.4	70.8	379.8	7.6	0.4	2.0	15000	179456
2018	392.5	70.9	385.4	6.9	0.5	1.8	16000	188480

资料来源：根据澳门特区政府统计暨普查局发布的统计数据整理所得。

回归后澳门的经济发展突飞猛进，在本地劳动力数量不足的情况下，澳门唯有依赖输入外地雇员才能使劳动力人口满足经济发展的需要。外地雇员人数由 1999 年的 3.2 万人增加至 2018 年底的 18.8 万人，接近回归初期的 6 倍。

澳门人力资源需求持续紧张，就业居民的收入中位数得到持续攀升。整体就业人口的每月工作收入中位数从 1999 年的 4920 澳门元上升至 2018 年第三季的 16000 澳门元，若除去外地雇员，本地就业人口的每月工作收入中位数已增加至 20000 澳门元。

二　澳门经济发展的成功经验

（一）整顿治安，恢复社会秩序

稳定政治环境和基础是澳门发展经济民生的大前提。没有稳定和谐的政治环境和基础，是不可能推进经济发展的，没有经济的发展社会民生也难以得到改善。社会治安不仅关系到澳门居民和旅客的切身安全，也关系到澳门的经济发展和社会民生福祉。回归前，澳葡政府管治不力，澳门社会治安不靖，也使投资者却步，经济根本不可能有大发展，社会民生福祉更无从谈起。

全国人民代表大会澳门特别行政区筹备委员会曾以“全体会议公报”的形式，敦促澳葡政府在过渡期内对社会治安切实负起责任。面对日益恶化的治安形势，祖国内地公安部门积极推动并与澳葡政府警方合作整治治安，在很大程度上肃清了澳门的黑势力。首任行政长官何厚铧明确提出“稳定压倒一切”，上任后，特区政府的首要任务是整顿治安、恢复社会秩序。澳门回归后，解放军驻澳部队正式进驻澳门，对破坏澳门社会安全的黑社会势力发挥了震慑作用，治安部门在祖国内地的大力支持下，积极采取一系列有效打击犯罪的措施，维持社会治安，治安不靖的局面在回归后迅速得到扭转，使澳门社会更加安全和谐。2003 年底，公安部对澳门社会治安进行考察后认为，澳门是世界最安全的地方之一。

（二）打破专营垄断，引入竞争

澳门回归祖国之前已素有“东方蒙地卡罗”或“东方拉斯韦加斯”的称

号，博彩娱乐业在澳门开埠之初就已经存在，1847 年澳葡政府正式将博彩业合法化，自此博彩业就成为澳门重要的经济产业之一，并一直扮演着不可替代的角色。1930 年，澳葡政府首次引入赌场博彩专营制度，并一直沿用至 2002 年，超过 70 年历史。

回归前，澳门博彩业长期以来一直实行专营权制度，在缺乏内部竞争机制的情况下，经营传统、保守，设备落后，形式单一，尤其是 20 世纪 80 年代中期以后，叠码回佣制度泛滥，导致治安环境恶化，严重损害了澳门博彩业的竞争力，影响澳门的整体经济发展。因此，回归后澳门特区政府决定开放博彩业专营权，打破澳门旅游娱乐有限公司在该行业的垄断局面，引入竞争，适度开放赌权，并确立了“以博彩旅游业为龙头、以服务业为主体，其他行业协调发展”的经济发展策略。①

2002 年，澳门特区政府通过公开竞投的形式，向澳门博彩股份有限公司（简称“澳博”）、永利渡假村（澳门）股份有限公司（简称“永利”）和银河娱乐场股份有限公司（已被收购，现属银河娱乐集团有限公司名下）发出三个博彩经营权牌照。之后，获得博彩经营权的三家公司通过转批给的形式，分别向威尼斯人（澳门）股份有限公司（简称“威尼斯人”）、美高梅金殿超濠股份有限公司（简称“美高梅”）和新濠博亚博彩娱乐股份有限公司（简称“新濠博亚”）三家公司发出博彩经营权牌照。此举开启博彩业竞争更大的局面，并大大增加了特区政府税收。目前澳门共有“三正三副”六个赌牌。截至 2018 年底，“三正三副”六家公司共开有赌场 41 间，其中澳博 22 间、银河 6 间、威尼斯人 5 间、永利 2 间、新濠博亚 4 间、美高梅 2 间。

此外，随着资讯科技的发展，电信服务已成为每个人生活必不可少的一部分。为给居民带来更多选择和更好的权益，自 2000 年移动电话市场引入竞争机制，打破专营垄断，降低民生成本，并得到较快的发展，为消费者带来更多选择。

为配合社会发展需求，改善澳门的泊车条件，2003 年特区政府更进一步开放澳门的公共泊车市场，引入竞争机制。2005 年，特区政府把全澳街道收

---

① 《2001 年财政年度施政报告》，澳门特别行政区政府网站，2000 年 11 月 9 日，https://www.gov.mo/zh-hant/wp-content/uploads/sites/4/2017/11/cn2001_policy.pdf。

费泊车位的设立及经营权分作两个区份进行公开招标，进一步开放市场。① 特区政府与澳门电力公司签署新约，延长下游输配电和售电环节的专营。上游的产电和进口电力则开放市场，由特区政府主导在未来适当的时候引进投资者，引入竞争，标志着澳门电力市场发展迈向一个新的时期，结束过去一直以来的电力市场专营垄断局面。为引入竞争，打破垄断创造了条件。

（三）中央大力支持，特区积极应对经济困难

澳门属于极微型经济体，对外依赖程度高，澳门回归祖国后，经济发展也并非一帆风顺，20 年来，经济经历过 3 次较大的困难或深度调整。①2003 年暴发的“非典型肺炎”（SARS）；②2008 年美国次按问题引发全球金融海啸，环球经济盛极而衰，全球经济形势急转直下，发达经济体步入衰退，新兴市场经济增速放缓；③受到外部多种错综复杂因素的影响，2014 年第三季度开始，季度 GDP 录得连续 8 个季度负增长，经济进入深度调整。但祖国内地始终作为澳门发展的强大后盾，及时、有力地伸出援手。在中央政府的大力支持和帮助下，在特区政府的积极应对和努力下，无论国际局势风云变幻、经济形势潮起潮落，在过去的 20 年澳门经济还是可以“任凭风浪起，稳坐钓鱼船”。

1. 出台“自由行”政策促“非典”后的经济复苏，特区政府推一系列纾困措施

2003 年“非典型肺炎”暴发，这场突如其来的疫症给社区生活和经济发展在短期内带来严重影响，社会交流、经济活动骤减，严重影响了各行各业的经营，尤其是餐饮业、零售业、酒店业、航空业等，拖累了全年整体经济的步伐。为应对“非典型肺炎”对经济的负面影响，澳门特区政府推出一系列的纾困措施，主要包括短期减免房屋税、旅游税、商业牌照税、印花税和多项行政费等，向商户发放电费两成补贴，为无薪假期的旅游从业人员提供生活津贴的短期培训课程，向的士发放 3 个月燃油资助，向的士司机提供免息 1 万澳门元贷款，等等。中央为了促进“非典”过后港澳经济的复苏和持续发展，出台了许多惠及澳门发展的重要政策，包括签署 CEPA、出台了“个人游”/“自由行”政策。内地居民赴港澳“自由行”政策范围覆盖了广东全省、4 个

---

① 《街道泊车咪表已近八千八》，澳门特别行政区政府土地工务运输局网站，https：//www.dssopt.gov.mo/zh_ HANT/home/information/id/80/info_ id/61/type/show。

直辖市、绝大多数省会城市和经济发达的大城市。在“自由行”政策的带动下，内地居民往来港澳日益便利，内地居民成为澳门的第一大客源。访澳游客大幅增加，推动了澳门经济迅速复苏，并刺激澳门 GDP 连续 4 年保持两位数高速增长。不过，澳门地小人少，属于微型经济体，旅客承载力相当有限，故“自由行”政策正面促进经济急速增长的同时，也衍生了一些社会及民生问题。游客的大幅增加也给澳门的旅游接待带来很大压力。因此，中央在“自由行”的申请手续和逗留时间上因应本澳的经济发展以及旅游承载力情况多次做出调整，以期控制“自由行”人数，缓解接待压力，维护经济社会的和谐稳定。

2. 中央相继出台6个方面9项“挺澳”措施，特区政府果断推行“外雇先离场”，以及现金分享等振兴经济措施

2008 年美国次级房贷问题引发全球金融海啸，多家大型的金融机构倒闭或被政府接管，引发流动性危机。环球经济盛极而衰，金融危机对实体经济的影响陆续浮现，全球经济形势急转直下，发达经济体步入衰退，新兴市场经济增速放缓。各国为了救市，纷纷推出量化宽松的货币政策，通过公开市场操作，以提高实体经济环境中的货币供应量。澳门经济虽然在 2008 年上半年延续前几年的高速增长趋势，但下半年随着外围形势动荡和内部政策调控，再加上金融海啸的不断蔓延，经济增长加速放缓，博彩旅游业、房地产等主要行业进入调整期，对澳门经济造成的影响日益显现。2008 年底金沙集团由于生意大跌，无法得到银行贷款，当时正在兴建的金沙城中心项目陷入困境并被迫停工。时任行政长官何厚铧于 2008 年发表施政报告后召开记者会时强调：“澳门法律不允许赌场关门、不做生意。那里的一砖一木、一个赌台都搬不动，金沙若倒闭，政府接管。”面对突如其来的经济危机及困境，为避免大批建筑业以及其他行业的工人失业，特区政府还果断推行“外雇先离场”的政策措施，稳住了本地就业。此外，还推出 177 亿澳门元的振兴澳门经济措施，包括减免多项商业税项，以缓解经济危机带来的经营困难，增加市场信心；首次推出“现金分享”概念，永久性居民每人可获 5000 澳门元，非永久性居民每人可获 3000 澳门元，以增加市场需求。

对澳门面临的经济困境，中央政府高度重视，多次召集相关部门商讨对策，并相继出台了多项力挺澳门经济发展的重大举措。2008 年底，中央政府陆续出台了“挺港”的 7 个方面 14 项措施和“挺澳”的 6 个方面 9 项措施，

而且中央政府还明确表态，中央政府采取的支持香港的有关政策措施“原则上也适用于澳门”①。在中央政府的帮助下，澳门进入2009年后经济先抑后扬，在博彩收入大幅增长的带动下经济快速复苏。

3. 中央继续出台一系列惠澳政策，特区进一步深化区域合作，推动澳门经济适度多元发展

2014年初，美联储正式宣布开始将量化宽松（QE）购债规模从每月850亿美元削减到750亿美元，这意味着美国实施了5年之久的三轮量化宽松货币政策进入退出阶段，也标志着“后QE时代”正式降临。澳门属于开放和微型经济体，对外界经济环境的变化相当敏感，尤其是内地政治经济形势的变化。中共十八届三中全会确定了中国经济发展的总体方向——全面深化改革。中国宏观经济在“新常态”的发展下，从高速增长转向中高速增长发展，宏观经济也开始了新一轮的结构调整，加上开展了一系列的反腐运动，构建了打击和预防腐败的制度。受到外部多种错综复杂的因素影响，作为澳门龙头产业的博彩业首当其冲，尤其是赌场贵宾厅业务大受影响，2014年第三季度起，每月博彩毛收入连续录得26个月下跌，季度GDP也录得连续8个季度负增长，经济进入深度调整。是次调整是特区成立以来规模最大、时间最长的本地生产总值（GDP）负增长期。面对全球经济下行，外部需求持续低迷，更加剧了澳门居民对经济适度多元发展的期盼，产业结构调整压力更大。澳门回归祖国以来，尤其是在2003～2014年的经济高速发展让澳门积累了一定的财富，特区的基本财政储备、超额储备及外汇储备总计接近6000亿澳门元，而且整个特区亦没有发债和负债。经济深度调整期间，特区政府在超稳健的财政状况下，除了继续实行一系列的经济补贴和成果分享外，主要从三个方面积极推动经济发展：第一，持续推动博彩业和非博彩业融合发展，并订定非博彩业务所占比重，规范博彩业的发展；第二，继续全力支持文创、中医药产业、高端服务业和会议展览业的发展，推动澳门经济适度多元发展；第三，进一步参与区域合作，加强区域经济，尤其是积极发挥自身独特优势与祖国坚强后盾有机结合，充分把握祖国新一轮发展的机遇，不断深化粤澳合作和区域合作，积极参与国家进一步对外开放的发展战略；加速建设“一个中心”和“一个平台”，促进

① 《温家宝分别会见曾荫权何厚铧》，《人民日报》2008年12月20日。

澳门经济社会可持续发展。

中央为了支持澳门发展，出台了许多惠及澳门发展的重要政策，包括明确澳门习惯水域管理范围，支持澳门加强海洋管理，发展海洋经济；支持澳门建设葡语系国家人民币清算中心及出口信用保险制度；设立中葡发展基金总部；支持澳门在泛珠区域合作中发挥的重要作用，推动业界来澳投资；等等。在促进澳门经济适度多元发展中发挥了积极作用。

三　祖国内地始终是澳门经济发展的根本保障和强大后盾

回归 20 年以来，中央的惠澳政策可谓全方位关顾澳门的需要。除了 2004 年签署的 CEPA、出台了“自由行”政策为澳门经济带来翻天覆地的变化之外，中央在不同时期推出一系列惠澳政策，包括通关便利、教育、水域等方面。

（一）长期确保澳门经济社会发展所需要的优质资源

澳门空间面积狭小，回归前总面积不到 30 平方公里，经济社会发展所需要的资源严重缺乏，无疑是制约澳门生存和可持续发展的因素。但澳门与祖国内地血脉相通、骨肉相连。中央政府在不同时期一直努力保持澳门经济社会长期繁荣稳定，增进澳门同胞的福祉，不但为澳门提供主要的原材料、劳动力、电力和食用水以及蔬菜、大米、副食品等农副产品，而且高度重视内地输澳农副产品质量的供应工作，近年供澳门的农副产品方面还建立了一批高标准生产加工基地，只有在国家检验检疫部门注册备案的种植（养殖）场才能对澳出口，合格率始终保持在 99.9% 以上，确保让澳门市民吃上安全、放心食品。

（二）将澳门经济和社会发展纳入国家发展战略

从 2006 年“十一五”规划①开始，中央逐步将港澳经济和社会发展纳入国家发展战略和规划框架。2008 年颁布的《珠江三角洲地区改革发展规划纲

① 《中华人民共和国国民经济和社会发展第十一个五年规划纲要》，2006 年 3 月 16 日。

要（2008～2020年）》中，就提出了“坚持‘一国两制’方针，推进与港澳紧密合作、融合发展”的要求；在2011年签署的《粤澳合作框架协议》中，强调要“统筹规划、合理对接、协同发展，促进要素便捷流动和资源优化配置，推进粤澳融合发展”。在2011年“十二五”规划①中更专门设章讨论“支持香港、澳门充分发挥优势，在国家整体发展中继续发挥重要作用”，进一步明确了中央政府支持与保障香港、澳门长期繁荣稳定的努力方向和重点。2013年11月12日，中共十八届三中全会通过的《中共中央关于全面深化改革若干重大问题的决定》也指出，将“扩大对香港特别行政区、澳门特别行政区和台湾地区开放合作”②，作为全国新一轮全面深化改革的重要内容予以统筹规划。2016年的国家“十三五”规划纲要中明确提出：“发挥港澳独特优势，提升港澳在国家经济发展和对外开放中的地位和功能，支持港澳发展经济、改善民生、推进民主、促进和谐。”2017年党的十九大报告中更有多处提及港澳的内容，习近平总书记在报告中指出：“香港、澳门发展同内地发展紧密相连。要支持香港、澳门融入国家发展大局”，并强调香港、澳门同胞同祖国人民共同承担民族复兴的历史责任、共享祖国繁荣富强的伟大荣光。2019年2月18日，《粤港澳大湾区发展规划纲要》出台。《粤港澳大湾区发展规划纲要》充分体现了国家的战略思考和宏大构想，它不仅是国家在新时代下发展战略的组成部分，而且是支撑“一带一路”建设，推进中华民族伟大复兴“中国梦”的重大举措，具有重大的历史和实践意义。《粤港澳大湾区发展规划纲要》更是指导当前和今后一个时期澳门融入国家发展大局的纲领性文件，规划近期至2020年，远期展望到2035年。

澳门未来发展定位和方向纳入了国家规划，对推进“一国两制”伟大实践，对保持澳门经济稳定、社会和谐具有重要的战略规划意义。澳门更将得益于中央政府的关怀和鼎力支持，以建设“一个中心”为基础，推动落实经济适度多元，为今天和未来发展，为澳门的子孙后代创造更多福祉。

（三）不断优化和便利通关，提高旅客承载力

面对庞大的出入境数字，为满足广大市民和旅客的需求，多年来内地与澳

① 《中华人民共和国国民经济和社会发展第十二个五年规划纲要》，2011年3月16日。

② 《中共中央关于全面深化改革若干重大问题的决定》，《人民日报》2013年11月16日。

门的通关措施不断优化，包括在各口岸大量增加自助过关通道，推行通关自助化及多项货物清关便利措施，提高口岸通关能力，提高入出境效率。自2014年12月起，澳门特区三个边境口岸实行新的通关措施：关闸口岸通关时间改为早上6时至凌晨1时；路氹城口岸对所有人士实施24小时通关；跨工区口岸于凌晨0时至1时开放给徒步澳门居民以及属内地居民的外雇人员和学生。

2018年10月，港珠澳大桥珠澳口岸实施通关新模式——旅客"合作查验，一次放行"，客货车10秒通关，真正实现了内地和澳门之间的执法合作，进一步便利通关。

（四）明确习惯水域管理范围，助力经济适度多元

澳门水域问题是历史遗留的问题，悬而未决，限制了澳门经济发展尤其是海洋或滨海经济发展的空间。2014年初，澳门特区政府正式向中央提出希望划定澳门的习惯水域管理范围的请求。在澳门特区政府及社会各界的不懈努力下，国务院第116次常务会议于2015年12月16日通过《中华人民共和国澳门特别行政区行政区域图》，划定澳门特区政府管理海域面积85平方公里，并于2015年12月20日正式实施，为澳门回归16周年送上一份意义深重的厚礼。这不仅是"一国两制"精神的新实践和新发展，而且对于澳门的行政管理、区域合作和未来发展都具有重大意义，有利于澳门发展海洋经济，建设世界旅游休闲中心，促进经济适度多元发展。

（五）巩固中葡平台基础

基于历史渊源，澳门与横跨四大洲、人口超过2.6亿的葡语国家有着紧密且广泛的联系，以得天独厚的优势发挥着中国与葡语国家商贸合作服务平台的作用。澳门回归祖国后，为了充分发挥澳门在葡语国家之间联系网的作用，以及澳门在葡语方面的语言和人才优势，中央政府决定于2003年10月12日至14日在澳门召开第一届中国—葡语国家经贸合作论坛部长级会议，并同年设立了中葡论坛常设秘书处，奠定了澳门作为中葡商贸合作服务平台的坚实基础。在国家"十二五"规划纲要中，明确提出澳门建设中国与葡语国家商贸合作服务平台的战略定位。2010年召开了第三届"中葡论坛"部

长级会议，并设立了中葡论坛（澳门）培训中心。2013 年 6 月，国家开发银行和澳门工商业发展基金共同发起的“中葡合作发展基金”正式成立，基金总规模为 10 亿美元，基金旨在支持中国（含澳门特区）企业与葡语国家企业开展投资合作。2016 年 10 月，“中葡论坛”第五届部长级会议在澳门举行，有多位中国和葡语国家领导出席，共同签署《经贸合作行动纲领（2017 ~ 2019 年）》，明确未来三年中国与葡语国家经贸合作的主要领域和发展方向。会上，国务院李克强总理宣布多项支持澳门中葡平台的新举措，包括把“中葡合作发展基金”总部移至澳门，支持在澳门成立中葡金融服务平台、中国—葡语国家企业家联合会、中葡文化交流中心、中葡双语人才培养基地、中葡青年创新创业中心，以及建设“中国与葡语国家商贸合作服务平台综合体”。

中葡论坛部长级会议的与会国部长至今已签署了五个《经贸合作行动纲领》，确定了在政府间合作、贸易、投资与企业、产能、农业、林业、渔业和畜牧业、基础设施建设、能源、自然资源、教育与人力资源、金融、发展合作、旅游、运输与通信、文化、广播影视与体育、卫生、海洋、省市间合作及澳门平台作用等诸多领域的合作内容和目标。在第五届部长级会议上签署了中葡论坛《关于推进产能合作的谅解备忘录》，开启了中国和葡语国家经贸合作新模式。自中葡论坛成立以来，与会国全面落实行动纲领，为进一步提高与会国经贸合作水平做出了积极贡献。随着中国与葡语国家贸易合作日益深化，澳门作为中葡经贸合作服务平台已打下了坚实的基础。中国海关总署数据显示，2017 年全年中国与葡语国家进出口商品总值达 1175.88 亿美元，同比增长 29.40%，是 2003 年中葡论坛首次举行时的 11 倍。其中中国自葡语国家进口 810.08 亿美元，同比增长 32.18%；对葡语国家出口 365.80 亿美元，同比增长 23.62%。

2010 年 11 月 13 日，时任国务院总理温家宝在澳门举行的中葡论坛第三届部长级会议开幕式上的致辞中指出：“它充分利用澳门联系中国和葡语国家的独特优势，以经贸合作为重点，有效地推动了中国与葡语国家之间的交流与合作。”因此，国家提出要把澳门建设为中国与葡语国家经贸合作服务平台，这不仅给澳门带来难得的机遇，而且对澳门自身来说也是一项光荣的使命，任重而道远。在 2013 年第四届部长级会议上，汪洋副总理宣布了支持澳门打造中葡商贸合作服务平台的新举措，包括支持澳门建立中葡双语人才、企业合作与交流互动信息共享平台、葡语国家中小企业商贸服务中心、葡语国家食品集散中心和中葡经贸合作会展中心。2018 年 11 月 13 日，国家主席习近平在北京接见港澳各界庆祝国家改革开放 40 周年访问团并发表讲话，提出："对香港、澳门来说，'一国两制'是最大的优势，国家改革开放是最大的舞台，共建'一带一路'、粤港澳大湾区建设等国家战略实施是新的重大机遇"，"支持香港、澳门抓住机遇，培育新优势，发挥新作用，实现新发展，做出新贡献"。同时也希望澳门更加积极主动地助力国家全面开放，"加强澳门世界旅游休闲中心、中葡商贸合作服务平台建设，努力把香港、澳门打造成国家双向开放的重要桥头堡"。① 特区政府有关部门正在推动上述"一个平台"和"三个中心"的建设，通过线上、线下一系列服务有序落实建设"三个中心"，向中国与葡语国家企业和投资者在开拓业务合作上提供支持。

（六）中央重视和支持教育事业，期盼培养更多"一国两制"事业接班人

除经济外，中央对于澳门的高等教育亦十分重视和支持。2009 年 6 月，全国人大常委会授权澳门特区政府管辖横琴岛东部海傍一幅 1.0926 平方公里土地，批准澳门大学在横琴岛建设新校园，以解决澳门大学长期以来"有校无园"的挤逼问题，充分体现了中央对澳门特区高等教育发展的高度重视和全力支持。时任国家主席胡锦涛更为澳门大学新校区主持了奠基仪式，并为大学题词。澳门大学已于 2014 年 8 月正式迁至新校区，校区依照澳门特区法律实施管辖，为澳门的高等教育事业发展拓展了新空间，创造了更多可能性。

2018 年 6 月 15 日，国家主席习近平透过中共中央办公厅调研室回复澳门大学和澳门科技大学校长的联名信，希望澳门高校百尺竿头更进一步，培养更多"爱国爱澳"人才，创造更多科技成果，助力澳门经济适度多元可持续发

---

① 《习近平会见香港澳门各界庆祝国家改革开放 40 周年访问团时的讲话》，人民网，2018 年 11 月 12 日，http://cpc.people.com.cn/n1/2018/1113/c64094-30396591.html。

展，助力粤港澳大湾区建设。这充分体现了中央对澳门高等教育的重视和支持，提出了明确的要求和期许。

结 语

澳门自古以来就是祖国神圣领土不可分割的一部分，回归前曾处于葡萄牙管治下。澳门回归祖国之前的四年，澳葡政府管治不力，社会治安不靖，1996～1999年长达四年的整体经济低迷，市面处于较混乱的状态，经济衰退、萧条，使澳门营商环境恶化，投资者却步，失业率高企，居民收入下降，甚至要面对滞胀边缘，这一段历史我们仍记忆犹新。

当下绝大部分澳门人的首选职业是进入特区政府成为公务员。在葡萄牙政府管治下的澳门，澳葡政府的总督、主要官员、中高层官员等都是葡萄牙派来的，有一部分由本地土生葡人担任，中国人只能做基层辅助性工作；回归之后，在“一国两制”“澳人治澳”的大政方针下，主要官员必须由本地人担任，中高层公务员亦本地化，必须由澳门永久性居民担任，澳门人真正当家做主。我们更不会忘记，澳门回归祖国之前，九成以上居民只懂中文（不懂葡语），由于中文没有法律地位，长期以来必须使用葡文行文办事，而且长期以来在澳门实行的法律是葡文法律，没有中文版本，法官都来自葡萄牙，给居民带来极大不便。回归祖国之后，中文成为官方语言，开展法律本地化，法律也有了中文版。

澳门人真正当家做主后，在中央政府的大力支持下，澳门以一个弹丸小城，回归前总面积不足30平方公里，一个开放程度极高的外向型微型经济体，从经济学角度来看，资源禀赋极为缺乏，回归祖国后便迈开阔步跑到全球人均产值的最前列，位居亚洲第一、世界第二，并被媒体称为“澳门奇迹”甚至是“澳门神话”。澳门市民都看在眼里，记在心里，我们都明白九九回归是一个分水岭。大家都明白，澳门特区的20年，若只靠单一产业、约65万人口、30平方公里的土地资源存量，是绝不可能发生如此翻天覆地的巨变，更不可能创下经济奇迹。回归后，澳门特区全面准确理解和贯彻“一国两制”方针与基本法，坚守“一国”之本，善用“两制”之利，在中央政府的关怀和大力支持下，积极统筹谋划，经济有了巨大发展，民生也变得越来越好。

近年来外围国际局势虽然风云变幻、复杂多变，经济形势潮起潮落，随着澳门特区融入国家发展大局的步伐逐渐加快，澳门将不再局限于“弹丸之地”，有祖国内地作为澳门强大的后盾，只要坚守“一国”之本，善用“两制”之利，未来的发展前景必定更加广阔。

B.13
博彩开放的成就、挑战与未来

刘　爽*

摘　要： 自2002年博彩开放以来，澳门博彩产业结束博彩专营权的垄断局面，进入多足鼎立、合作竞争的新局面。本文对澳门博彩开放数十载的发展历程与现状做了简要回顾，列举了博彩业发展的成就及对澳门的贡献，同时对博彩产业面临的挑战及未来发展方向进行分析并提出建议。

关键词： 澳门　博彩开放　经济增长　非博彩产业

前　言

澳门博彩业的发展历史悠久。自16世纪开埠以来，博彩活动就一直伴随着澳门居民的娱乐生活。1847年，澳葡政府为解决财政危机，向葡萄牙政府申请允许博彩合法化，正式拉开澳门博彩产业合法化的序幕。之后的半个多世纪，澳门博彩业越来越发达，赌饷逐渐成为政府的主要收入来源，澳门也被誉为“东方蒙地卡罗”。

20世纪30年代起，澳门博彩业进入专营模式。1930年，豪兴公司一次性投得澳门全部博彩游戏专营权，1937年泰兴公司重新投得博彩经营权。1961年泰兴公司合约期满，由叶汉、叶德利、何鸿燊及霍英东等港澳商人成立的新公司投得幸运博彩专营权，并于1962年成立澳门旅游娱乐有限公司（简称“澳娱”），开启其长达40年的幸运博彩专营事业。澳门博彩业进入一个全新

* 刘爽，博士，澳门理工学院博彩教学暨研究中心讲师，主要研究方向为博彩产业之社会及经济影响、投注者认知与行为偏差、不确定情境下的行为与决策分析。

的垄断经营时代①。

1999年12月20日，澳门回归祖国。按照《中华人民共和国澳门特别行政区基本法》第5条和第118条规定，澳门“保持原有的资本主义制度和生活方式，五十年不变”，并“根据本地整体利益自行制定旅游娱乐业的政策”，为回归之后维持博彩产业合法化奠定了法律基础。

澳门回归祖国前，社会已开始探讨回归后赌权开放的可行性。2001年8月30日，澳门立法会通过《娱乐场幸运博彩经营法律制度》（第16/2001号法律），对娱乐场经营的批给制度、经营条件、竞投及承批公司的经营模式、股东和管理人员资格、博彩税制等重要内容做出规定。同年10月26日，时任澳门特区行政长官何厚铧签署《规范娱乐场幸运博彩经营批给的公开竞投、批给合同，以及参与竞投公司和承批公司的适当资格及财力要件》（第26/2001号行政法规），对整个竞投程序做出详细规定。同年10月30日，行政长官批示成立“娱乐场幸运博彩经营批给首次公开竞投委员会”，并于11月正式开启博彩经营权的招标竞投工作。

2002年2月8日，澳门特区政府宣布竞投结果。澳门博彩股份有限公司（澳娱旗下子公司，简称“澳博”）、永利渡假村（澳门）股份有限公司（简称“永利”）、银河娱乐场股份有限公司（简称“银河”）三家公司获批澳门娱乐场幸运博彩经营权（俗称“赌牌”），并分别与特区政府签署《澳门特别行政区娱乐场幸运博彩或其他方式的博彩经营批给合同》。同年12月，银河因与威尼斯人集团（简称“威尼斯人”）合作关系破裂，政府允许银河以“转批给”的方式将博彩经营权转予威尼斯人，两家公司各自独立经营赌场。其后，澳博和永利先后于2005年4月20日和2006年9月8日各自与美高梅金殿超濠股份有限公司（简称“美高梅”）、新濠博亚博彩（澳门）股份有限公司（简称“新濠博亚”）签订了转批给合同。澳门拥有幸运博彩经营权的公司由最初的3家增至6家，澳门进入六大博企垄断性竞争的局面。

---

① 由于博彩产业中非幸运博彩项目（包括赛马、赛狗、彩票，其中赛狗活动已于2018年6月30日终止营业）在澳门博彩毛收入中所占比例过低（已多年不超过0.4%），下文如无特别说明，所指博彩业均为幸运博彩产业。

一 博彩业的巨大成就

开放十几年来，澳门博彩产业的发展取得了巨大成就。赌收的攀升带来巨额税收，赌场的兴建带动了就业，GDP 的增长和收入水平的提高亦令澳门的经济发展水平跃居世界前列。

（一）博彩产业规模不断扩大

1. 持牌公司与娱乐场数量

赌权开放后，澳门从之前的澳娱垄断转变为六大博企鼎足而立的竞争格局。随着持牌公司逐步进驻澳门，新建酒店与娱乐场数量也逐年增多。2004 年，除澳博在原有 11 间娱乐场的基础上新增 2 间之外，银河和威尼斯人各有 1 间酒店及娱乐场开业。截至 2007 年，六大博企均有新酒店及娱乐场开业，澳门娱乐场数量增至 28 间。自 2012 年起，博企的竞争焦点逐渐从澳门半岛向氹仔岛和路环岛之间的填海区域——路氹城区转移，一批新的大型综合旅游休闲设施陆续建成开业。截至 2018 年底，澳门共有娱乐场 41 间（见表 1）。此外，澳门共有 36 间角子机场，其中 31 间设于相应的幸运博彩娱乐场内，5 间为娱乐场外的角子机场所①。

2. 赌桌与角子机数量

博彩开放的前期，澳门特区政府并未限定博彩公司的赌桌及角子机数量。在娱乐场密集开业的几年间，赌桌和角子机数量每年都大幅增长。之后为减低经济对博彩业的过度依赖、控制博彩业的总体规模，特区政府开始对赌桌数量做出限定②。截至 2018 年底，澳门赌桌总数为 6588 张。

角子机的数量由博彩公司根据市场情况自行调节。澳门角子机从 2002 年底的 808 台增长至 2018 年底的 16059 台，增幅达 18.88 倍。与赌桌类似，角子机也是博彩开放初期增长最快，以满足新建赌场的经营需求。2008 年之后，

① 5 间幸运博彩娱乐场外的角子机场所分别为摩卡皇都、摩卡新丽华、摩卡广发、摩卡旅游塔、摩卡内港，均为新濠博亚旗下所有。

② 2013 年 3 月前，全澳门赌桌总数不超过 5500 张；2013 ~ 2022 年的十年内，平均每年新增赌桌数量不超过 3%。

表 1　2002～2018 年澳门幸运博彩娱乐场数量统计*

单位：间

年份	2002	2004	2005	2006	2007	2008	2009	2011	2012	2015	2016	2017	2018
澳　博	11	13	15	17	18	19	20	20	20	20	20	22	22**
银　河	—	1	1	5	5	5	5	6	6	6	6	6	6
威尼斯人	—	1	1	1	2	3	3	3	4	4	5	5	5
永　利	—	—	—	1	1	1	1	1	1	1	2	2	2
新濠博亚	—	—	—	—	1	2	3	3	3	4	4	4	4
美高梅	—	—	—	—	1	1	1	1	1	1	1	1	2
合　计	11	15	17	24	28	31	33	34	35	36	38	40	41

注：* 幸运博彩娱乐场名称按照澳门博彩监察协调局网站公布的资料顺序排列。其中 2003 年、2010 年、2013 年、2014 年的娱乐场数量与之前年份并无变化，为排版需要而省略。

** 澳门皇宫娱乐场和希腊神话娱乐场暂停营业。

资料来源：笔者根据澳门特区政府博彩监察协调局公布的统计数据整理。

角子机数的增长开始放缓，从高峰时期的每年数量翻一倍，若干年份甚至出现负增长（见表 2）。

表 2　2002～2018 年澳门赌桌及角子机数量统计

年份	2002	2003	2004	2005	2006	2007	2008	2009	2010
赌桌（张）	339	424	1092	1388	2762	4375	4017	4770	4791
赌桌年增长率（%）	—	25.1	157.5	27.1	99.0	58.4	-8.2	18.7	0.4
角子机（台）	808	814	2254	3421	6546	13267	11856	14363	14050
角子机年增长率（%）	—	0.7	176.9	51.8	91.3	102.7	-10.6	21.1	-2.2
年份	2011	2012	2013	2014	2015	2016	2017	2018	—
赌桌（张）	5302	5485	5750	5711	5957	6287	6419	6588	—
赌桌年增长率（%）	10.7	3.5	4.8	-0.7	4.3	5.5	2.1	2.6	—
角子机（台）	16056	16585	13106	13018	14578	13826	15622	16059	—
角子机年增长率（%）	14.3	3.3	-21.0	-0.7	12.0	-5.2	13.0	2.8	—

注：2002～2004 年，澳门娱乐场有 188 台弹子机投入运营，后因市场因素取消，故未列入统计表内。

资料来源：笔者根据澳门特区政府博彩监察协调局公布的统计资料整理。

3. 幸运博彩毛收入

随着新建酒店和娱乐场的开业，澳门赌收连年攀升。2002～2013 年，澳门幸运博彩毛收入从 221.8 亿澳门元增至 3607.49 亿澳门元，涨幅超过 15 倍。

除 2009 年外，每年赌收年增长率均达两位数，增幅最大者为 2010 年，比 2009 年增长 57.78%。

2002 年，澳门赌场收入仅相当于拉斯维加斯金光大道的 59.56%。2006 年，澳门赌收首次超越拉斯维加斯，成为世界第一大赌城。此后，澳门赌收持续增长，到 2013 年达到历史最高点，是拉斯维加斯金光大道的 6.93 倍。虽然自 2014 年 6 月起，澳门赌收由于种种原因开始同比下跌，在随后的两年比最高峰时下跌逾 1/3，最终于 2018 年重回 3000 亿澳门元以上，达 3028.46 亿澳门元。即便如此，澳门赌收亦有拉斯维加斯收入的 4～5 倍（见表 3）。

表 3　2002～2018 年澳门幸运博彩毛收入及增长率统计

单位：百万澳门元，%

年份	2002	2003	2004	2005	2006	2007	2008	2009	2010
总额	22180	28672	41378	46047	56623	83022	108772	119369	188343
年增长率	—	29.27	44.32	11.28	22.97	46.62	31.02	9.74	57.78
年份	2011	2012	2013	2014	2015	2016	2017	2018	—
总额	267867	304139	360749	351521	230840	223210	265743	302846	—
年增长率	42.22	13.54	18.61	-2.56	-34.33	-3.31	19.06	13.96	—

资料来源：笔者根据澳门特区政府博彩监察协调局公布的资料整理。

4. 博彩税收及占特区政府财政收入的比例

在澳门，博彩承批公司和转批给公司需要承担的博彩税赋大约为博彩毛收入的 39%①。根据澳门《统计年鉴》和澳门特区政府财政局的数据，2002 年澳门博彩总税收为 77.66 亿澳门元，占当年特区政府财政收入的 51%。这一比重在赌权开放后开始上升，于 2011 年突破 80%，2014 年达到 84.46%，为历年最高。之后两年因赌收总额下跌，赌税占特区政府财政总收入的比例有所降低。赌收回升之后，该比例亦开始回升，并于 2018 年升至新的历史高点，

① 具体包括：占博彩收益总额（扣除佣金和其他开支前）35% 的特别博彩税；年度博彩溢价金，包括每年固定金额的博彩溢价金和按照各公司赌桌数量、电动或机动博彩机（包括角子机）数量缴纳的变动博彩溢价金；相当于博彩经营毛收入 1.6% 的特别征费，交予澳门特区政府制定的公共基金会运用；相当于博彩经营毛收入 2.4% 的特别征费（澳博经政府特许征收 1.4%），用于澳门特区的城市建设、推广旅游及提供社会保障。

达84.58%（见表4）。

这一比例如此之高，没有任何一个产业能够与之抗衡。一方面说明博彩产业对澳门经济和社会发展做出了突出贡献，另一方面也显示出澳门对博彩产业的高度依赖。

表4　2002～2018年澳门博彩税收金额及占特区政府财政收入的比重

单位：百万澳门元

年份	2002	2003	2004	2005	2006	2007	2008	2009	2010
博彩税收	77.66	105.79	152.37	173.19	207.48	319.20	432.08	456.98	687.76
政府财政收入	152.27	183.71	238.64	282.01	371.89	537.10	622.59	698.71	884.88
赌税占比(%)	51.00	57.59	63.85	61.41	55.79	59.43	69.40	65.40	77.72
年份	2011	2012	2013	2014	2015	2016	2017	2018	—
博彩税收	996.56	1133.78	1343.82	1367.10	895.73	843.75	998.45	1135.13	—
政府财政收入	1229.72	1449.95	1759.49	1618.61	1161.11	1105.02	1263.67	1342.05	—
赌税占比(%)	81.04	78.19	76.38	84.46	77.14	76.36	79.01	84.58	—

注：博彩税收包括“批给赌博专营权之直接税”和“转移”两部分。政府财政收入指特区政府“公共账目”中“公共收入”总额。

资料来源：笔者根据澳门特区政府统计暨普查局公布的资料整理，其中，博彩税收和政府财政收入数据来源于澳门特区政府统计暨普查局统计数据库。

5. 就业增加与收入提高

博彩业的发展为澳门创造了大量就业机会。根据统计暨普查局能够取得的最早资料，2004年澳门共有劳动力人口①23.03万人，其中博彩及博彩中介业有2.29万就业人口，占劳动人口的9.94%，即不到1/10。2017年底，澳门共有劳动力人口38.74万人，是2004年的1.68倍。其中博彩及博彩中介业的就业人口则迅速上升至8.04万人，是2004年人数的3.51倍；占劳动力人口的比重则升至20.75%，即澳门劳动力人口中超过1/5在博彩业工作。2018年第

① 如无特别说明，文中“劳动力人口”、“就业人口”以及“月收入中位数”的统计均包含澳门本地居民和非本地居民。但由于博彩及博彩中介业中人数最多的荷官及监场等职位只能由本地居民担任，近年来澳门特区政府力推本地居民向上流动的政策，保持六间博企中本地雇员担任中高层管理人员的比例不低于85%，故而博彩及博彩中介业中非本地居民雇员每年仅维持在5000人左右。

四季度，澳门就业人口总计38.8万人，其中博彩业占21.55%，达8.36万人。

2002年赌权刚开放时，澳门劳动力参与率为62.6%，失业率为6.3%。到2010年，劳动力参与率上升了近10个百分点，达72.0%，而失业率则降至3%的充分就业标准以下，仅为2.8%，并于2014年降至1.7%的历史最低水平。

与此同时，博彩业的发展也带动居民收入快速增长。2002年，澳门劳动力的月收入中位数为4672澳门元，其中博彩及博彩中介业为5965澳门元，2017年分别升至15000澳门元和19600澳门元，是2002年收入的3.21倍和3.29倍。说明博彩业的发展为澳门劳动力的收入水平提高也做出了巨大贡献。

（二）对社会与经济的促进作用

一是博彩业带动旅游、酒店、餐饮、零售、会展、物流、文创等相关产业发展。根据澳门统计暨普查局的数据，2002年，澳门入境之旅客及非澳门居民数量为1153.08万人次；2018年，入境旅客数量已高达3580.37万人次。2002年，澳门共有35家酒店，8360间客房，酒店入住率仅为69.2%；2018年末，澳门已拥有82家酒店，38078间客房，酒店入住率高达91.6%，可提供的会展活动场地超过19万平方米①。2009年（统计暨普查局公布的最早数据），澳门共举办会议及展览1195项，与会者57.13万人次。2018年，澳门共举办会议及展览1427项，与会者则迅速上升至212.16万人次，是2009年的3.71倍。

二是博彩业带动非博彩娱乐产业发展。2016年《澳门特区五年发展规划（2016～2020年）》中提出，要“充分利用现有的现代化、大型博彩旅游建筑群，推进非博彩元素增长”。各大博企在路氹城区新建的综合娱乐设施均贯彻这一原则，扩大非博彩元素占项目总面积的比例，以配合特区政府到2020年幸运博彩企业非博彩业务收益占总收益的比重上升到9%或以上的目标。2018年美高梅路氹项目“美狮美高梅”开业，推出亚洲首个多元化动感剧院，全球最大室内永久LED显示屏构成的视博广场，以及超过300件艺术珍品等文

① 《会展竞投及支援“一站式”服务》，澳门贸易投资促进局网站，https：//www.ipim.gov.mo/zh－hant/macao－exhibition－and－conference/mice－service/one－stop－service－for－mice－bidding－and－support－in－macao/。

化、娱乐元素，非博彩元素占项目总面积超过85%。其后，新濠博亚旗下路氹新项目“摩珀斯”酒店开业。酒店外形由已故建筑师扎哈·哈蒂设计，是全球第一座采用自由形态外骨骼结构建造而成的摩天大厦，倡导高端旅游、休闲、娱乐，亦受到很多关注。澳博路氹项目“上葡京”预计2019年下半年开业，其中95%为非博彩元素。银河三期、四期及澳门主题公园度假村旗下“葡京人”综合度假项目均在施工进程中，均主打非博彩元素，定位不同顾客群体。

三是博彩业带动整体经济增长。在博彩产业的带动下，澳门居民整体就业人口不断增加，失业率逐年下降，人均收入持续增长，整个社会的经济水平也达到一个新的高度。2002年，以当年价格计算的人均本地居民总收入为13.40万澳门元，到2017年，澳门居民人均总收入已升至57.47万澳门元，是2002年的4.29倍。人均GDP则从2002年的16703美元上升至2018年的82609美元。根据世界银行的统计，2017年澳门人均GDP金额折合美元位居世界第二，经济发展水平超过了北欧高福利国家瑞士、挪威，仅次于卢森堡①。

四是博彩税收贡献带动社会福利提高。前已述及，澳门博彩税收占特区政府财政收入的比例巨大，由此带动了整个社会福利的改善与提高。例如，2008年，为分享经济发展成果、抗击通胀及金融危机的冲击，澳门特区政府为澳门永久性及非永久性居民分别发放5000澳门元和3000澳门元的“现金分享”。这一计划逐年推进且金额逐步提升，到2019年，针对永久性和非永久性居民的“现金分享”分别达10000澳门元和6000澳门元，涉及财政总开支近70亿澳门元。

此外，澳门特区政府自2009年起实施针对永久性居民的医疗补贴计划，为居民医疗开支提供补贴。自2014年起，针对15岁及以上澳门居民推出每三年为一期的“持续进修发展计划”，鼓励居民提高个人素养与技能，配合经济产业多元化发展和营造学习型社会。除此之外，澳门特区政府还发放针对住宅单位的水费、电费补贴，针对非高等教育的书本津贴，针对高等教育的学习用品津贴，针对学习困难学生的学费援助和膳食津贴，针对弱势家庭的系列补助，以及针对长者的敬老金和养老金，并对个人所得税、工商企业所得税、营

① “All Countries and Economies”, The World Bank, https://data.worldbank.org/indicator/NY.GDP.PCAP.CD?year_high_desc=true.

业税、牌照费等进行不同程度的退税与豁免。这一系列惠民政策，都得益于博彩业的发展给澳门特区政府带来的充裕财政收入。

（三）社会责任与可持续发展

与博彩业的高速发展和经济增长相伴的，是社会各界为降低博彩对博彩者及社区的负面影响所做的努力。自 2009 年起，澳门博彩监察协调局、社会工作局及澳门大学博彩研究所每年举办“负责任博彩推广周”活动，向澳门居民及游客推广沉迷赌博的危害，协助博彩者树立正确心态，宣传“负责任博彩”和“预防问题赌博”资讯与措施。经过数年宣传推广，澳门居民对“负责任博彩”的认知由2009 年的23.7%提高至2012 年的58.2%①。2011 年，澳门特区政府联合博彩监察协调局、社会工作局、教育暨青年局、澳门大学及澳门理工学院专家学者组成跨部门“负责任博彩工作筹备小组”，研究策划负责任博彩政策及具体措施。2012 年底，“负责任博彩资讯亭”进入澳门六大博企的娱乐场，为使用者提供正确的博彩资讯和“负责任博彩”信息。此外，澳门社会工作局志毅轩、圣公会澳门社会服务处、逸安社（病态赌徒辅导中心）等多家特区政府机构、宗教及社团附属机构，均协助社区进行问题及病态赌博的治疗及预防工作。

针对博彩产业对澳门社会的各种影响，澳门各学术机构及社会团体均进行了相关研究。澳门大学博彩研究所自 2003 年起每三年进行一次“澳门居民参与博彩活动”的调查，澳门居民中的问题及病态赌徒流行率在赌权开放初期有上升趋势，自 2010 年起逐渐下降（见表5）。一方面，显示出澳门居民对博彩负面影响的认识逐渐加深，另一方面也说明社会各界对病态赌博的预防和治疗工作显露成效。此外，不同机构的研究者从各个角度研究了博彩业对青少年及从业员的影响②。

---

① 《负责任博彩》，澳门特别行政区政府博彩监察协调局网站，https：//www.gov.mo/zh－hant/entity－page/entity－322/。

② 主题包括“澳门青年参与博彩活动调查”、“澳门青少年对博彩的认知调查”、“澳门青少年对博彩业冲击的认知调查”、“博彩业迅速发展后的澳门青少年价值观探析”、“赌权开放后对澳门的影响青少年意见调查”和“澳门博彩从业员生活状况调查”等。

表 5　澳门居民参与博彩活动调查统计

单位：%

年份	可能已成为问题赌徒	可能已成为病态赌徒	合计
2003	2.50	1.78	4.28
2007	3.41	2.60	6.01
2010	2.80	2.80	5.60
2013	1.90	0.90	2.80
2016	1.25	1.30	2.55

资料来源：笔者根据澳门特区政府社会工作局公布的数据整理。

为配合政府政策、促进社区发展，澳门各博企在履行社会责任和可持续发展方面推出诸多举措①。包括环境保护和资源节约与再利用、人才培育和职业发展、关爱社区及义工服务、慈善捐助以及负责任博彩的宣传与推广等，同时响应澳门特区政府对于优先采用本地供应商及扶持中小企业的政策，在产品、服务采购方面优先与澳门本地供应商合作，并与澳门的小微企业、制造企业、青年创业企业建立长久合作关系。金沙、永利、新濠博亚亦在公司网站发布年度《可持续发展报告》或《企业社会责任报告》，向社会公众及投资者汇报企业在社会责任和可持续发展方面的成果。

二　博彩业面临的挑战

（一）对社会的多方面影响

博彩业为澳门带来巨额财富和经济增长的同时，也给社会带来了巨大的变化。除了游客数量激增恶化交通状况、诸多酒店赌场带来大量环境资源消耗、博彩业扩张引发博彩罪案数量上升等影响之外，楼价、物价上升引发居民生活成本大幅上涨、人力资源不足引发外雇劳工问题、博彩业扩张挤占中小企业生存空间是比较显著的负面社会影响。

① 资料来源于各博企网站“社会责任”栏目介绍。

1. 楼价、物价飙升

根据澳门统计暨普查局的数据，2004 年澳门住宅单位平均成交单价为每平方米 8259 澳门元，2018 年澳门住宅单位实用面积平均价格为每平方米 108427 澳门元，涨幅超过 12 倍。统计暨普查局委托澳门大学研究编制的澳门楼价指数指出，若以 2011 年楼价数据为基准，到 2015 年末澳门整体楼价指数由 100 上升至 233. 57，五年内涨幅超过 1 倍；扣除通货膨胀影响之后的指数为 188. 07，涨幅也高达 88. 07%①。

与此同时，物价水平也持续攀升。统计暨普查局每五年进行一次住户收支调查，并在此基础上进行综合消费物价指数的基期调整。按照最新统计，以 2013 年 10 月至 2014 年 9 月的物价水平为基数 100，2018 年的综合消费物价指数为 112. 85。2014 ~ 2018 年的通货膨胀率分别为 6. 05%、4. 56%、2. 37%、1. 23%和 3. 01%。年度通货膨胀率的幅度与当年博彩业收入的涨跌有很强的正相关关系。

2. 人力资源不足引发外劳问题

赌权开放之初，澳门居住人口约 44. 2 万人，外地劳工 23460 人。由于酒店、餐饮、建筑等行业均属劳动力密集行业，随着博彩业的开放，新的大型综合娱乐度假村不断建成开业，澳门对劳动力的需求也越来越大。据澳门统计暨普及局的统计，2018 年第四季度末，澳门总人口为 66. 74 万人，而外地劳工已增至 188480 人，是 2002 年劳工人数的 8 倍，较 2017 年末则增加 5. 0%。

外地雇员与本地雇员相比，在薪酬方面有明显差别。以博彩业 2018 年 12 月的数据为例（见表 6），以不含双薪、奖金的薪酬数额比较，本地雇员较非本地雇员薪资多 21. 51%；若包含双薪、各类奖金，二者差距缩小到 1. 26%。说明非本地雇员的基本薪酬基数较低，更多依靠奖金提高薪酬水平。然而博彩业的管理人员及经理岗位，本地雇员基本薪酬较非本地雇员低 29. 86%，包含双薪和奖金之后，这一差距甚至拉大到 36. 40%。说明管理职位中的高薪岗位更多由外地雇员占据，而本地雇员主要担任初级、中级管理角色。技术员及辅助专业人员也是类似的情况。而非管理岗位的文员、服务及销售人员，则本地

① 澳门大学：《编制澳门楼价指数》研究报告，2016 年 10 月，https：//www. dsec. gov. mo/Misc/PropertyPriceIndex/IPIM_ PUB_ 2016_ M10. aspx? disposition = attachment。

雇员的基本薪酬明显高于非本地雇员。这说明尽管澳门特区政府持续推动本地雇员向上流动，本地雇员在担任博彩管理岗位层级及薪酬方面与非本地雇员仍有较大差距。非管理岗位则本地雇员明显占优势。

表 6 澳门博彩业本地雇员与非本地雇员薪酬比较

单位：澳门元

2018 年 12 月	平均薪酬	本地雇员	非本地雇员	本地雇员较非本地雇员薪酬差异(%)
总体:不含	23740	23950	19710	21.51
包含	24870	24880	24570	1.26
管理人员及经理:不含	52490	50820	72450	-29.86
包含	58280	55800	87730	-36.40
技术员及辅助专业人员:不含	28540	28130	36720	-23.39
包含	35830	35510	42340	-16.13
文员:不含	22980	23020	19980	15.22
包含	23400	23330	28370	-17.77
荷官:不含	20450	20150	—	—
包含	20710	20710	—	—
服务及销售人员:不含	15720	16630	12760	30.33
包含	16600	17230	14560	18.34

注：为比较本地和非本地雇员薪酬差异，各岗位均列出不含双薪、年终奖金、花红及其他同类奖金的金额（以“不含”表示）和包含双薪及各类奖金的金额（以“包含”表示）。

资料来源：《人力资源需求及薪酬调查——博彩业》，“2018 年第 4 季度”，澳门特别行政区政府统计暨普查局网站，https://www.dsec.gov.mo/Statistic.aspx?NodeGuid=6289ca07-25cc-450b-8499-4e34765c1769。

3. 挤占中小企业发展空间

博彩业的蓬勃发展令澳门楼价持续上升，各办公单位及铺租价格也不断上涨，对中小企业的生存产生严重影响。据澳门统计暨普查局资料，2018 年澳门办公室和工业的楼宇单位买卖价值分别为 38.09 亿澳门元和 19.63 亿澳门元，分别较上年增长 58.77% 和 27.22%；平均成交价格分别为每平方米 163863 澳门元和 56393 澳门元，分别同比增长 44.76% 和 3.64%。

此外，由于博彩业员工收入水平较高，引发人力资源从其他行业向博彩业流动，中小企业不得不压缩利润空间，提高薪酬以挽留人才。据澳门统计暨普查局2018年第四季度的就业调查，博彩业的月收入中位数为20000澳门元，而非博彩业仅为14700澳门元，前者比后者高出36.05%。

（二）监管的挑战

1. 赌牌续期与批给制度

2019年3月，澳门特区政府批准延长澳博及美高梅的博彩经营权至2022年，与其他4间博企牌照到期日看齐。按照澳门法律，可经行政长官批示分一次或数次延长批给期限，但总计最长不得超过25年。期满后，特区政府需撤销原有的"娱乐场幸运博彩之经营批给"，重新启动幸运博彩经营权的公开竞投。

到目前为止，澳门特区政府并未就未来公开竞投的数量、程序等做出明确指示。鉴于原有批给制度的法律规定存在诸多问题，澳门在合约到期之后的幸运博彩经营权处理上存在诸多困难。首先从法律角度看，原先的承批公司未经政府程序而将博彩经营权通过"转批给"予新的承批公司有违反正当程序之嫌。其次，未获批给的公司可通过各种合作途径在澳门进行实质上的博彩经营，实际上已突破了特区政府对博彩牌照数量的限制①。比如，与承批公司合作经营的"卫星赌场"，实质上是以租借博彩经营权的方式经营；第三方贵宾厅无论是以"成数厅"还是"佣金厅"② 的方式经营，都需要负担超出普通博彩中介所需承担的风险，而以自有资金进行实质上的博彩经营。因此，在原有博彩合约到期之前，澳门特区政府须就未来如何批出博彩牌照做出决定。无论是像美国内华达州那样施行准照制度，还是在原有批给制度的基础上进行调整，在法律层面都将面临巨大挑战。

2. 对贵宾厅业务的监管

澳门贵宾厅主要分为两类，一类是承批博彩公司自营的"公司厅"，另一类是第三方投资人与承批公司签订合约承包经营的"私人厅"。由于澳门法律只规定了贵宾厅的承包人（俗称"厅主"）需要获政府颁发的博彩中介人执照，并向政府提供博彩中介人的合作人（俗称"沓码仔"）名单和无犯罪记

① 王长斌：《澳门博彩批给制度的反思与前瞻》，《新华澳报》2018年11月1日，特载。

② "成数厅"指贵宾厅与博彩公司利润分成、风险共担；"佣金厅"指贵宾厅依靠从博彩公司抽取佣金获得利润。

录，特区政府对贵宾厅的经营过程无法做出有效监管。由于贵宾厅接待的都是豪赌客，资金进出数额巨大，存在巨大经营风险，很多贵宾厅在经营过程中都有吸纳存款、扩充资本的现象。这一方面危害正常金融秩序①，另一方面亦容易出现像“黄山事件”和“多金事件”那样的贵宾厅高管卷款潜逃的恶性事件。

当赌客向贵宾厅提出借贷需求时，贵宾厅多数将风险转嫁给沓码仔，由贵宾厅借贷给沓码仔，再由沓码仔借款给赌客。沓码仔给赌客提供的博彩信贷并不符合澳门《娱乐场博彩或投注信贷法律制度》的规定，若出现信用问题，也无法受到澳门法律的保护②。

另外，贵宾厅经营一直受到“赌台底”③ 的质疑，但由于都是口头协议，政府搜证困难，监管不力。

3. 对博彩资金来源的监管

对于博彩资金来源的管控一直是澳门博彩业面临的难题。由于澳门赌客主要来自内地，而中国对资金出入境有着严格的金融管制，赌客特别是豪赌客们的投注金额超过管制额度时，就会想方设法采取非法途径转移资金到澳门投注。常见的方法有非法套现、非法变现、伪装境内刷卡跨境移机套现、委托地下钱庄转移资金等。对此，澳门特区政府采取了多种应对措施，包括缩短持中国护照过境澳门的旅客在澳门的逗留时间，加强对“假过境、真赌博”的内地旅客的检查，赌场范围内的珠宝金行不得增设新的银联刷卡机等，以配合内地对博彩资金进入澳门的管控。

尽管澳门有详细的《清洗黑钱及资助恐怖主义犯罪的预防措施》④，要求博彩和博彩中介机构、各金融机构、抵押店、兑换店、珠宝/钟表店等及时向金融情报办公室报告侦测到的可疑交易，但特区政府很难有效监管到博彩业的资金来源与去向。

4. 对网络博彩及电子竞技等新兴博彩形式的监管

对于网络博彩的监管各个国家并不相同。有的国家如英国允许包括赌场游

---

① 王长斌：《澳门博彩批给制度的反思与前瞻》，《新华澳报》2018 年 11 月 1 日，特载。

② 王长斌：《澳门博彩业中期检讨的几个问题（上）》，《新华澳报》2016 年 4 月 7 日，特载。

③ 赌客采用与赌桌上公开投注金额的倍数，利用口头约定在台面以下与其他庄家进行对赌，令本已巨大的投注额度成倍扩大。

④ 第 7/2006 号行政法规，后被第 17/2017 号行政法规重新公布。

戏在内的多种形式的网络博彩；有的国家如美国按照各州各自的法律有限制地开放不同形式的网络博彩，包括在线扑克、在线赌场以及在线体育博彩；也有的国家如菲律宾，历时十多年的网络博彩因引发非法经营、非法劳工等各种问题，开始受到政府的严厉打击。

澳门博彩监管政策中对于网络赌博并无明确规定。除第63/2003号和第64/2003号经济财政司司长批示分别核准了赛马和赛狗“互联网投注”规章，在篮球、足球彩票规章中均提到可以经承批公司的官方网站投注①之外，并未允许其他形式的网络博彩与投注。然而，各种非法网上赌博网站利用各种手段，绕过特区政府许可在澳门非法张贴赌博广告，利用非法电信平台传送各种赌博网址信息至澳门入境旅客的手机，干扰澳门合法博彩产业的运营，亦对博彩业监管提出挑战。

此外，随着电子科技和游戏产业的发展，一种新兴的体育活动——电子竞技开始吸引越来越多年轻人的注意。这种依托于网络的体育竞技比赛在一些国家和地区允许合法投注，称为“电竞博彩”。知名博彩机构 Pinnacle Sport 声称，电竞博彩总交易额已超过高尔夫和橄榄球，成为全球第七大体育博彩项目②。美国内华达州亦于2017年7月1日起允许针对电子竞技的博彩投注。尽管澳门从2007年已开始举办各种类型的电子竞技比赛③，并于2016～2018年举办多场高水平的世界级电竞赛事，但澳门监管部门对电竞博彩目前并无法律规定。电竞比赛中可能出现的甚至已经出现的非法投注行为、竞赛选手为牟取私利“假”比赛等行为，也对澳门的博彩监管提出了新的挑战。

（三）带动非博彩娱乐产业的发展

1. 非博彩娱乐产业的收入比重

赌权开放初期，各大博企发展重点在博彩领域，对非博彩领域关注较少。作为澳门的经济支柱，博彩业一业独大给澳门经济带来产业结构单一、经济结构失衡等诸多问题。同样是国际知名的博彩旅游城市，美国拉斯维加斯经过

① 第67/2018号行政命令，核准《“体育彩票——足球博彩”规章》，第6条第1款（三）；第20/2005号行政命令，核准《“体育彩票——篮球博彩”规章》，第5条第1款（三）。

② 《电竞博彩会是一桩好生意吗?》，搜狐网，http://www.sohu.com/a/168866730_115533。

③ 杨立孚：《澳门电子竞技产业的发展策略研析》，《澳门经济》总第44期。

20 多年的发展，非博彩收入早已超过博彩收入，从世界“赌城”转型为“娱乐之都”。美国内华达州博彩控制委员会（Nevada Gaming Control Board）发布的 2017 财年①博彩摘要报告②显示，包含拉斯维加斯金光大道和旧城区在内的克拉克郡（Clark County）年收入超过 100 万美元的赌场有 161 家，2017 财年总收入为 234.73 亿美元，其中非博彩收入占 60%。

相比之下，澳门博企非博彩收入的比重仍然较低。这说明澳门目前仍然高度依赖博彩收入，非博彩元素尚在培育和发展中③。表 7 统计了澳门六大博企过去 6 年非博彩收入占公司总收入的比例，其中比例最高的威尼斯人非博彩收入也仅占公司总收入的 21.34%。

在漫长的市场培养阶段，博企对非博彩元素特别是休闲娱乐活动的投资巨大，而收入增长缓慢甚至可能负增长。这是由休闲娱乐产业的特性决定的。而面对激烈的市场竞争和同质化严重的博彩产业，鼓励创新和差异化的非博彩娱乐产业是博企发展的必经之路。

表 7　澳门六大博企非博彩收入占比（2013 ~ 2018 年）

单位：%

年份	2013	2014	2015	2016	2017	2018
永利	5.76	5.63	6.33	7.00	6.69	13.88
威尼斯人	11.26	12.03	15.89	16.23	16.01	21.34
美高梅	1.22	1.24	1.92	2.02	1.97	10.54
银河	2.85	2.74	5.57	6.37	5.79	10.13
新濠博亚	5.91	6.62	10.55	13.28	13.37	13.42
澳博	1.42	1.21	1.22	1.82	1.74	2.13

注：按机构中文名称笔画排序。

资料来源：根据各公司网站公布的年报资料计算。其中，永利、威尼斯人、美高梅于 2018 年首次采用国际财务报告准则第 15 号计算客户合约收益，原列作其他经营开支的博彩中介人佣金改为列作娱乐场收益的扣减。银河、新濠博亚和澳博则采用香港财务汇报准则第 15 号进行调整。这使 2018 年各公司非博彩收入占比较 2017 年均有较大增长。

① 2016 年 7 月 1 日至 2017 年 6 月 30 日。

② “Nevada Gaming Abstract 2017”, Nevada Gaming Control Board, 2017, https://gaming.nv.gov/modules/showdocument.aspx?documentid=12700.

③ 刘爽：《博彩企业非博彩元素的培育与发展》，载吴志良、郝雨凡主编《澳门经济社会发展报告（2017 ~ 2018）》，社会科学文献出版社，2018。

2. 发展创新思维

由于澳门特区政府只对赌牌数量做出规定，并未限制每个牌照允许经营的赌场数量，故而截至 2019 年 6 月底，六大博企实际运作的娱乐场达到 42 个之多。因此，尽管从赌牌数来看澳门博彩属于寡头垄断行业，但由于同一博彩公司旗下的不同娱乐场实质上也存在竞争关系，从赌场数目来看澳门博彩已进入垄断性竞争状态，各赌场、酒店之间的竞争日益激烈。为了在竞争中扩大收入、增加市场份额，各博彩公司需要不断进行非博彩方面的市场创新，客户则可从其中享受到更优惠的价格与更高品质的服务体验。然而，企业创新受到职员素质水平、政府的政策支持程度、相关法律的允许空间、客户市场的接纳程度等各种因素的影响，其成效需要长期观察。因澳门旅客主要来源于祖国内地，非博彩元素的创新要在调查和满足客户需求及喜好的基础上进行，做好长期培育市场的准备。

（四）周边地区的竞争

尽管澳门有 70 余年的合法博彩历史，是世界上赌收最高的地区，但是随着合法博彩在全世界特别是亚洲地区的蓬勃发展，澳门博彩业也面临周边国家和地区日益激烈的竞争。澳门赌客主要来自内地，亚洲邻近地区的赌场也纷纷将中国旅客作为重要客源。有些国家如越南、老挝、柬埔寨把赌场建在与中国交界的边境地区，以吸引中国赌客。新加坡、马来西亚、菲律宾、韩国、俄罗斯等国家的赌场也采取各种措施吸引来自中国的赌客。

2018 年日本通过“综合型度假区（IR）建设推进法案”[①]，允许在三个城市各建一座附带赌场的大型综合度假村。该法案针对日本居民设立进入赌场次数和缴交入场费的限制，对外国人则没有规定，目的在于吸引外国游客、提振地区经济和创造国内就业。由于日本毗邻中国大陆，旅游设施和服务质量都备受称赞，其兴建赌场度假村对中国游客的吸引力将会增加，有可能给澳门博彩业带来一定影响。

除此之外，澳门现有持牌公司和博彩中介机构为扩张规模，也积极在东南亚甚至欧洲地区申请赌牌、兴建赌场。如澳门太阳城集团的博彩中介业务涉及柬埔寨、澳大利亚、新加坡等地，目前又与其他公司合作在越南中部投资 40

---

① 又称“IR 法案”或博彩合法化法案。

亿美元兴建赌场度假村。这些博彩机构亦会吸引原本在其澳门赌场消费的赌客到其在澳门以外地区的赌场消费，从而对澳门赌收造成影响。

三　博彩业未来的发展

（一）博彩产业发展趋势

第一，整个博彩产业的需求依然强劲。由于科技发展日新月异，人们收入水平持续提高，生产效率的提高带来空闲时间增多，对生活品质的要求提高带来更多休闲娱乐需求。因此，博彩及非博彩娱乐元素组成的休闲旅游将继续支持澳门博彩产业的发展。同时，中国中产阶级群体的壮大、社会老龄化、民众对博彩的接受程度日益提高等也是博彩业继续增长的重要因素。美国麦肯锡咨询公司的调查显示，中国城市中家庭收入为10.6万~22.9万元人民币的“上层中产阶级”群体将从2012年的14%上升到2022年的54%和城市消费总额的56%①。而中国已于1999年进入老龄化社会②，意味着将有更多的退休人口为外出旅游和娱乐消费做出贡献。2017年，中国内地彩票销售额突破4000亿元人民币，2018年同比增长19.9%，达到5114.72亿元③。说明中国市场的博彩需求仍有巨大潜力。

第二，同业竞争将更加激烈。这种竞争不仅体现在澳门内部不同赌场之间的竞争，还体现在不同博彩公司甚至同一博彩公司在整个亚洲市场内对中国赌客的争夺。由于亚洲新兴市场的快速发展，亚洲特别是中国旅客吸引了各国博彩经营者的注意。同时，多数赌场以本地和周边地区的旅客为主，显露出市场区域化的态势，而大赌客则因其雄厚的财力成为全球市场的争夺目标。对此，澳门一方面要应对境外博彩经营者的竞争，另一方面也要面对本地博彩企业在

---

① 《中产阶级重塑中国消费市场》，麦肯锡大中华区，http：//www. mckinsey. com. cn/mapping - chinasmiddle/。

② 《中国人口老龄化的7大特征》，中国网，http：//www. china. com. cn/aboutchina/zhuanti/zgrk/2008 -05/04/content_ 15054797. htm。

③ 《2018年12月份全国彩票销售情况》，中华人民共和国财政部综合司网站，http：//zhs. mof. gov. cn/zhengwuxinxi/zonghexinxi/201901/t20190125_ 3132678. html。

其他地区投资项目的竞争。

第三，中场业务规模日益增长，而贵宾厅业务受国内政治、经济状况影响较大。澳门幸运博彩收入中贵宾百家乐的比重一直较大。2011 年，贵宾百家乐收入占全部幸运博彩毛收入的 73% 以上。之后该比例逐年下降，到 2018 年为 54.85%。而中场百家乐收入占比则从 2011 年的 18.17% 稳步上升至 2018 年的 33.81%。这说明来澳门旅游及博彩的旅客人数和偏好都在发生变化，未来赌收对贵宾厅客人的依赖将会逐渐降低，而中场旅客人数众多，受经济变化的影响比贵宾客小，将是未来收入增长的重点。

第四，网络和电子形式的博彩可能成为未来时代发展趋势，需要特区政府提前酝酿监管方案。尽管目前各国政府对网络博彩的监管比较严厉，限制也较多，但网络和科技的应用是未来社会不可阻挡的潮流，而对这方面的博彩需求也将越来越广泛。当千禧一代①及之后出生的年轻人逐渐获得经济实力，他们对博彩的需求必将与前辈人不同。

（二）与非博彩娱乐产业紧密结合

美国著名博彩城市大西洋城的衰落已经证明，单纯依靠酒店和赌场的博彩经营模式无法持续发展，因此目前各国以吸引游客、提振经济、促进就业为目的的博彩合法化进程均采取兴建大型综合娱乐设施附带赌场的模式进行。这种模式一方面可创造更多就业机会、满足不同旅客多方面需求特别是年轻旅客对非博彩娱乐项目的偏好，另一方面也将减轻对单一博彩行业的依赖和降低博彩开放造成的负面影响。

博彩与非博彩娱乐元素的发展是相辅相成、互相促进的。超过 80% 的客人会在自己下榻的酒店进行博彩，而博彩收入结构也会从贵宾厅更多转向面对大众消费的中场赌客。除了特为博彩而来的旅客之外，更多客人会在酒店、餐饮、购物、表演及会展方面有所支出。尽管过程漫长，但对非博彩娱乐元素的投资将会吸引越来越多旅客的注意，而体验博彩只是其旅途当中众多娱乐元素

① “千禧一代”（Millennials），同义词“Y 一代”，是指 1982～2000 年出生，跨入 21 世纪以后成年的一代人。这代人的成长时期与互联网、计算机科学的形成和高速发展时期相一致，是伴随着电子科技和互联网应用成长起来的一代人。

的其中一环。

除此之外，博彩及非娱乐产业的发展还将融合更多科技、创意产业的技术与概念，以满足日益壮大的中青年旅客群体的偏好与需求。

（三）公共政策更加严格

不同国家和地区对于博彩产业的政策要求并不一致。美国大西洋城所在的新泽西州的博彩监管最为严格，政府对于赌场的经营地点、酒店规模等均有详细规定。拉斯维加斯所在的内华达州的博彩监管制度则相对灵活，政府采取准照制度批准博彩资质，任何企业只要符合申请要求，通过背景调查，就可在该州经营博彩。事实表明，博彩政策及监管制度具有一定程度的灵活性，对于博彩企业的良性竞争与服务创新均有不容忽视的意义。

然而，作为提振经济、创造就业的非必要手段，允许博彩合法化是一个快速见效也容易滋生负面影响的政策。近年来，允许博彩经营的国家的博彩政策都日益严格。例如，新加坡对本地居民进入赌场收取门票，以期降低居民博彩的频率。2018 年刚刚通过博彩合法化法案的日本，也以新加坡为先例，对本地居民进入赌场做出多方限制。

因此，未来博彩政策的发展将体现在两个方面：在具体经营方面可以允许博彩企业有更多的空间；而在公共政策方面则要加强规管，以降低博彩业对社会与经济的负面影响。

（四）人才培养与发展

要保证澳门长期稳定可持续发展，人才的培养必不可少。澳门特区政府早在《2014 年财政年度施政报告》中就已提出，要构建人才培养长效机制，加速培养社会需要的本地人才，以满足经济适度多元化和社会可持续发展的需要。① 为此，澳门特区政府成立“人才发展委员会”，从人才需求预测、人才培养与激励、人才资源的运用三个方面建立澳门居民人才培养长效机制。对于博彩及相关行业的人才培养，主要涉及以下三个方面。

---

① 《政研室谈人才培养长效机制》，澳门特别行政区政府新闻局网站，2013 年 11 月 12 日，https：//www. gcs. gov. mo/showNews. php？DataUcn = 73973&PageLang = C。

第一，积极培养本地人才，促进澳门居民特别是中青年人才向上流动。尽管六大博企中有3家外资公司、2家合资公司，但各公司都有人员本土化的需求。特别是基层技术岗位和中层管理岗位，需要由了解本地和主要客源地市场的人才担任。因此，博彩企业有更多空间容纳本地人才向上流动。

第二，博彩与非博彩结合的大型综合娱乐设施需要具有全球视野的高级管理人才，与博彩相关的旅游、娱乐、酒店、餐饮、零售、会展等行业也需要加强综合人才的引入及培养。根据澳门特区人才发展委员会的统计，2015～2018年澳门博彩、零售、酒店、饮食和会展行业共有113类岗位属于紧缺人才，其中中层、高层管理岗位有88类（见表8）。在高薪紧缺岗位中[①]，月薪10万澳门元或以上的博彩业、会展业副总裁和总经理职务，紧缺程度仅次于博彩业、酒店业的经理和高级经理，显示出综合旅游休闲企业对高级管理人才的迫切需求。面临粤港澳大湾区建设的重大发展机遇，澳门特区政府须从本地培养和精准引入两个方面入手，完善澳门人才建设机制。

表8　澳门重点领域紧缺人才目录

单位：类

领域	中层管理人才	高层管理人才	专业及应用人才	合计
2015～2017年博彩业	13	2	5	20
2015～2017年零售业	3	1	11	15
2015～2017年酒店业	20	9	—	29
2015～2017年饮食业	12	17	—	29
2016～2018年会展业	9	2	9	20
总计	57	31	25	113

资料来源：笔者根据澳门特区政府人才发展委员会网站公布的统计数据整理。参见《重点领域紧缺人才目录》，澳门特别行政区政府人才发展委员会网站，http：//www. scdt. gov. mo/%E8%A6%8F%E5%8A%83%E8%A9%95%E4%BC%B0/%E9%87%8D%E9%BB%9E%E9%A0%98%E5%9F%9F%E7%B7%8A%E7%BC%BA%E4%BA%BA%E6%89%8D%E7%9B%AE%E9%8C%84/。

① 《高薪紧缺岗位目录》，澳门特别行政区政府人才发展委员会网站，http：//www. scdt. gov. mo/wp－content/uploads/2017/12/%E9%AB%98%E8%96%AA%E7%B7%8A%E7%BC%BA%E5%B4%97%E4%BD%8D. pdf。

第三，重视软技能和领导力方面的培养。随着社会的进步和科技的发展，学科知识和特定专业技术很容易通过各种途径来获得。而软技能，包括可在不同领域应用的可迁移技能、人际关系与情商技能、社交与沟通技能等，已成为现代企业管理者的必备能力。在澳门人才发展委员会对重点领域紧缺人才和高薪紧缺岗位的职位要求描述中，对于中层、高层管理者特别强调了“管理能力”的要求，包括客户关系管理、时间效益管理、领导和解决问题的能力等。领导力是把握组织的使命及动员人们围绕这个使命奋斗的一种能力①。在快速发展且高度竞争的博彩企业中，对从业者特别是中层、高层管理者进行软技能和领导力方面的培养至关重要。

① 〔美〕法兰西·海森贝恩、〔美〕包罗·柯恩：《领导者的对话》，万可等译，中国科学技术大学出版社，2002。

B.14 "世界旅游休闲中心"的建设与发展

赵伟兵*

摘　要： 历经十年探索，世界旅游休闲中心在澳门已取得广泛社会共识，正迈入全面建设阶段。旅游业获得了优先发展的产业地位，所取得的成就令世界瞩目。"一个中心"建设在现阶段表现出如下几大特征：访澳旅客结构需进一步优化；主客关系大致和谐，但有恶化迹象；城市整体休闲氛围不足；政府主导为主，业界参与程度偏低；旅游休闲产品体系日益丰富，但创收水平仍有提升空间；区域合作正推动"一个中心"建设由"单核"向"共建"思维转化；人力资源严重短缺，且结构失衡。为推动"一个中心"建设向前发展，近期应重点研究构建"一个中心"指标体系，贯彻实施全局旅游，继续深化区域合作，加快建设智慧旅游，创新解决人资困局。

关键词： 澳门　世界旅游休闲中心　区域合作　粤港澳大湾区

一　澳门"一个中心"建设的政策演进

2008年12月，由国务院颁布的《珠江三角洲地区改革发展规划纲要（2008～2020年）》就初步提出了将澳门建设为"世界旅游休闲中心"（以

* 赵伟兵，管理学博士，澳门旅游学院副教授，研究方向为旅游规划和开发、旅游中小企业、目的地营销与管理等。

下简称“一个中心”）的中长期发展目标。近十年来，澳门“一个中心”的战略定位相继在《国民经济和社会发展第十二个五年规划纲要》《粤澳合作框架协议》《内地与澳门关于建立促进澳门世界旅游休闲中心建设联合工作委员会的协议》《澳门特别行政区五年发展规划（2016～2020年）》《澳门旅游业发展总体规划》等一系列国家与地区层面的重大政策规划文本中得以拓展及深化。2017年3月，国务院总理李克强在十二届全国人大五次会议上提出了建设粤港澳大湾区的国家战略，有关规划于2019年2月正式公布，其中澳门亦被明确定位为“一个中心”，成为国家发展大局的一个重要组成部分。得益于中央政府以及特区政府的大力推动，“一个中心”的蓝图历经十年酝酿，已取得广泛的社会共识，正迈入全面建设阶段。

就经济发展思路而言，澳门特区政府在回归之初主要致力于有效运用和开发博彩资源，推动博彩业的规范化和多元化。2002年赌权开放后，随着大量资本的涌入，澳门在数年内即兴建起一批具有世界水准的娱乐场及酒店，加之内地居民赴港澳“自由行”政策的配合，博彩业有了爆发性增长。2006年，澳门的博彩收入一举超越著名赌城拉斯维加斯，令世界瞩目。在博彩业的带动下，澳门经济一路高歌猛进，社会福利也持续大幅提升。应该说，在“一个中心”定位出台之际，博彩业仍处上升期，澳门经济并没有转型的紧迫感。尽管如此，坊间对博彩业一业独大的经济结构一直心存隐忧，特区政府在历年的施政报告中也会强调经济适度多元发展的必要性。

事实上，近十年澳门整体经济形势的变化已充分印证了“一个中心”的前瞻性。一方面，作为经济支柱的博彩业遭遇了两次剧烈波动，加之亚太区域内的竞争不断加剧，未来发展的不确定性骤增。受金融海啸、内地收紧访澳签注以及博彩业调控的多重影响，澳门的博彩收入在2008年第四季度首现负增长，多家博企也因财务危机而降薪、裁员或暂停后续发展项目。2014年6月至2016年7月，博彩业更是进入深度调整期，博彩收入经历了26个月的连续下跌。而另一方面，同期澳门的旅游休闲产业却展现了巨大的潜力。继澳门威尼斯人之后，新濠天地、澳门银河、金沙城中心、新濠影汇、澳门巴黎人、永利皇宫、美狮美高梅等大型综合娱乐度假村陆续建成迎客，路氹金光大道接近完成，成为又一处访澳旅客的必游之地。这一区域不再以博彩为唯一卖点，而是融入了大量新奇、高端的旅游休闲元素，极大地丰富了旅客的旅游体验。随着产品体系的不断丰富及口碑的确立，旅游休闲产业已有基础和信心成为澳门经济发展的另一个增长极。

“一个中心”建设迄今大致经历了三个阶段。第一个阶段为思辨期（2009～2014年），以学术讨论和研究为主。在这一时期，由于“一个中心”是一个开创性概念，内涵并不十分清晰，也没有成功范例可供参考，社会各界对其反应不一[①]。为此，学界围绕“一个中心”的定义、范畴、指标、可行性、实施路径等进行了广泛探讨，并撰写了不少相关理论文章[②]。2011年，特区政府委托中国社会科学院财政与贸易经济研究所开展了“关于将澳门建设成为世界旅游休闲中心”的专题研究。与此同时，特区政府亦加大了对“一个中心”的宣传和公众咨询。

第二个阶段为筹划期（2015～2017年），以整体布局和规划为主。在社会各界对“一个中心”基本达成共识的基础上，特区政府随后展开了一系列的规划编制工作。2015年6月，特区政府与前国家旅游局签署了《内地与澳门关于建立促进澳门世界旅游休闲中心建设联合工作委员会的协议》。同年10月，澳门特区政府设立了由行政长官挂帅的“建设世界旅游休闲中心委员会”。该委员会成立后，首项重点工作即统筹编制以建设世界旅游休闲中心为基础的澳门未来五年发展规划，并于2016年9月8日对外公布了《澳门特别行政区五年发展规划（2016～2020年）》正式文本。2017年9月28日，特区政府旅游局历经两年，会聚了旅游专家、各相关政府部门、业界和专业团体以及社会各方意见编制而成的《澳门旅游业发展总体规划》最终方案出炉。该项规划共提出8个关键目标，33个策略，91个涉及短、中、长期的具体行动计划。上述两份规划相得益彰，共同构成了“一个中心”的总体发展蓝图和行动纲领。

第三个阶段为建设期（2018年至今），以执行规划为主。在完成整体部署后，“一个中心”正式进入全面建设阶段。从2018年的建设情况来看，

---

① 澳门学者同盟秘书处：《2013年11月30日“澳门世界旅游休闲中心建设”学术座谈会纪要》，《“一国两制”研究》2014年第2期，第89～101页。

② 赵伟兵、邓艳红：《关于澳门建设世界旅游休闲中心的几点思考》，《澳门经济》2011年第31期，第108～113页；鄞益奋：《论“世界旅游休闲中心”定位下澳门经济的发展策略》，《澳门经济》2010年第29期，第47～57页。

在策略上仍以推进特区政府年度施政报告所列项目为主。作为一个中长期目标，“一个中心”建设不会一蹴而就，而是会经历相对较为漫长的建设期。

二　澳门“一个中心”建设的发展现状

“一个中心”建设旨在将澳门打造成一个以休闲为核心的世界级旅游中心，并实现具有国际先进水平的宜居、宜业、宜行、宜游、宜乐等多重城市发展目标；它以发展旅游休闲产业为重点，同时也强调旅游业须与城市各项服务功能、民生福祉等协调发展，实现游客与居民的和谐共赢。尽管这一主要的建设方向已十分明确，但特区政府尚未建立一套针对“一个中心”的指标体系，也缺乏可供比较的标杆城市，因而在目前阶段无法系统地评估和监测“一个中心”的建设进度与实效。本节拟引用或借鉴有关研究方法、成果和数据，从不同视角分析“一个中心”的总体建设情况。

在“一个中心”的建设中，旅游业无疑是澳门的立市之本。作为一个定位为世界级的旅游目的地，澳门除了需要不断提高国际知名度，也必须能够吸引足够大规模的入境旅客，以及创造与之匹配的旅游收入。联合国世界旅游组织（UNWTO）每年均会发布上一年度各成员国或经济体的旅游业排名，排名所依据的数据来自官方，可以较为准确地反映澳门旅游业在国际上的相对地位或影响力。表 1 罗列了澳门旅游业在 2009 ~ 2017 年的排名情况。结果显示，澳门在两项指标上的国际排名均较为靠前，定位为世界级的旅游目的地是具备条件的。在国际留宿旅客方面，澳门的排名较为稳固，基本在第 20 名左右，波动幅度很小。国际旅游收入的排名变化相对较大，2012 年和 2013 年表现最优，进入世界前 5 名。值得特别指出的是，世界旅游组织的其他成员几乎都是主权国家或地域远大于澳门的地区，在旅游资源数量以及多样性方面处于明显劣势的澳门仍能够跻身前列实属难得。2017 年，在亚太地区仅泰国和澳大利亚的国际旅游收入超过澳门，而澳门的国际留宿旅客规模也仅次于祖国内地、泰国、日本、香港以及马来西亚。

表 1　澳门旅游业国际排名（2009～2017 年）

年份	国际留宿旅客			国际旅游收入		
	人次（百万）	世界排名	亚太地区排名	金额（十亿美元）	世界排名	亚太地区排名
2009	10.4	21	5	17.6	11	3
2010	11.9	20	5	22.3	10	3
2011	12.9	20	5	38.5	7	2
2012	13.6	20	5	43.7	5	2
2013	14.3	19	5	51.6	5	2
2014	14.6	19	5	42.7	8	2
2015	14.3	22	6	31.0	10	4
2016	15.7	23	7	30.4	12	6
2017	17.3	21	6	35.6	9	3

资料来源：联合国世界旅游组织（UNWTO），2010～2018 年旅游业重点报告。

另一个较有影响力的全球旅游业排名来自世界经济论坛（WEF）。自 2005 年开始，该组织每两年发布一份《旅游业竞争力报告》，旨在较为全面地反映一个国家或经济体在旅游发展方面的基础、潜力和可持续性。最新的 2017 年报告对 136 个国家或经济体在 14 个旅游竞争力因素上的表现予以量化评价①，其结果既可以用于国际的横向比较，亦适合进行自身的跨年度纵向对比。然而，遗憾的是，澳门一直未被纳入其排名体系，故相对表现不得而知。在亚太地区，进入前 20 名的国家或经济体有日本（全球第 4 位）、澳大利亚（第 7 位）、中国香港（第 11 位）、新加坡（第 13 位）、中国内地（第 15 位）、新西兰（第 16 位）以及韩国（第 19 位）。这些国家或经济体在不同的竞争力因素上表现优异，值得澳门参照和学习。需要警惕的是，在 UNWTO 的排名中泰国在两项指标上均优于澳门，但其在 WEF 的竞争力排名中仅列第 34 位，预示泰国旅游业可能发展后劲欠佳。有鉴于此，尽管当前澳门旅游业发展势头良好，但并不一定等同于竞争力领先。为长远计，澳门有必要开展类似研究，以了解和夯实自身竞争力。

澳门经济学会在 2018 年完成了一项有关澳门旅游休闲综合竞争力指数的

① 世界经济论坛：《2017 年旅游业竞争力报告》。

研究课题①。其构建的指标体系共涉及五大维度，即“环境与环保”、“基础设施和综合交通”、“资源与产品”、“安全、医疗和成本”以及“旅游业活力”。上述五大维度又进一步被细分为32个变量（一级指标）和40个参数（二级指标）。该项研究采用城市比较的视角，考察了包括澳门在内的16个旅游业较为发达的中国城市，即香港、澳门、北京、上海、广州、深圳、厦门、成都、南京、杭州、武汉、重庆、三亚、西安、青岛和天津。研究结果显示，澳门的综合旅游竞争力位列第2，仅次于北京，其高排位主要缘于“旅游业活力”和“产品与资源”这两个维度上的优势。

根据“一个中心”的愿景，休闲型旅客应是未来访澳旅客的主体。通过年度数据对比、分析这一群体的比例变化将能够较好地反映“一个中心”建设的成效。由于澳门没有专门针对休闲型旅客的统计数据，其规模只可通过与其有关联的统计指标予以估测。基于之前有关研究及数据可获取性，拟选取来澳度假旅客比重、留宿旅客比重、留宿旅客逗留时间、参团旅游比重、粤港旅客比重五项统计指标②。其中，来澳度假旅客比重、留宿旅客比重以及留宿旅客逗留时间这三项指标与休闲型旅客规模呈正相关，而参团旅游比重和粤港旅客比重与之呈负相关。表2汇总了2009年以来上述各项统计指标的年度数据，访澳旅客总体规模也一并列入作为参考。结果显示，来澳度假旅客比例从2009年开始一路下滑，到2015年跌至最低点（44.3%），之后触底反弹连涨三年，2018年回升至55.0%，有趋势反转的迹象。从留宿旅客来看，其占比已连续三年高于一日游旅客。2018年相比2017年虽有所回落，但比例仍是近10年来第二高。此外，2018年留宿旅客的逗留时间延长至2.2天，为历史新高。参团旅客占比大致呈先扬后抑走势，至2014年达到35.3%的峰值，近三年则在25.0%附近窄幅波动。在粤港旅客方面，广东旅客比例基本保持稳定，但由于香港降幅较大，两地合计占比趋向萎缩，2018年为历史最低水平。综合而言，2016年以来澳门的旅客结构趋于优化；除来澳度假旅客比重与历史高点相差略大外，2018年在其余四项指标上皆处于历史最佳或上佳水平。访

① 柳智毅、李振国：《澳门旅游休闲综合竞争力指数研究——基于城市比较视角》，澳门经济学会，2018。

② 赵伟兵：《澳门旅游休闲产业：现状、特征与趋势》，载林广志、郝雨凡主编《澳门旅游休闲发展报告（2017~2018）》，社会科学文献出版社，2018。

澳旅客的总体规模在近 10 年呈现出稳步扩大的趋势，仅在 2015 年经历微幅下跌；近两年历史纪录接连被改写，2018 年接待了高达 3580 万人次的旅客，相比 2009 年大幅增长了 64.6%。

表 2 访澳旅客结构（2009～2018 年）

年份	访澳目的	留宿旅客		参团旅客	粤港旅客(%)			访澳旅客
	度假(%)	占比(%)	逗留天数	(%)	广东	香港	合计	(万人次)
2009	69	47.8	1.6	21.4	—	30.9	—	2175
2010	65	47.8	1.7	23.0	—	29.9	—	2497
2011	62	46.2	2.0	26.9	29.3	27.1	56.4	2800
2012	61	48.4	1.9	32.5	28.2	25.2	53.4	2808
2013	61	48.7	1.9	33.3	28.0	23.1	51.1	2932
2014	58.4	46.2	1.9	35.3	28.6	20.4	49.0	3153
2015	44.3	46.6	2.1	32.1	29.4	21.3	50.7	3071
2016	50.2	50.7	2.1	24.4	29.1	20.7	49.8	3095
2017	52.8	52.9	2.1	26.5	28.3	18.9	47.2	3261
2018	54.5	51.7	2.2	25.4	29.4	17.7	47.1	3580

资料来源：澳门特别行政区政府统计暨普查局公布的统计数据。

三 "一个中心"建设的发展特征

在"一个中心"定位的指引下，一方面旅游业在澳门获得了优先发展的产业地位，所取得的成就令世界瞩目；另一方面，在建设过程中，也出现了一些与"一个中心"目标不太一致的新情况和新问题。下面拟从七个方面总结澳门"一个中心"建设在现阶段的发展特征。

其一，访澳旅客结构需要进一步优化。澳门对祖国内地、香港及台湾地区客源市场的依赖日趋加强，国际化之路任重道远。2018 年三地比例合计高达 91.3%，其中仅内地市场就超过七成，是访澳旅客增量的最重要来源。一日游旅客比重虽有所下降，但仍接近一半；留宿旅客的逗留时间与其他知名国际旅游目的地相比亦明显偏低。这说明很多访澳旅客并未将澳门视为其主要的游览地，在行程紧凑之下很难较为深入地认识澳门、获得优质的旅游

体验。

其二，主客关系大致和谐，但有恶化迹象。澳门空间地域狭小，旅游区与居民区彼此交错、界限模糊，这决定了游客与本地居民必然会共享大量公共资源（比如交通设施、食肆、休憩场所等）。近几年访澳旅客规模屡创新高，而基于本地人口配置的公共资源却没有相应地增长，导致两类群体的竞争关系越发突出，本地居民的生活空间不断受到挤压。每逢重大节假日，社会对旅游业的负面情绪都会急剧升温，引发有关承载力的广泛讨论。尽管澳门尚未出现严重的主客对抗事件，但仍需要未雨绸缪，避免出现类似香港的困局。

其三，城市整体休闲氛围不足。作为世界上人口密度最高的城市之一，澳门的土地资源极其稀缺；面对多种多样的用地需求，特区政府多年来对公共休闲场所的规划和建设相对较为滞后。因此，即便对于本地居民，在休闲活动中亦一直面临场地和设施不足的困扰。目前澳门优质的休闲旅游资源多位于娱乐场或度假村内，分布较为分散，且定位普遍高端，成片且适合大众游客游览的户外休闲带则非常稀少。另外，旅客流量在空间分布上很不均衡，可谓“旺区过旺，冷区过冷”。例如，议事厅前地至大三巴一带几乎日日人流如织，在拥挤、嘈杂且商业气息过于浓郁的环境下，游客难以获得休闲体验。而众多老旧街区道路狭窄，市容欠佳，加之旅游设施缺乏，并不适合悠闲漫步。

其四，政府主导为主，业界参与程度偏低。在“一个中心”的酝酿、出台直至初步实施的过程中，中央政府和特区政府一直发挥着核心引领作用，有关决策和行动带有较浓的自上而下意味。如前所述，由于博彩业一度发展势头良好，澳门缺乏走出“舒适区”的主动性，经济多元化的进展并不显著。在这一特定历史时期，倘若没有政府主导，尤其是中央政府的大力推动，澳门将很难跳出既有的经济发展模式，从全局和长远的角度去谋划未来。当前，“一个中心”的发展方向已确立，特区政府除了需要继续在政策和大型基建方面提供支持外，其工作的重心应转向激励和辅助作为市场主体的业界参与“一个中心”建设。虽然澳门公共财政充裕，但仅凭政府的力量建成“一个中心”显然是不现实的。澳门以小微企业居多，其参与“一个中心”建设主要存在两大问题：一是资源分散，难以形成合力；二是普遍对“一个中心”的重要性认知不够，偏重追求短期利益。

其五，旅游休闲产品体系日益丰富，但创收水平仍有提升空间。“一个中心”建设突出了旅游休闲产业的地位，旨在减少澳门经济对博彩业的依赖。《澳门特别行政区五年发展规划（2016~2020年）》明确提及，到2020年幸运博彩企业非博彩业务收益占博彩总收益的比重应提高至9%或以上。特区政府亦规定新的博彩综合项目中非博彩元素须达至九成比例。这些政策直接刺激了对旅游休闲产品的投入/投资，近年在供给多样性及规模上均实现了稳健增长。澳门的旅游目的地形象也趋于多元，专程为美食、购物、节事、文化求知等休闲旅游活动而来澳的游客也越来越多。但在总旅客消费中，博彩消费仍占七成以上。因此，仅就创收能力而言，非博彩旅游产品在较长一段时期内都很难超越或替代博彩活动。

其六，区域合作正推动“一个中心”建设由“单核”向‘共建”思维转化。过往二十年的发展经验已充分证明，区域合作是支撑澳门经济繁荣稳定最重要的驱动力之一。作为一个资源禀赋先天不足的微型经济体，澳门对外需的依存度极高。在珠三角范围内，澳门一直积极寻求和强化粤澳与港澳合作，获得了巨大的旅游贸易逆差。值得特别关注的是，在新近公布的《粤港澳大湾区发展规划纲要》中，国家提出要建设粤港澳大湾区世界级旅游目的地。而在以往涉及旅游合作的官方文件中，措辞一般是有关各方配合澳门建设“一个中心”。上述转变不应简单解读为削弱了澳门的“核心”地位，而是区域深度融合的内在要求。虽然澳门是唯一一个以旅游定位的大湾区城市，但事实上多数其他大湾区城市亦将旅游业视为战略新兴产业甚至是支柱产业，与澳门存在潜在的竞争关系。共建“一个中心”有助于推动其他大湾区城市主动拓展与澳门的旅游合作，充分发挥大湾区在旅游资源互补方面的优势，不仅会令澳门更快成为“一个中心”，而且建成后的“一个中心”辐射范围更广、所提供的旅游体验更优质。

此外，澳门人力资源严重短缺，且结构失衡，已成为制约“一个中心”建设的主要障碍。截至2019年1月，作为本地劳动力补充的外地雇员数量已高达18.8万余人；与此同时，劳动力市场上还有大量职位空缺等待填补。本地居民的失业率仅为2.4%，几乎是全员就业。年轻一辈大多选择在相对高薪、轻松、体面的赌场或酒店工作，众多行业面临青黄不接的窘境。饮食业即是重灾区，人员大量流失，新人又不愿入行，许多特色老店因无子女传承而歇业，成为澳门“创意城市美食之都”建设的一大隐忧。直接服务游客的导游行业也日渐式微，已很难吸引到年轻人。澳门在高端人才储备方面也远不够充分。虽然上述问题可以通过进一步对外开放劳动力市场予以解决，但社会对这一议题较为敏感，特区政府需要谨慎为之，毕竟在外地雇员数量已处历史高位的情况下，继续扩大规模将极易受到批评，并加重民间的排外情绪。

四 “一个中心”建设的发展趋势

旅游业是澳门的立市之本，是实现“一个中心”最重要的经济基础，不容有失。随着《澳门旅游业发展总体规划》的全面实施，旅游业即将迈入更为稳健有序的发展阶段，相信对“一个中心”建设的促进作用会更加明显。同时，“一个中心”建设亦关乎更广泛的城市发展目标，尤其需要着眼于持续提高本地居民的生活素质，而和谐稳定的社会环境也将给澳门带来更加有利的旅游发展空间。将两者有机结合应是“一个中心”建设始终要把握的指导原则。在具体建设方面，现阶段有几项工作值得重点推进，分述如下。

（一）研究构建“一个中心”指标体系

“一个中心”的概念自首次提出以来已逾10年，经过社会各界的广泛讨论和研究论证，其内涵已非常清晰，所描绘的愿景逐渐深入人心，也深刻影响着近年有关澳门的重大政策和规划制定。尽管如此，从各种官方文件来看，有关“一个中心”的论述依然较为宏观和抽象，导致在解读上出现偏差甚至争议。比如，博彩业是不是“一个中心”的组成部分？“一个中心”中的“休闲”是否也包括本地居民的休闲？如何界定和区分休闲活动与其他旅游活动？关于这些问题，政府并没有给出明确答案，因而会造成执行者对建设范畴及主次理解上的差异。而且，“一个中心”建设是一项长期的复杂工程，可能需要20年甚至更久时间方能完成；在此过程中，因应内外部环境的变化，不同建设内容的进度不会完全一致。这就需要特区政府及时掌握有关情况，以便调配资源，实现整体平衡发展。基于以上考虑，尽快细化“一个中心”的建设内容并研究制定行动路线图是十分必要的。在此方面，构建一套综合的多级指标评价体系会是一种行之有效的方法，其优势在于可以用来定期监测建设成效，并且在严谨的设计和推导下，局部表现能够同总体表现相对应。应用该方法的关键在于指标的选取以及权重分配；由于"一个中心"是一个创新概念，没有现成指标体系可供参考，需要通过开展专项研究予以确定。

（二）贯彻实施全局旅游

全局旅游是一种新兴的以旅游业带动与促进区域内经济社会协调发展的理念和模式，它具有全资源整合、全产业融合、全方位服务、全社会参与、全流程保障等特征。澳门地域不大，但大小景点众多，居民区和旅游区彼此交错，具备良好的全局旅游发展条件。事实上，《澳门旅游业发展总体规划》也正是把澳门作为一个整体区域来做的设计，而非只关注局部。澳门在全局旅游方面已积累了一些发展经验，其中较为突出的实践是倡导社区旅游，推出了8条"论区行赏"步行旅游路线。这一计划有助于引导游客深入寻常巷陌，使游客既可以了解更多澳门历史，也能够感受到普通澳门人的生活方式，同时游客的消费也会增强一些老旧社区的经济活力，完全契合全局旅游的理念。目前澳门在有关资讯服务方面已投入不少资源，如宣传册、指示牌、地图、手机应用程序等一应俱全，唯许多旧区的游览环境仍不甚理想，客流偏低。毫无疑问，最有效的策略还是在于增强旧区的吸引力，而这又取决于都市更新的进展。鉴于都市更新的复杂性，旧区的整体面貌在短期内很难得到根本改善。因此，更可行的做法是以点带面，先集中资源由有潜质的特色街区开始改造，再逐步扩大范围。改造并非意味着大拆大建，而是要融入创意，令新旧元素和谐共存。例如，望德堂区以文创为主题进行重整后成为一处新的热门游览地，而借助举办康公夜市十月初五街的街道环境和休闲氛围也得到很大改善。特区政府亦可因地制宜地实施街道和建筑物的美化和亮化工程。

（三）继续深化区域合作

在建设粤港澳大湾区的时代背景下，澳门与其他大湾区城市已成为命运共同体，合作势必会更加紧密。在《粤港澳大湾区规划纲要》"构筑休闲湾区"一节所提及的与澳门直接相关的合作领域包括：共同拓展旅游客源市场，构建大湾区旅游品牌，共享区域旅游资源，开通澳门与邻近城市、岛屿的旅游路线，成立大湾区城市旅游合作联盟，推动粤港澳游艇自由行，联合发展国际游艇旅游，澳门与香港、广州和佛山（顺德）共建世界美食之都，等等。其中，

成立大湾区城市旅游合作联盟、开通澳门与邻近岛屿的旅游路线、联合发展国际游艇旅游以及共建世界美食之都是全新的合作内容，其余则是之前合作的延续或加强。旅游合作联盟这一制度安排可以令今后的合作常态化，沟通将更为顺畅、行动更加协调统一。澳门开展岛屿旅游和游艇旅游则意在充分利用澳门管辖下的85平方公里海域资源。虽然澳门海域内并无任何岛屿，但纲要提出会探索以旅游等服务业为主体功能的无居民海岛整岛开发方式，令澳门参与邻近海岛或邮轮码头的投资、建设及运营成为可能。就美食之都建设而言，澳门和佛山（顺德）因已是联合国教科文组织（UNESCO）创意城市网络下的“美食之都”而占有先机，在国际推广方面澳门又比佛山（顺德）更有优势，故可在四市共建中扮演核心领导角色。此外，因地缘关系，珠澳合作和港澳合作无疑对澳门意义重大，需要持续大力推进。港珠澳大桥正式通车后，澳门往返香港国际机场更加方便快捷，如何借此吸引国际客源值得重点研究。珠澳的互补性很强，合作可以说是全方位的，其中双方在横琴的合作乃重中之重。横琴已在2018年获批建设国际休闲旅游岛，这对澳门而言既是挑战也是机遇。

（四）加快建设智慧旅游

基于多种创新科技的应用，智慧旅游在供需两端都能发挥独特作用，既可辅助优化旅游目的地管理，又可提升游客体验，已成为旅游竞争力的一大决定因素。澳门作为旅游城市，智慧旅游也是发展智慧城市的重要组成部分。从《澳门旅游业发展总体规划》的行动计划来看，特区政府拟进行的智慧旅游项目涉及游程的各个环节（即游前、游中和游后）。特区政府旅游局早前所推出的相关服务主要以资讯为主，例如网站、手机应用程序、互动信息屏幕、手机短讯等，智能化水平不高。随着技术的进步，智能旅游的服务功能也更加综合、复杂。目前，该局与阿里云公司已合力开发了基于云计算和大数据技术的“旅游信息交换平台”“旅客洞察应用”“智能客流应用”等项目，数据采集、交换和分析能力大为增强，体现了智慧旅游的最新发展趋势。基于物联网的人流统计、智能行程规划、聊天机器人等也会陆续推出。鉴于2018年访澳旅客规模近3600万人次，总体上澳门并没有迫切的旅游推广需求，但在客源结构调整方面智慧旅游仍大有可为，会更有效地吸引目标客群。另外，智能旅游在人流预测、监控及疏导方面的功能会越发重要，有助于舒缓承载压力及降低衍生的负面影响。

（五）创新解决人资困局

“一个中心”建设给澳门带来了众多新的发展机遇，但现有的本地人力资源在量和质上都难以满足日益多元化的发展需求，几乎全行业、各个层次都存在不同程度的人资短缺问题。而且，澳门人口正在持续老化，意味着适龄劳动力人口比例还在不断萎缩。面临如此严峻的形势，特区政府于 2014 年初设立了人才发展委员会，负责有关人才需求、培养及引进的工作。具体包括：制定、规划及协调特区人才培养的长远发展策略；构思人才培养的短、中、长期措施和政策；落实“精英培养计划”、“专才激励计划”和“应用人才促进计划”；建设鼓励人才留澳和回澳的机制；推动协调与人才培养相关的本地、区域及国际合作等。这些措施多管齐下，共同构成了澳门应对人资问题的长效机制。从工作思路来看，人才发展委员会在现阶段以持有澳门身分证的居民为主要服务对象，而外地雇员、在澳就读的外地学生以及已从澳门毕业的外地学生未被纳入考虑，尤其是涉及资助项目时。然而，在本地居民人才储备十分有限的现况下，各领域的人才培养计划实质上是彼此竞争的，并不会同步大幅增加人才存量。而且，人才的培养和成长都需要足够的时间，因此在有需要时可考虑适当从外地引进人才或利用外地雇员和学生进行补充。澳门有团体担心本地居民的就业权益被侵占，过去也确实有个案发生，但这属于法律监管问题，可从制度上进行完善，以杜绝漏洞和违规行为。粤港澳大湾区建设会大大加强人才交流并加速人才流动，澳门可借此契机从大湾区内招纳贤才。某些产品的生产或客户服务也可转移至劳动力更加丰富的其他大湾区城市。简而言之，人是第一生产力要素；如果没有足够且优质的人力资源，再好的机遇和政策也很难转化成实际效益。特区政府需要有智慧、有担当，以长远眼光来处理与人力资源相关的社会需求和矛盾。

B.15
澳门特区政府公共财政的现状、趋势与建议

宋　宇*

摘　要： 回归20年以来，得益于博彩业的发展，澳门特区政府经济持续高速发展，财政收支大幅增长。秉持“量入为出”“收支平衡”的财政方针，并依据“以政控财，以财行政”的基本原则，特区政府财政管理良好，极大地促进了澳门社会经济平稳、有序运行，为整体社会经济的改善奠定了坚实基础，为澳门社会经济的发展做出了巨大贡献。回归以来，特区政府积累了可观的外汇储备和财政储备资产。澳门财政储备不仅满足了法定基本储备的金额，而且累积的超额储备也满足了特区政府公共财政政策的施行需要，保障了公共财政支付能力，为澳门经济和社会发展提供了有力的财政支持。随着纲领性文件《粤港澳大湾区发展规划纲要》的出台，深化粤港澳大湾区的紧密合作、提高湾区经济实力、增强湾区竞争力、建设国际一流湾区和世界级城市群成为澳门未来10~15年的历史性任务。特区政府需要充分发挥财政职能，促进区域内经济协同发展，助力澳门经济结构升级和适度多元发展，发挥澳门自身的独特优势，加速融入粤港澳大湾区，保证澳门长期稳定繁荣，从而提高人民福祉，共担民族复兴的历史责任。

关键词： 澳门　公共财政　税收　财政盈余

* 宋宇，管理学博士，澳门科技大学商学院副教授，研究领域为产业经济、金融。

澳门最初拥有独立自主的财政制度，是以 1976 年颁布的《澳门组织章程》规定澳门地区拥有自身的资产及负债，总督有处置其财产与收入的权限为标志。1999 年回归以后，按照澳门特别行政区基本法（以下简称“基本法”）的规定，澳门在原有法律基本不变的前提下，保持财政独立，并实行独立的税收制度。澳门特区的财政预算决算由特区政府自行编制，报中央政府备案，无须中央人民政府批注，不受国家财政部领导；澳门特区政府财政收入全部由澳门特区自由支配，不上缴中央人民政府，中央政府也不在澳门特区征税，从而确保了澳门财政的独立与自主。可以说，独立的财政制度便于特区政府充分发挥财政职能作用，合理配置资源、确保收入分配的公平以及保证澳门经济的稳定增长。财政政策的合理运用对澳门特区政府运作和实现社会再分配起到举足轻重的作用，使其能够有充分的财力投入基础设施建设、科教文卫、社会福利等方面，促进了澳门社会平稳、有序运行，从而实现社会公平公正，为整体社会经济的改善奠定了基础。回归 20 年以来，尤其是赌权开放以后，澳门的财政管理取得了令世人瞩目的成果。

一　公共收入现状

（一）财政收入与预算收入

数据显示，回归 20 年以来特区经济发展良好，得益于博彩业的发展，财政收入大幅增长，财政总收入由 1999 年的 169 亿澳门元增加到 2017 年的 1264 亿澳门元，增加了 6.5 倍。特别是 2004 年以后，澳门财政收入爆发式增长，到 2013 年增加了 7.37 倍。但自 2014 年 6 月起，澳门博彩业经过了一轮较长时间的深度调整，毛收入录得连续 26 个月下跌，博彩收入的下跌直接导致财政收入的下跌，这是近十几年来澳门实际财政收入的第一次下降。2016 年 8 月，博彩业开始止跌回升，财政收入复归正增长。大体说来，由于澳门属于开放程度较高的微型经济体，容易受到各种内外部经济、政治因素的影响，一定程度上来说经济整体稳定性较低，财政收入很难确保长期性的持续增长。因此，未雨绸缪、做好预算以保证财政收入的稳定性是十分必要的。

财政预算是政府活动计划的反映，体现政府在特定时期所要实现的政策目标和意图。预算由政府编制、经立法机关审批并能对未来财政年度内政府的收支进行预测、计划。《澳门组织章程》规定，“当地财政受根据法律订定的计划而编制的本身预算册管制”①。这表明澳门有了自己独立的财政预算，并把各类收支项目列在预算内接受约束。澳门以日历年度为预算年度，即每年1月1日至12月31日。法定的预算编制文件为总预算，总预算由统一预算、地方预算和自治机构预算组成。政府财政预算与实际收支是否相符，一定程度上体现了政府预测的科学性及管理水平。总体来讲，回归以来绝大多数财政年度澳门预算收入均低于实际收入（见图1）。2004年以前，预算财政收入与实际收入间差距较小，说明这个时期澳门特区政府对财政收入的控制力很强②。2004～2013年预算收入与实际收入差距开始逐步拉大，截至2013年，澳门实际财政收入已超出当年预算收入411亿澳门元，超过预算收入的三成，澳门特区政府预算对实际财政的控制减弱。2014年后，特区政府逐年调低预算收入，2015年预算收入超过实际收入，2016年后随着博彩业复苏，实际收入反超预算收入。

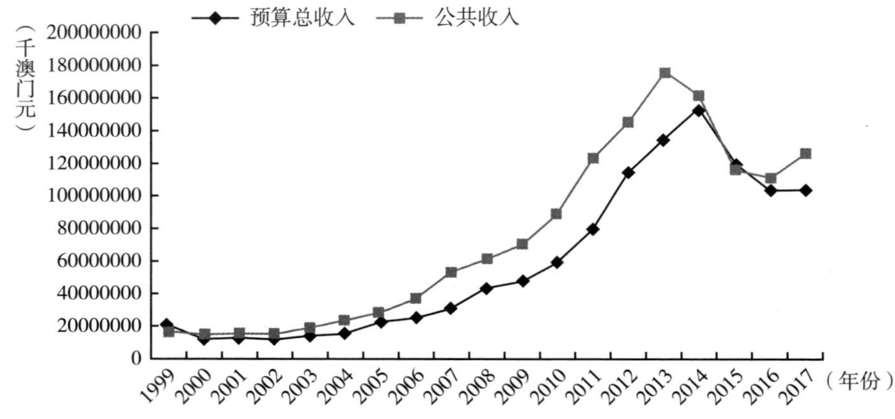

图1 1999～2017年澳门预算总收入与公共收入

资料来源：澳门特别行政区政府统计暨普查局。

① 参见《澳门组织章程》，澳门特别行政区政府印务局网站，https：//bo. io. gov. mo/bo/i/76/09/leiar01_ cn. asp。

② 张涛：《澳门财政状况与经济增长互动性分析》，《商业研究》2016第11期。

（二）财政收入结构

澳门特区政府的财政收入划分为经常收入、资本收入和指定账目收入。经常收入包括税收收入、费用、罚款及其他金钱上之制裁、财产之收益、转移收入及其他收入等项目。资本收入包括各类利息收入及资本溢价等，占特区政府财政收入的比例不高。指定账目即自治机构的收支项目，2007年前在总账目中单独罗列，2007年后根据法律并入特区总账目。

在所有收入中，经常收入所占比重最大，回归之初的1999年，经常收入占总收入的53.56%，2002年之后，通常占总收入的八成以上，2017年财政年度经常收入占总公共收入的94.52%（见表1）。可以看出，经常收入是澳门特区稳定且有保障的现金流收入，受到历届特区政府重视及依赖。近五年经常收入在总收入中平均占比92.90%，高于统计期总体平均占比（89.41%），这说明近年来经常收入占比呈现增加趋势。经常收入占比的增加来源于直接税的增长，近五年直接税占经常收入86.25%，高于统计期总体平均占比（83.69%），整体呈现出增长的态势。税收收入当中的直接税是澳门财政收入的主要来源，其中博彩税收是直接税中占比最大的部分，其变动会给特区政府的财政收入带来很大影响。2017年财政年度资本收入占总收入比重为5.48%，相比回归之初略有增加，但近年呈现下降趋势。近五年资本收入平均占比有下降的趋势。

表1　澳门公共收入结构

单位：%

年份	1999	2010	2011	2012	2013	2014	2015	2016	2017	近五年平均	总体平均
经常收入	53.56	89.72	92.87	89.81	86.71	96.83	94.81	93.17	94.52	92.90	89.41
直接税	65.99	86.72	86.16	85.98	86.78	86.78	84.86	85.92	86.46	86.25	83.69
间接税	5.47	2.77	2.93	3.81	3.62	3.61	3.83	3.96	4.29	3.83	3.87
费用、罚金及其他罚款	2.81	1.77	1.53	1.43	1.29	1.49	1.84	1.96	1.54	1.59	1.72
财产之收益	22.69	2.64	3.21	2.69	2.20	1.95	2.91	1.78	1.26	2.02	3.61
转移	1.82	4.93	5.04	5.01	5.12	5.23	4.85	5.08	5.20	5.11	5.45
耐用品之出售	0.00	0.01	0.01	0.00	0.00	0.00	0.00	0.00	0.00	0.00	0.00
劳务及非耐用品之出售	0.50	0.81	0.70	0.79	0.76	0.75	1.23	1.12	1.03	0.94	1.02

续表

年份	1999	2010	2011	2012	2013	2014	2015	2016	2017	近五年平均	总体平均
其他经常收入	0.72	0.35	0.43	0.29	0.24	0.19	0.48	0.18	0.23	0.26	0.63
资本收入	4.63	10.28	7.13	10.19	13.29	3.17	5.19	6.83	5.48	7.10	7.18
投资资产之出售	8.69	1.20	2.72	5.29	20.02	9.72	12.44	8.95	0.53	13.55	7.88
转移	35.52	0.00	0.00	0.00	0.00	0.00	0.00	0.00	0.00	0.00	0.30
财务资产	1.12	15.23	2.78	1.95	1.58	8.30	9.22	7.84	7.62	5.04	4.98
其他资本收入	50.94	82.19	93.65	92.27	77.93	76.93	74.38	80.26	89.40	79.37	84.79
非从支付中扣减之退回	3.73	1.38	0.85	0.49	0.47	5.06	3.96	2.95	2.45	2.04	2.05
自治机构的收入	41.81	—	—	—	—	—	—	—	—	—	—

资料来源：澳门特别行政区政府统计暨普查局。

（三）税收收入

目前，澳门地区的税项共有14种，从性质上可分为直接税与间接税两大类。直接税，主要是指直接对纳税人的收入或财产征收的税项，包括专利税、纯利税、营业税、业钞税、物业转移税、职业税、赠与税、遗产税；间接税，则是对商品和劳务的购买者或消费者征收的税项，包括印花税、消费税、旅游税、彩池税、枪械税、旅客离境人头税。作为施行避税港的地区之一，澳门税收特点是税种少、税负轻、实施收入来源地税收管辖权原则。澳门的低税收直接导致其税收只占公共财政收入的极小部分①。从税收结构来看，澳门税收很大程度上依靠直接税，而直接税又以博彩税为主，其他税项占比较低。

2002年以前，澳门博彩税收占政府公共收入支出比例相对较低，绝大多数年份比例不超过40%。2002年，澳门特区政府开放赌权，同时对税务制度进行改革，规定博彩专营税率由原来的31.8%提高到35%，拨交澳门基金会的税率1.6%，批给实体发展城市建设、推广旅游及社会保障2.4%，合计博彩企业需缴纳税率39%。博彩税收由此成为澳门公共收入的最大来源（见图2）。特区政府的博彩税收入由2002年的78亿澳门元上升到2017年的998亿

① 《澳门税收制度》，中国税务出版社，1999。

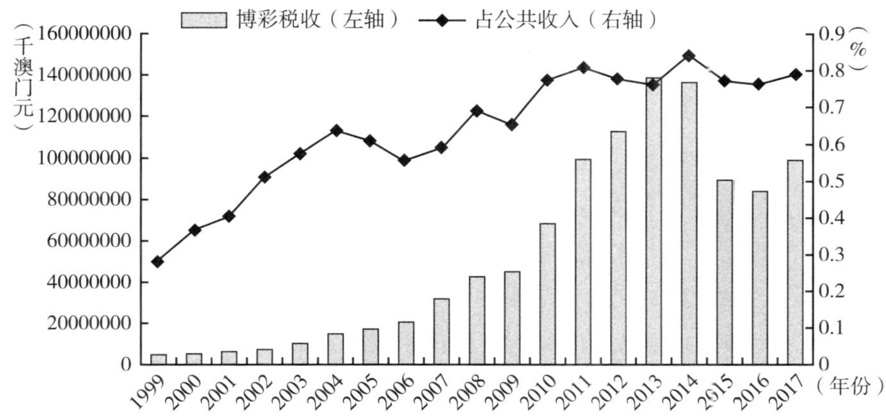

图 2　1999～2017 年澳门博彩税收与其占公共收入的比例

资料来源：澳门特别行政区政府统计暨普查局。

澳门元，其中鼎盛时的 2014 年达到 1370 亿澳门元。自 2002 年开始，博彩税收占公共收入 50% 以上，2010 年以后占比更是达到 70% 以上，2017 年博彩税收占公共收入的 79.01%。

表 2　各项税收在经常收入中的占比

单位：%

年份	1999	2002	2009	2010	2011	2012	2013	2014	2015	2016	2017	近五年平均	总体平均
博彩税收	52.54	70.06	75.37	86.63	87.27	87.07	88.08	87.22	81.37	81.96	83.59	84.90	82.43
其他专营权批给收入	1.44	0.94	0.08	0.09	0.07	0.10	0.09	0.09	0.14	0.17	0.17	0.13	0.17
职业税	3.23	2.34	1.30	1.05	0.84	0.88	0.86	1.11	1.87	2.08	1.98	1.50	1.37
所得补充税	6.33	4.81	3.11	2.90	2.38	2.41	2.29	2.83	5.22	5.24	4.52	3.81	3.48
营业税	0.29	0.00	0.00	0.00	0.00	0.00	0.00	0.00	0.00	0.00	0.00	0.00	0.01
房屋税	2.87	2.11	0.64	0.56	0.28	0.26	0.30	0.37	0.69	0.97	0.88	0.60	0.66
印花税	2.63	4.50	1.03	1.09	1.25	2.10	2.05	1.99	1.86	2.33	2.58	2.15	2.05
消费税	1.75	1.98	0.36	0.33	0.36	0.41	0.31	0.29	0.46	0.43	0.44	0.38	0.49
机动车辆税	1.06	1.86	0.64	0.93	0.92	0.87	0.84	0.82	0.90	0.51	0.57	0.74	0.86
费用、罚金及其他罚款	2.81	2.99	1.74	1.77	1.53	1.43	1.29	1.49	1.84	1.96	1.54	1.59	1.72

资料来源：澳门特别行政区政府统计暨普查局。

博彩税收在经常收入中的占比则更高。从表 2 可以看出，赌权开放以后，博彩税收占经常收入七成以上，近五年平均占比 84.90%，高于统计期总体平均占比，表明了近年来澳门的财政收入对博彩税的依赖程度有增加的趋势。相比博彩税收，其他各项税费占经常收入的比重较低，其中 2017 年所得补充税占比约为 4.52%，印花税占比 2.58%，费用、罚金及其他罚款占比 1.54%。这一不平衡的税收结构直接制约了澳门经济的可持续健康发展。近年来，澳门特区政府亦已深刻意识到过于依赖博彩税所带来的局限，并试图通过增加其他税种收入来调节总体财政收入结构，取得一定效果。近五年职业税、所得补充税及印花税占经常收入比重较统计期总体平均水平为高，呈现整体增长迹象。

二　财政支出现状

财政支出与政府职能存在直接的关联性。政府职能决定了财政支出的规模与结构，其变化也会导致财政支出规模与结构的变化[①]。反之亦然，即财政支出不仅反映政府的职能及其政策选择，而且能体现政府介入社会经济的规模与深度。在公共财政的框架下，澳门特区政府首先需要保障政府的正常运作，保证行政当局的有效管理和社会秩序的平稳运行，其次是发展社保、教育、医疗、环保等公共服务，最后是支持政策倾斜和重点投资发展的项目。

（一）财政支出与预算支出

从图 3 可以看出，回归后澳门经济高速发展，依据“以政控财，以财行政”的原则，特区政府财政管理良好有序，特别是赌权开放以后，财政支出大幅增长，澳门财政总支出由 1999 年的 164 亿澳门元增加到 2017 年的 813 亿元，增加约 4 倍。其间，受国际经济形势影响，2007 年和 2013 年支出出现了两次较大幅度减少。

澳门长期实行量入为出、收支平衡的财政方针。澳门基本法第 105 条规定：“澳门特别行政区的财政预算以量入为出为原则，力求收支平衡，避免赤字，并与本地生产总值的增长率相适应。”澳门特区政府在编制预算时，遵守

① 吕开颜、杨道匡：《澳门财政支出特点分析和建议》，《广东社会科学》2008 年第 6 期。

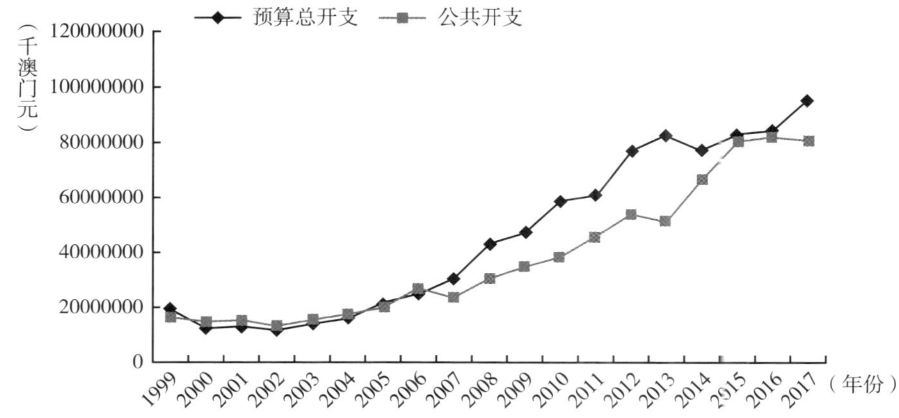

图 3　1999～2017 年澳门预算总开支与公共开支

资料来源：澳门特别行政区政府统计暨普查局。

年度性、单一性、分类性及平衡性等原则，同时采取压缩开支、减少动用历年结余、简化人事结构和合理使用财政资金等举措。为达到收支平衡的目标，往往采取保守策略，在预计收入时偏松，在估计支出时偏紧，以保证年度结算时有一定结余①。从整体来看，澳门公共预算支出从 2000 年到 2013 年整体呈现增加趋势，2014 年受到外部因素影响，政府在预算中削减开支。2015 年后，随着博彩业的复苏，预算开支缓步回升。总体上，2006 年以前预算开支和实际开支基本相符，预算开支略少于实际开支；2006～2013 年，预算开支明显大于实际支出，这段时间澳门特区政府对实际支出控制得比较严格，过于严格的控制会减少财政职能的调节作用，无法满足经济增长对基础设施的需求；自 2014 年开始，预算开支与实际支出差距逐步缩小。

（二）财政支出结构

澳门特区政府的财政支出可以分为经常开支、资本开支和指定账目支出三个类别。经常开支是政府行政运作的日常支出、社会福利支出以及对教育、卫生医疗、环保费用等的支出。经常开支是政府支出的主要部分。资本开支主要包括大型建设项目投资，以及与政府运作有关的固定资产购置维护等开支。此

① 钟术：《澳门的财政预算制度与博彩税收入》，《上海财税》总第 238 期。

外，资本支出还包括利息支出等。指定账目开支即自治机构支出，2007 年后并入总账目。

在所有开支中，经常开支所占比重最大，1999 年，经常开支占总开支 49.01%，2017 年占总开支 74.59%。回归以来，总体经常开支平均占比 75.10%，近五年平均占比 82.39%。从表 3 可以看出，近年来经常支出占比整体上升。其中，经常转移及其他经常开支近五年平均占比高于统计期总体平均水平。资本开支近年则有所下降，近五年平均占比 17.61% 低于总体平均占比的 18.38%。其中，投资占比近五年有所下降，资本转移及财务活动开支则有所增加。

表 3　澳门公共开支结构

单位：%

经济分类	1999年	2010年	2011年	2012年	2013年	2014年	2015年	2016年	2017年	近五年平均	总体平均
经常开支	49.01	84.35	75.20	68.16	81.91	86.39	84.23	85.32	74.59	82.39	75.10
人员	35.90	28.47	31.61	32.84	31.72	26.13	25.27	26.10	32.74	28.06	29.82
货物及服务	8.42	18.89	21.40	21.28	20.13	16.62	14.68	13.97	15.79	15.88	15.95
经常转移	51.91	47.81	42.59	40.98	43.58	52.84	55.67	55.42	45.90	51.38	49.60
其他经常开支	3.71	4.82	4.40	4.90	4.56	4.40	4.38	4.50	5.56	4.68	4.61
资本开支	8.42	15.65	24.80	31.84	18.09	13.61	15.77	14.68	25.41	17.61	18.38
投资	80.56	89.66	82.72	83.69	82.93	85.61	76.38	78.36	66.92	75.97	79.98
资本转移	3.34	0.88	0.46	0.82	0.64	1.29	1.19	5.24	2.14	2.20	1.78
财务活动	16.10	9.46	16.82	15.48	16.42	13.10	22.43	16.40	30.94	21.83	18.24
自治机构的开支	42.58	—	—	—	—	—	—	—	—	—	—

资料来源：澳门特别行政区政府统计暨普查局。

（三）按职能分类的开支及结构

在经济发展的初期阶段，国家需要用较大比例的收入去维持政府行政及经济的正常运转。随着经济的发展，特别是澳门实行自由经济政策，预计这部分开支的比例在未来会继续保持下降。在经济发展的中期阶段，随着人均收入的提升，社会公共需求的规模也随之增长，政府会逐步增加教育、卫生方面的投资，用于社会保障的投资比例也会随之增加。基建投资总额上升，但占总开支的比重会逐步下降。当经济发展趋向成熟后，随着经济高速发展及财政收入的增加，公共支出的重点由以基础设施建设为主转向以人力资源支出和转移性支出为主。随着人工开支及建设成本的增加，政府基建投资总额会有一定程度增加。但是，随着北安码头的建成及轻轨的建设进入尾声，特区政府未来基础建设方面的支出比例会逐步下降。

表 4 给出了澳门财政按职能分类的支出结构。2002 年以来，特区政府各项开支均有大幅增长。例如，住房及社区设施支出 2002 年为 0.7 亿澳门元，2017 年为 156.4 亿澳门元，增长 222.4 倍，绝对涨幅最大。特区政府注重居民房屋需求，逐步加大公共房屋方面的投资。特区政府提出“社屋为主，经屋为辅”的公共房屋发展方针，优先照顾弱势及核心家团，预计未来公共房屋方面的支出会继续增长。

表 4　澳门特区政府财政按职能分类的开支结构

单位：%

类型	2002年	2010年	2011年	2012年	2013年	2014年	2015年	2016年	2017年	近五年平均	总体平均
一般公共服务	18.89	14.62	15.56	11.33	15.87	13.53	15.69	13.44	13.44	14.39	15.66
公共秩序及安全	18.84	11.61	10.57	10.03	13.04	11.48	14.49	13.95	17.17	14.03	13.37
经济事务	12.10	17.41	15.04	15.13	16.70	17.19	12.52	13.96	13.89	14.85	15.23
环境保护	2.17	1.70	1.65	1.20	1.64	1.87	1.34	1.65	1.19	1.54	1.69
住房及社区设施	0.68	3.27	4.81	7.55	3.43	2.27	2.93	2.08	2.07	2.56	3.16
医疗保健	12.01	8.06	8.77	8.20	9.58	9.22	10.19	10.31	9.76	9.81	9.34
娱乐、文化及宗教	7.64	4.01	3.68	3.62	4.58	4.35	3.80	4.53	4.27	4.31	4.75
教育	16.32	14.92	17.75	22.02	17.29	14.94	14.75	14.89	13.94	15.16	15.80
社会保障	11.35	24.41	22.17	20.92	17.87	25.14	24.30	25.18	24.27	23.35	21.00

资料来源：澳门特别行政区政府统计暨普查局。

从动态来看，2002 年社会保障、医疗保健与公共秩序及安全支出合计 43.5 亿澳门元，占当年总开支的 42.2%；2017 年为 386 亿澳门元，增加约 8 倍，占当年总开支的 51.2%。这几项支出近五年平均占比高于总体平均占比，这也就充分说明了特区政府近五年逐渐加大了社会保障及公共安全方面的支出。社会保障和医疗保健开支中，政府的“现金分享”政策、医疗券发放及“持续进修计划”等公共品支出占了很大比例。澳门特区政在 2008 年提出了双层式社会保障制度的构想，从 2013 年开始向社会保障基金额外注资，分四年共注资 370 亿澳门元，将每年从博彩毛收入 3% 款项中拨入社保基金的比例由 60% 增至 75%；同时设立中央公积金账户，调升居民养老金。这些都使社会保障支出增加。

其他开支中，如一般公共服务、经济事务、环境保护、文娱及教育等方面的支出较 2002 年以来也有大幅增加。2002 年这几项支出合计 59 亿澳门元，占当年总开支的 57.1%；2017 年为 352 亿澳门元，增加 5 倍，占当年总开支的 46.7%，占比有所下降。一般公共服务开支占比总体下降，说明特区政府能够很好地控制政府机构的规模，在一定程度上提高了行政效率。

三　财政盈余、储备及投资状况

（一）财政盈余

图 4 显示了 1999～2017 年澳门财政盈余的变化情况，1999～2013 年澳门当期财政盈余呈现上升态势，2013 年的财政盈余相对 1999 年增长 406.5 倍，因澳门财政支出极少动用财政盈余，所以历年累积的财政储备非常可观。过多的财政盈余一方面违背了澳门预算应当“量入为出，力求收支平衡”的原则，另一方面会导致财政资金运用效率低下，拉低经济整体发展。2014 年后澳门受外围经济形势影响，博彩收入下滑，当期财政盈余随之下降，2016 年博彩业复苏后，财政盈余有所回升。

（二）财政储备

财政储备是政府为了应付预算中出现赤字或临时出现的不可预测的困难等而在国家预算中设置的一种货币基金①。合理地管理和使用财政储备可以促进整体社会的福利增长，使社会大众公平、公正地分享公共财富，并且能为社会可持续发展创造条件。因此，财政储备制度的建立可以在面对经济困境时多一

① 苏育楷：《香港财政储备制度的发展现状及趋势》，《商业经济研究》2014 年第 5 期，第 109～110 页。

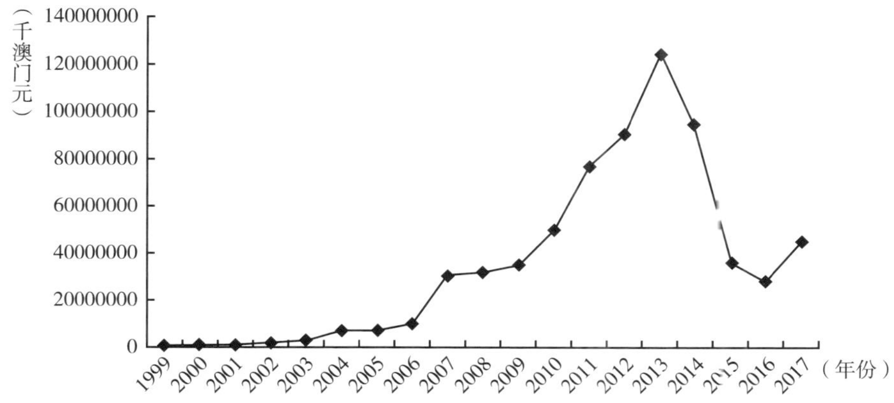

图4　1999～2017年澳门财政盈余

资料来源：澳门特别行政区政府统计暨普查局。

些政策回旋余地，更可促进宏观经济稳定、优化财政预算及平滑代际收入。①

2010年11月10日，澳门立法会一般性通过《财政储备制度》，并于2011年8月12日细则性通过《财政储备法律制度》法案（第8/2011号法律，以下简称《制度》）。法案于2012年1月1日起生效。此举标志着澳门财政储备制度的正式建立。按照《制度》规定，特区财政储备由“基本储备”和“超额储备”两个部分构成。基本储备是“为澳门特别行政区公共财政支付能力提供最后保障的财政储备”，其金额“相当于经立法会审核并通过的最近一份财政预算所载的澳门特区中央部门开支拨款总额的一倍半”。超额储备是“为配合澳门特别行政区公共财政政策的施行并为公共财政支付能力提供保障的财政储备，尤其可为澳门特区年度财政预算赤字及经济社会发展的资金需求提供财政支持”，其金额“相当于满足基本储备后所剩余的财政储备结余”。基本储备仅在超额储备完全耗尽的情况下才能使用。② 同时，《制度》第9条授权澳门金融管理局负责财政储备的投资及管理。

① 鲍伟春：《建立财政储备制度：国际经验回顾》，《澳门金融研究季报》总第10期，澳门特别行政区政府金融管理局网站，https://www.amcm.gov.mo/files/research_and_stats/research_and_publication/quarterly_report/issue_no_10/fiscal_reserve_system_cn.pdf。

② 《财政储备法律制度》（第8/2011号法律），澳门特别行政区政府印务局网站，https://bo.io.gov.mo/bo/i/2011/35/lei08_cn.asp。

按照授权，金管局将截至2011年12月31日的“储备基金”与“历年滚存”结余整合后约988.6亿澳门元（转入财政储备作为启动资金），其中基本储备988亿澳门元，超额储备0.6亿澳门元。余款542亿澳门元作为外汇储备①。经过几年运营，截至2017年，基本储备、超额储备及总财政储备分别达到1279.5亿澳门元、3620.9亿澳门元及4900.4亿澳门元（见表5）。相较于期初增长292亿元，3620亿元及3902亿元。澳门财政储备满足了《制度》规定的基本储备金额，累积的超额储备也满足了特区政府公共财政政策的施行需要，保障了公共财政支付能力，为澳门经济和社会发展提供了有力的财政支持。

表5　澳门财政储备组成

单位：亿澳门元

年份	期初	2012	2013	2014	2015	2016	2017
基本储备	988	988	1119.2	1164.6	1318.8	1328.2	1279.5
超额储备	0.6	14.39	569.8	1298.8	2131.7	3058.4	3620.9
财政储备	998.6	1002.4	1689	2463.4	3450.5	4386.6	4900.4

资料来源：澳门特别行政区政府统计暨普查局。

（三）储备投资

财政储备运营初期，金管局依据谨慎原则，着力监控投资组合回报的短期波动，确保本金的安全及流动性②。2012～2015年财政储备基金投资整体回报较低。受到外界质疑储备资产投资回报过低的压力，从2013年开始，金管局在总体风险可控的情况下，把握市场机会，对财政储备资产进行适度多元化，逐步加大在岸及离岸人民币债券投资比重，以期获得较高回报。2014年金管局启动了股票相关投资，由外聘资产管理公司负责具体投资操作，将约7.7%的财政储备资产投资于已发展市场、新兴市场及内地A股市场。投资所涉及

① 《澳门特别行政区财政储备2012年度报告书及账目》，澳门特别行政区政府印务局网站，https://bo.io.gov.mo/bo/ii/2017/13/avisosoficiais_cn.asp#amm。

② 《澳门特别行政区财政储备2012年度报告书及账目》，澳门特别行政区政府印务局网站，https://bo.io.gov.mo/bo/ii/2017/13/avisosoficiais_cn.asp#amm。

的外汇币种也进一步多元化，包括美元、港元及人民币等。2017 年，金管局将约 17% 的储备资产交由专业外聘投资机构负责管理。同时得益于环球经济逐渐复苏及资产配置的不断优化，2017 年财政储备投资录得近 220.76 亿澳门元盈利，年回报率为 4.8%，创出成立以来新高（见图 5）。2012～2017 年，澳门财政储备投资累计录得约 387 亿澳门元总投资收入，平均年化回报率为 2.1%。

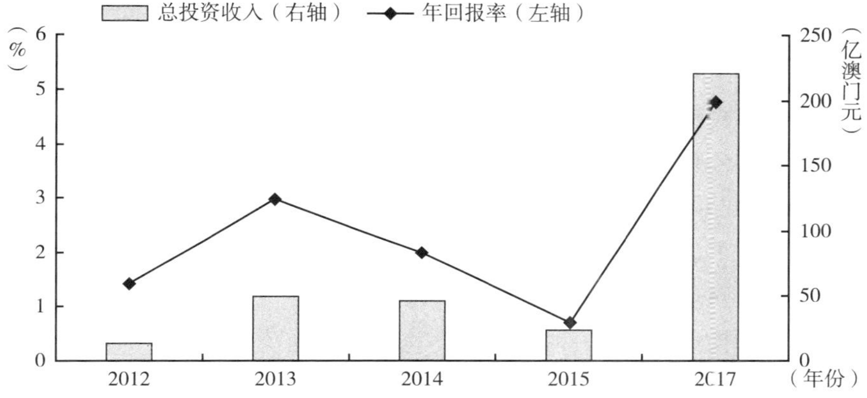

图 5　2012～2017 年澳门特区政府财政储备总投资收入及年化回报率

资料来源：根据 2012～2017 年澳门特别行政区财政储备报告书及账目整理。

四　澳门财政存在的问题及政策建议

由于属于小微经济体，澳门容易受到外部因素的影响，在国际经济形势风云变化之下，其财政依然存在较多可改进的空间。

（一）存在的问题

财政收入单一。澳门税制简单、税种少，税率低和税负轻，个人所得税最高仅为 12%。此外，特区政府一直维持减免部分税收等优惠政策，因此收入主要来自博彩业。收入来源过于单一，影响澳门财政收入的稳定性与经济的可持续发展。特别是当博彩业受外围经济影响时，必然导致财政收入的减少，财政现金流的不稳定极大地影响到整体经济长远稳定的发展。

预算缺乏长远规划。回归以来，澳门特区政府为了解决即时性的社会需求，推出了许多“临时性”措施，如2008年推出的“工作收入临时补贴措施”“一次性现金资助补贴”等。这些暂时性措施虽然在一定程度上满足了社会诉求，但由于缺乏长远规划以及相应的配套预算体制，无法从根本上解决澳门社会的深层矛盾。

预算收支与实际收支偏离。回归以来，澳门财政预算与实际收支一直存在偏离。预算与实际收支的偏离一方面说明政府预算无法对财政收支进行有效控制与管理，另一方面说明政府的预算管理缺乏远见及预测的能力缺乏科学性。

公共项目投资运作效率低下。例如，澳门大学建设超支44亿澳门元；氹仔轻轨工程的公共工程造价不断上升，投资成本由2007年预算的42亿澳门元到2017年超过500亿澳门元，预算成本超过10倍。近年澳门大型政府项目几乎都出现了严重的超支①，这表明特区政府公共投资一方面管理水平有待提高；另一方面则是投资执行效率亟须提升。

财政盈余投资收益低。博彩业的高速发展带动了财政收入的连年大幅增长，为特区政府提供了丰厚的税收来源，积累了可观的外汇储备和财政储备资产。因特区政府投资策略偏保守，一直以来收益率偏低。如何妥善利用财政盈余，提升投资组合收益，使澳门经济实现可持续发展，成为特区政府面对的一个重要问题。

（二）政策建议

随着纲领性文件《粤港澳大湾区发展规划纲要》的出台，深化粤港澳大湾区的紧密合作、提高湾区经济实力、增强湾区竞争力、建设国际一流湾区和世界级城市群成为澳门未来10~15年的历史性任务。特区政府需要充分发挥财政职能，促进区域内经济协同发展，助力澳门经济结构升级和适度多元发展，发挥澳门自身独特优势，加速融入粤港澳大湾区，保证澳门长期稳定繁荣，从而提升人民福祉，共担民族复兴的历史责任。

促进财政收入多元。在澳门适度多元政策的推动下，澳门博彩与非博彩行

---

① 张涛：《澳门财政状况与经济增长互动性分析》，《商业研究》2016年第11期。

业联动效应明显，博企持续增加非博彩业务的投入，开拓更多非博彩元素及有序发展中场业务，澳门正在逐步过渡到综合旅游的形态。多元化旅游模式促进了会展、珠宝、手信、航运和物流等相关产业的发展。澳门特区政府应该充分运用财政管理职能，促进博彩上下游企业的发展，优化市场结构，拓展新的经济增长点，促进财政收入多元。

调整税收结构。澳门特区政府可以根据现有税收结构，调整税种、税基，合理增减税率。做到既不影响普通居民生活，又能平衡社会贫富差距，还能扩大收入基础、稳定财政收入，促进整体经济平稳健康发展。

提高预算编制水平。公共财政必须以具有公开、透明的预算为基础。澳门特区政府应该科学编制财政预算，提高预算编制水平，使预算与实际收支更为接近，以准确管控政府资源的取得与使用；权衡财政收支，充分利用财政禀赋，优化支出结构，提升财政决策效率，做到公平与效率兼顾。

加大监管力度。加大监管力度能够帮助特区政府实现财政管理的规范化，有利于形成公开、透明、完整、严格的财政管理模式，提高特区政府的公共投资执行效率，满足社会财富转移、分配以及福利最大化的需要。

增加财政储备回报。随着国际金融市场动荡加剧，澳门财政储备投资可以通过加强制度建设、优化投资组合、资产币种多元化等方式，减少风险，保证合理回报，以更好地达到取得公共财富的最大效益及防范财政风险之目的。

B.16
中国与葡语国家商贸合作服务平台建设与发展

叶桂平 *

摘　要： 2018年是中国—葡语国家经贸合作论坛成立十五周年，澳门参与“一带一路”和粤港澳大湾区建设正在不断深入。本文从经贸和文化两个角度重点分析2018～2019年澳门建设中葡平台取得的新进展，梳理出澳门面临的崭新机遇，未来促进平台发展的若干可行路径。在展望未来机遇及挑战的同时，对进一步需要开展及强化的工作提出建议，以供学界、政府及社会参考。

关键词： 中国　澳门　葡语国家　中葡平台

2018年是中国—葡语国家经贸合作论坛（澳门）成立十五周年。这一年，澳门特区政府、中葡论坛秘书处及相关部门积极发挥澳门优势，先后在澳门、北京、葡萄牙举办多项与十五周年相关的庆祝活动，加强宣传推广澳门的平台功能优势，对外积极宣传澳门建设中国与葡语国家商贸合作服务平台的成果及进展。同时，澳门特区政府和中葡论坛秘书处还委托中国社会科学院世界经济与政治研究所开展第三方评估工作，总结中葡论坛十五年来的工作成果，在展望未来机遇及挑战的同时对进一步需要开展及强化的工作提出建议。

2018年10月，由澳门特区行政长官崔世安主持的“中国与葡语国家商贸

---

* 叶桂平，现为澳门城市大学协理副校长、葡语国家研究院院长、教授，主要研究葡语国家与澳门问题。

合作服务平台发展委员会”第三次会议顺利举行，会议回顾委员会自 2017 年以来推进中国与葡语国家商贸合作服务平台建设的工作情况和进展，并总结及展望中葡商贸合作服务平台建设的相关工作。通过这个提升跨部门协同合作的“顶层设计”机制，制定相关政策和措施，有助于中葡平台建设持续升上新层次。①

此外，作为“中葡论坛部长级会议”的举办场地，以及集葡语国家产品展示中心、中国与葡语国家企业服务中心、图书馆及信息中心、中国与葡语国家经贸关系及文化展览馆、中国与葡语国家培训中心等功能为一身，亦可用作祖国内地及论坛各与会国举办有关经贸、金融、旅游、教育及文化等领域相关活动的“中国与葡语国家商贸合作服务平台综合体”，正在加快建造当中。其中，第一期工程包括整座综合体设计连建造，以及主会场、多功能会议厅等装修工程，已于 2018 年 9 月完成地库挖掘工程；第二期工程包括行政楼及展览厅等的内部设计及装修工程，亦将于 2019 年内按序开展设计元素的招标工作。②

一　打造中葡平台是发挥“国家所需，澳门所长”的重要体现

凭借传统的人脉、语言和文化联系优势，澳门与世界上八个葡语国家葡萄牙、巴西、东帝汶、安哥拉、莫桑比克、几内亚比绍、佛得角、圣多美和普林西比有着深厚的关系。十五年来，借助澳门作为平台之所长，中国与葡语国家的联系越来越紧密，合作更是自商贸拓展到文化等多个领域。

在促进商贸合作领域方面，澳门特区政府和中葡论坛继续落实第五届部长级会议签署的《经贸合作行动纲领（2017～2019 年）》《关于推进产能合作的

① 《中国与葡语国家商贸合作服务平台发展委员会第三次会议》，澳门特别行政区政府新闻局网站，2018 年 10 月 12 日，https：//news. gov. mo/detail/zh - hans/N18JLzVndQ? 4&keyword = % E5% B9% B3% E5% 8F% B0% E5% 8F% 91% E5% B1% 95% E5% A7% 94% E5% 91% 98% E4% BC% 9A% E7% AC% AC% E4% B8% 89% E6% AC% A1% E4% BC% 9A% E8% AE% AE。

② 《经济财政领域 2019 年财政年度施政方针》，澳门特别行政区政府经济财政司司长办公室网站，https：//www. gsef. gov. mo/system/pdf _ files/pdf _ cns/000/000/016/original/% E7% B6% 93% E8% B2% A1% E6% 96% B9% E9% 87% 9D_ C. pdf? 1542788276。

谅解备忘录》，以及中央政府宣布的一系列新举措，并配合中葡论坛（澳门）第六届部长级会议筹备工作开展前期协调及沟通，积极拓展与葡语国家的交流联系。2018 年 6 月，组织了由政府机构、商会、金融机构与葡语国家有业务联系的企业代表组成的代表团到葡萄牙及巴西考察，参加“中国与葡语国家企业经贸合作洽谈会”，并出席中葡论坛成立十五周年系列庆祝活动，进一步向葡语国家介绍澳门的最新发展情况及机遇。洽谈会期间，进行了逾 80 场商业洽谈，成功签署了 24 项涉及金融、投资、青创、商贸、税务合作、消费者保护等多个领域的合作协议。代表团在巴西先后与巴西计划发展及管理部、工贸服务部官员和里约热内卢州政府官员会晤，分别就彼此关注的多项事务交换了意见，包括推进澳门与巴西签署避免双重征税、税务信息交换的文件，澳门特区政府经贸部门与巴西经贸部门互设办事处的可行性，澳门与巴西建立政府部门间恒常的沟通及信息交换渠道，透过澳门的平台作用协助巴西中小企业进入中国市场，以及加强中国与巴西中小企业双向合作，加强澳门与巴西的政府之间、商会之间、企业之间在各领域的沟通合作。①

在推进中葡金融服务平台建设，致力打造葡语国家人民币清算中心方面，澳门特区政府金融管理局于 2018 年 1 月专门赴葡萄牙与当地多个主管金融的部门进行交流，就推广澳门特色金融政策及未来双方合作方向加强沟通；同年 6 月组织内地和澳门金融机构、企业的高层代表团赴葡萄牙与当地金融监管机构及业界进行座谈，就澳门搭建中葡金融合作桥梁，推动澳门打造中葡金融服务平台等议题进行了深入交流。其间，金融管理局与葡萄牙保险和退休基金监管局签订了新的《合作及技术援助协议书》，进一步深化双方在保险监管交流、人员培训及技术等方面的合作。此外，澳门一家中资银行与葡萄牙两家银行分别签署了《人民币业务清算及结算协议》和《人民币业务协议》，通过澳门平台办理中葡人民币清算业务、提供人民币金融服务支持等，进一步助力澳

① 《“中国与葡语国家企业经贸合作洽谈会－里斯本－2018”在葡举行　安排24份签约项目逾80场商业配对洽谈》，澳门贸易投资促进局网站，2018 年 6 月 22 日，https：//www. ipim. gov. mo/zh－hant/ipim－news－zh－hant/20180622－%E4%B8%AD%E5%9C%8B%E8%88%87%E8%91%A1%E8%AA%9E%E5%9C%8B%E5%AE%B6%E4%BC%81%E7%B6%93%E8%B2%BF%E5%90%88%E4%BD%9C%E6%B4%BD%E8%AB%87%E6%9C%83－%E9%87%8C%E6%96%AF%E6%9C%AC－2018。

门建设“葡语国家人民币清算中心”。同时，特区政府金融管理部门还继续透过与澳门银行公会合作，推动更多澳门中资银行与葡资银行借助其银行集团的资源开展客户梳理，并由与澳门相关银行组成的“人民币清算中心跟进工作组”推进具体工作。①

在致力发挥“中葡合作发展基金”作用方面。2018 年 5 月，澳门特区政府工商业发展基金代表出席了在北京举行的中葡合作发展基金第三次合伙人大会；7 月到北京分别拜会国家开发银行及中非基金，积极反映澳门方意见，推动项目落实。此外，2018 年，澳门特区政府曾分别与中葡合作发展基金及拟投资方进行了近 10 次的会面及商谈，积极跟进及推动该基金在葡萄牙投资项目的磋商。同时，继续争取降低中葡合作发展基金的门槛，以及争取放宽接纳澳门及青创项目的限制，让更多澳门及内地企业参与葡语国家的投资项目。另一方面，2018 年中葡合作发展基金澳门总部人员还先后走访深圳、珠海、中山、广州、江门及惠州等粤港澳大湾区城市并进行推介及参与活动；透过中葡合作发展基金协调内地大型金融机构向本地从事金融相关行业的青年提供实习机会，首批参与实习计划的 5 名人员于 2018 年 4 月出发到北京进行实习，其中 3 名学员已完成实习回澳。②

在培训和文化交流方面，中葡论坛的下设机构中葡论坛（澳门）培训中心还与澳门城市大学、澳门大学等高校合作，于 2018 年先后开办以基础设施建设、服务贸易、传统医药、旅游与会展管理及知识产权为主题的研修班，为近 130 名来自葡语国家的官员和技术人员提供培训，并组织学员参加内地大型会展活动；2018 年 10 月继续主办“第十届中国 – 葡语国家文化周”系列活动。同年 10 月，还正式签署了《海关总署和澳门特别行政区经济财政司关于支持澳门实施金伯利进程证书制度的安排》，这对加快推动澳门制造业朝着高端、高附加值方向发展，推动产业适度多元，建设中国与葡语国家商贸合作服

① 《金管局组内地本澳金融高层代表团访葡萄牙　搭建中葡金融合作桥梁　助推中葡金融服务平台》，澳门特别行政区政府经济财政司网站，2018 年 6 月 26 日，https：//www. gsef. gov. mo/zh/posts/2037。

② 《经济财政领域 2019 年财政年度施政方针》，澳门特别行政区政府经济财政司司长办公室网站，https：//www. gsef. gov. mo/system/pdf_ files/pdf_ cns/000/000/016/original/% E7% B6% 93% E8% B2% A1% E6% 96% B9% E9% 87% 9D_ C. pdf? 1542788276。

务平台都具有重要意义。①

在推动中医药合作方面，2018 年 6 月首次举办“非洲葡语国家中医药合作——中医特色疗法培训班”。澳门特区正积极筹建中医药海外中心和产品注册平台，深化中医药在莫桑比克的传播、普及和应用。2018 年与莫桑比克卫生部合作开办 4 期中医药合作系列培训，为当地公立医院的医生及理疗师进行中医特色疗法的技法培训，为 30 名来自安哥拉、佛得角、几内亚比绍、莫桑比克的医生和理疗师进行培训。同时，启动中葡双语中医特色疗法标准化教材的编写研究工作，以及中医特色疗法课程进入莫桑比克中等学历教育的项目研究；推动中医药产品在莫桑比克注册、贸易和上市，有序开展莫桑比克中医药海外中心的后续筹备工作，力争与以葡萄牙、荷兰等欧盟国家为主的专家、贸易商、协会建立长期沟通机制，进一步推动以葡萄牙为基地、面向欧盟的市场网络。②

二　丰富葡语国家元素，加快建设“三个中心”

（一）推进葡语国家食品集散中心建设

2013 年 11 月，时任国务院副总理汪洋在中国—葡语国家经贸合作论坛（澳门）第四届部长级会议上明确支持澳门建设“三个中心”，即葡语国家食品集散中心、中葡经贸合作会展中心和中葡中小企业商贸服务中心。“三个中心”的提出成为澳门构建中国与葡语国家商贸合作服务平台最主要的抓手③。在“一带一路”倡议下，澳门把握中葡合作发展基金总部迁至澳门的机遇，努力建设“三个中心”，采用线下联动的方式，持续强化澳门作为中葡平台的功能，推广葡语国家产品，促进内地、葡语国家、澳门企业深化合作。

透过与商协会和企业的协作，特区政府经贸部门在澳门以及内地多个城市

① 《梁维特在京签署金伯利进程证书制度安排》，澳门特别行政区政府新闻局网站，2018 年 10 月 15 日，https://www.gcs.gov.mo/showNews.php?PageLang=C&DataUcn=131347。

② 《粤澳“造船”助中医药“出海”》，广东《南方日报》2018 年 12 月 14 日。

③ 叶桂平：《澳门特区的“一平台，三中心”建设现状、问题及展望》，载王成安等主编《葡语国家发展报告（2016～2017）》，社会科学文献出版社，2017，第 167 页。

设立葡语国家食品展示网络，推动葡语国家食品以澳门为平台进入内地市场。截至2018年7月，在澳门设置的葡语国家食品展示点共6个，在内地设置的展示点共23个（包括在重庆、江门、长沙、上海、宁波、贵阳等地），以推动葡语国家产品走进粤港澳大湾区及内地兄弟省区等市场，让更多内地消费者能够亲身体验优质的葡语国家食品。截至2018年8月底，葡语国家食品展示中心展出的商品超过1300件，来自170多家企业。“中国－葡语国家经贸合作及人才信息网”[①] 内设的“葡语国家食品资料库”累计收集了25000多件产品数据。此外，除首次在澳门举办包含葡语国家元素的社区消费活动外，为推进澳门葡语国家食品集散中心建设与粤港澳大湾区建设有机结合，2018年上半年，特区政府经贸部门先后到佛山、肇庆、惠州、东莞及福州举办“葡语国家食品推介及商机对接会”，为澳门企业与当地采购商提供对接及洽谈平台，协助将葡语国家产品推介到内地市场。下半年还于沈阳及武汉举办同类对接及推广活动，以进一步推动葡语国家产品进入内地市场，扩大葡语国家产品在内地的知名度及影响力，以及招募更多内地企业成为葡语国家产品代理商。[②]

（二）更多葡语国家元素的注入使会展内容更加丰富

为建设中葡经贸合作会展中心，澳门特区政府借助中葡平台发展会展业，努力争取更多葡语国家会展活动来澳举办，丰富有关葡语国家的展示内容。例如，澳门特区政府2017年首次举办“央企支持澳门中葡平台建设高峰会”，24家中央企业共120多名代表来澳出席，会议促进了央企与葡语国家及澳门企业的交流合作。此外，组织葡语国家代表参加“中国进出口商品交易会”（广交会）、“中国－拉美企业家高峰会”、“中国国际进口博览会”等大型会展活动；组织代理、代销或分销葡语国家产品的公司到福州、天津及肇庆参与

---

① “中国－葡语国家经贸合作及人才信息网”（www. platformchinaplp. mo，以下简称“信息网”）是建设“三个中心”的重要措施之一。该信息网已经于2015年4月1日开通，设有中葡双语人才资料库、葡语国家食品资料库、专业服务供应商、会展资讯、商贸资讯等栏目。

② 《经济财政领域2019年财政年度施政方针》，澳门特别行政区政府经济财政司司长办公室网站，https://www. gsef. gov. mo/system/pdf_files/pdf_cns/000/000/016/original/%E7%B6%93%E8%B2%A1%E6%96%B9%E9%87%9D_C. pdf?1542788276。

“活力澳门推广周”并推介产品；[①] 赴安徽省合肥市、江苏省南京市、扬州市、广西壮族自治区南宁市和北海市考察企业并举办产能合作对接活动。

澳门特区政府经贸部门于2018年11月组织澳门制造食品及代理葡语国家食品的澳门企业赴上海参加“中国国际进口博览会”，并于“货物贸易—食品及农产品”及“服务贸易—综合服务”展区设置展馆，共有41家企业参展，包括27家葡语国家产品代理商及中葡专业服务供货商。此外，设有“葡语国家食品展示中心”专区，展示和推广葡语国家产品，并联同上海相关单位合办葡语国家相关推介活动，共同把握“进博会”为中葡贸易带来的合作新机遇。同时，还组织代表团成员包括商会、社团及企业代表，并邀请澳门综合旅游休闲企业、中资企业等作为采购商参团，透过加强采购商和参展商的洽谈对接，扩大贸易合作。此外，在“一带一路”建设工作委员会的指导下，澳门多个部门组织参与“国家贸易投资综合展—中国馆”、“服务贸易—旅游服务”及“服务贸易—文化教育”展区的组展及设馆工作。[②]

此外，为进一步丰富澳门及内地举办会展活动的葡语国家元素，促进双向经贸交流，第23届“澳门国际贸易投资展览会”（MIF）设葡语国家馆，并邀请莫桑比克和福建省作为伙伴国和伙伴市举办交流对接活动，同期举行“2018年葡语国家产品及服务展（澳门）”。在“2018澳门国际环保合作发展论坛及展览（MIECF）”绿色论坛中，除了设立葡语国家馆外，还在可持续及具抵御能力的生态城市—机遇与挑战环节第一部分设“聚焦国际创未来　连锁加盟新机遇”市场论研活动，不仅丰富了展会的葡语元素，也促进了中葡之间的友好往来。

（三）提供优质营商环境提升企业竞争力

在推进中葡中小企业商贸服务中心建设方面，澳门贸易投资促进局专门设立了葡语市场经贸促进厅，为促进澳门特区作为中葡平台提供协助，参与研究

---

① 《生产力暨科技转移中心率领本澳时装品牌赴闽参展活力周》，澳门特区政府新闻局，2018年5月16日，https://news.gov.mo/detail/zhhant/N18EPTZCT6?2&keyword=%E6%9C%AC%E6%BE%B3%E6%99%82%E8%A3%9D%E5%93%81%E7%89%8C%E8%B5%B4%E9%96%A9。

② 《经济财政领域2019年财政年度施政方针》，澳门特别行政区政府经济财政司司长办公室网站，https://www.gsef.gov.mo/system/pdf_files/pdf_cns/000/000/016/original/%E7%B6%93%E8%B2%A1%E6%96%BD%E9%87%9D_C.pdf?1542788276。

和制定推动发展的政策及措施；协助宣传及推广葡语国家市场及投资环境；促进内地、澳门与葡语国家企业之间拓展业务及经贸合作。葡语市场经贸促进厅的设立，以线下实物体验方式帮助企业了解葡语国家的营商环境、提供政策支持等，不断提高企业的竞争力。①

此外，综合考虑葡语国家市场情况和商机等因素，目前在葡萄牙已设有澳门驻里斯本经济贸易办事处。未来，澳门特区政府也将进一步研究与巴西经贸部门互设办事处的可行性，以及推动澳门成为中国与葡语国家企业的商业纠纷仲裁地点，进一步为澳门企业服务，重点面向内地中小企业，提供法律、会计等信息服务，以配合澳门作为中葡平台的角色，协助中国与葡语国家企业对接和交流。澳门特区政府经贸部门还不断推进“中国与葡语国家企业家联合会”的注册工作，致力于发挥联合会功能。继续与中国、葡语国家及澳门成员协调注册筹备工作，而作为澳门代表加入联合会的“澳门中葡企业家联合会”已于2018年5月成立。澳门贸易投资促进局为联合会提供临时办公地点、筹组秘书处等支持。同时，借助联合会的合作机制，2018年，澳门贸易投资促进局还邀请了该联合会作为6月举行的“中国—葡语国家贸易合作研讨会”、10月举行的“2018年葡语国家产品及服务展”（PLPEX）的特邀协办单位。②

三　进一步深化中葡平台建设的路径

（一）有机结合“一带一路”建设

2015年3月，国家发展改革委、外交部和商务部联合发布了《推动共建丝绸之路经济带和21世纪海上丝绸之路的愿景与行动》，明确提出“发挥海外侨胞以及香港、澳门特别行政区独特优势作用，积极参与和助力‘一带一路’建设”。澳门积极参与“一带一路”建设能提升澳门在中国与葡语国家关

① 《葡语市场服务简介》，澳门贸易投资促进局网站，2019年1月15日，https：//www.ipim.gov.mo/zh-hans/services/dpec/introduction。

② 《中葡论坛创建成就十五载》，澳门贸易投资促进局网站，2018年7月30日，http：//text.ipim.gov.mo/zh-hant/publication/issue-71-july-2018/interview/forum-macao-celebrates-15-years-of-success/。

系中的地位，使澳门更好地发挥其在这一关系中的平台作用。2018 年 12 月，澳门特别行政区政府还与国家发展和改革委员会签署了《关于支持澳门全面参与和助力“一带一路”建设的安排》，明确了澳门参与和助力“一带一路”建设的工作方向。澳门接下来可以按照“一带一路”联席会议机制的要求，发挥自身优势，在实现自身进步的同时，助力“一带一路”建设。

在参与“一带一路”建设中，推进民心相通和资金融通应是澳门特区可行的重要切入点。一方面，澳门特区政府十分注重文化和旅游在民心相通中的作用。在文化领域方面，特区政府推进文化遗产保护、文艺演出、文博展览、文创发展，以及公共文化服务等多个领域各项工作顺利进行，并积极培育和扶持艺文人才，拓展青年人的文化视野、提升文化素养，推进与葡语国家之间的民间交流。同时，为促进中葡文化交流，特区政府还努力完善城市文化生活网络体系，凸显澳门作为中葡文化交流中心的定位。在旅游发展方面，特区政府利用港珠澳大桥的交通优势，加强区域及国际的协同联动发展、促进旅游与相关产业的深度融合，用多元的合作方式通过旅游业推动民心相通发展。未来，建议澳门特区政府继续重视以文化艺术为媒，加强与“一带一路”沿线国家的民间交流；以学术和语言教学为纲，加强“一带一路”沿线国家的教育互通；以居澳归侨和社团为桥，推动“一带一路”沿线国家的贸易交流与合作；以旅游为介，加强中葡民间往来；以及以自身获得的“创意城市美食之都”为荣，推广中葡美食文化。

另一方面，澳门特区应积极搭建中国与葡语国家的金融服务平台。有关中国与葡语国家金融服务平台的建设，大致内容应包含：葡语国家人民币清算中心及人民币业务、中资银行与葡资银行的平台、中葡合作发展基金等投融资平台的建设。近年来中国绿色金融发展迅速，成功推动 G20 成立绿色金融研究小组外，并成为全球最大的绿色债券市场。建议澳门特区政府可以通过协助内地及“一带一路”沿线国家的机构发行绿色债券，进行绿色投资项目融资，加大金融科技领域的研究力度，争取将区块链技术和大数据技术引入现有的金融行业工作，提高金融服务提供商的运作效率，并提高金融风险管理能力。同时，特区政府还可借鉴国家债券发行经验，发行本地绿色债券，为澳门市场创设“基准”，从而推动本地绿色金融市场的发展。此外，建议特区政府鼓励金融机构创新，通过绿色金融引导跨国基建可持续发展。鼓励澳门中小企业加强与内地国企或者大企业进行合作，发挥各自优势，参与中葡合作发展基金的重大项目中。当然，除落实中葡合作发展基金落地外，建议澳门进一步推进与丝路基金、中拉产能合作投资基金、中非产能合作基金的合作，助力“一带一路”建设。

（二）把握粤港澳大湾区建设机遇

粤港澳大湾区是继美国纽约湾区和旧金山湾区、日本东京湾区之后的世界第四大湾区，是习近平主席亲自谋划、亲自部署、亲自推动的国家战略，是新时代推动形成全面开放新格局的新举措，是推进“一国两制”事业发展的新实践。2019 年 2 月，中央正式批准发布《粤港澳大湾区发展规划纲要》。规划纲要提出了大湾区的基本原则、战略定位、发展目标和空间布局，规划了建设国际科技创新中心、加快基础设施互联互通、构建具有国际竞争力的现代产业体系、推进生态文明建设、建设宜居宜业宜游的优质生活圈、紧密合作共同参与“一带一路”建设、共建粤港澳合作发展平台等重点领域。

粤港澳大湾区的建设具有重要的战略意义，可以说是国家发展蓝图中的重大战略部署，是先进制造业和现代服务业有机融合最重要的示范区，是从区域经济合作上升到全方位对外开放的国家战略，是粤港澳城市群未来发展的新机遇、新使命。随着发展纲要规划的出台，澳门特区政府应全力配合国家统一部署，适当调整澳门特区五年发展规划，增加配合粤港澳大湾区建设的政策措施；充分发挥自身独特优势，加强与粤港澳大湾区兄弟城市的合作，共建国际级的粤港澳大湾区和城市群。

（三）鼓励青年创新创业，加强中葡人才培养及文化交流

青年是社会的宝贵财富，也是中国与葡语国家的未来。随着科技的创新、科学的发展，时代正以加速度的方式进步，对此青年人必须有明确的认识，必须有生于忧患、死于安乐的危机意识，必须有不进则退、不强则亡的奋斗意识，才能完善自身、增强竞争力，积极参与时代建设，并做大时代的赢家。

然而，目前澳门在中国与葡语国家青年创新和创业合作中，仍然存在局限性，包括：市场信息不畅通，阻碍青年合作交流；葡语学习参与度不高，青年自身发展受限；等等。对此，建议特区政府和社会充分发挥设在澳门和粤港澳大湾区的“青年创业孵化中心”作用，为中葡青年创新创业提供更多服务支

持；积极与国内外创孵机构合作，为内地、葡语国家、澳门特区的青创团队提供创业空间、商业培训和交流活动等支持服务，为澳门创业者利用当地的优质创业资源“走出去”，为葡语国家的优秀项目“走进来”铺桥搭路。同时，建议澳门特区政府继续落实“中葡青年创新创业交流计划”，多设立“中葡青创营”，多组织一些“中葡考察团”，增加青年交流计划数量，协助更多的澳门创业青年到葡语国家进行学习与交流，加强澳门青年与葡语国家青年之间的互动，了解当地的营商环境。

结　语

2019 年是澳门回归祖国二十周年，同时也是特区政府换届之年。随着国家发展进入新时代，澳门也将迎来发展的新机遇。建设“一带一路”、粤港澳大湾区是新时期、新形势下，全面准确贯彻“一国两制”方针，创新合作机制、加强统筹部署的重要安排，也是中央支持港澳发展、构建区域新型合作关系的重大工程。经中央批准，澳门特别行政区政府与国家发展和改革委员会签署了《关于支持澳门全面参与和助力“一带一路”建设的安排》，如此有助于将粤港澳大湾区建设和“一带一路”建设有机衔接。相信在国家的大力支持下，经过澳门特区政府和社会各界的长期努力，澳门作为中葡平台的作用还将不断提升。

无论是推动产融对接合作，还是促进双向经贸往来，致力丰富“中葡金融服务平台”的内涵，结合推动融资租赁、葡语国家人民币清算等特色金融业务发展的工作，加强与内地、澳门及葡语国家金融机构合作，支持金融机构在澳门拓展葡语国家资产交易业务，并且透过每年举办的包括“国际基础设施投资与建设高峰论坛”在内的对接交流活动，都将有助于推动中国与葡语国家以至“一带一路”沿线地区之间的产融合作。在内地、澳门、葡语国家举办及参与“澳门国际贸易投资展览会”“葡语国家产品及服务展（澳门）”“澳门国际环保合作发展论坛及展览”等经贸会展和推介活动，以及透过澳门侨界团体新建立的“快捷通道”合作机制，都将更有针对性地凸显中葡商贸、“一带一路”元素，促进彼此的经贸往来。下一阶段，争取与包括巴西在内的更多葡语国家以至“一带一路”沿线国家签署《对所得避免双重征税协定》，无疑也将进一步丰富中葡商贸服务的内涵。

B.17

澳门与粤港澳大湾区建设：基础与路径

高婕　盛力*

摘　要： “参与粤港澳大湾区建设”在《2019年财政年度施政报告》中定位为澳门特区政府区域合作工作的重中之重。本文通过对粤港澳大湾区的发展定位与现状进行分析，为澳门融入大湾区建设提出了一些建议与看法。首先，本文分析了大湾区的发展定位、发展方向以及面临的机遇与挑战。其次，本文阐述了澳门在大湾区中的功能与定位。澳门的功能可概括为“精准联系人”、“区域商贸合作服务平台”和“‘一国两制’成功实践示范区”。在粤港澳商贸往来愈加密切、经济融合度增强的同时，澳门应重视中葡平台建设与定位不符、产业结构单一、中小企业发展滞后的短板。最后，针对澳门的发展定位，本文为澳门融入粤港澳大湾区建设提出了四点建议：关注多元与融合，推动高层次高水准开放；抓住大湾区建设的机遇，推进中葡平台建设；扶植中小企业发展，积极引进和留住人才；充分发挥优势产业带动作用，实现产业融合发展。

关键词： 澳门　粤港澳大湾区　区域协调发展　多元与融合

一　粤港澳大湾区发展的战略意义、机遇与挑战

粤港澳大湾区城市群是粤港澳大湾区战略的现实依托和着力点。粤港澳大

---

* 高婕，香港中文大学社会科学学院研究助理，研究方向为城市规划，旅游经济；盛力，澳门大学社会科学学院教授、副院长，研究方向为政治经济学，城市规划。

湾区城市群指广东省的广州、佛山、肇庆、深圳、东莞、惠州、珠海、中山、江门以及香港、澳门特别行政区组成的“9+2”城市群。由于“9+2”城市群的地理位置及其辐射范围与国家发展和对外开放具有协同性，中央对粤港澳大湾区寄予了厚望。2017年，在十二届全国人大五次会议上，国务院总理李克强在《政府工作报告》中提出：“要推动内地与港澳深化合作，研究制定粤港澳大湾区城市群发展规划，发挥港澳独特优势，提升在国家经济发展和对外开放中的地位与功能。”同年7月，在国家发展改革委与粤港澳三地签署的《深化粤港澳合作　推进大湾区建设框架协议》中，明确指出城市群的合作目标是要将大湾区建设成为更具活力的经济区、宜居宜业宜游的优质生活圈和内地与港澳深度合作的示范区，携手打造国际一流湾区和世界级城市群。2018年8月，国务院副总理韩正在北京主持粤港澳大湾区建设领导小组首次会议，提出了大湾区战略定位之一就是国际科技创新中心。同年12月的中央经济工作会议提出的2019年7项重点工作任务中有2项工作任务涉及粤港澳大湾区，包括促进区域协调发展和推动全方位对外开放。[①] 就区域协调发展的任务而言，粤港澳大湾区作为高质量发展的重要动力源，具有规模经济效应，能积极促进城市间网络化程度的全面提升、带动创新要素的集聚和新主导产业的发展。在世界经济见顶回落的背景下，除了培育国内市场形成强大的内需这一重点工作任务外，推动全方位对外开放亦需落实。粤港澳大湾区在助力和参与“一带一路”建设的同时，也肩负着带动深化改革开放的责任。例如，促进由商品和要素流动型开放向规则等制度型开放的转变、推动出口市场多元化、优化大湾区营商环境等。笔者认为粤港澳大湾区的战略定位，尤其是从国家层面出发可以用四个字概括——“里应外合”。

在对粤港澳大湾区的战略意义取得共识的基础上，其面临的机遇和挑战值得关注。粤港澳大湾区具有地理优势及区位优势、经济优势、科技及人才优势、政策优势。与其他湾区不同，粤港澳大湾区的最大特点是“一国两制”，这既为大湾区引进来、走出去提供了便利，又给其合作协调带来了挑战。粤港澳三地历史、文化、政治制度、经济发展、法系体系、社会存在着诸多的差异性，如何建

① 蔡赤萌：《粤港澳大湾区建设：理论框架与香港特色》，《澳门理工学报》2019年第1期，第26~28页。

立协调机制，进行协作治理，对两种不同的社会制度和三个单独关税区进行协调值得思考。长期以来，因为在社会治理等方面的差异，粤港澳三地间的相互配合度较低，存在缺乏体系性的分工合作、市场分割分散、资源配置效率亟待提升等问题，阻碍了湾区城市群整体效益的获得、一体化走向和协同发展①。同时，对于如何将“一国两制”对大湾区建设的正向性放大、负向性降到更低，是三地无可回避的现实。除了配合协作问题，珠三角还存在着产业结构趋同、自主创新能力不足的问题。据统计，珠三角出口企业中拥有自主品牌的不到20%，自主品牌出口占出口总额的比重只有10%左右②。港澳服务业面临外溢效应越来越弱、产业结构过于单一等问题。目前大湾区发展面临的问题既来自城市群间的差异性和重叠性，也来自城市自身内部深层次的矛盾（如经济结构）。虽说粤港澳大湾区的战略发展挑战重重，但对11个城市来说更是难得的发展机遇。

粤港澳大湾区的建设已上升为国家战略，而对于澳门来说 怎样找准自身定位并积极融入大湾区建设是一个为澳门发展探路的战略性问题。在大湾区建设中，澳门既有优势也有劣势，既有其用武之地也有其需要配合之处。找准澳门在粤港澳大湾区中的功能与发展定位需要回答两个问题：如何为大湾区建设贡献澳门力量？如何在参与大湾区建设的历史进程中发展澳门？

二 澳门的功能及发展定位

找准定位是决定前行方向的前提条件。明确澳门在粤港澳大湾区建设中的定位，才能科学、实事求是地制定和实施符合自身发展利益的策略。而笔者提出的两个找准澳门功能和发展定位的问题，简单而言就是澳门能为大湾区做什么和大湾区能给澳门带来什么。这两个问题不能独立回答，“9+2”当中，每个城市都有自己的优劣势，关键在于扬长避短和发挥比较优势。同时，经由国家战略运筹和国家领导人的亲自介入与协调，湾区各城应寻求在集群中共进，寻求群聚发展效应。因此，每个城市都应该树立全局观念、集体意识，今后的发展是一损俱损、一荣俱

① 刘成昆：《融入城市群，打造湾区经济——粤港澳大湾区城市群发展分析》，《港澳研究》2017年第4期。

② 韩海雯：《澳门经济多元化与经济合作发展模式创新》，《特区经济》2017年第12期。

荣。就澳门而言，湾区三轴有其一，澳门的地理区位及在中国对外交流史中的中葡交流合作平台的现实身份决定了澳门是大湾区建设的必要组成部分。

作为三轴之一和特区，澳门地处珠江三角洲核心地段，享有政策优势；虽然澳门不见长于资源禀赋和宏大地理，但是澳门在金融创新和服务业适度多元方面的成就，既有继续提倡的价值，对湾区建设也有借鉴意义。澳门在继续发力建设世界旅游休闲中心以及中国与葡语国家商贸合作服务平台的同时，更多探索如何与其他城市一起共同打造珠江口西岸都市区。尽管区域经济发展在局部失衡，但是澳门经济的比较优势决定了其将在大湾区建设中发挥独特且不可替代的作用，其他城市将在对澳合作中分享和获得发展红利。正如发展策略研究中心会长萧志伟指出，澳门具有独特的定位和作用，在大湾区的角色可概括为“精准联系人”、“区域商贸合作服务平台”和“‘一国两制’成功实践示范区”①。

（一）精准联系人

在大湾区城市群中，澳门的定位之一是“精准联系人”。澳门作为中国与葡语国家商贸合作服务平台的主办方和常设秘书处驻地，是联系欧洲、拉丁美洲的重要枢纽，这是过去、现在和未来长期享有的重大优势，也是相对于作为国际交流枢纽、大湾区城市群“超级联系人”的香港的优势所在。② 澳门中华总商会策略研究委员会主任马志毅指出，在大湾区建设中，澳门除了为区域融合继续提供休闲式的服务外，更要发挥“精准联系人”的作用，对准市场，做好内地与葡语系国家的供求对接③。

在大湾区的建设中，澳门作为世界旅游休闲中心与中葡商贸合作服务平台，可以起到沟通桥梁作用，助力内地企业“引进来，走出去”。

（二）区域商贸合作服务平台

澳门可以发挥中国与葡语国家商贸合作服务平台的作用，打造“三个中心”，推动珠三角地区与葡语国家的商贸合作，配合“一带一路”建设。澳门

---

① 澳门发展策略研究中心：《粤港澳大湾区城市群：澳门的角色、挑战与策略》研究报告。

② 《澳门如何对接大湾区建设》，《人民日报》（海外版）2017 年 5 月 10 日，第 4 版。

③ 陈文鸿、钟民杰：《澳门经济结构优化及在珠江三角洲都会区的定位》，《当代港澳研究》2009 年第 1 期。

在大部分历史时期的功能定位均以“国际商埠”和“文化中介”为主。[①] 由于历史渊源，澳门与葡萄牙、巴西、安哥拉、莫桑比克、几内亚比绍、佛得角、圣多美和普林西比、东帝汶 8 个葡语国家有广泛的经贸联系。而中国与葡语国家的经济、法律等制度都存在差异，澳门作为中葡合作平台的作用十分重要。在人才培养和储备方面，澳门大学开设葡语专业，已培养了一批精通葡语的专业人才。目前，澳门提出打造中葡中小企业商贸服务中心、葡语国家食品集散中心和中葡经贸合作会展中心，将会展业、特色金融业与中葡平台建设相结合，积极推动澳门及内地企业与葡语国家在法律顾问和咨询、中介及翻译服务，涉及农业、渔业、自然资源、语言教学、表演、银行、保险、工程、电力、药物、肉类加工、物流、诊所、通信、建筑、资讯、餐饮、技术及电视广播等多个领域的合作。

另外，澳门积极发挥中医药平台作用，与内地合作，打造传统医药产业国际注册、认证、交易中心，推动珠三角地区中医药产业发展，使中医药产业走向世界。在不远的将来，澳门可以充分利用周围海域，发展海洋经济，如高端仓储业、海上度假村等。

（三）“一国两制”成功实践示范区

对澳门而言，一方面，作为“一国”的独特部分，澳门搭上了祖国快速发展的列车，为进一步融入国家发展大局奠定了良好基础；另一方面，澳门又有“两制”的便利，实行自由经济政策，没有外汇管制，出入境便捷，税制简单，与葡语系国家、欧盟、拉丁美洲联系密切，与国际市场接轨。澳门可凭借“一国两制”的制度安排，找准定位，利用自身优势，通过有效助力“一带一路”建设来为大湾区城市群发展更好地发挥作用，并实现经济适度多元转型。

澳门与广东 9 城共建大湾区的宏大发展事业，分享自身的历史经验和成功实践“一国两制”的经验，推动粤港澳大湾区实现不同社会经济制度优势互补、合作共赢的发展。

澳门独特的作用和定位可概括为“精准联系人”、“区域商贸合作服务平

---

① 汪海：《澳门：中国和拉丁语系国家的经贸合作平台》，《国际经济合作》2008 年第 5 期。

台”和“‘一国两制’成功实践示范区”。这三大定位不仅对整个大湾区的战略发展有积极作用，而且与澳门的可持续发展尤其是与产业多元化的目标高度兼容。从供给的角度出发，积极参与大湾区建设能帮助澳门突破资源禀赋对其发展的限制，弥补澳门实现经济适度多元化过程中遇到的短板。从需求的角度出发，大湾区建设发展能促进城市群整体经济发展进而带动形成强大的市场，吸收澳门出产的商品及服务。因此，鼓励澳门特区积极融入大湾区建设不仅基于“国家所需、澳门所长”，配合国家经济战略促进区域协调发展；而且其落实经济发展规划也离不开大湾区的支持。在探讨澳门特区如何精准务实地参与粤港澳大湾区建设之前，笔者认为要先分析澳门参与大湾区建设的现状及短板，以此对症下药。

三　澳门参与粤港澳大湾区建设的现状与困境

（一）发展现状

钟世川从经济总量、对外贸易以及投资方面分析了澳门参与粤港澳建设的现状[①]。首先，经济总量快速增长，人均 GDP 持续攀升，位居全球前列。澳门 GDP 由 2001 年的 547.18 亿澳门元增加到 2017 年的 4041.99 亿澳门元，年均增长率达到 14.05%；2017 年澳门人均 GDP 为 53.75 万澳门元，位居全球第三。[②] 其次，进出口贸易总额持续扩大，内地与澳门的贸易融合度越来越高，服务贸易成为新兴增长点。澳门对外贸易总额由 2001 年的 376.43 亿澳门元增加到 2017 年的 871.34 亿澳门元，年均增长率为 6.31%。但是澳门进出口额在粤港澳大湾区中占比较小，澳门的进口远远大于出口。随着祖国内地与澳门经贸关系的加强，广东与澳门之间的货物贸易额占内地与澳门之间货物贸易总额的比重持续下降，双方服务贸易合作发展加快。最后，外商直接投资持续增长。外商投资促进了粤港澳跨境交通基础设计以及工业区的建设，尤其是澳门的外商直接投资极大地促进了大湾区的发展。

① 钟世川：《澳门参与粤港澳大湾区经贸合作的困境及对策》，《城市观察》2018 年第 5 期。

② 数据来自澳门特别行政区政府统计暨普查局。

在内地与澳门商贸往来愈加密切、经济融合度增强的同时，粤港澳大湾区各城市的产业结构趋同现状值得关注。大湾区内各城市积极响应国家对大湾区“国际科技创新中心”的战略定位，存在重复建设甚至竞争的可能性。对比广州、香港和澳门三地的科技产业发展蓝图，笔者认为关于建设“广州－深圳－香港－澳门”科技创新走廊，这些城市的发展蓝图均强调了制造业高端化和产学研有机结合的方向，至于如何分工，是每个城市发展某个具体产业的整条产业链（比如澳门的中医药产业），还是每个城市都参与大部分产业中的某个环节等问题仍需要沟通磋商。当然，这不能说是澳门的经济规划偏离轨道，而是区域合作中的“分工”问题。特区需要意识到区域合作中的潜在问题，考虑发展定位是否做到错位和协同。

（二）面临的困境

粤港澳的合作促进了两岸三地的经济发展，但是在参与粤港澳大湾区的建设过程中，澳门仍然存在着一些劣势和短板。

1. 澳门中葡平台建设的短板

中葡经贸平台建设取得了一些阶段性成果，为增强地区经济活力、服务大湾区建设做出了一定贡献，但也呈现出诸多发展短板。邓丹萱和连信森提出，澳门中葡平台建设中缺乏优势整合；澳葡贸易量与中葡平台定位不匹配；相关贸易协定对澳门中葡平台建设的推动作用有限。① 尽管澳门在建设中葡经贸平台上拥有众多独特优势，但优势整合力度不够，市场认可度不高，葡语品牌效应不强。随着中国与葡语国家政治互信不断加深、高层交往日益频繁、经贸合作趋于紧密，澳门作为交流平台的作用弱化，与平台定位不匹配。2017 年中国与葡语国家进出口贸易总额为 1176 亿美元，同比增长 29.4%。其中，中国向葡语国家出口 366 亿美元，同比增长 23.3%；进口 810 亿美元，同比增长 28.4%。澳门与葡语国家进出口贸易总额为 0.81 亿美元。其中，澳门向葡语国家出口 0.01 亿美元，进口 0.8 亿美元。CEPA 对于强化澳门作为中葡贸易交流平台的作用有限，因为相应规则机制的掣肘，葡语国家借道澳门与内地展开

① 邓丹萱、连信森：《粤港澳大湾区背景下的澳门中葡平台建设策略及对策》，《港澳研究》2017 年第 4 期。

货服贸易的现实意愿不强。

2. 澳门产业发展存在的短板

产业结构单一不仅不利于澳门融入大湾区发展战略，而且其隐藏的经济波动隐患或许会阻滞大湾区建设发展。澳门产业结构存在失衡、对外依赖性强、产业结构相对单一、经济波动风险偏大的问题。① 劳动密集相对偏高，资本技术密集偏低。近年来，澳门第三产业增加值占比虽有所降低，但仍然保持在90%以上的高位。经济结构极端失衡导致其经济抗风险能力降低，易受外部风险影响，加大了经济波动幅度，不利于澳门经济战略实施。CEPA 对提高澳门经贸服务竞争力有限的重要原因在于，经济结构极端失衡导致产业空心化，澳门没有相应的货物加工能力，无法实现葡语国家向内地货物出口的加工转场。劳动力人口主要集中于博彩业、酒店及餐饮业、批发及零售业、建筑业四大行业，高层次人才不足，资金及技术密集型产业难以发展突破，经济多元化战略面临一定的压力和困难。

3. 澳门中小企业发展的短板

中小企业特别是青创型企业，是推动社会创新的力量源泉。培育发展中小企业对于澳门参与大湾区建设协同创新、优化澳门经济结构、稳定就业民生具有重要意义。澳门的中小企业发展滞后，原因是多方面的。首先，澳门博彩经济发达，大多以家族企业方式经营，并延伸至餐饮、娱乐等多种行业，导致澳门中小企业发展空间被挤占。其次，澳门学生在选择高教专业时受市场导向，倾向选择与博彩旅游业相关的专业，这不利于青年创业与技术创新结合，也不利于产业多元化在水平方向的延伸。最后，澳门特区政府对中小企业政策扶植力度不大，中小企业面临着用工难、用地难等问题。

四　澳门如何融入粤港澳大湾区建设

粤港澳大湾区与“一带一路”建设都为澳门的发展带来了良好机遇。在这种情况下，澳门应明确自身定位，充分利用自身优势；调整产业结构，实现

① Sheng, L. and Gao, J., “Foreign Investors versus Host Communities: An Urban Political Economy Model for Tourist Cities”, *Argumenta Oeconomica*, Volume 41, 2018, pp. 257 – 275.

经济适度多元化；积极与周围城市展开合作，优势互补；发挥好对外视窗作用，推动大湾区成为中国乃至世界经济增长的引擎。澳门特区政府经济财政司司长梁维特提出，目前澳门特区政府正致力于培育包括以“会议为先”的会展业、特色金融业务、中医药业、文创产业等新兴行业，持续提高相关行业的区域竞争力，在促进自身经济适度多元发展的同时，服务区域以至国家所需，加快融入国家发展大局，与包括粤港澳大湾区其他城市在内的区域伙伴实现协同发展。针对澳门的发展策略，本文提出了以下几点建议。

（一）关注多元与融合，推动高层次、高水准开放

澳门产业结构单一，经济发展主要依靠博彩业。澳门应通过参与大湾区建设，发展多元化产业，发挥好“桥头堡”和平台作用，推动内地和其他国家的连接，推动“一带一路”沿线项目的落地实施，促进制度创新和对外开放。

要立足旅游业和中医药产业两大优势产业，与其他城市共同推出拥有休闲、文化及教育元素的精品旅游路线，打造各城市之间的旅客群体及硬件资源共建共享机制，更好地发挥联动效应，形成粤港澳旅游经济网络，进而巩固澳门在国家、区域以及全球的“多日旅游目的地”地位。澳门可以和邻近城市合作发展海上旅游业，比如，共同开发万山群岛，共同举办帆船、风帆、水上电单车等水上竞技项目。澳门基金会研究所副所长杨道匡提出，澳门可以借鉴参考新加坡滨海湾模式，与珠海共同开发澳门路环至内港、横琴富祥湾至湾仔十字门水道，建设“一河两岸”综合旅游区。①

要强化现有的中医药产业优势，加大中医药技术人才培养力度，加强产学研对接转化，提高中医药产业的国际竞争力。首先，澳门可以推动粤澳合作中医药科技产业园成为区域创新平台，配合大湾区打造国际科技创新中心的目标。目前，粤澳合作中医药科技产业园已取得初步成果，园区积极引进国内外知名科研机构等多方面的优势资源，并与澳门大学、北京大学展开合作。产业园的孵化器尚在建设中，粤澳应积极推动园区建设，吸引不同类型、不同规模的企业入驻，实现产学研相结合。

① 高婕、盛力：《澳门经济适度多元化发展深化的一年》，《一国两制研究》2018 年第 4 期，第 184～189 页。

其次，澳门可以发挥平台作用，帮助内地高校和葡语国家及“一带一路”沿线国家实现对接，建成国际中医药合作办学特色学院，扩大中医药在世界范围的教育规模，支持远程教学。

最后，澳门可以充分发挥作为国际旅游度假村的作用，在横琴自贸区和珠海合作发展以养生保健为主题的大健康休闲度假中心，将中医药与温泉、药膳等人们所熟知、喜爱的保健形式结合在一起。考虑到澳门到内地的边检可能阻碍来澳旅客往返横琴，澳门可以放宽对边检的限制，或在横琴附近增设口岸，便利游客往来。当前，粤澳之间的口岸通关为“两地两检”模式，未来可以考虑发展为“一地两检”模式及“联检”模式。澳门的酒店价格偏高，几乎半数的游客都不会在澳门过夜，若从澳门往返横琴大健康度假中心的交通、边检能够更加方便、快捷，加之横琴相对优惠的酒店价格，会使中医药大健康产业更加吸引消费者。同时，这并不会对澳门住宿餐饮业带来太大冲击。一方面，游客诉求不同，澳门的博彩业、独具特色的美食、人文景观具有很强的吸引力；另一方面，澳门与横琴酒店定位不同、客源不同。澳门酒店因为价格原因一定会流失一部分旅客。

（二）抓住大湾区建设的机遇，推进中葡平台建设

澳门要立足葡语国家合作平台等独特优势，将内地与葡语国家连接起来，推动两者经贸合作与交流。一些学者提出，在推进中葡平台建设的过程中，澳门特区政府要结合“一带一路”倡议，加强规划统筹、通盘考虑；畅通资讯的沟通回馈机制，建立专门的网站及服务平台，及时更新和发布资讯；加快人才培养，提高澳门的核心竞争力；建立有效的产业扶持政策，支持本地法律、咨询、会计、航运、投资、保险等专业服务机构的发展；拓展新领域的合作，重点扩大农业、节能环保、运输通信、教育培训等领域的交流与合作，打造旅游、卫生、金融合作新亮点，将澳门打造为中国与葡语国家多元合作的大平台。

笔者对中葡平台建设也有两点建议。

首先，在打造中葡平台的过程中，可以动员民间企业尤其是数量庞大的中小企业共同参与，形成政府和民间合作推动的机制。这不仅可以促进澳门中小企业发展，还可以帮助内地中小企业走出去。当前不少澳门中小企业利用自身优势与葡语国家企业合作发展，且部分企业已有长期商贸往来。未来通过政策优惠、鼓励创业等形式，推动澳门中小企业更多地参与中葡平台建设。澳门还

可以通过会展业，积极组织内地企业与“一带一路”沿线国家及葡语国家的企业透过会展活动进行商务对接、交流、洽谈以及考察活动。

其次，澳门还应该加强互联网资讯技术的应用。澳门可以充分利用内地较为成熟的互联网应用技术优势，充分利用移动互联网、大资料、云计算、物联网、“互联网+”技术，将合作手段多样化，在虚拟空间中提供协同、交流、沟通、组织等服务。

（三）扶植中小企业发展，积极引进和留住人才

扶植中小企业发展重点在于支援青年创业兴业。在参与大湾区建设中，澳门可以配合国家创新发展战略，支持澳门青年创业。要持续优化、完善支持青年创业的政策机制，加大落实力度，及时评估回馈成效。要培育良好的中小企业发展环境，使澳门青年有更好的实现自我价值的机会，也有利于吸引和留住人才。2019年，特区政府将往深化与大湾区青年创新创业合作，协助澳门青年到大湾区交流实习、进驻大湾区内的孵化基地等方向努力，帮助澳门青年接触大湾区的新兴产业及企业文化。粤港澳大湾区的建设为澳门中小企业发展带来了机遇；中葡合作、中医药产业、海洋经济的发展也为澳门中小企业的发展提供了机会。在提供相应的政策扶持的同时，特区政府更应做好服务工作，加强引导，鼓励中小企业参与电子商贸业、基础设施建设。

（四）充分发挥优势产业带动作用，实现产业融合发展

澳门可以利用优势产业带动相对弱势产业的发展，用传统优势产业带动后起优势产业发展，从而实现产业的交叉融合发展。这种发展思路已经得到了澳门特区政府和不少专家学者的重视。代魁提出，澳门可以促进博彩业和文娱业交叉发展。发展初期可以将具有较高文化含量和创意思想的中国传统游戏与博彩项目相结合；待文化产业初具规模，可考虑向工业设计、动漫、网络等产业延伸，并反哺娱乐、电影等文化产业转型。澳门特区政府已将会展业和特色金融业与传统的中葡商贸、服务相结合，建设中葡经贸合作会展中心和葡语国家金融服务平台。[①] 澳门贸易投资促进局张祖荣主席提出，为强化中葡商贸合作

① 代魁：《关于澳门文化产业融合发展的思考》，《现代管理科学》2018年第7期。

服务平台的金融功能，澳门特区政府正重点发展特色金融业，当中包括为中葡企业提供配套资金结算和贸易融资服务；建设葡语国家人民币清算中心，推动跨境贸易人民币结算；协助中资机构向葡语国家拓展；等等。①

澳门的优势产业还可以与邻近城市的优势产业互相推动，实现错位协同发展。韩海雯提出，澳门的博彩业刺激了旅游、休闲、购物等其他服务性产业的发展，也给制造业、中医药业等产业的发展带来了机会，同时澳门也需要与周围区域进行合作以获得相应的产业支撑。② 澳门可以和有着共同历史文化基础且地理位置相近的近邻展开合作，形成如"'香港澳门——行销服务；珠三角——研发设计；粤北山区、东西两翼'的发展梯度"。

结　语

本文分析了粤港澳大湾区建设的优势及挑战，并阐明了澳门在粤港澳大湾区建设中的发展定位及功能。总体来说，粤港澳大湾区给澳门的发展带来了机遇，澳门可以成为重大获利者和利益攸关方，但是其参与粤港澳大湾区建设存在的短板将不可避免地制约自身发展。澳门特区政府应明确澳门的定位，制定相关政策，并确保政策的连续性和动态合理性。既要打造好澳门"一个平台"和"一个中心"的城市名片，也不能放松参与"一带一路"建设，而眼前当务之急是在深度融入粤港澳城市群的协同发展的同时，实现自身的可持续发展。

① 高婕、盛力：《澳门经济适度多元化发展深化的一年》，《一国两制研究》2018 年第 4 期，第 184～189 页。

② 韩海雯：《澳门经济多元化与经济合作发展模式创新》，《特区经济》2017 年第 12 期。

社会民生篇

Society and Livelihood

B.18
回归以来澳门市政建设与城市发展

邱庭彪*

摘　要： 回归后，受惠于内地经济的急速发展，澳门的公共资源逐渐充裕，澳门居民的生活质量不断上升。为增加对旅客的服务以及因应澳门的人口急剧增加，市政建设需要配合城市的发展而增加投入，满足澳门人口在基础教育、幼儿照顾、医疗护理服务、交通运输与住宅居住等方面的需求。同时，澳门回归后，因有中央政府大力支持、兄弟省市协助，许多的基础市政建设不需要利用澳门的土地，如蓄水库、发电设施等。影响澳门城市发展的主要因素有政治体制、社会、人口、经济、文化、城规法及文遗法等。澳门的市政建设要与下一代的利益结合起来，以满足公共利益及澳门居民追求美好生活、建设美满家园的诉求。

* 邱庭彪，法学博士，执业大律师，澳门立法会议员，澳门大学法学院助理院长、副教授，研究方向为诉讼法、澳门博彩法、劳动及社会保障法。

关键词： 澳门　市政建设　城市发展　公共资源　城市规划法

关于“市政”在澳门基本法及第9/2018号法律《设立市政署》① 中有相关表述。市政建设与城市发展的命题似乎并不是单单在上述范围，市政建设可以包括整个澳门特区的行政管理、政策和行政执行活动；亦可以将市政简单理解为道路交通、卫生教育、供水供电、园林绿化等市政工程、市政建设、城市公用事业及其管理。

市政建设是市政活动的重要内容，是规划设计的执行实践，是特区政府根据市政规划的总体部署所主办的各种公共设施和事业的建设，如道路、排水、桥梁等设施，目的在于推进城市经济发展、优化市民生产生活环境、促进城市的物质文明和精神文明的发展。

一　澳门市政建设的特征

澳门的市政建设主要有四个特征。

第一，目的是公共利益，或者是集体利益，它不为个人或特定利益群体服务，而是为整个城市和居民服务，是可以共享的。例如建设下水道、污水处理设施、公共图书馆、休闲设施等。由于市政建设是面向全体居民，即使在一个社区的建设，受惠的考虑亦是从全体居民出发，统筹办法解决，避免重复建设。

第二，建设、维护及营运的资金来源是公共收入，不能依赖社会个人投资和力量进行建设、维护及营运。在筹建过程中，必须考虑资金来源是公共财政收入，因为大部分的市政建设不会像企业一样带来直接的经济效益，投资效果主要是社会效益、间接的经济效率和环境效益，是长期而宏观的。所以亦要考虑这个城市的公共财政收入是稳定可靠的。

第三，市政建设应该具有固定性。主要原因是市政建设从筹建至营运的

① 该法第2条规定：“市政署受澳门特别行政区政府委托，依法为居民提供文化、康乐、环境卫生等方面的服务，并就有关上述事务向澳门特别行政区政府提供咨询意见。”

周期较长，建设费用较高，一旦建成，很难更改，影响长远，使用时间应该较长，不能本年落成，两年后就拆卸。所以市政建设必须与城市规划协调同步。

第四，市政建设主要是基础性建设。市政设施必须配合城市的经济定位，以方便居民的生活、呼应经济活动的要求。澳门是旅游城市，公共建设更要配合旅客的特征，为城市劳动力的再生产提供必要条件。例如，下水道若排污不好，整个澳门都会受到影响。所以市政设施的建设应具有基础性和重点性。

市政建设的内容是跟随城市发展而发展的，是动态的。但有人认为市政建设就是市政工程建设，这只是市政建设的传统概念，有其重要性，但现时应该增加其他的内容，如文化、康乐、环境卫生等。

二 回归后澳门的市政建设

因市政建设不是一时三刻就可以完成的，所用的时间不能以日为单位，而需要以年月为计算单位。市政建设离不开公共财政的收支情况，所以要谈回归以来澳门市政建设与城市发展，必须先谈回归前期澳门的经济状况。

回归前期，澳门经济困难，1999 年澳门的公共财政收入只有 98 亿澳门元[①]。在此期间，虽然公务员的发薪有保证，但加班的补偿性工资往往要两三个月后才能发出。每个公共部门均严格遵守公共财政法律、法规，因为没有追加预算的资源，也很难开展大型的市政建设。当然，当时澳门的人口亦只有 40 多万人，每年访澳的旅客亦只是现时的 1/10[②]。

由于 2002 年开放赌权，规定了新加入的博彩业竞争者需要在澳门投资，澳门的市政建设遂配合社会而发展。例如，澳门的行车道路总长度由 2000 年的 324.2 公里，增加至 2018 年的 448.9 公里[③]。为了提高澳门的知名度，

① 吴志良、林媛：《澳门特别行政区十年之回顾与展望：经济与政治的视角》，《行政》总第 86 期，2009 年，第 761 页，表 4。

② 1999 年度入境旅客统计月刊，澳门特别行政区政府统计暨普查局网站，https://www.dsec.gov.mo/Statistic.aspx?NodeGuid=251baebb-6e5b-4452-8ad1-776[illegible]eafc99ed，最后访问日期：2019 年 2 月 14 日。

③《行车道路总长度》，澳门特别行政区政府地图绘制暨地籍局，https://www.dscc.gov.mo/cht/knowledge/geo_statistic.html，最后访问日期：2019 年 2 月 20 日。

吸引更多的旅客来澳门，2005 年 10 月 29 日至 11 月 6 日期间，澳门举办了东亚运动会。为了使澳门的体育场地符合东亚运动会的要求，澳门不仅对原有的运动场所进行改建，如澳门综艺馆、南湾湖水上活动中心、澳门运动场等；同时又增建了塔石体育馆、奥林匹克体育中心、澳门东亚运动会体育馆、国际射击中心、网球学校、保龄球中心等市政设施。除了康体设施外，还兴建了西环大桥、氹仔码头、横琴岛澳门大学新校区、港珠澳大桥、地下管道收集固体废物系统、污水处理厂等。另外，轻轨、离岛医疗综合体等仍在建设。

最初，澳门居民担心公共财政收入无法负担为举办东亚运动会所建设的建筑物维护费用，但后来不断有新的大、中型市政建设工程落成，有的则在兴建或筹备。主要原因是在赌权开放之后，受惠于中央政府的个人游政策，特区政府的公共财政收入有喷井式增长①。

公共财政收入的不断增加，澳门市政建设就有了经济上的支撑，加上旅客增加，为增加旅客服务所需要的外来劳动人口亦急剧增加，迫使市政建设亦需要配合城市的发展而投入建设更多基础设施。例如，关闸出入境口岸在短短十多年间，多次扩大以处理旅客量；即使如此，仍然不能满足每年旅客增长的需求。同时，旅客及劳动人口的快速增长，挤压澳门居民原来的居住空间，加上澳门的资金过多地累积，造成不动产的价值不断上升，澳门大部分居民由拥有自置的私人物业，转向要求特区政府提供公共房屋，以满足他们的置业及居住需求。

为了接待近年增长超过 3000 万人次的旅客②，以及应对一日旅客达 60 多万人次的现象③，除了治安部门扩编，还需要扩容、增加治安设施以及出入境设施。例如，关闸口岸联检大楼、澳门机场在不断扩容后才可以应付出入境的人潮；回归后，为了使旅客更便利，分别增加了新的氹仔客运码头、港珠澳大

① 2004～2017 年度博彩业调查资料，澳门特别行政区政府统计暨普查局网站，https：//www.dsec.gov.mo/Statistic.aspx? NodeGuid=f5c8d76d-4db1-4ac1-8541-f578907583b2，最后访问日期：2019 年 2 月 14 日。

② 2007～2017 年度旅游统计年刊，澳门特别行政区政府统计暨普查局网站，https：//www.dsec.gov.mo/Statistic.aspx? NodeGuid=7b23463a-d253-4750-bd12-958030df5ccb，最后访问日期：2019 年 2 月 14 日。

③ 在 2019 年的春节假期，一天的出入境人数有 60 多万人次（不包括澳门居民）。

桥口岸以及即将落成启用的青茂口岸。

此外，接下来还需要因应道路、供水、收集污水、废物处理、医疗卫生的需求，不断为之扩编、扩容。澳门居民近年来富裕了，对教育的需求亦随之增加，除澳门大学建设新校区外，其他高等院校也存在用地需求。澳门人口只有60多万，但仅2017～2018学年澳门高等院校新注册的本科生人数就高达6435名[①]，2016～2017学年澳门有4817名高中毕业生[②]，当中有超过1/2的学生是赴外升学的。

在基础教育方面的市政建设。有了充裕的公共资源后，中小学的设施亦需要更新换代，校园不断配合现代化的教育而建设。例如，学校除了要有最基本的体育场地、物理实验室、化学实验室、图书馆外，还要有音乐、家政、天文、演讲、辩论、电脑等独立功能的科室。对于在公共房屋的平台建校的私立中小学，由特区政府提供土地及大部分的资金，目的是建立具有澳门特色的现代化校园[③]。

幼儿照顾方面的市政建设。由于社会经济环境转佳，家长的要求也日益提高，现时大部分家长只需为幼儿付出很低的服务费，即享有优质的幼儿服务。这是因为特区政府基本上支付了幼儿照顾方面的所有开办费用，包括提供场地，场地的建筑物、购置设备所需要的资金，特区政府甚至还负责幼儿园的建造工程。

医疗护理服务领域的市政建设在澳门主要分为三个层面。一是初级医疗护理，在每个社区设置初级医疗服务卫生中心。由于用地比较小，澳门在这方面的城市规划是比较好的，基本上每个社区都有卫生中心。近年来由于卫生中心提供的服务质量较高，私人的医疗诊所都不能与之竞争。

二是在医疗综合体方面。由于以往澳门人口比较少，财政不充裕，只有1间由慈善团体办的机构及2间政府办的医疗机构，满足了一般需要。

---

① 《2017/2018学年本澳高等院校注册学生数据》，澳门特别行政区政府高等教育局网站，https://www.dses.gov.mo/queryinfo/lib/picpack，最后访问日期：2019年2月11日。

② 《非高等教育统计数据概览：2017》，“第一章　正规教育数字”，澳门特别行政区政府教育暨青年局网站，http://202.175.82.54/dsej/stati/2016/c/edu_num16_part1.pdf，最后访问日期：2019年2月11日。

③ 比较其他地方的现代化标准，澳门在这方面的建设还差很远。

近年来，澳门特区政府陆续建成了不同类型的医疗机构，如提供临终服务的舒缓治疗院舍、康复住院治疗院舍，但只能在远离民居的路环离岛郊区兴建。2015 年离岛医疗综合体终于正式动工，建成后将为居民提供更优质的医疗服务。

三是医学院。澳门常住人口长期偏少，只有 40 多万人，近年来才增加至 60 多万人，即使公共资源不计成本及不断投入，由于医学院需要临床作为医疗研究，但实是难以长期提供病例。现时遇到澳门不能治疗的疾病，采用的方法是聘请外地的医疗团队来提供服务，以及送外医治，是否送外、送往何地由医委会决定。澳门科技大学将会在 2019/2020 学年开办医学院，培养医生及研究人员。

交通运输与居住需求是澳门居民最关心的两件事宜。由于过往澳门主要城区细小，居民的出行特别是学生上学，大部分人以步行为主。后来城区扩大后，虽然居民大都步行，但部分人改为使用自行车、电单车（摩托车），小部分人乘坐公共汽车或驾车出行；而旅客大部分是香港人，他们主要以的士（计程车）代步。到了 20 世纪 90 年代，由于人口增加和澳门城区不断扩大，一些居民到离城区较远的中心区域甚至到离岛居住或工作，对公共交通的需求才开始有实质性的增加。2003 年内地实施“个人游”政策，使赴港澳旅游的旅客增加，相应提供服务的人亦要增加，故对交通的需求也不断增加，而配合交通需求的市政建设则没有跟上。在与以前休闲出行生活的强烈对比之下，澳门居民对交通问题特别关注；但与邻近地区或其他现代化大城市相比，澳门出行所需的时间并不太长。

近来，澳门交通领域的重要市政建设之一是轻轨系统。轻轨系统为澳门首个轨道交通项目，2003 年做前期研究之后，对轻轨的定位是为居民和旅客提供便捷、环保、可靠及舒适的集体运输服务；透过结合巴士、的士和步行系统，整合成相辅相成、无缝联结的公交网络，吸引更多人使用公交出行，减少私人车辆使用，达到改善整体出行环境的目的。2007 年 11 月运输基建办公室（GIT）成立，负责协调整个轻轨系统的设计和建造，并计划将来轻轨系统的运作安排。经过不断深化、优化建设方案，2011 年工程正式启动，2012 年开展大规模施工，2013 年全长 9.3 公里的轻轨氹仔线建设正式启动。2016 年，轻轨氹仔线全长 9.3 公里的高架桥以及 11 个车站的土建施工已基本完成。特区政府在2016年公布氹仔线的总预算金额为110亿澳门元，并计划优先处理妈阁站及石排湾线的建设。2018年，氹仔线全线9.3公里以及车厂的系统设备安装工作已基本完成，110节列车车厢全部如期运抵本澳，各项系统测试工作亦有序展开；妈阁站前期建造工程于2018年下半年基本完成，并随即展开车站主体建造工程；石排湾线的前期建造工程亦有序推进。另外，轻轨东线的研究亦于2018年启动。[①]

在住宅房屋方面，由2009年12月的186557间（其中空置比例2.0%），增加至2018年6月的225457间（其中空置比例6.3%）。当中社会房屋、经济房屋在九年来大幅增加了供应量。截至2019年3月，单单是社会房屋就已建成14269个，可用的有1436个，在建的有2868个[②]。除了兴建公共房屋外，特区政府还在周边相邻的地方大量建设市政建筑物，如购物中心、幼儿园、小学、卫生中心、饭店、公共汽车转运中心等。

总体来说，回归后，受惠于内地经济的急速发展等，澳门的公共资源逐渐充裕，市政建设不断发展完善，澳门居民的生活质量逐渐提高。

三　回归以来的城市发展

影响市政建设及城市发展的主要因素包括政治体制、社会、人口、经济、文化、城规法及文遗法等。

（一）政治体制的变化

1. 回归前

1976年3月颁布的《澳门组织章程》规定，澳门为公法人，享有行政、经济、财政和立法自治权。总督具有领导本地区一般性政治，统筹整个公共行政、财政及治安的权力。总督属下设有政务司，各有所辖，掌管澳门各项行政事务。澳督与政务司及其属下各司（现时的局）、厅级政府部门组成的行政架构，管理

① 《轻轨系统历程》，澳门特别行政区政府运输基建办公室网站，https：//www.git.gov.mo/tc/history.aspx，最后访问日期：2019年2月12日。

② 《社会房屋单位数量》，澳门特别行政区政府房屋局网站，http：//www.ihm.gov.mo/zh/node-812，最后访问日期：2019年2月14日。

澳门的日常行政运行。立法会是澳门首要的立法机关，但不是唯一的立法机关。立法会则完全独立于行政权，在体制下起着互相合作、互相制衡的作用。澳门的法院分为一般审判权法院和专属法院，后者为行政法院和审计法院。

2. 回归后

1999 年 12 月 20 日，澳门特别行政区成立，澳门特别行政区基本法同时开始实施。

澳门特别行政区政府的首长是行政长官。澳门特别行政区政府设司、局、厅、处。澳门特别行政区政府必须遵守法律，对澳门特别行政区立法会负责；执行立法会通过并已生效的法律；定期向立法会做施政报告；答复立法会议员的质询。

根据基本法，澳门特区享有立法权，立法会是澳门特区的立法机关。澳门特别行政区法院独立行使审判权，只服从法律，不受任何干预。澳门特别行政区设立第一审法院、中级法院和终审法院。澳门特别行政区的终审权属于澳门特别行政区终审法院。澳门特别行政区廉政公署是一个独立的机构，廉政专员直接向行政长官负责。廉政公署有两个主要职能：一是反贪，二是行政申诉。澳门特别行政区审计署根据基本法设立，审计署独立工作，不受干预。审计长对行政长官负责。审计署的主要职责是对特区政府预算执行情况进行审计监督，并对审计对象进行“衡工量值式”审计监察，即对其履行职务时所达到的节省程度、效率和效益进行审查。

3. 回归前后的比较

回归前，虽然澳督在行政方面基本有绝对的权限，而且还可以有部分的立法权，但是当时在澳督的领导下在做出行政行为、订立行政合同前都需由审计法院审理其合法性，政府的公共工程当然被包括在审计法院的审理范围内。因此，行政效率不高，由有权限的实体做出决定后，因要等待审计法院的意见，展开一系列的程序，可能要等待一年的时间。

回归后，澳门拥有“高度自治权”，以行政主导方式管理特区，行政权不受审计署的事前监督；廉政公署的行政申诉亦会在事后监察，而且并无法定的约束力，对行政决定的做出及执行放开了管辖，这无疑是提高了行政效率。

（二）人口、文化的变化

1970 年澳门人口达 248636 人。20 世纪 70 年代后期，祖国内地实行改革开放，放宽居民出境限制，澳门人口快速增加。1986 年，澳门人口总数为 426400 人，其中澳门半岛有 416200 人。2000 年，澳门人口已达 431500 人。2007 年底，澳门的居住人口约为 538000 人，以华人为主，占总人口的 97%，葡萄牙人（包括在澳门的土生葡人）及其他外国人则占 3%，其中外地雇员有 71182 名。2011 年，澳门的人口约为 552500 人，华人人口占 94.3%。2016 年，澳门的人口约为 650834 人，华人人口占 88.7%[①]。

教育方面，根据 2006 年的统计，年龄在 15 岁及以上的居住人口中，识字者所占比例为 93.5%。[②] 到 2016～2017 年度，澳门有中学毕业生 4718 名。[③] 澳门还有对长者或自小失学居民的回归教育、持续进修的资助计划，所以澳门现在基本上没有不具读写能力的居民。

从这些数字来看，澳门这座城市越来越有吸收力，使更多人留下在澳门居住，而且教育水平不断提升，人们对生活空间及舒适度的追求越来越大，很多居民搬到离岛居住。澳门居民开始追求美好生活。但是澳门对私有财产的保障程序比较复杂，发展不如内地快速。

（三）经济的变化

2000 年澳门的 GDP 是 51630 百万澳门元，公共财政收入是 1292 百万澳门元，工资中位数是 4822 澳门元；2010 年的 GDP 是 226941 百万澳门元，公共财政收入是 79635.8 百万澳门元，工资中位数是 9000 澳门元；2017 年的 GDP 是 405790 百万澳门元，公共财政收入是 118069.2 百万澳门元，工资中位数是 15000 澳门元。

从这些数字来看，澳门的经济有翻天覆地的变化。澳门居民的心境亦开始有了很大的变化，对自己有很高的要求，对公共机构也有了更多要求。公共机构需要不断扩大服务，需要建造或扩建更多的市政建设，以满足居民的要求。

---

① “2016 年度中期人口统计”，澳门特别行政区政府统计暨普查局网站，https：//www.dsec.gov.mo/Statistic.aspx？NodeGuid = ee77eb29 - fd1b - 4f13 - 8a2d - 3181e93adb05。

② 《2006 中期人口统计总体结果》，第 34 页，“中期人口统计”分栏选项 2006，澳门特别行政区政府统计暨普查局网站，https：//www.dsec.gov.mo/Statistic.aspx？NodeGuid = ee77eb29 - fd1b - 4f13 - 8a2d - 3181e93adb05，最后访问日期：2019 年 7 月 17 日。

③ 《2016/2017 学年澳门高中毕业生升学调查简报》，澳门特别行政区政府教育暨青年局网站，http：//portal.dsej.gov.mo/webdsejspace/internet/Inter_ main_ page.jsp？id = 62753，最后访问日期：2019 年 2 月 14 日。

（四）文遗法

澳门历史城区为世界文化遗产，为中国第31处世界遗产。澳门历史城区是由22座位于澳门半岛的建筑物和相邻的8块前地组成、以旧城区为核心的历史街区。

为了保护具有文化价值的不动产，根据第11/2013号法律《文化遗产保护法》，先对其启动评定程序，并经调研，进行公开咨询，在评估与分析意见后，对其做出评定及依法保护。例如具建筑艺术价值的楼宇、建筑群、场所、缓冲区①。

其中缓冲区对城市的发展有着重要的积极作用。积极作用在于澳门可以充分利用缓冲区发展和建立休闲旅游中心的地位；但也有一定的消极作用，即旧城区的发展受到严重的制约，在对缓冲区内的建筑物整修时，不但要符合文遗法、城规法的要求，还要符合现代化的消防、公共安全、排水、收集废物的要求，而且要划分一些土地以扩张街道（但同时要维护原来的肌理），使投资者的投入与收益有很大的差距，难以构成投资意欲。这样一来，经济起飞，城市发展了，但是旧区的改造并不成功，而且还使许多在旧城区的市政建设受到制约。例如，很难找到合适的地方建立大型收集废物站，因为街道狭窄，日间收集妨碍交通，晚间又有噪声，这就很浪费成本及心思去收集废物。又如排污问题，因不能进行大规模的整修，或建造现代化的污水道与收集清水的统一管道，加重了污水处理的负担。

① 具建筑艺术价值的楼宇是指因本身原有的建筑艺术特征而成为澳门发展过程中特定时期具代表性的不动产。具建筑艺术价值的楼宇多数为具特色建筑风格的公共建筑、大宅或府邸，例如郑家大屋、红街市大楼、岗顶剧院、德成按以及礼宾府等属于此类。建筑群是指因具重要文化价值、其建筑风格统一、与周围景观相融合而划定的建筑物与空间的组合体。例如福隆新街两旁建筑群组、望德堂坊建筑群组以及氹仔嘉模前地建筑群组等属于此类。场所是指具重要文化价值的人类创造或人类与大自然的共同创造，包括具有考古价值的地方。场所主要为山体、广场、公园等，例如望厦山、卢廉若公园、柯邦迪前地（即司打口）等属于此类，又如路环岛海拔高度80米及以上区域亦属于此类。为维护上述被评定的不动产之观感，当有必要且显示属不可或缺时，会为被评定的不动产周边适当范围划设缓冲区。缓冲区是指维护被评定的不动产的观感，又或基于空间或审美整合的理由而与被评定的不动产不可分割的自然形成或修筑而成的周边范围。更多内容可参见《文化遗产保护法》。

（五）城规法

2013 年，《城市规划法》出台，把澳门落实城市发展的长期政策目标法制化。并且通过补充性法规，对空间整治、土地使用和利用以及空间结构做出一系列的部署。该法要求先有一个“总体规划”，即“订定整个澳门特别行政区的空间整治、土地使用和利用的条件，并对公共基础设施与公用设施做出合理的综合部署的城市规划”。然后根据“总体规划”的规定，“就特定地区的土地用途及使用强度、公共基础设施及公用设施的设置，作出详细规定”。

城市规划“旨在谋求公共利益，以提高居民生活质素”，特别追求以下方面：促进城市和谐及可持续发展；促进保护属文化遗产的被评定的不动产；促进改善居住环境；合理使用和利用土地；促进保育大自然和维护环境平衡。

在总体规划中，“分类为都市性地区，且确认为可进行都市化及建设的地区，当中包括已都市化地区及可都市化地区”。“已都市化地区”是指在总体规划中分类为都市性地区，且已具备公共基础设施及公用设施，以及已用作兴建建筑物的地区；而“可都市化地区”是指在总体规划中分类为都市性地区，但仍未都市化的地区。

制定城市规划须遵循下列原则：谋求公共利益原则、平衡利益原则、合法性及公正原则、法律安定性原则、可持续发展原则、切实有效利用土地原则、限制土地重新分类原则、保护环境原则、透明和促进公众参与原则、公开原则。

《城市规划法》规定：“城市规划约束公共实体及私人。”该法已经生效多年，但仍然没有出台“总体规划”。这对澳门市政建设与城市发展产生局部性约束。

四　市政建设与居民生活

澳门这座城市发展起来了，常住人口、旅客自回归以来都增加了许多，澳门居民富裕了，文化、知识水平提高了，加上特区政府财政储备充裕，许多居民在回归十年后，开始对特区政府提出不同的市政建设诉求，包括衣食住行、医疗卫生、休闲娱乐各方面。与内地急速发展的市政建设相比，澳门的市政建设与城市发展仍有落后之处。

（一）澳门市政建设的法律问题

由于澳门的市政建设大部分属于公共建设，由特区政府包揽，以前是资金问题，有很多工程不能展开或进度缓慢；回归后，东亚运动会公共工程快速完成，本来会成为建设公共工程的楷模，但是中间出现了违规甚至贪污问题。

但是在这一过程中，澳门吸收了反贪及反行政违法的经验，大力加强了相关工作的教育、培训、事后的执法工作。笔者认为，除了考虑贪污、行政违法问题外，还需要检讨依法执法过程中的各种手续是否存在法律问题等，如是就有修法的必要性，如不修改，需要考虑是否符合澳门城市发展的需要。

行政活动的目的是追求公共利益，需要考虑公平、公正问题。公共利益应满足澳门城市发展的需要，那些现代化、资讯化、安全化以及符合时代要求的行政法律法规也应满足澳门城市发展的公共利益需要。

澳门城市发展进步，如大部分市民所认定的正当的公共利益已经被确立，社会又确实有所需要，对关于市政建设的行政法亦应有所修改。

如有修法必要，其方向是既要符合澳门城市发展的公共利益，又要配合原来行政法的运作规范，同时亦要结合澳门社会的实际情况；立法、立规时，必须留有配合科技方法的手续安排。

（二）市政建设与居民生活

1. 市政建设与居住房屋两者的关系

对于居住房屋，澳门回归前及回归初期，政府政策是以批租地形式建私有房地产为主，这样一来，澳门居住房屋当中 80% 以上是私人拥有的，大部分的澳门居民经过大半生的努力，才能拥有自己的居住房屋。但是经济的高速发展，吸引了很多外来的投资者来澳门投资房地产，甚至主导了澳门的房地产市场，使澳门原来以自住为主的市场，变成了以投机为主的市场。大量的澳门居民没有购置居住房屋的能力，于是要求特区政府提供比市场价格较低的公共房屋，供澳门居民购置。同时，又因澳门居民购置的公共房屋可以在一定期间后出售，造成公共房屋不断流向私人市场，公共房屋仍不能满足需要。

澳门特区政府提出“社会房屋为主，经济房屋为辅”① 的公共房屋政策，但实际上，经济房屋占比大，社会房屋占比小，约为10∶1。

根据统计，现时澳门人口只有60多万②，而居住房屋则有22万多套③。其中，私人住宅的空置比为5.7%，而公共房屋的空置比为8.9%。近年将落成、计划兴建的公共房屋有2万多套④，这样平均2.8个人就有1套居住房屋。澳门居民的居住不是问题，问题是如何使房地达到最佳效益。

所以从整体来说，澳门的居住房屋是供应充足的，但是如何使居住房屋的实际使用率提高，包括自用、出租，是现时亟须处理的问题。

2. 市政建设的公共交通

澳门的市政建设提倡以公共交通为先。但经过十几年的建设与发展，仍与居民的需求有很大的差距，主要原因是旅客的快速增长，公交的转运站建设未跟上，居民的适应能力又追不上，无法快速改变出行习惯；执法不严格，交通管理存在问题，即道路安全及有效利用道路得不到很好的落实。

笔者认为管理交通问题，是在有限的土地资源、经费及出行的时间上考虑，平衡各方的利益，以达到最佳的社会效益。安全是首要考虑，接着才是效益。

安全上，现不只是考虑澳门居民及国际上的习惯，还要对占旅客比重最大的内地旅客的出行特征加以考虑。在效益上，澳门尚无法做到将居民的出行习惯，特别是时间上、地点上的安排与旅客的出行习惯互相交错，特别是在交通转运站的建设与调度方面。

3. 市政建设与环保及文遗政策的关系

澳门人的生活富裕后，环境保护成为新议题，与文遗政策一样成为市政建设的一个重要环节。在规划市政建设前必须考虑及通过环保及文遗的评审，才

---

① 社会房屋是以出租为目的、经济房屋是以出售为目的做居住用途的公共房屋。

② “人口统计”，澳门特别行政区政府统计暨普查局网站，https://www.dsec.gov.mo/Statistic.aspx?NodeGuid=7bb8808e-8fd3-4d6b-904a-34fe4b302883。

③ “建筑统计”，按用途统计的楼宇单位及空置单位数目，澳门特别行政区政府统计暨普查局网站，https://www.dsec.gov.mo/Statistic.aspx?NodeGuid=9dcc96f4-8c2c-4492-873d-f5628d7f7ea2。

④ 《公共房屋之兴建情况》，澳门特别行政区政府房屋局网站，http://www.ihm.gov.mo/zh/node-59?id=72。

能成事，这样既能保障环保及文遗两方面政策的实施，又能将澳门建设为一个环保安全及维持文遗标准的现代化城市。

现时澳门的市政建设，向低发展受水灾的威胁，向高发展受文遗政策规定制约；向横发展，受地域所限，只能向邻近的珠海租地，向中央请求重新订定区界等。

最后谈一谈笔者对市政建设的期待。首先是向澳门居民宣传，要使大家都认识市政建设的特征，同时要使大家都认识市政建设要与下一代的利益结合起来，进行真正、正确的宣导。无论是澳门居民、商人、大中小微企业、政府官员都要理解何谓市政建设、市政建设与城市发展的关系，从而知道如何配合，以满足公共利益及澳门居民追求美好生活、建设美满家园的诉求。

B.19

回归20年来澳门社团发展及其功能演变

娄胜华 *

摘　要： 回归后，随着澳门政治环境的变化、经济发展与社会变迁，澳门社团取得空前发展。社团总量持续增长，社团形式多种多样，社团结构分布广泛且有所变化，现代型社团不断出现，传统形式社团则有所减少。社团延续了社会服务与政治参与两大基本功能，同时，功能内容却出现转变。社会服务的转变表现在由原来的以救济性慈善为主转向社会公益服务。在政治参与方面，呈现出全面增强的趋势，从参加选举、政策咨询到培养政治人才、维护权益以及支持特区政府依法施政，都有所涉及。

关键词： 澳门社团　社团结构　社团功能

自1999年澳门回归以来，随着经济、政治环境的变化与特区各项事业的进步，澳门社团组织的发展速度加快，社团结构出现调整，内外部关系及其所承担的社会功能也发生了与以前不同的变化。20年的发展历程大致可分为两个阶段。

一　社团发展历程：不同阶段的不同特征

回归20年来，澳门社团的发展可以2008年选举法律的修订与民众建澳联

* 娄胜华，博士，澳门理工学院人文及社会科学高等学校教授，研究方向为社团发展与公民社会、公共政策与政府管治。

盟的成立为界，分为前后两个阶段。

第一阶段：回归至 2008 年，社团发展开始进入加速期。

回归后，澳门的政治环境发生转变。特区实行“一国两制”、“高度自治”与“澳人治澳”的方针，特区政府不再是外来的澳葡政府，生活在特区的居民也从过去的被统治者变成了真实的政治主体，成为开始进行自我管理的主人。与此同时，按照澳门基本法的规定，社团成为特区政府管理社会的重要参与者，开始深度参与特区社会事务的管理。由此，激发了广大居民的自由结社之风气。加上，特区制定的立法会选举法与行政长官选举法都为社团参选设计了路径，结社参选成为推动社团成立的重要动力之一。回归后特区政府财政收入迅猛增长，为向社团输入资源创造了有利条件。可见，正是上述政治环境的改变及有利条件的形成推进澳门社团进入加速发展期。

据统计，特区成立后新成立的社团数量从回归前几年的每年 100 多个，到 2004 年突破 200 个，再到 2006 年创纪录的 682 个，截至 2008 年的 9 年间共成立了 2287 个社团，年均增长 14.8%。而 2006 年新成立社团之所以创出新纪录，是因为当时的选举法规定，参加立法会间接选举与行政长官选举委员会成员选举的社团法人，需要在注册 3 年后方可经确认登记成法人选民参加选举，而 2009 年是特区第三届立法会选举年，一些想参加第三届特区立法会间选的居民赶在选举前三年注册社团，以便三年后确认成为不同界别的法人选民参选，从而在 2006 年催生出大量社团。

面对因结社参选而推动的社团成长形势，特区政府于 2008 年修订选举法律时将原来社团成立 3 年可确认成为法人选民的规定延长至社团注册成为法人 3 年可申请确认利益界别，在获确认相关界别后至少满 4 年才可登记为法人选民，拥有选举权。也就是说，与自然人选民需要居澳达到 7 年获取永久性居民后才能拥有选举权的年限相同，社团也需要在成立 7 年后获确认才能拥有法人选民资格。这次法律修订暂时较为有力地遏制了社团迅猛增长的势头。

与此同时，以往以福建同乡组织作为参选载体的澳门福建裔人士转而成立民众建澳同盟以吸引更多社区居民的支持。该组织在其宗旨中，除了发展壮大“爱国爱澳”力量，拥护澳门基本法，支持特区政府依法施政，广泛团结澳门各界同胞外，也举办各类研讨活动，发掘和开创新视点，开办各类社会服务和公益事业[1]，故而有力地提高了同乡组织的参选动员能力，并激发了另一个此前已成立的澳门江门同乡会的参选热情，两个同乡组织分别以民联协进会与澳粤同盟参选 2009 年第四届立法会直选，均取得较好成绩。由此开启了地域性同乡组织参加选举并能够稳定地取得议席的新局面。

第二阶段：2009 年至现在，社团步入持续发展期。

从发展速度看，2008 年选举法律的修订使社团的强劲发展趋势转向缓和，之后，每年新成立的社团数量保持 7% ~9% 的增长速度。至 2018 年底，社团总数达到 8866 个。而从社团发展特征看，学术性社团尤其是智库类社团迅速增长。随着经济发展与澳门社会整体教育水平的提高，各行各业的专业人士越来越多，而复杂社会的来临提出的社会问题需要提供专业化解决方案，故而各种学术性社团成长较快。其中，智库类组织成为此一阶段发展较快的社团类型。

2011 年，聚贤同心协会与群力智库中心先后成立。这两个智库类组织分别依托工联总会与街坊总会而成立，可以说是传统社团应对社会挑战而成立的新社团形式。聚贤同心协会在其章程中称，澳门回归以来，‘‘一国两制’、‘澳人治澳’经历逾十年探索与实践，社会的政治、经济和文化面貌发生了前所未有的变化，急促的发展既为澳门带来机遇亦迎来挑战”。作为一群“情怀澳门、心系中华”的同心人，身处澳门发展的新阶段，汇聚智慧和努力，共同面对未来的机遇与挑战；为“‘一国两制’、‘澳人治澳’作承担、参与社会事务、推动澳门发展、同心合力建设特区是我们的共同理想和意愿”。其宗旨是，“促进澳门基本法的全面贯彻落实、研究澳门社会状况、反映社情民意、维护居民权益、伸张社会公义、鼓励社会参与、监督政府施政、推动澳门可持续发展”。[2] 同样，群力智库中心在其章程中称：“澳门特区经济社会现正急速发展，我们应该勇于承担，敢于创新，发扬真诚实干的传统和爱国爱澳的主人翁精神，组织起来，群策群力，为我们美好的家园——澳门特区奉献智慧、力量和热情，促进社会的公正和谐与繁荣发展。”其宗旨是，“团结本澳热心关注社会、积极为居民服务的人士，群策群力，汇集民智，参政议政，推动澳门

① 《民众建澳联盟章程》，《澳门特别行政区公报》2008 年第 13 期，第二组。

② 《聚贤同心协会章程》，《澳门特别行政区公报》2011 年第 6 期，第二组。

社会公平正义、居民安居乐业；促进‘一国两制’方针和澳门基本法的全面贯彻落实”。[①] 实际上，从两个智库类组织成立后所从事的政策研究与倡导方面的活动可以看出，其成立的目的在于工联总会与街坊总会两个传统的社会服务社团将原本由其行使的政策研究与倡导功能的专业化，同时也是培养与输送参政人才的重要渠道。2017 年，在妇联的支持下，共建好家园协会成立。该会以“凝聚本澳热心关注社会、积极为居民服务的人士，汇集民智，议政论事，研究分析社会问题，促进澳门社会公平正义，为共建美好家园、构筑更好的社会环境建言献策”为宗旨[②]，是澳门大型社团妇联总会成立的一个智库型社团。2018 年，依托民众建澳联盟成立的民联智库以“广泛联系国内外专家学者，培养爱国爱澳议政人才，以广大居民为中心，以问题为导向，围绕澳门发展的新矛盾、居民关注的新问题开展研究，为振兴经济、改善民生、善政善治提供政策建议，为开拓‘一国两制’实践新局面贡献民间智慧”为宗旨[③]，同样属会员型社团支持的智库组织。如果说上述智库组织是依托原有社团并将原有社团的某些功能转移出来的话，那么还有一些智库组织则是完全新成立的。类似的智库类组织有社会研究智库、众智智库、思路智库、澳门青年智库等。

各类青年与教育社团的快速成长也是此一阶段社团发展的特征之一。特区政府成立后，全面实施 15 年免费教育，2011 年施政报告中提出“教育兴澳”，推行“人才建澳”战略，促进高等教育的发展，并向居民发放持续教育经费，推动持续教育发展。同时，在 2013 年提出协助青年创业计划。故而，与青年教育及成长相关的社团组织快速增加。其中，有涉及国情教育、历史文化教育、艺术教育、环保教育、科技教育、健康教育、安全教育等社团组织。而青年类的社团组织则包括青年交流、青年创业、青年关怀、青年实践、青年联谊等社团。与其他类型社团成立方式不同，青年结社方式出现了非传统化的变化。“90 后”“00 后”是网络一代，他们之间的沟通与交流多是依托网络虚拟平台与交流工具进行的。其结社方式往往是先从互联网虚拟交流群组开始，然

① 《群力智库中心章程》，《澳门特别行政区公报》2011 年第 9 期，第二组。

② 《共建好家园协会章程》，《澳门特别行政区公报》2017 年第 9 期，第二组。

③ 《民联智库章程》，《澳门特别行政区公报》2018 年第 20 期，第二组。

后再将虚拟群组变成现实社团。例如，澳门的青年动力（Macao Youth Dynamics）原本是一个青年网民群体，之后才变为实体性社团。

二　社团总量与结构：增长与变迁

（一）社团总量：快速增长

社团统计资料显示，截至 2018 年底，澳门的注册社团总数达到 8866 个。而特区成立以来近 20 年间，新注册社团数量为 7144 个，占全部社团总量的 80.6%。也就是说，现有社团中超过 80% 是回归后注册成立的，即新注册社团超过了以往百多年间全部社团存量之和。如果依时间计算，平均不到一天（0.97 天）即成立一个社团。社团增长速度之快令人惊讶，仿佛雨后春笋般破土而出。2006 年当年新注册社团为 682 个，属回归后社团增长的峰值，至当年累计社团数较 2005 年累计数上升了 24.7%。回归后澳门社团的增长情况与发展趋势如表 1 与图 1 所示。

表 1　澳门社团增长及社团密度统计

年份	当年新增社团(个)	累计社团数(个)	成长率(%)	社团密度(‰)
至 1999 年累计	—	1722	—	4.01
2000	117	1839	+6.8	4.26
2001	149	1988	+8.1	4.55
2002	196	2184	+9.9	4.96
2003	146	2330	+6.7	5.22
2004	200	2530	+8.6	5.47
2005	232	2762	+9.2	5.70
2006	682	3444	+24.7	6.71
2007	275	3719	+8.0	6.91
2008	290	4009	+7.8	7.99
2009	398	4407	+9.9	8.13
2010	366	4773	+8.3	8.64
2011	369	5142	+7.7	9.22
2012	443	5585	+8.6	9.68
2013	427	6012	+7.6	9.90

续表

年份	当年新增社团(个)	累计社团数(个)	成长率(%)	社团密度(‰)
2014	542	6554	+9.0	10.30
2015	578	7132	+8.8	11.03
2016	531	7663	+7.4	11.9
2017	566	8229	+7.4	12.6
2018	637	8866	+7.7	13.3

资料来源：2001 年之前的社团数由身份证明局提供；2001 年之后社团统计见历年《澳门特别行政区公报》。

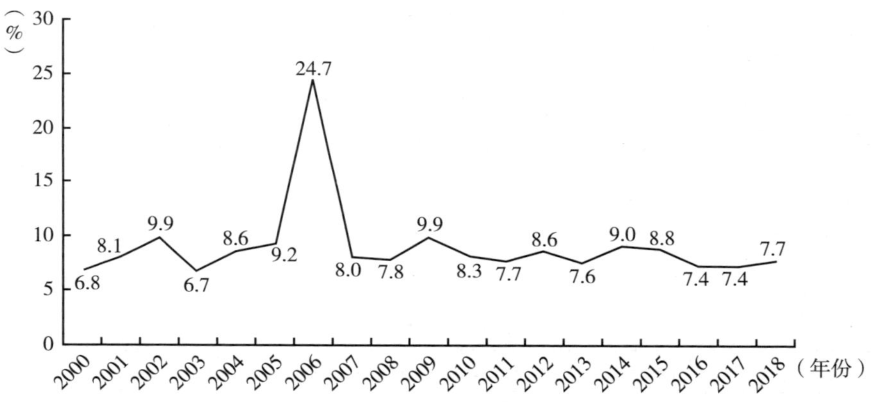

图 1　回归后澳门社团发展趋势

从表 1 及图 1 可以看出，回归以来，澳门社团取得较快增长，至 2018 年底社团存量达到 8866 个，年均增长速度为 9%。而同一时期内，澳门人口由回归时的 42.96 万人，增加到 2018 年末的 66.74 万人，年均增长 2.3%。澳门地区的生产总值由回归时的 472.9 亿元，增加到 2018 年的 4403.16 亿元，年均增速为 12.5%。比较起来，社团发展速度快于人口增速，而略慢于本地生产总值增速。

从社团密度看，回归初期每千人有 4.01 个社团，2009 年时每千人社团数突破 8 个，为 8.13 个；到 2014 年每千人社团数为 10.3 个；而至 2018 年，每千人社团数更达到 13.3 个。也就是说，以 2018 年末澳门人口 66.74 万人计，每 75 人即拥有一个社团。社团数量与社团密度出现新高，完全可以与西方发达国家相媲美。况且，用作计算的人口数为居住人口，即包含居住在澳门的外地劳工人口 18 万，而用作计算的社团数却未包含未经注册登记的社团。

（二）结构：分布齐全，有所变动

澳门的社团形式可谓多种多样，结构分布广泛、齐全。有传统型社团，也有现代型社团；有世俗性社团，也有宗教性社团；有会员型社团，也有非会员型社团；有互益性社团，也有公益性社团；有行业性社团，也有跨行业性社团；有地域性社团，也有跨地域社团……按类别来说，可以分为 14 类，具体参见表 2。

表 2　澳门社团结构变动情况

序号	类别	1999 年 12 月 31 日之前		2000 年 1 月 1 日 ~ 2018 年 12 月 31 日		结构变动（%）
		数量（个）	结构（%）	数量（个）	结构（%）	
1	工商类	91	5.3	731	10.2	+4.9
2	工会类	99	5.7	194	2.7	-3.0
3	专业类	62	3.6	334	4.7	+1.1
4	教育类	46	2.7	385	5.4	+2.7
5	文化类	241	14.0	1391	19.5	+5.5
6	学术类	78	4.5	804	11.2	+6.7
7	慈善类	65	3.8	299	4.2	+0.4
8	社区类	85	4.9	192	2.7	-2.2
9	乡族类	115	6.7	413	5.8	-0.9
10	联谊类	107	6.2	780	10.9	+4.7
11	体育类	460	26.7	1316	18.4	-8.3
12	宗教类	209	12.1	214	3.0	-9.1
13	政治类	7	0.4	64	0.9	+0.5
14	其　他	57	3.3	27	0.4	-2.9
总数		1722	100.0	7144	100.0	0

资料来源：根据《澳门特别行政区公报》统计。

比较回归前与回归后澳门社团结构的变动情况，可以看出，结构比重增加较大的有学术类、文化类、工商类、联谊类与教育类；而结构比重减少较明显

的是宗教类、体育类、工会类与社区类。

一是权益性社团发展蓬勃。回归后随着居民政治地位的转变以及社会教育水平的提高，居民权利意识苏醒，表现在结社上就是大量权益性社团增长较快。不同阶层与群体的权益性社团纷纷成立。例如，澳门公民权益促进会、澳门市民维护合法权益联合会、澳门本地工人权益会、澳门工人民生权益促进会、新澳门博彩员工权益会等社团组织。而直接主张与维护弱势群体权益的社团有澳门视障人士权益促进会、澳门病人权益促进会等；维护性工作者权益的紫藤组织；维护外地劳工或同乡权益的国际外地菲律宾劳工（澳门）支持协会、澳门菲律宾人协会、澳门本地印度尼西亚人协会、俾度莉关注印度尼西亚移工组织、澳门越南同乡互助会等外劳组织；主张与强调绿色环保和生态环境保护的绿色未来、世界绿色发展组织、澳门绿色生活概念协会、澳门（新能源）绿色环保协会、澳门绿色环境保护协会等社团；文化保育类的社团有遗产学会、澳门世界遗产促进会、澳门中华非物质文化遗产保护协会等；维护业主与居民权益的大厦业主会与黑沙、九澳村乡事委员会等社团组织。

二是趣缘性社团增长迅猛却出现分化。回归后，特区政府加大对社团的财政支持力度，由此刺激了以趣缘性为主的文化类社团与联谊类社团的成立。以各种书画、戏曲、音乐、舞蹈、摄影、演艺、电影、文学、美食等文化类社团与校友会、同学会、交流会、友好协会等联谊类社团为主的趣缘性组织纷纷出现。趣缘性社团的大量成立使之占据全部社团的比重较大。文化类、体育类与联谊类三大类别社团分别占全部社团数量的19.5%、18.4%与10.9%。三类社团合计数量为3487个，占全部社团比重为48.8%，几近一半。其中，文化类社团占全部社团的比重从回归前的14%上升到19.5%，为第一大类社团；联谊类社团占全部社团的比重也从回归前的6.2%上升到10.9%。两类社团分别增加了5.5个百分点与4.7个百分点。然而，体育类社团所占比重却从26.7%下降到18.4%，减少了8.3个百分点。其原因在于澳门体育社团若想取得体育局的财政资助以及在某些体育项目的国际性体育组织中澳门的代表地位则必须在体育局登记认可。而包括大量的戏曲社在内的文化类社团则无此规定，受政府部门与澳门基金会在资助文化类社团时考虑到尽可能地扩大资助面的政策激励而使文化类社团的大量增加。同样，联谊类社团的比重增加也是因为存在与文化类社团相同的资助政策所助推。由此导致三类趣缘性社团出现分化。

三是职业类社团中商会组织较工会组织发展快。回归后，特区政府努力推动经济多元化发展，工商各业各展其长，加上经济对外联系面的拓展及利益分化，尽管目前中华总商会仍然处于商会之首的地位，但是，并未影响到各种工商类组织大量出现。例如，不断成立的不同产业同业组织、新兴产业促进组织、内地各省市与国际性商会组织、跨区域商会组织、青年性商会组织等。而回归后原先的一些垄断行业（如博彩业、殡仪业等）实行分散化经营改革，经营主体随之变得分散，出现了由不同经营主体成立多个同业商会组织的情况。与此同时，作为雇员团体的工会组织虽然也出现分化，例如，在工联总会之外，各种自由工会组织不断出现，但是由于雇员利益较为一致，加上作为爱国工会组织大联合的工联总会力量强大，所以与工商类组织相比，工会类组织在全部社团组织中的比重由回归前的5.7%下降到2.7%。相反，工商类组织则由回归前占全部社团比重的5.3%增长到10.2%。

四是传统形式的社团有所减少。乡族类、慈善类与宗教类社团是澳门传统形式的社团组织，古老而久远。随着澳门社会的现代转型，现代形式的社团逐渐增加，而传统形式的社团却有所减少。澳门的法律规定，宗教类组织按一般社团进行登记，而回归后随着社会的世俗化程度加深，宗教类社团的成立呈下降趋势。宗教类社团占全部社团的比重由回归前的12.1%下降到3%，减少了9.1个百分点。以各类同乡会或宗亲会为主的乡族类社团占全部社团的比重也由6.7%下降到5.8%。不过，在乡族类社团中，由外国族裔居民成立的社团却有所增加，例如，印度尼西亚、越南、菲律宾、尼泊尔、几内亚比绍等国家在澳门生活的族群成立的同乡联谊社团越来越普遍，成为澳门乡族类社团的新构成。相对来说，作为历史悠久的面向弱势群体提供慈善救济服务的慈善类社团回归后在全部社团中的比重延续了回归前的结构。其主要原因是回归后随着经济发展与社会财富增加，各种社会主体募集社会资源从事慈善事业相对回归前容易，使慈善类社团的发展得到维持。

五是具国际性社团明显增加。回归后，随着“一带一路”倡议的提出与澳门建设中葡商贸平台，澳门的对外联系与交往逐渐加强，澳门国际性社团发展蓬勃。其形式主要有两种。一种是在澳门本地成立的用于国际性交流与联系的社团。例如，一带一路经贸文化促进会（2017）、一带一路文化交流协会（2017）、澳门一带一路高等教育交流协会（2016）、澳门中葡多元文化协会

(2016)、澳门中葡语系交流协会（2007）、中葡文化商贸促进协会（2014）、澳门中葡企业家联合会（2018）等。另一种是澳门本地社团取得国际性社团会员资格或者国际性组织在澳门设立的分支性机构。例如，除了回归前成立的澳门扶轮社（1945 年）、澳门明爱（1971）、世界宣明会澳门分会（1993）等社团之外，回归后新成立的有巴哈伊教澳门地方分会（2000）、澳门中央狮子会（2001）、全球华人华商联合总会澳门分会（2008）、美亚友好协会澳门分会（2009）、国际警察协会澳门分会（2010）、世界不动产联盟中国澳门分会（2010）、乐施会—澳门分会（2012）、"建筑无国界—澳门"（"建筑无国界"国际组织澳门分会，2012）、世界自由搏击联盟澳门分会（2013）、澳门青年狮子会（2015）、亚太旅游协会澳门分会（2017）、亚洲专业保安协会澳门分会（2017）、亚洲太平洋安保协会中国澳门分会等。此外，澳门中华新青年协会通过加入亚洲志愿服务发展协会（NVDA）成为其会员之一，从而可以使澳门的义工向国际社会提供公益志愿服务。

可见，回归后，随着澳门政治环境的变化、经济发展与社会变迁，澳门社团取得空前发展。同时，社团结构类型也发生了变化，新型社团不断出现，而传统形式的社团则有所减少。

三　社团功能变迁：社会服务与政治参与

长期以来，澳门社团承担着社会服务与政治参与的两大功能。回归后，虽然社团的两大功能仍然得到延续，但是在内容与方式上出现转变和创新。

（一）社会服务的创新与转变[①]

回归之前，特别是 20 世纪五六十年代，澳门社团救济是直接面向受灾与贫困民众的，无论是救助因台风或火灾而受损的灾民，还是社团内会员互助互济，均是直接提供物品或金钱的救助。

然而，随着社会经济的发展，因应居民对各种社会服务的需求日益增加，

① 另外可参见娄胜华《成长与转变：回归以来澳门社团的发展》，《港澳研究》2016 年第 4 期。

澳门社团慈善救助与社会服务的内容和范围开始发生变化，由救济性慈善向社会公益服务转变。

第一，开展综合性社会公益服务。包括长者服务、康复服务、幼儿服务、家庭服务与社区服务等。例如，澳门两个历史悠久的慈善社团——仁慈堂与同善堂，二者各自管理着多个公益性社会服务机构，包括安老院、盲人重建中心、同善堂诊所与药局以及教育机构等。除了仁慈堂与同善堂两个历时百年之久的社团之外，澳门明爱、工联与妇联总会在发展公益社会服务方面颇有成效。澳门明爱是目前澳门非牟利社团中设置社会服务机构最多的机构之一，其提供的公益性社会服务涉及安老服务、康复服务、家庭及儿童服务、教育服务、青少年及社区服务等多个领域，相对应的公益服务机构分别有安老中心12 个、康复院舍 4 个、家庭及儿童服务机构 5 个、教育机构 5 个、青少年及社区服务机构 15 个，共计 40 余个机构。针对澳门社会人口老化，街坊总会关怀及协助长者改善生活素质，鼓励长者积极参与社会服务。2002 年 10 月，街总成立长者关怀服务网络办事处，向长者提供互助式支持服务，开展长者家居安全评估及设备资助服务，服务至今为 4000 名独居长者进行家居安全教育和改善服务。2007 年 6 月 29 日，澳门街坊总会社区服务大楼落成。大楼按照适应多元服务需求进行设计，一楼、二楼是为长者提供服务的颐骏中心，包括为长期病患或患有认知障碍症的 55 岁及以上长者提供的日间综合护理。三楼是乐骏中心，透过外展手法，推广对家庭生活的教育、对单亲家庭的支持服务、青少年服务以及对再就业的培训等。五楼、六楼是艺骏中心，通过文康体育活动，鼓励青少年参与，促进全面发展。2008 年 9 月 30 日，街坊总会成立社区心理辅导队，向广大居民推广心理健康教育讯息。2008 年 12 月 13 日，街坊总会承办平安通服务。平安通呼援服务中心成立维修特工队，为有需要的长者提供家居水电维修服务。2017 年，街总继续拓展各项服务，建立特色品牌服务及活动。例如，举办“关爱社区大行动”，超过 250 个社区组织、企业、商户及大厦业主会等加入“关爱联盟”；在公屋群中组织住户成为“爱心住户”，共同发掘社区内缺乏支持的长者。“街坊车”接送服务亦持续开展，数千人次获得服务。继续开设长者玩具图书馆、长者健康服务站、二手辅具捐赠计划等，为长者提供丰富的晚年生活及适切的服务。每年举办“街坊节”“敬老爱老同乐日活动”，丰富社区文化生活。而作为雇员利益团体的工联在维护雇员权益的同时也将公益社会服务纳入其活动范畴。目前，工联提供的综合性社会服务范围包括就业、技能培训、医疗、康复、老人、青少年、社区等，服务机构约有 30 个。妇联则利用其现有众多社会服务设施开展日常化的社会服务，包括家庭服务（如亲子活动、关顾弱势、救灾工作、推动家庭友善、“零暴力”支持服务等）、儿童及青年服务（如托儿服务、青年培训计划、认识两性知识等）与长者服务（如颐康服务、预防失智症工作、社区防跌计划、校园 SUN 耆事话剧巡回演出等）。

第二，兴办专业性公益社会服务。教育与医疗是澳门民间社团提供的社会服务中较为专业的领域。在基础教育的供给方面，澳门社团主办的中小学校占据较大比例，可以提供从学前教育到高中的全程基础教育。例如，中华总商会附属的商训中学、青洲小学；同善堂主办的同善堂中学、同善堂中学附属成人教育部、同善堂中学附属幼儿园、同善堂小学；澳门镜湖医院慈善会主办的镜平学校（中学部、小学部、幼儿园）；街坊总会主办的澳门坊众学校（中学部、小学部、幼儿园）；妇联主办的妇联子弟学校；菜农合群社主办的菜农子弟学校；工联主办的劳工子弟学校（中学部、小学部、幼儿园），以及工联职业技术学校、业余进修中心。上述教育机构都是面向社会提供专业化基础教育与职业教育。

在医疗方面，镜湖医院慈善会除教育服务外，更加专注于医疗服务的供给，作为其辖下的专业性非牟利医疗服务机构的镜湖医院已发展为与政府公立医院（山顶医院）一起承担澳门居民医疗供给的重要服务者。

第三，开办面向特殊群体的特殊服务。除了教育与医疗类专业化社会服务外，近年澳门还涌现出一些面向特殊群体提供特别服务的社团机构。例如，面向听障人士提供聋人服务的澳门聋人协会；面向精神康复者提供服务的望厦之家及旭日中心（澳门利民会主办）；面向智力障碍者提供服务的启能中心及启康中心（澳门弱智人士服务协会主办）；面向重度智力障碍者提供服务的晓光中心（澳门弱智人士家长协进会主办）；面向精神病康复者提供服务的怡乐轩（澳门扶康会主办）；面向中、重度智力障碍人士提供服务的康盈中心（澳门扶康会主办）；面向弱能人士提供就业服务的庇护工场宝翠中心（澳门扶康会）。澳门明爱辖下明粮坊的短期食物补助服务（食物银行），面向低收入及有需要人士提供个人及家庭的紧急短期性食物援助服务。在社会重返服务方面，目前澳门明爱开办了澳门唯一为释囚人士而设的社会重返服务机构——善导宿舍。其服务范围是，为离开监狱的人士提供暂时住宿，一般为期3个月，同时也帮助入住者寻找合适工作，使其尽快重新融入社会。

此外，公益类社团提供的新服务更多地表现在针对社会出现的新问题上，例如问题赌徒、毒品、性工作者等。面对滥用毒品问题，多个专业性公益慈善组织成立并提供戒毒康复服务。其中，面向吸毒成瘾的药物依赖人士提供院舍服务的有澳门基督教新生命团契康复中心（面向29~60岁男性戒毒者）、圣士提反会应许之家（面向自愿戒除毒瘾者）。而随着近年澳门药物滥用个案的增加以及滥药低龄化趋势，基督教团体分别成立澳门青年挑战男子中心及青年挑战女子中心，透过教育与辅导跟进，协助青少年远离毒品，重获新生。基于求助个案需求增多，澳门基督教新生命团契康复中心增设外展服务，于2003年成立基督教新生命团契－S. Y. 部落（Smart-Youth），组织外展服务队，向有滥用药物倾向及高危青少年传递减少伤害的信息及提供辅导服务。而紫藤组织作为维护性工作者权益的社团也已经在澳门向性工作者提供外展服务。随着澳门博彩业的繁荣，问题赌徒逐渐增加，相应的，一些以推广负责任博彩及提供问题赌徒矫治服务的社区公益社团成立了，如逸安社向病态赌徒提供辅助服务。

为了协助澳门新移民尽快适应澳门的生活环境及融入社区生活，街坊总会开办了新来澳人士服务部，提供就业、语言、心理等辅导服务。2008年9月25日，街坊总会开展一系列活动协助新来澳人士融入社会，围绕生活技能、社区认识、社会融合、家庭支持及个人辅导等在各社区展开，并开展新来澳人士社区参与奖励计划。此外，澳门明爱也开办面向外地劳工的服务。为协助大量外地劳工适应澳门生活，明爱开展了“外劳工服务计划”，内容包括生活适应、语言能力培训、文康活动等，通过讲座、培训、社交、文艺表演与欣赏等方式，推动外地劳工尽快融入澳门生活，同时减少本地居民对外劳的负面情绪，达到社区共融及无歧视的目标。

一些宗教团体包括天主教的鲍思高青年服务网络、天主教美满家庭协进会、善牧会与基督教的循道卫理社区服务中心、氹仔家庭成长轩与圣公会乐天伦赌博辅导暨健康家庭服务中心，提供婚姻辅导服务、课余暂托学童服务、单亲网络互助服务等，以及特殊或专业性服务，如婚外情问题支援热线服务、问题赌徒专业辅导服务、预防药物滥用等。多数机构的服务对象是本地居民，个别机构延伸至在澳门合法居留或工作的海外人士。善牧中心与“仁爱之家”临时妇女收容中心面向因赌博、非法移民、未婚怀孕、被虐待或被配偶遗弃、与家人或配偶发生冲突等陷入困境的妇女提供短期住宿、小组辅导、缝纫等职业训练等。澳门明爱的骏居庭面向露宿者提供短期暂时性住宿服务、外展服务、安排膳食服务、协助保持个人卫生、辅导服务、编制及协助执行个人服务计划、协助安排医疗服务、转介服务等。澳门明爱生命热线面向困难、无助、陷入消极或绝望的人士提供电话情绪疏导服务或转介服务。

第四，提供志愿服务。长期以来，澳门的公益社团组织面临着人力资源短缺问题，正是大量的义工以志愿方式提供非物质性服务在一定程度上弥补了社团人手不足问题，志愿性服务成为澳门公益社会服务的重要组成部分。回归后，社会急速发展导致对志愿服务的需求规模扩张。目前，澳门志愿服务组织发展迅速。较大型提供公益社会服务的社团组织都设有自身的义工队。同时，专业性志愿社团也不断出现，如澳门志愿者总会、义务工作者协会、澳门爱心志愿者协会、教师志愿者协会等，此外，在美高梅（MGM）、澳电（CEM）等大型企业中，都设有企业志愿者组织。

第五，慈善服务的境外化。随着澳门经济发展与丰裕型社会的到来，澳门本地慈善救济对象越来越少，一些民间社团开始在境外寻找服务对象，特别是内地。灾害救助是澳门社团向内地提供的较常见的服务方式。澳门回归以来，内地先后发生不少自然灾害。灾难发生后，澳门社团会迅速成立相应组织，募集物资及组织热心居民成为志愿者，发起大型筹款活动，希望通过活动向灾区人民表达澳门同胞的关爱。先后为四川、青海玉树、云南等地进行大型灾后筹款。除了灾害救助外，捐资助学也是澳门社团支持服务内地的重要方式。自内地“希望工程”实施以来，澳门不少社团给予重视与支持，纷纷捐资在全国多地建设希望学校，还组织教师到内地贫困地区开展义教与探访活动。此外，工联、街总还分别在珠海与中山设立了内地办事处。

澳门社团的境外服务对象并不局限于内地，还延伸至南亚、非洲等国外地区。全球宣明会澳门分会主办“澳门饥馑”筹款活动，筹款帮助东非灾民脱离饥饿困境。由扶轮青年服务团主办、澳门扶轮社支持的澳门亲善大使活动，由遴选出的亲善大使每年前往马来西亚、尼泊尔、印度及蒙古国等国进行探访活动，访问当地社区。“难民福利会”筹款开展国际难民的救助活动。街坊总会募款捐助南亚海啸灾民。澳门乐善行援助非洲几内亚比绍医疗服务设备等。可以说，随着境外服务的增加，参与国际性公益服务活动已经成为澳门社团越来越常见的活动内容。

（二）政治参与的强化与扩展①

回归后，通过澳门基本法的实施，澳门社团作为特区政治活动不可或缺的参与者地位得以确立，社团的“拟政党化”功能进一步强化。从参加选举到政策咨询、人才培养与维权以及支持特区政府依法施政，澳门社团的参政活动得以全面增强。

1. 参加行政长官与立法会选举

回归后，无论是行政长官选举，还是立法会选举，都离不开社团的参与。首先，行政长官的产生是通过选举委员会进行的，而由界别社团法人通过选举产生行政长官选举委员会成员。行政长官选举委员会成员分四大界别产生，除了宗教界别分组外，工商金融、劳工社服、文化教育三个界别都是通过社团法人选举产生的，界别内选委的提名及投票则由界别内社团法人的领导架构成员代表行使，也就是说，400 名行政长官选举委员会中的 344 位选委成员是通过各界别内社团法人选举产生的，而行政长官候选人的提名以及投票选举均由选举委员会成员进行。因此，社团的参与在澳门特区行政长官的产生中占有重要地位。

其次，立法会选举的直选与间选均有社团参与。在立法会选举中，从选民登记、候选人名单产生到经费筹募及竞选动员，社团参与了几乎所有环节。在选民登记方面，按照特区成立后重新修订的《选民登记法》，各类社团均可协助市民进行选民登记，而不是原本仅公民社团与提名委员会可以参与，从而扩大了选民登记中的社团参与。实践中，市民进行自然人选民登记由社团进行组织、动员与协助，则较为常见。而法人选民登记就是对取得法人选民资格的社团组织进行登记。法人选民登记的就是社团本身。

① 另外可参见娄胜华《成长与转变：回归以来澳门社团的发展》，《港澳研究》2016 年第 4 期。

在选举提名方面，直接选举中，一般由一个或多个社团召集其成员组成的提名委员会提出立法会直选候选人名单参加直接选举，间接选举候选人名单由相关利益界别中不低于20%的社团法人选民提名。可见，无论是直接选举，还是间接选举，所有参选的候选人都是由社团提名的。

在竞选动员方面，在直接选举中，当社团通过提名委员会提名的候选人名单获得选举委员会确认后，包括筹措选举经费、推介竞选政纲、组织选举集会等在内的竞选动员活动就开始了。竞选期间，发布与宣传政纲、宣传品的印制与散发、宣传广告的发布，甚至张贴海报、电话拉票等活动，无不由社团包办。与直选相同，间接选举的竞选虽然不太激烈，但其活动同样由界别内社团组织参与。可以说，在竞选活动中，每一个环节都离不开社团的参与。

2. 参与政策倡议和政策咨询

回归后，澳门实行“一国两制”、“澳人治澳”、高度自治的方针，特区社会治理相关的政策由特区政府与社会共同制定。因此，澳门社团的政策倡议与政策咨询功能得到加强。一些代表性社团都在其内部成立了政策研究机构。例如，工联成立政策研究暨资讯部，中华总商会成立策略研究委员会，妇联与街总均成立了政策研究室等。同时，也有不少论政性社团成立，这些社团以政策研究与倡议为核心活动。在社团倡议的具体政策方面，例如，工联总会提出的荷官与职业司机不输入外劳的政策，目的在于落实保障本地雇员优先就业原则，得到特区政府的采纳。一些与劳动权益相关的立法工作也是由工联不断争取而来的，例如，2015年8月实施的《工作意外及职业病损害的弥补制度》保障雇员在恶劣天气上下班途中的安全①；2016年1月1日实施的物管、清洁两工种最低工资制度。

健全社会保障制度是街总、工联与妇联等社团关注的政策议题。建议特区政府扩大社保受惠面，向社会保障基金增拨储备，完善澳门非雇员居民能够自愿参保，以及推动特区政府建立非强制性中央公积金制度，是街总与工联长期致力推动的冀能解决居民退休保障之议题。同样，妇联一直推动特区政府建立双层社会保障制度，并主张落实全民社保，为未能加入社保的人士提供补交供

① 《订最低工资　工会法提案　郑仲锡：立法维权新进展》，《澳门日报》2015年12月11日，A14版。

款登记机制。

妇联还长期跟进男士侍产假政策。2015 年，妇联总会拜访经济财政司反映社会要求增加 5 天有薪男士侍产假诉求，递交《对争取设立有薪男士侍产假意见书》，意见书详述了多年来该会争取 5 天有薪男士侍产假的历程，并建议澳门应尽快落实，以立法方式设立不少于 5 天的有薪男士侍产假，保障全澳父亲都能享有相同待遇。2018 年，特区政府启动修改《劳动关系法》，明确将男士有薪侍产假为 5 日列入优先修订的内容之中，并表示特区政府愿意为本地雇员在产假报酬方面提供相关补贴。①

作为民间社团的街坊总会将向特区政府反映居民意见、提出政策建议视作参政议政的重要手段。对于居民反应强烈的房屋政策方面，街总建议特区政府制订切合社会需求的公共房屋兴建计划，重新开放公共房屋的申请，为社会房屋申请者订定轮候年期，改革公共房屋申请排序方式，避免不符合资格者在轮候册中占用社会资源。又要求政府增拨土地资源以供兴建公共房屋之用，亦建议改组房屋局，使其成为一个负责统筹、规划、兴建、分配和管理公共房屋各项事宜的政府部门。② 由于部分商品价格特别是内地输澳蔬菜、禽类、副食品价格高企，对居民生活造成影响，街坊总会负责人先后拜访民政总署等部门，就内地输澳商品的渠道、过程深入了解，探讨降低价格的可能性，推动特区政府部门重视解决相关问题。

在政策咨询方面，社团应特区政府邀请参加各类政策立法咨询。实际上，澳门社团已成为特区政府制定政策的主要咨询对象。

3. 培养与输送政治人才

回归后，澳门管治人才来源的主要渠道或是公务员或是社团。可见，社团是澳门管治人才来源的主要渠道之一，尤其是立法会议员、行政会委员与各政策咨询机构的成员。

现任议员中，绝大部分有社团背景。直选议员是由社团推动的提名委员会提名为候选人而当选的，可以说，当选议员都兼任社团职务。而间接选举本来就是以社团法人为基础的选举，其选举产生的议员全部兼任社团领导职务。即

① 《政府补贴产假薪酬》，《澳门日报》2018 年 5 月 8 日，A01 版。

② 《街总倡改革公屋竞投方式》，《澳门日报》2009 年 4 月 21 日，B07 版。

使是委任议员，其中大部分也兼任社团职务。除立法会议员外，特区政府行政会成员中多数来自社团，一般都担任代表性社团领导职务。

在特区政府设立的政策咨询机构中，其成员除了政府官员外还有社团代表与社会人士，而社团代表则是特区政府设立的各类政策咨询委员会的重要成员。以青年事务委员会为例，其组成人员①中，除了政府官员外，还包括由委员会主席委任的青年、教育、经济、文化及社会互助等领域最多 15 个社团或机构的领导人或其代表。即在总共 34 名委员中，有 15 名社团领导人或代表，占了接近一半。特区政府组建的各类咨询委员会的人员组成大同小异，社团代表均占有相当比例。可以说，社团（尤其是代表性社团）是特区政府设立的政策咨询机构成员的基本来源渠道。

此外，澳门各代表性社团领导成员在全国人大澳门特区代表、全国政协及内地各省份的澳门特区政协委员、海联会、妇联委员、青联成员中占据较大比例。

4. 维护与保障会员及居民权益

回归后，一些职业性或性别社团加强会员及居民的权益保障工作。例如，妇联成立了妇女权益部，关注家暴立法进度，要求修订性犯罪法律，提升托儿服务质量，争取有薪男士侍产假立法，监督医疗服务发展，关顾长者安老服务需要，推广母乳喂哺，关注食品安全，等等。工联总会将维权与服务作为其工作的两个重点，并成立权益委员会。回归以来，在维权方面，工联非常重视居民的就业保障②。例如，2003 年，面对澳门最大的企业——澳娱出现的劳资纠纷，工联总会考虑到事件给数千澳娱员工及其家庭可能带来的冲击，积极参与对纠纷的斡旋工作。最后，签署了澳博、娱职、工联与劳工局的四方谅解备忘录，稳定员工岗位，保证转职员工收入，并改变依靠茶钱作为收入主要来源的博彩前线员工的收入模式，从而避免了社会震荡。2008～2009 年，受国际金融海啸影响，澳门出现就业问题。工联总会发动博企员工签名行动，积极劝说

① 《规范青年事务委员会的组织、架构及运作方式》（第 12/2002 号行政法规），《澳门特别行政区公报》2002 年 6 月 10 日；《修改规范青年事务委员会的组织、架构及运作方式的第 12/2002 号行政法规》（第 6/2012 号行政法规），《澳门特别行政区公报》2012 年 2 月 20 日。

② 《回顾工运尽显团结》，《澳门日报》2013 年 1 月 18 日，B05 版。

博企以无薪假代替大规模裁员，成功保住数千博彩从业员的岗位。为减少失业，积极推动特区政府出台在岗培训计划、低收入补贴计划等。

公务员团体围绕如何维护公务人员权益展开工作。澳门公职人员协会协助公务人员撤销不合法的候命制度，撤销周末无薪工作，解决有关合约延续问题，争取开标竞投政府房屋，向特区政府反映轮更及夜间津贴问题，协助警队前线人员申请增补性津贴，为全澳公务人员争取房屋津贴，为公务人员司机争取取消年度最高限额的超时津贴，促请特区政府解决海关执勤人员装备不足及前线人员的工作环境问题，协助公立学校教师争取应有福利，尤其是公积金问题。公务华员职工会向特区政府提出，基层公务员面临沉重的生活压力，部分职位无人愿意入职且流动性高，希望特区政府向基层公务员发放额外的生活津贴。其后特区政府称，关注到基层公务人员的压力，考虑在居住、津贴方面关照基层公务人员。①

中华教育会作为澳门关注中小学教师权益的教育团体，致力于推动特区政府制定《非高等教育私立学校教学人员制度框架》（下称“私框”）②。该会认为，对于教学人员来说，“私框”并非只是事关他们薪酬福利的法案，而是可以透过制度为教师创造合适的工作条件。例如，参考国际标准，规范不同教学阶段教师的课时量，规定每周工作 36 小时，减少教师沉重的工作量，使教师能够腾出更多时间进行更有效的专业发展培训及辅导学生，从而保障教师队伍的稳定性，吸引更多具素质的新人加入教师队伍，形成良性循环。“私框”还规范了教学人员的评核制度和专业发展要求，有利于强化教师的专业性。在中华教育会及其他教育团体的争取下，《非高等教育私立学校教学人员制度框架》于 2012 年 2 月 29 日由立法会通过。

由上可见，在特区成立后，澳门社团在选举参与、政策咨询与倡导、政治人才培养与输送、权益维护等政治参与方面的丰富实践，充分说明在特区时代澳门社团的政治地位与政治功能得到强化与拓展。

---

① 《昨晤崔世安提五建议　华员会倡增基层公仆津贴》，《澳门日报》2013 年 7 月 5 日，B02 版。

② 《访十九会员学校　晤千教师达共识　教育会促私框尽早立法》，《澳门日报》2011 年 7 月 18 日，C01 版。

结 语

回归后，随着澳门政治环境的变化、经济发展与社会变迁，澳门社团取得空前发展。以 2008 年选举法律的修订与民众建澳联盟的成立为界，可以将回归后澳门社团的发展分为前后两个阶段，总的趋势是社团总量持续增长，至 2018 年底，澳门注册社团总数为 8866 个。而社团形式则多种多样，结构分布广泛且有所变化，现代型社团不断出现，传统形式的社团则有所减少。在社团功能方面，虽然回归后社团拥有的社会服务与政治参与两大基本功能得到延续，但是在内容与方式上出现转变与创新。社会服务的转变表现在社团慈善救助与社会服务的内容和范围开始发生变化，由原来的以救济性慈善为主转向社会公益服务。而政治参与方面则表现出强化与扩展的趋势，从参加选举、政策咨询到培养与输送政治人才、维护权益以及支持特区政府依法施政，澳门社团的参政活动与政治功能得到全面增强。

B.20

近年来澳门居民就业与收入及其社会阶层的特点与趋势

娄世艳　林广志*

摘　要： 澳门回归以来，经济迅速发展，就业居民收入水平显著提高，行业、职业、年龄与教育结构乃至社会阶层结构发生了显著变化。近几年来，澳门就业居民的就业、收入和社会结构的特点主要表现在：就业居民的收入水平持续提高，存在较大职业与行业收入差距，并且该差距有进一步扩大趋势；就业状况以稳为主，略有变化，从年龄、教育、行业和职业四个维度考察，主要变化在于年龄略显老化，教育水平提升；社会结构接近较为理想的"橄榄型"，但是社会中层比例偏低。如果未来澳门经济总体上以稳定发展为趋势，居民就业、收入和社会结构状况将会缓慢变化，产业结构的升级可能导致社会中层的较大变动。

关键词： 澳门　社会结构　居民收入

澳门回归以来，经济发展迅速，本地生产总值从 1999 年的 1034.78 亿澳门元，增加至 2017 年的 3975.19 亿澳门元，增加了 2.84 倍。[①] 随着经济的发展，劳动力需求提高，就业人口数量大幅增加，从 1999 年的 19.65 万人，增

---

* 娄世艳，经济学博士，澳门城市大学副教授，研究方向为劳动经济学；林广志，历史学博士，澳门科技大学社会和文化研究所所长、教授，研究方向为澳门经济社会史。

① 以环比物量（2016 年）按支出法计算。数据来自澳门特别行政区政府统计暨普查局官网，https：//www.dsec.gov.mo/。除特殊说明外，本文数据均来自统计暨普查局。

加至2018年的38.54万人，增幅接近1倍，总体劳动参与率从65.5%提高至70.9%，失业率则从6.3%下降至1.8%。[①] 经济的发展促进了就业，而就业人口的增加反过来促进了经济发展和居民生活水平的提高。

一　就业居民状况

回归以来，随着经济社会的高速发展，澳门就业人口数量大幅增加，除了引入大量外地雇员，本地就业居民数量亦有所增加。经过2014~2015年的博彩业深度调整和经济波动，2016年至2018年第三季度，就业居民数量从27.69万人增加至28.53万人，增加了8400人，其中，男性13.98万人，女性14.55万人，女性占比高于男性。2018年第三季度，本地居民劳动参与率为男性70.7%，女性60.6%，较博彩业调整之前有所下降，但是仍比世界其他发达国家和地区较高[②]；同期失业率为2.7%，较博彩业调整之前有所上升，但与其他国家和地区相比则较低。[③] 总体来看，就业居民呈现出以下特点。

第一，年龄结构相对稳定，高龄就业居民占比有所提高。自20世纪90年代以来，随着人口持续老龄化，劳动力出现老龄化趋势，2008~2015年就业居民平均年龄增高。2016年以来，就业居民的年龄中位数为42~42.4岁，未显示出老龄化的特点；年龄结构相对较为稳定，25~44岁青壮年劳动力占大约一半，总体上55岁及以上年龄就业居民占比有所提高。

第二，受教育水平持续提高。回归以来，受益于特区政府对各级教育的大力支持，就业居民教育水平不断提高。2016年，就业居民平均受教育年限已高达11.58年，近年在此基础上继续提升，2018年达11.9年以上。其中，接受过高等教育的就业居民占比从34.31%提高至38%左右，小学教育和“其他”教育水平就业居民占比则共降低约2个百分点。

---

① 根据澳门特区政府统计暨普查局发布的2018年第三季度常住人口数据，澳门本地就业居民有28.38万人。澳门特区政府劳工事务局的数据显示，2018年澳门的外地雇员数量为188480人。可见，若将居住在珠海等澳门周边地区的外地雇员计算在内，2018年澳门的就业人口数量可达47.23万人。

② 世界银行数据显示，2018年全球主要发达国家（OECD国家）的劳动参与率为男性68.3%，女性51.2%。

③ 世界银行数据显示，2018年全球失业率为5.379%。

表 1　2016 年至 2018 年第三季度就业居民年龄结构

年份/季度	总数（千人）	占比(%)						年龄中位数（岁）
		25 岁以下	25 ~ 34 岁	35 ~ 44 岁	45 ~ 54 岁	55 ~ 64 岁	65 岁及以上	
2016	276. 9	5. 74	27. 19	21. 60	25. 24	17. 33	2. 89	42. 4
2017	279. 1	5. 48	27. 16	22. 00	24. 40	17. 81	3. 15	42. 3
2018 年第一季度	280. 1	5. 61	27. 28	22. 31	23. 17	18. 53	3. 07	42. 0
2018 年第二季度	284. 2	5. 49	26. 64	22. 13	23. 43	18. 93	3. 34	42. 4
2018 年第三季度	285. 3	5. 78	26. 18	22. 43	22. 96	19. 52	3. 12	42. 4

资料来源：澳门特别行政区政府统计暨普查局，占比数据为笔者计算得出。

表 2　2016 年至 2018 年第三季度就业居民学历结构

年份/季度	总数（千人）	占比(%)					平均受教育年限(年)
		小学教育	初中教育	高中教育	高等教育	其他	
2016	276. 9	14. 16	20. 55	27. 41	34. 31	3. 54	11. 58
2017	279. 1	12. 79	20. 46	27. 30	36. 51	2. 94	11. 81
2018 年第一季度	280. 1	12. 35	19. 99	26. 99	38. 27	2. 43	11. 98
2018 年第二季度	284. 2	11. 93	20. 51	26. 95	37. 76	2. 8[illegible]	11. 92
2018 年第三季度	285. 3	12. 97	19. 00	27. 02	38. 24	2. 77	11. 93

注：平均受教育年限根据不同教育水平的劳动力数量和相应教育年限计算得出，教育年限的赋值为小学教育 6 年、初中教育 9 年、高中教育 12 年、高等教育 16 年，其他（含从未入学/学前教育以及不详）3 年。

资料来源：根据澳门特别行政区政府统计暨普查局公布的统计数据整理与计算。

第三，行业结构略有变动。一是博彩业继续保持其龙头产业地位，博彩业就业居民约占全部就业居民的三成，并在 2018 年前三个季度较之前有所提升，达 30.5% 以上。二是就业居民数量较多的其他行业主要包括批发及零售业、酒店及饮食业与公共行政及社保事务，其中前两者是澳门的重要行业，而后者则是劳动力保护政策所覆盖的公共部门。三是近年来，就业居民占比提升的行业除博彩业之外还有酒店及饮食业和教育业等，其中教育业为持续上升，酒店及饮食业为下降至 2015 年的低点之后缓慢回升；而就业居民占比有所下降的行业有建筑业和制造业等，其中建筑业为波动性下滑，制造业为持续性下滑

（见表3）。这反映了澳门产业结构的变化趋势，即博彩业、教育业等获得发展，而制造业则呈衰落趋势。

表3　2016～2018年第三季度就业居民行业结构

年份/季度		2016	2017	2018年第一季度	2018年第二季度	2018年第三季度
总数（千人）		276.9	279.1	280.1	284.2	285.3
占比（%）	制造业	2.06	1.68	1.54	1.44	1.54
	水电及气体生产供应业	0.40	0.36	0.39	0.35	0.35
	建筑业	8.23	7.27	6.64	7.49	7.36
	批发及零售业	13.22	14.08	13.07	13.44	12.62
	酒店及饮食业	9.93	10.14	10.50	10.49	10.59
	运输、仓储及通讯业	6.18	6.16	6.18	5.38	6.20
	金融业	3.47	3.73	3.57	3.24	3.43
	不动产及工商服务业	6.64	6.63	6.64	6.33	7.29
	公共行政及社保事务	10.11	10.18	10.75	10.45	10.41
	教育	5.06	5.34	5.39	5.45	5.85
	医疗卫生及社会福利	3.86	4.23	4.32	4.54	3.36
	文娱博彩及其他服务业*	30.30	29.74	30.63	30.79	30.53
	其他	0.54	0.47	0.39	0.56	0.46

注：*简称“博彩业”。

资料来源：根据澳门特别行政区政府统计暨普查局公布的统计数据整理与计算。

第四，职业结构保持稳定。表4显示，2016～2018年，就业居民的职业分布变化不大，其中占比最高的职业为文员，所占比重大约为1/3，其次为服务及销售人员，所占比重接近1/5。荷官是文员的重要组成部分，约占文员的一半，2018年前三个季度，荷官占比的降低导致文员的占比有所下降。数据显示，2008～2015年，就业居民的职业结构曾发生较大变动，文员（含荷官）、技术员及辅助专业人员和行政主管及经理等职业的就业居民占比上升，例如文员占比从29.66%提高至35.26%；而服务及销售人员、工业工匠及手工艺工人和非技术工人等职业的就业居民占比下降，例如非技术工人占比从15.96%下降至8.68%。近年各职业占比虽有波动，但是基本上相对平稳。

表 4　2016 年至 2018 年第三季度就业居民职业结构

年份/季度		2016	2017	2018 年第一季度	2018 年第二季度	2018 年第三季度
总数(千人)		276.9	279.1	280.1	284.2	285.3
占比(%)	行政主管及经理	7.91	7.31	8.10	8.16	7.64
	专业人员	5.27	5.63	5.53	5.74	5.85
	技术员及辅助专业人员	13.40	13.90	13.64	13.90	14.13
	文员	34.45	34.18	34.95	33.57	33.19
	#提供博彩投注服务的荷官、筹码兑换员等*	17.23	16.80	16.96	16.29	16.12
	服务及销售人员	18.09	19.35	19.28	19.81	19.38
	工业工匠及手工艺工人	6.21	6.13	5.28	5.35	5.47
	机台、机器操作员、司机及装配员	5.38	5.23	5.36	5.42	5.50
	非技术工人	8.96	8.06	7.60	7.78	8.69

注：*简称“荷官”或“庄荷”。

资料来源：澳门特别行政区政府统计暨普查局，占比数据为根据数量数据计算得出。

二　就业居民收入的变化

澳门就业人口的收入水平随着经济的发展而不断提高，全部就业人口月工作收入中位数从 1999 年的 4920 澳门元，增加至 2018 年的 16000 澳门元，19 年间增加了 2.25 倍。本地就业居民的收入也迅速提高，其中 2016 ~ 2018 年，月工作收入中位数从 18000 澳门元提高至 20000 澳门元。2008 年以来的相关统计数据显示，就业居民的月工作收入中位数一直高于全部就业人口，并且高出比例从 16%（1300 澳门元）提高至 25%（4000 澳门元）。

就业居民的收入分布如图 1 所示。可以看出，就业居民的收入主要集中在 10000 ~ 19999 澳门元。2018 年第三季度 24.52 万就业居民中，有 10.05 万人的月工作收入处于此范围，所占比重为 41%。7.02 万人的月工作收入为 20000 ~ 29999 澳门元，占就业居民的 28.6%。收入不足 10000 澳门元者的数量和比重都已较低，分别为 3.23 万人和 13.2%。数据显示，月工作收入在 5000 澳门元以下者中，大约 80% 每周工作时间为 35 小时以下，其中超过九成为“不选择增加工时”。[①] 图 1 还显示，从 2016 年到 2018 年第三季度较高收入者数量增加，较低收入者数量减少，就业居民收入提高。

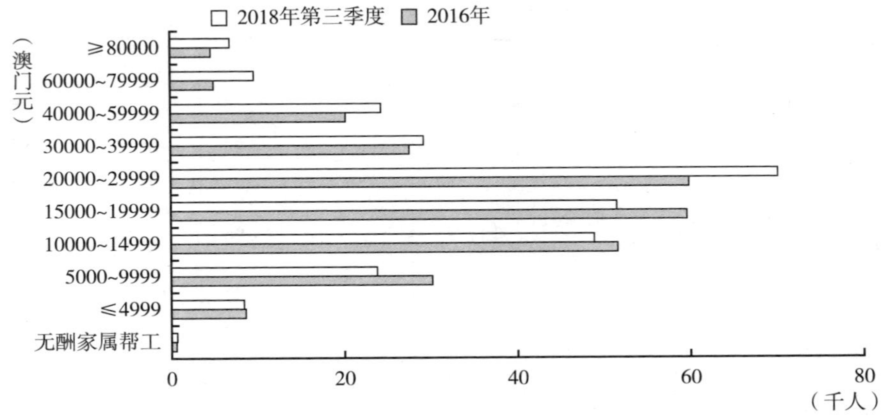

图 1　2016 年和 2018 年第三季度就业居民月工作收入分布状况

资料来源：根据澳门特别行政区政府统计暨普查局公布的统计数据整理与计算，部分数据进行了合并计算。

表 5 显示，就业居民的收入存在较大行业和职业差异。例如，2018 年第三季度全部就业居民的月收入中位数为 20000 澳门元，其中公共行政及社保事务业的月工作收入中位数居各行业首位，高达 44200 澳门元，而批发及零售业居各行业末位，仅为 13800 元，前者为后者的 3.2 倍；专业人员以 45000 澳门元的月工作收入中位数居各职业首位，而收入最低的职业为非技术工人，其月工作收入中位数仅为 10000 澳门元，前者为后者的 4.5 倍。

从 2016 年到 2018 年第三季度，月工作收入中位数增长最快的行业主要包括教育业以及公共行政及社保事务业，分别增长了 27.27% 和 26.29%；收入增长最慢的行业则主要包括博彩业、金融业以及批发及零售业，仅分别增长 6% 左右。月工作收入增长最快的职业主要包括行政主管及经理和技术员及辅助专业人员，分别增长 17% 左右；而增长最慢的职业

① 工作时间在 35 小时以下者中，职业为工业工匠及手工艺工人，机台、机器操作员、司机及装配员或者非技术工人的占比较高，且其中“不选择增加工时”者占比相对较低，因此略微拉低这三个职业的收入，对后文的研究有微小影响。

主要包括文员和服务及销售人员，其中作为文员重要组成部分的荷官收入保持未变。可见，第一，收入较高的职业和行业其增长速度亦较快，而收入较低的职业和行业其增长速度亦较慢，呈现收入差距扩大的特点；第二，博彩业以及其从业人员荷官的收入增长较慢，博彩业收入偏高的现象在一定程度上得到纠正。

表 5　2016 年至 2018 年第三季度就业居民分行业、分职业月工作收入中位数

单位：澳门元

项目	类别	2016	2017	2018 年第一季度	2018 年第二季度	2018 年第三季度	增幅（%）
总体		18000	19000	20000	20000	20000	11.11
行业	制造业	13000	15000	15000	15300	15300	17.69
	水电及气体生产供应业	21500	30000	30000	30000	24000	11.63
	建筑业	15000	15700	16000	16000	17000	13.33
	批发及零售业	13000	14000	15000	15000	13800	6.15
	酒店及饮食业	14000	14300	15000	15000	15000	7.14
	运输、仓储及通讯业	14000	16000	18000	16000	16000	14.29
	金融业	18800	20000	20000	22000	20000	6.38
	不动产及工商服务业	13000	12000	15000	14000	14000	7.69
	公共行政及社保事务	35000	37400	37400	37800	44200	26.29
	教育	22000	24000	25000	25000	28000	27.27
	医疗卫生及社会福利	22400	22000	25500	23500	25000	11.61
	文娱博彩及其他服务业	19000	19500	20000	20000	20000	5.26
职业	行政主管及经理	30000	33000	35000	35000	35000	16.67
	专业人员	40000	37500	40000	40000	45000	12.50
	技术员及辅助专业人员	25000	25000	30000	28000	29300	17.20
	文员	19000	19000	20000	20000	20000	5.26
	#提供博彩投注服务的荷官、筹码兑换员等	20000	20000	20000	20000	20000	0.00
	服务及销售人员	13000	13500	15000	14000	13800	6.15
	工业工匠及手工艺工人	15900	16000	16000	18000	13200	14.47
	机台、机器操作员、司机及装配员	14500	15000	16900	16000	16000	10.34
	非技术工人	9200	10000	10000	10000	10000	8.70

资料来源：澳门特别行政区政府统计暨普查局。

三　社会阶层的分析

经济的转型和产业结构的变迁常常带来社会结构的变化，从狭义上讲，社会结构主要是指社会阶层结构。迄今为止，学界并未形成划分社会阶层的统一标准。职业、教育、收入和消费等是划分社会阶层最常用的依据。本文以职业为划分阶层的基础，而职业排序则以月工作收入中位数为标准。

表5数据显示，第一，2016年至2018年第三季度，按月工作收入中位数，各职业的排名基本保持未变，即八个职业按照收入从高到低依次为：专业人员，行政主管及经理，技术员及辅助专业人员，文员，工业工匠及手工艺工人，机台、机器操作员、司机及装配员，服务及销售人员，非技术工人。仅有一个例外，即2018年第一季度机台、机器操作员、司机及装配员的收入高于工业工匠及手工艺工人，该例外可忽略，上文的排名即为各职业的社会阶层排名。第二，与全部就业居民月工作收入中位数最接近的是文员，毫无疑问该职业属于社会中层。第三，排序后，相邻职业之间的收入差距变化不大。亦有一个例外，即工业工匠及手工艺工人在2018年第二季度和第三季度的收入与文员更为接近，而之前则跟机台、机器操作员、司机及装配员更接近。这三个职业均可看作社会中层，因此该例外不构成显著影响。将表5中的数据制作成图2，则这些特点更加明显。

与季度数据相比，年度数据相对更具有稳定性，因此本文利用2017年的数据研究就业居民阶层结构。全体就业居民的月工作收入中位数为19000澳门元，八个职业中，专业人员和行政主管及经理月工作收入中位数分别为37500澳门元和33000澳门元，远高于总体水平，因此这两个职业是社会高层；技术员及辅助专业人员的月工作收入中位数为25000澳门元，可被划分为中偏高收入阶层；文员，工业工匠及手工艺工人，机台、机器操作员、司机及装配员的月工作收入中位数接近于全部就业居民的中位数，为社会中层；服务及销售人员的月工作收入为13500澳门元，为中偏低阶层；而非技术工人的月工作收入为10000澳门元，属于低收入阶层。

表4的就业居民职业构成数据显示，2017年专业人员和行政主管及经理这两个社会高层职业的就业居民分别占5.63%和7.31%；技术员及辅助专业人员占比为13.90%；文员的占比高达34.18%，是社会中层的主体，而同属

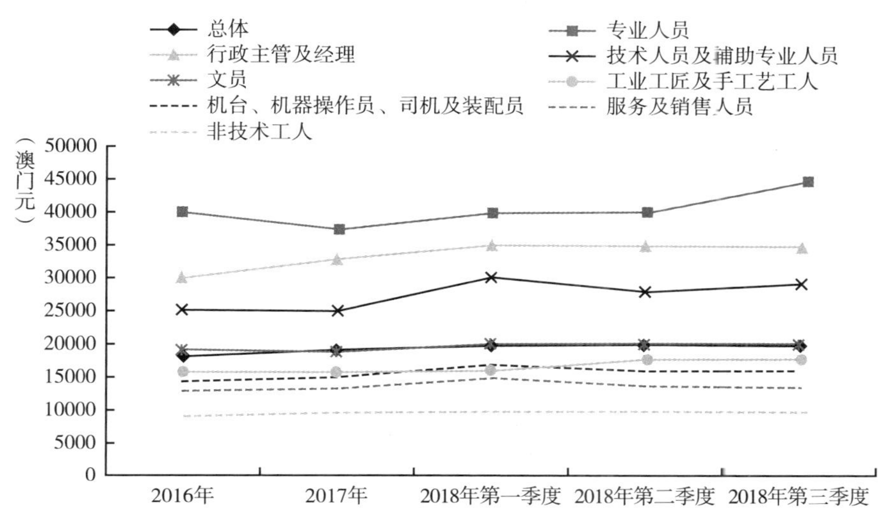

图 2　2016 年至 2018 年第三季度分职业月工作收入中位数

数据来源：澳门特别行政区政府统计暨普查局。

社会中层的工业工匠及手工艺工人和机台、机器操作员、司机及装配员的占比则很低；服务及销售人员占比为 19.35%；非技术工人则占 8.05%。因而，形成的社会阶层结构如图 3 所示。可见，澳门就业居民的阶层结构基本符合比较理想的“橄榄型”结构。

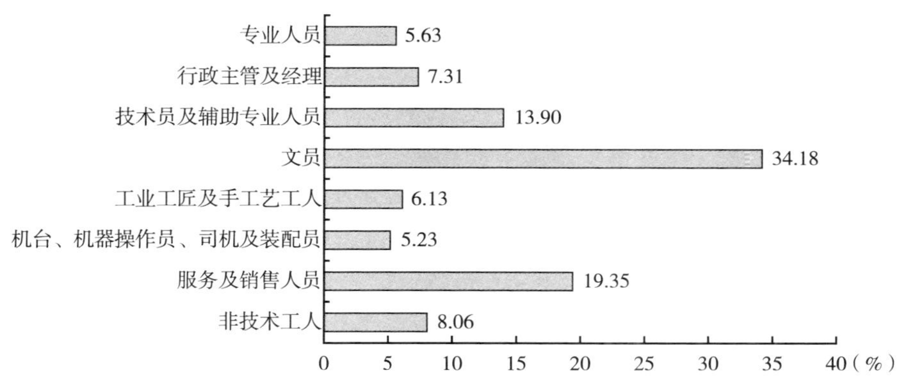

图 3　2017 年就业居民阶层结构

资料来源：澳门特别行政区政府统计暨普查局。

四　相关讨论及趋势预测

回归祖国20年来，在博彩业的带动下，澳门经济获得迅速发展，2017年人均地区生产总值高达80892.82美元，居世界第二位。[①] 同时，也逐步形成了博彩业“一业独大”的产业结构以及整体经济和政府财政对博彩业的高度依赖，对澳门居民的就业和收入产生重要影响。博彩业劳动力的特点是教育和技能水平较低而工资较高，这造成了积极和消极两个方面的影响。积极方面，实现了受教育水平相对较低的制造业就业人口向博彩业等行业的平稳转移，迅速解决了制造业衰退造成的结构性失业，有助于回归初期的经济转型和缓解潜在的社会稳定风险；[②] 消极方面，提高了对劳动力的需求和总体的工资水平，提高了企业生产成本，妨碍了小微企业的发展，特别是吸引了一些青少年辍学从事博彩业，妨碍了人力资本投资。博彩业的迅速发展不仅妨碍了人力资本投资，而且造成了人才外流。2014～2018年澳门高等教育局进行的“澳门大专学生毕业后追踪调查”显示，已就业大专（及以上）毕业生中有大约九成工作地点在澳门，而一成在其他地区，历年“澳门大专应届毕业生升学与就业意向调查”也显示，约有一成应届大学毕业生倾向于选择在澳门以外地区就业，而“所就读的学科在澳门缺乏发展机会”和“澳门没有心仪的行业可供选择”是他们选择去外地就业的重要原因。[③] 产业结构单一还造成澳门就业居民的职业和行业选择较少以及就业状况受到博彩产业波动的巨大影响。1999～2014年，澳门博彩业迅速发展，因此总体上的特点呈现为经济快速发展、产业结构趋一、居民就业改善、收入水平提高以及社会结构变迁。2014～2016年博彩毛收入出现连续26个月下滑，导致经济出现负增长。大约同期，博彩业和酒店及饮食业等行业的就业居民数量下降，劳动参与率下降而失业率提

① 按照当年美元价格衡量。数据来自世界银行，“World Bank Open Data”，https：//data.worldbank.org/。

② 曹达华：《澳门经济结构演变对就业和收入分配的影响分析》，《广东行政学院学报》2016年第3期。

③ 两个调查的调查对象实际为应届或往届大专及以上学历毕业生。资料来自澳门特别行政区政府高等教育局官网，https：//www.dses.gov.mo/。

高。博彩业的波动不仅造成了经济的剧烈波动，也导致了就业的波动。2016年8月，调整后的博彩业开始复苏并平稳增长。因此，近期虽然就业居民的收入水平不断提高，其职业、行业结构以及社会结构却相对较为平稳。

2016年以来，居民就业状况的总体特征表现为：就业居民年龄稳中有增；教育水平继续提高，高等教育学历就业居民占比提高；行业结构略有变动，占比最高的行业为博彩业，其就业居民约占三成，博彩业、酒店及饮食业和教育业的就业居民占比略有上升而制造业就业居民占比略有下降；职业结构较为稳定，文员占比最高，约为1/3，而荷官约占文员的一半，近期荷官数量的下降引起文员数量下降。就业居民收入的总体表现为：收入水平迅速提高；四成居民的月工作收入为10000～19999澳门元；月工作收入存在较大职业和行业差距，并且近期收入较高的行业和职业的增长速度亦较快，存在收入差距扩大的趋势；博彩业收入偏高的现象在一定程度上得到纠正。这进一步说明，澳门居民主要就业于博彩业，博彩业的职业结构和发展状况对就业居民的总体状况有极为重要的影响。

以职业为基础，以收入（月工作收入中位数）为标准研究就业居民的社会结构，结果发现，澳门就业居民的社会结构基本上呈现“橄榄型”，属于较为理想的社会结构。“橄榄型”结构是政治稳定、经济健康发展的基础和中坚力量。一个理想社会应当有70%～75%的人口属于中间阶层①。但是澳门就业居民中只有不到一半为中间阶层，因此，澳门社会结构的主要缺点在于中间阶层比例偏低。澳门未来的发展目标之一应该是推动中产阶层占据社会主体。同时，中间阶层的主体是文员，而文员的一半为荷官。荷官是受到特区政府就业政策保护而不能招收外地雇员的职业，该职业就业居民的主要特点在于教育水平偏低、劳动技能缺乏而工资偏高。因此，若未来博彩业因内部或外部因素出现萎缩，或者出现资本密集度提高而对荷官的需求减少，造成荷官失业，则该类失业人员很难实现产业和职业转移。因此，澳门的社会中层缺乏竞争力和稳定性，有缩小的风险。当前，荷官的占比已经降低，导致与2015年相比社会中层占比下降了2个百分点。当然，这属于波动性降低还是趋势性降低，还有待于进一步观察，但是，这种下降具有警示性。

① 柳智毅：《澳门中产研究》，澳门经济学会，2012，第1页。

经过深度调整的博彩业，近期发展保持稳定。澳门经济起飞阶段基本上已经完成，很难再出现2002～2014年的经济持续快速增长期。未来博彩业的发展面临更多不确定因素。一方面，博彩业存在内地游客“一源独大”的特点，而内地经济已经进入新常态，因此其增长速度会有所放缓，博彩毛收入增速有可能随之降低；另一方面，澳门博彩业面临越来越激烈的外部竞争，周边包括新加坡、菲律宾、马来西亚、越南、韩国、日本等十几个国家和地区已经相继将博彩业合法化。因此，澳门博彩业的扩张将面临多重困难。

澳门要实现经济适度多元发展亦非易事。博彩业的大发展曾经吸纳了大量劳动力，妨碍了居民人力资本投资，提高了工资水平，增加了其他产业的生产成本，因而对其他产业的发展形成挤出效应。同时，博彩业就业居民还存在诸多问题，例如工作压力较大，升职机会渺茫，轮班制导致失眠等病症，新生代荷官滥赌、颓废。[①] 这些问题会给整个社会带来负面影响。虽然特区政府早已意识到博彩业一业独大的问题和风险，提出促进经济适度多元发展，并制定和执行了一系列促进新兴产业发展的政策措施，在一定程度上促进了会展、文创、中医药以及特色金融等新兴产业的发展，但是实施效果总体上并不理想。澳门统计暨普查局的数据显示，2002年澳门的“就业人口多元化熵指数”为2.39，之后出现下滑，2017年刚刚恢复至2.38；而“以当年基本价格按生产法计算的经济多元化熵指数”在2017年为2.20，低于2002年的2.46。[②] 澳门经济适度多元发展之路还在初级阶段。

2019年1月31日，澳门经济财政司司长梁维特指出，“受外围政治及经济不明朗因素影响，本澳经济呈稳中有变的格局，下行压力正渐渐增加”，特区未来经济发展的基调将是“稳中求进”，变中求进，巩固发展基础，提升经济韧性。[③] 未来包括博彩业在内的澳门经济将以稳健发展为主要特色，居民的就业状况和社会结构发生大幅波动的概率较低。

---

① 刘昭瑞、霍志钊：《蝶变：澳门博彩业田野叙事》（下），商务印书馆，2017，第417、427、428页。

② 熵指数是学术界用作量度经济多元化程度的指标之一。熵指数值越大，经济集中程度相应越低；熵指数值越小，经济集中程度则相应越高。

③ 梁维特：《固本培元，防范风险，提升经济韧性》，2019年1月31日，澳门特别行政区政府经济财政司司长办公室网站，https：//www. gsef. gov. mo/zh/posts/2498。

长期来看，博彩产业由劳动密集型升级为资本或人力资本密集型产业是必然趋势。一方面，博彩业面临的内外部竞争迫使博彩企业通过产品、服务、经营模式以及技术等方面的一系列创新提高竞争力，促进自身发展。这是博彩业提高资本和人力资本密集度的必要性。另一方面，回归以来澳门教育尤其是高等教育的迅速发展为博彩企业的升级积累了人力资本。表 6 显示，不同年龄间的受教育水平差异较大，越年轻的就业居民，具有高等教育学历者的占比越高，平均受教育年限越高。① 这为澳门博彩业升级提供了可能性。因为澳门拥有大量资金，约束澳门产业结构升级的主要因素在于缺乏人才。从长期来看，荷官规模将会缩小，澳门将通过新兴产业的发展培养新的社会中层或者扩大从事其他职业的社会中层，而社会高层的占比也会因产业升级而有所提高。

表 6　2018 年第三季度按岁组及学历统计的就业居民

岁组	总数（千人）	小学教育（千人）	初中教育（千人）	高中教育（千人）	高等教育（千人）	其他（千人）	平均教育年限（年）
总数	285.3	37.0	54.2	77.1	109.1	7.9	11.9
16～24 岁	16.5	0.3	1.5	6.7	7.9	0.2	13.5
25～34 岁	74.7	2.2	7.9	18.0	46.4	0.2	14.0
35～44 岁	64.0	3.5	10.6	17.3	31.9	0.7	13.1
45～54 岁	65.5	11.7	18.1	16.8	16.6	2.3	10.8
55～64 岁	55.7	15.5	14.3	16.9	5.1	3.9	9.3
65 岁及以上	8.9	3.8	1.9	1.3	1.3	0.7	8.8

注：平均受教育年限根据不同受教育水平的劳动力数量和相应教育年限计算得出，受教育年限的赋值为小学教育 6 年、初中教育 9 年、高中教育 12 年、高等教育 16 年，其他（含从未入学/学前教育以及不详）3 年。

资料来源：澳门特别行政区政府统计暨普查局。

相关研究表明，澳门就业居民的社会结构优于常住人口，因为相当一部分外地雇员从事本澳居民不愿意从事的收入水平低、社会地位低的职业，如服务及销售人员和非技术工人。② 外地雇员是本地劳动力的有益补充，弥补了本地

① 最低年龄组不及 25～34 岁年龄组，是因为很多青少年尚在就学。

② 林广志、娄世艳：《改革开放以来澳门社会结构的变化及其特点》，载吴志良主编《改革开放与澳门发展》，社会科学文献出版社，2018，第 331～349 页。

劳动力不足，在一定程度上抑制了工资水平的提高，促进了澳门经济发展。未来澳门本地居民老龄化问题加剧，劳动力数量减少，受教育水平提高，因此，依然需要聘用大量外地雇员作为补充，从事本地居民不愿意从事的服务、销售以及家务劳动等工作。特区政府将继续引进外地雇员并坚持“补充性”原则以及坚持荷官不输入外劳政策，这有助于本地居民保持相对较理想的社会结构。

B.21
2018年澳门医疗事业的成绩、问题与趋势

尹一桥*

摘　要： 在澳门回归祖国20周年之际，本文尝试根据大量客观数据和事实，对澳门的医疗事业发展做出分析和反思。毋庸置疑的是，近年澳门努力完善医疗领域法律制度和合作机制、不断增加教育和财政资源投入。《医疗人员专业资格及执业注册制度》等医疗范畴法律的立法、在疾病防治上投放资源的增加，以及有关医疗水平的各项指标提升，可反映出澳门医疗所取得的三大方面成绩。因应澳门发展的快速和老龄化社会的逼近，区域合作是大势所趋，澳门医疗在取得成绩的同时也面对一些问题和挑战，如长期存在的医护人资不足、跨部门大健康推动不足和跨地区合作不足是需要积极处理的。迎接特区下一个十年开始，澳门将面对医疗资源增加、对高质量医疗发展环境的需求凸显、智慧医疗的发展以及跨部门协同合作广度和深度加大、推动医疗科系官产学研合作四大趋势。期望医疗从业人员在取得成绩的基础上，应研究妥善处理面对的各种问题，利用公共财政资源相对充裕和国家发展大湾区政策的支持，着力解决阻碍发展的深层次难题，寻找更多优势和机遇，为澳门建成健康城市和世界旅游休闲中心做出医疗领域上更大的贡献！

关键词： 澳门　医疗事业　医疗人力　智慧医疗　区域合作

---

* 尹一桥，教育哲学博士、教授、澳门镜湖护理学院院长，研究方向为护理教育。

一 背景

2019年是澳门回归祖国20周年，也是新中国成立70周年，是回顾和展望的重要时间。在国家政策的支持下，在粤港澳大湾区城市的协助下，近年澳门医疗事业取得了一定的成绩。2015年国家“十三五”规划纲要提出“支持港澳在泛珠三角区域合作中发挥重要作用，推动粤港澳大湾区和跨省区重大合作平台建设”①，2017年国家发展和改革委员会、广东省人民政府、香港特区政府及澳门特区政府签署了《深化粤港澳合作 推进大湾区建设框架协议》②。2015年起澳门特区政府加紧推进医疗相关注册制度的立法工作，2016年发布《澳门特别行政区五年发展规划（2016～2020年）》及近年的施政报告均明确提出完善医疗系统、建设健康城市，亦提出在2020年《医疗系统建设方案》完成率要达约八成③。2017年与阿里巴巴签订《构建智慧城市战略合作框架协议》，当中包括智慧医疗④。2018年卫生局修章成立医学专科学院。2019年初，澳门科技大学获准开设内外全科医学学士学位课程。这些举措使澳门医疗走向专业化和智慧化。由于城市急速发展，大湾区合作发展与智慧医疗处于起步阶段，澳门医疗事业还存在不足，并有一定的发展空间。

二 成绩

（一）法律制度完善

2017年和2018年，澳门医疗法律制度取得重大进展，《医疗事故法律制

① 《中华人民共和国国民经济和社会发展第十三个五年规划纲要》，新华网，http://www.xinhuanet.com/politics/2016lh/2016-03/17/c_1118366322.htm。

② 《深化粤港澳合作 推进大湾区建设框架协议》，澳门特别行政区政府印务局网站，https://bo.io.gov.mo/bo/ii/2017/31/aviso40_cn.asp#cht。

③ 《澳门特别行政区五年发展规划（2016～2020年）》，澳门特别行政区政府建设世界旅游休闲中心委员会网站，2016年9月，https://www.cccmtl.gov.mo/files/plano_quinquenal_cn.pdf。

④ 《阿里巴巴集团与澳门特区政府达成战略合作协议 推动智慧城市发展》，阿里巴巴集团网站，https://www.alibabagroup.com/cn/news/press_pdf/p170804a.pdf。

度》及相关配套法规指引于2017年2月生效，医疗事故鉴定委员会和医疗争议调解中心亦随即运作。2018年10月3日，修改卫生局的组织及运作，成立医学专科学院，以统一全澳的医生培训。新修订的《预防及控制吸烟制度》于2018年1月1日生效，以进一步减少烟草对澳门居民的危害。《医学辅助生殖技术》法案于2017年开展公开咨询，以规范医学辅助生殖技术的使用，咨询总结报告于2018年4月完成。《医疗人员专业资格及执业注册制度》于2018年10月立法会一般性通过，以提升医疗服务的专业性和认受性。其中《医疗事故法律制度》《医疗人员专业资格及执业注册制度》对澳门医疗的影响尤为重大。

2017年澳门特区政府与阿里巴巴签订《构建智慧城市战略合作框架协议》，当中包括智慧医疗[①]。2017年和2018年，卫生局推出“电子健康记录互通系统”先导计划、电子医疗券、优化卫生局手机应用程序。卫生局以“自家健康，自家管理”计划为开端，居民透过计划可将健康数据传送至医疗资讯系统。卫生局多个电子化项目投入使用，为澳门居民提供便利适切的医疗服务，推动“智慧医疗”的进程。

1. 医疗事故法

历时16年，《医疗事故法律制度》及相关配套法规指引——《医疗事故鉴定委员会》、《医疗争议调解中心》、《医疗服务提供者职业民事责任强制保险》以及《病历的记录、管理、保存及销毁程序指引》于2017年2月26日起生效[②]。《医疗事故法律制度》及相关配套法规指引厘清医患双方的权利与义务，保障医患双方的合法权益，使医疗事故能以公平、合理及有效的方式处理。2017年，医疗事故鉴定委员会完成5宗个案调查，其中1宗构成医疗事故。医疗事故鉴定委员会与广东省医学会签订合作协议[③]，为专家邀请联系建立机制。

2. 注册法

为回应澳门市民对高质量医疗服务的需求和期望，卫生当局计划重新拟定

---

① 《阿里巴巴集团与澳门特区政府达成战略合作协议 推动智慧城市发展》，阿里巴巴集团网站，https：//www. alibabagroup. com/cn/news/press_ pdf/p170804a. pdf。

② 《医疗事故法律制度》（第5/2016号法律），《澳门特别行政区公报》2016年8月29日，第一组。

③ 《2017年医鉴会工作简报》，澳门特别行政区政府医疗事故鉴定委员会网站，http：//www. cpem. gov. mo/page/cpem/main. aspx？ lang = ch。

《医疗人员专业资格及执业注册制度》，并对其进行公开咨询，于 2016 年完成有关公开咨询总结报告①，其后完成相关的法案草案，2018 年 10 月 18 日该法案于立法会一般性通过②。该法案统一规范全澳公、私营医疗专业人员的执业资格认可标准，确保医疗人员的执业水平，适用于医生、护士等 15 类医疗人员，其中中药师和营养师是新增类别。法案要求符合学历要求的医疗人员毕业后需经过“录取试、实习、资格试、攞牌”四个步骤才能执业③，并建立持续专业发展学分机制，以确保医疗人员的执业水准，提升医疗服务的专业性和认受性④。

3. 持续专业发展学分

《医疗人员专业资格及执业注册制度》法案建议设立持续专业发展制度（Continuing Professional Development，CPD），执业注册续期条件之一是取得规定 CPD 学分。为日后推行 CPD 及配合未来的《医疗人员专业资格及执业注册制度》，卫生局于 2018 年 7 月起推行自愿性 CPD 计划⑤。自愿性 CPD 计划包含活动类型、学分计算准则、达标要求、学分提交方式。卫生局定期举办通识课程，亦鼓励业界举办专业课程，期望透过自愿性 CPD 计划提高医疗人员专业知识和技能水平，向完成学分要求的医疗人员颁发达标证书。

4. 电子化：病历、医疗券

2002 年澳门卫生局已建立并使用电子病历及电子检验资讯系统⑥，使工作效率提高。2016 年 12 月 30 日起，卫生局推出“电子健康记录互通系统”先

---

① 《〈医疗人员专业资格及执业注册制度〉公开咨询总结报告》，澳门特别行政区政府网站，https：//www. gov. mo/zh - hant/wp - content/uploads/sites/4/2017/07/9683_ 412f81b970394e76ba487301be9c43fb_ 000. pdf。

② 《引介、一般性讨论及表决〈医疗人员专业资格及执业注册制度〉法案》，澳门特别行政区立法会网站，http：//www. al. gov. mo/uploads/attachment/2018 - 10/341135bc94a8696ebe. pdf。

③ 《十五类医护实习考核》，《澳门日报》2018 年 8 月 2 日，A01 版。

④ 《医疗人员专业资格及执业注册法律制度》，澳门特别行政区立法会网站，http：//www. al. gov. mo/uploads/attachment/2018 - 08/996075b6a97c8b1c1b. pdf。

⑤ 《持续专业发展（CPD）计划》，澳门特别行政区政府卫生局网站，https：//www. ssm. gov. mo/apps1/cpd/ch. aspx#clg14186 - vlg14194。

⑥ 《2003 年财政年度施政报告》，澳门特别行政区政府印务局网站，https：//bo. io. gov. mo/edicoes/cn/raem/lag2003/。

导计划，让澳门居民自愿登记参与计划。[①] 通过“电子健康记录互通系统”可实现仁伯爵综合医院、卫生中心和镜湖医院的病历资料互通，以构建完善的个人健康管理档案，实现公私营医疗机构资源共享。[②] 截至2018年12月10日，已超过2万名市民登记使用“电子健康记录互通系统”。为实现“智慧医疗”，便利市民，卫生局计划于2019年推动与民间医疗机构互通病历资料。[③]

为配合智能医疗的发展，杜绝纸版医疗券的违规使用，在医疗券计划推出的第9年，即2018年5月起改用电子医疗券[④]。电子医疗券每张面值为1澳门元，而以往纸版医疗券每张面值50澳门元，电子医疗券为受益人的医疗支付提供便利。卫生局通过电子医疗券进行实时监测，减少医疗券违规使用的情况[⑤]。医疗补贴计划的受益人可透过自动服务机、网页、手机应用程序等将医疗券转移给符合资格的人员使用，电子医疗券的转移较纸版更便利。电子医疗券与特区政府其他部门（如身份证明局、婚姻登记局等）进行联网，可杜绝受益人违规转移医疗券[⑥]。

（二）疾病防治投放资源增加

1. 传染病防治

卫生局购入15万剂2018～2019年度的四价流感疫苗，较2017～2018年度增加3万剂[⑦]，初期免费为高危人员接种；为扩大社区免疫屏障，2018年12月起免费为全澳居民接种[⑧]。澳门各类疫苗覆盖率均高达九成以上，特区政府

① 《电子健康记录互通系统先导计划》，澳门特别行政区政府卫生局网站，https：//www.ssm.gov.mo/apps1/ehrpp/ch.aspx#clg11429。

② 《2017年财政年度施政报告》，澳门特别行政区政府印务局网站，https：//images.io.gov.mo/cn/lag/lag2017_ cn.pdf。

③ 《卫局：电子病历拟通民间机构》，《澳门日报》2018年12月11日，A02版。

④ 《医疗补贴计划2018》，澳门特别行政区政府卫生局网站，http：//www.vs.gov.mo/vs2018/ch.aspx#sb13972－vlg13978。

⑤ 《电子医券监测作弊》，《澳门日报》2018年4月27日，A01版。

⑥ 《近半医生未参与医疗券》，《澳门日报》2018年5月7日，A03版。

⑦ 《卫生局工作报告2017》，澳门特别行政区政府卫生局网站，http：//www.ssm.gov.mo/docs/14634/14634_ 3d8976b1067e43858184d1ba734868c6_ 000.pdf。

⑧ 《卫生局12月11日将免费流感疫苗接种扩展至全澳居民，居民可通过网上登记、电话和亲临各卫生中心/卫生站进行预约》，澳门特别行政区政府卫生局网站，http：//www.ssm.gov.mo/docs//15140//15140_ 5d2ad59ab9fc47f68ebd09c8a233803e_ 000.pdf。

根据世界卫生组织的标准加强德国麻疹监测系统和完善德国麻疹接种计划，在2018年，澳门成为西太区首5个消除德国麻疹认证的国家和地区之一①，显示澳门传染病防控能力。

为优化艾滋病个案的监测和跟进，防治爱滋病委员会建立的“爱滋病感染者/病人资料库”于2017年正式运作②，资料库涵盖确诊个案的流行病学、诊断、治疗、跟进等资料。防治爱滋病委员会构建“爱·自己”的手机应用程序，透过此应用程序，澳门居民可了解艾滋病防治资讯，程序还具备艾滋病风险评估、计算安全期和空窗期等功能。

2. 非传染病防治

肺癌是澳门最常见的癌症之一，澳门男性肺癌死亡率呈急速上升趋势③，吸烟与肺癌密不可分。特区政府高度重视控烟工作，2018年1月生效的新修订《预防及控制吸烟制度》扩大禁止吸烟范围，将电子烟纳入管制，提高违法吸烟罚款金额④，2019年1月起机场及娱乐场除已符合按新标准设定且获许可的吸烟室外，全面禁止吸烟⑤。肠癌是澳门发病和死亡的第二位癌症⑥，卫生局为1947～1956年出生的澳门居民进行“大肠癌筛查计划”，至2018年9月底已有约7000人次居民进行预约⑦。

3. 跨部门跨专业协作

澳门北区人口稠密，为满足北区居民的医疗需求，青洲卫生中心于2018

---

① 《澳门成为世卫西太区首5个消除德国麻疹国家和地区之一　为本澳公共卫生史上重要里程碑》，澳门特别行政区政府卫生局网站，http：//www.ssm.gov.mo/docs/15027/15027_1428a9ff460a49aaa57790168be12b09_000.pdf。

② 《澳门特别行政区政府防治爱滋病委员会2017年工作报告》，爱滋病关怀网，https：//www.aids.org.mo/download/annualreport/2017/2017%E5%B9%B4%E5%BA%A6%E5%B7%A5%E4%BD%9C%E5%A0%B1%E5%91%8A%E4%B8%AD%E6%96%87%87.pdf。

③ 《2016澳门癌症登记年报》，澳门特别行政区政府卫生局，2018，第6、16页。

④ 《修改第5/2011号法律〈预防及控制吸烟制度〉》（第9/2017号法律），《澳门特别行政区公报》2017年7月24日，第一组。

⑤ 《核准关于机场设施及娱乐场吸烟室应遵的最低要求的规范及吸烟室的许可式样》（第84/2017号社会文化司司长批示），《澳门特别行政区公报》2017年9月25日，第一组。

⑥ 《2016澳门癌症登记年报》，澳门特别行政区政府卫生局，2018，第6～7页。

⑦ 《卫生局延长“大肠癌筛查计划”首批筛查对象预约期　呼吁1947至1949年出生的居民在12月31日前预约》，澳门特别行政区政府卫生局网站，http：//www.ssm.gov.mo/docs/14809/14809_c2bce42425194599b547ac1e6ba65591_000.pdf。

年7月正式为居民提供服务①。2018年12月儿童综合评估中心迁往青洲卫生中心，失智症支持中心亦同日投入使用②。社会工作局和教育暨青年局为发育迟缓的婴幼儿提供诊断治疗和康复训练，不同年龄的婴幼儿归属不同政府部门管辖。为使发育迟缓婴幼儿达到早发现、早诊断、早治疗，政府各部门对其进行系统化的统筹和协调，卫生局、教育暨青年局和社会工作局跨部门合作成立儿童综合评估中心③。新的儿童综合评估中心面积扩大1倍，可应对每年新增个案。

为满足澳门快速老龄化社会的社区医疗服务需求，镜湖医院亦于2018年开展了医疗外展服务，外展队由医疗、康复、心理、营养和护理人员多专业团队组成。医疗外展服务对维持出院患者医疗护理服务的连续性、支持可预防性的复发起到支援作用。使病情相对稳定但仍有护理需求的出院患者，可以在家中得到适切的医疗、护理、康复和支援服务，提高生活质量，减轻家属的照顾压力。④ 亦有助于降低再入院率，提高病床使用率，纾缓轮候入住院舍及医院的需要。服务自2018年4月首次探访开始，接受服务人次呈逐月上升趋势，充分体现了外展服务的需求⑤。

澳门老龄化问题严峻，失智症患者日渐增多，为应对失智症的挑战，特区政府大力推动医社合作，自2016年起推行失智症防治措施⑥。为加强对失智症患者及照顾者的支援，失智症支援中心通过跨专业合作的协同效应，为轻中度失智症患者及照顾者提供咨询、卫教、训练、治疗等服务。为优化长者医疗服务，卫生局和社会工作局联合推出“专科外展医疗服务计划”，由仁伯爵综合医院老人科、内科、精神科、急诊部、物理治疗等专科组成的

---

① 《青洲卫生中心明午2时30分正式为居民提供服务　北区居民将获更优质的基层医疗服务》，澳门特别行政区政府卫生局网站，http://www.ssm.gov.mo/docs/14508/14508_f88e0cffb0df4ea088559c154519701c_000.pdf。

② 《儿童综合评估中心及失智症支援中心下月中旬投入使用　卫生局今邀记者参观青洲卫生中心》，澳门特别行政区政府卫生局网站，http://www.ssm.gov.mo/docs/15127/15127_1a29f9f358f34b18a51f4b3cde5d21f8_000.pdf。

③ 《理想与使命》，儿童综合评估中心网站，https://cacp.gov.mo/index.jsp?con=intro。

④ 《镜湖启动护理外展服务》，《澳门日报》2018年10月27日，B07版。

⑤ 《外展医疗助院舍家居长者》，《澳门日报》2018年12月6日，A01版。

⑥ 《澳门举行国际论坛呼吁社会共同关注和推动失智症防治》，人民网，http://hm.people.com.cn/n1/2018/1028/c42272-30366918.html。

“专科外展医疗服务队”为高危长者提供外展医疗服务，以优化院舍高危长者医疗服务①。

（三）反映医疗水平的各项指标提升

仁伯爵综合医院2016年10月通过澳大利亚医疗服务标准委员会的机构广泛性审核，并于2017年、2018年、2019年进行自我评价、定期评鉴、自我评鉴，说明澳门专科医疗技术水平和服务素质达到国际标准②。卫生中心在2017年通过日间医疗服务中心认证的复审，并在“健康记录管理”和“满足多元化背景的服务使用者需求”方面取得优异评级③。除医疗服务外，澳门检验服务亦通过认证，卫生局公共卫生化验所取得ISO15189医学实验室认可资格④。

澳门的医疗水平除了体现在医疗机构得到国际认证外，还反映在多个卫生统计指标上。2017年澳门居民出生时平均预期寿命为83.4岁，位居世界前列。2017年，澳门的标准化死亡率为2.4‰，婴儿死亡率为2.3‰，新生儿死亡率为2.0‰，处于低水平⑤。澳门肺癌、乳腺癌、宫颈癌、大肠癌五年相对存活率分别为28%、88.5%、81.5%、65.6%，高于欧美国家⑥。

---

① 《卫生局与社会工作局推出“专科外展医疗服务计划” 进一步优化院舍高危长者医疗服务》，澳门特别行政区政府新闻局网站，https://www.gcs.gov.mo/showNews.php?PageLang=C&DataUcn=122867。

② 《仁伯爵综合医院持续提升医疗技术水平和服务质素 再次通过澳洲医疗服务标准委员会（ACHS）认证》，澳门特别行政区政府新闻局网站，https://www.gcs.gov.mo/showNews.php?PageLang=C&DataUcn=105618。

③ 《卫生局工作报告2017》，澳门特别行政区政府卫生局网站，http://www.ssm.gov.mo/docs/14634/14634_3d8976b1067e43858184d1ba734868c6_000.pdf。

④ 《卫生局公共卫生化验所成功取得ISO15189医学实验室认可资格》，澳门特别行政区政府卫生局网站，http://www.ssm.gov.mo/docs/14365/14365_b8e50ae5ae3c490e8473 6207c13fe2f1_000.pdf。

⑤ 《统计年刊2017》，澳门特别行政区政府卫生局网站，http://www.ssm.gov.mo/statistic/2017/pdf/pdf.html。

⑥ 《卫生统计指标》，澳门特别行政区政府卫生局网站，http://www.ssm.gov.mo/portal/。

三 问题

（一）医疗人资不足

2017 年澳门每千人口的医生、护士、牙科医生/牙科医师、中医生/中医师分别为 2.6 名、3.7 名、0.4 名、1.1 名①，欧洲地区每千人口的熟练专业卫生人员（Skilled Health Professional，指医生、护士和助产士）是10.6 名②。与发达国家和地区相比，澳门专业卫生人力资源不足。2017 年，45 岁及以上专科医生、普通科医生、护士、药剂师的比例分别为 81.2%、32.7%、30.2%、13.5%③，除专科医生外，其他卫生专业人员均存在倾向年轻化现象。

澳门人口少，病例不足是先天性的，无法一下改变，加之医疗人力特别是护理人力频繁内部流动（从民间走进政府），护理人力逆向流动（护理需求更复杂的社区反而多由刚毕业的资浅者提供），长期下来这一现象已形成常态，使护理人力专业积累受限，整体专业梯队组成困难，形成结构性人资短缺现象。这种人力流动亦会增加不必要的医疗成本，因为人员流失后需要填补人力或推迟工作。2004 年美国的一项研究估计，一家拥有 5000 名员工的医院，其人员流动成本每年为 1700 万 ~ 2900 万美元④。同年美国的另一项研究估计，每位护士的流动成本是年薪的 0.75 ~ 2.0 倍⑤。因此国际护士会近年致力于研究护士的留用策略（Nurse Retention）⑥。

---

① 《医疗统计 2017》，澳门特别行政区政府统计暨普查局，2018，第 9 页。

② World Health Organization, "World Health Statistics 2017: Monitoring Health for the SDGs, Sustainable Development Goals", World Health Organization, 2017, p. 100.

③ 《统计年刊 2017》，澳门特别行政区政府卫生局网站，http://www.ssm.gov.mo/statistic/2017/pdf/pdf.html。

④ Bland Jones, C., "The Costs of Nurse Turnover", *Journal of Nursing Administration*, Vol. 34, 2017, pp. 562 - 566.

⑤ Waldman, J. D., Kelly, F., Aurora, S., and Smith, H. L., "The Shocking Cost of Turnover in Health Care", *Health care management review*, Vol. 29, 2004, pp. 2 - 7.

⑥ Buchan, J., Shaffer, F. A., Catton, H., "Policy Brief: Nurse Retention', https://www.icn.ch/sites/default/files/inline - files/2018_ ICNM%20Nurse%20retention.pdf.

澳门医疗人力密度不及发达国家和地区，加之存在结构性短缺，使得澳门医疗人资更加不足。澳门面临的挑战是，如何采取最佳行动来提高护士留用率。有时也被定义为通过降低不必要的护士流失率来保持劳动力稳定，从而对护理效果和组织成本产生正面影响。针对医疗人资不足，卫生部门、医疗机构可与教育机构合作，培养不同层次的医疗人员。世界卫生组织指出，没有卫生人力队伍就没有健康①，并提出任务转移（Task Shifting）②，培训非专业医疗人员，让其承担部分原本应由专业医疗人员提供的工作。以护理人员培养为例，可进行应用人才、专业人才、精英人才的培养。应用人才方面，培养健康护理员、卫生助理员、老年照顾员等，使受训人员可协助护士工作，以改善护理人力不足的现状。精英人才方面，培养专科护士、护理科研人员、护理教育人员、护理管理人员等，为护士持续教育提供途径。澳门早已开展栽培使用基层照顾者的工作，2014 年全澳护士人数为 1990 人，卫生服务助理员亦达 1043 人③。

除了培养不同层次的医疗人员，还可让专业医疗人员承担非其专业的任务，如医生人力不足，可由护士进行随访，如护士人力不足，随访可由药师承担，这可节省医生成本④。困难的是，护士和药剂师比医生更缺乏。

护理人资不足介入措施包括人力资源规划、招聘与留任、人力调配和表现、人力资源的运用和混合技术（Skill Mix）⑤。混合技术照护模式可将不同层次的护理人员组合，如有不同年资和职务的护士（高级专科护士、专科护士、

---

① World Health Organization, “A Universal Truth: No Health Without a Workforce”, https://www.who.int/workforcealliance/knowledge/resources/GHWA_AUniversalTruthReport.pdf.

② World Health Organization, “WHO Recommendations: Optimizing Health Worker Roles to Improve Access to Key Maternal and Newborn Health Interventions Through Task Shifting”, http://apps.who.int/iris/bitstream/handle/10665/77764/9789241504843_eng.pdf.;jsessionid=B9260B9E313CF508A7004F0158F252AC?sequence=1.

③ 《统计年刊 2015》，澳门特别行政区政府卫生局网站，http://www.ssm.gov.mo/statistic/2015/pdf/pdf.html。

④ Joshi, R., Alim, M., Kengne, A. P., Jan, S., Maulik, P. K., Peiris, D., and Patel, A. A., “Task Shifting for Non-communicable Disease Management in Low and Middle Income Countries—A Systematic Review”, *PloS ONE*, August 14, 2014, https://journals.plos.org/plosone/article?id=10.1371/journal.pone.0103754.

⑤ Buchan J., and Calman L., *The Global Shortage of Registered Nurses: An Overview of Issues and Actions*, Geneva: International Council of Nurses, 2006.

护士和卫生助理员），从而为患者提供更高质量的医疗护理。混合技术照护模式是研究团队的合理组成和如何分工合作，既可提升成本效益，降低照护成本及弹性地使用护理资源，亦可保证照护质量[①]。

医疗人力的培养需要较长时间，而澳门面对人口老龄化、少子化的挑战，预计未来医疗人资不足问题更加严峻。面对医疗人资不足，除加强医疗人力培养，采用任务转移、混合技术等策略外，发展智能医疗，使用高科技是解决人力不足的根本。

（二）跨部门大健康推动不足

“健康中国”在2015年被纳入国家“十三五”规划[②]，大健康上升到国家战略。大健康涵盖生理、心理、社会、环境、道德等方面的健康。医疗质量的提高，澳门居民健康水平的提高，需要特区政府跨部门合作。澳门目前开展跨部门合作的健康项目包括儿童综合评估和失智症支援，然而澳门人口面对的主要健康问题——慢性病则还未形成系统有效的跨部门合作。面对慢性病，澳门在2010年成立跨部门、公私营合作、民间组织参与的慢性病防制委员会，委员会设立癌症工作组、心血管疾病工作组、糖尿病工作组、慢性呼吸道疾病工作组、失智症工作组、健康饮食工作组[③]。慢性病防制委员会以宣传推广、健康教育为主[④]，可推动慢性病的预防，然而对慢性病的治疗及自我管理则不足。

现时澳门慢性病防制委员会以预防为主，而慢性病不会消失，需采用新的思维和管理办法应对慢性病。世界卫生组织发展“慢性病创新照护”

① Ayre, T. C., Gerdtz, M. F., Parker, J., and Nelson, S., “Nursing Skill Mix and Outcomes: A Singapore Perspective”, *International Nursing Review*, Volume 54, 2007, pp. 56 – 62; Lee, T. Y., Yeh, M. L., Chen, H. H., and Lien, G. H., “The Skill Mix Practice Model for Nursing: Measuring Outcome”, *Journal of Advanced Nursing*, Volume 51, 2005, pp 406 – 413.

② 《中华人民共和国国民经济和社会发展第十三个五年规划纲要》，新华网，http://www.xinhuanet.com/politics/2016lh/2016-03/17/c_1118366322.htm。

③ 澳门慢性病防制委员会：《委员会组成》，澳门特别行政区政府卫生局网站，http://www.ssm.gov.mo/cpc/wp-content/uploads/2016/11/2016-11-17-122807-44.pdf。

④ 《慢性病防制委员会2017年度工作报告及2018年工作计划》，澳门特别行政区政府卫生局网站，http://www.ssm.gov.mo/cpc/wp-content/uploads/2018/05/2018-05-02-113842-3.pdf。

模式（Innovative Care for Chronic Conditions），该模式包含六大关键理念（实证性决策、族群导向、预防为主、品质至上、整合性服务及具备弹性或适应性）和八项基本要素（支援模式转变、管理政治环境、建设综合卫生保健、为健康而使部门政策调整一致、更有效地使用卫生保健人员、以患者和家庭为保健中心、在患者的社区中支持他们、强调预防）①。澳门在为健康而使部门政策调整一致、以患者和家庭为保健中心、在患者的社区中支持他们等方面做得不足，不同政府部门、机构、专业人员可加强这三方面的合作。

（三）应对跨地区合作不足

祖国内地与澳门在2003年签署《内地与澳门关于建立更紧密经贸关系的安排》（CEPA），随后陆续签署多份补充协议，2017年签署的《〈内地与澳门关于建立更紧密经贸关系的安排〉经济技术合作协议》，医疗相关重点合作领域包括中医药产业合作、探讨人体移植器官、体液和组织等跨境运输时的检疫合作、积极推动澳门检测实验室与内地认证机构合作②。2011年粤澳政府签署《粤澳合作框架协议》，其2018年的工作重点之一是中医药产业合作、加强联合防控传染病和突发公共卫生事件应急处理合作、探索便利澳门人士非紧急就医及跨境运送转诊安排③。2017年国家发展和改革委员会、广东省人民政府、香港特区政府及澳门特区政府在香港签署了《深化粤港澳合作　推进大湾区建设框架协议》④。2018年、2019年澳门医疗相关机构与大湾区相关机构签署

① World Health Organization，"Innovative Care for Chronic Conditions：Building Blocks for Action"，https：//www. who. int/chp/knowledge/publications/icccglobalreport. pdf? ua = 1.

② 《〈内地与澳门关于建立更紧密经贸关系的安排〉经济技术合作协议》，澳门特别行政区政府经济局网站，https：//www. economia. gov. mo/zh_ TW/web/public/pg_ cepa_ cepa_ aetc? _ refresh = true。

③ 《实施〈粤澳合作框架协议〉2018年重点工作》，澳门特别行政区政府网站，https：//www. gov. mo/zh - hant/wp - content/uploads/sites/4/2018/06/MajorTasksin2018forImplementingtheFrameworkAgreement_ cn. pdf。

④ 《深化粤港澳合作　推进大湾区建设框架协议》，澳门特别行政区政府印务局网站，https：//bo. io. gov. mo/bo/ii/2017/31/aviso40_ cn. asp#cht。

多项有关大湾区的合作协议，如《粤港澳大湾区老年护理联盟合作框架协定》[①] 等。

澳门与内地、大湾区、广东省有关医疗的合作主要以签署合作协议、探讨可行性为主，缺乏实际提高澳门医疗水平、解决澳门医疗人力不足问题的跨区域合作。粤港已开始专科护士培训，2018 年首批 29 名护士通过粤港澳大湾区专科护士培训认证专家委员会的审核，获得专科护士资格[②]，而澳门有关跨区域合作培养医疗人才还未有重大进展。香港已开展“广东院舍住宿照顾服务试验计划”，政府资助符合资格的长者入住由香港非政府机构在广东开办的安老院[③]，截至 2018 年 7 月底共超过 190 名长者参与[④]。而澳门特区政府以“原居安老”为基本政策，“跨境养老”的保险制度还在探讨中[⑤]。

澳门可借助大湾区政策，在大湾区试行跨区域医疗人才培养、跨境医疗、跨境养老合作。在人才培养方面，与大湾区城市群中医疗专业较强的高等院校合作开办医疗人力较缺乏的课程，由澳门特区政府委托澳门高等院校与大湾区高等院校共同筹划课程，学生在大湾区院校完成课程理论部分，实习则在澳门医疗场所进行，或粤澳两地高校合办“2 + 2”课程。在跨境医疗方面，澳门特区政府可对大湾区医院进行认证，澳门居民可在符合资格的医院使用医疗券，澳门居民病历在澳门和试点医院互通，以减轻澳门医疗压力。在跨境养老方面，澳门特区政府可参考香港“广东院舍住宿照顾服务试验计划”，可将澳门人开办的珠海养老院作为试点，资助符合条件的长者入住，以减轻澳门养老

① 《学院加入“粤港澳大湾区老年护理联盟”共促老年护理专业发展》，澳门镜湖护理学院网站，http：//www2. kwnc. edu. mo/? p = 18188。

② 《首次粤港联合认证专科护士资格会在深举行》，文汇网，http：//news. wenweipo. com/2018/12/16/IN1812160016. htm。

③ 《广东院舍住宿照顾服务试验计划》，香港特别行政区政府社会福利署网站，https：//www. swd. gov. hk/storage/asset/section/2781/tc/AnnexFeb2018. pdf。

④ 《北上养老升　深颐康院 44% 港人》，星岛日报网站，https：//www. singtaousa. com/% E6% 97% A5% E5% A0% B1/% E9% A6% 99% E6% B8% AF/1272090 – % E5% 8C% 97% E4% B8% 8A% E9% A4% 8A% E8% 80% 81% E5% 8D% 87% E2% 80% 82% E6% B7% B1% E9% A0% A4% E5% BA% B7% E9% 99% A244% E6% B8% AF% E4% BA% BA/。

⑤ 《崔世安：保险制度入手助跨境养老》，论尽媒体，https：//aamacau. com/2018/04/17/% E5% B4% 94% E4% B8% 96% E5% AE% 89% EF% B8% B0% E4% BF% 9D% E9% 9A% AA% E5% 88% B6% E5% BA% A6% E5% 85% A5% E6% 89% 8B% E5% 8A% A9% E8% B7% A8% E5% A2% 83% E9% A4% 8A% E8% 80% 81/。

院的压力，加快有需要的长者入住院舍轮候，为有需要的长者增加养老地点的选择。

四 趋势

（一）医疗资源增加

为应对人口老龄化、市民日益增加的医疗需求，澳门特区政府在医疗上的财力、人力及物力资源均有所增加。澳门卫生支出预算占总公共预算比例由2013 年的 5.7% 升至 2018 年的 8.9% （见图 1）。澳门医生及护士的数量亦有所增长，其中护士增幅最大，由 2012 年的 3.0 名/千人口上升至 2017 年的 3.7 名/千人口（见图 2）。澳门住院病床数量略有增长，由 2012 年的 2.3 张/千人口上升至 2017 年的 2.4 张/千人口（见图 2）。

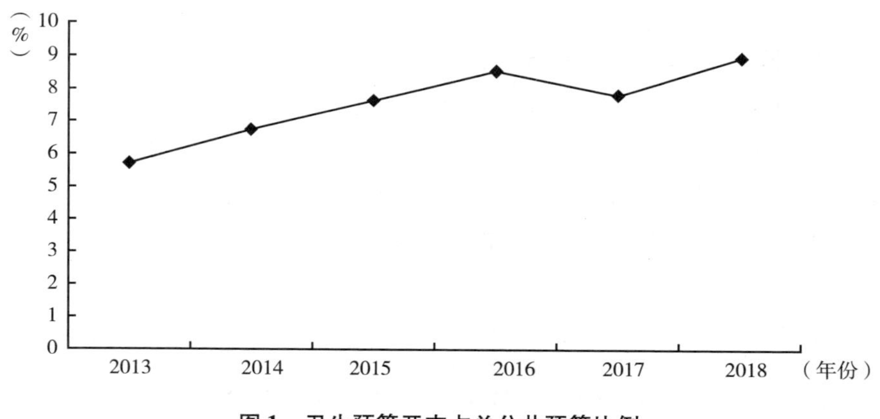

图 1　卫生预算开支占总公共预算比例

资料来源：根据 2013 年至 2017 年澳门特别行政区财政预算数据整理制作。

医疗资源的增加使得提供的医疗服务亦日趋多元①。在应对老龄化方面，2019 年将启用九澳康复医院，计划将康复病床增加至 100 张，并推出专科外展医疗服务试点计划、长者健康评估服务，以优化长者医疗服务。与非牟利医

① 《2019 年财政年度施政报告》，澳门特别行政区政府网站，https：//www. policyaddress. gov. mo/policy/download/2019_ policy_ cn. pdf。

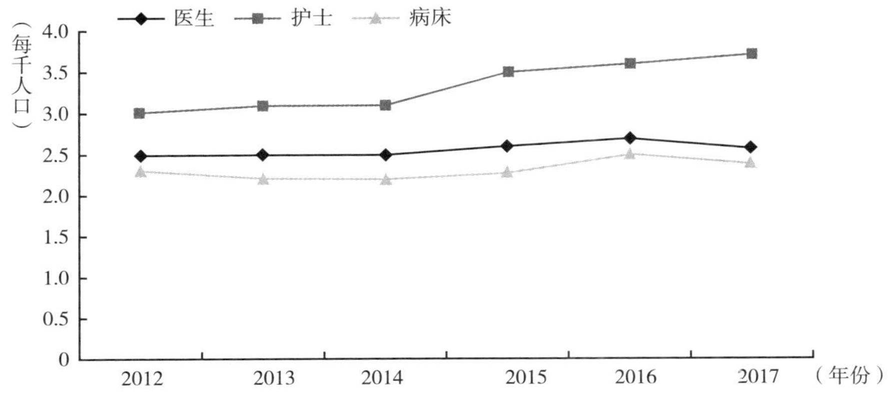

图2　澳门医生、护士、病床密度

资料来源：2012 年至 2016 年医疗统计。

疗机构合作，为有需要且经济困难的长者安装假牙提供津贴，以提高长者生活质量。在传染病方面，2019 年传染病定点监测扩展至私人诊所。在疾病预防方面，大肠癌筛查覆盖年龄由现时的 60～69 岁扩展至 55～69 岁，开展居民酒精使用的监测，以掌握疾病资料。增加产前诊断和新生儿遗传病的检查项目，为新生儿提供免费的听力筛查，以达到优生优育，使有出生缺陷的婴儿能够早日得到治疗。

（二）对高质量医疗发展环境的需求凸显

《医疗人员专业资格及执业注册制度》立法的开展确保医疗人员的专业水平，从医疗人员准入上为医疗质量提供保证。持续专业发展学分及医学专科学院为医疗人员持续教育及更高层次医疗人才培养提供途径，促使已就业医疗人员水准的提高，为可持续发展高质量医疗提供保证。《医疗事故法律制度》及相关配套法规指引促使澳门居民转向对高质量医疗的需求。

法律及财政资源为澳门医疗质量的提高提供保障。澳门人口的出生时平均预期寿命得到进一步提升，男性预期寿命从 2013 年的 79. 3 岁上升至 2017 年的 80. 3 岁，而女性则从 2013 年的 85. 8 岁上升至 86. 4 岁。澳门孕妇死亡率维持在 0，香港孕妇的死亡率维持在低水平，澳门的人口死亡率及孕妇死亡率均低于香港（见表 1）。澳门的婴儿死亡率、新生婴儿死亡率虽然维持在低水平，但仍然高于香港。可从降低婴儿死亡率方面着手，使澳门医疗水平指标更上一层楼。澳门乳腺癌、宫颈癌、大肠癌五年相对存活率均有所提升（见表 2），高于欧美国家，其中大肠癌五年相对存活率大幅提升。死亡率、出生时预期寿命、癌症存活率等指标趋于正面，表明澳门医疗水平正在逐渐提高。2015 年、2016 年、2017 年送往外地治疗的患者分别为 1887 人、1674 人、1351 人①，公费外送就医人数逐年下降，从侧面反映出澳门医疗技术能处理的病例在增加。自费往外就医者则未做统计。

表 1　2013～2017 年澳门与香港死亡率及预期寿命比较

年份	粗死亡率（‰）		婴儿死亡率（‰）		新生婴儿死亡率(‰)		孕妇死亡率（每十万）		出生时平均预期寿命(岁)			
									男		女	
	香港	澳门	香港	澳门	香港	澳门	香港	澳门	香港	澳门	香港	澳门
2013	6.0	3.2	1.8	2.0	0.9	1.5	0.0	0.0	81.1	79.3	86.7	85.8
2014	6.2	3.1	1.7	2.0	1.1	1.6	3.3	0.0	81.2	79.6	86.9	86.0
2015	6.3	3.1	1.4	1.6	1.0	1.1	1.6	0.0	81.4	79.9	87.3	86.3
2016	6.4	3.4	1.8	1.7	1.1	1.1	0.0	0.0	81.3	80.2	87.3	86.4
2017	6.3	3.3	1.7	2.3	1.1	2.0	1.8	0.0	81.9	80.3	87.6	86.4

资料来源：香港《统计年刊（2018 年版）》、澳门《统计年鉴 2017》、澳门《统计年鉴 2014》。

表 2　澳门癌症五年相对存活率

单位：%

年份	乳腺癌	宫颈癌	大肠癌
2003～2008	85.0	75.0	54.0
2004～2010	87.3	77.9	55.3
2008～2012	88.5	81.9	65.6

资料来源：《癌症存活率》，澳门特别行政区政府卫生局网站，http：//www. ssm. gov. mo/portal/。

（三）智慧医疗发展

澳门特区政府 2016 年发布的《澳门特别行政区五年发展规划（2016～

① 《统计年刊 2017》，澳门特别行政区政府卫生局网站，http：//www. ssm. gov. mo/statistic/2017/pdf/pdf. html。

2020年)》[①] 及近年的施政报告均明确提出建设智慧城市，为落实智慧城市的建设，澳门特区政府设立“智慧城市发展专责小组”及“智慧城市专责委员会”，并于2017年与阿里巴巴集团签署《构建智慧城市战略合作框架协议》，2018年对《澳门智慧城市发展测量及重点领域建设》进行咨询[②]，以加快智慧城市建设的步伐。

“智慧医疗”是智慧城市建设重要一环，随着澳门智慧城市的建设，“智慧医疗”发展亦是医疗发展趋势。澳门卫生系统推出试行“电子健康记录互通系统”、协议药物监管网络系统、医院自动配药系统、电子医疗券等一系列智能医疗举措。2019年特区政府将为居民建立网上账户，使居民透过手机或网页即可获得就诊、化验等个人医疗资料[③]。民间机构亦在努力尝试，如工人医疗所与澳门电讯合作推出电子病历备份应用程序。为应对老龄化和发展社区家居护理服务，前线医护人员透过电子病历备份应用程序和移动通信设备，除能更便捷地进行家居护理服务，提高工作效率外，更能透过云端即时调取电子病历，跟踪病人的治疗情况。同时，为保障病人及前线医护人员的隐私和权益，澳门电讯对有关电子医疗程序进行了电子认证，是澳门首个通过电子认证的家居护理电子医疗程序[④]。“智慧医疗”的逐步实行，向建立医疗大数据平台、医疗资讯跨机构互通迈进一大步，未来“智慧医疗”将为高效医疗管理及科学医疗决策提供依据。

（四）跨部门协同合作的广度和深度加大、推动医疗科系官产学研合作

目前，在澳门高等院校开设基础教育课程的医疗专业已有12项之多，包括澳门科技大学4项（内外全科医学、中药学、中医药学、药学），澳门理工

---

① 《澳门特别行政区五年发展规划（2016～2020年）》，澳门特别行政区政府建设世界旅游休闲中心委员会网站，2016年9月，https：//www. cccmtl. gov. mo/files/plano_ quinquenal_ cn. pdf。

② 《〈澳门智慧城市发展测量及重点领域建设〉咨询文本》，澳门特别行政区政府网站，https：//www. gov. mo/zh－hant/wp－content/uploads/sites/4/2018/05/BookTW. pdf。

③ 《2019年财政年度施政报告》，澳门特别行政区政府网站，https：//www. gov. mo/zh－hans/wp－content/uploads/sites/5/2018/11/2019_ policy_ cn. pdf。

④ 《CTM工联外展电子病历效佳》，《澳门日报》2018年6月21日，C01版。

学院 6 项（护理学、检验技术、诊疗技术放射范畴、物理治疗、职业治疗、药房技术助理，当中有两项未招生），澳门大学 1 项（临床心理学），镜湖护理学院 1 项（护理学）。鉴于医疗科系教学的特点，实践非常重要，教学人员与前线医疗人员若能无缝合作，携手令教学和服务素质被更好和更早地掌控，在教学和人才资源稀缺的澳门尤其可贵。护士方面，两所院校早自 2007 年起，已联合全澳各医疗机构共同培养护理临床教师，至 2018 年已培育及表列了 523 名及格的护理临床教师①，对统一护理临床教与学标准起了重要的作用。这类合作亦为提供落实医疗科系官产学研打下基础。

近年卫生局、教育暨青年局和社会工作局跨部门组成儿童早疗跨部门协作组，成立儿童综合评估中心和儿童康复治疗中心，整合统筹和优化儿童早疗服务。儿童在综合评估中心接受评估和诊断后，由三局工作人员进行个案会议讨论治疗和跟进方案，使儿童获得及时和足够的早疗服务。为应对老龄化问题，澳门特区政府成立由 13 个公共部门组成的养老保障机制跨部门策导小组，从医社服务、权益保障、社会参与、生活环境四大范畴制订长者服务十年行动计划。卫生局和社工局共同成立失智症诊疗中心，透过跨部门协同效应，为失智症患者及家属提供一站式服务。

澳门特区政府非常重视和支持澳门科学研究的发展，并大力促进科技创新。澳门特区政府为科研发展提供资助，2004 年设立科学技术发展基金②，2011 年起更为科学研究人员设立奖励③。为应对澳门慢性病的盛行，搭建慢性病健康管理综合模式的智能医疗平台，在科学技术发展基金的资助下，澳门镜湖护理学院、镜湖医院、广州中医药大学合作开展“探讨智能电话应用程序（Apps）对促进粤澳两地 2 型糖尿病患者进行自我管理的应用与成效”研究。跨专业的研究团队（护士、医生、营养师和资讯科技人员）开发澳门首个糖尿病自我管理手机应用程序——“糖福荟”，研究显示使用该应用程

---

① 《护理临床教师表列名册》，http：//www. ipm. edu. mo/cntfiles/upload/docs/science/common/nursecommittee. pdf。

② 《设立科学技术发展基金》（第 14/2004 号行政法规），澳门特别行政区政府印务局网站，https：//bo. io. gov. mo/bo/i/2004/19/regadm14_ cn. asp。

③ 《科学技术奖励规章》（第 6/2011 号行政法规），澳门特别行政区政府印务局网站，https：//bo. io. gov. mo/bo/i/2011/12/regadm06_ cn. asp。

序的患者对疾病自我管理、血糖自我监测的主动性较高、效能较佳，更为促进粤澳两地护理合作创造了平台。Apps 于 2018 年下半年开放给公众免费下载使用[①]。

类似以上这些服务和合作应更充分地应用于教学活动，开设医疗科系的高等院校开展更紧密的官产学研合作，加快医疗人才和跨专业合作团队的成长，持续提升服务素质。

五　总结与展望

医疗服务是不可或缺的需求，随着澳门人口老龄化的进展以及经济的蓬勃发展，澳门居民对医疗的需求日趋增加，对医疗服务质量日趋重视。《医疗事故法律制度》《医疗人员专业资格及执业注册制度》为医疗服务质量提供制度保障；高教机构提供医疗科系相关基础教育逐步增加，医学专科学院成立，医疗服务、教育机构得到国际认证，为医疗服务质量的可持续提供保证；跨部门合作和官产学研发展的深化为医疗服务质量提供体制保障；政府卫生支出预算增加为医疗服务质量提供资源保障。澳门特区政府除了从法律制度、机制、教育、财政资源上使澳门医疗服务质量得到提高，未来还须积累跨地区合作的经验，把握国家政策，借助外力发展传统医疗、专业医疗、智慧医疗，在满足澳门居民医疗需求的同时，探索发展医疗旅游的可能性，以适应世界旅游休闲中心的发展建设，将澳门建设成一个宜居、发达的健康城市。

① 《镜湖糖尿病管理 apps 启用》，《澳门日报》2018 年 9 月 28 日，A02 版。

B.22
澳门养老金制度的发展现状与未来方向

陈建新　张 锐*

摘　要： 澳门回归祖国后，特区政府投入大量资源改善澳门居民的生活。本文基于经济性、效率性和有效性指标，对经济合作与发展组织国家和澳门的公共养老金制度特点进行比较。澳门公共养老金的贡献率相对较低、福利金额合理。澳门特区政府参考世界银行的五支柱养老金制度，发展特区政府管理的职业养老金制度。基于以上研究，本文对澳门养老保险制度的发展提出了两点建议，包括推动老年人就业（老年人口收入的多样化），充分利用粤港澳大湾区内各城市发展养老保险制度的经验。

关键词： 澳门　社会保障　新公共管理　老年就业　粤港澳大湾区

中国实行改革开放40多年来，经济发展取得很大发展，民生福利也有很大改善。中国经济的持续高速增长和对贫困地区的持续开发带来了大规模的减贫，减少了6亿多贫困人口①，中国贡献了全球减贫的90%②。国民的健康水

---

* 陈建新，澳门大学社会科学学院政府与行政学系助理教授和公共行政硕士课程主任，澳门社会保障学会理事长，研究方向为社会政策、公共财政；张锐，澳门大学社会科学学院政府与行政学系公共行政硕士研究生，研究方向为长者就业、医疗保障。

① The World Bank, "An Update to the World Bank's Estimates of Consumption Poverty in the Developing World", 2012, https://siteresources.worldbank.org/INTPOVCALNET/Resources/Global_Poverty_Update_2012_02-29-12.pdf.

② 〔美〕安格斯·迪顿：《逃离不平等：健康、财富及不平等的起源》，崔传刚译，中信出版社，2014。

平也日益提高，家庭的医疗开支与孕产妇和婴孩死亡率都显著下降。[①] 但扶贫工作也面临“未富先老”[②] 和“福利依赖”[③] 等问题，中央政府积极提出新的应对策略，如“精准扶贫”[④]。澳门特区政府也非常注重民生福利，并取得一定成就。例如，澳门自 2004 年启动“健康城市计划”后成为世界“健康城市”运动中的佼佼者，具体在“学校健康促进”、“健康大厦”、“烟草或健康”及“健康生活模式”方面积极行动[⑤]，得到世界卫生组织的肯定[⑥]。同时，贫富悬殊问题也在不断缓解。根据澳门的《住户收支调查》，2002/2003 年澳门的基尼系数为 0. 45[⑦]，到 2007/2008 年已经降至 0. 40（不包括政府转移性支出）或 0. 38（包括政府转移性支出）[⑧]，2012/2013 年更降至 0. 38（不包括政府转移性支出）或 0. 35（包括政府转移性支出）[⑨]。可见在 2002 ~ 2013 年，澳门的贫富差距不断缩小。但是面对澳门人口老龄化问题，澳门社会保障体系的可持续性也引起社会关注。

在应对人口老龄化的挑战中，特区政府过去一直致力于积极完善养老保障

---

① World Health Organization, Representative Office for China, *The Change We Bring—Progress Report 2016 – 2017*, World Health Organization, 2018, https: //apps. who. int/iris/bitstream/handle/10665/273624/WPR – 2018 – CHN – 002 – eng. pdf? sequence = 1&isAllowed = y.

② 张翼：《当前中国精准扶贫工作存在的主要问题及改进措施》，《国际经济评论》2016 年第 6 期，第 77 ~ 85 页。

③ 韩克庆、郭瑜：《“福利依赖”是否存在？——中国城市低保制度的一个实证研究》，《社会学研究》2012 年第 2 期，第 149 ~ 245 页。

④ 《中国共产党十八届中央委员会第五次会议公报》，新华网，2015 年 10 月 29 日，http: //www. xinhuanet. com//politics/2015 – 10/29/c_ 1116983078. htm。

⑤ 《澳门特别行政区政府健康城市委员会 2017 年工作报告及 2018 年工作计划》，澳门特别行政区政府卫生局网站，2018 年 3 月，http: //www. ssm. gov. mo/docs//15289//15289_ 31e65a132aeb43 d1b2269031de4e2094_ 000. pdf。

⑥ World Health Organization, Western Pacific Region, “WHO-Macao (China) Healthy City Leadership Programme for the Prevention and Control of Noncommunicable Diseases”, World Health Organization, 2014, http: //iris. wpro. who. int/bitstream/handle/10665. 1/10464/Macao_ NCD_ programme_ eng. pdf.

⑦ 《住户收支调查：2002/2003》，澳门特别行政区政府统计暨普查局网站，2004，https: //www. dsec. gov. mo/Statistic. aspx? NodeGuid = 259c38c9 – 2d82 – 495d – acd7 – 8df90028a26d。

⑧ 《住户收支调查：2006/2007》，澳门特别行政区政府统计暨普查局网站，2008，https: //www. dsec. gov. mo/Statistic. aspx? NodeGuid = 259c38c9 – 2d82 – 495d – acd7 – 8df90028a26d。

⑨ 《住户收支调查：2012/2013》，澳门特别行政区政府统计暨普查局网站，2014，https: //www. dsec. gov. mo/Statistic. aspx? NodeGuid = 259c38c9 – 2d82 – 495d – acd7 – 8df90028a26d。

体系，并依据世界银行的多支柱方案来建设。例如，第零支柱（社会救助）是由社会工作局提供的经济援助和敬老金（普及式转移制度）；第一支柱（社会保险）则为社会保障基金负责的社会保障制度；第二支柱（职业性储蓄计划）为社会保障基金管理的非强制性中央公积金制度；而第三支柱（私人储蓄）多为金融机构所提供的私人退休金计划和医疗保险计划；第四支柱（家庭支援）主要是家庭支援及其他由特区政府部门提供的多元长者服务。

相对而言，由于非强制性中央公积金制度刚在2018年建立，尽管社会保障基金的养老金制度仍在不断发展中，但养老金制度仍是现在澳门社会保障制度较为重要的支柱，长期深受澳门居民关注。所以本文将澳门养老金制度和经济合作与发展组织（OECD）的相关制度进行比较，期望可以更客观地总结澳门社会保障制度的成就，再从比较结果及澳门现况提出澳门社会保障制度的发展方向。

一　澳门养老金制度的现状

自回归以来，澳门特区政府所推行的行政改革方向主要是依据新公共管理学说，例如引入ISO认证、使用者满意度调查和服务承诺等。[①] 新公共管理学说的内涵主要是经济性（Economy）、效率性（Efficiency）、有效性（Effectiveness）。[②] 于宁提出“完整的基本养老保险基金支出绩效评价指标体系”由基础性指标和评价性指标共同构成。基础性指标包括投入类、过程类、产出类、效果类；评价性指标包括经济性、效率性、有效性。[③] 因为澳门经济发展水平较高，而不少发达国家有较为丰富的应对人口老龄化问题的经验，本文以经合组织国家为参考对象，从经济性、效率性、有效性三方面分别讨论养老金支出、缴费率与养老制度的领取年龄安排、养老金制度的替代率。

① 林明基：《澳门公共行政改革的挑战和策略》，《行政》总第68期，第413～433页。

② 陈建新、陈慧丹、伍芷蕾：《从新公共管理的效益看医疗改革——以香港和澳门医疗券发展为例》，《公共管理与政策评论》2014年第2期，第67～76页。

③ 于宁：《中国基本养老保险基金支出绩效评价：2003～2015——实证研究与对策模拟》，《社会科学》2017年第2期，第80～92页。

（一）养老金支出（经济性）

由表1可知，2013年，在经合组织国家中，35个国家的养老金支出占国民生产总值的平均值为8.2%，33个国家的养老金支出占政府总支出平均值为18.1%。养老金支出占政府总支出的比例越高，政府承担的责任越大。基于中国澳门地区属于开放性微型经济体，且以博彩旅游业为龙头产业的经济结构具有一定的独特性，澳门的经济增长状况与发达地区有所不同，直接将澳门社会保障制度与经合组织国家进行比较会出现偏差。而经合组织国家已经长时期面对人口老龄化问题，这些国家的养老金制度已发展得较为成熟。例如，不少国家的养老金制度包括遗嘱抚恤金。若只以澳门第一层社会保障体系来进行比较，不能如实地反映澳门的实际养老保障及其水平，故必须进一步结合澳门社会养老制度的特色。根据澳门特区政府施政报告的阐述，澳门特区政府强调从多方面保障长者经济安全，澳门养老给付并不只靠澳门社会保障基金负责的养老金这单一机制来提供，广义地还包括相关措施，如政府向公积金个人账户额外注入的预算盈余特别分配款项、现金分享、敬老金等，由这些给付所衍生的支出分布于不同政府部门。可见，澳门的相关制度与经合组织国家的传统养老保障体系存在颇大距离。为了更有效地反映澳门的实际情况，本文进一步参照澳门特区政府《统计年鉴2017年》中“政府财政统计——按职能分类的开支及结构”[①] 的社会保障支出比例（占政府支出总额），以期获得较理想的比较结果。与33个经合组织国家比较，澳门的相关支出占特区政府支出总额的比例已超过经合组织国家的平均水平，为24.3%，反映了澳门特区政府对养老保障相当重视，投入较多资源，只是相关养老给付由不同政府部门提供。

需要说明的是，澳门的社会保障支出数据不仅包括广义的养老给付，而且包括社会保障基金负责的失业津贴、残疾金、出生津贴等，即社会保障的支出还包含对其他弱势群体如残疾人士和低收入家庭的帮助。不过，养老给付在大部分地区（包括澳门在内）的支出中都占有较重的比例，因此以这一指标进行比较仍有一定参考价值。此外，养老金支出的多少也受其他因素的影响。例

---

① 《统计年鉴2017年》，澳门特别行政区政府统计暨普查局网站，第413页，https://www.dsec.gov.mo/Statistic.aspx?NodeGuid=d45bf8ce-2b35-45d9-ab3a-ed645e8af4bb。

如，人口结构，相对于经合组织国家，澳门地区人口较为年轻；又如，制度成熟程度的影响，内地已出现了“未富先老”的情况，但养老保障制度还不够完善，而澳门的情况同样是全面的养老保障制度尚在构建完善中。

表 1　经济合作与发展组织国家的现金养老金及遗嘱抚恤金占国民生产总值百分比和占政府总开支百分比（2013 年）与澳门的制度比较

单位：%

类型	占国民生产总值百分比	占政府总开支百分比
冰岛	2.0	4.6
墨西哥	2.3	8.9
韩国	2.6	8.2
智利	3.0	—
澳大利亚	4.3	11.7
加拿大	4.6	11.1
爱尔兰	4.9	12.5
以色列	4.9	11.9
新西兰	5.1	14.3
荷兰	5.4	11.7
挪威	5.8	13.2
英国	6.1	13.8
爱沙尼亚	6.4	16.8
瑞士	6.4	18.7
美国	7.0	18.4
斯洛伐克	7.2	17.5
拉脱维亚	7.5	20.3
瑞典	7.7	14.7
丹麦	8.0	14.1
土耳其	8.1	—
卢森堡	8.5	19.7
捷克	8.7	20.4
德国	10.1	22.7
比利时	10.2	18.3
日本	10.2	24.2
匈牙利	10.3	20.8
波兰	10.3	24.2
芬兰	11.1	19.3

续表

类型	占国民生产总值百分比	占政府总开支百分比
西班牙	11.4	25.3
斯洛文尼亚	11.8	19.6
奥地利	13.4	26.2
法国	13.8	24.3
葡萄牙	14.0	27.9
意大利	16.3	31.9
希腊	17.4	31.5
平均值	8.2	18.1
最高值	17.4	31.9
最低值	2.0	4.6
国家数目	35	33
澳门(2017)	—	24.3

资料来源：经济合作与发展组织社会开支数据库（SOCX）；经济合作与发展组织主要经济指标数据库；OECD, *Pensions at a Glance 2017: OECD and G20 Indicators*, OECD, 2017, p. 143, http://dx.doi.org/10.1787/pension_glance-2017-en; W. Adema, M. Ladaique, "How Expensive is the Welfare State? Gross and Net Indicators in the OECD Social Expenditure Detabase (SOCX)", OECD Social, Employment and Migration Working Paper, No. 92, OECD, 2009, http://dx.doi.org/10.1787/220615515052；《统计年鉴2017年》，澳门特别行政区政府统计暨普查局网站，第413页，https://www.dsec.gov.mo/Statistic.aspx?NodeGuid=d45bf8ce-2b35-45d9-ab3a-ed645e3af4bb。

（二）缴费率（效率性）

从表2可以看出，在2014年，25个经合组织国家的第一层支柱中雇员和雇主合计供款平均为薪金比例的18.8%，澳门的相关数字是0.5%。一般来说，供款率越低，制度可及性越高，但会出现财务上的可持续性挑战。澳门第一层社会保障制度的供款金额主要旨在强化个人在社会保障制度中的权利和义务观念，财务在很大程度上依赖特区政府的财政支持，这既是挑战也是改革机遇，澳门特区政府要优化社会保障基金的财务结构。除了增加供款金额外，澳门特区政府已经向澳门社会保障基金进行注资，并加强社会保障基金的投资收入回报，而外地雇员聘用费和调整博彩税收入比例也是重要措施。此外，澳门特区政府还采取更多措施，如促进第二、第三、第四支柱的发展以增加养老收入来源，从而减轻第一层社会保障制度的压力，并间接地增强其可持续性。①

值得留意的是，在 33 个经合组织国家的社会保障制度（包含所有项目）中，雇员和雇主共同供款的平均值是雇员工资的 28.5%，这项平均值比第一层支柱的相关平均值约高 10 个百分点，因为大多数经合组织国家构建起多支柱养老体系，特别是职业性储蓄计划。还需要说明的是，经合组织国家的养老保障供款多以雇员薪酬比例计算，而澳门社会保障基金的供款是定额供款。为进行相关比较，澳门的供款比例基数以澳门本地居民月工作收入中位数来进行计算，在 2018 年引入的非强制性中央公积金制度已渐获澳门社会认同，也有不少社会人士建议澳门特区政府未来应该把非强制性中央公积金过渡至强制性中央公积金。②

表 2　经济合作与发展组织国家社会保障制度供款率（2014 年）与澳门的制度比较

类型	第一层支柱			社会保障制度(所有项目)		
	雇员(%)	雇主(%)	合计(%)	雇员(%)	雇主(%)	合计(%)
澳大利亚	—	—	—	0	9	9
奥地利	10.3	12.6	22.8	17.2	25.2	42.4
比利时	7.5	8.9	16.4	13	24.8	37.8
加拿大	5	5	9.9	6.7	7.4	14.1
智利	—	—	—	19.4	4.4	23.7
捷克	6.5	21.5	28	11	25	36.4
丹麦	—	—	—	—	—	—
爱沙尼亚	0	16	16	4	21	25
芬兰	4.5	17.1	21.6	6	20.5	26.5
法国	6.8	9.9	16.7	9.8	32.4	42.2
德国	10	10	19.9	20.2	20.6	40.8
希腊	6.7	13.3	20	11.6	16.4	28
匈牙利	2	24	26	10	24	34

① 陈建新、刘昱初、李楠：《社保供款比例争议评析——兼论双层社保建设方向》，载吴志良、郝雨凡主编《澳门经济社会发展报告（2016～2017）》，社会科学文献出版社，2017，第 301～318 页。

② 陈建新、陈慧丹、伍芷蕾：《澳门社会保障基金：现状与发展》，载郝雨凡、吴志良主编《澳门经济社会发展报告（2013～2014）》，社会科学文献出版社，2014，第 233～243 页。

续表

类型	第一层支柱			社会保障制度(所有项目)		
	雇员(%)	雇主(%)	合计(%)	雇员(%)	雇主(%)	合计(%)
冰岛	—	—	—	4	13.3	17.3
爱尔兰	—	—	—	4	10.8	14.8
以色列	3.9	3.1	7	12.2	7.7	19.9
意大利	9.2	23.8	33	8.9	36.4	45.3
日本	7.7	7.7	15.4	12.4	13.1	25.5
韩国	4.5	4.5	9	7.1	7.1	14.3
拉脱维亚	—	—	21.7	9	24	33
卢森堡	8	8	16	13.1	13.6	26.6
墨西哥	—	—	—	2.4	28.5	30.9
荷兰	17.9	5.7	23.6	22.5	18.8	41.3
新西兰	—	—	—	—	—	—
挪威	—	—	—	7.8	16.1	23.9
波兰	2.5	9.8	12.2	15	13	28
葡萄牙	—	—	—	11	23.8	34.8
斯洛伐克	7	12.8	19.8	9	25	35
斯洛文尼亚	15.5	8.9	24.4	16	10	38
西班牙	4.7	23.6	28.3	6.3	31.1	37.3
瑞典	7	11.9	18.9	7	21.2	28.2
瑞士	4.9	4.9	9.8	13.1	13	26.1
土耳其	9	11	20	9	11	20
英国	—	—	—	11	12.8	23.8
美国	6.2	6.2	12.4	7.7	9.2	16.9
平均值	7.0	11.7	18.8	10.2	17.9	28.5
最高值	17.9	24.0	33.0	22.5	36.4	45.3
最低值	0.0	3.1	7.0	0.0	4.4	9.0
国家数目	24	24	25	33	33	33
澳门	0.2	0.2	0.5	—	—	—

注：拉脱维亚在世界银行的数据没有提供雇员和雇主的各供款比例，但提供了雇员和雇主合计供款比例。澳门的雇员和雇主的每月供款金额分别是30澳门元和60澳门元，此比例是根据澳门居民的入息中位数（19000澳门元）来计算的。

资料来源：经济合作与发展组织社会开支数据库；经济合作与发展组织主要经济指标数据库；OECD, *Pensions at a Glance 2017: OECD and G20 Indicators*, OECD, 2017, p. 143, http://dx.doi.org/10.1787/pension_glance-2017-en; W. Adema, M. Ladaique, "How Expensive s the Welfare State? Gross and Net Indicators in the OECD Social Expenditure Detabase (SOCX)", OECD Social, Employment and Migration Working Paper, No. 92, OECD, 2009, http://dx.doi.org/10.1787/220615515052; The World Bank, "Pensions: Data", June 23, 2014, http://www.worldbank.org/en/topic/socialprotection/brief/pensions-data。

（三）养老制度的领取年龄安排（效率性）

在澳门，正常领取养老金的年龄为65岁，与经合组织国家的情况相近。澳门的养老金制度还没有安排因延迟领取而增加养老金的给付金额，而此种安排主要是用于鼓励当地居民延迟退休来缓解该地区养老保障制度的财政压力。澳门失业率长期低于3%，如果澳门特区政府能理顺长者就业环境，长者就业会是发展养老制度的一个可选择方向。①

澳门养老金制度则有安排提早领取而递减养老金的给付金额，主要在于增加符合资格人士领取养老金的选择，而递减机制在经合组织国家也很常见。特区政府允许60岁但未满65岁的受益人按实际供款月数及百分比提前领取养老金，最早可在60岁领取养老金；在提前领取养老金的给付规定上，澳门的规定是每年递减5%。特区政府在提前领取养老金方面所做的相关安排上是比较宽松的。然而，根据发达地区的经验，此种安排可能会鼓励人们做出提早退休的打算，对养老保障制度的可持续发展和当地的经济社会发展不一定有正面的影响。

表3　经济合作与发展组织国家与澳门在领取养老金方面的比较

类型	领取养老金年龄(岁,2016)		提早领取每年递减比例(%)	延迟领取每年增加比例(%)
	最早	正常		
澳大利亚	—	67	—	—
奥地利	62	65	5.10	4.20
比利时	63	65	—	—
加拿大	60	65	7.20	8.20
智利	—	65	—	—
捷克	60	65	4.80	6.00
丹麦	60		7.40	6.90
爱沙尼亚	62	65	4.80	10.80
芬兰	65	68	—	4.80
法国	62	63	5.50	5.50
德国	63	65	3.60	6.00
希腊	62	62	—	—
匈牙利	—	65	—	6.00

① 陈建新、陈红丽、张锐：《澳门社会保障制度的优化——基于市民延迟退休意向及影响因素》，《人力资源研究》2017年第2期，第27～31页。

续表

类型	领取养老金年龄(岁,2016)		提早领取每年递减比例(%)	延迟领取每年增加比例(%)
	最早	正常		
冰岛	65	67	7.00	8.00
爱尔兰	—	68	—	—
以色列	—	67	—	5.00
意大利	67.4	71.2	—	—
日本	60	65	6.00	8.40
韩国	60	65	6.00	7.20
拉脱维亚	—	65	—	—
卢森堡	60	60	—	—
墨西哥	—	65	—	—
荷兰	—	71	—	—
新西兰	—	65	—	—
挪威	62		—	—
波兰	—	65	—	—
葡萄牙	60	68	—	—
斯洛伐克	66	68	6.50	6.00
斯洛文尼亚	—	60	—	8.00
西班牙	—	65	—	3.00
瑞典	—	65	—	—
瑞士	63	65	6.80	5.75
土耳其	—	61	—	—
英国	—	68	—	5.80
美国	62	65	5.85	8.00
平均值	62.2	65.4	5.9	6.5
最高值	67.4	71.2	7.4	10.8
最低值	60.0	60.0	3.6	3.0
国家数目	20	33	13	19
澳门	60	65	5	—

注：因为不同国家会有不同制度，本表主要选取确定给付制 > 基本退休保障 > 最低退休保障 > 资产审批社会援助；而确定提拨制因是个人账户，提前和延迟领取养老金对该制度的财政影响不大，所以此机制不做考虑。

资料来源：经济合作与发展组织社会开支数据库；经济合作与发展组织主要经济指标数据库；OECD, *Pensions at a Glance 2017: OECD and G20 Indicators*, OECD, 2017, p. 143, http://dx.doi.org/10.1787/pension_glance-2017-en; W. Adema, M. Ladaique, "How Expensive is the Welfare State? Gross and Net Indicators in the OECD Social Expenditure Detabase (SOCX)", OECD Social, Employment and Migration Working Paper, No. 92, OECD, 2009, http://dx.doi.org/10.1787/220615515052。

（四）替代率（有效性）

从表4中可见，经合组织国家公共强制养老金制度的平均替代率是40.6%，总体强制性养老金制度的平均替代率是52.9%。澳门于2018年引入职业性供款制度，而且该制度于现阶段是非强制性供款制度，所以从狭义角度（或公共强制养老金）来看，澳门居民较容易把养老金看成澳门的公共养老金，而广义角度（或总体强制养老金）则可沿用澳门特区政府的定义，包括养老金、敬老金、公积金个人账户额外注入金额和现金分享计划。因此，澳门在这两方面的指标分别是19.7%、30.2%。替代率越高则越理想，那么，澳门第一层的养老金以及整体养老金的替代率与经合组织国家的平均水平出现了差距。但是，需要从多个方面解读这个结果。第一，大多数经合组织国家沿用社会保险税率越高则其基金养老保障的所得替代率就越高的原则，多缴多得。第二，养老金替代率高未必与政府直接保障有关。例如，智利模式，其最大的特点是私营运作的强制性个人储蓄养老制度。第三，多支柱养老保障方案是经合组织国家的常见安排，而且已获得较成熟的发展，澳门非强制性中央公积金制度才刚刚建成并处于发展阶段。未来，特区政府致力于将非强制性中央公积金制度转至强制性中央公积金制度，将更有效地提升总体强制养老金的替代率。需要说明的是，经合组织国家的替代率基数以人均收入计算，但澳门居民的人均收入和月工作收入中位数差距较大，因此，澳门的替代率基数以本地居民月工作收入中位数来进行计算。

表4　经济合作与发展组织国家的公共强制和总体强制的养老金替代率与澳门的比较

单位：%

类型	公共强制	总体强制
澳大利亚	0.1	32.2
奥地利	78.4	78.4
比利时	46.7	46.7
加拿大	41	41
智利	0	33.5
捷克	45.8	45.8

续表

类型	公共强制	总体强制
丹麦	14.8	86.4
爱沙尼亚	29.1	49.7
芬兰	56.6	56.6
法国	60.5	60.5
德国	38.2	38.2
希腊	53.7	53.7
匈牙利	58.7	58.7
冰岛	3.2	69
爱尔兰	34.1	34.1
以色列	19.4	67.8
意大利	83.1	83.1
日本	34.6	34.6
韩国	39.3	39.3
拉脱维亚	47.5	47.5
卢森堡	76.5	76.7
墨西哥	4	26.4
荷兰	28.7	96.9
新西兰	40	40
挪威	39.2	45.1
波兰	31.6	31.6
葡萄牙	74	74
斯洛伐克	39.6	64.3
斯洛文尼亚	38.1	38.1
西班牙	72.3	72.3
瑞典	36.6	55.8
瑞士	24.2	42.1
土耳其	69.9	69.9
英国	22.1	22.1
美国	38.3	33.3
平均值	40.6	52.9
最高值	83.1	96.9

续表

类型	公共强制	总体强制
最低值	0.0	22.1
国家数目	35	35
澳门	19.7	30.2 *

注：＊澳门的总体强制养老保障包括养老金（3450 澳门元 ×13 个月）、敬老金（9000 澳门元）、公积金个人账户额外注入金额（7000 澳门元）和现金分享计划（9000 澳门元），这部分资料来自特区政府 2017 年施政报告。

资料来源：经济合作与发展组织社会开支数据库；经济合作与发展组织主要经济指标数据库；OECD, *Pensions at a Glance 2017*：*OECD and G20 Indicators*, OECD, 2017, p. 143, http：//dx. doi. org/10. 1787/pension_ glance –2017 – en。

二　澳门养老金制度的发展方向

从以上中国澳门与经合组织国家的养老金制度在经济性、效率性和有效性三方面的比较结果及其排序来看，澳门特区政府对社会保障体系的财政投入已经不少，但缴费率远低于经合组织国家，但领取年龄安排和替代率仍可与经合组织国家看齐，可见澳门特区政府在社会保障体系的负担颇重。但是根据经合组织国家的经验，调升缴费率和降低给付金额会给社会带来很大的冲击，因此在维持现有社会保障水平的基础上，澳门特区政府应开拓其他路径来面对人口老龄化问题。

（一）发展养老创新产业，缓解养老金压力

澳门属于微型经济体，产业结构单一①，产业单一化的情况不乐观，旅游业和酒店业等主要由博彩业带动。特区政府也意识到产业单一化可能阻碍经济进一步发展，在特区五年发展规划（2016 ~ 2020 年）中提倡培育新兴产业②。可以考虑长者创新产业的发展方向，具体可以考虑银发市场与养老、养生产业。对于年纪较大或身体已有残疾的长者而言，养老服务有其迫切需求，且随

① 《澳门经济适度多元发展统计指标体系分析报告 2016》，澳门特别行政区政府统计暨普查局网站，2016，https：//www. dsec. gov. mo/getAttachment/4a76d152 – e8e5.../P_SIED_PUB_2016_ Y. aspx。

② 《澳门特别行政区五年发展规划（2016 ~ 2020 年）》，澳门特别行政区政府世界旅游休闲中心委员会网站，2016 年 9 月，https：//www. cccmtl. gov. mo/files/projecto_ plan_ cn. pdf。

着长者人口的增加，服务的需求也会日益增加。此外，近年银发产业是老年产业的重要发展方向，例如日本和中国台湾地区都正在发展银发产业，而澳门与它们的共同点是面临老龄化问题。综合长者人力资源以及银发产业作为新兴产业的合作思考，将会成为澳门经济增长的新推动点，可以在一定程度上缓解养老金压力。

同时，可以考虑鼓励健康而刚步入老年的人投身养老产业，在养老产业中，除了衣、食、住、行等基本需求外，还包括日常生活协助以及长期照顾服务。将国家发展养老朝阳产业与粤港澳大湾区跨境养老产业相结合，也可帮助国家解决老人问题。伴随智慧城市、智慧医疗的发展，特区政府已推行智能医疗、电子病历等措施，减少长者就业时健康问题带来的阻碍。同时，可以借鉴香港 InterRAI 技术①及北京大学进行的中国健康与养老追踪调查（China Health and Retirement Longitudinal Study，CHARLS）② 的发展经验，结合澳门本地实际状况，为长者就业提供可能性。

（二）推动社保机制与大湾区经济良性互动发展

中央政府和澳门特区政府都致力于建设智慧城市，而且把养老事业作为重点发展方向。澳门居民可透过宗亲社团与祖国内地维持较强联系，加上澳门特区政府的政策推动，澳门社会普遍支持推动大湾区经济发展，透过大湾区经济发展方向，并善用大湾区内 11 个城市的优势互补，相信澳门特区政府可以更有效地透过澳门社会保障基金处理澳门的人口老龄化所带来的挑战及机遇，甚至为大湾区经济提供更理想的发展空间③。

澳门经济快速发展，特区政府的财政状况稳健，因此特区政府可以透过大额注资来提升社会保障基金的投资收入。粤港澳大湾区内各城市都有各自的不同优势和定位，在国家经济发展和相关政策的带动下，澳门可以善用邻近地区

---

① 陈建新、刘昱初、李楠：《澳门社会保障体系发展与改革方向》，载李羚主编《四川社会发展报告（2017）》，社会科学文献出版社，2017，第 228～254 页。

② 具体内容可参见中国健康与养老追踪调查网站，http：//charls. pku. edu. cn/zh－CN。

③ 陈建新、伍芷蕾、冯国豪：《粤港澳合作框架下的社会服务合作挑战与机遇》，载吴志良、郝雨凡主编《澳门经济社会发展报告（2014～2015）》，社会科学文献出版社，2015，第 218～234 页。

的养老事业发展经验，相辅相成。在粤港澳大湾区建设发展下，加上中央政府推出港澳台居民申领祖国内地的居住证①，居民相互流动性将会进一步增强。事实上，已经有不少澳门居民在内地工作或养老，而澳门特区政府也引入有针对性的便民措施，例如电子缴纳供款、异地办理在生证明，但是相关的智慧政务措施仍有提升空间。特别是澳门特区政府已经与阿里巴巴签署了战略合作协议来打造智慧澳门；广东省在大数据应用层面居全国首位②，预期养老保障体系可以有更大发展；香港是国际金融中心，深圳也是重要的创新中心，广州是广东省的省会，有很多新政策会以广州为试点，广州也已经积累多方面的相关政策实践经验；最重要的是澳门的社团文化浓厚，有不少具有影响力的宗族社团，加上中央政策的推动，相信这些因素都有助于澳门特区政府完善自身的养老保障体系。

---

① 《国务院办公厅关于印发〈港澳台居民居住证申领发放办法〉的通知》，中国政府网，http：//www.gov.cn/zhengce/content/2018-08/19/content_5314865.htm。

② 《广东大数据发展指数连续两年位居全国第一》，中华人民共和国工业和信息化部网站，http：//www.miit.gov.cn/n1146290/n1146402/n1146450/c6212226/content.html。

文教科技篇

Culture, Education, Science and Technology

B.23

澳门15年免费教育的实施与成效

郭晓明*

摘　要： 澳门自2007/2008学年开始在亚太地区率先实施15年免费教育，这是澳门回归20年来最重要的一项教育成就。该政策以澳门回归前的十年免费教育为基础，在澳门教育制度的检讨与修订过程中经广泛讨论而推出；在实施过程中与加大教育经费的投入以及推行小班教学等政策相配合。实施十余年来，成效得到社会公众及学生国际性测试成绩的高度肯定。15年免费教育不仅有效减轻了家长的经济负担，使特区下一代全面享有接受教育的权利，而且提高了澳门居民的教育预期，为澳门优质教育的发展提供了有力保障，也从根本上强化了社会长远发展所需的整体文化知识基础。

关键词： 澳门　非高等教育　免费教育　教育公平　小班制

* 郭晓明，教育学博士，澳门特别行政区政府社会文化司司长办公室顾问，澳门城市大学特聘教授、博士生导师，主要研究基础教育课程与教学、澳门教育政策与法规。

澳门特别行政区成立以来，按照“教育兴澳”“人才建澳”的施政方向，积极发展非高等教育，其中最重要的一项成就是自2007/2008学年开始在亚太地区率先实施15年免费教育，努力促进教育公平。这项政策是在澳门回归前10年免费教育的基础上提出的，与回归后教育制度的修订、教育投入的增加以及小班教学的推行紧密相连，研制过程中也曾有争议，但实施的成效得到了社会公众以及国际性测试的高度肯定。本文拟对该政策实施的背景、进程和已取得的成效进行探讨。

一　实施15年免费教育政策的背景

（一）回归前的10年免费教育

澳门15年免费教育不是一步达成的，实际上以回归前的10年免费教育为基础。从1849年葡萄牙取得澳门的实际管治权至澳门回归前的150年里，政府对教育的投入长期不足，尤其是对于占绝大多数的华人私立学校几乎视而不见。据统计，从1985年至1989年，澳门每年私立学校学生占学生总数的比例分别达到94.00%、93.99%、94.38%、93.80%和93.36%，而同时期政府教育经费中用于资助私立学校的比例却很低，1984/1985学年仅有9%，1985/1986学年为7.50%，1986/1987学年为23.96%，1987/1988学年为19.13%，1988/1989学年为20.00%。① 其结果是，以葡人子弟为主、不到7%的学生在官立学校享受12年免费教育，而93%以上的私校学生则主要依靠缴交学费上学。

澳葡政府对私立学校经费的关注始于20世纪70年代。1974年，葡萄牙发生民主革命，成立共和国，承认澳门是中国的领土；1976年，《澳门组织章程》颁布实施，此后澳葡政府才逐步关注澳门的私立教育。1977年，立法会通过第11/77/M号法律，开启“对不牟利私立、教育事业的扶助”，包括可豁免不牟利学校的各种税项；对不牟利学校发放补助金及对学生发放助学

① 胡国年：《浅探澳门教育政策与资源问题》，载古鼎仪、马庆堂编《澳门教育——抉择与自由》，澳门基金会，1994，第17页。

金的相应原则，这是澳门教育政策的一个重要转变。1978 年颁布第 33/78/M 号训令，规定了对不牟利学校学生发放津贴的细则：根据各校收取学费的比例，小学及幼稚园每班发放澳门币 1000 ~ 1500 元，中学每班发放澳门币 2000 ~ 3000 元。1985 年发布第 199/85 号批示，宣布对不牟利私校教师每月发放澳门币 400 ~ 600 元直接津贴。1987 年《中葡联合声明》签署后，澳门的教育得到进一步重视。1989 年颁布的第 6/89/M 号训令宣布给每位小学生增加澳门币 500 元资助，这是"减轻澳门居民子弟上学高额教育支出，推进免费义务教育的重要一步"。①

但澳门真正实施免费教育是在 20 世纪 90 年代。1991 年，澳葡政府颁布澳门有史以来第一部成文的教育基本法——第 11/91/M 号法律《澳门教育制度》，宣布实施"十年免费普及教育"，分两期实施：第一期包括小学教育预备班和小学教育，共六年；第二期包括初中教育，共十年；同时规定了"免费"的范围，包括"学费及其他任何与报名、就读与证书方面有关的费用"，还包括给予就读于非受资助私立学校学生的"学费津贴"。② 1993 年，《中华人民共和国澳门特别行政区基本法》颁布，其中第 121 条规定特区政府"依法推行义务教育"，这为免费教育的推行提供了法律基础。

1995 年 6 月 26 日，澳葡总督韦奇立颁布《普及和倾向免费教育》法令（第 29/95/M 号法令）③，宣布自 1995/1996 学年起，把以往仅局限于官立学校的免费教育推广至全体居民，所有加入"公共学校网"的学校，均推行 7 年免费教育，包括"小学教育预备班" 1 年和小学教育 6 年。④ 当年，有 62% 的学校加入了"公共学校网"。自此，所有就读于此类学校的小学教育预备班和小学六个年级的学生均免缴学费及其他法定的费用。

1997 年 8 月，澳葡政府颁布第 34/97/M 号法令，规定自 1997/1998 学年开始实施"第二阶段之普及倾向免费教育"，即免费教育扩展至初中教育阶

① 冯增俊主编《澳门教育概论》，广东教育出版社，1999，第 424 ~ 425 页。

② 参见《澳门教育制度》（第 11/91/M 号法律）第 6 条。

③ 《普及和倾向免费教育》（第 29/95/M 号法令），澳门特别行政区政府印务局网站，https://bo.io.gov.mo/bo/i/95/26/declei29_cn.asp。

④ 刘羡冰：《澳门免费教育的回顾与前瞻》，载刘羡冰《说教议教》，澳门出版协会，2005，第 110 ~ 118 页。

段，达到十年。根据教育暨青年司1997年出版的《十年普及免费教育特刊》提供的数据，1997/1998学年有67%的小学预备班学生和小学生、68%的初中学生享受了免费教育①。

正如刘羡冰所言，10年免费教育在澳门的实施，意味着澳门“建立起现代的公共教育制度，居民能享受基础教育的平等权利”，这是“向社会公平迈出一大步，为澳门未来人口文化素质提供重要保证”。②

（二）回归后澳门学生人数减少

20世纪80年代和90年代初，由于受到移民潮等因素影响，澳门非高等教育阶段学生的就学压力持续加大，当时教育发展的首要任务是扩大教育规模，为儿童提供足够的就学机会。当时澳门面临学额紧缺问题，不过随着出生率持续下降，澳门学额紧缺的问题到90年代末逐步开始缓解，2001/2002学年澳门小学毕业生有8604人，初中一年级可提供9701个学额，能满足所有学生的需求。接着下来的数年，学生人数持续减少。2001/2002学年澳门非高等教育正规教育范畴各类学生达96821人，至2013/2014学年减少至68923人，12年减少了28.8%（见表1）。最近五年，澳门的出生率有所回升，幼儿教育和小学教育的学生人数开始增加，但中学（尤其是高中）的学生数仍处于下降通道中，2018/2019学年的学生总人数只有77999人。所以，早在2003年考虑调整澳门教育制度的时候，特区政府就做出一个重要判断：澳门教育的发展方向正从“以量的发展为主”过渡到“质、量并重”，发展重点要从“量的扩张”转变为“对优质教育的追求”，提升澳门教育的整体质量。③ 学生人数的减少，为澳门回归后将免费教育由10年拓展至15年创造了条件。

---

① 转引自冯增俊主编《澳门教育概论》，广东教育出版社，1999，第77页。

② 刘羡冰：《向社会公平迈出一大步——〈十年普及免费教育特刊〉稿》，载刘羡冰《说教议教》，澳门出版协会，2005，第129页。

③ 郭晓明、苏朝晖：《优质教育的制度保障——澳门教育制度变革的内在价值》，载单文经、林发钦主编《澳门人文社会科学研究文献·教育卷》，社会科学文献出版社，2009，第28页。

表 1　澳门正规教育学生数的变化

单位：人

学年	幼儿	小学	初中	高中	特教（特教班学生）	合计
1999/2000	16162	46483	22284	10595	553	96077
2000/2001	14847	44838	23890	12243	605	96423
2001/2002	13620	43542	25149	13866	644	96821
2002/2003	12639	41205	25970	15461	550	95825
2003/2004	11874	39059	26124	17233	522	94812
2004/2005	10962	36861	25543	18484	530	92380
2005/2006	10041	34707	24375	19568	508	89199
2006/2007	9301	32415	23481	19619	490	85306
2007/2008	9065	30012	22264	19007	475	80823
2008/2009	9127	27483	21083	18245	471	76409
2009/2010	9776	25326	20239	17983	502	73826
2010/2011	10804	23785	19171	18053	551	72364
2011/2012	11787	22646	17803	17923	560	70719
2012/2013	12669	22231	16600	17321	582	69403
2013/2014	13395	22862	15399	16655	612	68923
2014/2015	14552	24252	14077	16011	624	69516
2015/2016	16789	26436	13348	15397	643	72613
2016/2017	17757	28438	12860	14613	707	74375
2017/2018	18802	30169	12829	13779	767	76346
2018/2019	18626	32530	13214	12808	821	77999

注：幼儿、小学、初中及高中教育的学生数包括特殊教育的融合生；高中教育的学生数包括职业技术教育的学生数；“特教”栏目的数字只为特教班的学生数，未包括融合生人数。

资料来源：根据澳门特区政府教育暨青年局公布的统计数据整理。

（三）教育经费快速增长

虽然学生人数近年来呈下降趋势，但特区政府持续加大教育投入，增加教育领域的公共开支。回归以来，随着赌权开放和内地“自由行”政策的实施，澳门经济快速增长；与此同时，特区政府努力从制度和政策上保证优先发展教育。在制度上，2006 年颁布的《非高等教育制度纲要法》规定，特区政府“在编制澳门特别行政区预算时，非高等教育被视为主要优先项目之一”（第 46 条）；同时设立教育发展基金，用于“支援和推动在非高等教育领域内展开各类具发展性的教育计划和活动”（第47条）。

在政策方面，2011年特区政府颁布的《非高等教育发展十年规划（2011～2020年）》规定，“将优先发展教育作为一项长期坚持的重大方针，在经济、社会和城市发展规划中优先安排教育的发展，在政府财政预算中优先保障教育投入”；同时，要求“将非高等教育的开支在政府公共总开支中所占的比例提高到理想水平”，而且“每年的财政预算优先安排非高等教育财政投入具一定的增长比例”。历届特区政府也为之积极努力，例如，第三任行政长官上任后的首份施政报告——《2010年财政年度施政报告》，就强调“增加教育经费的投入，加大对非高等教育的支持力度”。《2014年财政年度施政报告》用了大量篇幅阐述“人才培养长效机制”，而教育被列为“四大民生长效机制”之首。可见教育发展和人才培养已经成为第三届特区政府施政内容的重中之重。[①] 2016年，特区政府推出《澳门特别行政区五年发展规划（2016～2020年）》，提出要“建立正规教育与持续教育相结合、教育素质和创新能力均得到明显提升的教育体系”。[②] 因此继续优先发展教育，将“教育职能占政府财政开支的比重到2020年有所提升”作为经济社会发展的“主要目标”之一。

在此情况下，澳门教育经费快速增长，非高等教育的公共开支总数从2002年的10.07亿澳门元，增长至2017年的69.11亿澳门元，增长了5.9倍以上；学生人均年公共开支更从10153澳门元增加至88555澳门元，增长了7.72倍（见表2）。这为实施15年免费教育创造了条件。

表2　澳门非高等教育的公共开支和学生人均公共开支

年度	非高等教育公共开支(千澳门元)	占特区政府总公共开支比重(%)	学生人均非高等教育公共开支(澳门元)	人均公共开支增长率(%)
2002	1007000	9.8	10153	—
2003	1083000	8.9	11022	8.6
2004	1056000	7.8	11059	0.3

① 郭晓明：《传承与创新：澳门第三届特区政府教育政策的总结与展望》，《行政》2015年第2期。

② 《澳门特别行政区五年发展规划（2016～2020年）》，澳门特别行政区政府建设世界旅游休闲中心委员会网站，2016年9月，第52页，https://www.cccmtl.gov.mo/files/projecto_plan_cn.pdf。

续表

年度	非高等教育公共开支(千澳门元)	占特区政府总公共开支比重(%)	学生人均非高等教育公共开支(澳门元)	人均公共开支增长率(%)
2005	1207000	7.7	13083	18.3
2006	1539000	8.8	17454	33.4
2007	1912000	10.2	22819	30.7
2008	2347000	8.9	29586	29.7
2009	2763000	8.2	35794	21.0
2010	2896000	7.5	38345	7.1
2011	3293000	7.3	44835	16.9
2012	3739000	7.2	52064	16.1
2013	4841000	10.4	68137	30.9
2014	5168000	9.0	72258	6.0
2015	5887000	9.1	78967	9.3
2016	6430000	9.5	84415	6.9
2017	6910718	9.2	88555	4.9

注：依政府财政统计（适用于国际间比较），会计制度采用国际货币基金组织（IMF）所定的国家政府财政统计（GFS），并从2002年开始设立非高等教育公共开支项目。

资料来源：公共开支资料来自澳门特区政府财政局。

二　政策的提出与讨论

（一）15年免费教育的提出

回归后的最初几年，澳门特区政府并未提出15年免费教育政策，只是在2001年修改《普及倾向免费教育津贴制度》时，一并在学校的义务中修改了“补充性服务收费”的最高限额（第9/2001号行政法规）；2002年正式订定了《免费教育津贴制度》（第20/2002号行政法规）①，但免费的范围仍只是小学教育预备班、小学教育及初中教育共10年，幼儿教育前2年和3年高中未纳入免费教育。

① 《免费教育津贴制度》（第20/2002号行政法规），澳门特别行政区政府印务局网站，https://bo.io.gov.mo/bo/i/2002/36/regadm20_cn.asp。

2002 年，特区政府着手检讨整个澳门的教育制度，至 2006 年底在立法会通过《非高等教育制度纲要法》（第 9/2006 号法律），规定实施 15 年免费教育。免费教育“在正规教育范围内实施”（第 21 条），而正规教育包括幼儿教育、小学教育、初中教育和高中教育共十五年（第 6 条）。免费的内容除了 1991 年的《澳门教育制度》所规定的“学费及其他任何与报名、就读与证书方面有关的费用”之外，还免除了“补充服务费”[①]，进一步减轻了家长的负担。

但按照该法的规定，免费教育“受益人”仍仅限于“澳门特别行政区居民的学生”（第 21 条第 3 款）；换言之，即便是合法在澳门居留的学生，只要不是澳门居民，就不能享有免费教育。

（二）有关15年免费教育政策的讨论

由于澳门教育制度的修订前后经历了 4 年，2003 年 6 月和 2004 年 3 月分别推出《持续进步，发展有道——澳门教育制度修改建议》和《〈澳门特别行政区教育制度〉法律草案咨询意见稿》两个文本，进行了两个阶段的公开咨询，因此，15 年免费教育政策是在讨论中逐步形成的。在两个阶段的公众咨询中，免费教育都是最受关注的议题之一，先后收到 46 条和 47 条公众意见，讨论的问题主要有以下几个方面。

一是优先向上延伸至高中，还是向下优先延伸至幼儿教育。2003 年的咨询意见文本建议：“免费教育只提供给正规教育的学生，对成人回归教育的中、小学学生，将另订资助办法”，这意味着为期 15 年的正规教育均免费。但是，2004 年的法规咨询意见稿则建议：“凡在义务教育阶段就读于免费教育学校网的、属澳门特别行政区居民的学生，均享受免费教育”，“非义务教育范围内的学级是否纳入免费教育范围由澳门特别行政区政府根据整体的社会、经济发展状况决定”。[②] 这样，社会对于实施 15 年免费教育有了强烈的期待，但

① “补充服务费”是澳门许多学校在 20 世纪 90 年代收取的一类特别费用，通常是指学费、报名费、留位费和证书费以外的一些提供补充性服务而衍生的费用，如冷气费。按照第 20/2002 号行政法规的规定，小学教育预备班及小学教育每学年“补充服务费”的最高限额为澳门币 1160 元，初中为澳门币 1760 元，是部分家长不小的负担。

② 郭晓明编《回归以来澳门教育法重要文献汇编》，澳门濠江法律学社，2017，第 98 页。

当时澳门经济刚起步，特区政府的财政不一定有能力一步到位推出 15 年免费教育。因而就有了先向上延伸，还是先向下延伸的讨论。

社会的主流意见是先向上延伸，因为高中有 3 年，普及程度低，家长负担重，幼儿教育则只有前 2 年还没免费，已基本普及，向上延伸体现特区政府的积极承担，也有利于提高年青一代的教育程度和竞争力。[①] 但特区政府考虑到幼儿教育是中小学教育的基础，对学生发展有重要意义。一部分社会人士也担心特区政府是否有可持续的财政承担能力，因而主张先向下延伸两年。在立法会细节性审议期间，政府继续坚持先向下延伸；但公开承诺“不迟于 2009/2010 学年全面实施高中免费教育，并且表示如果经济发展及财政收入情况允许，不排除在此之前推行高中免费教育”。[②]《非高等教育制度纲要法》在最后规定“免费教育在高中教育各学级实施的部分，不迟于 2009/2010 学校年度全面实施”，具体日程由行政法规订定（第 55 条）。

二是免费教育是否要扩大到就读于不加入“免费教育学校系统”的学生。澳门的私立学校回归前就分为“纳入公共学校网络”和“不纳入公共学校网络”两类，前者的学生享有免费教育，澳葡政府向后者的学生直接发放“学费津贴”（少于人均免费教育津贴）。回归后新的教育制度在咨询过程中基本延续了这一区别，规定加入“免费教育学校系统”的学生才透过“免费教育津贴”享有免费教育。但是，在咨询过程中，曾有社团建议在法案中规定“公民接受免费教育是一项基本权利”，立法会的专责委员会内也有议员持有此种意见。[③] 他们认为免费教育应惠及不同类型学校的学生，特区政府的政策不符合《经济、社会、文化权利国际公约》的规定，缩小了免费教育的范围，

---

① 例如，立法会议员吴国昌在2003 年7 月13 日表示：现时本澳的出生率低，若将免费教育向下调至幼儿园，一方面可减轻家长的负担，另一方面亦可减轻部分因收生不足而出现困难的学校的负担，这是“救学校”的措施，但若将免费教育扩展至高中，则是“救人”的措施。因澳门中学生每年都有一定的流失率，再加上若将来推行更紧密经贸合作，人才的竞争会更激烈，对于一些只有初中程度的年轻人来说，是不利于竞争的，而这些年轻人很多是来自草根阶层，因此，将免费教育扩展至高中，可减轻草根阶层家长的负担，让家庭有困难的年轻人能完成高中课程。参见《免费教育宜扩至高中》，《华侨报》2003 年7 月13 日，第4 版。

② 立法会第一常设委员会：《第 3/III/2006 号意见书》，澳门特别行政区立法会网站，http：//www. al. gov. mo/uploads/lei/leis/2007/09 –2006/parecer_ cn. pdf。

③ 立法会第一常设委员会：《第 3/III/2006 号意见书》，澳门特别行政区立法会网站，http：//www. al. gov. mo/uploads/lei/leis/2007/09 –2006/parecer_ cn. pdf。

迫使私校“入网”，扼杀办校多元性，剥夺家长和学生选校自由；应以“教育券”的方式推行免费教育，让家长自主选择学校。①

学券制度是由美国经济学家弗里德曼（Milton Friedman）提出的，学生凭政府发放的“学券”可跨区选校就读，其目的是促进学校间的竞争。但是，学券制度不等于免费教育，政府对学校的收费没有限制，学生可能须缴费上学。同时，澳门面积小，政府没有派位制度，学生历来享有选校自由。而规定不加入“免费教育学校系统”的学校可以收取学费，政府则给就读于这些学校的学生发放“学费津贴”，既可保证教育公平，又可鼓励学校间的竞争，办出特色。因此，免费教育的覆盖面仍旧维持在“免费教育学校系统”的学生。

三是有市民和社团建议免费的内容除学费外，还应包括“补充服务费”。这一建议十分合理，澳门原有的免费教育是一种“倾向性免费教育”，家长要承担“补充服务费”，没有完全免费。《非高等教育制度纲要法》吸纳了此建议，明确将其纳入免费的范围，规定“免费是指免缴学费、补充服务费和其他与报名、就读及证书方面有关的费用”（第21条第1款）。

四是免费教育是否应包括“回归教育”。回归教育有其特殊性，大多数就读者为成人，因而不适宜纳入免费教育。但是，特区政府会为其发展提供条件和资源，并通过专有法规订定相应的制度。②

三 实施过程与配套政策

（一）实施过程

澳门特区政府推行15年免费教育的态度是十分积极的，第一步是于

---

① 例如，立法会议员区锦新在2003年7月13日表示，将学校划分为“入网”与“非入网”，令一些学生不能接受免费教育，这是“一个不公平的状况——就读入网学校的学生可免除学费，就读非入网学校的学生只获得部分的学费资助”。他认为实行“学券制度”是解决因入网与非入网学校所带来的不公平现象比较有效的方法。参见《免费教育宜扩至高中》，《华侨报》2003年7月13日，第4版。

② 立法会第一常设委员会：《第3/III/2006号意见书》，澳门特别行政区立法会网站，http：//www. al. gov. mo/uploads/lei/leis/2007/09 – 2006/parecer_ cn. pdf。

2005/2006 学年将免费教育由 10 年延长至 12 年。《非高等教育制度纲要法》虽然到2006 年12 月才在立法会审议通过，但法律规定幼儿教育第一、第二年免费教育的实施，以及未加入“免费教育学校系统”学校学生的“学费津贴”的发放，追溯至 2005/2006 学年开始实施（第 21 条和第 55 条）。

第二步是将免费教育由 12 年延长至 15 年。2005 年 11 月，特区政府在《2006 年财政年度施政报告》中明确提出，“在幼儿免费教育实施之后，政府将继续朝着实施高中免费教育，最终实现非高等教育全面免费的目标前进”。为此，2006/2007 学年给每位高中生发放澳门币 5000 元津贴，并且承诺会积极研究具体方案，争取不迟于 2009 年推行全面 15 年免费教育。最终，高中教育阶段的免费教育在 2007/2008 学年开始提前实施，澳门成为海峡两岸和港澳地区中首个提供 15 年免费教育的地区。

从表 3 可见，伴随着 15 年免费教育的实施，免费教育津贴的受惠人数和总津贴金额持续增长，尤其是 2005/2006 学年、2006/2007 学年、2007/2008 学年，津贴总额分别增长 13.2%、23.0% 和 48.7%；2013/2014 学年也增长了 25.4%，主要是因为《非高等教育私立学校教学人员制度框架》的实施，大大提高了教师的薪酬待遇。

表 3　免费教育津贴的受惠人数和总津贴金额的变化

学年	受惠人数(人)					总津贴金额（万澳门元）	总金额的增长率(%)
	幼儿	小学	初中	高中	合计		
1999/2000	40188		17221	—	57409	36941	—
2000/2001	39641		19362	—	59003	38412	4.0
2001/2002	3600	34791	20335	—	58726	39163	2.0
2002/2003	2401	32535	21262	—	56198	41466	5.9
2003/2004	3232	31223	21603	—	56058	41596	0.3
2004/2005	3320	30680	21821	—	55821	42274	1.6
2005/2006	7893	28941	20610	—	57444	47871	13.2
2006/2007	7217	27091	19863	—	54171	58893	23.0
2007/2008*	7027	24963	18030	15441	65461	87561	48.7
2008/2009	7112	22927	17208	15028	62275	102037	16.5

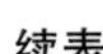
续表

学年	受惠人数(人)					总津贴金额（万澳门元）	总金额的增长率(%)
	幼儿	小学	初中	高中	合计		
2009/2010	7591	21034	16279	14775	59679	102440	0.4
2010/2011	8373	19503	15330	14649	57855	107929	5.4
2011/2012	9270	18493	14277	14407	56447	116466	7.9
2012/2013	9985	18042	13308	13871	55206	123828	6.3
2013/2014	10576	18340	12213	13226	54355	155252	25.4
2014/2015	11517	20490	11594	13134	56735	176612	13.8
2015/2016	13333	22271	10824	12492	58920	200488	13.5
2016/2017	14175	24593	10803	12132	61703	221253	10.4
2017/2018	15985	27238	11091	11965	66279	243279	10.0

注：＊2007/2008 学年开始实施 15 年免费教育。

资料来源：根据澳门特区政府教育暨青年局公布的统计数据整理。

除免费教育津贴外，按照《非高等教育制度纲要法》的规定，对于就读于未加入“免费教育学校系统”学校的学生，特区政府直接给每个学生提供“学费津贴”，津贴金额也不断提升（表 4）。尤其是 2006/2007 学年，政府在高中尚未实施免费教育时第一次向每位学生发放 5000 澳门元学费津贴，受惠学生达到 19940 人。

表 4　学费津贴的变化

单位：澳门元/人

<table>
<tr><th>学年</th><th>幼儿教育</th><th>小学教育</th><th>初中教育</th><th>高中教育</th></tr>
<tr><td>1999/2000</td><td rowspan="6">—</td><td rowspan="2">小学教育预备班、小学教育:2200</td><td rowspan="2">2200</td><td rowspan="7">—</td></tr>
<tr><td>2000/2001</td></tr>
<tr><td>2001/2002</td><td rowspan="2">小学教育预备班和小学教育:2610</td><td rowspan="2">3960</td></tr>
<tr><td>2002/2003</td></tr>
<tr><td>2003/2004</td><td rowspan="2">小学教育预备班和小学教育:2900</td><td rowspan="2">4300</td></tr>
<tr><td>2004/2005</td></tr>
<tr><td>2005/2006</td><td colspan="2">3500</td><td>5200</td></tr>
<tr><td>2006/2007</td><td colspan="2">5000</td><td>7500</td><td>5000</td></tr>
<tr><td>2007/2008</td><td colspan="2">7000</td><td colspan="2">9000</td></tr>
<tr><td>2008/2009</td><td colspan="2">9000</td><td colspan="2">11000</td></tr>
</table>

续表

学年	幼儿教育	小学教育	初中教育	高中教育
2009/2010	10000		12000	
2010/2011	11000		13000	
2011/2012	12000	13000	14000	
2012/2013	14000	16000	17000	
2013/2014	15800	17600	19600	
2014/2015	16700	18600	20700	
2015/2016	17800	19800	22000	
2016/2017	18400	20500	22800	
2017/2018	18490	20600	22950	
2018/2019	19140	21320	23800	

注：学费津贴是发放给在私立学校修读正规教育各阶段但未受惠于免费教育且属澳门特别行政区居民的学生。

资料来源：根据澳门特区政府教育暨青年局公布的统计数据整理。

（二）配套政策

澳门推行免费教育的一个特色是与班级学生人数的控制挂钩，早在1995/1996学年实施七年免费教育的时候，就要求学校将每班学生的人数控制在45人以内，以此作为学校加入“公共学校网络”的义务；同时规定超过45人的班级，学生的津贴金额须按比例递减，46~55人、56~65人、66人以上班级的递减率分别为40%、60%和100%。[①]

回归以后，上述配套政策得以延续。从表5可见，从2003/2004学年开始，对小学教育预备班至小学四年级实施包办津贴，每班达到35人即可获得一个班的津贴。这一政策逐年往上延，2005/2006学年和2007/2008学年还分别在幼儿教育的前两年和高中阶段实施；2007/2008学年进一步将每班人数的限制减少至25~35人，到2018/2019学年这一政策已覆盖了免费教育的十五个年级。上述政策有力地推动了澳门小班化的实施。

① 参见第29/95/M号法令第3条和第4条。

表 5　回归后免费教育津贴及班级人数限额的变化*

学年	幼儿教育	小学教育	初中教育	高中教育
1999/2000	—	小学教育预备班和小学教育:5800 元/人	8800 元/人	—
2000/2001		小学教育预备班(35~45 人的班级):261000 元/班** 小学教育:5800 元/人		
2001/2002				
2002/2003		小学教育预备班至小学三年级(35~45 人的班级):274500 元/班 小学四年级至六年级:6100 元/人	9200 元/人	
2003/2004		小学教育预备班至小学四年级(35~45 人的班级):274500 元/班 小学五年级至六年级:6100 元/人		
2004/2005		小学教育预备班至小学五年级(35~45 人的班级):274500 元/班 小学六年级:6100 元/人		
2005/2006	幼儿一、二年级(35~45 人的班级):315700 元/班	小学教育预备班至小学六年级(35~45 人的班级):免费教育津贴 295000 元/班 + 补充服务费津贴 20700 元/班	35~45 人的班级:免费教育津贴 9900 元/人 + 补充服务费津贴 29700 元/班	
2006/2007	幼儿一年级(25~45 人的班级***)、幼儿二年级至小学六年级(35~45 人的班级):370200 元/班		初中一年级(35~45 人的班级):558450 元/班 初中二年级至三年级(35~45 人的班级):免费教育津贴 10650 元/人 + 补充服务费津贴 79200 元/班	
2007/2008	幼儿一年级(25~35 人的班级)、幼儿二年级(25~45 人的班级)、幼儿三年级至小学六年级(35~45 人的班级):400000 元/班		35~45 人的班级:600000 元/班	35~45 人的班级:700000 元/班
2008/2009	幼儿一年级至二年级(25~35 人的班级)、幼儿三年级(25~45 人的班级)、小学教育(35~45 人的班级):500000 元/班		35~45 人的班级:680000 元/班	35~45 人的班级:790000 元/班

续表

<table>
<tr><th>学年</th><th>幼儿教育</th><th>小学教育</th><th>初中教育</th><th>高中教育</th></tr>
<tr><td>2009/2010</td><td colspan="2">幼儿教育(25～35人的班级)、小学一年级(25～45人的班级)、小学二年级至六年级(35～45人的班级):510000元/班</td><td>35～45人的班级:690000元/班</td><td>35～45人的班级:800000元/班</td></tr>
<tr><td>2010/2011</td><td colspan="2">幼儿教育至小学三年级(25～35人的班级)、小学四年级至六年级(35～45人的班级):540000元/班</td><td>35～45人的班级:730000元/班</td><td>35～45人的班级:840000元/班</td></tr>
<tr><td>2011/2012</td><td>25～35人的班级:570000元/班</td><td>25～35人的班级:600000元/班</td><td>35～45人的班级:770000元/班</td><td>35～45人的班级:870000元/班</td></tr>
<tr><td>2012/2013</td><td>25～35人的班级:605000元/班</td><td>25～35人的班级:640000元/班</td><td>初中一年级(25～35人的班级)、初中二年级至三年级(35～45人的班级):820000元/班</td><td>35～45人的班级:930000元/班</td></tr>
<tr><td>2013/2014</td><td>25～35人的班级:755000元/班</td><td>25～35人的班级:807000元/班</td><td>初中一年级至二年级(25～35人的班级)、初中三年级(35～45人的班级):1008000元/班</td><td>35～45人的班级:1143000元/班</td></tr>
<tr><td>2014/2015</td><td>25～35人的班级:810000元/班</td><td>25～35人的班级:895000元/班</td><td>25～35人的班级:1090000元/班</td><td>35～45人的班级:1240000元/班</td></tr>
<tr><td>2015/2016</td><td>25～35人的班级:880100元/班</td><td>25～35人的班级:971000元/班</td><td>25～35人的班级:1180000元/班</td><td>高中一年级(25～35人的班级)、高中二年级至三年级(35～45人的班级):1342300元/班</td></tr>
<tr><td>2016/2017</td><td>25～35人的班级:913600元/班</td><td>25～35人的班级:1007900元/班</td><td>25～35人的班级:1226000元/班</td><td>高中一年级至二年级(25～35人的班级)、高三年级(35～45人的班级):1394600元/班</td></tr>
</table>

续表

学年	幼儿教育	小学教育	初中教育	高中教育
2017/2018	25～35 人的班级：918200 元/班	25～35 人的班级：1012900 元/班	25～35 人的班级：1234600 元/班	25～35 人的班级：1404400 元/班
2018/2019	25～35 人的班级：954900 元/班	25～35 人的班级：1053400 元/班	25～35 人的班级：1286500 元/班	25～35 人的班级：1463400 元/班

注：* 表中货币单位为澳门币。

** 按班发放免费教育津贴的方式于 2000/2001 学年下学期在小学教育预备班推行。

*** 在 2006/2007 学年的学生人数为 25～45 人的幼儿教育第一年的班级，可继续以此人数的上下限运作，直至小学六年级完结为止。

资料来源：根据澳门特区政府教育暨青年局公布的统计数据整理。

四　实施成效

15 年免费教育实施 11 年来，不仅为澳门非高等教育的发展提供了强有力的财政支持，减轻了家长的经济负担，有效促进了教育平等，提高了澳门居民的教育预期，而且完善了学校系统，对澳门优质教育的发展提供了有力保障。正如 2007 年 11 月 13 日发布的《2008 年财政年度施政报告》所言："免费教育从有序推行到全面实现，使特区下一代全面享有接受教育的权利，从根本上加固了整体社会发展的知识文化基础。"①

（一）免费教育覆盖率显著提高

免费教育覆盖率是衡量免费教育发展的一项重要指标。自 2007/2008 学年实施 15 年免费教育以来，免费教育覆盖率显著提高（见表 6）。一方面，加入"免费教育学校系统"的学校越来越多，《澳门特别行政区五年发展规划

① 《2008 年财政年度施政报告》，澳门特别行政区政府网站，2007 年 11 月 13 日，第 7 页，https://www.gov.mo/zh-hant/wp-content/uploads/sites/4/2017/11/cn2008_policy.pdf。另见梁淑雯《澳门特别行政区教育政策述评》，《"一国两制"研究》2014 年第 3 期。

（2016～2020年）》提出："到2020年，15年免费教育的学校和学生数目覆盖率都达八成以上。"① 实际上，学校（校部）的覆盖率在2017/2018学年已达到93.8%，与2007/2008学年相比增加了8.2个百分点；"免费教育学校系统"学校的吸引力也大为加强，报读的学生在刚回归的1999/2000学年仅占61.7%，2018/2019学年则已提升到90.6%，大大超过"五年发展规划"所确定的目标，澳门学生完成正规教育的保障大大加强。

表6　免费教育学校和学生覆盖率的变化

学年	学校(校部)覆盖率		学生覆盖率	
	校部数	免教校部比例(%)	学生人数	免教学生比例(%)
1999/2000	98	84.5	61027	61.7
2000/2001	99	85.3	61627	61.9
2001/2002	100	86.2	62265	62.3
2002/2003	101	86.3	61079	61.6
2003/2004	103	84.4	59253	60.3
2004/2005	101	85.6	58475	61.2
2005/2006	99	85.3	55135	61.8
2006/2007	96	85.0	73084	85.7
2007/2008	95	85.6	68829	85.2
2008/2009	94	86.2	64810	84.8
2009/2010	94	86.2	62045	84.0
2010/2011	94	87.0	60406	83.5
2011/2012	92	86.8	58798	83.1
2012/2013	93	86.9	57432	82.8
2013/2014	94	87.0	56700	82.3
2014/2015	96	88.1	58407	84.0
2015/2016	96	88.1	61121	84.2
2016/2017	96	88.9	64300	86.5
2017/2018	105	93.8	69150	90.6
2018/2019	105	93.8	70691	90.6

注："免教学生比例"是指"免费教育学校系统"的学校和年级的学生总数百分比。

资料来源：根据澳门特区政府教育暨青年局公布的统计数据整理。

① 《澳门特别行政区五年发展规划（2016～2020）》，澳门特别行政区政府建设世界旅游休闲中心委员会网站，2016年9月，第55页，https：//www.cccmtl.gov.mo/files/projecto_plan_cn.pdf。

（二）推动班级规模小班化，为教育优质化创造条件

减少每班学生人数是迈向优质教育的重要前提。如前所述，1995 年澳葡政府第一次推出免费教育时就对学校的每班学生人数做出限制，当时的目标是不超过 45 人。但是，到回归之初的 1999/2000 学年，澳门幼儿园、小学、初中和高中平均每班的学生人数仍分别达 37.9 人、45.2 人、45.3 人和 39.2 人。

随着 2003/2004 学年免费教育每班 35 人包办津贴政策的实施，特别是自 2007/2008 学年开始，包办津贴每班学生人数 25～35 人这一政策的逐步推行，小班化的进程明显加快。到 2018/2019 学年，澳门幼儿园、小学、初中和高中平均每班的学生人数，已分别减少至 28.5 人、29.3 人、27.2 人和 25.6 人（见表 7）。这无疑为减轻教师的工作负担，让其更多地关注学生的个别差异，甚至推动整个学校课程和教学方式的改革创造了良好条件。

表 7　正规教育平均每班学生人数的变化

单位：人

学年	幼儿	小学	中学	初中	高中
1999/2000	37.9	45.2	43.1	45.3	39.2
2000/2001	37.0	42.6	43.2	45.0	40.1
2001/2002	35.0	41.8	43.4	45.1	40.5
2002/2003	33.2	39.5	43.2	44.9	40.8
2003/2004	32.3	37.3	43.0	44.3	41.2
2004/2005	30.8	36.6	42.5	43.6	41.1
2005/2006	29.7	35.6	41.6	42.3	40.8
2006/2007	27.0	34.2	39.6	39.8	39.5
2007/2008	25.9	32.6	37.8	37.9	37.8
2008/2009	25.0	31.0	35.3	35.5	35.0
2009/2010	24.9	29.7	34.5	34.7	34.3
2010/2011	25.7	28.9	33.9	34.4	33.5
2011/2012	26.3	27.6	33.0	33.7	32.4
2012/2013	26.8	27.1	32.4	32.5	32.3
2013/2014	26.7	27.1	31.2	30.6	31.8

续表

学年	幼儿	小学	中学	初中	高中
2014/2015	27.4	27.9	29.6	28.3	30.9
2015/2016	28.6	28.7	28.6	28.2	28.9
2016/2017	28.8	28.8	27.6	27.8	27.5
2017/2018	29.2	29.1	26.8	27.5	26.1
2018/2019	28.5	29.3	26.4	27.2	25.6

注：从2007/2008学年起至2017/2018学年，资料范围由包括正规教育和回归教育更改为只包括正规教育，数据的参照日期由相关学年的12月31日更改为11月26日；2018/2019学年起参照日期更改为10月26日。

资料来源：根据澳门特区政府教育暨青年局公布的统计数据整理。

（三）有效推动幼儿教育和高中教育的普及

早在1989年澳门回归前的过渡期刚开始的时候，澳门学者就针对当时教育的不平等强烈呼吁：“必须实现全澳居民不分性别、国籍、宗教和阶级，受教育的机会人人平等。”① 这实际上是对普及教育的呼唤，也是文明社会和可持续发展的要求。而要实现这一目标，最重要的保障就是实施尽可能广泛的免费教育。

从表8可见，20世纪90年代，小学七年免费教育及随后包括初中的十年免费教育的推动下，澳门回归时（1999/2000学年）小学和初中的毛入学率已达到甚至超过了100%。但幼儿教育的毛入学率仅有88.2%，高中的毛入学率甚至只有54.4%。回归后，随着十五免费教育向下和向上的延伸，这两个教育阶段的毛入学率到2017/2018学年，分别迅速提升至88.7%和92.5%②，基本普及了高中，这是一个十分了不起的成绩。

与此同时，免费教育范围的扩大提高了市民对教育的期待，这尤其表现在“预计受教育年数”③ 的变化上。1999/2000学年，澳门3～17岁年龄组和6～

① 刘羡冰：《澳门教育改革的路向》，载黄汉强编《澳门教育改革》，东亚大学澳门研究中心，1991。

② 澳门有一部分家庭经济比较好的学生，初中或高中阶段就选择赴欧美或澳大利亚就学，因此澳门学生的实际入学率更高。

③ “预计受教育年数”（EYS）指某年龄组各岁数居民人口净入学率的总和。

表 8　各教育阶段学生毛入学率的变化

单位：%

学年	幼儿	小学	初中	高中
1999/2000	88.2	103.7	99.5	54.4
2000/2001	89.2	102.7	100.3	61.4
2001/2002	91.2	105.8	103.7	63.7
2002/2003	93.0	104.7	109.2	67.6
2003/2004	97.3	104.6	114.4	72.5
2004/2005	97.8	104.6	115.5	74.3
2005/2006	97.0	105.8	113.4	79.9
2006/2007	91.3	101.0	109.4	80.9
2007/2008	94.3	100.9	104.1	76.9
2008/2009	94.1	101.8	103.3	76.7
2009/2010	92.2	100.9	103.8	78.5
2010/2011	90.8	102.1	108.9	81.7
2011/2012	92.1	99.3	110.6	87.4
2012/2013	96.0	99.7	112.2	88.4
2013/2014	100.7	100.7	114.1	92.5
2014/2015	102.5	99.8	109.1	94.7
2015/2016	97.0	101.3	106.8	93.9
2016/2017	92.0	105.3	102.1	93.7
2017/2018	88.7	105.1	105.2	92.5

注：毛入学率是指各教育阶段的学生人数占该教育阶段相应学龄居住人口的比例。

资料来源：根据澳门特区政府教育暨青年局公布的统计数据整理。

17 岁年龄组的预计受教育年数分别为 12.7 和 10.3，2017/2018 学年则分别提升到了 14.2 和 11.5（见表 9）。因此，在免费教育实施后，社会上呼吁澳门不分社会阶级均享受同样的教育质量。

表 9　澳门预计受教育年数的变化

学年	预计受教育年数(3～17 岁)	预计受教育年数(6～17 岁)
1999/2000	12.7	10.3
2000/2001	12.8	10.3
2001/2002	13.0	10.5
2002/2003	13.1	10.6

续表

学年	预计受教育年数(3～17岁)	预计受教育年数(6～17岁)
2003/2004	13.4	10.6
2004/2005	13.4	10.7
2005/2006	13.5	10.7
2006/2007	13.0	10.4
2007/2008	13.1	10.4
2008/2009	13.1	10.4
2009/2010	13.1	10.4
2010/2011	13.4	10.7
2011/2012	13.4	10.7
2012/2013	13.7	10.8
2013/2014	14.1	11.1
2014/2015	14.2	11.1
2015/2016	14.1	11.2
2016/2017	14.2	11.4
2017/2018	14.2	11.5

资料来源：根据澳门特区政府教育暨青年局公布的统计数据整理。

（四）提高教育素质，促进教育公平

长久以来，公私校教育资源分配不公的情况为人诟病。回归以来，15年免费教育的实施从保障受教育权入手，在制度上保障了弱势家庭也得以享有来自公共部门的教育资源，贫穷的学生也可公平地在免费教育网络中选取其自愿就读的学校，“这对长期接受不公平教育资源的澳门居民来说，无疑是巨大的改变”。①

在普及免费教育并不断加大教育投入的双重推动下，澳门的教育素质得到整体提高。自2003年参与经济合作与发展组织（OECD）举办的PISA测试（“国际学生能力评估计划”）以来，澳门15岁学生在阅读素养、数学素养和科学素养三方面均有良好表现。以PISA 2015为例，在参与的72个国家

① 陈荣政等：《澳门义务教育政策之研究》，2012，https：//www.naer.edu.tw/ezfiles/0/1000/img/46/NAER－99－24－C－1－01－03－1－04.pdf。

或经济体中，澳门学生的各项平均表现均位处前列，其中数学素养得分544分，排名第3；科学素养得分529，排名第6；阅读素养得分509，排名第12。而且在过去的10余年里，澳门学生三方面的表现均呈稳步提升的态势（见表10）。

表10　澳门15岁学生在PISA测试中的表现

类型	数学素养	科学素养	阅读素养	问题解决能力*
澳门 PISA 2003(数学素养为主)				
测试成绩平均分**	527(500)	525(500)	498(494)	书面:532(500)
测试国家/地区(40个)排名	9	7	15	6(40国家/地区)
澳门 PISA 2006(科学素养为主)				
测试成绩平均分	525(498)	511(500)	492(492)	—
测试国家/地区(57个)排名	8	17	21	—
澳门 PISA 2009(阅读素养为主)				
测试成绩平均分	525(496)	511(501)	487(493)	—
测试国家/地区(65个)排名	12	18	28	—
澳门 PISA 2012(数学素养为主)				
测试成绩平均分	538(494)	521(501)	509(496)	数码:540(500)
测试国家/地区(65个)排名***	6~8	9~19	12~22	4(44国家/地区)
澳门 PISA 2015(科学素养为主)				
测试成绩平均分	544(490)	529(493)	509(493)	协作式:534(500)
测试国家/地区(72个)排名	3	6	12	8(52国家/地区)

注：*澳门于PISA 2003参与了书面测试（个人）问题解决能力的评量；于PISA 2012参与了数码测试（个人）问题解决能力的评量；于PISA 2015参与了数码测试（个人与他人）协作式问题解决能力的评量。

**数字为澳门参与测试成绩的平均分；括号内显示OECD成员国家平均分，以资比较。

***在大型的国际抽样测试中，由于要考虑抽样及测量误差，在PISA 2012没有准确计算实际的排名位置。因此，澳门学生在PISA 2012的数学素养、科学素养、阅读素养表现的最佳排名分别为第6、第9、第12位。

资料来源：根据经济合作与发展组织公布的数据整理。

不仅如此，在2003年以来的历次PISA测试中，澳门在教育公平方面的表现在所有参与的国家和地区中是最好的。以PISA 2015为例，在72个参加的国家和经济体中，社会经济地位对学生在科学、阅读和数学方面的表现都有相当大的影响，其中经合组织国家社经地位弱势学生的PISA科学平均得分为

452 分，而优势学生的平均得分为540 分，这个88 分的差距相当于整整三年的学校教育。[①] 而澳门学生“社经坡度对素养影响强度较低”，“低表现生所占比例小”，“学业抗逆生所占比例较大”，“学生之间的素养表现差距比大多数国家/经济体小”，表明澳门的基础教育系统既有较高的教育质量，又兼备教育公平。[②] 类似的国家及地区仅有加拿大、丹麦、爱沙尼亚和中国香港。[③] 在 PISA 2012 的测试中，澳门也被认为是世界上既有高教育质量且兼备教育公平的 8 个教育系统之一。同时，澳门也是近年在数学、科学和阅读三方面的素养均有进步的 11 个地区之一。

五　总结与反思

实施免费教育是保障受教育者的受教育权和迈向优质教育的重要前提与保证。《澳门非高等教育制度纲要法》2006 年历史性地宣布实施 15 年免费教育，澳门免费教育的范围由原有的 10 年拓展到正规教育的所有年级。同时，将“补充服务费”列入免费之列，原有的“倾向性免费教育”提升至真正的“免费”。这是澳门教育发展史上一个极其重要的里程碑，让澳门教育走上公共化、普及化和法制化的道路。

尤其是免费教育津贴与学费津贴相结合的独特制度，在资源分配上既体现了平等原则，又照顾到差异原则和补偿原则；在保障学生公平的学习机会的同时，照顾了家长的选择权。就教育系统的完善而言，在私立学校占绝对主体的背景下，既从整体上确保了学校系统的公共性和所有学生的受教育权利，又为学校的差异化发展留出了空间，允许学校间的竞争，为非高等教育向优质化发展提供了重要保障。

---

① Daniel Salinas, “Can Equity in Education Foster Social Mobility”, 23 Oct. 2018, https://www.oecd - ilibrary.org/docserver/ca611a13 - en.pdf? expires = 1551996560&id = id&accname = guest&checksum = AC09F543AA15F05A21B8FB89019F44D6.

② 张国祥、薛宝嫦、麦瑞琪、杨文佳：《澳门 PISA 2015 研究计划报告：从国际比较的观点评核 15 岁学生的科学、阅读和数学素养表现》，澳门大学教育测量与评价研究中心，2016，第 67 页。

③ UNESCO, “PISA 2015 Results: Volume 1 – Excellence and Equity in Education”, OECD Publishing, 2016, p. 202.

当然，澳门的免费教育还有一些问题值得反思。首先，在澳门就读的非澳门居民学生至今未能享受免费教育。事实上，1995 年颁布的《普及和倾向免费教育》第 2 条规定："持有居民身份证或临时逗留证之入读官立教育机构或非营利性私立教育机构之学生" 均为免费教育之受益人①；换言之，即便是非澳门居民学生，只要是合法在澳门居留，同样享有免费教育。但是，2002 年颁布的《免费教育津贴制度》②，则将免费教育的受益人范围收窄，仅限于"持有居民身份证且就读于已加入公共学校网络的不牟利私立教育机构的学生"，这是一个明显的退步，值得关注。

其次，要恰当处理好学费津贴与免费教育津贴的关系。如前所述，立法会 2006 年在讨论《非高等教育制度纲要法》时，就有个别成员对法案未能规定"接受免费教育是澳门居民的一项基本权利" 有保留意见，并主张"免费教育应包括非免费教育系统学校就读学生的直接资助，其金额应与免费教育系统学校学生所获资助一致"。③ 这种观点值得商榷，因为特区政府一方面要优先发展免费教育，所有非"免费教育学校系统" 的学费津贴有必要区别对待。但是，学费津贴应占人均免费教育津贴的多大比例呢？2007 年之后的几年，比例一度超过 70%，引起一些"免费教育学校" 的非议。近年，这一比例不断下降，学费津贴多年的调升幅度都低于免费教育津贴。以 2014/2015 学年的学生人均受惠津贴为例，非"入网" 私立学校学生 15 年（从幼儿教育一年级至高中三年级）人均累计受惠的津贴为 285900 澳门元，而"入网" 私立学校学生人均累计受惠的免费教育津贴则为 464619 澳门元，前者仅为后者的 61.5%。这种政策趋势不可继续维持，今后须从维护平等的受教育权的高度，把握学费津贴的地位。

另外，有研究者采用澳门 PISA 2006 科学素养调查学生、家长和学校的数据，探索澳门基础教育可能存在的教育不公平现象，结果表明澳门基础教育的

---

① 《普及和倾向免费教育》（第 29/95/M 号法令），澳门特别行政区政府印务局网站，2019 年 3 月 6 日，https://bo.io.gov.mo/bo/i/95/26/declei29_cn.asp。

② 《免费教育津贴制度》（第 20/2002 号行政法规），澳门特别行政区政府印务局网站，2019 年 3 月 6 日，https://bo.io.gov.mo/bo/i/2002/36/regadm20_cn.asp。

③ 立法会第一常设委员会：《第 3/III/2006 号意见书》，澳门特别行政区立法会网站，http://www.al.gov.mo/uploads/lei/leis/2007/09-2006/parecer_cn.pdf。

教育公平还有进一步完善之处。[①] 还有学者指出，15 年免费教育虽然对澳门教育素质的提升和教育公平都有历史性的推动作用，但学校资源环境的差异、学校家长选校考虑和学校收生政策等因素仍可能影响澳门基础教育的公平。[②] 总之，澳门的免费教育已取得重要成就，但须进一步努力加以完善。

---

① 陈敬濂：《澳门基础教育公平问题——PISA 2006 数据分析研究》，台北：政大出版社，2016。

② 黄素君：《从教育公平的视阈检视澳门免费教育的现状和发展》，载郝雨凡、吴志良主编《澳门经济社会发展报告（2010～2011）》，社会科学文献出版社，2011，第 224～238 页。

B.24
2018年澳门高等教育的现状、特点与趋势

庞 川 马早明*

摘 要： 2018年是澳门高等教育发展历程中重要的一年，高等教育事业保持了稳中有进的发展态势，高等教育的重要地位日益凸显。在注册学生数、师资力量以及科研水平明显提升的同时，高等教育政策法规、“四校联考”以及高等教育经费也在不断地调整与完善。2018年澳门高等教育事业发展呈现出宏观设计作用显著、制度架构日趋完善以及特色优势不断深化三大特征，彰显了澳门高等教育在精准定位的基础之上兼顾了稳健与多维的发展特色。基于2018年的发展经验，澳门高等教育在其未来发展中还需不断深化国际化、多元化以及优质化发展目标，把握重要发展机遇，构建澳门特色专业，打造澳门教育品牌。

关键词： 澳门 高等教育制度 教育国际化

2018年是澳门高等教育不断改革提升的一年，在这一年中澳门高等教育事业发展取得了显著的成果，包括习近平主席回信、《高等教育制度》实施、重点实验室与文科基地建设在内的众多重大事项无一不在彰显澳门高等教育事业发展已经进入了一个新的发展阶段。如今，澳门高等教育事业已展现出其在新时期发展中的潜力，为了保障澳门高等院校的竞争力，高等教育事业还需不断总结经验并进行合理规划。

---

* 庞川，澳门科技大学副校长，澳门高等教育促进会理事长，研究方向为商业管理、高等教育；马早明，华南师范大学粤港澳大湾区青少年教育研究中心主任、教授、博士生导师，研究方向为教育学、教育管理。

一　澳门高等教育的现状

为了更好地把握澳门高等教育发展现状，本文收集了2018年澳门高等教育阶段基本数据，从学生、教职员、经费开支以及重要事项四个维度出发对数据进行归类整理。通过与相关项的横向比较以及与不同时段的纵向比较，以求增进对澳门高等教育发展现状的了解。

（一）澳门高等教育阶段学生情况

澳门高等教育事业虽然起步晚，但是发展迅速，截至2017/2018学年澳门高等教育适龄人口41000人，高等教育注册学生33098人，据此，澳门高等教育毛入学率已达80.73%。① 高等教育毛入学率只是澳门高等教育发展状况的一个概况性表征，在此基础之上，还须从本澳以及在外升学的学生的注册情况、生源地、修读学科和注册课程等方面入手，细剖澳门高等教育阶段学生修学的具体情况。

澳门高等教育发展状况的一个重要指标是开设于澳门特别行政区的高等院校注册学生的基本情况，由此，本文整理了包括2018/2019学年澳门高等院校注册学生人数、外地学生生源地、修读学科以及注册课程情况在内的四个基本维度数据②。

1. 注册学生人数

相较于澳门高等院校2016/2017学年注册学生人数（32750人）和2017/2018学年注册学生人数（33098人），2018/2019学年高等院校注册学生（34279人）数量呈现稳中有升的态势。③

---

① 高等教育适龄人口为18~22岁澳门居民人数，适龄人口数据来源于统计暨普查局“2017年澳门人口估计”澳门居民年终人口数目。2018年年终人口估计数目预计于2019年3月发布，之后才能计算2018/2019学年澳门高等教育毛入学率。

② 本文所参考数据均为开设于本澳地区高等院校的相关数据。

③ 2016/2017学年与2017/2018学年数据来源于高等教育辅助办公室（现为高等教育局）公布的数据。本文所有涉及2018/2019学年高等教育数据均是根据澳门高等院校向高教办提交的资料整理而成，数据收集的依据日期为2018年10月31日，有关数据乃初步资料，日后可能有所调整，预计于2019年3月完成整理及发布。

2018/2019 学年澳门高等院校注册学生中全日制约占 98.63%，非全日制注册约为 1.37%。其中，全日制注册学生中，本地生占总注册学生的 46.26%，非本地生占 52.37%；非全日制注册学生中，本地生占总注册学生的 1.25%，非本地生 0.12%（见表 1）。由此可见，非本地学生在澳门高等院校中占据了重要比例，全日制注册学生中非本地生尤为突出。

表 1　2018/2019 学年澳门高等院校注册学生基本数据

单位：人

分类		本地生	外地生	总计
全日制	男生	7320	7445	14765
	女生	8538	10507	19045
非全日制	男生	157	6	163
	女生	272	34	306
总计		16287	17992	34279

2. 外地学生生源地

外地学生是澳门高等院校发展的重要组成，他们来自全球各个地区。2018/2019 学年澳门高等教育注册外地生生源地主要以祖国内地（90.04%）、中国香港（2.23%）以及亚洲除中国外其他地区（1.07%）为主，其他地区占比较小，如欧洲（0.89%）、非洲（0.87%）、中国台湾（0.46%）、南美洲（0.27%）、北美洲（0.14%）和大洋洲（0.04%）。

3. 修读学科

澳门高等教育阶段注册学生所选修的科目在 2018/2019 学年变化并不明显。全体注册学生修读最多的学科与之前相比并无变化，排名自上到下依然是商务与管理、旅游及娱乐服务、法律、语言及文学和设计及艺术。然而，澳门本地学生所选择的最多的学科中除了以往的热门专业商务与管理、旅游及娱乐服务、语言及文学之外，法律专业保持了上升趋势，居于第四位，而师范教育则成为澳门本地学生修读学科的新热门。

4. 注册课程

2018/2019 学年澳门高等院校共开展了五个不同级别的课程，其中学士学位课程是最主要的组成部分，而硕士学位课程和博士学位课程紧跟其后，具体数据见表 3。

表 2　2018/2019 学年本澳高等教育注册学生修读学科情况

2018/2019 学年全体学生				2018/2019 学年本地生			
修读学科排名		具体情况		修读学科排名		具体情况	
		人数	占比(%)			人数	占比(%)
1	商务与管理	8435	24.61	1	商务与管理	3236	19.87
2	旅游及娱乐服务	5986	17.46	2	旅游及娱乐服务	3230	19.83
3	法律	2219	6.47	3	语言及文学	944	5.80
4	语言及文学	2055	5.99	4	法律	874	5.37
5	设计及艺术	1834	5.35	5	师范教育	851	5.23

表 3　2018/2019 学年本澳高校各级程度课程学生人数

单位：人

澳门高校各级程度课程	注册学生(2018/2019 学年)		毕业学生(2017/2018 学年)	
	本地生	外地生	本地生	外地生
博士学位课程	299	2263	43	308
硕士学位课程	1705	4484	368	1628
学士学位课程	13792	11196	3287	1933
学士学位补充课程	39	27	26	—
学位后文凭课程	270	6	195	7
文凭课程	182	16	77	—

将 2018/2019 学年澳门高等院校各级各程度课程修读学生数据与 2017/2018 学年以及 2016/2017 学年相关数据进行比较（见图 1），清晰可知，学士学位课程、硕士学位课程以及博士学位课程注册学生人数都有所增加，且 2018/2019 学年硕士学位课程修读人数增幅明显。

（二）澳门高等教育阶段教职员情况

长期以来，澳门高等院校一直十分注重优质卓越人才的培养与引进，各院校教职员选拔与聘用便是重中之重。本文从教职人员的数量与构成（外聘教员来源地、女性教师比例以及具有博士学位教师比例）的两大维度入手，进一步分析澳门高等院校 2018/2019 学年发展的具体情况。

1. 教职人员数量

2018/2019 学年澳门高等院校共有教职员 5098 人（见表 4），其中教学人员 2384 人，占比 46.76%；非教学人员 2455 人，占比 48.16%；研究人员 478

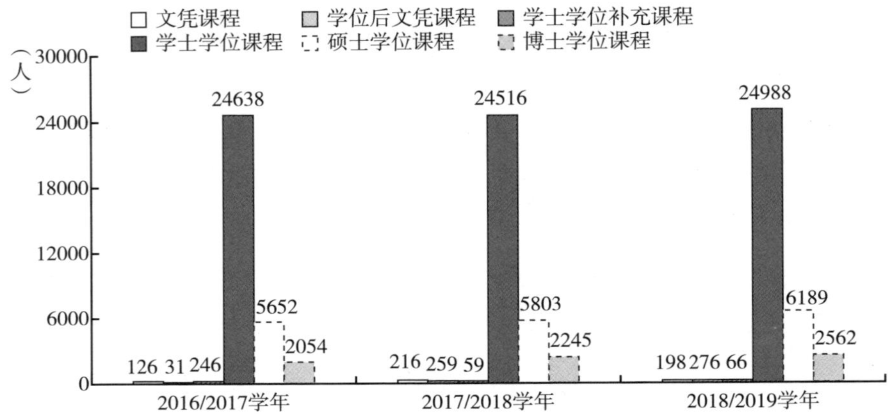

图 1　澳门近三年高等院校各级程度注册学生数

人，占比 9.38%。[①] 2018/2019 学年，澳门高等院校教职员中全职人员（4040 人）占比 79.25%，而非全职人员（1058 人）仅占 20.75%。

表 4　2018/2019 学年澳门高等院校教职员人数

单位：人

教职员	教学人员		非教学人员		研究人员		总计*	
来源	本地	外聘	本地	外聘	本地	外聘	本地	外聘
全职	1059	468	2154	259	112	118	3235	805
非全职	534	323	37	5	67	181	555	503
总计	1593	791	2191	264	179	299	3790	1308

注：* 其中部分人员同时兼任教学、非教学或研究工作，故教学人员、非教学人员、研究人员三者相加的总人数中已扣除重复的人数。

2. 教职人员构成

（1）外聘教员来源地

2018/2019 学年，澳门高等院校教职员中有 25.66% 的外聘人员。这些外聘人员来自不同地区，除中国大陆、中国台湾以及中国香港三大主要来源地外，澳门高校外聘教职员来源尤为侧重欧美地区，北美洲与欧洲外聘教员的比重明显高于亚洲其他地区（见表 5）。

① 其中部分人员同时兼任教学、非教学或研究工作，故三者相加的百分比并不等于 100%。

表 5　2018/2019 学年澳门高等院校外聘教员来源地

目的地	中国			亚洲(除中国外其他地区)	欧洲	非洲	大洋洲	南美洲	北美洲	总计
	大陆	台湾	香港							
人数	443	91	117	26	42	2	14	5	50	790
占比(%)	56.08	11.52	14.81	3.29	5.32	0.25	1.77	0.63	6.33	—

（2）女性教职员

2018/2019 学年，澳门高等院校女性教职员占全体教职员的 37.29%，占全职教职员的 38.51%。

（3）具有博士学位的教职员

2018/2019 学年，澳门高等院校具有博士学位的教职员占全体教职员的 64.60%，占全职教职员的 75.83%。

（三）澳门高等教育经费

根据表 6 数据可知，2017～2019 年澳门高等教育经费投入总量以及除高等教育辅助办公室外各项开支均呈现逐年增长态势。其中，2018 年高等教育基金[①]开始成为澳门高教经费中的单独一项，并在 2019 年的经费预算中加大投入力度。高等教育辅助办公室经费虽在 2019 年减幅超半，但是新成立的高等教育基金会是由其运作的，综合来看，澳门 2019 年高等教育经费投入力度并未变小，只是在经费构成上有所调整。

表 6　2017～2019 年澳门高等教育经费投入总量（预算）以及各项开支细则

年度	机构	高等教育开支(澳门元)
2019	高等教育辅助办公室	121556000
	高等教育基金	261182400
	澳门大学	2737881500
	澳门理工学院	913598500
	旅游学院	449205900
	总计	4483424300

① 2018 年 8 月 6 日第 16/2018 号行政法规正式颁布并于两日后（8 月 8 日）正式生效，根据这一法规所成立的高等教育基金也在 2018 年正式运作。

续表

年度	机构	高等教育开支(澳门元)
2018	高等教育辅助办公室	249618100
	高等教育基金	937000
	澳门大学	2675980816
	澳门理工学院	880173559
	旅游学院	441443295
	总计	4248152770
2017	高等教育辅助办公室	285113500
	澳门大学	2456160059
	澳门理工学院	789301512
	旅游学院	396836687
	总计	3927411759

（四）澳门高等教育重要事项

2018 年澳门高等教育顺承了 2017 年的发展轨迹，在制度架构、学术科研以及升学招考等重要发展事项中也取得了新的发展。

1. 习近平主席回信

2018 年 5 月 23 日，澳门大学校长宋永华、澳门科技大学校长刘良代表澳门高校师生，联名向国家主席习近平写信，表达澳门发展科技的信心和决心。次月 15 日，澳门收到了习近平主席的回信。15 日下午，澳门中联办和澳门特区政府共同召开“习近平主席关于澳门高校工作重要指示精神传达学习会”，传达习近平主席对澳门高校工作做出的重要指示精神。澳门特区行政长官崔世安、中联办主任郑晓松出席会议并分别讲话，澳门中联办副主任薛晓峰主持会议。澳门 10 所高校负责人与代表分别发表感言。

习近平主席在信中高度肯定了澳门高校科技创新的成果，并为澳门特区的高等教育和科技创新做出了重要指示。① 澳门的长期繁荣稳定还需以科技发展作为支撑，澳门高等教育事业的规划与发展须与澳门长远规划与持久发展相适应，

① 《崔世安：充分认识习近平主席重要指示　大力推动高等教育发展》，2018 年 6 月 16 日，中国新闻网，http：//www. chinanews. com/ga/2018/06 – 16/8539394. shtml，最后访问日期：2019 年 3 月 1 日。

继续秉承“教育兴澳”“人才建澳”的发展理念，坚持以发展“国家所需，澳门所长”为原则。澳门特别行政区要坚守“一国”之本，善用“两制”之利，将澳门的发展与国家发展规划紧密结合，把握住“一带一路”倡议以及粤港澳大湾区建设等重要发展机遇，在此过程中，澳门高校也须积极发挥其在科技创新与人才培养中的重要作用，为澳门经济适度多元可持续发展闯出一条新路。

2. 澳门高等教育政策法规

2018 年《高等教育制度》法律正式生效，在这一年中为了进一步配合《高等教育制度》法律的实施以及完善澳门高校的制度管理等方面，澳门高等教育出台了一系列政策法规。2018 年所出台的高等教育行政法规共五项，内容涉及高等教育委员会、高等教育基金会、高等教育素质评鉴制度、高等教育规章以及高等教育学分制度。

3. 四校联考

2018 年，由澳门大学、澳门理工学院、旅游学院及澳门科技大学四所高校联合规划及统筹的“澳门四高校联合入学考试（语言科及数学科）”（简称“四校联考”）展开了第二次考试，共有 4748 人报名。

4. 重点实验室与文科基地

截至 2018 年，澳门高校共拥有 4 个国家重点实验室、2 个联合重点实验室、1 个文科重点研究基地、4 个文科重点伙伴研究基地以及 1 个部级研究中心（见表 7）。

2018 年新成立的重点实验室有智慧城市物联网国家重点实验室、月球与行星科学国家重点实验室、中山大学生物无机与合成化学教育部重点实验室与澳门大学应用物理及材料工程研究所联合重点实验室以及澳门科技大学与广州中医药大学共建教育部中医药防治肿瘤转化医学研究联合实验室，新成立的文科基地包括澳门传媒研究中心、澳门海洋发展研究中心和澳门知识产权研究中心。

二　澳门高等教育的特点

2018 年，澳门高等教育在稳健发展中迸发了别样的光彩。在这一年中，澳门的高等教育事业既收获了丰硕的果实，又迎来了新的发展契机。从宏观设计到制度框架再到院校特色，澳门高等教育发展特点鲜明，为澳门高等教育事业发展增添浓墨重彩的一笔。

表 7　澳门重点实验室与文科基地

重点实验室		文科基地	
所在院校	实验室名称	所在院校	基地名称
澳门大学、澳门科技大学（联合设立）	中药质量研究国家重点实验室	澳门大学	中国历史文化中心（教育部人文社会科学重点研究基地）
澳门大学	模拟与混合信号超大规模集成电路国家重点实验室		宪法与基本法研究中心（部级研究中心）
	智慧城市物联网国家重点实验室	澳门科技大学	澳门传媒研究中心（教育部人文社科重点研究伙伴基地，与复旦大学信息与传播研究中心合作成立）
	中山大学生物无机与合成化学教育部重点实验室与澳门大学应用物理及材料工程研究所联合重点实验室		澳门海洋发展研究中心（教育部人文社科重点研究伙伴基地，与中国海洋大学合作成立）
澳门科技大学	月球与行星科学国家重点实验室		澳门知识产权研究中心（教育部人文社科重点研究伙伴基地，与中南财经政法大学知识产权研究中心）
	中医药防治肿瘤转化医学研究联合实验室（与广州中医药大学合作成立）	澳门城市大学	澳门社会经济发展研究中心（教育部人文社科重点研究伙伴基地）

（一）宏观设计作用显著，高等教育定位精准

澳门高等教育事业作为澳门地区发展的重要动力，其在澳门发展历程中具有不可替代的作用。2018 年澳门高等教育发展规划充分体现了澳门高等教育在推动社会发展、响应国家政策以及顺应时代潮流中的重要作用，为澳门高等教育的发展做出了精准的定位。2018 年，澳门高等教育坚持以发展“国家所需，澳门所长”为原则，将澳门高等教育与国家重要发展战略对接，在保持对“一带一路”建设的高度参与的同时，也积极响应粤港澳大湾区建设规划。

一方面，为了更好地对接“一带一路”建设，澳门特区政府不断深化“一个平台”和“三个中心”建设，即中国与葡语国家商贸合作服务平台以及葡语国家食品集散中心、中葡经贸合作会展中心和中葡中小企业商贸服务中

心。在此目标的指引下，澳门高等院校也充分发挥积极作用，将建立中葡人才培养基地作为重要发展目标。以澳门大学为例，澳门大学在其2018年的重要事项中明确了“‘一带一路’与粤港澳大湾区合作”以及“中葡人才培养”，并据此积极推进与葡萄牙高校以及其他葡语国家高校的合作。当前澳门高等院校与葡萄牙及其他葡语国家高校间的合作涉及电脑、生物医学、护理等多个专业，涵盖从本科到研究生培养不同阶段。

另一方面，为了更好地推动粤港澳大湾区建设，澳门特区政府不断拓展粤港澳大湾区合作空间，澳门各高校也在参与粤港澳大湾区建设中积极发挥各自所长。澳门高校不仅强化了与广东地区以及香港地区高校的合作，而且也开展了多样的粤港澳地区学术研讨会。2018年，澳门大学举办了“大学学术资源与粤港澳大湾区建设研讨会”“IEEE射频识别国际会议”共促大湾区智慧城市建设，澳门大学与澳门物理学会、香港物理学会以及广东物理学会合办了首届“粤港澳大湾区物理学会2018年年会”，澳门镜湖护理学院先后推动建立“粤港澳大湾区健康护理联盟”以及“粤港澳大湾区老年护理联盟”，澳门科技大学也积极参与了包括“粤港澳大湾区知识产权法律联盟”、“粤港澳空间科学联盟”以及“生物科技与转化医学大湾区合作平台”在内的多项粤港澳大湾区合作事项。

（二）制度架构日趋完善，高等教育发展稳健

2018年澳门高等教育的制度架构逐步清晰，高等教育治理理念也在这一年中不断细化完善。随着《高等教育制度》法律生效以及相关配套法规的颁布与实施，澳门高等教育形成了从管理到评鉴一系列组织有序的制度。

首先，《高等教育制度》法律的正式生效为澳门高校的发展提供了法律保障。既为澳门高等教育与高等院校的发展做出了明确的规范和要求，又进一步强化肯定了院校在其教学与科研等领域的自主权。其次，在《高等教育制度》法律生效的大背景下，与之配套共同作用的第15/2018号行政法规、第16/2018号行政法规和第17/2018号行政法规相继颁布，对《高等教育制度》法律中所涉及的高等教育委员会、高等教育基金以及高等教育素质评鉴制度等内容进一步细化，完善了澳门高等院校组织管理、经费运行以及质量评鉴等方面的规章制度。最后，2018年颁布的第18/2018号行政法规《高等教育规章》

与第19/2018号行政法规《高等教育学分制度》在为澳门高校提供院校发展规范的同时，也在敦促各院校积极跟进其章程的修订工作。

（三）特色优势不断深化，高等教育多维并进

澳门作为一个融会中西特色，兼具历史与现代气息的别具一格的城市，其高等教育的发展也具有鲜明的特色，而这些特色在2018年又被继承、发扬。2018年澳门的特色优势不仅在高等教育的传统学科中得以体现，而且也进一步与新时期发展契机相结合，促成了澳门高等教育新兴强劲学科的崛起。

1. 传统特色专业

澳门作为一个具有独特历史轨迹的城市，其多彩的文化底蕴与开放包容的现代气息交织在一起，为其以语言与历史为代表的传统特色专业增添了活力。2018年，澳门高校在语言与历史等传统特色专业中收获了丰硕的成果。

（1）语言

澳门作为拥有“三文四语”传统的国际化都市，本就具有得天独厚的语言优势，而在其高等教育的发展历程中，语言学科也是其极具代表性的特色优势学科。2018年澳门高校将其在语言学科发展中的优势进一步深化，“珍爱母语，拥抱多元文化”语言文化日以及“中葡双语教学系列活动”等语言活动的展开足显澳门高校对语言教学与学科发展的重视。在此背景下，澳门大学、澳门科技大学等高校多名学生在全国英语竞赛以及同声传译等比赛中取得了优异的成绩。与此同时，澳门的语言优势也在高校的科研与社会服务职能进一步结合中得以体现。在推动澳门作为中国与葡语国家商贸合作服务平台建设的重要动力的过程中，澳门高校扮演了举足轻重的角色。2018年，由澳门大学研发的“UM－CAT”（在线中葡英辅助翻译平台）正式推向市场，再度彰显了澳门高校强劲的语言专业优势。

（2）历史

在过去的一年中，澳门高校历史学科的成果显著，涉及学术研究、科研成果发表以及历史文化教学与宣传等多个方面。首先，在学术研究中，澳门大学教授发现了中葡早期关系史珍贵手稿以及八百年前宋代极品手造纸，进一步推动澳门历史研究尤其是中澳关系史研究进程。其次，在科研成果发表中，由澳门大学创办、中国历史文化中心编辑的人文社科期刊《南国学术》转载率和

引用率不断提高，并入选了《复印报刊资料重要转载来源期刊（2017 年版）》。除了澳门本土期刊的喜人发展外，澳门高校历史学专业学者的多本著作也在美国斯坦福大学出版社、康奈尔大学出版社等国际出版单位顺利出版。最后，在历史文化的教学与宣传中，2018 年“中国历史文化培训班”与国画课等课程先后展开，“中国历史文化推广基地”也在澳门大学中国历史文化中心、澳门中华联合会以及培正中学、海星中学、浸信中学和菜农子弟学校的共同合作下建成。作为传播与发扬中华优秀传统文化美德的重要基地，澳门大学获教育部所赠“博雅之璧”，寓意澳门大学和澳门特别行政区作为传承中华文化的重要力量，发挥了不可忽视的作用。

2. 新兴特色专业

作为融汇中西，沟通中国与世界的国际化都市，在全球极速发展的大背景下，为保持自身强劲的竞争力与发展活力，澳门高校积极开展人才引进，紧跟世界发展动态，开拓新兴特色专业，提高澳门高校的科技研究能力，深化对澳门特别行政区发展的服务职能。

2018 年澳门获国家批准新成立了两个国家重点实验室和两个联合重点实验室，分别是澳门大学的智慧城市物联网国家重点实验室、澳门科技大学的月球与行星科学国家重点实验室，中山大学生物无机与合成化学教育部重点实验室与澳门大学应用物理及材料工程研究所联合重点实验室，以及澳门科技大学与复旦大学、中国海洋大学、中南财经政法大学和广州中医药大学四所高校分别共同建立的重点研究伙伴基地及联合实验室。这些重点实验室的建立既是继早先成立的中药质量研究重点实验室和模拟与混合信号超大规模集成电路重点实验室之后，澳门高校在科研发展与学科建设中的重要成果，也是澳门高校未来发展方向的进一步拓展。

三　澳门高等教育的发展趋势

澳门高等教育事业的发展与澳门地区的整体发展是紧密相连的，高等教育不仅是澳门地区发展的重要组成，也是推动澳门地区发展的重要动力。因此，澳门高等教育事业的发展不能局限于高等教育自身发展的规律与需求，需要与澳门发展、国家发展乃至世界发展保持紧密联系。时值澳门回归祖国二十周年这一重要时间节点，澳门高等教育的发展更是凸显了其在澳门回归二十年历程与新时期未来发展趋向中的重要作用，立足于回归二十年的发展经验，澳门高等教育在新时期中将走向新的发展。

（一）推动高等教育国际化进程，把握重要发展机遇

在不可忽视的全球化进程中，澳门高等教育的发展趋向不再是澳门地区自身的发展选择，而是紧扣国家与世界发展潮流中的重要抉择。澳门高等教育在澳门回归二十年的历程中，保持了自身发展的独特优势。然而，在新时期下，全球化的强劲势头要求澳门高等教育必须加快其国际化进程。为了保持澳门高等教育的独特优势与发展动力，澳门高校应审时度势，积极主动地把握区域与国家发展的新机遇，推动澳门高等教育在新时期的国际化进程中取得新发展。

一是积极响应“一带一路”建设，强化澳门作为中国与世界沟通平台（尤其是与葡语国家）的重要作用，保持澳门教育发展长久以来的开放性、国际化的优势。二是对接“十三五”规划，打造“一个中心”和“一个平台”。为建设世界旅游休闲中心和中国与葡语国家商贸合作服务平台，澳门未来将需要大量高素质人才，尤其是中葡双语人才，据此，澳门高校需不断强化优质教育以及中葡双语教育，将双语高素质人才的培养作为高校培养目标的重中之重。三是紧跟粤港澳大湾区发展动态、整合宏观与微观资源发展澳门高等教育事业，包括来自国家、区域的政策支持，整体经济的发展形势，以及整体区域发展的资金、人才、技术等资源。粤港澳大湾区凝聚了包括香港大学、香港中文大学、中山大学和华南理工大学等在内的众多实力强大的高校，伴随着粤港澳大湾区的建设，湾区内高校间的合作与交流将日益密切，这对于澳门高校而言是绝佳的发展机遇。

（二）深化高等教育多元化发展，建构澳门特色领域

澳门作为一个典型的微型城市，其自身发展在特色优势凸显的同时，也有不可忽视的弊端，其中澳门过度单一的经济结构便是影响澳门长久可持续发展的一大阻碍，据此，丰富澳门经济多元化发展动力成为澳门当前发展的重要任务。2018 年 6 月 15 日，习近平主席在回复澳门大学宋永华和澳门科技大学刘良两位校长的信中提到：“希望澳门高校百尺竿头更进一步，培养更多爱国爱

澳人才，创造更多科技成果，助力澳门经济适度多元可持续发展，助力粤港澳大湾区建设。”① 澳门高等教育事业的发展必然要为澳门经济适度多元化可持续发展贡献自己的力量。

新时期，澳门高等教育应继续秉持“教育兴澳，人才建澳”发展理念，通过澳门高等教育的多元化发展推动澳门经济的多元化可持续发展。当前澳门经济发展以博彩业、旅游业为主要支撑，会展业与高新科技为未来发展方向。在此背景下，澳门高等教育既要为博彩业、旅游业和会展业等提供人才与技术支持，也要强化自身能力，使澳门高等教育逐步发展为澳门经济构成中的重要一环。积极配合国家与澳门发展需求，为将澳门打造成“粤港澳大湾区旅游教育培训基地”以及“中葡双语人才培养基地”继续投入资源。着力推进“中药质量研究”、“模拟与混合信号超大规模集成电路”、“智慧城市物联网”和“月球与行星科学”等国家重点实验室的科研与教学工作，不断强化澳门的优势领域。与此同时，除了新兴科技与专业的发展，澳门所独有的文化传统与地域特色也应当在澳门高校的特色专业领域中成为重点发展对象。总结过去，立足当下，展望未来。澳门高等教育事业的发展既要为澳门经济多元化发展提供助力，也要帮助澳门形成区别于其他城市与地区的特色城市。

（三）确立高等教育优质化目标，打造澳门教育品牌

目前，澳门高等教育毛入学率已超八成，这标志着澳门的高等教育已进入了普及化阶段，然而面对快速发展的世界，澳门的高等教育必须在其数量扩展的同时提高质量。高等院校是澳门这座微型城市的重要组成，高等教育实力的提高对澳门经济与社会发展的作用不可小觑，所以高等教育的优质化目标不仅是澳门经济发展的必然要求，也是澳门高校长远发展的基本条件。

《高等教育制度》法律已于2018年正式生效，而其相关配套法规也于同年相继出台生效，这为澳门高等教育优质化发展奠定了良好的制度基础。基于此，澳门高校要在内部整合与外部监督两部分的共同作用中实现质量提升、优

① 《崔世安：充分认识习近平主席重要指示　大力推动高等教育发展》，2018年6月16日，中国新闻网，http：//www.chinanews.com/ga/2018/06－16/8539394.shtml，最后访问日期：2019年3月1日。

势深化。一是根据高等教育领域已经出台的相关法律，澳门高校须积极开展内部建构与强化工作，推动院校章程的修订与调整，优化组织结构，增强院校自身发展动力；二是澳门特区政府还须积极推动高等院校素质评鉴活动，建立良好的外部监督与考评体制，为澳门高等院校及其课程素质的持续提升增添动力；三是不断完善政府职能与高等教育管理体制，发挥高等教育委员会、高等教育基金对澳门高等教育事业的重要作用，既要为澳门高等教育事业发展制定合理的中、长期发展规划，又要保障澳门高等院校在环境优化、设备更新以及科研开发等方面的经费支持。

B.25
澳门人文社会科学的现状、特征与趋势

赵殿红　袁琴*

摘　要： 回归以来，澳门的人文社会科学在学科规划、学术研究、队伍建设、人才培养等方面取得了长足进步，并且具有鲜明的时代和地区特色。学科结构日趋完善，学术话语逐渐回归，基本形成了完整的人文社会科学教学、科研、应用、创新体系，是中国人文社会科学领域重要的组成部分，为繁荣中国人文社会科学研究做出了应有的贡献。澳门高等院校、学术社团是人文社会科学研究的主要承担者，特区政府、澳门基金会等是主要的推动者，在法律、经济、旅游、博彩、葡语、澳门学等学科有较好的研究基础和较强的研究能力。在“一国两制”方针、“一带一路”倡议和粤港澳大湾区建设背景下，在全国学术界履行历史使命以及加快构建中国特色哲学社会科学学科体系、学术体系、话语体系的时代强音之下，澳门亟须对自身的人文社会科学发展现状进行总结与反思，从而确定人文社会科学的学术取向和价值取向，形成良好的学术研究、教学实践和社会舆论氛围。

关键词： 澳门　人文社会科学　学术体系

---

* 赵殿红，历史学博士，澳门科技大学社会和文化研究所助理所长，主要研究领域为中外关系史、澳门历史与社会；袁琴，澳门科技大学社会和文化研究所博士研究生，研究领域为近代香山与中西文化交流。

按照现代学术分类体系，“人文社会科学”是人文学科（Humanities）和社会科学（Social Sciences）相对于自然科学（Natural Sciences）的统称，前者包括历史、文学、哲学、宗教、音乐、艺术等，后者包括社会学、经济学、政治学、心理学等，都是以人类精神世界和社会现象为研究对象。新中国成立以来，中国的人文社会科学发展几经曲折，到今天与自然科学一起被纳入“科教兴国”战略和国家科研创新体系。经过长期坚持不懈的探索，中国人文社会科学事业取得巨大成就，呈现出繁荣发展的局面，形成了比较完备的学科体系。各个学科都涌现出一批奠基之作，研究方法取得重大突破和创新，对外交流与合作日益扩大，国际声誉逐步提高，一些学科显现出典型的中国特色。人文社会科学在一系列重大问题研究方面取得了突破性成果，在服务社会方面发挥了重要作用，为中国改革开放和现代化建设提供了重要的理论与智力支持。

澳门回归祖国近 20 年来，在中央政府的大力支持下，特区政府和全体澳门居民全面贯彻落实“一国两制”方针和澳门基本法，开拓进取，取得了令世界瞩目的巨大成就，实现了经济快速发展、民生不断改善、社会和谐稳定，充分体现了“一国两制”的强大生命力。与此同时，在特区政府、澳门基金会、高等院校及社会各界的共同推动下，澳门人文社会科学繁荣发展，越来越多的专业人员加入研究队伍，各领域成果不断涌现，学科结构日趋完善，已悄然实现学术话语的回归。基本形成了特色鲜明的人文社会科学教学、科研、应用、创新体系，成为当代中国乃至世界多样文化中一个重要的组成部分。

一　以高等院校为主体的研究机构

澳门人文社会科学的研究机构，包括高等院校、学术社团、政府机构、民间智库等。与其他地方一样，澳门高等院校承担着发展各种学科的重要职能，在人文社会科学学术研究、人才培养等方面同样具有无可争议的主体地位。

（一）高等院校人文社会科学发展现状

澳门的现代高等教育起步较晚，回归以前，高等院校数量较少，学科和专业设置较为狭窄；回归 20 年来，高等院校迅速增多，学科和专业设置短时间内呈现出多元发展局面。目前，澳门共有 10 所高等院校，包括 4 所公立院校：

澳门大学、澳门理工学院、澳门旅游学院、澳门保安部队高等学校；6 所私立院校：澳门科技大学、澳门城市大学、圣若瑟大学、澳门镜湖护理学院、澳门管理学院、中西创新学院。

10 所高校当中，有 8 所综合性大学将人文社会科学作为学科发展的重要组成部分，设置了相关专业，教学和科研队伍逐年壮大；另有 2 所专业性高校（澳门保安部队高等学校、澳门镜湖护理学院）未设置相关专业。因此，本文观察的对象主要是上述 8 所综合性高校。

1. 学科及专业设置

澳门高校当中，人文社会科学专业门类设置较为齐全的有澳门大学、澳门科技大学、澳门城市大学、澳门理工学院和圣若瑟大学。从开设的各层次专业来看，管理学所占比例最高，其次是法律、经济、艺术、语言、文学、教育、传播等，而历史学、心理学、哲学等相对较少。各高校人文社科专业设置大体趋同，同时各有侧重、各具特色。例如，澳门大学的日本研究、葡萄牙语言及跨文化研究，澳门科技大学的旅游与酒店管理、中外文化交流，澳门理工学院的葡萄牙语研究、“一国两制”研究，澳门城市大学的葡语国家研究，以及圣若瑟大学的宗教研究等。这些专业既能体现澳门多元文化的鲜明特色，又具有较强的应用性。

从上述 8 所高校开设的人文社科领域专业的学位层次来看，本硕博三个层次大致持平。本科层次专业总数为 122 个，占比 33%；硕士层次专业总数为 136 个，占比 36.9%；博士层次专业总数为 111 个，占比 30.1%（见表 1）。各高校内部在不同学位层次上的比例各有不同：澳门大学和澳门科技大学的硕博士层次比例较高，澳门城市大学的硕士层次比例较高，圣若瑟大学的本硕层次比例较高，澳门理工学院和澳门管理学院的本科层次比例相对较高，澳门旅游学院和中西创新学院的人文社科专业全部设在本科层次（见图 1）。

2. 教学及科研队伍

回归以来，澳门各高校教学及科研人员数量大幅增长。根据澳门高等教育辅助办公室（现高等教育局①）的统计，1999/2000 学年，澳门高校教研人员共

① 特区政府 2019 年 1 月 28 日公布第 1/2019 号行政法规，将高等教育辅助办公室改为“高等教育局”。

表 1　澳门高校人文社科领域本硕博专业数量

高校名称	本科		硕士		博士		专业总计（个）
	专业（个）	比例（%）	专业（个）	比例（%）	专业（个）	比例（%）	
澳门大学	25	26	38	39.60	33	34.40	96
澳门科技大学	20	18.70	41	38.30	46	43	107
澳门城市大学	23	30.70	31	41.30	21	28	75
圣若瑟大学	18	41.90	17	39.50	8	18.60	43
澳门理工学院	23	67.70	8	23.50	3	8.80	34
澳门管理学院	5	83.30	1	16.70	0	0	6
澳门旅游学院	6	100	0	0	0	0	6
中西创新学院	2	100	0	0	0	0	2
总计	122	33	136	36.90	111	30.10	369

注：统计的专业包括澳门各高校官网列举的专业范畴、研究方向、研究范畴等，但不包括副修及其他文凭专业；与其他高校合办的专业仍然纳入统计范围；“通识教育”未纳入统计范围；因统计标准不同及信息更新等因素，统计数据存在一定范围的误差。统计日期：2019 年 2 月 1 日。

资料来源：澳门 8 所高校官方网站公布的学科及专业情况。

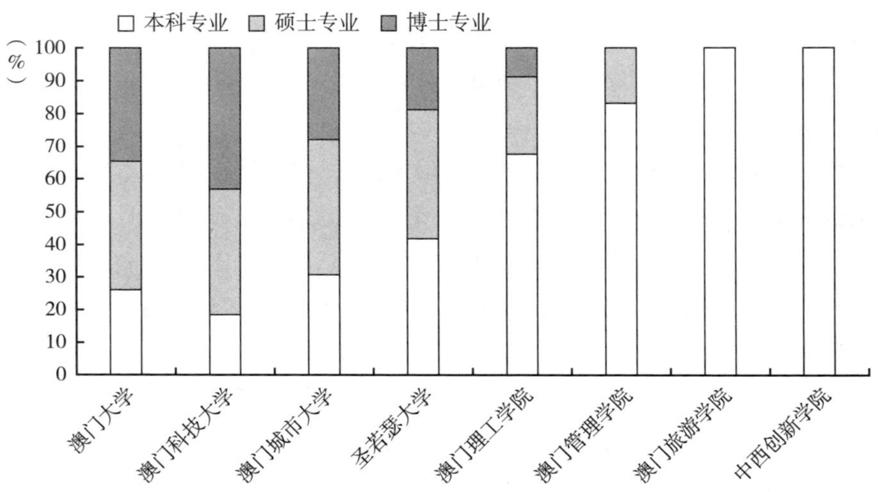

图 1　澳门高校人文社科领域本硕博专业比例

计 848 人（教学人员 835 人、研究人员 13 人）；至 2017/2018 学年，教研人员增至 2786 人（教学人员 2303 人、研究人员 483 人），总人数是回归初期的 3 倍多。教研人员数量排名前三的高校是：澳门大学（917 人：教学人员 666

人、研究人员 251 人）、澳门科技大学（697 人：教学人员 598 人、研究人员 99 人）、澳门理工学院（462 人：教学人员 410 人、研究人员 52 人）。[①] 这三所高校的教研人员数量总和占澳门高校教研人员总数的比重高达 75%。

上述教研人员有一半以上属于人文社会科学领域，不同的高校占比又有所不同。据笔者不完全统计，澳门大学人文社科领域的教研人员有 600 多人，约占该校教研人员总数的 70%；澳门科技大学人文社科领域的教研人员有 400 多人，约占该校教研人员总数的 66%；圣若瑟大学人文社科领域的教研人员有 70 多人，约占该校教研人员总数的 50%；澳门理工学院人文社科领域的教研人员占该校教研人员总数的比重约为 37%。此外，澳门城市大学、澳门管理学院、澳门旅游学院及中西创新学院人文社科领域的教研人员均占该校教研人员总数的 95% 以上。[②] 从澳门各高校人文社科领域教研人员的占比来看，澳门大学人文社科领域的教研人员在澳门高校人文社科领域的教研人员中所占比例最高，其次是澳门科技大学、澳门城市大学、澳门旅游学院、澳门理工学院、圣若瑟大学、中西创新学院、澳门管理学院。整体来看，澳门高校比较重视人文社会科学的建设与发展，积极组建高素质的教学科研团队，为澳门人文社科教学与研究贡献最重要的智力资源。

3. 学生培养[③]

根据澳门高等教育局的统计，回归以来，澳门高校学生注册总人数从 1999/2000 学年的 8476 人增至 2017/2018 学年的 33098 人，增长了近 3 倍。其中，来自澳门以外的学生注册人数增长较快，从 2000/2001 学年的 5682 人增至 2017/2018 学年的 16155 人，增长了近 2 倍；澳门本地学生注册人数也不断增长，从 2000/2001 学年的 7067 人增至 2017/2018 学年的 16943 人，增长了 1 倍多。

从 2017/2018 学年本硕博课程注册学生选择的学科范畴来看，选择人文社

---

① 本节关于澳门高校教研人员的统计数据来源于澳门高等教育局官方网站。其中，2017/2018 学年的统计数据来源于澳门高等教育局《高教统计数据汇编 2017》。

② 数据来源于澳门 8 所高校官方网站。因各高校对教学及科研人员的分类标准不同或者未做明确划分或未及时更新人员名单，故统计数据存在一定范围的误差。并且部分教学人员与研究人员、管理人员与教学人员存在兼任的情况，去重工作难度较大，因此统计数据可能略高于实际人数，仅作为参考。统计日期：2019 年 2 月 1 日。

③ 本部分关于学生注册和培养情况的数据来源于澳门高等教育局《高教统计数据汇编 2017》。

科专业的学生人数为27825人，占澳门注册学生总数的84%。其中，管理及法律专业的学生人数最多，达11431人；服务行业次之，共6176人；第三是人文及艺术专业，共4714人；第四是社会学，共3497人；第五是教育专业，共1605人；第六是健康及社会福利，共402人。澳门本地学生中，选择人文社科专业的人数为14257人，占澳门注册学生总数的43%。同时，澳门本地学生的学科范畴选择与上述一致，注册人数分别是5133人、3652人、2193人、1599人、1282人、398人（见图2）。

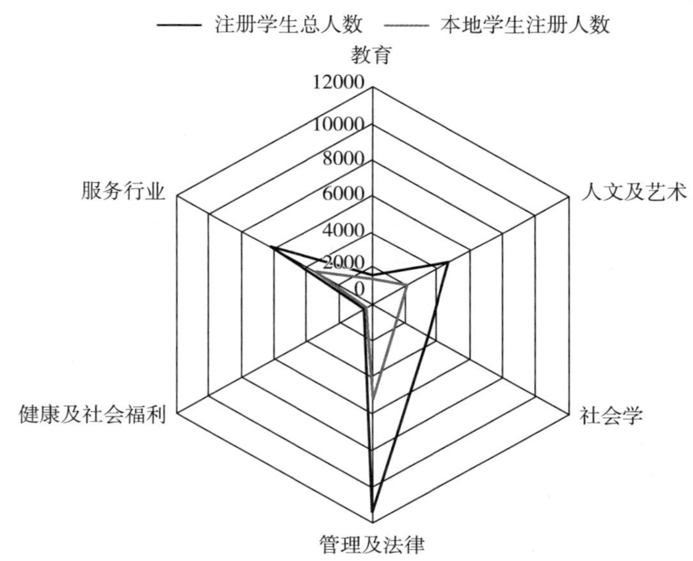

图2　2017/2018学年人文社科专业范畴注册学生人数

注：本图中的学科范畴主要依据高教办关于2016年新版学科范畴划分，并且只统计与人文社会科学相关的学科范畴；本图只统计澳门高校2017/2018学年本硕博课程的注册学生人数，未包括学位后文凭课程、学士学位补充课程、高等专科学位课程以及文凭课程等（这些课程人数所占比重较小）。

从2017/2018学年本硕博课程注册学生选择的人文社科专业及其占人文社科专业学生总数的比例来看，排名前五的分别是：商务与管理（8123人，占比29.19%）、旅游及娱乐服务（6176人，占比22.20%）、法律（2015人，占比7.24%）、语言及文学（1889人，占比6.79%）、设计及艺术（1689人，占比6.07%）。澳门本地学生修读最多的五个专业及其占人文社科专业的澳门本地学生总数的比例分别是：旅游及娱乐服务（3652人，占比25.62%）、商务与管理（3419人，占比23.98%）、语言及文学（932人，占比6.54%）、法律（777人，占比5.45%）、新闻及资讯传播（697人，占比4.89%）。

此外，澳门各高校因应学术研究及社会发展需要，设置兼具学术平台和高端智库作用的研究机构，极大地推动了澳门人文社会科学的研究。包括澳门大学澳门研究中心、中国历史文化研究中心、博彩研究所，澳门科技大学社会和文化研究所、澳门海洋发展研究中心、可持续发展研究所、唐廷枢研究中心，澳门理工学院中西文化研究所、一国两制研究中心、社会经济与公共政策研究所，澳门城市大学葡语国家研究院、澳门"一带一路"研究中心，澳门旅游学院旅游业研究暨科研中心等。

（二）学术社团、政府机构等的人文社科研究

1. 学术社团

回归以后，随着政治、经济、文化事业的繁荣与发展，澳门社团的发展进入一个新的历史阶段。人们通过组织与参加各种社会团体，积极参与澳门社会活动，为推动澳门各项事业的进步发挥着越来越大的功能与作用。社团总量骤增，密度上升，新型社团不断涌现，社团类型更加多样化。其中一个突出的现象是专业类、学术类社团比重不断扩容，反映了回归后澳门社会结构的转变。这两类社团都是由专业人士与中产阶层为主体成立的社团，这些社团的增长显然成为回归后推动澳门社团结构转化的动力。① 至2018年年底，经过政府认证的社团有7100多个，而在回归之前，澳门社团约为1700个。②

根据澳门特别行政区政府印务局关于社团的性质和功能分类，目前澳门社团分为以下类别：艺术文化、科学及科技、业主会、体育、法律、教育及青年、基金会、工商及服务、文娱活动、专业、环境保护、宗教、卫生、社会服务、劳工及其他。其中，与人文社科研究及推广有关的社团约占社团总数的一

① 娄胜华：《成长与转变：回归以来澳门社团的发展》，《港澳研究》2016年第4期，第81页。

② 具体参见澳门特别行政区政府身份证明局网站，http://www.dsi.gov.mo/。

半。较为典型者有澳门社会科学学会、澳门学者同盟、澳门发展策略研究中心、澳门历史学会、澳门历史文化研究会、澳门口述历史协会、澳门经济学会、澳门公共行政管理学会、澳门翻译学会、澳门出版协会、澳门中国澳门学学会等。这些社团所从事的研究、出版、推广等活动，有力地促进了澳门人文社会科学的发展，也是澳门人文社会科学领域的一大特色。

2. 政府研究机构

澳门人文社会科学的发展离不开特区政府的大力支持。特区政府社会文化司负责制定社会文化范畴各项政策，监督与该范畴有关的政府实体。与人文社科管理与发展相关的政府机构包括文化局、高等教育局、教育暨青年局、旅游局、法务局、新闻局及市政署等。这些部门以资助研究、策划出版、举办活动等方式，深度参与、大力推动澳门人文社会科学的发展。尤其是文化局为支持本地社团机构和个人开展各种文化艺术活动和学术研究，促进本地文化的多元发展，设立了各种资助和奖励计划，包括学术研究奖学金、“澳门文化丛书”出版等。为了加强政府决策的科学性与民主性，特区政府还设立了政策研究室（2018 年 9 月升格并更名为政策研究和区域发展局）、可持续发展策略研究中心等官方研究机构。此外，特区政府以设立专项委员会的方式推动重大专项工作，客观上极大地促进了相关研究，如历史文化工作委员会、文化产业委员会、旅游发展委员会、海域管理及发展统筹委员会等。

（三）澳门基金会对人文社科研究的组织和推动

澳门基金会是行政、财政及财产自治的公法人，宗旨是促进、发展和研究澳门文化、社会、经济、教育、科学、学术及慈善等活动，同时也负责向外宣传推广澳门的活动。回归 20 年来，澳门基金会每年资助文化、学术方面的资金都在数千万澳门元以上，主办了数百场学术研讨会，设立“澳门人文社会科学研究优秀成果奖”“澳门文学奖”等奖项，策划出版“澳门论丛”、“新澳门论丛”、“濠海丛刊”、“澳门丛书”、“澳门研究丛书”、“澳门文学丛书”、《澳门大百科全书》、“澳门知识丛书”、“澳门特别行政区法律丛书”、《澳门人文社会科学研究文选》、《澳门编年史》和《澳门史新编》等大型学术研究或文化普及丛书及套书，总计多达 800 种。自 1988 年起，与澳门大学（时为东亚大学）合作编辑出版综合性学术期刊《澳门研究》，以研究澳门、服务社会为宗旨，发表与澳门相关的学术论文、讯息和数据等，至2018年12月已出版89期，与《文化杂志》《澳门理工学报》等一起，是推动澳门人文社会科学研究最为重要的学术期刊。

澳门高校（主要是私立高校）、学术社团及学者在人文社科领域的学术研究经费，大部分来自澳门基金会。多年以来，澳门基金会对澳门人文社会科学领域的研究、出版、交流、传播事业所付出的努力也得到社会各界的广泛认同，尤其是2004年起组织的“澳门人文社会科学研究优秀成果奖”评选，更是极大地推动了澳门人文社会科学领域的快速发展。

二　澳门人文社会科学领域出版成果

澳门地域狭小，出版物受众面窄，出版机构单凭市场无法为继，难以施展做大，一般需要依靠政府或其他机构补贴才能生存。加上2000年以来，人民币大幅升值、印刷业因开放博彩市场而大量流失人力资源，致使澳门出版业很难发展为利润可观、有一定规模的文化产业。但尽管如此，回归以来图书出版数量仍持续稳定增长。根据澳门公共图书馆辖下澳门国际标准书号中心（成立于2000年6月30日）的国际标准书号（ISBN）申办记录，2018年新申请加入国际标准书号系统的出版单位共有44个。2000～2018年，申请加入系统的出版单位累计总数为954个。这些出版单位的类别包括：65个特区政府部门、35所学校、187家商业机构、397个民间组织、252名个人及18个其他特别团体。与2000年澳门国际标准书号中心成立首年受理的62个出版单位相比，增幅超过15.3倍。①

根据澳门基金会虚拟图书馆对1998～2017年澳门图书出版情况的统计，20年间，澳门的出版物共计13111种，类型包括专书、特刊、年刊、会议论文集等。上述年份中的出版物以人文社会科学类图书最多。从出版物的主题分类来看，排名前十的是：艺术（2162种）、公共行政（1300种）、文学（1249种）、法律（1057种）、经济（1018种）、历史（982种）、教育（981种）、

① 澳门公共图书馆的澳门出版者数据统计（最后资料更新日期为2019年4月26日）及澳门国际标准书号中心关于2018年度澳门图书出版状况报告。统计日期：2019年8月2日。

社会（789 种）、科学（513）、宗教（499 种）。这十类图书绝大部分属于人文社科领域（见图 3）。根据澳门基金会虚拟图书馆对出版单位及出版数量的统计，1998～2017 年，共有出版单位 1288 个，包括社团 641 个（3448 种）、私人出版社 314 个（2581 种）、个人自资出版 162 个（225 种）、特区政府部门 107 个（6432 种）、学校 59 个（420 种）、状况不明 5 个（5 种）。澳门的出版品以特区政府部门的出版为主，占 49.06%，可见特区政府部门主导了澳门的出版市场。

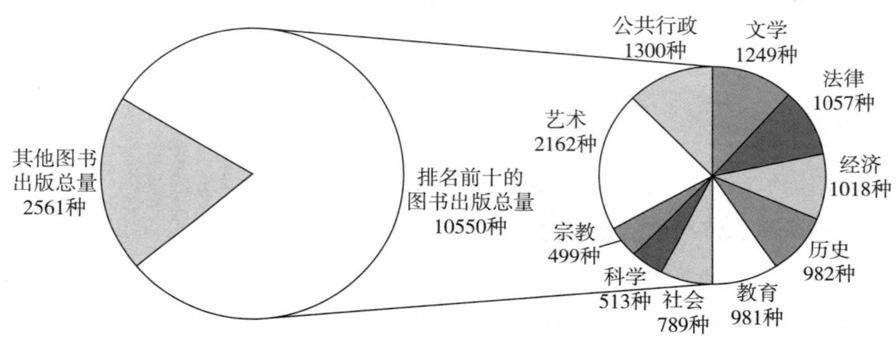

图 3　1998～2017 年澳门图书出版情况

资料来源：澳门基金会虚拟图书馆（本书目收录的日期截至 2018 年 12 月 18 日）。统计日期：2019 年 8 月 2 日。

值得注意的是，澳门多语种出版物占比较高，成为一大特色。在上述统计年份，中文书 7312 种，葡文书 1121 种，英文书 765 种，中葡英三语 1428 种，中葡双语 1361 种，中英双语 1020 种，其他多语种图书 104 种。造成这种现象的原因是澳门回归后不少外资公司进驻，同时特区政府各部门不仅加强了对经济社会研究的重视，也积极推动中葡双语语言政策。外语出版物内容方面，英语作品集中在文学创作及语言学习等方面，葡语作品主要为艺术及法律等类。

在澳门人文社会科学研究领域，有关澳门本身的研究成果是其中一大亮点。澳门回归祖国以来的繁荣发展，体现出“一国两制”伟大构想的现实意义。正如张江所说：“在践行‘一国两制’伟大实践中积累的‘澳门经验’，创生和演绎出的‘澳门故事’，既凝聚着澳门人民的辛勤汗水，也闪耀着中华民族的伟大智慧；既展现出澳门同胞自觉的历史担当，也折射着祖国繁荣富强的无上荣光。”① 作为一个带有标本意义的学术富矿，澳门吸引了越来越多国内外学者的关注目光，对澳门的历史、政治、经济、文化、艺术等展开深入研究。在此基础上，催生出“澳门学”学术概念，并逐渐过渡到学科建设层面。②

近年来，澳门研究硕果累累。从澳门地区来看，根据上述虚拟图书馆提供的数据，2010～2017 年，出版的相关著作超过 1000 种，主题以历史、文学、法律、公共行政、经济、社会等为主，出版机构主要是澳门基金会、澳门文化局、澳门理工学院、民政总署、澳门日报等。内地、香港地区和国外也出版了不少多语种的澳门研究著作。从内地来看，2010～2017 年，出版澳门研究专著超过 500 种，主要集中在历史、法律、经济等类别，年均出版数量较为平均，出版机构主要是广东人民出版社、社会科学文献出版社、广西师范大学出版社等；从国外来看，2010～2017 年，出版澳门研究著作超过 100 种，主要集中在历史、公共行政、国际关系等类别（见图 4）。

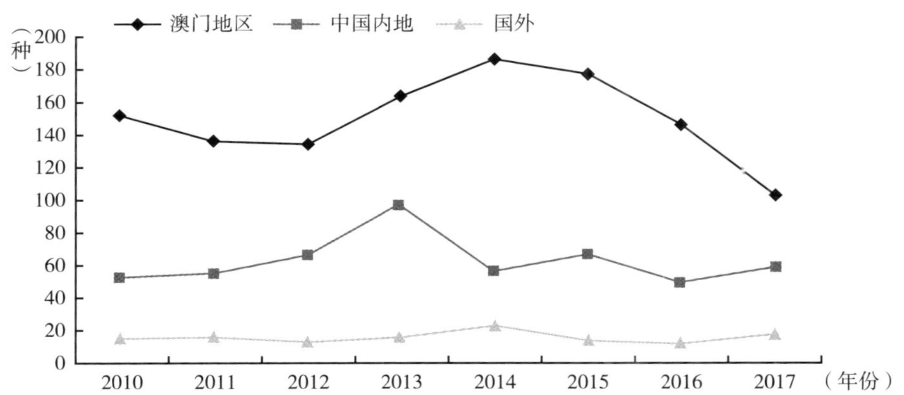

图 4　2010～2017 年澳门地区、内地和国外分别出版的澳门研究著作

资料来源：澳门地区数据来源于澳门基金会虚拟图书馆提供的澳门地区出版物目录，并从中筛选出 2010～2017 年与澳门研究相关的著作，因此不可避免会存在一些误差；内地数据来源于中国国家图书馆，使用关键词“澳门”在其检索页面进行检索，并去除了不属于澳门研究的著作；国外数据来源于美国国会图书馆，使用关键词“Macao”“Macau”在其检索页面进行检索，并去除了不属于澳门研究的著作。

① 张江：《澳门学与澳门发展》，《行政》2017 年第 4 期总第 118 期，第 5 页。

② 吴志良：《澳门学：历程、使命与发展路向》，《澳门理工学报》2018 年第 2 期，第 31 页。

三　澳门人文社会科学研究相关奖项

澳门特区政府、澳门基金会、高等院校、相关企事业单位及个人等为鼓励学术研究，推动澳门人文社会科学的繁荣发展，设置了种类繁多的奖项，包括“澳门人文社会科学研究优秀成果奖”“学术研究奖学金”“中银学术研究优秀奖”等，其中以澳门基金会举办的“澳门人文社会科学研究优秀成果奖”、文化局评选的“学术研究奖学金”最具影响力。

（一）澳门基金会“人文社会科学研究优秀成果奖”

2004 年，澳门基金会和广东省社会科学界联合会首次合办“澳门人文社会科学研究优秀成果奖”，以对澳门人文社会科学研究做出全面、客观的阶段性检阅、总结和回顾。该奖项至 2018 年共举办五届。第一届收到澳门本地及外地人文社会科学领域近 400 名作者提交的 600 份参评作品，63 份作品获奖；第二届收到参评作品 339 份，50 份获奖；第三届收到参评作品 395 份，56 份获奖；第四届收到参评作品 293 份（澳门本地学者所占比例接近 70%），56 份获奖；第五届收到参评作品 321 份（澳门本地学者所占比例超过 70%），56 份获奖（见表 2）。第五届评奖活动更增设“澳门人文社会科学杰出贡献奖”，由澳门科技大学国际学院程祥徽教授、澳门理工学院一国两制研究中心杨允中教授获得。

表 2　澳门基金会“人文社会科学研究优秀成果奖”获奖类别及数目

届数（年份）	著作类获奖数量						论文类获奖数量						总计
	一等奖	二等奖	三等奖	提名奖	优异奖	小计	一等奖	二等奖	三等奖	提名奖	优异奖	小计	
第一届（2004 年）	4	10	11	10	—	35	4	8	8	8	—	28	63
第二届（2009 年）	5	9	10	—	—	24	5	9	12	—	—	26	50
第三届（2012 年）	4	5	8	—	11	28	4	4	8	—	12	28	56
第四届（2015 年）	4	4	8	—	12	28	4	4	8	—	12	28	56
第五届（2018 年）	2	6	9	—	11	28	4	4	8	—	12	28	56
总计	19	34	46	10	34	143	21	29	44	8	36	138	281

资料来源：澳门基金会官方网站。

该奖项的评奖学科组包括经济管理、政治法律新闻社会学、历史哲学文学、语言教育艺术四个组别。参加评奖的作品来自澳门地区、中国内地、香港地区、台湾地区及其他国家和地区，其中以澳门地区为最多并逐届增长。最近两届参选作品中，英文、葡文著述的数量显著增加，可见有关澳门研究的学术氛围更趋活跃，研究成果也更趋国际化。获奖作品的主题涵盖了历史、政治、法律、经济、文化、社会、教育、宗教等人文社会科学各个方面，极大地推动了相关学术研究，同时在一定程度上引领了学术发展方向。

（二）文化局“学术研究奖学金”

澳门特区政府文化局“学术研究奖学金”设立于回归之前的1989年，旨在鼓励开展关于澳门文化及澳门与中外交流具有原创性的学术研究。具有一定学术研究经验和成果积累的澳门本地或外地学者皆可申请。2015年2月，为适应社会和学术发展的新趋势，并使制度更完善和规范，文化局在总结原有的《学术研究课题奖励规章》经验的基础上，重新修订相关条文，推出了《学术研究奖学金规章》，在申请资格、发放次数、金额、申请文件、甄选及评审、义务及禁止、研究期限、奖学金终止及取消、著作权等方面，均做了更符合实际情况和学术规范的规定。

类似国家社科基金对全国人文社会科学研究的推动与指引，澳门“学术研究奖学金”也是由政府层面对澳门人文社会科学研究的支持和鼓励，并带有一定的规划和指导意义，对推动相关学科建设和人才培养具有十分重要的作用。尤其是有力地促进了澳门历史和文化、澳门与东西方交流的研究，增进了世人对澳门的认识和了解，对澳门的文化建设做出了积极贡献，成果备受学界肯定。

1989年至今，该奖项已资助152项专题研究。根据文化局所列奖学金名单，回归前10年颁发44个，回归后近20年来年均数量有所增加，共计108个。[①] 研究课题覆盖了人文社会科学的各个方面，同时具有鲜明的澳门及中西文化交流的特色，内容包括历史文化、博彩、宗教、艺术、语言、教育、地理、民俗、中葡政治、华人社会、海洋文化、遗产保护、旅游、城市规划等。

① 具体参见澳门特别行政区政府文化局网站，http：//www.icm.gov.mo。

获奖者以澳门本地和内地学者居多，且两者基本持平，另有葡萄牙、英国、日本等外国学者以及香港和台湾地区学者。

四　特征与趋势分析

从上述基本数据可以看出，回归以来，澳门的人文社会科学在学科规划、学术研究、队伍建设、人才培养、出版成果等方面取得了长足进步，并且具有鲜明的时代和地区特色，是中国人文社会科学领域重要的组成部分，为繁荣中国人文社会科学研究做出了应有的贡献。澳门高等院校、学术社团是人文社科研究的主要承担者，澳门基金会、特区政府文化局等是主要的推动者，在旅游、博彩、葡语、会计、澳门学等学科有较好的研究基础和较强的研究能力。在“一国两制”方针、“一带一路”倡议和粤港澳大湾区建设背景下，澳门人文社科领域研究团队及其研究成果，以其视野、地利及文化优势，已成为繁荣中国人文社会科学不容忽视的学术力量。

早在澳门回归以前，黄汉强等学者就对澳门人文社会科学的特征做了观察：一是澳门当代社会科学的兴起从一开始就带有较强的组织性，自觉性和目的性比较明显；二是带有鲜明的务实性和实践性，强调为社会服务的作用；三是在研究方法上不拘一格，强调综合性和跨学科；四是广泛采用学术合作和学术交流的形式推动研究。[①] 邓正来更加透彻地指出，澳门社会科学发展，遵循的是实证论取向，主张学者们要“依据不同的知识类型对澳门社会科学实证路向的限度予以自觉的认识，并对其进一步的发展做出更为宽泛的知识思考，促进其在知识多元的方向上发展”[②]。郝志东从社会科学的三种研究方法——实证、阐释和批判出发对回归初期及回归前澳门社会科学研究状况做了较深入的评价，分析了澳门社会科学发展不平衡的原因，同时指出应该努力的方向。[③] 这些判断在当前仍有相当的指导意义。新时期，在全国学术界加快构建

① 黄汉强：《澳门社会科学研究与社会发展》，《澳门研究》1996 年第 4 期，第 43 ~ 49 页。

② 邓正来：《深度研究与自主发展：以澳门社会科学研究的分析为个案》，《学术思想评论》1997 年第 2 期，第 31 ~ 49 页。

③ 郝志东：《社会科学的责任：论当前澳门的社科研究》，《澳门研究》2006 年第 33 期，第 118 ~ 129 页。

中国特色哲学社会科学学科体系、学术体系、话语体系的背景之下，澳门亟须对自身的人文社会科学发展现状进行总结与反思，从而确定人文社会科学的学术取向和价值取向，形成良好的学术研究、教学实践和社会舆论氛围。

首先，澳门回归祖国及回归后的建设与发展是举世瞩目的历史盛事，也是人类文明史上的一次创举。回归20年来，澳门政治稳定、经济繁荣、社会和谐，为人文社会科学发展创造了良好的社会环境。近年来，不仅吸引了许多优秀的专家学者前来澳门，也培养了一批数量不少的本地青年才俊。但总体来看，人文社会科学的学术理论建构和理论高度不足，视野受限，缺乏创新之作。如何通过资源分配协力引导相关研究往纵深发展，是各学术机构应高度重视的课题，应引起所有研究者的学术自觉。①

其次，《粤港澳大湾区发展规划纲要》已于2019年2月公布，澳门作为四大中心城市之一，要与香港、广州、深圳一起，发挥“区域发展核心引擎”的作用。规划纲要为澳门的发展给出了明确的定位：建设世界旅游休闲中心、中国与葡语国家商贸合作服务平台，促进经济适度多元发展，打造以“中华文化为主流、多元文化共存”的交流合作基地。这为澳门人文社会科学提出了新的时代命题，学界需要对澳门参与国家政治、经济、文化、社会、生态文明建设，讲好“一国两制”伟大实践的澳门故事，在促进东西方文化交流、文明互鉴、民心相通等方面起到独特的导向性作用。

再次，澳门人文社会科学界需要进一步加强同国内外学术界的交流与合作，产出既立足本地，又面向世界，兼具理论素养和国际视野的成果。习近平主席在会见香港澳门各界庆祝国家改革开放40周年访问团时对港澳同胞提出四点希望，其中包括“更加积极主动促进国际人文交流”。近年来，澳门与内地学术互动的良好态势已经形成，合作研究的可能性和需求度不断提升；澳门既有丰富的传统学术文化底蕴，又在历史长河中受欧美学术文化熏染，国际化程度较高，为中国近现代化进程做出了独特的贡献，应当继续发挥这一优势，成为中国人文社会科学在世界范围的传播者。

最后，澳门人文社会科学界需要不断检讨自身发展的不足，如学科发展不

① 参见吴志良先生在接受《中国社会科学报》采访时对澳门学研究的观察，《澳门学研究的四大挑战——访澳门基金会行政委员会主席吴志良》，《人文岭南》总第52期，2015年。

平衡、研究方法不科学、实证研究不充分、原始资料挖掘不够等问题，进一步完善学科体系、教材体系、培养体系、评价体系，发挥本地学界的研究特长和学术优势，为提高中国人文社会科学研究水平发挥独特作用，从而增强对祖国的认同感和自豪感，培养“爱国爱澳”的优秀人才。同时继续加强人文社会科学资政育人、服务社会的重要功能，持续发挥传播文化、传承文明的桥梁和纽带作用。

B.26
2018年澳门文化事业与文化产业的发展

邢荣发*

摘　要： 2018年澳门的文化事业发展，教育方面的成绩较为突出，文化发展的推动亦取得了一些成果，包括完成了《澳门历史城区保护及管理计划》的咨询工作及启动《全澳第二批不动产评定》的公开咨询工作，还兼顾了大量对文化产业发展上游阶段提供扶持的工作以及各种文化活动的促进。2018年，澳门文化产业发展有所放缓，是因该产业尚待大资本的投入以推动产业化。经数年发展，文化产业经营者及从业人员虽已达万人，但产值距形成产业尚远。

关键词： 澳门　文化事业　文化产业

一　文化事业

文化事业建设范围主要涵盖正规教育、社会教育与文化推动等方面，是精神文明的基础，也是形成澳门人文形态的核心事业

（一）正规教育

2018年，澳门的文化事业发展基本能完成特区政府在年度施政报告中提出的计划指标。高等教育方面，澳门现有10所高等院校（4所为公立，6所为

---

* 邢荣发，历史学博士，澳门大学硕士生导师，研究方向为澳门建筑史及澳门史。

私立)。[①] 2017/2018 学年院校共有 2303 名教学人员，注册学生 33098 人。[②] 基于《高等教育制度》法律及相关配套法规的生效，确立了素质评鉴和学分制的相关制度，促使各院校积极推进其章程及其他规章的修订和调整工作，进一步促进院校稳步发展，持续提升人才培养和整体教育的成效。2018/2019 学年亦顺利完成了“澳门四高校联合入学考试”及内地普通高等学校联合招收澳门保送生、研究生的考试。特区政府继续发放“大专学生学习用品津贴”以减轻大学生负担，并拓展了“大学毕业生语言培训利息补助计划”的资助范围至各种语言。另外，在培养葡语人才方面，特区政府推出“培养多领域中葡双语人才计划”项目，资助大专学生修读相关课程，并扩大了资助学生赴葡升读学士学位课程至专业领域。而本学年透过培养计划，有 17 名学生赴葡就读葡语及葡萄牙文化预备课程，21 名学生就读葡、西语学士课程，及 43 名学生就读应用外语课程。计划要求受资助学生毕业后须回澳履行提供服务的承诺，从事葡语教师或与葡语相关的工作。而本学年应届高中毕业生赴葡就读学生有 49 名[③]。

1. 非高等教育

在非高等教育方面，2018 年澳门特区政府积极贯彻“教育兴澳，人才建澳”的方针，拓展粤港澳大湾区教育合作的形式和内容；扩展了在粤就读的澳门学生学费津贴的实施范围至广东省全境的 21 个城市。落实了澳门特区五年发展规划中有关非高等教育发展的各项任务，而《非高等教育发展十年规划（2011 ~2020 年)》中订定的各项目标完成率已提升到 83%。[④]

根据教育暨青年局统计数据，2018/2019 学年在全澳 77 所学校的 121 个校部中，纳入免费教育学校系统的有 105 个，覆盖率为 94%，受惠学生人数约为 72000 人。新学年各教育阶段学生期初人数达到 80556 人，比对上学年的 79092

① 《澳门高等教育概况》，澳门特别行政区政府高等教育局网站，https：//www. dses. gov. mo/about/intro。

② 数据来自澳门特区政府统计暨普查局统计数据库，https：//www. dsec. gov. mo/TimeSeries Database. aspx。

③ 澳门特别行政区政府教育暨青年局：《2017/2018 学年澳门高中毕业生升学调查简报》，2018。

④ 《2019 年财政年度施政报告》，澳门特别行政区政府网站，2018 年 11 月 15 日，第 218 页，https：//www. gov. mo/zh – hans/wp – content/uploads/sites/5/2018/11/2019_ policy_ cn. pdf。

人增加1.9%。根据“全球学生阅读能力进展研究”（PIRLS 2016）和“学生能力国际评估计划”（PISA）多年的测试结果，澳门小学四年级学生的阅读能力高于平均水平。（PISA 2015测试中，澳门学生在参与测试的72个国家/经济体中，科学素养位列第6；阅读素养位列第12；数学素养位列第3。同时，中国澳门被OECD评为具有优质教育且教育公平的五个国家/经济体之一。）[①]

教学人员方面，2018/2019学年期初总人数为7751人，比上学年的7606人增加1.9%。《教学人员专业发展活动时数的审核准则》（第88/2018号社会文化司司长批示）的实施，进一步促进教学人员专业发展，为澳门建立一支高素质的专业教学人员队伍创造了条件。而正规教育的师生比、班师比方面亦取得了进展（见表1）。2018年受惠于“优化师班比或师生比资助计划”的政策，各教育阶段的班师比已提前达到《非高等教育发展十年规划（2011～2020年）》订立的目标。

表1　幼儿、小学和中学的师生比、班师比和每班平均学生人数与前比较

学年	幼儿教育			小学			中学		
	师生比	班师比	班均人数	师生比	班师比	班均人数	师生比	班师比	班均人数
2016/2017	1:14.1	1:2.0	28.9	1:13.5	1:2.1	29.8	1:10.1	1:2.7	27.2
2017/2018	1:14.5	1:2.1	28.9	1:13.5	1:2.3	29.8	1:9.8	1:3.1	27.2

资料来源：澳门特区政府统计暨普查局统计数据库，https://www.dsec.gov.mo/TimeSeriesDatabase.aspx。

课程改革在2018年已推进至初二和高二，透过实施《本地学制正规教育课程框架》及《本地学制正规教育基本学力要求》，促进学生的全面发展。除推出初中一年级和高中《历史》必修教材，以及小学第一至第三册《葡语》教材外，还出版了经修订的初中《品德与公民》教材及《安全教育补充教材》，以支持教学人员落实课程改革及开展教学活动。另外，颁布了初中和高中历史科的“基本学力要求”，为学校设置分科的历史和地理课程提供保障。除推出本地小学葡语教材外，还透过教育发展基金支持更多私立学校开设葡语课程；公立学校开设的“中葡双语班”进一步推进至小学二年级和初中二年级。

① 《澳门年鉴2017》，澳门特别行政区政府新闻局，2018，第239页。

在“国情教育培训课程”方面，全澳各校增加了有关澳门法制和政治体制的教育元素。2018 年举办了“纪念《基本法》颁布二十五周年系列活动”，加强了宪法和基本法以及国情、区情的宣传教育。为配合国家及本地的相关立法，进一步加强有关国旗、国徽和国歌的教育工作，特区政府编写及向学校提供《国旗、国徽、国歌、区旗和区徽》教学资源，以提高学生对国家和民族的认同感。同时资助学校完善升/悬挂国旗、区旗及校旗的设施，升挂国旗活动在澳门学校基本实现了全覆盖。

2. 社会教育

为推动家校合作及家长教育，教育暨青年局开展了以健康生活、生涯规划、生命教育及性教育等家长教育活动，推动更多家长参与亲子阅读，以提升儿童的阅读能力及促进亲子关系。设立“百分百家长奖励计划”，以鼓励家长持续自我学习提升；推广“爱与关怀、责任与尊重及沟通与和谐”的家庭核心价值，都收到很好的效果。在终身学习方面，特区政府继续推行“持续进修发展计划”；积极响应国家的“全民终身学习活动周”，举办了一系列社区学习活动；颁布《回归教育津贴制度》行政法规，并在开展回归教育的私立学校开展融合教育。

在青年事务方面主要着重于国情、区情教育，特区政府按照《澳门青年政策（2012～2020）》的基本方向，举办了“庆祝澳门特别行政区基本法颁布二十五周年学界青年大汇演”，组织超过 500 名的学界青少年共同献艺。透过不同形式的活动，让青年增加对国家的认识，尤其是“一带一路”和“粤港澳大湾区”重大国策为澳门青年发展所带来的机遇。举办“青年论坛 2018”和“国际青年舞蹈节 2018”，促进不同国家和地区青年的互动交流。另外，为配合《澳门青年政策（2012～2020）》中有关推动青年社会参与方面，举办了以“回归二十载”为主题的 2018/2019 学年“校园记者计划”，共吸引了 20 所澳门学校的 104 名学生参与。

（二）文化的推动

澳门文化事业的建设，除整体教育系统外，特区政府的主力推动部门为文化局和澳门基金会。文化局方面的工作包括年度恒常活动的举办、文化遗产的管理、文化活动的推动与支持、文化产业上游的推动与培育、文化设施内涵与建设等。恒常活动方面如澳门国际音乐节、澳门艺术节、艺术博物馆与故宫博物院合作展览项目等，并持续优化及推行“文化艺术管理人才培养计划”“文化艺术学习资助计划”“文化讲堂计划”“文化特攻计划”等，以及透过文化基金及澳门基金会资助澳门社团的活动以推动文化建设。

2018 年澳门一项较突出的文化推动工作是“汉文文书”成功入选《世界记忆名录》。由特区政府文化局澳门档案馆和葡萄牙东波塔国家档案馆联合申报的“汉文文书”——《清代澳门地方衙门档案（1693～1886）》成功被联合国教科文组织列入国际级别的《世界记忆名录》，为澳门增加了一个国际性项目。其次就是完成了《澳门历史城区保护及管理计划（草案）》的公开咨询工作。

1. 文化遗产的保护与推广

2018 年是澳门历史城区被列入世界遗产名录的第 13 年，为实践联合国教科文中心对世遗保护的要求，澳门特区政府开展了《澳门历史城区保护及管理计划（草案）》的公开咨询。文本订定两大目标：“确保世遗价值得到严格的保护，促进社会和城市的可持续发展”；四大愿景：“永续传承，优化管理，公众参与，合理利用”理念。2018 年完成第二次公开咨询，以广泛听取公众的意见及达成最大的社会共识，为即将制定《澳门历史城区保护及管理计划》行政法规做好了准备。

为达到向全澳市民全面宣传保护世遗的目的，文化局长期支持澳门社团举办有关世遗活动，包括课程、讲座、工作坊等。还举办了“澳门文化遗产小小导赏员实践培训计划 2018”，培养学生对澳门历史城区的认识。2019 年还加入了进阶实践培训计划，旨在促进学员进一步理解澳门文化遗产的内涵及价值，提高其爱护文物的意识，使其认识到文化遗产传承价值的重要性，培养文化传承的使命感。

在文物与历史建筑的保护方面，文化局完成了《全澳第二批不动产评定》的公开咨询工作。是次公开咨询的 9 个不动产项目分别为：更馆（沙梨头）、先锋庙、圣保禄学院遗址（围墙遗迹，高园街一段）、东望洋斜巷 6 号房屋、得胜马路 30 号房屋、穆萨家族房屋、圣味基坟场（旧西洋坟场）、原沙栏仔街市旧址（原泗𠱁街市旧址）和嘉模墟（原氹仔市政街市旧址）。社会主流对这批不动产的评定多表示支持，认为有关工作将有利于澳门文化遗产的保护和传承。另完成了《荔枝碗船厂片区不动产评定》的公开咨询工作，释除了坊间对该土地用途是否恰当的忧虑。

2. 出版的多样性

在出版方面，根据文化局辖下澳门国际标准书号中心的国际标准书号（ISBN）申办记录，2018 年度共有 601 组图书计划出版，较 2017 年度减少了 36 种；按《法定收藏制度》法令送澳门中央图书馆典藏的有 495 种（其中 446 种申请配有 ISBN）。涉及 44 个（包括 1 个政府部门、3 所学校、10 家商业机构、13 个民间组织、16 名个人及 1 个其他特别团体）出版机构。数据反映，澳门特别行政区的出版事业正稳步发展，出版单位对于申办国际标准书号（ISBN）的意识日益增强，而图书出版的国际标准化，将有利于澳门图书面向国际市场。①

在 2018 年澳门基金会的出版方面，包括学术研究成果、学术期刊、丛书、诗歌集及电子书类。学术成果方面有《多元与融合——大珠三角都会区建设研究》，由澳门基金会与葡萄牙科学、技术暨高等教育部下设的澳门科学文化中心合作编辑及出版的 *China-Macau and Globalizations*：*Past and Present* 国际研讨会论文集。学术期刊有《澳门研究》第 86 ~ 89 期。“澳门研究丛书”系列的出版有，由澳门特别行政区政府政策研究室、澳门基金会以及思路智库主编的《“一带一路”与澳门发展》专题论文集，由卡门·曼德思（Carmen Amado Mendes）著、臧小华中译的《中葡澳门谈判（1986 ~ 1999）》，吕冬娟博士撰写的《澳门道路交通事故民事责任研究》，以及黄鸿钊教授著《镜海微澜》。诗歌集则有《中西诗歌》第 67 ~ 69 期。电子书出版方面则有林广志及张中鹏主编的《明清时期澳门经济史研究论文集》及由林广志及陈文源主编的《明清时期澳门华人社会研究论文集》。“澳门知识丛书”系列出版了张卓夫著《澳门民间故事》、罗瑞文著《澳门粤语》等。②

另外，澳门民间投资创办的《艺文杂志》是以文学及艺术为主要内容的具很高水平且设计精美的杂志，创刊于 2016 年 8 月，2018 年出版了总第 9 期至第 14 期。澳门自 20 世纪 60 年代《红豆》杂志停刊以来，再次出现此类罕

① 《2018 年度澳门图书出版状况报告》，澳门特别行政区政府文化局网站，http：//m. icm. gov. mo/gb/news/detail/17312，最后访问日期：2019 年 3 月 4 日。

② 《出版/研究项目》，澳门基金会网站，http：//www. fmac. org. mo/resultsIAR/publishingProAll_O_ O#pagebar。

见的纯文学艺术杂志，其作者群包括贾平凹、刘再复、张承志等文学名家，以及韩美林、程大利等艺术家，实属难得。

为推动澳门文化创意产业发展和对外宣传，文化局出版的双月刊《C^2 文创志》均以中、葡、英三语网络版发行。在配合澳门旅游产业发展方面，文化局公共图书馆以中葡及中英双语版本出版了《澳门阅读地图 2018》，结合世遗景点设定文化游览路线，向居民及旅客推广包括图书馆、阅览室、书店、电影资料馆以及五条文化游览路线和小故事的图文，引导公众从阅读角度感受澳门的文化氛围。

3. 文化创意产业上游的推动

在推动文化产业发展方面，文化局透过“文化创意产业系列补助计划”，2018 年主要针对该产业前景较佳的范畴进行辅助，包括电影长片、时装设计及音乐类。先后推出如“2018 电影长片制作支持计划”，旨在持续推动澳门电影产业的发展，鼓励电影工作者投入电影长片制作，及催生更多具创意的本土电影作品。作品经评选后择最优者四名，各给予相当于预估总成本 70%（金额上限为 200 万澳门元）的支持。而“澳门影像新势力”则致力推动录像艺术发展，鼓励本地独立电影制作人创作更多属于澳门的影片。以“纪录片”、“剧情短片”及“动画”三类进行公开征集，入选团队除获总共超过 100 万澳门元的制作费外，还配给专业人士为各制作团队提供意见。在过去 104 份计划书化为真实影像作品中，部分获邀在本地乃至海外影展及其他场合中公开放映，让更多人透过银幕认识到澳门的不同面貌，效果较佳。

在时装设计方面，文化局推出“2018 时装设计样版制作补助计划”，补助名额 8 名（组），每名（组）获选者最高可获 17 万澳门元补助金额，作为获选作品的样板制作及宣传品制作费用。获选作品还被安排在“时尚廊”展出。“计划”自 2013 年起推出至今，在鼓励和推动本土时装设计师制订可行的营销规划方面效果显著，给本地时装设计行业发展带来积极作用。另外，文化局还推出了“2018 原创歌曲专辑制作补助计划”，以支持本土原创歌曲的专辑制作及宣传工作，补助 8 名获选者每张个人歌曲专辑最高 15 万澳门元资助及专业评审意见指导。

自 2008 年起每年举办的“塔石艺墟”，为本地及外地文创工作者提供产品、作品展示机会及销售平台，逐渐发展成本地文创市集品牌。2018 年“塔石艺墟”适逢 10 周年，活动邀请了祖国内地、香港、澳门、马来西亚、新加坡及韩国等国家与地区的摊主，联合组成220个摊位，向公众展示饰品、时尚设计、手绘、画作、家居摆设、创意盆栽、手制天然产品、皮革等；同场设有39场创意手作坊，由来自不同地区的摊主担任导师，向澳门居民和旅客传授创意手艺制作技巧。活动期间先后举行了逾50场舞台音乐演出，上演本地及外地原创音乐作品，对澳门文创气氛的营造起着积极的作用。“塔石艺墟”的知名度促使其逐渐形成澳门文创展售品牌。

4. 大湾区的外展活动

在走进大湾区方面，文化局辖下澳门演艺学院合唱团和澳门少年合唱团，与珠海及香港四支优秀合唱团队于2018年携手在珠海大剧院“日月贝”举行了演出。活动为三地艺文工作者搭建大湾区的艺术交流平台，迈出了三地共同打造大湾区文化品牌活动的第一步。为推动文创的外展工作，文化局及文化产业基金组织了澳门文创设计及演艺业界，在“第十四届中国（深圳）国际文化产业博览交易会”场内设立“澳门创意馆”展销文创产品，对澳门文化产业界到内地展示与推广产品起了推动与助力作用。文化局亦致力提供辖下空间，持续对外展示本地文创成果。

5. 文化活动的恒常促进

由文化局推行的“文化传播大使计划”，旨在传播“文化澳门”的形象。该计划期望透过多样的方式，加强参加者对中华传统及澳门文化的认知、自豪感及归属感。

文化展览方面，为促进澳门版画发展及交流，文化局于2018年举办“第三届澳门版画三年展”国际版画展览，以推动建设澳门的版画交流平台。其他展览方面，举办了“烁园——管怀宾作品展”“变迁中的风景——艺博馆藏澳门水彩画展”等，以丰富居民的文化活动；又举办了两场“发现小小艺术家：水色粼粼——发现刘易斯·迪美”工作坊，为青少年感受艺术熏陶；更利用文化局辖下多个图书馆，先后举办了“旧报新闻——清末民初画报中的粤港澳”展览、“周五科普绘本游乐园——塑料岛（环境生态）”绘画活动及“故事天地”等活动，以营造和增强澳门社会的艺术氛围。

文化局2018年社团活动项目资助额上限的设定为：25万澳门元的有音乐演出、舞蹈演出、戏剧演出、影视制作及相关宣传推广、举办电影节/电影展、专题展览、本地粤剧全剧演出、非遗展演、其他/综合；15万澳门元的有音像制作出版及宣传推广、社区艺术推广/艺术教育、动画制作、赴外文化艺术交流；而10万澳门元的有举办各类专业比赛、讲座/工作坊/培训/研讨会、专题研究。可见，文化展演、影视、音乐及戏剧等是文化局2018年较偏重的资助项目。另外，为增加居民对澳门传统造船工艺及造船业历史与文化的认识和了解，文化局还举办了“造船工艺体验班”。澳门基金会方面2018年以资助民间团体举办传统曲艺及传统戏剧活动为主。

二 文化产业的发展

文化产业基金自成立以来资助项目中的企业自有资金投入逐年递增，说明特区政府以杠杆形式带动企业投资的政策取得预期成效。一直以来，澳门文化产业基金除了资助一般的文创项目外，亦配合澳门整体发展趋势，持续深化各项工作，包括2018年推出的“品牌塑造专项资助计划”，目的是鼓励文创企业进行跨领域合作以拓展市场，尤其是粤港澳大湾区及“一带一路”沿线国家和地区的市场；推出“社区文创专项资助计划”，借助文创融入社区，达到既可优化社区营商环境，推动传统老店更新升级，又能为文化产业创造本土商机的效果。

（一）文化产业委员会的建议

文化产业委员会2018年召开了两次平常全体会议，向特区政府提出多项建设性的建议。当中以“社区文创”建议最为突出。

为了解文创发展融入社区发展的可行性，文化产业委员会委托澳门理工学院文化创意产业教学暨研究中心完成的《传承与创新：美食与文化产业的创意联动策略》研究提出，以美学、文化及创意为发展核心，贯穿“美食与店家”、“社区与环境”及“传播与展演”三个层次的政策思路。具体以盘点、扰动、扩散及串联的模式，透过文史重建、艺术植入、美化活化等多项策略推动社区文创发展、活化社区经济，并提出透过公共艺术植入方式美化社区需要优先处理。

研究项目对138家美食老店进行问卷调查后经分析发现，澳门传统老店及怀旧美食面临消失危机的表面因素在于：普遍倾向追求安稳、保持现状的心态，加上缺少接班人及经营成本上涨、经营环境及消费市场改变等因素，使不少老店欠缺创新及持续经营的动力。但深层原因则是未能适应市场的急速变化，经营效益不理想。研究指出，老店消失或退出市场，既有社会经济因素，亦有商业竞争因素，属市场常态，特区政府无法改变市场规律。但对于一些有特色、有潜力、遇困难却有经营意愿的传统美食商号，特区政府可透过合适的政策，推动文化产业与饮食业融合发展，运用创意为美食增加文化元素，提升体验价值，协助传统美食商号转型，以适应市场的变化。

在“社区文创”建议三个层次的具体实践方向上，以“美食与店家”为核心层次，建议运用设计、美学及文化发掘等手段，协助提高美食产业本身的经济收益。将“社区与环境”作为中间扩展层，须着重社区与环境的美感营造，为核心层创造加值效应。而“传播与展演”作为最外围的扩展层，需以美食及小区故事感动消费者，既可为美食做宣传推广，同时透过发展及应用IP（知识产权），为文化产业本身创造经济效益。①

文化产业基金根据《传承与创新：美食与文化产业的创意联动策略》研究的建议，于2018年第二季度推出“社区文创专项资助计划”。

（二）文化产业基金

澳门文化产业基金是特区政府为了推动文化产业发展于2014年成立的，其宗旨是运用基金资源支持发展澳门特别行政区文化产业的项目，推动经济适度多元发展。批给资助的原则是以企业投资为主、以基金扶持为辅。

1. 2018年文化产业基金资助总结

5年来澳门文化产业基金有序地推动文化产业的发展。从2018年基金资助总结中可见，各类文化产业申请项目合共批出无偿资助7558万澳门元，免息贷款4300万澳门元。在基金收到的59个一般资助项目申请中，获批资助的项目有23个，占整体申请的四成。资助项目主要是时装/时尚、商业及品牌设计、音乐及舞蹈、软件及游戏、影视等行业，这些项目的投资额为2.62亿澳门元。另批出“社区文创专项资助计划”21项、共资助600万澳门元，“品牌塑造专项资助计划”3项、共资助1500万澳门元。②

① 以上资料来自澳门特别行政区政府文化产业委员会网站，http://www.cic.gov.mo。

② 《基金年报》，澳门特别行政区政府文化产业基金，http://www.fic.gov.mo/current/Subpage.aspx?a_id=1453817668。

表 2　2017 年、2018 年文化产业基金项目资助情况

单位：澳门元

类型	常规项目资助		小区文创专项资助计划	品牌塑造专项资助计划	全年项目资助总额	获资助项目总投资额
	无偿补助	免息贷款				
2017	8107 万	6328 万	—	—	1.44 亿	4.80 亿
2018	1179 万	4279 万	600 万	1500 万	7558 万	2.62 亿
增幅(%)	-85	-32	—	—	-48	-45

资料来源：《文化产业基金双年报 2016～2017》，澳门特别行政区政府文化产业基金，第 43 页；《文化产业基金年报 2018》，澳门特别行政区政府文化产业基金，第 16～17 页。

2. 专项资助计划

“品牌塑造专项资助计划”的主要目的是协助澳门文创企业“走出去”，以拓展粤港澳大湾区及“一带一路”沿线国家与地区的市场。文化产业基金共收到 24 个资助申请，经分析评选，有 3 个项目获择优资助，资助总额约 1500 万澳门元。这 3 个项目主要包括设计、时尚/时装、文化展演等领域，共 27 家澳门企业。这些企业分别通过在成都、广州、中山及澳门等地建立澳门文创生活体验馆，举办文创商业洽谈会，参加展销，在商场进行路演活动，举办音乐会、节日活动、小型文创市集等，并借线上电商、通过内地热门 App 和网上平台播放短视频、“达人”或“网红”在淘宝直播并与内地电视台合作，在两年内跨域合作执行，推广销售澳门文创品牌产品。

为配合澳门作为世界旅游休闲中心、发展文化旅游的定位以及澳门获评“创意城市美食之都”，文化产业基金根据文化产业委员会研究结果的建议，于 2018 年 4 月推出“社区文创专项资助计划”，透过推动社区特色店与文创结合，利用文创说好社区的文化故事，提升特色店的价值，将文创元素植入社区，以点带面逐步优化社区营商环境。基金设置的申请条件为：“在澳门特别行政区依法设立不少于三年、属文化产业范畴的商业企业，联同一间设立不少于八年、以独立商用空间经营的零售业/饮食业特色店铺共同申请。”资助范围包括品牌故事挖掘与刻画、品牌形象推广及空间软装改造两个层面。后者具体包括商标设计、包装设计、制服设计、商品/菜单名录设计、结合文创元素进行宣传推广（如平面、音乐、影片、动漫等）、门面设计、招牌设计、室内形象设计、空间规划。在 2018 年收到的 42 份申请中有 23 个项目获批，当中

21 个接受基金资助，分别由 11 家文创企业负责实施。基金资助每个项目 10 万澳门元设计费用及一半的实施费用（上限为 20 万澳门元），最终批给获选的 21 个项目资助总额约 600 万澳门元。①

为使获选项目达到文创效果，文化产业基金联同澳门理工学院及外地的社区文创专家逐一访视了有关项目店铺，并举行了三次个案辅导，向承办企业提出具体可行的指导意见。同时为项目实施达到最佳效果，专家团队一直跟进指导项目的进行。预计有关项目将于 2019 年上半年陆续完成。

3. 推动与助力拓展市场

为推动与助力业界向外拓展市场，文化产业基金还组织澳门文创企业参加了“中国国际进口博览会”，推动和媒合澳门的文化产业企业与外地尤其是“一带一路”沿线国家与地区的企业进行产业交流合作，协助本地文化产业企业走出去，扩展市场。14 间企业在博览会的服务贸易区三个展位内，分别展示澳门设计的服装、手表、相机以及澳门的设计产品及服务。

（三）项目进展状况的监察

监察工作方面，2018 年上半年，文产基金共收到 34 个项目的报告，受资助的项目按计划营运，总投资额达 1.23 亿澳门元。其中，企业自有资金为 1.02 亿澳门元（包括免息贷款约 3000 万澳门元），占总投资额的 83%；基金无偿资助金额为 2100 万澳门元，占总投资额的 17%。34 个项目共带来 700 个职位（以多媒体制作职位为主）。

免息贷款的偿还方面，大部分企业能按协议规定还款。上半年有约 540 万澳门元的免息贷款到期偿还，其中 450 万澳门元已偿还或抵押偿还，另有数个企业因资金周转申请延期偿还，涉款 85 万澳门元。文化产业基金订定审批贷款以及监察各企业的还款机制，确保善用公帑。

统计暨普查局数据显示，2017 年澳门“创意设计”、“文化展演”、“艺术收藏”及“数码媒体”四大领域所组成的文化产业中，营运的机构共有 2088

① 《〈社区文创专项资助计划（以文创打造社区特色店；零售业/饮食业）〉受资助项目情况》，澳门特别行政区政府文化产业委员会网站，http：//www. fic. gov. mo/current/special_item. aspx。

间，按年增加175间，在职员工11702名。“创意设计”领域有营运机构共1149间，在职员工3454名；“文化展演”领域有营运机构220间，在职员工2454名；“艺术收藏”领域有营运机构107间，在职员工427名。“数码媒体”领域有营运机构612间，在职员工5367名。①

获得文化产业基金资助的商业项目运作渐上轨道，部分取得理想成绩，包括个别设计类项目在外地及线上销售产品，并获国际设计奖项；摄影类企业取得国际认证资格，提供专业技术；多媒体类企业为大型酒店及主题乐园提供多媒体制作服务；部分新媒体类项目到香港及马来西亚发展。各服务平台除提供工作间，亦为企业提供培训支援服务，以及协助企业出外参展、组织企业参与各类商业合作。

三　总结和建议

（一）文化产业繁荣，推动澳门文化事业发展

一个社会的文化事业蓬勃与否，是其整体人文素质及面貌的体现。文化事业的特征是公共服务性质、非牟利性质及先进文化的导向性，发展文化事业的根本目标是满足全社会的公共文化需要，提高整体民众的思想道德水平和科学与文化素质，适应并引导民众公共性和高品位的文化需求，是以精神旨趣和社会效益为目标的事业。文化产业是通过将大众所能接受或所需要的文化创作成果投入市场而形成的产业，是一个透过赋予受众精神满足产生市场需求而取得经济效益的经济发展途径，就是将有文化含量的创作成果以具形或不具形的方式推向大众市场，以取得经济效益为主导的社会建设。不是所有文化都可以产业化，而文化的产业化并不能促进人类高层次文化的发展，故应分而论之。因此，一个地方文化事业的发展，是一项公共利益，发展社会经济最终还是为了推动文化向更高层次发展。文化事业论的是精神价值的提升，而文化产业关心的是经营效益，两者有质的不同。

澳门的文化事业在2018年按序向前推进，整体教育素质不断提高，尤其

① 澳门特别行政区政府统计暨普查局网站，http://www.dsec.gov.mo。

是澳门首次出版自己的中国历史课本，是澳门教育史上的一大进展；在对澳门历史城区及历史建筑的保护，恒常文化项目的举办，对学术研究的支持与出版，高水平的展演，以及丰富澳门居民文化生活的支持措施等各范畴的推动与发展，促成了澳门文化事业的百花齐放。在文化局主导的推动文化产业上游的培育方面，则与文化产业基金相互配合，在结合澳门整体社会的发展上，形成跨部门合作的整体合力发展已成常态。

（二）整合多方力量，营造良好的文化产业发展环境

从澳门文化产业 2018 年的总结数据看，项目资助所牵动的投资额大幅下降 38.35%，一是 2017 年批出多个项目正在实施中，二是可见过去数年以来澳门文化产业从业员已有饱和趋势，为 11000 人左右。业界大部分仍以本地为主打市场的局限性，加上暂时没有更多的大资本投入这一行业，及数年来产生的经济体量至今只达 GDP 的 0.6%①，造成难以吸引更多创新人才进入文化产业。在文化产业基金推出的“社区文创专项资助计划”有待进一步完善。从实行中可见，负责项目的设计单位对社区文创的理解尚未成熟，例如，大部分项目主导者以设计形式为重点，对可促进老店发展的文化内涵尚欠触觉。这也说明澳门文创社区尚缺乏具商业触觉的综合性文创策划人才。

为进一步推动澳门文化产业发展，特区政府透露将整合官商产学的力量，联同六个博彩企业、多个公共行政部门、大专院校、澳门本地企业单位及酒店业界，在 2019 年举办“艺文荟澳”国际性艺术活动，吸引世界各地的艺术家在澳展览作品，以期发挥协同效应，将澳门打造为世界级别的艺文交流平台，以提高澳门居民及年青一代的文艺修养及品位，为文化产业营造良好的发展环境。②

（三）建议

澳门特区政府在发展文化产业的同时，必须同时加强文化事业向高层次发展。基于此，本文提出以下七点建议。

---

① 以上资料来自澳门特别行政区政府统计暨普查局网站，http：//www.dsec.gov.mo。

② 以上资料来自澳门特别行政区政府文化产业委员会网站，http：www.cic.gov.mo。

第一，在文化建设上必须订定长远的整体规划，深入研究“以中华文化为主流，多元文化共存”的交流合作基地的可执行性，绘画出澳门未来数十年的文化发展路线。建立“文化澳门”的形象，最终融入并成为“大湾区文化”的重要组成部分。

第二，对文化学术研究、文学创作及艺术创作范畴建议注入更多的资源，以促进高端人才的培养与成长，并创造环境使其为澳门促进高层次文化的发展而安心研究、创作。

第三，出版业是“文化澳门”建设必不可少的部分，是澳门社会一项重大事业，特区政府必须予以重视，加大力度支持包括中文、葡文或英文的澳门水平较高的文学、历史、文化、艺术、民俗等著作的出版，并从特区政府层面推动澳门出版物进入大湾区市场。澳门的文化内容必须透过对出版业的大力推动，以期得到深挖、成势及传播，这是澳门在建设“一基地”及作为国际城市内涵工程。

第四，文化产业推进发展方面，趁澳门博彩业续约之机，明文规定必须参与澳门新推动产业的投资比例，借助博企巨大的资金投入带动产业的成形。

第五，加速人才吸纳。增加人口是澳门未来必须进行以创造新的发展动力的政策，应首先考虑在澳就读或毕业的高等院校的各方面澳门所需人才，理由是澳门既付出了社会成本培养了一大批内地或海外学生，应允许部分人留下为社会做出贡献；其次是为推动澳门人口平均素质的提高，新一轮的增加人口政策应合比例地吸纳高素质人才。

第六，遇有愿意参与推动澳门新产业形成的大投资者，应出台特殊政策提供支持，包括资金、人才输入及各种可释出的优惠条件，以吸引更多有能力的投资者来澳门发展。如新近成立的中资文创专委一类，应大力支持。

第七，对资助的非牟利民间团体举办的活动素质要求应逐步提高，使之共同为澳门生活文化、社区文化发挥更有效的作用。

B.27
回归以来澳门科技发展总结与展望

马志毅*

摘　要： 自1999年回归祖国后，澳门科技行业在“一国两制”方针的指导下迅猛发展。本文介绍了回归后澳门推动科技发展的主要举措、澳门科技发展取得的进步，在指出澳门科技发展不足的同时对下一步战略部署提出建议。目前，在特区政府的不断努力下，澳门的科技发展已取得了长足进步。澳门的科技发展起步较晚，在迅猛前进的过程中仍有许多方面有待提升。随着《粤港澳大湾区发展规划纲要》的出台，澳门的科技发展将在现有的基础上迈上新一级台阶。澳门应把握住大湾区建设的机会，以实现真正意义上的自主创新，助力大湾区建设国际一流的科技创新中心。

关键词： 澳门　科技发展　人才培养　自主创新

在过去澳葡政府的管治下，澳门并没有科技发展政策，造成长期以来澳门的科技发展没有政策、没有计划、没有资源的“三没有”状况。澳门回归祖国后，在“固本培元，稳健发展”的基础上，社会稳定，经济步入快速发展时期，特区政府将科技提到政府的议事日程上，重视本地科技事业，通过营造制度环境、完善架构、推动与内地科技合作、将科技事务写入施政报告及加大投入等举措有力地推动科技事业的发展。

---

* 马志毅，澳门科学技术发展基金行政委员会主席，研究方向为政治经济学、科技发展、科技政策。

一　回归以来推动科技发展的主要措施

（一）营造制度环境

回归后特区政府采取了一系列措施营造适合科技发展的制度环境（见表1），推动澳门科技的发展。

表1　回归以来澳门特区政府实施的重大科技措施

时间	措施
2000 年 7 月	第 9/2000 号法律《科学技术纲要法》获立法会通过
2001 年 8 月	撤销科学、技术暨革新委员会，设立科技委员会
2001 年 9 月	政府、私人企业和机构共同出资设立创新科技中心
2004 年 6 月	科学技术发展基金成立
2005 年 10 月	国家科技部与澳门特别行政区签署《内地与澳门关于成立科技合作委员会的协议》，共同成立“内地与澳门科技合作委员会”
2011 年 1 月	首两家国家重点实验室挂牌运作
2011 年 2 月	颁布《科学技术奖励规章》
2014 年 2 月	首次与国家科技部实施联合资助申请
2015 年 7 月	撤销科技委员会秘书处，由科学技术发展基金负责向科技委员会提供技术及行政辅助
2016 年 4 月	为申请欧盟委员会地平线计划（Horizon 2020）提供配套资助，促进澳门与欧盟的科技合作
2017 年 2 月	签署《澳门科学技术发展基金与葡萄牙科技基金合作谅解备忘录》，筹备开展两地联合资助及科技合作交流项目
2017 年 8 月	特区政府与阿里巴巴集团签署构建智慧城市战略合作框架协议
2018 年 6 月	国家主席习近平回复了澳门两所大学的校长来信，并对澳门特区的高等教育和科技创新做出了重要指示。推出中央财政科研经费过境港澳以及鼓励港澳申报国家重点研发计划
2018 年 10 月	第三、第四家国家重点实验室挂牌运作，澳门青年创业孵化中心获批成为“国家备案众创空间”
2019 年 1 月	根据第 255/2018 号行政长官批示，在建设粤港澳大湾区工作委员下设科技创新和智慧城市工作小组

资料来源：笔者根据相关资料整理。

其中，特区政府于2000年7月颁布的《科学技术纲要法》，是促进澳门科学技术发展的政策纲要，目标是提高澳门的科学技术水平及其转移能力，提高生产力及竞争力，促进社会经济的可持续发展和资讯科技的商业应用等。为达到上述目标，在纲要法颁布后特区政府逐步建立本澳的科技创新体系，包括2001年成立了科技委员会，负责在制定科技发展及现代化政策方面向特区政府提供顾问性质的辅助，协调科技政策与其他经济、教育、文化、社会等政策。2004年，特区政府在财政能力范围内逐步提高科学技术的经费投入，支持及资助科学技术研究开发机构，设立科学技术发展基金（以下简称“科技基金”）。其后，透过科技基金建立科学技术奖励制度，以及推动学校与社会的科普教育，重视科技人才的培养、吸纳和引进。2005年特区政府与国家科技部签订《内地与澳门关于成立科技合作委员会的协议》，之后在“内地与澳门科技合作委员会”框架下，开展了国家重点实验室的筹建、各专项小组的工作以及联合资助项目。近年更是开展实施中央财政科研经费过境及鼓励港澳申报国家重点研发计划的安排，开创了一系列的制度创新；在建设粤港澳大湾区工作委员下设科技创新和智慧城市工作小组，为澳门科研融入国家发展大局提供了制度环境。

（二）将科技发展纳入特区长远发展的重要组成部分

回归后，科技发展被纳入特区整体长远发展规划的一部分，行政长官几乎每年都会在施政报告中提到科技相关的事务。在2015年施政报告以前，由于科技委员会秘书处仍隶属运输工务范畴，运输工务司司长的施政方针中每年都会有相当的篇幅涉及科技事务，对科技工作进行部署，由此体现出特区政府对发展科技事业的重视。2016年特区政府公布首个五年发展规划，把创新科技与智慧城市发展提升至特区的八大发展战略部署，提出“增强创新发展观念，形成合作创新网络”，推动产学研更紧密的结合；“加快智慧城市建设，推动产业与互联网融合”，推动传统产业向智慧化升级转型。在2019年的施政报告中，加大力度支持澳门科技发展，提出：“科技是第一生产力，创新是引领发展的首要动力。政府强调以国际视野推动科技创新发展。通过顶层设计和总体布局，建立完整及有层次的科研和科技创新机制，健全科技创新生态体系”，是一次有系统地对澳门科技发展制度创新的阐述。

（三）加大对科技的投入

1. 科研投入

在回归以前，澳门并没有专门资助科研的机构，澳门的高等院校偶尔会接受政府或企业的委托，进行一些应用研究，总体来说，澳门在回归以前的研发经费投入及研发人员的数量都非常有限。

自 2004 年澳门成立科学技术发展基金，澳门有了专门的科研资助机构，对科研投入的金额正在逐步增加。按照联合国教科文组织（UNESCO）的要求，特区政府每年由高教办统筹收集主要科技部门的研发投入金额及科研人员数量，并提交给联合国教科文组织。根据联合国教科文组织公布的数据，澳门研发投入从 2001 年的 0.34 亿澳门元上升至 2016 年的 8.47 亿澳门元，研发经费投入强度（研发投入占 GDP 比重）达到 0.24%（见表 2）。

表 2　澳门科技投入情况

单位：千澳门元，%

年份	2001	2002	2003	2004	2005	2006	2007
研发投入	34299	41200	41303	45629	85335	98657	84230
研发投入占 GDP 比重	0.07	0.07	0.06	0.06	0.09	0.08	0.06
年份	2008	2009	2010	2011	2012	2013	2014
研发投入	170430	101320	117370	129100	165300	210700	384832
研发投入占 GDP 比重	0.1	0.06	0.05	0.04	0.05	0.05	0.09
年份	2015	2016					
研发投入	490950	846516					
研发投入占 GDP 比重	0.13	0.24					

资料来源：UNESCO Institute for Statistics，http：//data. uis. unesco. org/。

科学技术发展基金在科研投入上起了重大的作用，项目申请数量和批准金额整体上不断增加（见表 3）。为使资助发挥最大效用，提升项目资助的针对性，2017 年开始参照国际惯例以征求项目计划书方式（Call Fcr Proposal），分别展开了“智能城市应用及解决方案”以及“企业创新研发”两项专项资助计划。考虑到未来在科研资助上要继续精准发力，征求项目计划书方式占整体资助份额将呈上升趋势。

表 3　科技基金从成立至 2018 年度一般科研项目资助申请及批准情况

年度	申请		批准	
	数量(个)	金额(澳门元)	数量(个)	金额(澳门元)
2004 ~ 2005	114	422333774. 40	45	42383000. 00
2006	51	67791354. 00	28	23987000. 00
2007	48	125423139. 00	25	32924900. 00
2008	54	132974356. 00	25	57230375. 00
2009	92	156248522. 20	34	33021832. 00
2010	66	96986303. 30	62	35867363. 00
2011	94	519017745. 00	57	53190331. 00
2012	121	194522350. 78	84	70878491. 00
2013	128	303104267. 10	90	107430486. 00
2014	143	307495034. 93	98	156120500. 00
2015	112	268750677. 50	86	113852511. 50
2016	158	335746461. 56	76	100603987. 00
2017	281	474332851. 10	114	153632800. 00
2018	196	350871732. 40	148	170962790. 50

资料来源：科学技术发展基金网站，http：//www. fdct. gov. mo。

2. 科普投入

科学技术发展基金与多个科普活动组织及资助单位从 2013 年开始统筹编制科普投入的统计①。根据有关统计，特区政府 2017 年度的科普总投入为 6500 多万澳门元，总参与人次约 90 万。各部门多年的科普成效越来越显著，不但学校参与人数增加，而且市民的参与度也有所提高。

表 4　澳门科普总投入与总参与人次

年度	2013	2014	2015	2016	2017
科普总投入(澳门元)	52882378. 97	71678776. 41	54632625. 55	82204502. 00	65486867. 79
总参与人次	866429	931272	967257	1112209	889956

资料来源：《澳门特别行政区 2017 年科普投入状况》。

① 参与的单位包括教育暨青年局、科技委员会、生产力暨科技转移中心、澳门科学馆、通讯博物馆及航海学校。

为了鼓励学校开展更多科普活动和教育，吸引更多学生参与，全面提高学生的科学素质，科学技术发展基金于2007年开始推出科普资助计划，为开展科普项目的各类学校和科技团体等提供经费资助，对推动科普发挥了较大的作用。截至2018年底，科普资助计划已经支持澳门超过60间大学、中学、小学和科技社团2100多个科普项目，共资助超过1.76亿澳门元。

与此同时，科技基金积极与澳门的高等院校协调，资助它们在每年暑假举办不同主题的夏令营，开展丰富多样的科普活动，涵盖生物科技、机械工程、人工智能等，深受广大师生的欢迎和好评。从2016年开始，还资助学生前往以色列特拉维夫大学以及德国哥廷根大学XLAB学习创新创业，拓宽学生的国际视野。

（四）融入国家科技发展

由于澳门的科技事业起步较晚，基础较薄弱，要推动澳门与国外开展官方科技合作计划存在很大的困难。因此，本着实事求是的原则，积极探索在“一国两制”下，与国家科技部、中国科学院、中国科学技术协会、国家自然科学基金委员会建立科技合作机制。

其中，在“内地与澳门科技合作委员会”的框架下，内地与澳门成立了五个工作组，分别为中医药科技与产业、节能及环保科技与产业、电子及资讯技术与产业、科学技术普及、海洋科技。五个工作组在各自的范畴中开展工作，推动两地科技合作。此外，该委员会在每年的工作计划中亦推广在以下五个重点领域的合作。

1. 与国家科技部及国家自然科学基金委员会开展联合科研资助

随着澳门科技水平的不断提高、本地科研人员和内地同行的合作与交流逐步增加，科技基金与国家科技部港澳台办经过反复磋商，于2012年开始筹备联合科研资助的工作，并经过2014年的征集和评审，首年共有三个内地与澳门的科研合作项目获批，可以得到国家科技部与科技基金共同资助，资助项目数量及金额在随后数年逐步递增。在总结与国家科技部的合作经验的基础上，2016年澳门科技基金与国家自然科学基金委员会开展了联合资助项目。联合资助两地科研合作项目这一工作的实施，使得澳门与内地的产学研合作更加活跃；通过参与国家级的科研项目，与内地高水平科研机构合作，开展前沿科学研究项目，有助于澳门快速提高科研实力和水平，对于澳门科技发展意义深远。在与国家自然科学基金委员会合作的过程中，为了加强两地的科研人员在资助项目以外的交流，在2017年、2018年和2019年分别组织两地专家在智能城市、肿瘤医学、海洋科技三个领域探讨前沿科技的发展。

2. 开展“中药质量鉴定技术研修班”

从2012年起，科技基金与中国科学技术交流中心合作举办“中药质量鉴定技术研修班”，并委托中药质量研究国家重点实验室进行课程的设计及营运，七年间两地近240名学员参加，为两地的中医药合作搭建了一个平台。通过这个平台，促进两地学员之间的联系，让内地的产业界对澳门的中药研发成果有更全面的了解，为将来技术及成果的转移奠定基础。2018年加入“一带一路”沿线国家学员的培训，向国际推广中药质量研究迈出一步。

3. 建立国家重点实验室

从2005年特区政府与国家科技部签订《内地与澳门关于成立科技合作委员会的协议》起，双方积极商讨在澳门建立国家级科研平台的可行性。经过多年来各方的努力，“中药质量研究国家重点实验室”和“模拟与混合信号超大规模集成电路国家重点实验室”同时得到科技部批准成立，并于2011年初挂牌。其后科技基金被授予作为澳门国家重点实验室的行政主管部门，为实验室提供科研经费资助。此外，科技基金亦很重视对两所实验室的监管工作，于2014年、2016年透过国家科技部组织了专家对实验室进行了两次评估，两所实验室皆获满意通过。为了进一步提高澳门的科技水平，发掘优势科研领域，从2017年起，科技基金在国家科技部的协助下，组织专家组对两个拟新建的国家重点实验室进行可行性评估。经过反复商讨及改善，2018年10月，月球与行星科学和智慧城市物联网两所国家重点实验室获国家科技部批准挂牌运作，使澳门成为珠江西岸唯一拥有四所国家重点实验室的城市。

4. 组织学生夏令营和教师考察团

为了提升澳门教师的科学素养，有效提高他们指导学生开展探究性学习和科技创新活动的能力，从而提高澳门青少年创新精神和实践能力、加强青少年对国家的认同、了解国家最新科技发展和成就。在国家科技部和中国科学技术交流中心的支持下，科技基金与科技委员会从2007年起每年组织学生科普夏令营及教师科普考察团，前往内地开展学习、交流及考察。截至2018年已组织了28个教师考察团及49个学生夏令营，总共有2984人次师生参与，考察的地点包括江苏、上海、北京、云南、天津、湖南、福建、甘肃、辽宁、青海、陕西、山东、四川、广东及内蒙古等地。

5. 推荐澳门专家进入国家科技专家库

科技基金积极为本地科研人员创造机会参与国家高层次的科技计划。经科技基金的推荐，共有20名专家入选国家科学技术奖励评审专家数据库，14名专家入选国家科技计划专家库。列入上述专家库的专家将有资格参与“国家科学技术奖”的评审，参与“973计划”、“863计划”及“国家科技支撑计划”等项目的评审、验收、咨询、信息交流等工作。透过参加这些活动，有助于推动澳门专家了解和参与内地科研活动，加强本地科研学者和内地同行的交流与合作，从而提高澳门的科技实力。

二　回归以来澳门科技发展取得的进步

（一）科研、科普氛围日渐浓厚

根据科学技术发展基金公布的数据，科技基金从2005年开始对在澳门开展的科研项目提供资助。成立的最初三四年，科技基金每年收到的项目申请量约为50项，批准项目约30项，资助金额3000多万澳门元。近几年，无论是申请项目数量和金额，还是批准项目数量和金额，都有了显著的增加，2018年各项数字都创了新高，申请量达到196项，批准项目148项，批准项目资助金额超过1.7亿澳门元。

上述数字的变化反映出，在科技基金项目资助的带动下，澳门各高等院校也开始重视科研工作，不断完善科研条件，鼓励教师、科研人员开展科研项目，大量的年轻科研人员以及博士和硕士研究生在参与研究中得到了锻炼；资助政策也让外地科研人员看到特区政府发展科技的决心和诚意，使高等院校更容易吸引外地人才来澳从事科研工作；在一定程度上促进了一些院校将自身的定位从以往的“教学型”转变为“教研并重”。

在营造青少年的科技学习氛围方面，教育暨青年局、科技基金、生产力暨科技转移中心等部门在支持澳门青少年参与国际科技竞赛亦不遗余力。2015年起设立系统式培训“潜能拓展计划”，利用澳门高等院校内的科普推广中心资源，发掘有潜质的青少年进行有针对性的科学理论及实验室培训。2017年及2018年分别在“英特尔国际科技与工程大奖赛”[①] 上获得历届最好成绩。在全国青少年科技创新大赛、国际可持续发展项目奥林匹克竞赛(I-SWEEP)、国际机器人大赛(RoboCup)、水中机器人大赛（URC)、微软办公室软件技能全球大赛等国际性大赛上，澳门校际科技团队也屡获最高殊荣。为营造良好的青少年科普学习氛围，以最优的状态迎接澳门回归20周年，经国务院批准，2019年第34届全国青少年科技创新大赛再次在澳门举办，这次大赛将是特区青少年在国际科技竞赛上大放异彩后举办的最大型科普活动。

此外，科技委员会自2005年开始组织“科技活动周”，2007年科技基金加入协助组织学校、社团和机构举办科普成果展，让公众了解学校的科普成果。2016年得到国家科技部支持，科技委员会举办了“十二五”科技创新成果展，展示了“十二五”期间国家在航天技术、深海潜水技术、高铁技术、大型飞机等领域的多项尖端科技，并录得18000人次参观。2018年的科技周暨中华文明与科技创新展，以工、农、医以及防灾减灾虚拟现实为主题，录得26000人次参观，是2005年首次举办“科技活动周”时人次（7500人次）的3.5倍。经过多年的整合发展，“科技活动周”已经成为每年澳门科普活动的一大盛事。

（二）科研产出成果丰硕

1. 论文

经过这些年来各界的努力，澳门的科研氛围有了很大的提升，科技成果的质和量都有了明显的提高，科技论文的发表数量及被引用次数增长迅速（见表5），以SCI收录的论文为例，2004年全澳只有62篇，到2018年大幅增加

① “英特尔国际科学与工程大奖赛”（Intel ISEF），素有全球青少年科学竞赛的“世界杯”之美誉，是全球最大规模、最高等级、也是唯一面向9~12年级（即初三至高三）中学生的科学竞赛。其前名为科学服务社（Science Service）于1950年创办的美国中学生科学博览会。英特尔公司将赞助这一赛事至2019年。竞赛学科包括了所有自然科学和部分社会科学内容，它为全球最优秀的小科学家和发明家们提供了互相交流，展示最新科技成果的舞台。更多信息参见http：//www.societyforscience.org。

到 1847 篇；衡量论文质量的 SCI 论文篇均被引次数也快速增长，从 2004 年的 1.03 次上升到 2018 年的 11.22 次，超过内地的 10.4 次，接近世界平均值 12.61 次。此外，根据 Thomson Reuters 最新发布的基本学科指标（Essential Science Indicators，ESI），高水平论文（Top Paper）的数量从 2005 年的 0 篇增长到 2018 年的 166 篇①，这也说明澳门论文质量在不断提高。

表 5　1999～2018 年澳门地区发表 SCI 论文及引用情况

年份	1999	2000	2001	2002	2003	2004	2005	2006
SCI(篇)	22	15	21	32	39	62	73	110
论文篇均被引用次数(次)	—	—	0.14	0.39	0.8	1.03	1.63	2.05
年份	2007	2008	2009	2010	2011	2012	2013	2014
SCI(篇)	93	145	164	224	265	431	581	846
论文篇均被引用次数(次)	2.8	3.59	4.34	5.05	5.64	6	6.45	6.61
年份	2015	2016	2017	2018				
SCI(篇)	1088	1482	1755	1847				
论文篇均被引用次数(次)	7.35	8.58	9.81	11.22				

资料来源：ISI Web of Science。

2. 专利

科研团队除了透过发表论文的方式公开科研成果，还可以申请专利保护其研究成果。近年来澳门地区申请及获得专利的数量迅速增长（见表 6）。在中国专利方面，2017 年澳门地区申请发明专利及实用新型专利达到 149 件，获得授权的发明专利及实用新型专利达到 35 件；在国际专利方面，根据德温特专利索引数据库（Derwent Innovations Index）的资料，2017 年澳门地区申请国际专利达到 168 件。以上专利数量虽然不多，但对于澳门来说，已经是很大的进步。

3. 获得国家与本地多项科技奖励

为了奖励在科学技术进步活动中做出突出贡献的公民和组织，国务院设立了国家科技奖。澳门科技基金自 2009 年起负责推荐澳门的科研项目申报工作。

① 高水平论文（Top Paper）由高被引论文（Highly Cited Paper）与热门论文（Hot Paper）组成，其中，高被引论文只收录发表于十年内各领域中被引用次数前 1% 的文章；而热门论文则收录发表于两年内并且在最近两个月被引用次数为各领域前 0.1% 的文章。

澳门的研究项目曾在2011年度、2012年度和2016年度获得国家科学技术进步奖二等奖（见表7）。

表6　1999～2018年澳门地区申请及获得专利数量

单位：件

年份		2004年以前	2004	2005	2006	2007	2008
中国专利	申请	—	9	21	9	35	18
	授权	—	10	2	9	13	22
国际专利数量		15	8	7	24	21	7
年份		2009	2010	2011	2012	2013	2014
中国专利	申请	33	25	32	53	115	64
	授权	10	26	17	23	58	46
国际专利数量		8	16	14	37	75	122
年份		2015	2016	2017			
中国专利	申请	59	71	149			
	授权	37	54	35			
国际专利数量		94	107	168			

资料来源：以上中国专利数据来源于中国国家知识产权局，国际专利数量从Derwent Innovations Index检索得到，专利指发明专利及实用新型专利。

表7　澳门科研人员参与的项目获国家科技奖情况

奖项名称	获奖项目名称	主要完成单位	主要完成人
2011年度国家科学技术进步奖二等奖	高性能模拟与混合信号集成电路技术的设计与开发	澳门大学	余成斌、麦沛然、冼世荣
2012年度国家科学技术进步奖二等奖	抗关节炎中药制剂质量控制与药效评价方法的创新及产品研发	澳门科技大学、湖南正清制药集团股份有限公司、香港浸会大学	刘良、吴飞驰、周华、姜志宏、仇萍、刘中秋、王培训、黄宇明、谢莹、蔡雄
2016年度国家科学技术进步奖二等奖	中草药DNA条形码物种鉴定体系	北京协和医院－清华大学医学部、中国中医科学院中药研究所、湖北中医药大学、澳门大学等*	陈士林、宋经元、姚辉、王一涛等

注：*教育部为推荐单位。

资料来源：2011年度、2012年度和2016年度的《国家科学技术进步奖获奖项目目录》。

此外，科技基金从2007年开始对澳门科技奖励的设立进行研究，草拟了《科学技术奖励规章》。经过多年的咨询、讨论和修改，《科学技术奖励规章》于2011年初正式颁布。澳门科学技术奖励包括：科学技术奖、研究生科技研发奖及特别奖励。当中，科学技术奖又分为自然科学奖、技术发明奖及科技进步奖。2012年度至2018年度的评审结果（见表8）。

表8　2012～2018年度澳门科技奖励授奖情况

奖项名称		等级	授奖数量			
			2012年度	2014年度	2016年度	2018年度
科学技术奖	自然科学奖	一等奖	1项	0项	2项	0项
		二等奖	2项	3项	3项	3项
		三等奖	3项	3项	3项	4项
	技术发明奖	一等奖	0项	0项	0项	0项
		二等奖	2项	3项	2项	3项
		三等奖	4项	3项	4项	3项
	科技进步奖	一等奖	0项	0项	0项	0项
		二等奖	2项	1项	1项	2项
		三等奖	3项	1项	3项	1项
特别奖励		—	1项	1项	0项	1项
研究生科技研发奖		博士	20名	20名	20名	22名
		硕士	10名	10名	10名	8名

资料来源：科学技术发展基金网站，http：//www. fdct. gov. mo。

（三）逐步形成优势领域

澳门在中药质量研究、模拟与混合信号芯片设计、物联网、数学、太空科学、健康科学等一些领域的研究已经有了相当扎实的基础，并已在澳门建立良好的平台，形成了较具规模的研究团队，也在国际学术界崭露头角。另外，以澳门大学为例，根据2018年5月发布的基本科学指标数据库（ESI），澳门大学的临床医学学科（Clinical Medicine）、工程学（Engineering）、药理与毒理（Pharmacology and Toxicology）、计算机科学（Computer Science）、社会科学总论（Social Sciences, General）五个学科已经进入 ESI 国际学科排名前 1%。这也表明在国际上澳门在这五个学科已经具备了较高的学术影响力。

为了贯彻以国家级科研平台带动澳门形成优势科研领域这一发展思路，在国家科技部的大力支持下，澳门自 2011 年首两家国家重点实验室获批挂牌后，至 2018 年共有四家国家重点实验室获批准挂牌。

1. 中药质量研究国家重点实验室（澳门大学、澳门科技大学）

该实验室由澳门大学与澳门科技大学联合设立，亦为北京大学天然药物与仿生药物国家重点实验室的伙伴实验室。实验室以中药质量系统研究为方向，以基于物质基础、药理安全和临床信息为主要研究内容，开展与中药质量研究相关的化学、分析、药剂、药理、药代、安全性、临床及其信息八项关键技术研究。实验室多年来获省部级以上奖项 40 多项，其中获国家科学技术进步二等奖 1 项，澳门特区自然科学奖一等奖 1 项，1 人获得澳门特区教育功绩勋章。

实验室的建立为中药创新研发建立科学质量标准，发挥国际交流作用，对推动中药现代化和国际化，促进创新产品开发和转化有很大促进作用。而澳门特区政府多年来把中医药连同会议展览、文化创意与特色金融列为战略新兴产业，助力经济结构适度多元，并在横琴兴建粤澳合作中医药科技产业园。产业园拥有严格按照中国及欧盟认证的 GMP 中试车间，而国家重点实验室可为产业园的入园企业提供质量检测及创新研究服务，结合双方的优势为澳门中药产业化寻找发展道路。

2. 模拟与混合信号超大规模集成电路国家重点实验室（澳门大学）

该实验室由澳门大学设立，是澳门以至广东省最早成立的微电子国家重点实验室。主要开展各种电子系统的尖端研究，包括数据转换和信号处理、无线通信、生物医学工程、电力电子控制器芯片。

实验室研究队伍精干，研究水平也比较高，在相关领域有一定国际影响。2018 年在国际固态电路研讨会（ISSCC）上发表研究成果，澳门大学共有 7 篇论文被会议收纳，成为发表论文数量最多的机构之一，位处全球前六名，前五名分别为三星、韩国科学技术院（KAIST）、英特尔、荷兰代尔夫特理工大学及美国佐治亚理工学院。该实验室的部分成果成功转移给世界知名的企业，并通过与华为旗下的海思半导体合作实现技术转化。研究人员在 2016 ~ 2018 年还发明了两种芯片，可以帮助智能手机对着另一款智能手机的电池进行无线充电，逐步为澳门芯片设计产业化打下基础条件。

此外，实验室余成斌教授获得 2010 年度何梁何利科学技术创新奖，其研究团队更获得 2011 年度国家科学技术进步奖二等奖。

3. 月球与行星科学国家重点实验室（澳门科技大学）

该实验室由澳门科技大学设立，其前身为“澳门科技大学月球与行星科学实验室——中国科学院月球与深空探测重点实验室”。2014 年 4 月，由中国科学院正式批准成立中国科学院月球与深空探测重点实验室伙伴实验室。主要利用中国探月工程和深空探测工程获得的科学数据以及国外的优质数据和陨石样品，展开以太阳系天体的理化机理围绕从内至外的四个圈层来研究内部、地貌、地质、大气磁层与空间环境；按国家深空探测所涉目标天体，集中研究月球、火星、小行星以及巨行星。实验室的成果丰硕，曾于 2012 年和 2016 年先后获澳门特区自然科学奖三等奖及一等奖各 1 项。2018 年 11 月经国家科技部批准，升格为月球与行星科学国家重点实验室。此外，实验室还承接国家重点深空探测任务，推动粤港澳大湾区科技创新，举办过不少国际航天太空会议，同时也为澳门的青少年举办太空科普活动。

4. 智慧城市物联网国家重点实验室（澳门大学）

该实验室由澳门大学设立，是澳门四个国家重点实验室中成立最晚的一个，经国家科技部批准于 2018 年 11 月挂牌，主要开展与智慧城市相关的物联网技术研究，包括共性基础科学问题研究、智慧能源物联网、基于物联网的智能交通、城市公共安全监控和灾害防治。同时开展交叉学科的探索研究，如智慧医疗物联网、智慧海洋等。虽然实验室成立比较晚，但由于研究团队成员过去已承担了多项科技部“973”计划和“863”计划项目、基金委重点项目，加上特区政府近年大力推动智慧城市发展，而构建以城市传感器为基础的物联网对发展智慧城市及大数据应用至关重要，故实验室发展迅速，人才及研究梯队逐步壮大，成果正在积累，有望把科研成果引申至智慧城市的实际应用。

（四）科研人才快速聚集

国家重点实验室的设立，有助于改变澳门在大众心目中的形象，为澳门进一步会聚科技精英、推进团队协作、提高整体创新能力提供了舞台；科技奖励制度是特区政府尊重知识、尊重人才方针的具体体现，为创新人才大量涌现提供了激励机制；还有澳门大学横琴校区的启用。以上这些因素带动了澳门科研人员数量明显增长（见表9），科研人员（按全时当量计）从2001年的196人增加到2016年的1749人。

表9　澳门科研人员数量（按全时当量计）

单位：人

年份	2001	2002	2003	2004	2005	2006	2007
科研人员数量	196	196	249	349	413	418	398
年份	2008	2009	2010	2011	2012	2013	2014
科研人员数量	438	561	639	686	795	965	1066
年份	2015	2016					
科研人员数量	1465	1749					

注：全时当量指全时人员数加非全时人员数按工作量折算为全时人员数的总和。

资料来源：UNESCO Institute for Statistics，http：//www. uis. unesco. org/。

澳门科研环境的持续改善，使得澳门各所大学有条件引入优秀科研人才，近年来引进了一大批国内外知名的科学家，2018年科睿唯安（Clarivate Analytics）发表全球高被引学者（Highly Cited Researchers 2018），共有5位澳门学者上榜。与此同时，也引进一大批年富力强的科研骨干。这些人员大部分在国际知名的高等院校获得博士学位或从事博士后研究，拥有扎实的理论基础和足够的科研训练。

除了人才的引进外，随着各高等院校开展的研发项目逐步增加，各校科研团队得到了锻炼，涌现了一批优秀的本地科研人员，院校亦设立如“濠江学者”一类的计划，积极培育本地人才。

另一方面，各校修读自然科学、技术与工程学科的学生人数持续增加（见表10），尤其从2010/2011学年以来，博士研究生注册人数显著增加，其中澳门本地居民修读科技类博士课程的人数也一直增长。大量的年轻科研人员与博士和硕士研究生在参与研究时得到了锻炼，他们将成为未来澳门科研事业的骨干力量。

表 10　2001 ~ 2018 年修读科技类课程的澳门本地研究生人数

单位：人

学年	2001/2002	2002/2003	2003/2004	2004/2005	2005/2006	2006/2007	2007/2008	2008/2009
总注册人数	273	378	488	467	461	439	473	493
博士生	9	13	26	44	56	59	52	68
本地博士生	—	—	—	—	—	—	—	24
硕士生	264	365	462	423	405	380	421	425
本地硕士生	—	—	—	—	—	—	—	251
学年	2009/2010	2010/2011	2011/2012	2012/2013	2013/2014	2015/2016	2017/2018	
总注册人数	538	684	782	995	1092	1370	1762	
博士生	89	148	157	225	291	534	907	
本地博士生	28	34	28	35	41	47	54	
硕士生	449	536	625	770	801	836	855	
本地硕士生	238	261	273	339	334	352	300	

注：科技类课程包括理学、建筑及工程、医药卫生、城市规划、环境保护。

资料来源：笔者根据高等教育局公布的统计数据整理，具体参见“高等教育统计数据”，澳门特别行政区政府高等教育局网站，https://www.dses.gov.mo/queryinfo/lib/p1。

（五）区域合作优势日渐明显

2019 年 2 月 18 日《粤港澳大湾区发展规划纲要》正式出台，其中提出建设国际科技创新中心，“集聚国际创新资源，优化创新制度和政策环境，着力提升科技成果转化”。澳门发展科技创新的历史较短，但在回归以来取得不俗的成绩，在一些领域的科研已经达到了国际先进水平。粤港澳大湾区国际科技创新中心的建设，对澳门发展科技、实现创新来说是一大契机。国际科技创新中心提出建成“广州—深圳—香港—澳门”科技创新走廊，澳门的目标定位为发展成珠江西岸具有国际影响力的科技创新基地，以澳门已取得一定成绩的国家级科研平台和与葡语系、欧盟及“一带一路”沿线国家的国际科研合为基础，辐射珠江西岸的珠海、江门、中山等市，推进区域合作创新及实验室成果转化。

三　澳门科技发展的趋势分析

（一）对研发的投入仍需加大

2016 年澳门研发投入的经费总额约为 8.47 亿澳门元，约占当年本地生产总值的 0.24%，远远落后于内地的 2.11%，也低于香港的 0.79%，与世界平均值 2.31%（2016 年数据）差距巨大①。

2018 年 6 月，习近平主席回复澳门两所大学校长的来信，表示“很高兴看到澳门高校科技创新取得新的进步，希望澳门高校百尺竿头，更进一步；培养更多爱国爱澳人才，创造更多科技成果，助力澳门经济适度多元可持续发展，助力粤港澳湾区建设”②。信中传达了重要指示精神，特区政府亦随即在 2019 年的财政预算中大幅增加科研投入，大力促进科技创新，为在澳门参与科研项目的博士后等提供资助，并加强支持重点发展领域，推出科技重大专项及技术创新平台等计划。这些科技投入的增长与出台有针对性的专项计划，可逐步弥补澳门与周边地区的差距，未来应该持续检讨专项计划的成效，适时再加大投入。

（二）创新支持体系尚未完善

在澳门支持创新活动的主要机构有澳门科学技术发展基金、高等院校、生产力暨科技转移中心、澳门青年创业孵化中心及澳门创新科技中心。此外经济局也推出了青年创业援助计划③。这些机构筑成了澳门的创新支撑体系。完整的创新体系应该是由基础研究、应用研究、产品开发至商业化的线性过程，在不同阶段存在大学及科研机构、风险投资企业、孵化器、政府经贸部

① 《研发支出（占 GDP 的比例）》，世界银行网站，https：//data. worldbank. org. cn/indicator/gb. xpd. rsdv. gd. zs。

② 《崔世安：充分认识习近平主席重要指示 大力推动高等教育发展》，中国新闻网，2018 年 6 月 16 日，http：//www. chinanews. com/ga/2018/06 - 16/8539394. shtml。

③ 经济局的青年创业援助计划及青年创业孵化中心并不只面向科技型初创企业，因此其针对性较弱。

门、产业及科研基金等。如果以与邻近地区的创新体系比较，澳门目前的创新支持体系仍不完整，存在以下问题。第一，在企业创新支持方面，政出多门，但又不能覆盖全面，故需要统筹分工。第二，对创新活动的支持方式过于单一，主要集中在资助和服务，对于鼓励创业及产业化非常有用的贷款和风险投资这两种手段仍未被充分应用。第三，缺少专门负责将科研成果产业化的专业机构，比如应用科技研究院、产业加速器等。澳门既然已成功争取到国家重点实验室这样的国家级基础科研平台，下一步应集中精力用三至五年时间争取以应用研究为主的国家工程技术研究中心，提高后段研究开发能力。

（三）科研人才集聚不足

在人力投入方面，根据前述联合国教科文组织的统计数据，2016 年澳门的研发人员约有 1749.3 人（按全时当量计），换算成“每百万人口中全职研究人员数量”约有 2857.6 人，这一指标低于香港的 3977.5 人（2016 年），与美国、瑞典、日本等科技发达的地区和国家（6000～9000 人）差距更大。澳门需要加大力度引进科研人才，这已是不争的事实。现时澳门已有的国家级科研平台是一个很好的切入点，但大湾区的科研人才竞争也相当激烈，澳门有必要制定一些吸引人才的配套政策，比如申请来澳从事科研工作人员的绿色通道、充分考虑随行子女的就学问题、居住环境等，让外来人才留澳更有归属感。此外，针对企业科研人员及青年创业等，应该制定专才的定义及标准，让审批过程公开透明，解除社会的顾虑，为澳门觅得真人才。

（四）企业创新能力亟须提高

澳门企业开展研发的积极性不高，而且研究水平也较低。目前澳门的研发投入主要来源于政府，与发达国家 70% 的研发投入由企业投入差距很大。另一方面，从澳门科学技术发展基金科研项目的资助情况可以看出，2004～2018 年企业申请项目数量占科学技术发展基金一般科研项目资助申请数量的 13.5%，申请项目的批准率为 26.94%，申请金额的批准率为 43.06%，两项批准率都远低于该基金的平均水平（见表 11）。

表 11　2004～2018 年澳门科学技术发展基金一般科研项目资助中企业项目情况

类型	申请（项）	批准（项）	否决（项）	批准金额（澳门元）	平均每个项目批准金额（澳门元）	项目数量批准率（%）	项目金额批准率（%）
总体	1626	974	652	1152086367.00	1182840.21	59.90	66.28
企业	219	59	152	23542200.00	399020.34	26.94	43.06

资料来源：根据澳门特别行政区政府科学技术发展基金公布的数据整理。

为了推动企业投入研发活动，科技基金于 2017 年 9 月首次推出“企业创新研发资助计划”，对企业的研发进行专项资助。2018 年评审后共批准了 19 个项目，批准金额为 2444 万澳门元，获批项目承诺配套投入约为 2460 万澳门元。虽然专项资助计划有其针对性成效，但企业研发水平不一，且比起大学内的科研成果还有一大段距离。所以最好的方法还是打造一个中介平台，把大学的科研成果，通过转化机制与企业生产及市场体系结合。另外，针对企业主动投入科研创新的积极性不高，特区政府已准备立法以税务减免优惠政策来鼓励企业投入，同时亦有助于统计全社会科研投入占本地生产总值的比重，有利于特区政府做出科学决策。

（五）专门的科研机构数量不足

澳门企业以中、小、微企为主，业务主要是劳动密集型的服务业，产品和服务的技术含量不高，企业也缺少动力开展研发活动，绝大部分企业不设立研发部门。因此，企业没有固定的研发人员编制，缺少研发所需的场地以及仪器设备。

澳门的科研机构数量太少，严格来说，目前只有一家独立的研究机构——联合国大学计算与社会研究所（前身是国际软件技术研究所）。早期该研究所在计算器软件研究方面确实产出过不少成果，但近十年其学术研究倾向社会科学研究，背离了服务于基础科研的初心。其他的研究机构都是高等院校成立的研究所或国家重点实验室，挂靠高校来运作。由于高等院校的教师或科研人员往往有授课任务，他们也倾向于开展能发表论文的项目，以配合校内的绩效评级。澳门缺少以开发应用技术为主的研究机构，未能为企业提供更多的技术支持以及贴合市场需要的研究成果。在尊重高等院校“学术自主”的原则下，特区政府下一步可尝试推动内地知名企业来澳建立联合实验室。比如，总部位于福州的新大陆集团在澳门的子公司早前与澳门大学成立智慧城市联合实验室，可利用新大陆熟悉市场运作的经验与澳门大学创科中心的创新平台合作，推动产学研协作。2018 年香港特区政府和中国科学院签署《关于中国科学院在香港设立院属机构的备忘录》，中科院在港有多年建立联合实验室的经验。澳门同样可引进中科院先行建立联合实验室，为将来设立院属独立科研机构做好准备。

结　语

澳门科技经过回归 20 年的快速发展，加上近日《粤港澳大湾区发展规划纲要》的出台，科研创新必然迈上一个新的台阶。在保持发展优势领域的同时，积极开拓新的前沿科学领域，配合大湾区建设国际一流科技创新中心这一宏伟目标蓝图。在建设完善科研创新体制方面，考虑到澳门经济体量始终较小，加上受土地、技术、人才等方面的多方制约，很难形成全方位的创新支撑体系，故积极借助湾区内科技转化、市场准入、风险创投、跨境人才流通等有效机制已成为澳门今后发展创新科技的必要路径。

B.28 2018年澳门历史文化推广的现状与展望

陈震宇*

摘　要： 为响应澳门建设成粤港澳大湾区内“以中华文化为主流、多元文化共存”的交流合作基地的目标，政府和民间已陆续在教学活动、文化活动、政府与民间社会建立伙伴关系，以及社会传播层面开展历史文化推广工作，使社会初步形成关注中华及本地历史文化的氛围，初步取得“遍地开花”的效果，但同时凸显有关工作与本地生活和风俗以及非高等教育课程目标联结不足，项目和活动之间缺乏协调、重点、系统性和针对性、深度交流不足等问题。推动历史文化工作的最终目的，莫过于建立传承意识，形成稳定的文化认同、国民身份认同、国家认同以及本位文化的自信，是社会和心理防卫建设的重要内容之一。为此，社会各界应在现有的基础上，注意与建立传承意识和文化自信方面加以结合，使历史文化工作更有系统，更具针对性。

关键词： 澳门　粤港澳大湾区　历史文化　文化传承　身份认同

历史上的澳门长期扮演着中西文化相遇和交流的平台，对邻近地区以至全国均发挥着辐射作用，并因“澳门历史城区”于2005年7月被列入联合国教科文组织世界遗产名录而获国际社会充分肯定。2017年，在国家主席习近平

* 陈震宇，博士，澳门基金会顾问高级技术员（历史文化工作委员会范畴）。本文仅反映作者个人观点。

的见证下，国家发展和改革委员会、广东省人民政府、香港特别行政区政府和澳门特别行政区政府在香港签署了《深化粤港澳合作　推进大湾区建设框架协议》（以下简称《协议》），首次提出澳门特区要建设成粤港澳大湾区内“以中华文化为主流、多元文化共存”的交流合作基地，并在2019年2月发布的《粤港澳大湾区发展规划纲要》（以下简称《纲要》）中加以明确。《纲要》尤其提到，至2022年，粤港澳大湾区内的文化交流活动更加活跃；至2035年，“文化软实力显著增强，中华文化影响更加广泛深入，多元文化进一步交流融合”。

根据《协议》和《纲要》，澳门的定位在整个大湾区中同时具有经济和文化的双重功能。对内，澳门在文化方面协力大湾区提升社会文明程度，建设大湾区为宜居、宜业、宜游的优质生活圈上具备一定的主导角色；对外，澳门的基地功能除了可配合自身的其他定位之外，也配合“一带一路”建设，推动粤港澳大湾区成为国际文化交流中心。

为响应并实现《协议》所订下的目标，特区政府和民间在过去开展的国情教育的基础上，对中华传统以及澳门本土文化的宣传和推广加以重视，并在2017年下半年起陆续开展一些工作。受“天鸽”风灾及其善后影响，有关工作到2018年才得以全面开展。本文首先总结2018年推广历史文化的主要工作情况，在此基础上指出现存的特征并讨论有关问题，同时对改善今后历史文化推广的工作提出初步的建议。

一　2018年历史文化推广情况概述

现时澳门的历史文化推广工作，可分为四个方面，包括教学活动、文化活动、政府与民间社会建立伙伴关系，以及社会传播。

（一）教学活动

在教学活动方面，对历史文化的推广是在国情教育的基础上展开的。从2004年开始，教育暨青年局于每年的青年节（5月4日）和国庆节举行学界升旗仪式，并于同年10月制定《爱国爱澳教育实施纲要》，在提交教育委员会（现非高等教育委员会）全体会议讨论后执行。而从2004/2005学年开始，局方根据该纲要进一步加强国情教育活动，推出“认识祖国、爱我中华”学习之旅，通过教育发展基金向学校提供经费，让学校组织学生开展前往内地的考察和交流活动，以及后续的效果深化活动等。从2005年开始，与教育部港澳台事务办公室合作，开设以初中三年级（九年级）至高中三年级（十二年级）学生为对象的“国情教育培训课程”；与中国人民解放军驻澳门部队合作，开办“澳门青年学生军事夏令营”活动；同年5月又开设“爱祖国、爱澳门”网站，提供教学案例、教学资源及澳门历史文化等资讯（此网站已于2015年起停止更新）。从2007/2008学年开始，局方委托澳门童军总会，为全澳就读初中二年级（八年级）的学生举办“国防教育营”等。上述活动均以树立青年学生的中国人身份认同为主要目的，同时通过国防及军事式训练，培养及锻炼青年学生的意志、纪律及责任感。

为配合第9/2006号法律（《非高等教育制度纲要法》）生效，本地学制正规教育课程框架在2014/2015学年开始实施，并先后在小学（2016/2017学年）和中学（2017/2018学年）阶段实施《本地学制正规教育基本学力要求》，为进一步在非高等教育阶段推动历史文化教育和推广工作提供必要的条件。按照现行的基本学力要求，与历史文化教育和推广有关的科目除中文外，还包括品德与公民、常识（小学阶段）、社会与人文（中学阶段，可拆分为历史科及地理科）、视觉艺术及音乐。而基本学力要求对历史文化教育的最终目标，主要是培养学生的爱国爱澳情怀、探究中华文化与澳门本土文化和历史传统的本源及发展脉络、关心国家与澳门的发展，以及形成稳定的文化认同及身份认同。

表1　现行《本地学制正规教育基本学力要求》对历史文化教育订定的课程目标

教育阶段	科目	课程目标
小学	中文	引导学生认识中华文化，培养他们热爱中国语言文字和中华文化以及爱国、爱澳的情感
	品德与公民	培养学生爱国家、爱澳门的情感，使其能珍惜和重视祖国、民族和澳门的优秀文化传统，认识自己的国民身份
	常识	让学生了解澳门和中国的历史传统与社会文化
	视觉艺术	引导学生对文化本源及其发展脉络进行探究
	音乐	培养学生对国家民族的归属感和爱国意识

续表

教育阶段	科目	课程目标
初中	中文	培养学生热爱中文、热爱中华文化、热爱国家、热爱澳门的情感
	品德与公民	增进学生对家庭和学校的归属感以及对国家和民族的认同感，培养他们爱国爱澳的情怀，初步养成其关心澳门的发展及亲社会的行为习惯
	社会与人文、地理、历史	增强学生对本土与国家的归属感和责任感
	视觉艺术	引导学生了解中国文化，特别是澳门本地文化
	音乐	将学习置于人文学科背景之下，加深学生对中华民族和本地历史文化的体验和认知
高中	中文	培养学生热爱中文、热爱中华文化、热爱国家、热爱澳门的情感
	品德与公民	培养学生关心澳门及国家发展的意识
	社会与人文、地理、历史	透过本土探究的专题活动，发展学生的沟通、表达、合作、解决问题与建构知识的能力，使之养成对于乡土、社会与国家的关怀与归属感
	视觉艺术	帮助学生形成稳定的文化认同
	音乐	让学生了解和体验本地、中国、世界的文化，培养其互相尊重、彼此珍惜的情怀

资料来源：笔者根据相关法律法规整理。

礼仪活动有助于青年学生形成稳定的国民身份认同。国旗、国歌是国家的象征之一，而升旗仪式作为一项有利于青年学生树立国民身份认同的礼仪活动，以往一直在澳门的公立学校及部分私立学校开展。2018 年，全澳具备场地条件的学校在教育发展基金的资助下均已安装旗杆，部分因场地所限的学校，亦已添置移动升旗设备，并已全部定期举行升旗仪式。高等院校同样在 2018 年完成安装旗杆或调整原有旗杆的布置。七所设有校园的高等院校已在 3 月至 8 月先后举行升旗仪式，并改变以往除倘有的校旗外仅悬挂澳门特区区旗的做法，同时悬挂国旗及区旗。

表 2　澳门高等院校首次举行升旗仪式日期

日期	院校
2018 年 3 月 27 日	澳门科技大学
2018 年 5 月 4 日	圣若瑟大学、镜湖护理学院
2018 年 5 月 26 日	澳门大学
2018 年 6 月 28 日	澳门理工学院
2018 年 8 月 23 日	旅游学院
2018 年 8 月 27 日	澳门城市大学

澳门大学在2017年2月24日成立“中国历史文化中心”，以加强中国历史文化研究、推动中国历史文化向葡语系国家传播并拓展影响，以及提高澳门居民对中国历史文化的认识为宗旨，并与清华大学及华东师范大学合作，以建设成教育部“人文社会科学重点研究基地”为目标。中国历史文化中心拟发挥六大功能：普及中国历史文化的推广中心，开发中国历史文化和澳门文化的宣传中心，提高中国历史文化认知水平的教育中心，展示中国历史文化魅力、讲述中国故事和澳门故事的活动中心，研究中国历史文化的学术中心，以及面向澳门和葡语系国家传播中国历史文化的信息中心。

该中心自2017年6月起，与澳门非高等教育机构合作，举办“名师名校专题系列讲座”，由澳门大学派遣历史系、中文系及哲学系的相关专家学者，以及邀请外地著名专家学者入校讲授中国历史文化，同时适当结合澳门历史的相关内容，使中华与澳门的历史文化更接近青年学生的生活环境。除系列讲座外，该中心于2018年1月联同澳门中华学生联合总会，与培正中学、海星中学、浸信中学及菜农子弟学校签订《共建中国历史文化推广基地协议》，协助参与学校建立中国历史文化推广小组，通过各校自主举办与之相关的活动及项目，逐步在学生中建立推广团队及梯队，并已培养出第一批学生推广大使。

中国历史文化中心积极投入本地学生和教师的培训工作。例如，2018年5月19～20日举办“中学教师岭南文化研习营”，然后在6月26日联同澳门大学的孔子学院、中葡双语教学暨培训中心和澳门研究中心，成立“澳门中小学生人文社科教育基地”，邀请澳门基金会、教育暨青年局、中华教育会及天主教学校联会参与，以期更有系统地展开培训。该基地以中国历史文化中心的名义在2018年下半年起举办多项培训活动（见表3），其中“中国历史文化导师培训班”以语文及历史教学人员为对象，有针对性地向参与教师传授文学、建筑、历史、艺术、区域文化、澳门历史文化以及教学技巧的基础知识和最新研究情况，有助于提高澳门文史科教学人员的教学能力、推动专业发展。

在高等教育层次方面，中国历史文化中心通过发行期刊、举办专题讲座和研讨会等方式，在向学生推广历史文化的同时，也推进学术界对历史文化的反

表 3　由澳门大学中国历史文化中心举办的培训活动（2018 年）

日期	活动名称	合办机构	地点	对象
5 月 19 ~ 20 日	中学教师岭南文化研习营	—	广东省广州市、中山市	教学人员
7 月 10 ~ 13 日	“广府文化”学习体验班	暨南大学港澳历史文化研究中心、广州粤剧院、红线女艺术中心	广东省广州市	中学生
7 月 15 ~ 20 日	2018 年暑期中小学生宁苏杭诗词文化考察团	培正中学	江苏省南京市、苏州市；浙江省杭州市	中小学生
8 月 18 ~ 22 日	西安文化考察团	—	陕西省西安市	教学人员
10 月 20 日 ~ 11 月 28 日	中国历史文化导师培训班	教育暨青年局、清华大学	北京市	教学人员
12 月 19 ~ 23 日	江西红色文化考察团	—	江西省南昌市、九江市、景德镇市、吉安市	中国历史文化推广基地师生

资料来源：笔者根据相关资料整理。

思，深化相关的研究和学术对话。原来由澳门大学澳门研究中心承办的澳门大学文科学报《南国学术》，在中国历史文化中心成立后由其接办，增设“中国历史文化论坛”栏目，收录与中国历史文化研究有关的学术论文。中国历史文化中心分别在 2018 年 4 月和 12 月举办以儒学和汉字为主题的专题讲座，在 9 月 28 日举办《19 世纪中叶美国在澳门的活动》出版座谈暨研讨会。在较大型的学术会议和研讨活动方面，包括在 10 月 25 ~ 28 日举行的首届“中国文化（澳门）论坛”，11 月 3 ~ 5 日举行的“中华传统文化与区域文化”高端学术活动。其中“中国文化（澳门）论坛”以恒常性学术论坛为定位，力争成为华人文化学术研究的一个重要品牌项目。

在公民教育层面，行政长官办公室于 2018 年委托原民政总署（其职能现大致由市政署取代）在“千人计划”的基础上开展“青年国情考察计划”。该计划通过整合原有的“漫步澳门街——认识澳门”以及澳门基本法纪念馆的专场导赏活动，首次组织 30 名澳门青年前往四川省考察，同时兼顾对当地三国文化以及近年地震灾后重建工作的成就介绍，让参与的青年更深入和全面地了解西南地区历史发展面貌。

（二）文化活动

为促进中国与葡语系国家文化交流及合作，把澳门建设为中国与葡语系国家的文化交流中心。2018 年 7 月，文化局举办首届“中葡文化艺术节”，以“相约澳门”为主题，举行“汉文文书——东波塔档案中的澳门故事”展览、文艺晚会、艺术年展、电影展和文化论坛，除展示中国与葡语系国家在文化领域的合作成果外，还为双方的文化艺术创作提供交流的平台。

2018 年，为庆祝澳门特别行政区回归祖国 19 周年，文化局举办了“澳门国际幻彩大巡游”，以中国与葡语系国家的传说和神话为主题，通过联结彼此，凸显澳门作为二者文化交流中心的角色。文化局还在葡萄牙举办了一系列澳门文化推广活动，包括 2018 年 3 月在里斯本举行“凝影存图——澳门与亚非葡语地域摄影明信片”展览，与葡萄牙阿威罗大学（Universidade de Aveiro）孔子学院合作在 2018 年 6 月发布《二十世纪澳门天主教音乐》的葡文译本。

此外，2018 年 7 ~ 8 月，文化局和高等教育辅助办公室合办首次“故宫博物院青年实习计划”，招募持永久性居民身份证的澳门大专院校学生到北京故宫博物院进行为期 43 天的工作实习。计划推出后反响热烈，承办单位共收到 132 份申请，最后获选参加计划的学生共 16 名。文化局另外与国家文物局、香港特区康乐及文化事务署合办“内地与港澳中学生文化遗产暑期课堂”，通过 7 天在河南省郑州市和洛阳市的考察，增进对中华文化的理解并提高对文化遗产的保护意识。

在宣传和推广本地历史文化方面，文化局在 2018 年推出“Fun 享文遗”讲座活动，通过介绍本地文化遗产的价值以及《文化遗产保护法》的内容，提高公众对保护文化遗产的意识，了解并欣赏文化遗产背后的价值和意义。在教育暨青年局的支持下，“Fun 享文遗”活动主要在校园内开展。文化局属下的博物馆亦曾举办“渔山春色——吴历逝世三百周年书画特展”“藏珍荟萃——澳门博物馆成立二十周年馆藏展”“十字门 · 今昔地名”展览等；举办何东图书馆开馆 60 周年纪念活动、续办“鲁班木工艺入门工作坊”等。同时，文化局开展了“澳门文化遗产小小导赏员实践培训计划”并推出导赏服务，举办“文化传播大使吉祥物设计比赛”等。

在推动澳门与其他粤港澳大湾区成员城市的交流方面，除定期出席粤港澳文化合作会议外，还举办了“深蓝瑰宝——南海Ⅰ号水下考古文物大展”、“粤港澳文物保护及修复专业培训班”、“旧报新闻——清末民初画报中的粤港澳”展览、“粤港澳大湾区世界文化遗产嘉年华”以及“粤港澳博物馆专业论坛”等。其中“粤港澳大湾区世界文化遗产嘉年华”以推广大湾区城市内两座世界遗产——澳门历史城区和开平碉楼与村落为主线，辅以推介两地非物质文化遗产，例如澳门“土生菜”（葡萄牙后裔居民菜肴）、开平灰塑壁画、凉茶、狮鼓、镇濠泥鸡，以及文创产品等。

文化局同时又把历史文化的传播领域扩展至“一带一路”沿线国家或地区，包括举行“一带一路沿线国家和地区文化系列专题讲座”、举办大型杂技剧《丝路彩虹》专场，以及于2018年11月在泰国曼谷举行“峥嵘岁月——澳门传统手工业专题展”。

（三）政府与民间社会建立伙伴关系

澳门基金会经其信托委员会主席、行政长官崔世安的批示，在2017年7月24日成立“历史文化工作委员会”。该委员会是附设于澳门基金会内部的一个具咨询性质的专家组[①]和工作机构，其宗旨包括：一是弘扬和传播中华历史文化，促进市民特别是青少年对中华文化的认识和认同；二是推动澳门历史文化的研究与发展，推进澳门学的学科构建，提升澳门的文化价值和地位，展示澳门和中华文化的魅力；三是凝聚社会力量，整合学术资源，将澳门建设为以“中华文化为主体，多元文化共存”的交流合作基地；四是培养历史文化人才，推动编写历史文化普及读物。

为实现上述宗旨，委员会成立传播推广、培训、出版和澳门学专家小组，并召开多次会议，策划一系列的项目和活动。

委员会在2017年下半年启动“历史文化大使培训计划”，通过理论学习和考察实践，使参与课程的学员深入认识澳门历史文化的内涵和价值。“历史文化大使培训计划”的课程内容包括明清时期的澳门文化、近代澳门的社会

① 虽然历史文化工作委员会具有咨询性质的职能，而澳门基金会又是公共行政领域内的一个机构，但由于澳门基金会具有独立于特区政府以外的法律人格（即公务法人），历史文化工作委员会的设立并不产生对外规范的效力，因此委员会仅为澳门基金会的一个内部组织，并非特区政府的咨询组织。

文化发展、澳门文物建筑及世界遗产的发展、多媒体资源创作等，完成课程的学生和教师学员，将参与后续的“澳门历史文化学界考察活动”的导赏工作，协助学校组织师生前往澳门的文化遗产点参观考察。2018 年举办第二期及第三期“历史文化大使培训计划”，共计有 255 名师生及居民报读。在后续的考察活动中，有 13 所学校共 55 团出发，参加师生 755 人。

委员会联同澳门中华教育会及澳门天主教学校联会合作，于 2018 年 7 月举办“澳门历史文化教师研修课程：一带一路之甘肃丝路行”，组织 19 名教学人员前往甘肃省进行为期六天的学习交流。活动以移地研修课程及实地考察的模式，深入学习丝路历史文化，了解“一带一路”倡议。课程由历史导师全程随团，为参访教师做现场讲解，并做行前培训及总结分享回顾等。

另外，由澳门基金会负责执行的“千人计划”项目，在 2018 年共有 7 团由中学生组成、2 团分别由青年及公务员组成的历史文化考察和交流活动，涵盖广东省、福建省、浙江省及江苏省，共 269 人参团。基金会继续与中央人民政府驻澳门特别行政区联络办公室和文化部合办“港澳大学生内地文化实践活动”澳门区招募项目，推荐在校澳门高等院校学生前往内地文博机构实习，有 7 所上海市文博机构和 16 所北京市文博机构向澳门开放 44 个实习岗位，共有 42 人参与。

发放财政资助是澳门特区政府与民间社会建立伙伴关系的重要方式之一。以澳门基金会为例，其通过历史文化工作委员会推出“历史文化校园计划”，以“传承・传情”为主题，主要面向非高等教育机构，鼓励学校设计和举办各种形式的历史文化系列活动。2018 年，该计划共收到 16 所学校 43 个项目申请，经评审后由澳门基金会向 13 所学校共 36 个申请项目发放资助款项，总资助金额为 1130093.20 澳门元，参与活动的师生共 2 万人次。除校园资助外，澳门基金会向社会团体批出约 700 项与推广历史文化有关的项目资助申请，批给总金额约 9300 万澳门元，当中以培训项目的效益较为突出，涵盖中国传统乐器、澳门葡式技艺、口述历史等方面。此外，教育发展基金在年度学校发展计划的资助中设有“认识祖国、爱我中华”学习之旅、“传承中华文化”和“姐妹学校交流计划”的恒常性专题资助，各校亦善用这些途径，在教学活动中引入国情教育、宣传推广中华文化以及加强与内地省市中小学的交流。

（四）社会传播

在社会传播方面，澳门发行量和销量最高的中文报章《澳门日报》在2018年10月9日推出《澳日学生报》。该刊物为《澳门日报》原有“新苗”专版的延续，每周二出版，为方便学生阅读而采取小开本版式，每期出纸二张（共八版），是一份以学生为对象的综合性文字平台，以开辟学生自主言路，提倡正确价值观为宗旨，内设“小城历史”专栏，邀请澳门历史教育学会成员撰稿。

澳门大学中国历史文化中心在2018年3月起也发行《澳门少年报》，采取通讯（newsletter）版式，每期出纸一张（共四版），设“中国名片”、“巾帼英雄”、“澳门故事”、“澳门趣事”、“澳门遗迹”、“澳门钩沉”、“诗风词韵”、“爷爷讲故事”、“游戏荟萃”、“笔下清泉”、“飞鸽来信”及漫画等专栏，通过多样化的形式，向少年读者呈现中国国情以及中华和澳门历史文化各方面的面貌，尽量迎合少年读者的阅读习惯和求知欲。此外，为满足澳门的外籍学生以及葡语系国家青少年对了解中国历史文化的需求，该中心在2018年6月发行“中国历史文化葡文儿童读物”丛书，以漫画形式呈现中国历史故事。

在针对成人读者群方面，由新闻局发行的《澳门杂志》自2018年1月（第121期）起增设“文化逗彩”栏目，介绍澳门本土文化特色。而为了提高《澳门杂志》在网络上的知名度，新闻局在11月6日启用的新网站中，增设“澳门特写”栏目，转载部分内容，以本土历史文化为重点。

澳门基金会历史文化工作委员会为了以活泼的形式向澳门社会宣传中华历史传统及澳门文化城市形象，在2018年以青龙、朱雀、白虎、玄武、麒麟为原型，设计了五位吉祥物，分别名为“阿活”、“火火”、“小白”、“大嚿”①和“阿麟”，通称“华夏小灵精”（各吉祥物的意涵见表4），并邀请本地音乐工作者李峻一、陈皓怡创作，施朗明、殷巧儿、梁卓轩主唱宣传歌曲《小城与你》。有关的宣传品在2018年7月11日第二期“历史文化大使培训计划”的结业礼上对外发布。吉祥物发布后，分别在澳门基金会举办的各类型活动上

① “大嚿”为广州话，即“大块”之意，为儿童形容人体形魁梧或肥胖的戏语。

亮相，包括澳门教科文中心 20 周年系列活动、澳门中学生读后感征文比赛阅读写作讲座活动等。与此同时，委员会安排吉祥物出席澳门各界举行的历史文化推广场合，并于委员会的专题网页和澳门基金会的微信公众号向用户推介参观。澳门基金会在 2018 年完成为历史文化工作委员会设计其专用的标志。该标志以中国印章为原型，内含“中”字及葡文字母 C、H 的合成形象，充分反映澳门以“中华文化为主流，多元文化共存”的特色。

表 4　澳门基金会历史文化工作委员会“华夏小灵精”形象意涵设定

名称	阿活	火火	小白	大嚐	阿麟
原型	青龙	朱雀	白虎	玄武	麒麟
方位	东	南	西	北	中
性格	仁	礼	义	智	信
器物	青圭	赤璋	白琥	玄璜	黄琮
属性	木	火	金	水	土
颜色	青	红	白	黑	黄
能力	听觉	视觉	触觉	嗅觉	味觉
位置	东岳泰山	南岳衡山	西岳华山	北岳恒山	中岳嵩山

资料来源：《华夏小灵精》，澳门基金会网站，https://www.fmac.org.mo/hc/%E8%8F%AF%E5%A4%8F%E5%B0%8F%E9%9D%88%E7%B2%BE。

此外，澳门基金会历史文化工作委员会在 2018 年 4 月启动澳门历史普及读本出版计划，包括“澳门历史文化读本”和“儿童绘本系列丛书”。“澳门历史文化读本”的主要对象是高中生和青少年，全书内容已基本完成，预计在 2019 年出版。“儿童绘本系列丛书”的主要对象将分为三大年龄层：2～5 岁、6～8 岁和 9～12 岁，通过系列绘本故事，让儿童认识本土及中华历史文化，培育对自身文化的认同感、归属感和自信心，将分批出版。

二　历史文化推广现存的特征和问题

随着《本地学制正规教育基本学力要求》逐步在各教育阶段实施，加上相关的公共部门和实体向教育机构提供配套支持与资助，教育界在澳门中小学生当中普及中华和本地历史文化知识，推动他们对有关课题的认知方面已逐渐步上正轨，而部分项目和活动更与国情教育结合，通过对历史文化的认知，加强中小学生对国家现状和发展的理解。根据澳门大学中国历史文化中心发布的“澳门中小学生国家历史文化认知指数”，小学生的“国家认知指数”为78分，初中生为71分，二者均处于中上水平。而“本地认知指数”方面，小学生为71分，初中生为63分，同样处于中上水平。学生对国家的认知，又与学生的家庭生活、学校环境和传媒使用习惯等高度相关。

高等院校展开的历史文化推广项目，同样以普及知识的认知型项目为主，同时也注意对概念和理论的传授。在面向社会的历史文化推广项目和活动方面，大部分均为原有项目的延续或重新包装。不少团体或机构在此过程中也注意到其服务对象或广大居民接触资讯的习惯，近年已调整推广方式，尤其多采用社交媒体传递历史文化知识，使覆盖面有所扩大。公共部门和实体通过举办“中葡文化艺术节”“历史文化大使培训计划”“澳门历史文化学界考察活动”等活动、发行定期通讯等措施，亦使社会初步形成关注中华及本地历史文化的氛围，初步取得“遍地开花”的效果。

但当前澳门推广历史文化的工作仍存在一些不足。在教育层面，加强历史文化教育使教育界关注教学素质的相应改善和提升，特别是在《本地学制正规教育基本学力要求》实施之后，教学人员已逐渐意识到自身对历史文化的认识未能满足课程目标的要求，期望特区政府或社会团体能开办更多具有针对性的培训项目，以配合教学需要并促进本身的专业发展。而部分学校虽然投入较大力量举办校内历史文化推广活动，但整体而言与《本地学制正规教育基本学力要求》的课程目标联结不足，也缺乏对活动效益的评估，这同样对教学素质的改善和提升产生影响。

在社会层面，虽然本地社会已初步形成关注历史文化的氛围，各类项目和活动百花齐放，但也凸显出推广项目和活动的协调、重点、系统性和针对性不足的问题，有时甚至出现由同一批人或团体为不同机构承办类似的项目。此外，大部分项目和活动与本地居民的生活风俗结合不足，而向在澳门居住、工作或就学的内地和外籍人士推广澳门历史文化方面虽偶有活动或出版物发行，但整体上仍较少。另外，由于对历史文化的推广侧重于普及知识的层面，与粤港澳大湾区以外地区的持续交流显得相对薄弱，有关氛围仍有待一段时间才能形成。而部分负责历史文化推广的机构近期又出现人事变动，中间出现的过渡时期将无可避免地对有关工作的持续开展产生一定影响，进而影响推广和交流的成效。

结　语

历史文化的推广工作因事关澳门融入国家发展大局而在近年来得到社会的重视，本地社会亦已初步形成关注氛围，但同时衍生种种问题，亟待社会在持续推进历史文化推广工作中加以注意和解决。

在澳门，历史文化的推广工作至少有教育和社会两个面向。教育面向包括在基础教育以及社会或社区教育层面的知识普及；在高等教育层面，培养本科生具有中国文化特征的人文精神，培养专科研究生的专业研究技能，使之能展开科学研究，总结历史文化发展规律，开拓新领域的研究，以及增补和反馈现有的历史文化知识；在专业发展层面为教育界从业人员提供进一步培训，以满足基础教育阶段的知识普及要求。在社会面向方面，应对本地居民的民间文艺、生活习俗和宗教信仰等加以整理、保育和传承；对外地学生和居民应侧重知识普及，同时通过开拓学术研究、文化对话和技术经验的交流层面，提升对外传播中华和澳门历史文化的层次，进一步提炼精粹，让外界更易消化和接收，进而提升粤港澳大湾区成员城市的精神文明高度，并通过“一带一路”和葡语系国家走廊，扩展中华文化的对外影响力，促进多元化世界的形成和发展。

推动历史文化工作的最终目的在于建立传承意识，形成稳定的文化认同、国民身份认同、国家认同以及本位文化的自信，是社会和心理防卫建设的重要内容之一。为此，社会各界应在现有的基础上，注意与建立传承意识和文化自信方面加以结合，使历史文化工作更有系统、更具针对性。具体而言，建议培训项目可与教学人员专业发展活动的要求对接，在设计上尽量考虑《本地学制正规教育基本学力要求》科目教师的需要。在展开认知型项目的基础上，培养精英人才，使之成为进一步提炼中华和澳门历史文化精粹的骨干，同时应统合各项活动，以专题月形式加以宣传，并进一步升华至对家国情怀的培育。在政府与民间社会建立伙伴关系方面，建议资助机构思考设定推广目标，例如设立专项主题或活动类型的资助项目，在此目标下让社团学校构思活动。在对外交流方面，除目前已与部分粤港澳大湾区成员城市、内地省市以至葡语系国家开展的交流项目，建议因应国家国际发展的倡议，例如“一带一路”沿线国家和地区，拓展文化对话和交流，以夯实澳门传统上作为中西文化交流枢纽的根基，使文化交流合作基地的定位更实质地被确立。

附　　录

Appendix

B.29
澳门概况*

陈震宇**

第一部分　统计数据（2017）

一　自然环境

地　理

陆地面积	总面积	30.8 平方千米
	澳门半岛	9.3 平方千米
	氹仔	7.9 平方千米
	路环	7.6 平方千米
	路氹填海区	6.0 平方千米
海岸线总长度		76.7 千米

* 本附录使用的货币单位均为澳门元，但特别注明者除外。

** 陈震宇，博士，澳门基金会顾问高级技术员。

天　气

平均气温	23.0 摄氏度
平均相对湿度	81.0%
总雨量	1783.2 毫米
总日照时间	1775.1 小时
盛行风向	北
平均风速	3.0 米/秒
引致悬挂风球的热带气旋数量	8 个

环　境

人均耗水量	0.37 立方米/天
人均耗电量	8350 千瓦小时
焚化固体废料	525727 吨
污水处理总量	211003 立方米/天
二氧化碳总排放量（估算）①	3.01 百万吨
人均二氧化碳排放量（估算）②	4.61 吨

注：①根据统计暨普查局公布的《能源统计》数据估算。
②根据统计暨普查局公布的《能源统计》数据估算。

空气污染物年平均值

单位：μg/m³

类型	细颗粒物（PM 2.5）	二氧化硫	二氧化氮	臭氧
一般性（氹仔）	22.9	4.9	30.7	57.1
路边	22.1	—	55.7	—
澳门高密度住宅区	19.9	6.1	49.7	45.8

二　人口

人　口

年终人口	总数	653100 人
	男性	307000 人
	女性	346100 人
岁组分布	0～14 岁	12.7%
	15～64 岁	76.7%
	65 岁及以上	10.5%

续表

新生婴儿		6529 人
死亡		2120 人
年终外地雇员		179456 人
移民净值(包括内地移民)		5733 人
增长率		1.3%
老化指数		83.0%
抚养比例		30.3%
自然增长率		6.8‰
人口密度	澳门特别行政区	21.1 千人/平方千米
	澳门半岛	55.7 千人/平方千米
	氹仔	13.0 千人/平方千米
	路环	3.5 千人/平方千米
平均预期寿命		83.4 岁

住　户

住户总数	191500 户
每户平均成员人数	3.03 人
人均居住面积	20.4 平方米

三　社会

人类发展指数

年份	2014(修订数值)	2015(修订数值)	2016
总指数	0.907	0.908	0.909
预期寿命指数	0.968	0.972	0.974
教育指数	0.770	0.770	0.771
收入指数	1.000	1.000	1.000

就　业

劳动力人口	387400 人
就业人口	379800 人
劳动力参与率	70.8%
失业人口	7600 人

续表

本地居民失业率	2. 7%
就业不足人口	1700 人
就业不足率	0. 4%
就业人口每月收入中位数	15000 元
住户每月工作收入中位数	28000 元
就业人口工作收入基尼系数①	0. 4106

注：①笔者估算。

医疗（每千人口医护资源）

医生	2. 6 人
护士	3. 7 人
病床	2. 4 张

教育（2017/2018 学年）

非高等教育	学校数量	77
	校部数量	122
	公立学校校部	16
	免费教育学校系统的私立学校校部	92
	非免费教育学校系统的私立学校校部	14
注册学生	高等教育	33098 人
	中学教育	26608 人
	小学教育	30169 人
	幼儿教育	18802 人
	特殊教育	767 人
	回归教育	1693 人
师生比	高等教育	12. 14%
	中学教育	9. 8%
	小学教育	13. 5%
	幼儿教育	14. 5%

文　化

报章	中文日报	13
	葡文日报	3
	英文日报	3
	发行量	95 百万份

续表

电视台及电台总数		11
博物馆	数量	27
	参观人次(部分)	4285000
图书馆及阅书报室	数量	76
	藏书	2242195
	期刊	14028
	多媒体资料	2681939 套
	接待人次	5374474
	借书册次	823639
公开表演及展览	场数	45678
	观众人次	5694030
出版	申请国际标准书号(ISBN)	637
	已加入国际标准书号系统的出版机构	910
	法定收藏出版物(种)	633 种

社会保障

社会保障制度	有供款的受益人总数	360044 人
	供款雇主	24443 人
	供款	
	强制性制度	314.84 百万元
	任意性制度	68.26 百万元
	外地雇员聘用费	357.53 百万元
	发放	
	受领人总数	125150 人
	旧制度养老金	856.96 百万元
	旧制度提前发放养老金	2070.66 百万元
	新制度养老金	286.34 百万元
	残疾金	211.83 百万元
	额外给付	277.00 百万元
	其他给付	46.59 百万元
公积金个人账户	账户持有人总数	576515 人
	政府拨款金额	2760 百万元
	提取款项获批准人数	62593 人
	提取总金额	815.50 百万元
	社会保障基金资产净值	774110 百万元
私人退休基金	注册私人退休基金数量	1644
	集体加入计划参与人数量	145543 人
	总资产净值	20797.3 百万元

治　安

犯罪个案	14293
年终囚犯人数	1284 人

社会团体

注册社团总数	8448
《澳门特别行政区公报》刊登新注册社团章程数	566
社团与人口比	1∶77

四　基础建设

建筑及不动产

楼宇单位	住　宅	223640 个
	工商业	42358 个
建成楼宇单位	住　宅	337653 平方米
	工商业	111705 平方米
	其他用途	390154 平方米
每平方米平均成交价	住　宅	100822 元
	办公室	113193 元
	工　业	54411 元
住宅按揭供款与收入比例		65.01%

注：以澳门居民首次置业，并购买一个 45 平方米单位的按揭供款相对住户工作收入中位数计算。根据澳门金融管理局第 011/B/2017 - DSB/AMCM 号传阅文件，上述单位的价值可取得按揭的比例为 70%，假设还款期为 20 年、按揭利率为平均最优惠利率减 2 个百分点（2017 年设定为 3.25%）。

能　源

总产电量	1465.0 百万千瓦小时
进口电量	3951.5 百万千瓦小时

运　输

<table>
<tr><td colspan="2">道路行车线长度</td><td>427.5 千米</td></tr>
<tr><td rowspan="2">注册机动车辆</td><td>汽　车</td><td>114773 辆</td></tr>
<tr><td>摩托车</td><td>126274 辆</td></tr>
<tr><td rowspan="3">货物毛重</td><td>海　路</td><td>160483 吨</td></tr>
<tr><td>陆　路</td><td>13892 吨</td></tr>
<tr><td>航　空</td><td>37493 吨</td></tr>
<tr><td colspan="2">海路货柜总吞吐量</td><td>129798 个标准货柜单位</td></tr>
</table>

通　信

<table>
<tr><td colspan="2">固网电话线</td><td>131839</td></tr>
<tr><td colspan="2">流动电话用户(包括储值卡)</td><td>2249124</td></tr>
<tr><td colspan="2">互联网用户</td><td>396596</td></tr>
<tr><td colspan="2">使用时数</td><td>1242 百万小时</td></tr>
<tr><td rowspan="3">寄出邮件</td><td>普通信件</td><td>31072000 件</td></tr>
<tr><td>挂号信件</td><td>1113000 件</td></tr>
<tr><td>包　裹</td><td>5000 件</td></tr>
</table>

五　经济

本地生产总值

<table>
<tr><th>项目</th><th>2015 年(修订数值)</th><th>2016 年(修订数值)</th><th>2017 年(临时数值)</th></tr>
<tr><td>本地生产总值(当年价格)</td><td>362213 百万元</td><td>362265 百万元</td><td>404199 百万元</td></tr>
<tr><td>私人消费支出</td><td>94527 百万元</td><td>95508 百万元</td><td>98011 百万元</td></tr>
<tr><td>政府最终消费支出</td><td>34780 百万元</td><td>37726 百万元</td><td>39973 百万元</td></tr>
<tr><td>固定资本形成总额</td><td>91004 百万元</td><td>78485 百万元</td><td>74684 百万元</td></tr>
<tr><td>货物及服务出口净值</td><td>141902 百万元</td><td>150546 百万元</td><td>191531 百万元</td></tr>
<tr><td>人均本地生产总值</td><td>564635 元
70712 美元</td><td>560913 元
70160 美元</td><td>622803 元
77596 美元</td></tr>
<tr><td>本地生产总值平减物价指数(2015 = 100)</td><td>100.0</td><td>100.9</td><td>103.2</td></tr>
</table>

产业结构

工业生产	1.4%
建筑业	3.7%
批发及零售业、酒店业及饮食业	11.6%
运输、仓储及通讯业	2.7%
银行、保险及退休基金、不动产业务、租赁及工商服务业	21.5%
博彩及博彩中介业	49.1%
公共行政、教育、医疗卫生及社会福利和其他服务业	10.0%

本地居民总收入

本地居民总收入(当年价格)	372960 百万元
人均本地居民总收入	574668 元

对外商品贸易

货物总出口	11283 百万元
本地产品出口	1786 百万元
再出口	9498 百万元
货物总进口	75851 百万元

直接投资

类型	外来	境外
累计总额	227422 百万元	19266 百万元
流量	3013 百万元	1324 百万元
收益	58646 百万元	1421 百万元

货币及金融 I 货币供应量

项目	2016 年(修订数值)	2017 年
狭义货币供应量(M1)	63674 百万元	72380 百万元
广义货币供应量(M2)	532475 百万元	591485 百万元
外地资产净值	525902 百万元	592379 百万元
本地私人部门信贷	423034 百万元	458699 百万元
居民存款	518920 百万元	576577 百万元
银行提供信贷结余量	422691 百万元	458365 百万元

货币及金融 II

外汇储备结余	162305 百万元
澳门元汇率指数(贸易额加权,12 月 29 日)	103.40
澳门金融管理局基本利率(2017 年 12 月)	1.75%
澳门元期末储蓄存款年利率	0.0098%
澳门银行同业拆息(期末值,2017 年 12 月)	
一个月	1.2000%
三个月	1.3148%
六个月	1.3679%
一年	1.5425%

保　险

项目		2016 年(修订数值)	2017 年
毛保费	人寿保险	18368 百万元	19636 百万元
	非人寿保险	2156 百万元	2282 百万元
毛赔偿	人寿保险	2817 百万元	3725 百万元
	非人寿保险	732 百万元	6972 百万元
	非人寿保险赔损率	34.0%	305.0%

旅　游

入境旅客	32.61 百万人次
随团入境旅客	7.92 百万人次
旅客平均逗留时间	1.2 日
可供应用酒店客房	37100
酒店平均入住率	86.9%
旅客总消费	61324 百万元
旅客人均消费	1880 元

旅游附属账

项目	2014 年	2015 年	2016 年
旅客直接旅游消费	305305 百万元	217561 百万元	215167 百万元
旅游商品及服务供应总额	342924 百万元	254053 百万元	258732 百万元
总体旅游比例	89.0%	85.6%	83.2%
旅游增加值	238969 百万元	166451 百万元	163800 百万元

博彩业

项目	2016 年（修订数值）	2017 年
赌场	38	40
赌桌	6287	6419
角子机	13826	15622
幸运博彩毛收入	224128 百万元	266607 百万元
互相博彩及彩票投注额	9557 百万元	8917 百万元
博彩及相关服务收益	225695 百万元	267862 百万元
增加值总额	151718 百万元	178455 百万元
固定资本形成总额	7396 百万元	937 百万元

会展业

会议	数量	1285 场
	与会人次	245000
	平均会期	1.6 日
展览	数量	51 场
	入场人次	1608000
	平均展期	3.4 日
奖励活动	数量	45 场
	参加人次	48000
	平均会期	3.0 日

零　售

零售场所	7017
零售业总收益	70216 百万元
零售业增加值	13122 百万元
固定资本形成总额	1350 百万元

工　业

工业场所	932
工业总收益	11543 百万元
工业增加值总额	5447 百万元
固定资本形成总额	1175 百万元
工业生产指数（2008 = 100）	118.8

内地与澳门关于建立更紧密经贸关系的安排（CEPA）

零关税货物出口额	94.70 百万元
关税优惠额	57.72 百万元人民币
累计发出澳门服务提供者证明书	628
人民币存款总额(12 月)	39740 百万元人民币
跨境贸易人民币结算总额	670490.85 百万元人民币
内地注册澳门个体工商户	1805
内地居民个人游入境旅客	10.62 百万人次

消费物价

通货膨胀率	1.23%
综合消费者物价指数(2013 年 10 月至 2014 年 9 月 =100)	109.56

国际收支平衡情况

项目	2016 年(修订数值)	2017 年(临时数值)
经常账	98835.5 百万元	134526.9 百万元
资本账	-539.2 百万元	-300.0 百万元
金融账	103824.1 百万元	113044.8 百万元
净误差及遗漏	5527.8 百万元	-21182.2 百万元
整体国际收支	3539.6 百万元	1552.5 百万元

六　公共行政与政治

公共账目

项目	2016 年(修订数值)	2017 年(临时数值)
总收入	110502 百万元	118069 百万元
博彩税	84375 百万元	99845 百万元
其他税收及收益	26127 百万元	18224 百万元
总开支	82629 百万元	77693 百万元
经常开支	70498 百万元	61379 百万元
资本开支	12131 百万元	16314 百万元
结余	27873 百万元	40377 百万元
财政储备	438660 百万元	490040 百万元

按政府职能分类的公共开支

项目	2016年(修订数值)	2017年(临时数值)
一般公共服务	9116 百万元	10132 百万元
公共秩序及安全	9461 百万元	12947 百万元
经济事务	9467 百万元	10470 百万元
环境保护	1117 百万元	901 百万元
住房及社区设施	1413 百万元	1564 百万元
医疗保健	6989 百万元	7362 百万元
娱乐、文化及宗教	3075 百万元	3220 百万元
教育	10101 百万元	10509 百万元
社会保障	17078 百万元	18299 百万元

信贷评级

	惠誉国际	穆迪投资
评级	AA -	Aa3
评级展望	稳定	稳定

工作人员

公务人员	31354 人
受私法制度规范的基金会及其他公共机构人员	2670 人

法律法规

立法会通过的法律	16
政府制定的行政法规	
独立行政法规	19
补充性行政法规	15

自然人选民登记

新登记选民	17～24岁	1173 人
	25岁及以上	3228 人
选民结构	17～24岁	18576 人
	25岁及以上	290942 人

法人选民登记

维持有效	865
效力被中止	2
注销	8

第二部分　主要指标数据时间序列（2007 ~2017）

年份	2007	2008	2009	2010	2011	2012	2013	2014	2015	2016	2017
年终人口(千)	531.8	543.1	533.3	540.6	557.4	582.0	607.5	636.2	646.8	644.9	653.1
就业人口(千)	293.0	317.1	311.9	314.8	327.6	343.2	361.0	388.1	396.5	389.7	379.8
就业人口每月收入中位数(元)	8000	8000	8500	9000	10000	11300	12000	13300	15000	15000	15000
就业人口工作收入基尼系数*	0.3792	0.4215	0.4123	0.4028	0.4112	0.4050	0.4140	0.4069	0.4129	0.4033	0.4106
最低维生指数(元,一人家团)	2000	2400 2640****	2640	2640	3000	3360	3670	3800	3920	4050	4050
二氧化碳总排放量(百万吨)*	1.54	1.63	1.65	1.72	1.82	1.98	2.06	2.31	2.53	2.62	3.01
人均二氧化碳排放量(吨)*	2.90	3.00	3.08	3.17	3.26	3.40	3.39	3.64	3.91	4.06	4.61
住户总数(户)	171100	177300	166400	169700	172600	178600	185200	189600	192700	189200	191500
平均住宅价格(元/平方米)	20729	23316	23235	31016	41433	57362	81811	99795	86826	86342	100822
住宅按揭供款与收入比率(%)*	34.18	30.48	35.00	39.37	42.79	48.85	61.54	67.23	55.99	55.67	65.01
本地生产总值(百万元)	145085	166265	170171	226941	293745	343500	411839	442070	362213	362356	404199
本地居民总收入(百万元)	144738	148848	154320	202588	253750	292538	345092	378781	332959	322584	372960
人均本地生产总值(美元)	34661	38391	39775	52818	66687	75532	86674	89005	70712	70177	77596
货物总出口(百万元)	20430	16025	7673	6960	6971	8160	9094	9915	10692	10047	11283

续表

年份	2007	2008	2009	2010	2011	2012	2013	2014	2015	2016	2017
货物总进口(百万元)	43114	43034	36902	44118	62289	70928	81014	89952	84663	71352	75851
外来直接投资累计总额(百万元)	73326	84077	84052	109036	119263	153320	189472	220772	232447	245330	227422
狭义货币供应量(百万元)	22607	24730	30607	34730	36243	47622	58937	61863	61661	63674	72380
广义货币供应量(百万元)	185541	189790	212233	243054	297964	374931	441411	487472	472829	532475	591485
外汇储备(百万元)**	107855	49356	46426	47504	65163	132536	128954	131389	150813	155674	162305
入境旅客(百万人次)***	26.99	22.93	21.75	24.97	28.00	28.08	29.32	31.53	30.71	30.95	32.61
工业增加值(百万元)	3979	3588	3110	3031	3148	3519	3707	4175	4530	4884	5447
零售业增加值(百万元)	1939	3112	4757	7406	10899	13150	15692	15666	19294	11722	13122
博彩业增加值(百万元)	51276	67193	71697	113336	161128	186432	225870	225247	154736	152306	179071
整体国际收支(百万元)	28182	18241	16885	41274	81615	30128	-4567	617	18562	3540	1553
公共财政收入(百万元)	53710	62259	69871	88480	122972	144995	175949	161861	116111	110502	118069
公共财政支出(百万元)	23346	30443	35460	38340	45593	54013	51389	67078	80754	82629	77693

注：*作者估算。

** 2011 年及之前的数值已减去政府财政滚存。

*** 2008 年起，不包括外地雇员及学生等人次。

**** 2400 为 1～10 月数据，2640 为 11～12 月数据。

第三部分　年度纪事（2018）

1月

1日　《修改第5/2011号法律〈预防及控制吸烟制度〉》生效，内容包括准许娱乐场设立吸烟室、电子烟被纳入管制、限制烟草制品销售及展示、扩大禁烟范围等。

《非强制性中央公积金制度》法律生效。

5日　中国人民解放军驻澳门部队公布，廖正荣少将接任驻澳门部队司令员。

6日　澳门第一辆铰接巴士投入服务。

8日　《澳门特别行政区公报》刊登运输工务司司长批示，核准《澳门特别行政区之互联网域名注册规则》，新增全中文域名“.澳门”，翌日生效。

粤澳两地政府在广东省珠海市签署《广东核电站核事故应急粤澳合作共识》。

10日　粤澳合作联席会议在广东省广州市举行，会后双方签署八份合作协议及备忘录，涉及青年工作、食品安全、保护知识产权等领域。

16日　立法会一般性通过《职业介绍所业务法》，建议禁止职介所为在澳逗留的非本地居民介绍工作，并规管职介所收费。

19日　澳葡行政当局司法警察司最后一任司长白德安（António Francisco Marques Baptista）在葡萄牙逝世。

23日　警察总局、博彩监察协调局及博彩企业首次举行代号“捕狼”的娱乐场突发事件演练，共300人参与。

欧洲联盟决定将中国澳门从不合作税务管辖区名单除名，澳门特区政府表示欢迎。

31日　《澳门特别行政区公报》刊登消费者委员会关于修改《澳门消费争议仲裁中心规章》的通告。仲裁中心可通过远距离资讯传送方式进行跨域调解及审判听证，以维护旅客消费权益。

2月

1日　因应2017年12月起提前内地输澳鲜活食品通关时间，全澳街市本日起统一开市时间至7时，方便居民购物。

6日 国学大师、原东亚大学（今澳门大学）研究院文史学部创部主任、中文系创系教授饶宗颐在香港逝世。行政长官崔世安、澳门大学发唁函致哀。文化局饶宗颐学艺馆7～12日设公众吊唁册。

立法会全体会议以紧急程序细则性审议通过《修改〈市区房屋税规章〉》法案。

澳门首批共16部电动的士投入使用。

7日 立法会全体会议以紧急程序细则性审议通过《取得非首个居住用途不动产的印花税》法案。澳门金融管理局同时推出新指引，放宽青年首次置业按揭最高比例，根据价值设定为80%～90%。上述措施于2月10日开始生效。

13日 澳门及香港特区政府就两地跨境非商用私家车通行安排达成共识，将设常规配额900个，其中澳门获分配600个。另为不获配额的香港私家车设立泊车转乘计划。

澳门理工学院成功研发中葡双语翻译手机应用程序“中葡通”（Diz lá!），于本日举行启用仪式。

“美狮美高梅”综合度假项目启用。

22日 统计暨普查局公布，2017年“8·23”风灾最终对澳门造成的直接经济损失为90.45亿澳门元，间接经济损失为35.00亿澳门元，合共125.45亿澳门元。

26日 中国银行澳门分行首次在澳门地区发行离岸人民币债券，为母行完成40亿元离岸人民币债券的定价工作。

28日 特区政府代表在长者事务委员会举行的全体会议上公布《2016至2025年长者服务十年行动计划》中的204项短期措施已全部完成，另外13项中期措施提前完成。

澳门特区与澳门赛马有限公司（Companhia de Corridas de Cavalos de Macau, S. A. R. L.）签署《延长经营赛马专营特许公证合同》的修订文本，延长该公司经营赛马专营期限至2042年8月31日止，其注册资本须分阶段增至15亿元。

3月

1日 在越南河内举行的联合国亚洲及太平洋经济社会委员会/世界气象

组织台风委员会第 50 届会议上，中国气象局对 2017 年在华南地区（包括澳门）造成广泛破坏的台风“天鸽”提出除名建议，获台风委员会接纳。

3 日 中国人民政治协商会议第十三届全国委员会第一次会议在北京召开。第十二届主席俞正声在发表常务委员会工作报告时提出，要加强同港澳台侨同胞团结联谊。

4 日 中国共产党中央政治局常务委员、中央纪律检查委员会书记赵乐际参加全国政协港澳委员联组会议，发表重要讲话，呼吁坚持“一国两制”方针，要全面理解及贯彻落实。

5 日 第十三届全国人民代表大会第一次会议在北京召开。国务院总理李克强发表政府工作报告，指出本年将出台实施粤港澳大湾区发展规划，全面推进内地同香港、澳门互利合作。

6 日 中共中央政治局常务委员、中央书记处书记王沪宁参加澳门特区全国人大代表团全体会议，提出贯彻“一国两制”方针、严格按照宪法及基本法办事、支持特区政府及行政长官依法施政、支持澳门更好更快融入国家发展大局、增强澳门居民爱国爱澳精神五点建议。

沙梨头街市市政综合大楼（俗称“新水上街市”）启用。

7 日 《澳门特别行政区公报》刊登行政长官公告，增加澳门投资发展股份有限公司章程的资本额至 61.02 亿元。澳门投资发展股份有限公司是代表澳门特区政府参与区域经贸合作及开展投资项目的机构。

14 日 全国政协十三届一次会议召开第四次全体会议，选举领导层。来自澳门的何厚铧全票当选副主席，马有礼、许健康、梁华、廖泽云当选常务委员。

15 日 经国务院批准，港珠澳大桥澳门口岸管理区交付澳门特别行政区使用，广东省边防总队第五支队及澳门海关凌晨零时举行交付仪式。

全国政协十三届一次会议闭幕，并通过《政治决议》，强调坚持“一国两制”方针，严格依照宪法和基本法办事，支持港澳特区政府和行政长官依法施政，支持港澳融入国家发展大局。

18 日 十三届全国人大一次会议召开第六次全体会议，选举全国人大常务委员会委员。中央人民政府驻澳门特别行政区联络办公室（澳门中联办）副主任陈斯喜、澳门特区立法会主席贺一诚当选常务委员。陈斯喜翌日获任命为全国人大社会建设委员会副主任委员。

21 日　全国人大常务委员会召开会议，表决通过任命沈春耀为澳门特别行政区基本法委员会主任。

23 日　银河娱乐及永利渡假村宣布，银河娱乐同意按每股 175 美元的价格认购永利渡假村 530 万股新发行普通股份，总值 9.275 亿美元。银河娱乐因而持有永利渡假村 4.9% 的股份，相当于在香港上市的永利澳门有限公司 3.5% 的股权。博彩监察协调局表示，此举符合澳门特区法律规定。

25 日　中国银行澳门分行完成系统全面升级，整个项目历时 33 个月。

28 日　中国农业银行澳门分行开业。

100 个八年期纯电动的士牌公开开标，968 份标书中，最高中标价 98 万多澳门元，最低中标价 81 万多澳门元。

29 日　检讨重大灾害应变机制暨跟进改善委员会委托内地学术机构及民政部国家减灾中心联合编制的《澳门“天鸽”台风灾害评估总结及优化澳门应急管理体制建议》终期总结报告公布。

澳门贸易投资促进局与中国工商银行股份有限公司签署《关于支持澳门特色金融发展的工作备忘录》，重点包括推动葡语国家资产交易平台建设、投资“一带一路”、人民币国际化、发展人民币跨境投融资业务等。

4月

11 日　廉政公署发表 2017 年度工作报告，促请特区政府及早完善领导及主管人员的问责制度。

特区政府委托港铁营运及维护轻轨氹仔线，80 个月服务判给金额 58.8 亿澳门元。

12 日　检讨重大灾害应变机制暨跟进改善委员会召开记者会，公布防灾减灾 10 项重点工作，并公布 16 个避险中心以及 4 个需扶助人士集合点及紧急疏散停留点。

15 日　澳门特区政府与中联办合办的“国家教育展”开幕。

17 日　经修改定义后的热带气旋信号及强烈季候风信号生效，包括增加“强台风”及“超强台风”级别、以持续风速（即每 10 分钟平均风速）取代每小时平均风速为悬挂信号的指标等。

21 日　特区政府主要官员及检察长赴北京市及江苏省参加任期中段国情培训，至 25 日结束。是次集体任中培训为特区成立以来首次。

道路集体客运公共服务（巴士）调整票价，改为不分区划一收费；持有长者卡及残疾卡的乘客免费乘车。

24 日　中共中央政治局常委、国务院副总理韩正在北京接见正参加任期中段国情培训的澳门特区政府主要官员及检察长。

25 日　终审法院就盗窃罪和抢劫罪中的窃取行为以及窃取行为的既遂状态向各级法院订定强制性统一司法见解。

26 日　行政会完成讨论《2018 年度医疗补贴计划》行政法规草案，其中医疗券改以电子形式发放，符合资格的居民就诊时凭身份证使用。

27 日　财政局公布第一季度中央账目资料显示，公共财政结余已超越年度预算一倍。

28 日　特区政府举行“台风期间风暴潮低洼地区疏散撤离演习”，首次在实地举行以及有社会团体参与。

5月

4 日　广东粤澳合作发展基金签约仪式在广东省广州市举行，澳门特区政府经济财政司司长梁维特、广东省副省长陈良贤共同见证。根据合作协议，基金存续期为 12 年，澳门特区作为财务投资人，将从财政储备分期向基金注资 200 亿元人民币，这是一项保本、保息、有退场机制的投资。

7 日　行政长官崔世安率领代表团出访柬埔寨王国及泰王国。

8 日　澳门特区行政长官崔世安与柬埔寨外交与国际合作部大臣布拉索昆（Prak Sokhonn）签署《中华人民共和国澳门特别行政区与柬埔寨王国外交与国际合作部推动友好合作框架谅解备忘录》，拓展两地在多个领域的交流与合作。

特区政府公布，与轻轨列车供应单位就解除购置额外车厢合同的问题达成协议，涉及金额约 3.6 亿元。

9 日　中国澳门特区与泰国普吉府（Changwat Phuket）缔结友好城市，两地政府代表签署谅解备忘录。

10 日　民政总署在回复立法会议员梁孙旭提出的书面质询中指出，经委托中山大学评估调查，2017 年“天鸽”风灾对澳门造成植被总损失的生物量为 31528.6 吨，实物性资源损失 10.6204 亿澳门元，服务性资源损失 6.0769 亿澳门元。

往来于澳门与俄罗斯莫斯科的航线改为定期航班，每周一班。

16 日 文化和旅游部公布第五批国家级非物质文化遗产代表性项目代表性传承人名单，4 名澳门人士入选。

22 日 行政长官崔世安率领特区政府代表团前往贵州省，考察当地扶贫工作。同日贵州省人民政府、澳门特区政府及中联办代表签署《贵州省人民政府与澳门特别行政区政府、中央人民政府驻澳门特别行政区联络办公室扶贫合作框架协议》。

23 日 内地及港澳特区民航部门在香港签署《关于适航审定紧密合作的谅解备忘录》及《C919 飞机运行评审的合作安排》，为港澳参与国产航空器运行评审以及 C919 客机投入商业营运奠定基础。

25 日 中国民用航空局与澳门特区民航局签署备忘录，推动澳门国际机场加速扩建、提高空域使用效率及加强安全管理合作。

27 日 行政长官崔世安率领特区政府代表团前往北京市，出席“2018 北京·澳门合作伙伴行动”活动。

30 日 澳门参加国际群众体育协会（TAFISA）“世界挑战日”活动，对赛城市为危地马拉米斯科（Mixco）。参与是次活动的澳门居民有 263353 人，占澳门总人口的 40.32%。国际群众体育协会于 6 月 22 日公布结果，澳门胜出对赛，同时在“世界挑战日杯”第四组别（25 万～100 万人口城市）排名第一。

31 日 2018 年珠（海）澳（门）合作会议在广东省珠海市举行，两地政府签署三份合作框架备忘录，涉及澳门青年到珠海实习就业、经贸投资及金融合作。

6月

10 日 澳门葡人社群庆祝葡国日、贾梅士日暨葡侨日（即葡萄牙国庆日）。

11 日 《澳门特别行政区公报》刊登核准风暴潮警告系统的行政命令，翌日生效。新的警告系统分为五级，增加预测水位高于路面 1.5 米及以上的警

告级别。

12 日　澳门博彩控股有限公司举行周年成员大会，何鸿燊退任公司主席、执行董事及董事会执行委员会委员，改任荣誉主席；何超凤接任公司主席兼执行董事；霍震霆及梁安琪为公司联席主席兼执行董事；苏树辉为公司副主席、执行董事兼行政总裁；另选举陈婉珍为公司执行董事。

行政长官崔世安率领主要官员及行政会委员视察港珠澳大桥。

13 日　交通局即日起接受澳门经港珠澳大桥到港私家车配额申请，公司及个人配额各 300 个，且限在港任职或经商的本澳居民或公司。配额费 3 万澳门元，为期 1 年。

15 日　澳门中联办召开“习近平主席关于澳门高校工作重要指示精神传达学习会”，宣读国家主席习近平就澳门大学校长宋永华及澳门科技大学校长刘良代表澳门高等院校师生 5 月 23 日联署信件的答复。习近平主席在复函中提出期望澳门高等院校能培养更多“爱国爱澳”人才，创造更多科技成果。

18 日　澳门国际龙舟赛举行，中国南海九江队蝉联标准龙公开组及女子组冠军；新加坡南洋理工大学队夺得大学生标准龙公开组冠军。

21 日　行政长官崔世安率领特区政府代表团访问粤港澳大湾区城市：6 月 21～22 日访问珠海市、深圳市及广州市；6 月 25 日访问中山市及江门市；7 月 9～11 日访问肇庆市、佛山市、惠州市及东莞市。

25 日　国务院公布，任命张荣顺为澳门中联办副主任，免去陈斯喜的职务。

26 日　民政总署召开记者会，宣布决定搁置在氹仔沙岗市政坟场兴建火葬场的计划，并计划从修法入手，物色包括坟场以外的可行地段兴建设施，同时加强与居民沟通。卫生局代表指出，基于公共卫生及防疫需要，澳门有必要兴建火葬设施。

27 日　国务院港澳事务办公室主任张晓明在北京与行政长官崔世安举行工作会晤。

28 日　国务院副总理韩正在北京会见行政长官崔世安，听取崔世安汇报澳门社会各界对粤港澳大湾区发展规划的意见及建议。

30 日　民政总署开始在亚美打利庇卢大马路（新马路）展开下水道及管道重整工程，原定为期两个月，因提早完成，8 月 16 日下午全面恢复交通。

新华社报道，南方电网广东电网公司完成珠海防风抗灾保底电网建设工程，并全部投产，可确保对澳门供电通道在50年一遇台风下不致中断。

澳门逸园赛狗股份有限公司（逸园赛狗会）举办最后一次赛狗。

7月

2日　政府在经济财政司属下部门试行共享采购供应商资料库。

廉政公署发表《贸易投资促进局审批“重大投资移民”和“技术移民”的调查报告》，指出澳门贸易投资促进局在审批相关申请时欠缺严谨的机制或标准，建议检讨并修改现行法律制度。经济财政司司长梁维特及局方均认同报告内容，而局方将于本月内向司长提交报告。

3日　政府开始发放本年度现金分享，至9月14日基本完成，涉及金额约61.78亿元。

首届“中葡文化艺术节”揭幕，至7月13日结束。

9日　往来澳门与海南省三亚市的航班开通。

12日　立法会全体会议细则性表决通过《海域管理纲要法》法案。

博彩监察协调局否决逸园赛狗会延长及修改赛狗专营批给合同的申请，重申该会须于7月20日迁离赛狗场现址。民政总署同日去函该会要求立即提交具体迁置格力犬的场所，以符合《动物保护法》的有关规定。逸园赛狗会执行董事梁安琪解释，由于在赛狗场营运期间格力犬已有狗主，在未征得狗主同意下无法提早安排领养工作。

18日　政府召开记者招待会，介绍逸园赛狗会迁出赛狗场后的后续安排，其中有关建筑物及设备将由政府接收，但因格力犬属于动产，根据专营批给合同无须归还政府，民政总署将考虑以赛狗场犬舍现址作为临时安置格力犬的地方。

20日　赛狗专营批给合同终止，财政局下午联同博彩监察协调局及逸园赛狗会代表完成财产点算及接收程序，过程顺利。

21日　民政总署午夜确认逸园赛狗会在专营批给合同终止后在赛狗场犬舍遗弃533头格力犬，随即启动保管程序，会同五个动物保护团体到场照顾。

26日　政府经检讨2017年“8·23”风灾时救援力量的不足，购置一批共70多种应急救援装备，全部付运完毕并对外展示。

28 日　负责设计澳门政权交接仪式临时场馆及澳门回归贺礼陈列馆的建筑师冼百福（Vicente Bravo）在葡萄牙里斯本逝世。

30 日　立法会举行全体会议，细则性通过《设立市政署》法案，自 2019 年 1 月 1 日起生效。

立法会举行全体会议，细则性通过《修改五月十七日第 2/93/M 号法律〈集会权及示威权〉》法案，集会游行的通知预告对象由民政总署改为治安警察局。

31 日　青洲卫生中心启用，为澳门面积最大的卫生中心。

8月

1 日　澳门特区与澳门新福利公共汽车有限公司及澳门公共汽车股份有限公司（澳巴）签订道路集体客运公共服务公证合同，批给期至 2019 年 10 月 31 日。

南光（集团）有限公司旗下澳门公共汽车股份有限公司及澳门新时代公共汽车股份有限公司合并，沿用“澳巴”名称，车身颜色逐步统一为橘色。

科学技术发展基金公布，科学技术部通知批准在澳门大学设立“智慧城市物联网国家重点实验室”，以及在澳门科技大学设立“月球与行星科学国家重点实验室”。

2016 年 5 月因偏房瓦顶及木梁倒塌而封闭的圣奥斯定教堂（俗称岗顶教堂、“龙嵩庙”）修复完毕，本日重新开放、使用。

行政会完成讨论《医疗人员专业资格及执业注册法律制度》法律草案，建议 15 类医疗人员大学毕业后仍需至少半年实习及考核试。过渡期在职医疗人员可免实习试，直接登记领取“资格认可证书”及“执业执照”。

2 日　民防行动中心完成在澳门三处高点（东望洋灯塔、氹仔大潭山及路环叠石塘山）及一处低洼地点（筷子基街广大中学正校）装置警报系统，并于低洼地区 90 个设有“全澳城市电子监察系统”摄像机的支柱上装设扬声器，将在本月内投入使用。

筷子基邮政分局启用。

行政会公布《修改〈国旗、国徽及国歌的使用及保护〉》法案，交立法会审议。

3 日　国务院决定取消台港澳人员在内地就业许可制度。

6日 《澳门特别行政区公报》刊登配合《高等教育法》实施的五部行政法规，全部于8月8日起生效。

7日 镜湖医院慈善会宣布，向政府捐赠13座位于永福围的中式楼房用作文化及保育。

参加第18届亚洲运动会的中国澳门体育代表团向行政长官崔世安辞行。行政长官向代表团授予中国澳门特区区旗。代表团自14日起分批前往印度尼西亚雅加达参赛，并于武术、空手道及三项铁人赛事中取得1金、2银、2铜，共5面奖牌。

9日 行政长官崔世安列席立法会全体会议，回答议员提问。

热带气旋"贝碧嘉"在西沙群岛附近生成，气象局悬挂风球信号示警，但由于外部引导气流薄弱，"贝碧嘉"长时间在广东沿海徘徊，局方为此悬挂风球信号总计达138小时（5.75天），为有记录以来最长时间。

12日 澳门基金会公布，"8·23风灾特别援助计划"审批工作全部完成，共批出援助金额约5.8亿元。

13日 《澳门特别行政区公报》刊登行政长官批示，明确在气象局发出第三级（橙色）风暴潮警告时，须即时全面启动民防架构。

《澳门特别行政区公报》刊登行政长官批示，划定澳门特区海岸线及核准其界线图。

14日 行政长官崔世安启程前往北京，以成员身份出席国务院粤港澳大湾区建设领导小组第一次全体会议。

受强热带风暴"贝碧嘉"影响，气象局悬挂八号风球5小时，为有记录以来最短时间。民防行动中心其间没有接获事故报告，无人受伤。"贝碧嘉"的中心于22时最接近澳门，位于澳门以南100千米的海面。

15日 粤港澳大湾区建设领导小组第一次全体会议在北京召开，领导小组组长、国务院副总理韩正主持会议，具体提出大湾区的战略定位，以推动高质量发展、深化改革开放、优化功能布局及丰富"一国两制"方针的实践；在建设时强调以创新驱动、统筹兼顾。澳门特区行政长官崔世安在发言时表示，特区政府将全力配合中央部署，并在《澳门特别行政区五年发展规划（2016～2020年）》内增加相应举措。

20日 政府联同多个青年团体公布塔石青少年文康活动中心（爱都酒店

及新花园泳池原址）建筑设计方案。

葡萄牙《共和国日报》（*Diário da República*）第二组刊登外交部部长8月1日的批示摘要，委任欧冠溢（Paulo Jorge Sousa da Cunha Alves）为新任驻澳门总领事，自其到任日起生效。

21日 沪澳高层会晤在澳门举行，同场签署四份合作协议，包括每年轮流举办“沪澳合作主题年”活动。

22日 政府展开《都市更新暂住房及置换房法律制度》公开咨询，建议设立暂住房及置换房，供受都市更新影响的业权人租住或购买；另建议引入例外条款，让受“海一居”批地失效影响且有置业或改善居住环境需要的预约买受人申请购买置换房。

23日 审计署公布《电子政务的规划及执行》衡工量值式审计报告，批评行政公职局推动电子政务工作缓慢，而在配合审计工作方面反映其行政管理及履行职责能力存在巨大改善空间。行政公职局表示虚心接受报告。

警察总局公布，粤港澳警方5月15日至8月15日在三地分别展开“雷霆18”反罪恶行动。澳门警方在行动期间共执行超过800次巡查，共调查29864人，5745人被带返警局调查，1715人被送交检察院处理，涉及案件1172宗。行动中查获司法机关拘留命令及拦截令对象81人，其中28人被即时送往监狱服刑。行动搜出的涉案款项共3900万元。

28日 国务院公布，任命沈蓓莉为外交部驻澳门特别行政区特派员公署特派员，免去叶大波的职务。

29日 土地工务运输局在城市规划委员会平常会议上公布原赛狗场用地规划研究方案，建议预留约8000平方米土地用作兴建教育设施，其余土地则建议增建综合体育馆、社会服务及政府设施等。

中国人民解放军驻澳门部队完成第19次建制单位轮换。

30日 往来澳门与山东省青岛市的航线开通。

31日 葡萄牙共和国驻澳门总领事薛雷诺（Vítor Paulo da Costa Sereno）卸任。

9月

1日 在内地港澳台居民证件便利化措施正式实施，包括向合资格港澳台居民发放“港澳台居民居住证”。持证者将获分配居民身份证号码，可享有就业、参加社会保险及住房公积金权利，并可作为身份证明文件，使用与内地居民相同的基本公共服务及办理各项手续。估计有25000名澳门居民及留学生受惠于此措施，约占澳门居民身份证持证者总数的3.7%。

《多边税收征管互助公约》延伸至中国澳门特区生效。

政府成立政策研究和区域发展局，由原政策研究室及行政长官办公室附设内地工作小组合并而成。

6日　珠海市人民政府批复实施《横琴新区与保税区、洪湾、湾仔区域一体化发展规划》，当中提出与澳门共同建设珠澳高铁枢纽，连接国家高铁网络及广东省内城际轨道。

13日　审计署公布《轻轨系统——第四阶段》专项审计报告，批评运输基建办公室无论在路线设定、造价预算还是在工程管理方面均存在严重缺失。办公室解释，轻轨系统造价估算须切合实际情况及符合社会期望。

因应热带气旋“山竹”即将来袭，中国气象局上午与港澳气象部门首次通过视像会议举行天气会商，共同加强预警预报能力。另外，行政长官崔世安下午召开会议，听取民防架构成员汇报防灾准备，并下达工作指示。

位于珠海市香洲区的澳门工会联合总会广东办事处启用，为第一所在内地开设办事处的澳门社团。

15日　热带气旋“山竹”逼近，地球物理暨气象局（气象局）21时发出红色风暴潮警告，预测水位翌日将高于内港路面1.5～2.5米。民防行动中心随即启动全面运作模式，警察总局先后协助5650名低洼地区居民疏散撤离。社会工作局首次开放全澳16个避险中心予有需要居民及旅客停留，至18日12时30分关闭，其间共有1346人使用。海上客运服务22时起全面停顿。

政府宣布一系列预防热带气旋灾害的应对措施，包括一连三天开放博彩企业名下物业、公共部门及公共房屋的停车场免费予车辆停泊，自23时起所有娱乐场暂停博彩活动，自翌日1时起关闭所有来往内地的陆路口岸等。

16日　受热带气旋“山竹”影响，气象局悬挂十号风球达9小时，为1968年以来最长。澳门电力股份有限公司（澳电）为全澳整体供电安全起见，13时起主动切断内港地区供电，约2万家用户受影响，连带影响该区的固网互联网服务。各水厂及高位水池正常运作，仅个别大厦因为部供水或供电设施

故障而未能供水。澳门国际机场全日停止航班升降。

“山竹”为澳门造成直接经济损失5.2亿澳门元，间接经济损失10.3亿澳门元，总经济损失合共15.5亿澳门元。政府下午宣布所有公共机关，除属民防架构成员及驻外代表机构外翌日关闭，免除公务人员上班；中小学、幼稚园、特殊教育机构及高等院校翌日停课。

17日 热带气旋“山竹”逐渐远离消散，气象局于4时改挂三号风球，至19时除下。澳门国际机场及各娱乐场于8时恢复运作、来往港澳航班于9时30分恢复、来往内地各陆路口岸于12时全面恢复。首批内地供澳救灾物资中午抵达。

公共部门、实体及社会团体组织约2000名人员及志愿者到各区清除垃圾及移除倒塌树木等。由于停课及政府停工措施使道路通勤压力大为纾缓，清障运转效率提升，至傍晚时市面已大致回复正常，仅个别学校及社会设施因内部设备受损、需要检查或消毒而暂停开放。

21日 “澳门2018第35届亚洲国际集邮展览”揭幕。

行政会完成讨论《废止十月十八日第58/99/M号法令》法律草案，取消澳门离岸公司税务优惠，2021年起不得再从事离岸业务。

24日 《澳门特别行政区公报》刊登行政长官批示，澳亚卫视有限公司提供卫星电视广播电信服务的准照，自2019年3月16日起获续期15年。

天主教澳门教区主教李斌生发表声明，对梵蒂冈与中华人民共和国22日在北京签署关于中国内地主教任命的临时性协议表示高兴，并认为协议将特别有利于教会共融。

25日 行政长官崔世安探访路环圣玛大肋纳嘉诺撒安老院，听取负责人反映长者对相邻打缆路格力犬安置场所的意见及忧虑，承诺住院长者的正常生活作息将不受影响。

26日 《澳门特别行政区公报》公布2018年度澳门科学技术奖获奖人名单。

27日 因应澳门金融管理局本年来第三度调升贴现窗基本利率，多所澳门银行分别宣布调升最优惠利率，为2006年来首次。

28日 粤港澳三地政府一连三天联合试运港珠澳大桥，测试各自口岸运作。

澳门厂商联合会恢复举办自1995年起停办的“澳门工业展览会”（简称“澳门工展会”），至10月1日结束。

10月

1日 政府及民间举行系列活动，庆祝中华人民共和国成立69周年。

2日 葡萄牙共和国新任驻澳门总领事欧冠溢履新。

3日 《澳门特别行政区公报》刊登行政长官批示，决定编制澳门特别行政区总体规划草案，并委任跨部门委员会成员。

4日 澳门特别行政区维护国家安全委员会成立，以协助行政长官在维护国家安全事务方面决策并负责执行统筹工作。委员会于翌日召开首次会议。

8日 设于澳门大学的“智慧城市物联网国家重点实验室”及澳门科技大学的“月球与行星科学国家重点实验室”揭牌。

澳门青年创业孵化中心“国家备案众创空间”揭牌，为港澳地区首个在国家备案的大众创业及万众创新空间。

9日 国务院港澳办邀请全体澳门特区立法会议员访问北京市及天津市，33名议员中有29名应邀启程。

海事及水务局与内港码头业界举行交流会议，其间局方透露防洪墙工程原则上于2021年完成建造内港北雨水泵站箱函渠后才具备条件兴建，故现阶段计划在沿岸先加装单向退水拍门，以加快疏导道路积水。

10日 国务院副总理韩正在北京市会见澳门特区立法会议员。

11日 最高人民法院开放其数字图书馆予澳门特别行政区法院使用，本日举行上线仪式。

政府回应美国“国会—行政部门中国委员会”2018年度报告中涉及澳门的内容，表示其罔顾事实，对此坚决反对。

13日 第三届澳门全民运动会举行，约4000名居民参与。

“共建粤港澳大湾区青年论坛”举行，国务院港澳办主任张晓明应邀出席。张晓明在澳期间，曾到澳门大学及多处基础设施考察参观。

16日 金融情报办公室从经济财政司司长改隶保安司司长监管。

18日 “第二十三届澳门国际贸易投资展览会”及“2018年葡语国家产品及服务展（澳门）”举行，至20日结束，共促成约400场商业配对洽谈，签约75份，超过7万人次入场。

20日 澳（门）葡（萄牙）联合委员会第五次会议在澳门召开，双方同意将来深化在创新创业、文化、体育等领域的交流合作。

22日 国家主席习近平视察广东省珠海市横琴新区高新技术片区内的粤澳合作中医药科技产业园。

23日 港珠澳大桥开通仪式9时30分在珠海口岸旅检大楼举行，国家主席习近平主礼并宣布大桥开通，随后乘车巡览大桥，会见施工及管理团队代表。大桥的澳门口岸管理区及相关连接路15时对外开放。

澳门律师事务所MdME获香港律师会批准注册，成为第一所在香港开业的澳门律师事务所。

24日 港珠澳大桥9时正式通车，澳门口岸管理区边检大楼同时正式对外开放，其中珠澳旅检大厅首次实施“合作查验、一次放行”通关模式，旅客只需凭入境方证件，即可完成两地出入境手续。大桥营运首天，录得总车流2474架次，往香港方向有1053架次，往珠澳方向1421架次。

26日 廉政公署公布，澳门贸易投资促进局行政管理委员会主席、一名执行委员及时任投资居留暨法律处经理，因在审批移民的申请过程中涉嫌职务犯罪，25日被移送司法机关，有关嫌犯已被采取中止担任公共职务及禁止离境等强制措施。

澳门金融管理局与香港金融管理局签署《银行专业资历架构合作备忘录》，推动两地互认银行专业资历。

30日 由商人何猷龙成立的家族办公室“黑桃资本”发行全球首批以澳门元为结算单位的企业债券，总值20亿元。

31日 世界卫生组织西太平洋区域办事处确认中国澳门已消除德国麻疹。

11月

2日 往来澳门与马来西亚亚庇（Kota Kinabalu）的航线恢复。该航线自2007年开通以来，曾先后停止营运两次。

3日 已故澳门中联办主任郑晓松的骨灰安放北京八宝山革命公墓，此前举行告别仪式。

4日 行政长官崔世安率领政府代表团前往上海市，参加首届中国国际进口博览会系列活动。

6日 国务院港澳办主任张晓明到江苏省常州市考察筹建中的苏澳合作园区。

8 日　澳门特区警察总局与中国人民解放军驻澳门部队联合举行代号“灵犬”的大型反恐演练，为特区成立以来首次。

9 日　首次川澳合作会议在澳门召开。双方在会后签署提升合作关系的协议及会议备忘录。

11 日　行政长官崔世安率领澳门特区代表团，出席在北京举行的“携手并进四十载，融入大局谱新篇——香港澳门参与国家改革开放四十周年座谈会”。

12 日　国家主席习近平在北京人民大会堂接见参加庆祝国家改革开放 40 周年活动的港澳代表团。

《澳门特别行政区公报》刊登行政长官批示，设立建设粤港澳大湾区工作委员会，翌日生效。

13 日　立法会全体会议一般性通过《经济房屋法》修订案。

15 日　第 65 届澳门格兰披治大赛车举行，至 18 日结束。四天赛事共有 83000 人次进场。

行政长官崔世安列席立法会全体会议，发表 2019 财政年度施政报告。

17 日　文化局公布新澳门中央图书馆建筑工程计划评审结果，并由中标公司代表介绍设计方案。

20 日　二龙喉公园亚洲黑熊“BoBo”上午离世。

28 日　澳门电力股份有限公司路环发电厂举行仪式，纪念启用 40 周年并公布扩建计划，将增设天然气机组，以提升本地日常发电量至 30%。工程预计在 2019 年第一季度开始。

12月

1 日　经粤澳双方商定，对批文有效期截止日期在一定范围的澳门私家车及所有粤澳公务车，即日起获准免加签通行港珠澳大桥口岸。

2 日　“澳门国际马拉松”举行，肯尼亚选手金宝尔（Elijah Kiprono Kemboi）及姬芭瑙（Mercy Jerotich Kibarus）囊括男女子组全程马拉松冠军。

3 日　逸园狗场教育用地将分配给协同、劳校、新华及圣玛大肋纳四校建校舍。

往来澳门与泰国喀比（Krabi）的航线开通。

5 日 《中华人民共和国和葡萄牙共和国关于进一步加强全面战略伙伴关系的联合声明》在里斯本发表，提到中葡两国愿意进一步发挥澳门的桥梁和纽带作用以促进发展长期友好关系，并继续支持澳门发挥中国与葡语国家商贸合作服务平台的作用，推进中国—葡语国家经贸合作论坛（澳门）框架下的各项合作。

正在葡萄牙共和国进行国事访问的国家主席习近平，会见当地中资机构、华侨及留学生代表，包括澳门驻里斯本经济贸易办事处主任及 5 名澳门留学生。

社会协调常设委员会举行全体大会，会上决定搁置讨论“四选三”机制，其余六项《劳动关系法》优先修订部分将继续讨论。

6 日 国家发展和改革委员会主任何立峰与澳门特区行政长官崔世安在北京签署《支持澳门全面参与和助力“一带一路”建设的安排》。

7 日 政府代表在列席立法会全体会议辩论 2019 年度运输工务范畴施政方针时透露，澳门妈阁至珠海湾仔的挡潮闸方案已获中央批复，工程设计正在进行；澳门内港防洪墙工作因地质条件、管线迁移及码头运作等因素而需延长预计施工时间，已改列为中期方案。

9 日 约 47000 人参加由澳门日报读者公益基金会举办的“第三十五届公益金百万行”活动，共筹得善款 2000 万澳门元。

12 日 《CEPA（内地与澳门关于建立更紧密经贸关系的安排）货物贸易协议》签署，提前完成国家“十三五”规划中 CEPA 升级的目标。

由南光（集团）有限公司发起的中华（澳门）金融资产交易股份有限公司开业，为澳门首家提供金融资产交易服务的金融机构。

交通事务局发布“智慧交通”建设工作初步成果，完成交通态势分析预测、巴士服务需求分析、交通灯配时优化及交通事件智慧感知四个应用，预计于 2019 年 1 月正式投入使用。

行政长官崔世安率领政府代表团前往江苏省南京市，考察苏澳合作园区。

13 日 横琴新区党委书记牛敬在第二届横琴新区发展咨询委员会第三次会议上透露，国务院已批复同意澳门莲花口岸将迁至横琴口岸运作，并实行“合作查验、一次放行”通关模式，横琴新区将提供不少于 10 万平方米的查验场地交由澳门特区管辖。

15 日 行政长官崔世安启程前往北京述职。

受 2017 年台风“天鸽”影响而严重受损的关闸广场地下公共客运总站整修完毕并重新开放。

16 日 “澳门国际幻彩大巡游”举行。

17 日 国家主席习近平及国务院总理李克强分别听取行政长官崔世安述职。

19 日 政府公布颁授勋章、奖章及奖状名单，其中最高荣誉大莲花荣誉勋章得主从缺，族群领袖陈明金获授金莲花荣誉勋章。

农业农村部发布，广东省珠海市香洲区爆发非洲猪瘟疫情。受事件影响，供澳生猪仅 140 头，为平时的 35%。澳门特区民政总署经与内地方面协调，21 日全面恢复每日 400 头生猪供应。

20 日 政府及民间举行系列活动，庆祝澳门特别行政区成立 19 周年。

第三阶段澳门机动车入出横琴配额政策实施，分三批共增加 1700 个澳门机动车入出横琴配额，最终总量将增至 2500 个。

27 日 广东省公安厅公布 35 项服务粤港澳大湾区建设新举措，涉及出入境签注、人才落户、粤港澳车辆往来、防控金融风险等方面。

28 日 国务院公布，任命傅自应为澳门中联办主任。

珠海市横琴新区管理委员会透露，由澳门特区政府推荐首批进入粤澳合作产业园的 83 个项目中，已有 27 个项目签订合同协议，其中 23 个项目取得用地，有 40 个项目退出，仍有 15 个项目正在处理。园方自 31 日起重新招商，不再设定提交期限，并改由“先评审，后推荐”方式入园，直至余下 2.57 平方千米土地用完为止。

29 日 国务院公布，任命邓中华为港澳办副主任，免去冯巍的职务。

30 日 广东省公安厅交通管理局公布，自 2019 年元旦起，现有粤澳两地牌私家车，可以通过加签通行港珠澳大桥珠海口岸。

交通事务局公布，现有以“M”字开头排序的车辆号牌，在“MZ”序号全部发放完毕后将由“AA”序号开始发放。车辆号牌以“M”字排序，是早年葡萄牙当局用于识别海外管理地区车辆登记的来源地，取“澳门”之意。

31 日 行政长官崔世安发表 2019 年元旦献辞，以“稳中求进迎回归二十周年”为题。

澳门多处举行活动，倒数迎接 2019 年。

参考资料

《澳门特别行政区公报》。

社会保障基金：《2018 年度报告》，2018。

澳门金融管理局：《2017 年年报》，2018。

澳门特别行政区政府文化局：《澳门中央图书馆 ISBN 中心 2017 年度报告》，2018。

澳门特别行政区政府行政公职局网站，http：//www. safp. gov. mo。

澳门特别行政区政府财政局公共会计厅：《2017 年度预算执行情况报告》，2018。

澳门特别行政区政府高等教育辅助办公室：《高教统计数据汇编 2017》，2018。

澳门特别行政区政府旅游局：《澳门旅游业统计报告 2017》，2018。

澳门特别行政区政府统计暨普查局：《2017 年第 4 季能源统计》，2018。

澳门特别行政区政府统计暨普查局：《2017 年第 4 季会议及展览统计》，2018。

澳门特别行政区政府统计暨普查局：《工业调查 2017》，2018。

澳门特别行政区政府统计暨普查局：《本地居民总收入 2017》，2018。

澳门特别行政区政府统计暨普查局：《批发及零售业调查 2017》，2018。

澳门特别行政区政府统计暨普查局：《旅游附属帐 2016》，2018。

澳门特别行政区政府统计暨普查局：《博彩业调查 2017》，2018。

澳门特别行政区政府统计暨普查局：《就业调查 2017》，2018。

澳门特别行政区政府统计暨普查局：《统计年鉴 2017》，2018。

澳门特别行政区政府统计暨普查局：《澳门产业结构 2017》，2018。

澳门特别行政区政府统计暨普查局：《澳门资料 2018》，2018。

澳门特别行政区政府新闻局：《澳门年鉴 2017》，2018。

澳门特别行政区政府经济局网站，http：//www. economia. gov. mo。

选民登记网站，http：//www. re. gov. mo。

Abstract

The *Annual Report on Economy and Society of Macau* (2018 - 2019) is composed of 28 articles covering politics, law, economy and trade, society and livelihood, culture, education and science, as well as a synopsis and an annex.

The overall economic and social situation of Macau has been stable in 2018. However, due to the effects of the uncertainties emerged from the external economies, Macau's economic growth has experienced a slowdown from the latter half of the year, particularly in terms of merchandise and service trade and investments. On the other hand, the inauguration of the Hong Kong-Macau-Zhuhai Bridge has shortened the distance between the member cities of the Guangdong-Hong Kong-Macau Bay Area. On the basis of the consensus reached between Guangdong, Hong Kong and Macau, all sectors of the Macau community has continued to actively involve in the national development by concerting efforts to promote the construction of a world-class tourism and leisure centre, the cooperation and service platform between China and Portuguese-Speaking Countries and a base for multicultural exchanges, all of which are beneficial to exploring new markets and spots to promote economic growth. The *Annual Report on Economy and Society of Macau* (2018 - 2019) primarily focuses on providing a summary to the economic and social development of Macau in 2018, with a review on the economic, social and technological development since the establishment of the Macau Special Administrative Region 20 years ago, thus providing a foundation for a full review of the achievements of the Macau Special Administrative Region on the occasion of the 20th anniversary of its establishment in 2019.

This *Report* focuses on the progress achieved and the problems emerged in Macau's economic and social development in 2018 - 2019, such as the planning of the Guangdong-Hong Kong-Macau Bay Area, the legal institutional construction of the Macau Special Administrative Region, the development of gaming, tourism and service industries, livelihood constructions in terms of employment, medical care, social security and education, as well as the succession and promotion of Chinese and Macau history and culture. The articles provide foundational information for further profound analysis and suggestions to counter the problems emerged. Meanwhile, this *Report* has established a series of theme to be assessed on a regular, annual and long-term basis, such as the economic trend, public administration reform, the promotion of history and culture, etc.

A *Review of Macau* is also included to cover the economy, society, environment and livelihood. While readers can understand the most recent development and changes in the major aspects of Macau, they can also learn the changes from the principal indicators of the Territory and the chronology of major events in 2018, so that a more objective conclusion can be made on its development over the past year.

Keywords: Macau; Guangdong-Hong Kong-Macau Bay Area; Economic and Social Development; History and Culture

Contents

I General Report

Abstract: Macau's overall state of economic development in 2018 has been stable, despite a slowdown from the latter half of the year. There are potential problems associated with the long-term growth of Macau, whose economic development is at a key turning point. It is expected that some principal elements of the economy would achieve a stable growth in 2019. Meanwhile, new progresses have been made in the improvement of social security system, human resources development planning, disaster mitigation and urban renewal. It is inevitable for Macau's developing economy and society to integrate into national development at entering a new stage so that the hinterland for economic development can be clarified. This is particularly supported by the central Party and state organs. In the Guangdong-Hong Kong-Macau Bay Area, Macau has positioned herself as a world-class tourism and leisure centre, a business cooperation and service platform between China and Portuguese-speaking countries, as well as an exchange base with Chinese culture at mainstream while different cultures co-exist. It is hoped that these positions could eventually promote a moderate economic diversification. Only when the dialectic relationship between "one country" and "two systems" be correctly dealt with in the course of implementing the principle of "One Country, Two Systems", can the power of administration of the Central Government and national security be fully demonstrated, and the social stability and economic development of Macau be maintained.

Keywords: Macau; Principle of "One Country, Two Systems"; Guangdong-Hong Kong-Macau Bay Area; Economic Development; Social Development

Ⅱ Politics

B. 2 The Successful Practice and its Experience of "One Country, Two Systems" and the Basic Law of Macau

Abstract: The Macao Basic Law is the legalisation of the principle of "One Country, Two Systems", whose objective to safeguard national unity and territorial integrity and to create favourable conditions for the social stability and economic development of Macau. The practice of "One Country, Two Systems" and the implementation of the Basic Law in Macau have been successful over the past 20 years. This is reflected, on the part of "One Country", in the realisation of administrative authority of the central organs and national security; and on the part of "Two Systems", in the maintenance of social stability and economic development of the Macau Special Administrative Region. The keys to the successful practice of the principle of "One Country, Two Systems" and the Macau Basic Law are the sustained dissemination and education, fostering patriotic professionals, developing the economy, improving the livelihood of the population, executing policies in strict accordance with the Constitution and the Basic Law, and correct handling of the double relations in the political structure. This successful experience has provided a foundation to forward Macau's practices of the "One Country, Two Systems" and its Basic Law.

Keywords: "One Country, Two Systems"; Macau Basic Law; Macau People to Govern Macau; Jurisdiction of Central Organs

B. 3 An Analysis of the Practice of the Constitutional Development of the Macau Special Administrative Region

Yin Yifen / 029

Abstract: The constitutional development of Macau is principally reflected in the revision and development of the selection of the Chief Executive and the Legislative Assembly. Since Reunification, several revisions have been made in the legislations of the elections of the Chief Executive and the Legislature, adjusting the scale and composition of the Chief Executive Electoral College and augmenting the quota for the directly and indirectly-elected deputies of the Legislative Assembly. The electoral methods for indirectly-elected members of the Chief Executive Electoral College and the Legislative Assembly have also been improved, thus building a fairer electoral system.

Keywords: Macau; Constitutional Development; Chief Executive Election Law; Legislative Assembly Election Law

B. 4 Comments on the Process and Effect of Macau's Public Administration Reform

Jiang Chaoyang / 040

Abstract: The Macau Special Administrative Region has experienced two periods of public administration reform in the past 20 years. The public administration reform in the first decade after Reunification of Macau began with the establishment of a new administrative culture based on the orientation for the people. In the middle of the said decade, a systematic normative reform in the public administration was carried out in response to the needs of economic and social development. In the second decade after Reunification, public administration reform began to focus on "sunshine government", scientific governance, performance management an improvement of governance capacity in response to the structural problems of public administration. Progress has been achieved in 2018 in deepening the restructuring of public administration and the development of e-government to optimise administrative operations. It is expected that restructuring would be implemented steadily in 2019, to improve the quality of public services. Public administration reform still needs to focus on improving the governance of Macau and on significantly reinforcing the governance capacity of the government.

Keywords: Macau; Public Administration Reform; Sunshine Government

B. 5 The Reform and Effects of the Public Sector Personnel Management Reform in Macau *Lei Leong Wong* / 060

Abstract: This article summarises the development of the personnel management mechanism of Macau's public sector and analyses its recruitment, remuneration, promotion, appraisal and training. By discussing existing problems, directions for reforms are proposed in order to improve the capacity of policy implementation and level of governance of the Macau Special Administrative Region government.

Keywords: Macau; Public Sector Personnel Regime; Promotion; Remuneration; Appraisal

B. 6 Construction and Practice of Administrative Supervision in Macau *Li Yanping* / 074

Abstract: Constraining and monitoring public power is a core content of modern democratic politics and an important component of administrative management. Since the establishment of the Macau Special Administrative Region, the government has paid high attention to administrative supervision by founding the Commission Against Corruption and the Audit Commission and has provided ample resources and support to them in terms of competence attribution, personnel supply and operational costs. The overall image of integrity of the government thus has elevated in a relatively short period of time, while making certain progress. Looking into future, the administrative supervision of Macau should focus on perfection of institution, capacity building and participation in the administrative supervision in the Guangdong-Hong Kong-Macau Bay Area, so that a better support for the Macau model of "One Country, Two Systems" can be provided.

Keywords: Macau; Administrative Supervision; Integrity Management; Auditing

Ⅲ Law

Abstract: This article firstly provides a review to Macau's legal reform since Reunification, namely "midnight legislation", "basic maintenance of original legislation", the formation of Legislative Law, adaptation of legislation and legislative coordination. The effects of legal reform in 2018 is assessed, including legislative activities in 2018, the drafting of important legislation, the institution of National Security Commission, the progress of adaptation of legislation and legislative planning in the security domain. Suggestions are made in terms of the improvement of legislative coordination, the participation of experts and academics, the fostering and use of local legal professionals and the major points of attention for legal reform, with hope that Macau can embark on the course of legal reform that conforms to its reality, after 20 years of practice and exploration.

Keywords: Legal Reform; Original Legislation; Legislative Coordination; National Security

Abstract: On the basis of the work of the previous government, the 4th government of the Macau Special Administrative Region formally proposed the working principle of centralised legislative coordination, and gradually promoted it through the establishment and operation of the corresponding mechanism. The article summarises the work implemented by the government legal affairs agencies over the past five years and provides an analysis to the effects of the operation of the mechanism. Suggestions are also made to the possible improvement of the mechanism.

Keywords: Legislative Coordination; Centralised Legislation Coordination Mechanism; Legislative Planning

B. 9 Progress in the Cooperation of Interregional Legal Affairs in Macau

Zhao Linlin / 124

Abstract: On the occasion of the 20th anniversary of Reunification, Macau has forged closer exchange and cooperation ties with neighbouring territories. In the context of the principle of "One Country, Two Systems", interregional cooperation is facing problems in differences in institutions and coordination, of which legal regimes are relevant to its long-term development. It is therefore essential to enhance cooperation in interregional legal affairs. At present, not a few progresses have been made in legal cooperation between Macau and other territories, but there still exist gaps that require further studies in order to provide better environment and guarantee for the rule of law in interregional cooperation.

Keywords: "One Country, Two Systems"; Interregional Cooperation; Guangdong-Hong Kong-Macau Bay Area; Interregional Law; Mutual Legal Assistance

B. 10 An Analysis to the Consultation and Public Opinion of the Civil Defence Bases Bill

Ian Heng Ut / 137

Abstract: The Macau Special Administrative Region launched public consultation on the Civil Defence Bases Bill. While the community has agreed the urgency of the Bill, it also has expressed deep concern to the Bill due to its relations to the dissemination of news and information, personal and institutional rights and obligations. Objections were made in proposals to make false alarms a criminal offence, emphasis on the social responsibility of mass media, etc. The authorities decided to maintain the former and delete the latter after consultation. The entire consultation process reflects deep-seated social problems, such as the need for the Special Administrative Region government to enhance its governance capacity and legislative quality, and unsatisfactory consultation outcome as a result of the contrast in attitudes and responses to the suggestions of the Bill between the community at large and mainstream associations. The government needs to further enhance its own governance capacity, public supervision and transparency in order to improve its credibility.

Keywords: Civil Defence Bases Bill; False Alarm as Criminal Offence; Social Responsibility of Mass Media; Government Credibility

Abstract: Macau's economy and society has reached far-reaching progress and achievement after Reunification. The cause of "One Country, Two Systems" has achieved unprecedented success in Macau. In the meantime, the guarantee of labour rights is not in pace with the social and economic development, making it difficult to respond to the reasonable desire of the employees to enjoy a better quality of life. The lagging in progress of labour legislation revisions, the defects of such legislation and unfair treatment of employees are relatively serious. It is therefore necessary for the Special Administrative Region government to perfect all labour laws and regulations and to fully enhance the legal guarantee of the employees' labour rights. The level of guarantee correspondent to Macau's development should be established, in order to promote a sustainable economic and social development.

Keywords: Macau; "One Country, Two Systems"; Labour Rights

Ⅳ Economy and Trade

B. 12 Macau's Economic Development Since Reunification: Achievements and Experience *Lao Chi Ngai* / 178

Abstract: The principle of "One Country, Two Systems" has demonstrated strong vitality and advantages in Macau, with full support of the central government, local provincial and municipal authorities, and with concerted efforts by the Special Administrative Region government and all sectors of the community. Significant progresses have been achieved in politics, the economy, society, culture and education, all of which are heading towards good development directions. This article summarises Macau's economic achievements and its successful experience since Reunification in 1999. The key to Macau's economic expansion and improvement of livelihood over the past 20 years is the ability to fully and correctly understand and implement the principle of "One Country, Two Systems" and the Basic Law by safeguarding the fundamental principle of "one country" and taking "two systems" to full advantage. The central government has provided beneficial policies from time to time to fully respond to the needs of Macau. The Mainland has always been the fundamental guarantee and strong backbone for Macau's economic and social development.

Keywords: Macau Reunification; Macau Economy; Macau Experience

B. 13 Gaming Liberalisation in Macau: Achievements, Challenges and Future *Liu Shuang* / 195

Abstract: Since liberalisation of the gaming sector in 2002, Macau has ended gaming monopoly and entered into a new phase of diversity, collaboration and competition. This article provides a brief review on the progress of gaming liberalisation over the past decades, and provides analysis and suggestions on the challenges and future directions of development.

Keywords: Macau; Gaming Liberalisation; Economic Growth; Non-aming Sectors

Abstract: After ten years of exploration, the vision of "world centre of tourism and leisure" has reached broad consensus in the community of Macau. Its constructed has been fully commenced. The tourism sector has become a priority industry, whose achievements have attracted worldwide attention. The construction of the "centre" has demonstrated the following characteristics: requirement for further optimisation of the profile of visitors; the generally harmonious host-guest relationship is on deterioration; unsatisfactory overall leisurely atmosphere; low participation of practitioners in a government-dominated industrial development; requirement for further enhancement of the profitability of the increasingly comprehensive spectrum of tourism and leisure products and services; transformation of mentality in regional cooperation for isolation to collaboration; severe shortage and imbalanced structure of local manpower. To push forward the construction of the "centre", an indicator system, "holistic tourism", further deepening of regional cooperation, "smart tourism" and innovative measures to resolve the bottleneck of human resources should be studied and implemented.

Keywords: Macau; World Centre of Tourism and Leisure; Regional Cooperation; Guangdong-Hong Kong-Macau Bay Area

Abstract: The economy of the Macau Special Administrative Region (SAR)

has achieved a rapid development over the past 20 years, thanks to the development of the gaming sector. Public receipts and expenditure has expanded during the course. The good financial management of the SAR government has greatly promoted Macau's social and economic stability and order, thus laying a robust foundation and making a significant contribution for the overall improvement of the society and economy, providing a strong financial support for Macau's economic and social development. Following the publication of the *Outline Development Plan for the Guangdong-Hong Kong-Macau Bay Area*, the SAR government needs to bring its financial functions into fuller play to promote synergic economic development within the region by assisting Macau's economic structure to upgrade and moderately develop, and to integrate into the Bay Area by exalting Macau's own unique advantages, which in turn will guarantee Macau's long-term stability and prosperity.

Keywords: Macau; Public Finance; Revenue; Fiscal Surplus

B. 16 The Construction and Development of Commercial and Trade Cooperation Service Platform Between China and Portuguese-Speaking Countries

Ip Kuai Peng / 246

Abstract: The year 2018 is the fifteenth anniversary of the construction of the service platform between China and Portuguese-speaking Countries. In the meantime, Macau's participation in "the Belt and Road Initiative" and the construction of the Guangdong-Hong Kong-Macau Bay Area are constantly deepening. From economic and cultural perspectives, this article focuses on analysing the new progress made in the construction of the service platform between China and Portuguese-speaking Countries in Macau from 2018 to 2019 to explore new opportunities for Macau and diversified ways to promote platform development. While looking forward to future opportunities and challenges, this article makes recommendations for further work and provides references for academia, government and society.

Keywords: China; Macau; Portuguese-Speaking Countries; Service Platform between China and Portuguese Speaking Countries

Abstract: The Macau Special Administrative Region government prioritises the strategy of engaging the development of the Guangdong-Hong Kong-Macau Bay Area in its Policy Address for the fiscal year of 2019. In this article, the authors aim to provide further suggestions for deeper engagement of Macau during the cooperation of the Bay Area through investigating the role of Macau in the Area and its status quo. The blueprint for the Area will be discussed while the possible orientation of its development, the opportunities and potential challenges that might meet will be addressed. It is concluded that the role and function of Macau in the Bay Area should include being a "precise liaison agent", regional business and service cooperation platform, and a "demonstration zone" for the successful practice of the principle of "One Country, Two Systems". However, Macau should focus on the fragilities regarding its gap between strategy and practice of the economic and trade cooperation platform between China and Portuguese-speaking countries, the over-dependent industrial structure, and the weakness of small and medium-sized enterprises (SMEs). The authors argue that either the trend of closer collaboration or the necessity of Macau to achieve sustainable development makes the government to consider more policies that would simulate a stronger engagement of Macau in the Bay Area. Four main suggestions are: focusing diversification and integration, fostering the economic and trade cooperation platform between China and Portuguese-speaking countries onto a higher level, stronger support for the SMEs, and allow predominant local industries to bring foster the emergence of potential industries.

Keywords: Macau; Guangdong-Hong Kong-Macau Bay Area; Regional Cooperation; Diversification and Integration

V Society and Livelihood

B. 18 Macau's Municipal Construction and Urban Development Since Reunification

Iau Teng Pio / 269

Abstract: Thanks to the rapid economic development of the Mainland, public resources in Macau have become ample after Reunification, with an increasing improvement of the quality of life of the population. To increase the service to visitors and to respond to the rapid growth of population, municipal construction requires additional investments that in turn correspond to urban development, in order to satisfy the needs of Macau's population in basic education, childcare, medical care, transport and housing. Meanwhile, with the full support of the central government and assistance of neighbouring provinces and municipalities, certain municipal infrastructure projects do not require the use of Macau's own land after Reunification. These include reservoirs, power stations, etc. The principal factors affecting Macau's urban development include political system, society, demographics, the economy, culture, as well as legislation in urban planning and cultural heritage protection. The municipal construction of Macau should be combined with the interests of posterity, so that public interest and demands of the population to pursue for a better life and better homes can be satisfied.

Keywords: Macau; Municipal Construction; Urban Development; Public Resources; Urban Planning Law

B. 19 The Development of Macau's Associations and the Evolution of Their Functions Since Reunification

Lou Shenghua / 283

Abstract: Following the change in the political environment, economic development and social transformation, associations in Macau have developed themselves in an unprecedented scale. The quantity of associations has increased consistently, their forms has become diversified, with widespread structural distribution amidst ongoing changes. Modern associations emerge along with the reduction in traditional associations. Associations continue their basic functions as agents of social services and political participation. The content of their functions has changed, with social services being transformed from philanthropic to welfare services, while political participation has been fully enhanced, ranging from electoral participation, policy consultation, fostering of political professionals, safeguarding and supporting law-abiding governance of the Special Administrative Region government.

Keywords: Macau Associations; Structure of Associations, Function of Associations

Abstract: Since Reunification, Macau's economy has developed rapidly, the income of employed residents has increased remarkably, and the industry, occupation, age, education and social structures have undergone significant changes. In recent years, the characteristics of employment, income and social structure of employed residents are mainly reflected in the following aspects: income continues to increase; large occupational and industrial income gaps exist and expand further; employment situation is stable with slight changes. In terms of age, education, industry and occupation, the main changes are that the employed residents are slightly aging and their education level is improved. The social structure is close to the ideal "olive shape", but with a low proportion of the middle class. If the Macau economy continued to develop steadily in the future, the employment, income and social structure of the residents will change slowly, and the upgrading of the industrial structure may lead to large changes in the middle class.

Keywords: Macau; Social Structure; Income of Residents

B. 21 Health Care Industry: Achievements, Setbacks and Trends

Van Iat Kio / 317

Abstract: On the occasion of the 20th anniversary of Macau's return to its motherland, this article attempts to analyse and reflect on the development of Macau's health care industry based on a large number of objective data and facts. It is beyond doubt that in recent years Macau has made active efforts to optimise the legal system and cooperation mechanism in the health care sector and to increase investment in education and financial resources. The legislation on health care field including the *Health Professionals' Qualification, Practice and Registration Regime*, the increase in resources for disease prevention and treatment, and the enhancement of the health care quality indicators reflect three major achievements of Macau's health care industry. In response to the rapid development of Macau, the progress of ageing society and the trend of regional cooperation, the health care industry encounters setbacks and challenges amid its achievements, for instance the long-term lack of health care manpower, insufficient promotion of health across agencies, as well as the lack of cross-regional cooperation, and all these challenges need to be actively addressed. In the next decade of the Special Administrative Region, Macau will face challenges such as the increase in health care resources, emphasis on demand for high-quality health care development environment, growth of smart health care, increase in both the breadth and depth of cross-agency cooperation, as well as promotion of cooperation in the health discipline between the government, industry, academia and the research sector. It is expected that, on the basis of their accomplishments, health care practitioners should study and properly handle various problems faced, and use the support provided by the relatively abundant public financial resources and the country's development orientation of the Guangdong-Hong Kong-Macau Bay Area to effectively solve the deep-rooted problems that hinder development while seeking more advantages and opportunities to make a greater contribution to the city's health care industry for the construction of Macau as a healthy city and world tourism and leisure centre.

Keywords: Macau; Health Care; Health Care Manpower; Smart Health Care; Regional Cooperation

Abstract: The Macau Special Administrative Region government has invested hugely to improve the livelihood of the population since its establishment. Based on the economics, efficiency and effectiveness principles of New Public Management, the characteristics of the public pension systems between member countries of the Organisation for Economic Cooperation and Development (OECD) and Macau is compared. The contribution rate of Macau's public pension is relatively low, while its handout is reasonable. The government has made reference to the World Bank's five-tier pension system to develop an occupational pension system managed by government itself. Two suggestions are made for the development of pension system, including elderly employment (namely the diversification of the income of elderly population) and full utilisation of the experience of the Guangdong-Hong Kong-Macau Bay Area in developing their respective pension systems.

Keywords: Macau; Social Security; New Public Management; Elderly Employment; Guangdong-Hong Kong-Macau Bay Area

Ⅵ Culture, Education, Science and Technology

Abstract: Macau has pioneered a 15 – year free education policy in the Asia-Pacific region since the 2007/2008 school year, which is one of the most important educational achievements of since its Reunification with China. The policy is based on the 10 – year free education prior to Reunification, which was widely discussed in the course of the review and revision of Macau's education system. This policy is carried out in conjunction with other policies such as increasing investment in education funds and implementing small-class teaching. For more than a decade, the result have been highly recognised by the public and is reflected by the students' excellent performance in varies international comparative studies. This policy not only effectively reduces the financial burden on parents, so that the next generation of the Special Administrative Region can fully enjoy the right to education, but also enhances the educational expectations of the Macau residents, providing a strong guarantee for the development of quality education in Macau, and fundamentally strengthens the overall cultural and knowledge foundation needed for the long-term development of society.

Keywords: Macau; Non-Tertiary Education; Free Education; Equity of Education; Small-Class System

B.24 The State, Features and Trends of High Education in Macau in 2018 *Pang Chuan, Ma Zaoming* / 376

Abstract: The year of 2018 is vital to Macau's higher education when the cause of higher education has maintained a steady progress and become increasingly prominent. The number of registered students and teachers has grown, and the quality of research has improved significantly. At the same time, higher education regulations, the policy of "four-institution joint entrance examination" and funding have been consistently adjusted and improved. Three major features of Macau's higher education at present have been concluded then, including a significant macroscopic design, an improved institutional structure and the deepening of its own advantages, demonstrating that Macau's higher education has taken stability and multi-dimension into account on the basis of its precise self-positioning. The future of Macau's higher education is supposed to unceasingly deepen its internationalisation, diversification and high-quality development goals, grasp valuable development opportunities, create Macau's special majors, and forge a notable brand of Macau education.

Keywords: Macau; Higher Education System; Education Internationalisation

Abstract: Macau has made progress in the humanities and social sciences since Reunification, with advancement in the discipline planning, academic research, academia team and the relating talents management. With these academic achievements, the research results have focused more on localisation and its status quo. The disciplines have been well developed and an independent academic discourse has gradually fulfilled, which can be noticed as growth in teaching, research, application and innovation has become increasingly systematic. This progress has been incorporated into the nation's humanities and social science research, and has made its due contribution. Higher education institutions and academic organisations are the major actors, while the Special Administrative Region Government and the Macao Foundation are the main promoters. Macau's academic capability has grown strongly in the fields of law, economy, tourism, gaming studies, Portuguese language, and Macaology. In the context of the "One Country, Two Systems" principle, "The Belt and Road Initiative" and the Guangdong-Hong Kong-Macau Bay Area, in response to the demand for Chinese academia to fulfil its historical mission to construct a philosophical-social science discipline system, academic system and discourse system with Chinese characteristics, Macau is required to summarise and reflect its development in humanities and social sciences, so that its academic and value orientations can be established, and a good academic research, teaching practice and public opinion atmosphere can be created.

Keywords: Macau; Humanities and Social Sciences; Academic System

Abstract: The education aspect has achieved outstanding results for the development of cultural enterprise in 2018, while certain results have been attained in the overall promotion of culture, including the completion of consultation regarding the protection and management plan for the Historic Centre of Macau and the launch of public consultation on the second batch of determination of tangible cultural heritage. Support for the cultural industry initiatives and cultural activities have also been provided. However, the cultural industry has experienced a slowdown in 2018. Large-scale investment is needed to promote the industrialization process. Although practitioners in the cultural industry has reached more than 10, 000 after years of development, its output value remains far from reaching the formation of an industry by substance.

Keywords: Macau; Cultural Enterprise; Cultural Industry

B. 27 Summary and Prospects of Macau's Scientific and Technological Development Since Reunification

Abstract: Since Reunification in 1999, the science and technology industry in Macau has developed rapidly under the guidance of the "One Country, Two Systems" principle. This article introduces the principal measures taken by Macau to promote the development of science and technology after Reunification, enumerates the progress it has made and discusses its deficiency as well as proposing the next strategic steps. At present, with the continuous efforts of the government, Macau's scientific and technological development has made great progress. Though this began relatively late, there are still many aspects to be improved amidst a rapid advancement. With the recent publication of the *Outline Development Plan for the Guangdong-Hong Kong-Macau Bay Area*, Macau's scientific and technological development is destined to take to a new level on the existing basis. Macau should seize the opportunity of the construction of the Bay Area to accomplish true autonomous innovation and help the Bay Area to become a world-class science and technology innovation centre.

Keywords: Macau; Scientific and Technological Development; Talent Cultivation; Autonomous Innovation

Abstract: To respond to the objective in building Macau into an exchange and cooperation base with Chinese culture as its mainstream and the co-existence of different cultures, the government and the community has launched promotion campaigns on history and cultural in domains of educational and cultural activities, of establishing a partnership between the government and the community, and of social communications. Thus an initial attentive atmosphere to Chinese and local history and culture has been formed within the community, with activities and projects being held across the territory. Meanwhile, the promotion campaigns has highlighted a lack of connections with local life and custom and pedagogical objectives of non-higher education syllabi, a lack of coordination, focus, system and reference between and within the projects and activities, as well as a lack of deep-level exchanges. The ultimate objectives of promoting history and culture are nothing more than the development of a consciousness of succession, the formation of a stable cultural, citizen, national identity and self-confidence on the mainstream culture. It is one of the important elements of social defence and psychological defence. All sectors of the community should be attentive to the links between the development of a consciousness of cultural succession and cultural self-confidence, in order to make promotions of history and culture more systematic and relevant.

Keywords: Macau; Guangdong-Hong Kong-Macau Bay Area; History and Culture; Cultural Succession; Identity

Ⅶ Appendix

皮书起源

“皮书”起源于十七、十八世纪的英国，主要指官方或社会组织正式发表的重要文件或报告，多以“白皮书”命名。在中国，“皮书”这一概念被社会广泛接受，并被成功运作、发展成为一种全新的出版形态，则源于中国社会科学院社会科学文献出版社。

皮书定义

皮书是对中国与世界发展状况和热点问题进行年度监测，以专业的角度、专家的视野和实证研究方法，针对某一领域或区域现状与发展态势展开分析和预测，具备原创性、实证性、专业性、连续性、前沿性、时效性等特点的公开出版物，由一系列权威研究报告组成。

皮书作者

皮书系列的作者以中国社会科学院、著名高校、地方社会科学院的研究人员为主，多为国内一流研究机构的权威专家学者，他们的看法和观点代表了学界对中国与世界的现实和未来最高水平的解读与分析。

皮书荣誉

皮书系列已成为社会科学文献出版社的著名图书品牌和中国社会科学院的知名学术品牌。2016 年，皮书系列正式列入“十三五”国家重点出版规划项目；2013~2019 年，重点皮书列入中国社会科学院承担的国家哲学社会科学创新工程项目；2019 年，64 种院外皮书使用“中国社会科学院创新工程学术出版项目”标识。

中国皮书网

（网址：www.pishu.cn）

发布皮书研创资讯，传播皮书精彩内容
引领皮书出版潮流，打造皮书服务平台

栏目设置

关于皮书：何谓皮书、皮书分类、皮书大事记、皮书荣誉、
皮书出版第一人、皮书编辑部

最新资讯：通知公告、新闻动态、媒体聚焦、网站专题、视频直播、下载专区

皮书研创：皮书规范、皮书选题、皮书出版、皮书研究、研创团队

皮书评奖评价：指标体系、皮书评价、皮书评奖

互动专区：皮书说、社科数托邦、皮书微博、留言板

所获荣誉

2008 年、2011 年，中国皮书网均在全国新闻出版业网站荣誉评选中获得“最具商业价值网站”称号；

2012 年，获得“出版业网站百强”称号。

网库合一

2014 年，中国皮书网与皮书数据库端口合一，实现资源共享。

中国社会发展数据库（下设 12 个子库）

全面整合国内外中国社会发展研究成果，汇聚独家统计数据、深度分析报告，涉及社会、人口、政治、教育、法律等 12 个领域，为了解中国社会发展动态、跟踪社会核心热点、分析社会发展趋势提供一站式资源搜索和数据分析与挖掘服务。

中国经济发展数据库（下设 12 个子库）

基于“皮书系列”中涉及中国经济发展的研究资料构建，内容涵盖宏观经济、农业经济、工业经济、产业经济等 12 个重点经济领域，为实时掌控经济运行态势、把握经济发展规律、洞察经济形势、进行经济决策提供参考和依据。

中国行业发展数据库（下设 17 个子库）

以中国国民经济行业分类为依据，覆盖金融业、旅游、医疗卫生、交通运输、能源矿产等 100 多个行业，跟踪分析国民经济相关行业市场运行状况和政策导向，汇集行业发展前沿资讯，为投资、从业及各种经济决策提供理论基础和实践指导。

中国区域发展数据库（下设 6 个子库）

对中国特定区域内的经济、社会、文化等领域现状与发展情况进行深度分析和预测，研究层级至县及县以下行政区，涉及地区、区域经济体、城市、农村等不同维度。为地方经济社会宏观态势研究、发展经验研究、案例分析提供数据服务。

中国文化传媒数据库（下设 18 个子库）

汇聚文化传媒领域专家观点、热点资讯，梳理国内外中国文化发展相关学术研究成果、一手统计数据，涵盖文化产业、新闻传播、电影娱乐、文学艺术、群众文化等 18 个重点研究领域。为文化传媒研究提供相关数据、研究报告和综合分析服务。

世界经济与国际关系数据库（下设 6 个子库）

立足“皮书系列”世界经济、国际关系相关学术资源，整合世界经济、国际政治、世界文化与科技、全球性问题、国际组织与国际法、区域研究 6 大领域研究成果，为世界经济与国际关系研究提供全方位数据分析，为决策和形势研判提供参考。

法律声明

“皮书系列”（含蓝皮书、绿皮书、黄皮书）之品牌由社会科学文献出版社最早使用并持续至今，现已被中国图书市场所熟知。“皮书系列”的相关商标已在中华人民共和国国家工商行政管理总局商标局注册，如LOGO（ ）、皮书、Pishu、经济蓝皮书、社会蓝皮书等。“皮书系列”图书的注册商标专用权及封面设计、版式设计的著作权均为社会科学文献出版社所有。未经社会科学文献出版社书面授权许可，任何使用与“皮书系列”图书注册商标、封面设计、版式设计相同或者近似的文字、图形或其组合的行为均系侵权行为。

经作者授权，本书的专有出版权及信息网络传播权等为社会科学文献出版社享有。未经社会科学文献出版社书面授权许可，任何就本书内容的复制、发行或以数字形式进行网络传播的行为均系侵权行为。

社会科学文献出版社将通过法律途径追究上述侵权行为的法律责任，维护自身合法权益。

欢迎社会各界人士对侵犯社会科学文献出版社上述权利的侵权行为进行举报。电话：010-59367121，电子邮箱：fawubu@ssap.cn。

社会科学文献出版社